한국 전통연희사

일러두기

1. 글 단편과 시는 「 」, 책은 『 』, 그림과 노래는 〈 〉, 여러 작품이 묶인 화첩과 극은 《 》으로 구분했습니다.

2. 도판 설명은 별도 표시가 없는 한 위에서 아래, 왼쪽에서 오른쪽 도판 방향으로 배치했습니다.

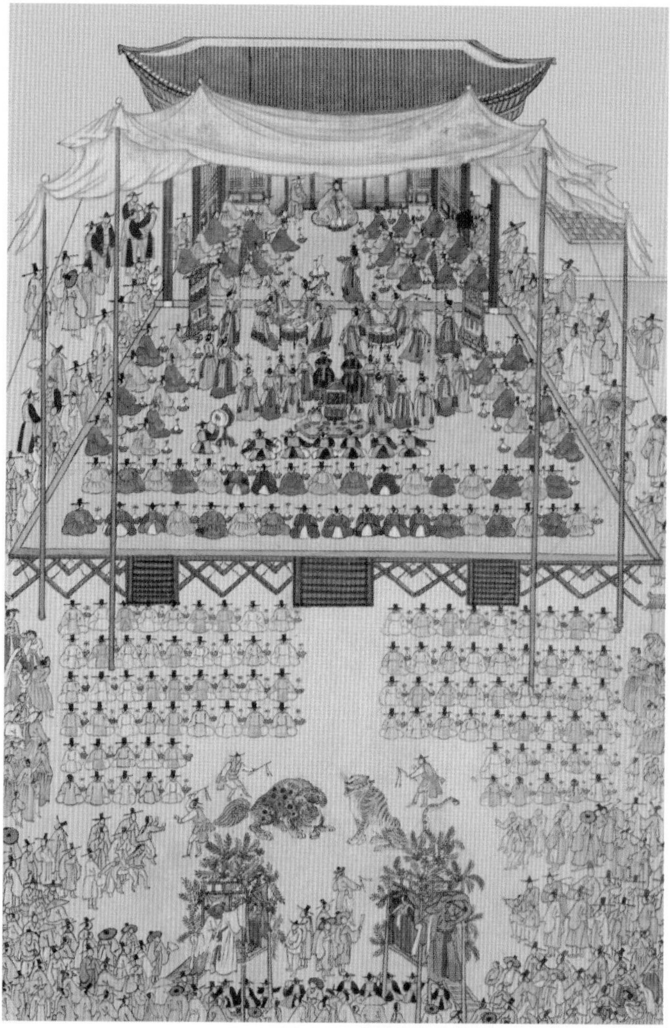

한국 전통연희사

전경욱 지음

학고재

책머리에

『한국의 전통연희』를 출간한 것이 2004년이었다. 책을 펴내고 15년이 지나는 동안 새 기록과 도판이 많이 발견되고, 한국과 중국의 전통연희에 관한 연구도 크게 진전했다. 이에 최신 연구 성과들을 반영해 새 책을 만들기로 뜻을 세우고 이전 연구를 대폭 수정·보완하는 작업에 들어갔다. 새로운 연구 내용과 도판을 추가하고, 이전 책에 담았던 '궁중행사'와 '궁중정재' 내용은 삭제했다. 책의 모양새도 이 책의 특징인 풍부한 도판을 시원스레 배치해 세밀하게 살필 수 있도록 했다. 『한국 전통연희사』는 이렇게 새롭게 태어났다.

무엇보다 내실 있는 도판 자료를 최대한 많이 싣는 데 주력했다. 우리 전통연희를 이해하게 해주는 시각 자료는 물론이고 우리 전통연희와 관련된 중국과 일본의 전통연희 자료도 상당수 포함된다. 이 책을 '그림과 함께 보는 한국 전통연희도사(韓國傳統演戲圖史)'로 불러도 좋으리라 자부하는 만큼 이 분야 연구에 크게 도움이 되기를 기대한다.

제1부에서는 한국 전통연희의 역사적 전개 양상을 살펴보고, 제2부에서는 조선 후기에 성립된 연극적 양식의 새로운 전통연희를 다룬다. 우리 연희사를 바라보는 시각을 정립하고, 전통연희의 여러 종목과 연희 담당층을 살피고, 각종 문헌과 도상 자료를 발굴하는 연구들이 차곡차곡 쌓인 결과다. 여기까지 오는 데는 동아시아의 공동 연희 문화유산인 산악(散樂)·백희(百戲)에 대한 고찰, 전통연

희의 원류와 변화·발전 연구 등 해결해야 하는 과제도 많았다. 미처 관심을 두지 않던 종목까지 다뤄야 했기에 시간이 많이 필요했다. 다행히 최근에 전통연희와 관련해 새로운 문헌 기록과 도상 자료가 많이 발굴되어 연구에 박차를 가할 수 있었다.

『한국 전통연희사』와 짝을 이루는 책으로 『한국전통연희사전』, 그리고 전통연희 종목의 기원과 발전 과정, 교류 양상, 연희 방식, 내용, 담당층, 중국·일본 연희와의 비교 등을 종합적으로 고찰한 『한국전통연희총서』(전8권)가 있다. 두 책 모두 매우 방대한 작업이라 혼자 힘으로는 평생을 바쳐도 이루기 어려운 일이었다. 고려대학교에서 함께 공부한 동학과 제자들이 한뜻으로 함께 집필했기에 훌륭한 성과를 낼 수 있었다.

이 책의 한문 자료 번역을 도와주신 고려대학교 안병학 교수, 이창희 교수께 고마움을 전한다. 사진은 주로 직접 찍었지만 일부는 여러분의 도움을 받았다. 사진을 제공해주신 정수미·서헌강·이상윤 선생, 자료 수집을 도와주신 서연호·주강현·송화섭·이균옥·민병훈 선생께 감사드린다.

그리고 편집과 제작에 어려움이 많음에도 이처럼 좋은 책을 만들어준 도서출판 학고재와 편집부에 감사드린다.

2020년 3월

전경욱

차례

2. 전통연희의 새로운 양상

1
전통연희의 역사적 전개

들어가는 글

문화는 사회 구성원이 공유하는 지식, 신념, 행위의 총체로서 인류의 고유한 특성이다. 문화는 언어, 관념, 신앙, 도덕, 법률, 관습 그리고 예술 등으로 구성된다. 연희(演戲)는 문화의 구성 요소 중 예술 범주에 속하기 때문에 우리는 '연희 문화' 혹은 '공연 문화'라는 말을 사용한다. 그러므로 전통연희사 연구는 문화사 연구의 일환이다.

문화는 대체로 문화권을 이뤄 생성되고 발전한다. 문화는 지역이나 집단에 따라 특유의 성격을 띠는데, 지역 분포상 비슷한 문화 패턴을 지닌 권역을 '문화권'이라 부른다. 중세 유럽 문화권과 동아시아 문화권을 보자. 문화의 요소를 모두 살피는 것은 너무 번거로우므로 간단히 종교와 언어만 살펴보자.

우선 중세 유럽에는 사람은 누구나 모두 평등하다는 기독교가 보편적인 종교로 존재했고, 중세 유럽인은 모두 기독교를 믿었다. 그리고 라틴어라는 공동의 문어(文語)가 존재했고, 중세 유럽인은 모든 공식적인 문자 활동에 라틴어를 사용했다. 이때 기독교와 라틴어는 어느 한 나라의 종교나 문자가 아니고 중세 유럽 문화권 전체의 종교와 문자다.

마찬가지로 중세 동아시아에는 보편적인 종교로 불교가 존재했고, 중세 동아시아인은 모두 불교를 믿었다. 그리고 한문이라는 공동 문어가 존재했고, 중세 동아시아인은 모든 공식적인 문자 활동에 한문을 사용했다. 이때 불교와 한문은 어느 한 나라의 종교나 문자가 아니고 동아시아 공동의 종교와 문자다.

문화는 한 민족이나 지역에서 다른 민족과 지역으로 전파되거나, 한 문화권에서 다른 문화권으로 전파된다. 다른 요소에 비해 실용성과 이점이 더 많은 요소들이 다른 문화로 전파되는 것이다.

인류 문화는 자생과 모방으로 탄생하고 발달해왔다. 오천 년 문명사는 이질적인 문명 간의 만남과 나눔, 즉 교류의 역사다. 물론 자생 문명도 있기는 하지만 그것도 근원적으로 보면 교류로 외래 문명과 상관된 경우가 많으며, 문명 성장은 더더욱 그러하다. 교류를 떠난 문명사 연구는 적어도 역사 인식 면에서 편파성이나 불완전성을 면할 수 없다.[1] 그러므로 문화사 연구는 문화 교류사를 반영해야 한다.

실크로드를 통한 동서 문화 교류를 밝혀주는 연구서가 많이 출간되었다. 우리 문화와 서역 문화의 교류 양상을 구체적으로 살펴보기에 충분하다. 필자는 우리 전통연희의 원류를 찾기 위해 동서 문화 교류와 실크로드에 관한 글을 수없이 읽으면서 연희사 연구도 반드시 연희 교류사를 포함해야 한다는 사실을 깊이 깨달았다. 우리 전통연희는 중국과 서역 연희와의 교류로 성립·발전했고, 자생적 전통연희도 외래 연희와의 관련 속에서 더욱 발전한 것으로 나타나기 때문이다.

중국은 끊임없이 주변 나라의 문화를 받아들여 자신들의 문화를 풍부하게 가꿨다. 연희 문화도 마찬가지로, 한나라 이후 위진남북조, 수나라, 당나라 등 역대 중국 왕조들은 주위 여러 나라의 악(樂)을 받아들여 풍부하게 발전시킨 것으로 나타난다. 이때 악은 음악은 물론 연희도 포함하는 개념이다. 수나라의 칠부기(七部伎), 구부기(九部伎)와 당나라의 십부기(十部伎)를 살펴보면 원래 중국 악은 두세 개 정도고 서역악이 대부분을 차지하며, 고구려악도 포함되어 있다. 그러니 수당대의 연희 문화가 얼마나 다양하고 풍부했을지를 짐작할 수 있다.

마찬가지로 우리 전통연희도 주변 여러 나라와 교류하면서 독자성과 우수성을 갖춰왔다. 고구려, 백제, 신라 삼국은 중국과 서역의 악을 받아들여 우리 예술 생활을 풍부하게 가꿨다. 나아가 우리는 삼국시대부터 조선시대에 이르기까지 끊임없이 외래 연희를 수용해 연희 문화를 풍부하게 영위하면서, 그것을 우리 취향에 맞게 개작하고 한국화해 새로운 연희 문화를 창출했다. 이와 같이 우리의 새로운 연희 문화를 성립시킬 수 있었던 뿌리는 부여의 영고(迎鼓), 고구려의 동맹(東盟), 예(濊)의 무천(舞天) 같은 제천의식이나, 마한의 농경의식 같은 상고 사회의 가무 전통으로부터 이어진 자생적·토착적 연희 문화였다.

동아시아에서는 불교와 유학, 한자 등이 동아시아 문화권의 공동 문화유산이었고, 한·중·일 각국은 이 유산을 자국의 문화로 가꿔나갔다. 그러므로 연희 문화도 산악 또는 백희라 불리는 동아시아의 공동 연희 문화가 한·중·일 각국에서 자국의 연희 문화로 변용·발전·재창조된 측면을 살펴봐야 한다.

산악(散樂)은 중국 고대 악무(樂舞)를 지칭하는 용어로, 원래 주나라의 민간 악무를 일컫던 말이다. 남북조시대를 거치면서 수당대에는 주로 백희와 동의어로 사용되었고, 송원대 이후에는 민간 예인 또는 민간 극단을 가리키는 용어로 사용되었다. 백희(百戲)는 고대 악무잡기(樂舞雜技)에 대한 총칭이다. 백희는 대략 진한대부터 송원대까지 악무잡기의 총칭이었으나, 원대 이후에는 개별 연희 종목을 가리키는 용어가 주로 쓰이면서 이 말은 점차 사용되지 않게 되었다. 중국에서 산악 또는 백희라 부르던 연희를 우리나라에서는 백희, 가무백희(歌舞百戲), 잡희(雜戲), 산대잡극(山臺雜劇), 산대희(山臺戲), 나례(儺禮), 나희(儺戲), 나(儺) 등으로 불렀다.

산악·백희 종목은 다음과 같다. 첫째, 방울을 여러 개 던졌다 받기, 칼을 여러 개 공중에 던졌다 받기, 물구나무서서 재주 부리기, 솟대 타고 올라가 재주 부리기, 긴 나무를 양쪽 다리에 묶고 그 위에서 걷기, 줄타기, 쌍칼 재주 부리기, 바퀴 던져 올리며 재주 부리기, 무거운 솥 들기, 타오르는 불 밟기, 칼 꽂힌 좁고 긴 원통으로 몸을 날려 빠져나가기, 씨름, 오늘날의 태권도와 유사한 수박희(手搏戲), 말 타면서 재주 부리기, 동물을 훈련시켜 재주 부리게 하는 동물희 등 곡예와 묘기에 해당하는 연희가 있었다. 둘째, 각종 동물로 분장한 가면희(假面戲)가 있었다. 셋째, 골계희(滑稽戲)인 우희(優戲)가 있었다. 넷째, 칼 삼키기, 입에서 불 토하기, 칼로 혀를 끊었다 다시 잇기, 칼로 배를 갈라 창자를 꺼내 끊었다 다시 잇기, 오이씨를 심어 곧바로 열매 맺게 하기, 나무를 심어 쑥쑥 자라게 하기, 사람이나 말을 칼로 자른 후 원 상태로 복원하기, 팔과 다리 떼어내기, 스스로 몸을 묶은 후 풀기, 소와 말 머리 바꾸기 등 환술이 있었다. 다섯째, 노래하고 춤추는 가무희(歌舞戲)가 있었다. 여섯째, 악기 연주가 있었다.

산악·백희는 한국, 중국, 일본 등 동아시아 국가들이 공동으로 보유한 동아시아 공동 문화유산이다. 그러므로 산악·백희에 주목함으로써 한국 전통연희의 동아시아적 보편성을 밝힐 수 있을 뿐만 아니라, 고구려 고분벽화나 각종 문헌에 정착된 연희 자료들을 일관되게 꿰어 해명할 수 있다. 아울러 산악·백희 연구로 이 연희들의 담당층에 대한 일관된 해명도 가능하다. 또 산악·백희라는 입체적인 대상을 설정함으로써, 한국 전통연희의 갈래, 분포, 담당층, 후대 연희와의 관련성을 명쾌히 논할 수 있게 되었다.

일본의 저명한 연극학자 가와타케 시게토시(河竹繁俊)는 이미 동아시아의 공동 연희 문화인 산악·백희가 일본에 유입된 후 변화하고 발전해, 후대에 일본의 대표 전통연극인 노가쿠(能樂), 노쿄겐(能狂言), 닌교조루리(人形淨瑠璃), 가부키(歌舞伎) 등을 성립시켰음을 밝혔다.[2]

이는 중국과 한국도 마찬가지다. 중국에서 산악은 후대의 발전된 공연 예술의 모태가 되었다. 이천 년 역사를 지닌 한대의 산악·백희 종목은 근현대 잡기에 이르기까지 시대마다 끊임없이 변화하고 발전했다. 송원대 이후 희곡(연극)은 아무것도 없는 상태에서 갑자기 튀어나온 것이 아니다. 이미 수당대에 참군희(參軍戲)와 답요랑(踏搖娘) 같은 연극적인 형태가 산악에 존재했고, 이런 것들이 다방면으로 발전하면서 후대 연극 성립에 기여한 것이다.

중국에서는 연극의 기원을 전국시대 초나라의 우맹(優孟)이 손숙오(孫叔敖)로 분장하고 장왕(莊王: 기원전 613~591)을 찾아가 연기한 우희로 보는 견해가 지배적이다. 우맹이 제삼자를 모방해 연기했기 때문이다. 우희는 산악·백희의 한 종목인데, 우희 외에도 산악·백희와 중국 전통연극은 관계가 매우 밀접하다. 산악은 시대에 따라 변천했으며, 여러 가지 잡기와 연극도 포괄한다. 산악·백희가 연극 성립에 영향을 끼친 것은 중국 연극의 형성기로 간주되는 송금 시기다. 송대 이후 산악·백희는 연극에 융합되었다. 송대 잡극(雜劇)은 기본적으로 골계희인 우희를 계승한 것이다. 그리고 후대의 완숙한 잡극과 전기(傳奇) 등의 극종에서도 흔히 보이는 '삽과타원(揷科打諢)', 즉 '우스꽝스런 동작과 말'도 바로 우희의 영향이다.

이러한 산악·백희의 발전 과정은 한국도 마찬가지였다. 산악, 백희 또는 산악잡희라 불리는 연희들은 삼국시대에 중국과 서역에서 유입되었다. 고려시대와 조선시대에 백희, 가무백희, 잡희, 산대잡극, 산대희라 불리던 연희로, 한국에서는 산악·백희 계통 연희가 변화하고 발전해 조선 후기에 본산대놀이 가면극, 판소리, 꼭두각시놀이 등을 성립시킨 것으로 나타난다. 이 책에서는 그동안 백희, 가무백희, 잡희, 산대잡극, 산대희 등으로 불린 연희들과, 조선 후기에 성립된 발전된 양식의 연극적 갈래인 본산대놀이 가면극, 판소리, 꼭두각시놀이 등을 모두 포괄하는 명칭으로 '전통연희'라는 용어를 사용하기로 한다.

그런데 서역에서 산악·백희가 전래하기 이전부터 중국에는 산악·백희와 유사한 연희 종목이 일부 존재했다. 우리에게도 중국처럼 자생적인 전통 산악·백희 종목이 있었을 것이다. 방울 받기, 줄타기, 솟대타기, 나무다리 걷기 같은 묘기와 우희 같은 골계희는 세계 어느 지역에서나 보편적으로 발견된다. 그러므로 삼국시대에 중국과 서역에서 산악·백희가 전래하기 이전부터 한반도에는 이미 이에 해당하는 종목이 어느 정도 존재했을 것으로 보인다. 중국에 전해진 신라의 '입호무(入壺舞)'와 '신라박(新羅狛)', 고구려의 '괴뢰희(傀儡戲)'는 — 이것들이 우리의 자생적 연희든 서역 연희의 영향을 받은 것이든 간에 — 우리의 자생적 연희 전통이 상당했기에 성립될 수 있었던 것이다. 그리고 중국과 서역에서 새롭고 다양하며 수준 높은 산악·백희 종목이 다수 유입됨으로써, 기존에 존재하던 연희 종목들도 중국과 서역의 뛰어난 연희자들이 공연하던 수준 높은 연희의 영향을 받아 더욱 발전했을 것이다.

그러므로 이 책에서는 산악·백희 종목의 유래와 변화, 발전 과정을 중국, 일본과 비교해 살펴보면서, 동아시아 공동의 연희 유산인 산악·백희가 후대에 변화·발전·재창조 과정을 거치며 이뤄낸 우리 연희 문화를 알아보고자 한다.

주

1 정수일, 『고대문명교류사』, 사계절, 2001, 서문.

2 가와타케 시게토시(河竹繁俊), 이응수 역, 『일본연극사』(상), 도서출판 청우, 2001, 157쪽.

제1장
한국 전통연희사를 보는 시각

명칭과 갈래 문제

아직까지 한국 전통연희의 역사만 독립적으로 고찰한 연구는 없다. 그동안 전통연희는 주로 한국 연극사 연구에서 함께 다뤄왔다. 한국 연극사와 관련한 저서들은 근현대 이전 연극사를 살펴보면서 전통연희의 역사를 살핀 것이다. 실제로 전통연희의 범주에는 백희·가무백희·잡희·산대잡극·산대희·나희 등으로 불려온 연희 외에 본산대놀이 가면극·판소리·꼭두각시놀이 등 발전된 양식의 연극적 갈래들도 있기 때문에, 근현대 이전 연극사를 서술하려면 반드시 전통연희를 살펴야 한다. 전통연희를 포함해 한국 연극사를 처음으로 고찰한 연구는 경성제국대학을 졸업하고 1930년대에 극작가와 평론가로 활동한 김재철(金在喆)의 『조선연극사』다.[1] 이후 국문학자 한효의 『조선연극사개요』(1956), 국문학자 권택무의 『조선민간극』(1966), 민속학자 이두현(李杜鉉)의 『한국연극사』(1973) 등이 출판되었다.[2] 이 책들은 근현대 이전 연극사를 논하면서 후대 연극의 모태가 된 연희 갈래들도 함께 다뤘다. 예를 들어 『한국연극사』는 한국 연극의 갈래를 가면극, 인형극, 판소리, 창극, 신파극, 신극으로 분류했다. 여기서 제시한 갈래는 근세에서 현대에 이르는 연극에 해당한다. 근세 이전, 즉 고대와 중세 연극은 고구려악을 비롯한 삼국의 악과 서역악, 산대잡희 등 오늘날 연극 이전의 연희로 규정한 연희들을 고찰했다.[3]

중국에서는 예로부터 이런 연희들을 산악 또는 백희 등으로 불렀고, 현대에는 잡기라 부른다. 그리고 이런 잡기를 역사적으로 고찰한 저서 중 대표적인 것이 푸치펑(傅起鳳)과 푸텅룽(傅騰龍)이 쓴 『중국잡기사(中國雜技史)』(상하이: 인민출판사, 1991)다.

일본에서는 이런 연희를 예전에 산가쿠(散樂) 혹은 사루가쿠(猿樂)라 불렀고, 현대에는 이 연희들과 가면극인 노(能), 인형극인 분라쿠(文樂), 가무극인 가부키 등 연극적인 갈래를 통틀어 게이노(藝能)라 부른다. 이런 연희의 갈래를 역사적으로 살핀 저서 중 대표적인 것으로 예능사연구회(藝能史研究會)에서 펴낸 『일본예능사(日本藝能史)』(전5권)(도쿄: 호세 대학 출판국, 1983)가 있다. 그런데 일본에서는 이상의 연희들을 포괄해 '게이노'라는 명칭을 사용하지만, 사실 일본에서 말하는 게이노는 이 밖에 꽃꽂이, 다도(茶道) 등도 포함하기 때문에 의미가 매우 광범위하다.

그동안 한국에서는 산악·백희에 해당하는 연희를 백희·가무백희·잡희·산대잡극·산대희·나희 등으로 불렀고, 최근에는 전승연희나 전통연희라는 용어를 사용한다. 그리고 이보다 발전된 양식의 연극적 갈래로 본산대놀이, 판소리, 꼭두각시놀이 등이 조선 후기에 성립되어 현재까지 전승되고 있다. 그러면 산악·백희에 해당하는 연희와 이보다 발전된 양식의 연극적 갈래를 모두 포함하는 용어로 어떤 것이 적당할까? 이상의 모든 연희를 포괄하는 명칭으로 '전통연희'가 가장 적합해 보인다. 그동안 사용해온 용어인 백희, 가무백희, 잡희, 산대잡극, 산대희, 나희는 발전된 양식의 연극적 갈래인 본산대놀이 가면극이나 판소리, 꼭두각시놀이를 포괄할 수 없다. 최근 사용하는 전승연희라는 용어는 '지금까지 전승되는 연희'라는 의미가 강해 현재 전승되지 않은 연희들을 포괄하는 데 문제가 있다. 그러나 전통연희는 전통사회에서 전승되던 연희라는 의미와 함께, 산악·백희에 해당하는 종목과 본산대놀이 가면극, 판소리, 꼭두각시놀이 등의 연극적 갈래도 모두 포괄한다. 그러므로 이 책에서는 근현대 이전의 전통사회에서 전승되던 산악·백희 종목과 본산대놀이 가면극, 판소리, 꼭두각시놀이 등 연극적 갈래를 모두 가리키는 용어로 '전통연희'를 사용하기로 한다.

전통연희사 기술 방법

전통연희의 역사를 제대로 기술하려면 근현대 이전 연희의 존재 양상, 그 연희들이 연행되던 행사, 연희 담당층과 향유층, 연희의 발전 양상을 고려해야 한다. 근현대 이전 연희는 각종 행사에서 특정한 연희 담당층이 연행하는 경우가 많았고, 이런 행사에 동원되어 공연하던 전문 연희자들에 의해 조선 후기의 판소리와 본산대놀이 가면극, 꼭두각시놀이 등 발전된 양식의 연희들이 창출되었다. 조선 후기의 다양한 유랑예인집단도 대부분 이들로부터 파생된 것으로 보인다. 그러므로 종교와 이념 변화, 왕조 교체, 사회 변동 등 시대 변화에 따라 바뀐 연희 행사들과 연희 담당층의 변동 등을 살펴보는 것은 곧바로 우리 전통연희사의 전개 양상을 살펴보는 과정이 될 것이다. 특히 한·중·일의 전통연희는 산악·백희에서 출발해 다양하게 발전하면서 후대에 연극적 갈래를 성립시켰다. 그러므로 이러한 전개 과정 추적은 발전된 양식의 연극 갈래에 용해된 산악·백희의 요소들과 그 연희 담당층을 고찰함으로써 많은 부분이 이뤄질 수 있다.

따라서 이 책에서는 한국의 고대 연희사를 기술하기 위해 중국과 일본을 비롯한 인접 지역의 자료도 적극적으로 활용할 것이다. 신라의 신라박과 입호무를 비롯해, 당나라의 십부기 중 고구려기인 호선무(胡旋舞)와 광수무(廣袖舞), 일본에 전해진 삼국과 발해의 악무 우방악(右方樂) 등으로 시야를 확대해 삼국시대의 연희를 논의할 것이다.

또 우리 문헌 기록에는 간단하게 언급되어 전모를 살피기 어려우나 중국이나 일본 자료에서 내용을 자세하게 볼 수 있는 경우, 우리 연희를 중국이나 일본과 비교 기술해 연희사의 내용을 폭넓게 고찰할 것이다. 예를 들면 만연어룡지희(曼衍魚龍之戲), 섭독교(躡獨趫, 솟대타기), 수희(水戲), 우희 등이 그렇다.

한국 전통연희를 중국과 일본 연희와 비교하는 연구로 동아시아 공동 연희 문화유산인 산악·백희의 교류 양상과 각국에서의 발전 양상, 그리고 후대 연희와의 관련 양상이 분명하게 드러날 것이다. 아울러 각국에서 새로 생겨난 산악·백희 계통 연희도 밝혀질 것이다.

그리고 문헌 기록에 간단히 언급되어 구체적인 내용을 알 수 없는 연희나, 문헌 기록으로는 내용을 알 수 없으나 실제로 존재한 연희들에 대한 정보를 얻기 위해 도상 자료를 적극적으로 활용해 연희사를 보완할 것이다. 최근 발견된 아극돈(阿克敦: 1685~1756)의 《봉사도(奉使圖)》, 감로탱(甘露幀), 고구려 고분벽화, 조선 후기의 풍속화, 김준근(金俊根)의 《기산풍속도첩(箕山風俗圖帖)》, 일본의 〈신서고악도(信西古樂圖)〉와 〈화한삼재도회(和漢三才圖會)〉, 중국의 화상석(畫像石)과 〈삼재도회〉 등이 그 예다.

시대 구분 문제

그동안 주요 연극사 관련 저술에서 행해진 전통연희의 시대 구분은 다음과 같다.

김재철의 『조선연극사』는 '가면극', '인형극', '구극(舊劇)과 신극(新劇)' 세 장으로 구성되었다. 『조선연극사』는 가면극, 인형극, 구극(판소리, 창극) 등 갈래별로 근현대 이전 전통극의 형성과 발전 과정을 서술했다. 가면극은 특별히 '삼국 이전', '신라', '고려·이조'라는 시기 구분을 뒀다. 고려와 조선을 묶어 한 시기로 구분한 것은 산대도감극(山臺都監劇)의 직접적인 모체를 고려 이후의 산대극(山臺劇)에 뒀기 때문이다. 결국 신라의 각종 가면무가 집대성되어 고려 이후에 산대극으로 발전하고, 그것이 조선의 산대도감극으로 전승되었다고 보는 입장이다.

한효의 『조선연극사개요』는 『조선연극사』의 서술 체제를 그대로 따랐다. 전통극에서는 '가면극', '인형극', '창극' 등 갈래별로 형성과 발전 과정을 서술하고, 본격적인 시대 구분을 시도하지 않았다. 반면에 현대극 서술에서는 '현대 연극에의 과도', '현대 연극의 발생', '현대 연극의 장성'으로 시대를 구분해 통시적으로 고찰했다. 고려 말에 비로소 '연극으로 이행'이 시작된 것으로 봤으며, 조선시대에 이르러 가면극과 인형극이 형성된 이후에 비로소 진정한 연극의 역사가 시작된 것으로 간주했다.

권택무의 『조선민간극』은 근현대 이전 연극사를 '기원전~9세기 극희예술', '10~14세기 연극', '15~19세기 연극'의 세 시기로 구분해 서술했는데, 이 구분은 왕조사의 시대 구분과 일치한다. 이 저서에서는 가면극, 인형극, 극(우희를 가리킨다) 등으로 연극 갈래를 선정했다.

이두현의 『한국연극사』는 서론에서 '한국 연극의 분류와 시대 구분'을 논의한다. 이 책은 한국 연극의 갈래를 '가면극', '인형극', '판소리', '창극', '신파극', '신극'으로 분류하고, 왕조사의 시대 구분을 따라 연극사를 구분했다. 즉 고대(삼국 이전부터 신라 말까지), 중세(고려), 근세(조선), 현대(1902년 협률사 설치 이후 현재까지)로 연극사의 시대를 구분했다.

필자는 우리 전통연희의 역사를 입체적으로 기술하려면 각 시대의 행사들을 중심으로 전통연희의 전승 양상을 고찰하는 것이 바람직하다고 생각한다. 각종 행사를 중심으로 연희사를 살펴보면, 그 행사 각각의 거행 목적과 연희 종목뿐만 아니라 연희 담당층과 향유층 등도 함께 살펴볼 수 있기 때문이다. 그래서 이 책에서는 상고시대 전통연희, 삼국시대 전통연희, 통일신라시대 전통연희, 고려시대 전통연희, 조선시대 전통연희를 시대별로 고찰하고, 그중 특히 조선 후기에 나타나는 전통연희의 새로운 양상에 대해 자세히 기술할 것이다.

상고시대는 삼국시대 이전을 말한다. 이 시대에는 상고 사회의 제천의식에서 연행된 가무 활동, 그리고 여러 유물과 유적, 암각화 등으로 연희의 흔적을 살펴볼 수 있다.

삼국시대에 고구려, 백제, 신라는 중국과 서역의 악을 받아들여 공연 예술을 풍부하게 가꿨다. 특히 이 시기에 산악 또는 백희라 부르는 외래 연희들이 서역과 중국에서 유입되었다. 삼국시대의 산악·백희는 후대 우리 전통연희 성립에 지대한 영향을 끼쳤다.

신라에서는 가배(嘉俳)와 팔관회(八關會) 등의 행사에서 연희가 공연되었는데, 이는 통일신라시대에도 마찬가지였을 것이다.

고려시대에는 연등회(燃燈會), 수륙재(水陸齋), 우란분재(盂蘭盆齋), 팔관회, 나례(儺禮), 수희(水戱), 왕의 행행(行幸, 임금이 궁궐 밖으로 거둥하는 일)과 환궁(還宮), 궁중연회, 개선장군 환영 잔치 등에서 각종 연희를 공연했다. 이런 행사에서 공연된 연희의 명칭은 잡희, 백희, 가무백희, 산대잡극 등으로 다양하게 표기되었지만, 그 연희 종목을 구체적으로 검토해보면 대부분 산악·백희에 해당하는 것으로 나타난다.

조선시대에는 나례, 중국 사신 영접 행사, 수륙재, 우란분재, 문희연(聞喜宴), 관아 행사, 동제(洞祭), 사대부가의 잔치 등에서 각종 연희를 공연했다. 조선 후기에는 다양한 유랑예인집단이 민간에서 각종 연희를 공연하고 다녔다. 이 밖에도 임금이 선왕의 위패를 종묘에 모시는 부묘(祔廟)를 마치고 궁중으로 돌아올 때, 공자를 비롯한 유학의 성인을 모신 문묘를 참배할 때, 왕의 각종 행차 시, 왕세자의 태를 태봉(胎峰)에 묻을 때, 정월 보름에 궁중에서 풍농을 기원하며 일종의 모의 농경의례인 내농작(內農作)을 거행할 때, 지방관을 환영할 때 등에도 연희가 연행되었다. 그 연희의 명칭은 나희, 나(儺), 산대나례, 채붕나례, 잡희, 백희, 가무백희, 산대희 등으로 다양하게 표기되었지만, 연희 종목을 살펴보면 대부분 산악·백희에 해당한다.

여기서 고려와 조선 건국이 각각 전통연희가 공연되는 행사에 변화를 초래했다는 사실에 주목한다. 고려 건국으로 팔관회 연희 공연이 더욱 성대해졌고, 불교 성행으로 연등회, 수륙재, 우란분재 등 불교 행사에 각종 연희가 동원되었다. 또 이 무렵 중국 궁중나례를 도입함으로써 고려 궁중나례에서도 연희가 시작되었고, 왕을 위해 배를 오십 척이나 동원해 벌이는 대규모 수희나 궁중연회가 벌어졌으며 각종 연희가 공연되었다.

그러나 조선 건국으로 성리학을 기본으로 하는 유학 이념이 지배하는 사회가 되면서 팔관회는 자취를 감췄고, 연등회·수륙재나 우란분재 같은 불교 행사도 약화되었으며, 왕을 위해 대규모 수희에 연희를 동원하는 것은 어려워졌다. 대신 중국 사신 영접 행사, 나례 같은 행사에서 많은 연희가 연행되었고, 과거 급제자 축하 잔치인 삼일유가(三日遊街)와 문희연이 성대하게 벌어졌다. 또 민간 경제력이 발전하고 공연물 수요가 증가하면서 연희 발전에 영향을 끼쳤는데, 이 역시 공연 기회의 변화, 즉 새로운 행사 성립이라는 측면에서 설명이 가능하다.

조선 후기에는 왕조 교체는 없었지만 별도로 시기를 나눠 살펴봐야 할 만큼 전통연희사 전개에 커다란 변화가 있었다. 조선 후기에는 임진왜란과 병자호란으로 사회 전반에 새로운 변화가 일어났는데, 전통연희 분야도 예외는 아니었다. 조선 후기에는 국가 행사인 나례, 중국 사신 영접 행사, 궁정 중심 행사 들이 크게 위축되거나 소멸되었다. 반면 국가 행사와 궁정 행사에 동원되던 연희자들이 민간에 퍼져 공연 활동을 벌이게 되었다. 이에 따라 조선 후기의 연희 문화도 새로운 국면을 맞았다. 우선 기존 연희를 혁신적으로 재창조한 본산대놀이 가면극, 판소리, 꼭두각시놀이 등 새로운 연극적 갈래들이 성립되었다. 그리고 민간을 떠돌면서 연희를 공연하며 생계를 유지하는 유랑예인집단이 속출했다.

이러한 현상은 당시의 시대 상황과 긴밀한 관련을 갖고 있다. 사회, 경제, 사상, 문화, 예술 등 전반에 걸쳐 총체적 변모를 보인 조선 후기의 시대 조류와 맞물려 판소리와 본산대놀이 가면극, 꼭두각시놀이도 18세기 전반에 성립되었다. 조선 후기의 진경산수화, 풍속화가 사실주의적 기풍을 지닌 것처럼, 그리고 실학(實學)이 의식을 확대하고 현실에 대한 새로운 인식을 조성했듯이, 본산대놀이 가면극과 판소리, 꼭두각시놀이 또한 현실에 대한 사실적이고 새로운 인식을 담고 있다. 또 조선 후기 문학 작품에서는 공상 세계가 아니라 현실 서민 세계를 배경으로 평범한 주인공이 등장해 민중의 생활 형태나 적나라한 사랑을 노래하거나 기탄 없는 비유로 현실을 비판함으로써 사회비평적 의미를 가지기도 했는데, 이는 본산대놀이 가면극을 비롯한 조선 후기 연희에서도 공통적으로 보이는 변화였다.

그러므로 본산대놀이 가면극, 판소리, 꼭두각시놀이라는 새로운 연희는 바로 조선 후기라는 시대적 조건의 산물이라 할 수 있다. 이것들은 이전 연희들과 달리 연극으로 인정할 수 있을 정도로 수준 높은 예술성을 띤다. 물론 이것들이 아무것도 없는 상태에서 갑자기 툭 튀어나온 것은 아니다. 이전에 이미 산악·백희에 해당하는 여러 연희가 존재했고, 그것들을 바탕으로 혁신적으로 재창조해 조선 후기의 사회 변동과 시대 의식을 반영한 새로운 연희를 창출했다는 점에 주목해야 한다.

전통연희 담당층은 시대에 따라 여러 부류로 나타난다. 한국에서 전통연희를 담당한 연희자는 세습무(世襲巫) 계통 연희자, 북방 민족 계통 수척(水尺)과 반인(泮人), 재승(才僧) 계통 사장·사당·남사당, 서역 계통 연희자 등이다. 조선 후기에는 남사당패, 사당패, 대광대패, 솟대쟁이패, 초라니패, 풍각쟁이패, 광대패, 걸립패, 중매구, 굿중패 등 다양한 명칭의 유랑예인집단이 존재했다.

그러므로 이 책에서는 왕조사의 시대 구분에 따라 전통연희사의 시대를 구분하되, 각종 행사를 중심으로 전통연희를 살펴보고, 그 연희 담당층이 누구였으며, 그들의 연희가 후대에 어떻게 변화하고 발전하는가에 주목할 것이다. 다만 조선 후기는 가면극, 판소리, 꼭두각시놀이 등 연극적 갈래에 해당하는 새로운 연희가 성립되어 발전하는 등 연희 문화가 조선 전기와 상당한 차이를 보이고 연희 담당층도 다양한 모습을 드러낸다. 그러므로 우선 각종 행사를 중심으로 조선시대 전체 시기를 살펴보고, 전통연희가 산악·백희의 단계를 뛰어넘어 발전된 양식의 연극으로 성립되는 조선 후기를 독립시켜 이 시기에 나타나는 전통연희의 새로운 양상을 고찰할 것이다.

주

1 김재철, 『조선연극사』, 학예사, 1939(동문선, 2003).

2 권택무, 『조선민간극』, 평양: 조선문학예술동맹출판부, 1966(예니출판사, 1996); 이두현, 『한국연극사』, 민중서관, 1973(신수판, 학연사, 2000); 한효, 『조선연극사개요』, 평양: 국립출판사, 1956(한국문화사, 1996).

3 네 저서의 시대 구분 검토는 사진실의 「한국 연극사의 시대 구분을 위한 이론적 모색」(『한국음악사학보』 제24집, 한국음악사학회, 2000)을 참고했다.

제2장
상고시대의 전통연희

상고시대의 전통연희

상고시대는 삼국시대 이전을 말한다. 현재로서는 상고시대의 구체적인 연희 종목을 살펴볼 자료가 없다. 다만 상고 사회의 제천의식에서 연행된 가무 활동으로 연희 상황을 살펴볼 수 있을 뿐이다.

기원 전후 남만주와 한반도에 거주한 우리 민족은 풍요를 기원하는 농경의식과 종교적인 제천의식에서 가무희를 연행했다. 부여의 영고(迎鼓), 고구려의 동맹(東盟), 예(濊)의 무천(舞天)은 제천의식이었다. 마한에는 5월에 씨를 뿌리고 난 후와 10월에 농사를 끝내고 신에게 제사 지내는 농경의식이 있었다.

이런 의식에 가무와 연희의 흔적이 보인다. 제천의식은 소위 나라굿으로 국중대회(國中大會)라고도 했는데, 이는 사람들이 크게 모였다는 뜻이다. 나라 안 사람들이 모두 모이는 국중대회 때 각지에서 올라온 사람들이 다양한 연희를 공연했을 것이다. 국중대회는 농사가 잘되게 해달라고 굿을 하면서 노래 부르고 춤을 춘 행사이면서, 국가 단합을 위한 정치적인 기능도 수행한 것으로 보인다. 오늘날 남아 있는 고을굿[邑治祭儀]과 마을굿[洞祭]은 나라굿인 국중대회와 목적과 기능이 동일한 제천의식의 유풍(遺風)이다.

『삼국지(三國志)』「위서(魏書)」'동이전(東夷傳)'에 부여에서는 정월에 지내는 제천 행사에서 여러 날 동안 크게 모여서 마시고 먹으며 노래하고 춤추는데, 그 이름을 영고라 했다는 기록이 있다. 영고라는 명칭을 통해 북을 치고 음악을 연주하면서 신을 맞는 절차가 있었음을 알 수 있다. 그리고 정월에 크게 모여 노래하고 춤췄다는 내용은 오늘날 대개 정월 보름에 마을 주민이 모두 모여 당집에서 마을 수호신에게 제사 지내고 풍물을 울리며 노는 고을굿·마을굿과 그대로 일치한다.

『삼국지』「위서」'동이전'의 마한조에 이런 기록도 보인다.

> 해마다 5월이면 씨뿌리기를 마치고 귀신에게 제사를 지낸다. 무리를 지어 모여 노래와 춤을 즐기며 술 마시고 노는데, 밤낮을 가리지 않는다. 그들의 춤은 수십 명이 모두 일어나 뒤를 따라가며 땅을 밟고 몸을 구부렸다 치켜들었다 하면서 손과 발로 서로 장단을 맞추는 것인데, 그 가락과 율동이 탁무(鐸舞)와 흡사하다. 10월에 농사일을 마치고 나서도 이렇게 한다.

이 내용 또한 오늘날 단오 때 강릉 등에서 악기를 연주하고 노래와 춤으로 지방 수호신에게 제사 지내는 모습과 매우 흡사하다.

상고시대 때 제천의식에서 행하던 제사의 구체적인 절차나 내용을 파악할 수는 없으나, 위에 언급한 내용은 고대의 각종 축제나 제사가 대규모로 이뤄졌음을 시사한다. 여러 종류의 집단 춤과 노래, 복잡한 절차와 장엄한 의식, 그리고 각종 악기와 제사 도구가 사용되었음을 알 수 있다. 고대 연희는 이러한 의식과 행사를 통해 발전된 것이다. 제천의식과 농경의식에서 굿과 놀이 그리고 연극의 복합체인 원시종합예술이 싹튼 것은 세계적으로 공통된 현상이다.

상고시대 연희사의 잔영은 강원도 양구 상무용리에서 발견된 구석기시대의 석제인면상(石製人面像), 부산 영도 동삼동에서 출토된 신석기시대 조개 가면, 함북 웅기군 서포항에서 출토된 신석기시대 인형, 여러 암각화에 새겨진 청동기시대 그림 같은 유물과 유적에서 볼 수 있다.[1]

특히 청동기시대 암각화에서 구체적인 연희의 흔적을 살펴볼 수 있다. 우선 고인돌 암각화를 보면 영일 인비리와 칠포리, 경주 안심리, 함안 도항리, 여수 오림동의 고인돌 뚜껑돌에 석검, 석촉, 사람, 동심원 등이 조각되어 있다. 고인돌은 청동기시대의 묘제(墓制)이므로, 여기 나타난 암각화는 피장자의 사후 세계와 관련한 의미를 담고 있는 것으로 볼 수 있다. 석검과 석촉은 피장자를 사후에도 생전과 같이 사악(邪惡)으로부터 호위하려는 의미인 것이다. 사람 모습은 석검과 함께 그려져 있는데, 이것은 석검과 관련된 의식으로 여겨진다. 동심원은 태양을 상징

1 울주 대곡리 반구대 암각화의 고래, 거북, 동물, 인물.

하므로 사후에도 광명 세계를 원하는 소망이 투영된 것이라 볼 수 있다. 이런 암각화를 통해 피장자가 생전에 누리던 지위와 그의 죽음을 둘러싼 주변 사람들의 지극한 추모 감정을 읽을 수 있다. 또 장례를 위해 연행된 집단적인 연희를 추측할 수 있다.

그 밖에 동물상(動物像)과 기하문(幾何紋) 암각화로는 울주군 천전리와 대곡리 암각화가 있는데, 두 유적은 태화강 지류인 대곡천을 기준으로 2킬로미터 정도 떨어져 있다. 천전리 암각화는 기하무늬가 다수인데 사슴 같은 동물이나 인물과 가면이 함께 어우러진 것도 있다. 인물상 세 개, 사람 얼굴이나 가면 모습이 네 개다. 대곡리 반구대(盤龜臺) 암각화는 거대한 바위에 동물과 물고기, 인물 등이 이백여

2 울주 대곡리 암각화의 가면.
3 남원 대곡리 암각화의 패형 가면.

점이나 조각된 우리나라 최대의 선사시대 조각품이다. 호랑이, 사슴, 고래 같은 동물이 정교하게 묘사되었는가 하면,1 사람이 벌거벗고 춤추는 모습과 화살로 사냥하는 모습도 있다. 가면은 두 개가 있다.2 가면 중 하나는 천전리 것과 비슷하다. 이곳은 어떤 의식과 관련된 신성한 장소였을 것으로 추정된다. 즉 암각화들은 수렵을 떠나기 전의 진지한 기원과 모의 수렵 연행, 그리고 수확을 하고 돌아와서 지내는 감사 제사와 마을 사람들의 즐거운 연희를 충분히 보여주는 그림이다.

암각화 중에는 신면(神面)을 나타내는 패형(牌形) 가면도 발견된다.[3] 패형 가면이란 여러 가지 방패 모양(주로 마름모꼴, 원, 삼각형을 조합한 기하 무늬) 가면을 일컫는다. 패형 가면 암각화로는 고령 양전동과 안화리, 경주 금장대, 영천 보성리, 영일 칠포리, 남원 대곡리, 영주 가흥동 것이 있다.

울주군 천전리와 대곡리 암각화에는 인물상과 가면이 있고, 그중 가면에는 몸체가 있는 것과 없는 것이 공존했다. 그런데 금장대 암각화 이후부터 인물상은 보이지 않고 가면 위주의 암각화가 등장한다. 이는 매우 커다란 변화를 암시한다. 즉 가면이 전면에 등장하는 것은 집단이나 개인 생활에 무(巫)의 역할이 증대된 것으로, 의식이나 이에 상응하는 행사를 무가 주도적으로 이끌어갔다는 것을 상징한다.

청동기시대에는 농경을 했다. 농경이 주된 생산 양식이라는 청동기시대의 정치·사회 단계를 고려할 때, 정치와 종교 지도자는 군장(君長)과 무인(巫人)이 된다. 자연과의 갈등을 다스리고 풍농을 기원하는 무의 사회적 역할은 이 시대에 절대적이었다. 인간상 대신 특정한 인물의 얼굴이 패형 가면으로 강조되는 것을 무를 나타낸 것으로 보는 것은 이런 이유에서다. 일반인의 생활에 무의 영향이 깊게 침투하면서 경외 대상으로 무의 가면이 점차 암각화에 나오기 시작한 것이다. 그러므로 패형 가면은 개인과 촌락, 그리고 집단의 안녕과 풍요를 기원하고 위험으로부터 보호를 받고자 하는 기원의 상징이자, 그런 상징을 응용한 마을 연희가 전개되었음을 시사하는 증거가 된다.[2]

한국 음악사에서는 상고 사회에서 연행된 종교적 기능의 가무 전통이 삼국시대 향악(鄕樂)의 뿌리라는 견해가 설득력을 얻고 있다.

> 남만주와 한반도의 상고 사회에서 연행된 종교적 기능의 가무 전통은 삼국시대에 이르러 고구려, 백제, 신라 향악의 뿌리였다. 상고 사회의 가무에서 유래된 삼국의 향악은 삼국시대 외래 음악을 수용할 수 있는 기반이었음을 생각할 때, 그런 가무 전통이 삼국시대를 거쳐 남북국시대와 고려시대에 이르면서 한반도에 수용된 당악(唐樂)이나 아악의 영향 아래서도 굳건히 계승됨으로써 향악의 모체가 될 수 있

었다. 상고 사회의 가무가 지닌 음악사적 의미는 후대에 이르러 향악의 뿌리였다는 사실에서 찾아져야 마땅하다.[3]

한국 음악사에 대한 이러한 입장은 한국 연희사에도 그대로 해당한다. 우리가 삼국시대부터 조선시대에 이르기까지 끊임없이 외래 연희를 수용해 연희 문화를 풍부하게 영위하면서, 그것을 우리 취향에 맞게 개작해 한국화하고 나아가 새로운 연희 문화를 창출할 수 있었던 뿌리는 상고 사회의 가무 전통으로부터 이어지는 자생적, 토착적 연희 문화였던 것이다. 즉 삼국시대에 서역과 중국에서 외래 연희가 유입되었을 때, 이런 연희를 담당할 수 있는 자생적 연희의 전통이 있었기 때문에 고구려악, 신라악, 백제악이 수준 높은 연희로 발전할 수 있었다. 아무리 외래 연희가 유입되었더라도 이를 담당할 만한 기반이 없었다면 삼국에서 외래 연희가 전승될 수 없었을 것이다. 그러나 삼국은 자생적 연희의 기반이 상당했기 때문에 외래 연희를 받아들여 더욱 발전시키고, 다시 중국과 일본에 고구려악, 백제악, 신라악을 전달함으로써 진정한 의미의 연희 문화 교류가 이뤄질 수 있었다.

음악의 장단을 예로 들어보자. 삼국시대에 서역과 중국에서 유입된 외래 연희들은 처음에는 서역이나 중국식으로 연주되는 음악 장단에 맞춰 연행되었을 것이다. 그러나 어느 때부터인가 이 연희들은 우리식 장단인 삼분박(三分拍)에 맞춰 연행되었다.[4]

현재 우리나라에서는 줄타기, 땅재주, 대접돌리기, 인형극, 가면극, 판소리 등 전통연희 대부분이 삼분박을 사용하고, 전통연희에 쓰이는 노래와 춤사위도 삼분박에 맞춰져 있다. 장단이 달라지면 노래, 춤사위, 동작, 대사 구사법도 달라지게 마련이다. 그래서 삼분박을 사용하는 우리 전통연희는 이분박(二分拍)을 사용하는 중국이나 일본의 전통연희들과 노래, 춤사위, 동작, 대사 구사법 등이 전혀 다르다. 주변 어느 나라에서도 볼 수 없는 우리 삼분박 장단은 상고 사회의 가무 전통으로부터 이어지는 자생적이고 토착적인 연희 문화로부터 성립된 듯하다. 이로 인해 우리 전통연희는 주변 나라들과 다른 독자적인 모습을 갖게 된 것이다.

주

1 서연호, 「고대연희사의 잔영을 찾아서」, 『한국 가면극 연구』, 월인, 2002, 9~40쪽.

2 이상 암각화와 그에 대한 해석은 김정배, 「동북아 속의 한국의 암각화」, 『한국사연구』 특집호 별책, 한국사연구회, 1997. 12, 1~30쪽; 서연호, 앞 글, 9~40쪽 참조.

3 송방송, 「한국전통음악 소사(小史)」, 『한국음악학의 현단계』, 민속원, 2002, 26쪽.

4 삼분박은 '♩.=♩♪=♪♪♪'처럼 한 박자를 셋으로 나눌 수 있는 박자를 가리킨다. 특히 우리 삼분박(♩.)은 앞이 긴 삼분박(♩♪)이 특징이다. 굿거리장단, 중중모리장단, 자진모리장단, 타령장단 등 우리나라 기본 장단은 모두 삼분박을 사용한다.

제3장
삼국시대의 전통연희

삼국시대 전통연희의 전반적 성격

삼국은 초기에 중국 대륙 문물의 영향을 받아 이를 모방하기도 했으나, 후일에는 고대국가로서의 성장과 함께 각국의 민족성에 따라 자기 나름의 특수한 문화를 창조하면서 그것을 새롭게 형성, 발전시켰다.

고구려, 백제, 신라는 지배 체제를 정비하면서 국가 통치를 위해 한문을 수용하고, 율령을 반포하고, 불교를 공인했다. 그중 한문 사용은 모든 개혁의 선행 과제였다. 고구려에서는 372년(소수림왕 2년)에 불교를 공인하고 국학인 태학(太學)을 세웠으며, 373년에 율령을 반포했다. 백제에서는 260년(고이왕 27년)에 중앙 정부의 관제를 정비하고, 384년(침류왕 원년)에 불교를 공인했다. 신라에서는 520년(법흥왕 7년)에 율령을 반포하고, 528년(법흥왕 15년)에 불교를 공인했다.

불교 수용으로 각지에 사찰이 창건되고 탑파(塔婆) 등 건조물이 많이 세워졌으며, 회화와 조각, 공예미술도 크게 발달했다. 그 밖에도 학문승(學問僧)의 중국 내왕으로 한문학이 발달하고, 경문(經文)을 해독하는 연구가 성행해 학문이 발달했으며, 유학승(留學僧)에 의한 대륙 문물과 제도 수입으로 문물과 제도 변화를 일으키는 등 불교 수용은 삼국의 문화 발달에 크게 이바지했다.[1]

그리고 『후한서(後漢書)』 권85 「동이열전(東夷列傳)」75의 "무제가 조선을 멸하고 고구려를 현으로 삼아 현도에 속하게 하고, 악사와 연희자를 하사했다"는 기록과 고구려 고분벽화의 연희 장면을 통해, 산악·백희도 삼국시대에 전래했음을 알 수 있다.

수나라 문제(文帝)는 북방과 강남을 통일한 후 관제를 정비하고, 서역의 속악(俗樂)을 통합해 개황(開皇: 581~600) 초에 칠부기(七部伎)를 제정했다.[2] 칠부기는 악기 연주뿐 아니라 연희나 무용까지 포함하는데, 국기(國伎: 일명 西涼伎), 청상기(清商伎), 고려기(高麗伎), 천축기(天竺伎), 안국기(安國伎), 구자기(龜玆伎), 중국 문강기(文康伎: 禮畢)[3]가 그것이다. 양제(煬帝: 569~618) 때 칠부기에 강국기(康國伎)와 소륵기(疎勒伎)를 더해 구부기(九部伎)를 만들었다. 또 정관(貞觀) 11년(637)에서 16년(642) 사이에 문강기 대신 연악기(燕樂伎)와 고창기(高昌伎)를 더해 십부기(十部伎)를 만들어 속악 보호와 전수에 힘을 기울였다. 이 중 연악기와 청상기만 중국악이다. 천축기, 안국기, 구자기, 강국기, 소륵기, 고창기는 모두 서역악이다. 천축은 인도, 안국은 보카라(Bokhara), 구자는 천산북로에 위치한 쿠처, 강국은 사마르칸트, 소륵은 중앙아시아의 도시국가인 카슈가르(Kashgar), 고창은 현재 중국에 속한 신장성의 투루판 지역이다. 서량기(西涼伎)는 구자악과 중국악이 혼합된 것이다. 이처럼 중국의 수나라와 당나라는 주위 여러 나라의 악을 받아들여 다양성과 수준 향상을 추구함으로써 자국 예술을 풍부하게 발전시켰다.

마찬가지로 고구려, 백제, 신라도 중국과 서역악을 받아들여 우리 예술 생활을 풍부하게 가꿔나간 것으로 나타난다. 한 무제가 고조선을 침략해 설치한 한사군(漢四郡) 때부터 한반도는 중국 문화의 영향을 본격적으로 받았다. 삼국시대에는 산악 또는 백희라 불리는 외래 기원 연희들이 서역과 중국에서 유입되었다. 특히 서역악은 중국을 통해서도 유입되었지만 서역과의 직접 교류로 유입된 것으로 볼 수 있는 예도 있다. 삼국시대의 산악·백희 등 연희는 후대 우리 전통연희에 지대한 영향을 끼쳤다.

고구려에서는 고분벽화에 산악·백희에 해당하는 연희를 많이 그렸는데, 이 고분들의 축조 연대는 3세기 중엽부터 5세기 중엽 사이로 추정된다.[4] 그러므로 고구려악이 수나라 개황 초에 칠부기 중 하나로 중국 문헌에 나타나기 이전부터 이미 고구려에서 산악·백희가 성행한 것을 알 수 있다. 고구려는 북주(北周: 557~580) 때 서역악을 채용했는데, 고구려 고분벽화에는 이미 북주보다 훨씬 이전부터 서역 전래의 산악·백희가 그려진 것이다.

백제는 백제인 미마지(味摩之)가 오나라에서 배워 612년 일본에 전했다는 기악의 존재로 짐작할 때, 상당한 수준의 연희가 있었을 것이다. 기록을 찾아보기 힘들지만 신라 연희도 황창무, 입호무, 신라박을 통해 대략 살펴볼 수 있다.

삼국의 전통연희

고구려의 전통연희

고구려 시조 주몽(朱蒙)이 고구려 건국을 선언한 해는 기원전 37년이다. 고구려는 기원전 1세기 말부터 기원후 1세기 말에 이르는 동안 부여의 그늘에서 벗어나 만주와 한반도 일대의 새로운 국가 세력으로 성장했다.

고구려는 2세기 후반부터 4세기 전반 사이에 주변의 크고 작은 세력을 통합하고, 만주 남부와 한반도 중북부 일대에 남아 명맥을 유지하던 중국계 군현 세력을 완전히 소멸했다. 바로 이 시기에 고구려는 이 지역의 중심 세력으로 부상하게 되었다. 2세기 후반부터 고구려는 좀더 이질적이고 다양한 사회와 접촉해 이들을 자신의 영역으로 끌어들였다. 이렇게 해서 고구려 문화는 내용이 풍부해졌다.

4세기 후반에서 6세기 초에 걸쳐 고구려의 영역은 크게 확장되었다. 5세기에 서쪽으로는 요하(遼河) 좌우, 북쪽으로는 동류 송화강(松花江) 유역, 동쪽으로는 연해주 남단, 남쪽으로는 한반도 중부 일대까지 확장되었다. 이와 같이 영역을 크게 넓히면서 고구려는 동북아시아의 패자로서 동아시아의 국제 질서를 좌우하는 4강의 하나로 떠올랐다. 중국의 패권을 다투던 남조와 북조, 내륙 아시아 스텝 유목지대의 패자 유연(柔然)과 세력 균형을 이룬 고구려는 한 세기 이상 동북아시아 일대의 여러 세력에 패권을 행사했다. 이 시기 고구려는 영역 확장과 동북아시아에서의 패권 확립에 힘입어 이 지역의 사회적, 문화적 흐름도 주도했다. 고구려는 지배 이념을 정비하면서 평양으로 수도를 옮기고, 남북조와 유연 등 동아시아 주요 세력과 지속적으로 교섭했다. 그 과정에서 당시 아시아에서 보편 문화의 산실이자 보편 관념의 종합체이던 불교를 받아들이고, 주몽 신화를 체계화해 신앙으로 승화시켰다.

6세기 중엽에서 7세기 중엽에 이르는 기간 동안 고구려는 백제 부흥, 신라 성장, 중국 남북조시대 종결과 수나라라는 통일 세력 등장, 중국 중심 국제 질서 재정립을 위한 수당의 압박 등 국제 질서의 커다란 변화와 마주치게 되었다. 상쟁하던 고구려와 돌궐의 관계는 6세기 종반 이후 변모했다. 수 제국의 성립과 팽창이라는 새로운 상황에 대응해 고구려는 돌궐과 동맹을 추구하게 되었고, 대규모 교역도 행해졌다.[5]

고구려는 수당 등 통일 중국 제국에 대항하고, 그 세력을 견제하기 위해 내륙 아시아 국가들과 동맹과 교섭을 계속했다. 아프라시압 궁전 벽화에 보이는 두 사절은 7세기 후반 들어 점점 치열해지는 대당 전쟁의 절박한 상황에서, 내륙 아시아 국가들과 동맹을 추구하던 외교 노력의 일면을 잘 전해주는 예다.

1965년부터 삼 년에 걸쳐 발굴된 우즈베키스탄 공화국 사마르칸트 부근 아프라시압 언덕의 궁전 유지(遺址)에서 발견된 벽화에, 고대 한국인인 듯한 남자 사절 두 명이 보인다. 두 사람은 모자에 새 깃털 같은 것 두 개를 꽂았고, M자형 장식 칼집에 넣은 환두도(環頭刀)를 차고 있다.

이 벽화는 7세기 후반 왈프만 왕의 치세 중 이곳을 방문한 외국 사절단의 모습을 그린 것으로 추정된다. 그렇다면 사절도에 보이는 고대 한국인은 고구려인으로 봐야겠고, 당이 아니라 북아시아의 '초원의 길'로 그곳에 갔을 것이다. 유연, 돌궐, 설연타(薛延陀) 등과의 오랜 교섭 경험으로 가능했을 것이다.

내륙 아시아 지역 주민과의 교섭은 정치적으로 한국 고대사 전개에 큰 영향을 끼쳤다. 문화적으로도 삼국시대 유물이나 고분벽화에서 내륙 아시아 문화의 요소가 적잖이 발견된다.[6] 산악·백희 같은 외래 기원 연희가 일찍이 고구려에 유입된 것은 고구려의 대외 교섭이 매우 활발했기 때문이다. 고구려 각저총 벽화에 그려진 씨름꾼 중 한 사람은 분명히 서역 계통 외국인이고,**37 참조** 안악 3호분 벽화 중 후실의 무악도(舞樂圖)에도 서역인 가면을 썼거나 서역인으로 보이는 춤꾼이 있는 점으로 보아**43 참조** 서역인이 고구려에 와 고구려인과 더불어 산악·백희를 연행했을 가능성도 있다.

중국에서는 산악·백희가 한나라 이래 서역악의 영향으로 발전해 남북조시대에 매우 성행했다. 고구려는 북조와 왕래했기 때문에 중국 산악·백희의 영향도 받았을 것이다. 고구려와 북위의 교섭은 장수왕 13년(425) 고구려가 북위에 사신을 파견함으로써 시작되었고, 이후 계속 교섭이 있었다. 460년부터 북위가 내란에 빠지기 전인 523년까지 고구려가 북위에 사신을 파견한 횟수가 쉰일곱 번에 달할 정도다. 이 시기 고구려가 중국 남조에 사신을 파견한 것이 아홉 번임에 비할 때, 북위와의 관계 개선과 유지에 관한 열의를 엿볼 수 있다.[7]

문헌으로 볼 수 있는 고구려의 중국 연희 수용은 다음과 같다.

> (가) 순제 영화 원년(136) 그 왕(부여왕)이 조회하러 경사에 왔다. 황제가 황문(내시)으로 하여금 악기를 연주하고 각저희(角抵戲)를 놀게 한 다음 부여왕을 보냈다.[8]
>
> —『후한서』「동이전」30 부여국조

> (나) 한나라 때 악사(鼓吹)와 연희자(技人)를 (고구려에) 하사했다.[9]
>
> —『삼국지』「위서」'동이전' 고구려조

> (다) 무제가 조선을 멸하고 고구려를 현으로 삼아 현도에 속하게 하고 악사와 연희자를 하사했다.[10]
>
> —『후한서』85「동이열전」75

(가)에서 각저희는 산악·백희를 가리키는 듯하다. 장형(張衡: 78~139)의「서경부(西京賦)」를 통해 알 수 있듯이, 한대에 각저희라는 용어는 씨름에만 국한된 것이 아니라 산악·백희 일반을 지칭할 때도 사용되었다.

(나)와 (다)는 동일한 내용을 다룬 기록이다. (나)에서는 악사와 연희자를 고취와 기인으로 표기했고, 한나라가 이들을 고구려에 보낸 시기를 구체적으로 밝히지는 않았다. (다)에서는 한나라에서 이들을 고구려에 보낸 시기를 무제 때라고

4 안악 3호분 벽화의 고취악도 중 횡취, 고구려 4세기 중엽. 오른쪽 하단부터 윗쪽으로 말 탄 사람들이 각각 말북, 배소, 작은 뿔나팔, 손종을 연주한다.
5 삼실총 벽화의 완함 연주 장면, 고구려.

구체적으로 밝혔다. 이 기록들로 고구려에 중국 산악·백희의 영향이 있었음을 추정할 수 있다.

고구려는 소수림왕 2년에 전진에서 불교를 받아들였고, 북주 때 서역악을 채용했다. 그래서 6세기 후반부터 고구려 말인 7세기 후반까지는 고구려악의 전성시대였다. 고구려악은 오현(五絃, 오현금)과 필률(觱篥, 피리의 일종) 같은 발달한 서역 악기를 먼저 받아들였기 때문에 백제악이나 신라악보다 앞서 발전해, 수의 구부기에 들 수 있었다.[11] 고구려 고분벽화에는 스물한 가지 악기가 그려져 있다. 4세기 중엽 무덤인 안악 3호분의 행렬도에 관악기로 긴 저[長笛], 뿔나팔, 작은 뿔나팔, 배소가 있고, 현악기로 완함(비파의 한 종류)과 현금, 타악기로 세운 북, 말북, 매는 북, 매는 종, 요, 흔들북, 손북 등이 있어 이런 사실을 뒷받침해준다.**4·5**

한편 고구려악이 수나라의 칠부기와 구부기 등에 든 것은 고구려악에 서역악과는 다른 독자적인 면이 있었음을 의미한다. 즉 서역악을 받아들인 토대 위에 고구려 전래의 악을 결합해 새로운 악을 성립시킨 것으로 보인다.

또 『수서(隋書)』「음악지」에는 "고구려 가곡(歌曲)에는 지서(芝栖)가 있고, 무곡(舞曲)에는 가지서(歌芝栖)가 있다"는 내용이 보인다. 서역의 안국악에 가지서와 무지서가 있는 점으로 미뤄 볼 때, 고구려의 지서와 가지서도 서역 계통 가무로 추정된다. 이렇듯 고구려에는 서역계 악기와 가면무가 있었기 때문에 일본에서도 백제악이나 신라악이란 명칭 대신 '고마가쿠(高麗樂)'란 명칭으로 삼국의 악을 대표해 전래될 수 있었을 것이다.

이제 고분벽화로 고구려시대의 연희 장면을 보기로 하자. 고구려 고분벽화에는 나무다리 걷기(수산리 고분, 팔청리 고분), 방울 받기(장천 1호분), 곤봉 받기(약수리 고분), 곤봉과 방울을 엇바꿔 받기(수산리 고분, 팔청리 고분, 약수리 고분), 바퀴 돌려 올리기(수산리 고분, 장천 1호분), 말타기 재주(약수리 고분, 팔청리 고분), 칼 재주 부리기(팔청리 고분, 안악 3호분 행렬도), 씨름(각저총, 장천 1호분), 수박희(무용총, 안악 3호분) 등 곡예에 해당하는 연희들이 그려져 있다. 그리고 가면희(안악 3호분) 등 연극적 놀이와 북, 장구, 완함, 배소, 긴 통소 등 악기 연주가 보이며, 원숭이 재주 부리기(장천 1호분) 같은 동물 곡예 등 산악·백희에 해당하는 연희들이 다양하게 그려져 있다.

팔청리 고분벽화 행렬도에서는 행렬 주인공의 수레 앞에서 여러 가지 재주가 펼쳐지고 있다.[6] 말을 타고 뿔나팔을 불면서 갖가지 묘기를 보여주는 말타기 재주인 마상재(馬上才), 나무 장대에 올라가 두 발을 묶고 나무다리 걷기를 하면서 완함 반주에 맞춰 춤을 추는 연희, 두 사람이 짝을 이뤄 행하는 칼 재주 부리기, 곤봉(막대기) 세 개와 방울 다섯 개를 엇바꿔 던져 올리며 받는 재주 등 산악·백희의 연희 종목이 다수 발견된다. 이 그림에서 칼을 다루는 연희자는 두 명이다. 두 사람이 칼싸움을 하는 것처럼 칼을 쥐고 재주를 부리고 있다. 오른손에 칼을 잡은 사람은 무릎을 굽히고 몸을 낮췄으며, 왼손을 이마에 대고 상대편을 겨눠 본다. 왼손에 칼을 잡은 사람은 칼을 곧추세우고 칼끝을 쳐다본다. 이는 상대방을 실제로 찌르는 싸움과는 구별되는 연희로, 칼싸움을 재현해 연희화한 것이다. 두 사람이 짝을 이룬 칼 재주 부리기는 한대의 화상석과 내몽골 허린거얼의 동한시대 고분벽화에서도 발견된다.[34 참조] 이러한 칼 재주 부리기 연희가 발전해 신라 말기의 황창무(黃昌舞)처럼 고사를 소재로 한 예술적인 칼춤이 나왔고, 조선시대에는 지금도 전승되는 해주검무, 진주검무 같은 기생 검무로 이어졌다. 특히 이 그림에서

6 팔청리 고분벽화 행렬도의 연회 장면, 고구려. 왼쪽부터 북 연주, 마상재, 칼 재주 부리기, 농환, 완함 연주, 나무다리 걷기.

눈길을 끄는 것은 두 사람의 북 연주다. 큰북을 세운 장치가 있고, 이 장치 위에 마치 양산 같은 장식이 있으며, 연희자들은 북 양쪽에서 춤을 추며 북을 친다.

약수리 고분벽화에는 방울 두 개와 봉 하나를 엇바꿔 던져올리며 받는 재주, 긴 봉에 짧은 가지 여러 개를 달아 던지는 연희, 마상재 등이 보인다. 이 그림의 마상재에서 연희자는 말에 앉아 어떤 물체를 공중에 던졌다 받는 동작, 물체를 공중에 던지고 말 잔등에 납작 엎드리는 동작 등을 보여준다. 이런 동작은 모두 힘껏 앞으로 달리는 말 위에서 진행되고 있다. 비록 벽화에는 보이지 않지만 여러 사실로 미뤄 볼 때 말 등을 넘나들거나 말의 배에 붙어 몸을 숨기거나, 막대기를 던졌다 받거나, 창을 던지거나 하는 것 등 후대의 마상재에서 연희되던 재주들이 고구려에서도 이미 행해졌을 것으로 충분히 짐작할 수 있다.[12]

수산리 고분벽화**36 참조**에는 무덤의 주인공과 부인이 시중을 거느리고 연희를 구경하는 그림이 있다. 나무 장대 위 나무다리 걷기, 고리 달린 봉 세 개와 고리 다섯 개 또는 방울을 엇바꿔 던져 올리며 받는 농환, 작은 수레바퀴를 던져 올리며 돌리는 무륜(舞輪)이 보인다. 이 그림에서 수레바퀴를 다루는 연희자는 작은 수레바퀴를 돌리다 그것을 공중에 던지고 떨어지는 것을 되받아 던진다. 공과 봉을 다루는 연희자는 방울 다섯 개와 짧은 봉 세 개를 앞으로 던지면서 한 발자국을 내딛고, 떨어지는 방울과 봉을 뒤로 받아 다시 앞으로 던지는 과정을 반복한다.

농환(弄丸) 또는 도환(跳丸)이라 불리는 연희, 즉 공이나 방울을 여러 개 던져 올렸다 받는 재주는 원래 고대로부터 전 세계에서 자생적으로 생겨난 연희다. 중국과 한국에도 농환 같은 자생적인 방울 받기놀이가 있었을 터인데, 서역에서 더 뛰어난 기술이 도입되어 전문 연희자의 연희로 발전한 것으로 추정된다. 내몽골 허린거얼의 동한시대 고분벽화와 중국 한대 화상석에도 농환이 있다. 중국 화상석 등에 그려진 농환은 대부분 방울만 던졌다 받는다. 그러나 고구려 고분벽화의 농환은 단지 방울만이 아니고, 막대기와 방울을 함께 던졌다 받는다. 이는 고구려의 농환이 한층 발전된 양식이었음을 보여주는 예다.

수산리 고분과 장천 1호분의 벽화 등에 보이는 작은 바퀴를 던지며 돌리는 재주, 즉 무륜은 산둥성 지닝(濟寧)의 한대 화상석과 내몽골 허린거얼의 동한시대 고분벽화에도 있다.

말타기 곡예는 고대부터 페르시아, 인도, 중국, 고구려 등 아시아 북방부 기마 민족들이 개발한 것이다. 특히 페르시아는 우수한 말 서식지로 유럽과 중국에까지 유명했다. 고대 중국 제후들은 누구나 페르시아의 말을 갖고 싶어했다. 한 무제의 서역 개척도 당시 천마 또는 한혈마(汗血馬)로 불리던 페르시아의 훌륭한 종마를 얻어 천하를 제패하고자 한 데서 비롯됐다.[13]

고구려인이 기마 민족이기 때문에 말타기 재주가 매우 발달했을 것은 충분히 짐작할 수 있다. 그래서 외부로부터 고난도 말타기 재주가 유입되어도 쉽게 익힐 수 있었을 것이다. 한 예로 일종의 집단 마술(馬術)인 폴로(polo, 擊毬)는 세련되고 고급한 말타기 기술을 바탕으로 성립한 것인데, 우수한 말과 기수의 숙달된 승마술이 빚어내는 예술이었다.**7·8** 폴로는 사산조 페르시아에서 비롯된 것으로 실크로드를 거쳐 당에서도 크게 유행한 전형적인 서아시아 스포츠다. 그래서 투루판의 아스타나(Astana) 고분 출토 소조명기(塑造明器)를 비롯해 벽화 등에 다양한 형태로 묘사되어 있다. 『고려사(高麗史)』에 의하면 우리나라에서는 폴로를 격구(擊毬) 또는 타구(打毬)라고 불렀는데, 젊은 무관이나 상류층의 부유한 자제들이 무예를 익히는 방법으로 이를 행했다고 한다.[14]

7 산시성 간현(乾縣) 장회태자묘 벽화의 격구 장면, 당, 8세기 초.
8 격구 장면이 묘사된 화상전, 송.

『고려사』에 왕이 마희 또는 농마희(弄馬戱)를 구경했다는 기록이 있다. 조선시대에는 마상재라 불리는 말타기 재주가 있었는데, 입마(立馬, 안장 위로 기어올라가 말의 진행 방향과 반대로 돌아 앉는 것과 말 좌우로 뛰어넘기), 도립(倒立, 말 위에서 물구나무서기), 횡와(橫臥, 말 위에 가로 눕기), 장신(藏身, 말의 좌우 등자에 붙어 몸 감추기) 등의 기술이 있었다. 이 마상재는 인조 12년에 일본으로 전파되어 일본 말타기 재주의 원류가 되었다. 『화한무가명수(和漢武家名數)』라는 일본 문헌에 의하면, 1682년에 조선 곡마가 일본에 들어와 쓰나요시(綱吉) 장군도 구경했는데 말을 사용한 곡예나 연극도 행해져 볼거리가 다양했다고 한다.[15] 원래 말타기 재주, 격구, 각저희(씨름), 수박희 등은 산악·백희 종목이었으나, 후대에는 무예가 되어 연희에서 멀어졌다.

안악 3호분 벽화 중 후실 가면희 장면에는 외국인으로 보이는 춤꾼이 가면을 착용했다. 세 사람이 각각 긴 퉁소, 완함, 거문고를 연주하는 가운데 한 사람이 탈춤을 추는데, 퇴색이 심하지만 춤추는 인물은 비교적 선명하다. 붉은색 물방울 무늬가 있는 터번식 머리쓰개가 이국적이다. 이 인물은 코가 큰 탈을 썼으며, 다리를 X자형으로 꼬고 손뼉을 치는 듯한 자세로 춤을 추고 있다.43 참조 '발꼰춤사위'는 인도와 서역계의 춤동작으로 한국 춤에는 없던 것이고, 모자 역시 인도계 터번이다. 그러므로 이 사람은 외국계 무용수이거나 외국인으로 가면 분장하고 서역계 춤을 추는 우리 무용수로 보인다.

안악 3호분 행렬도에는 두 사람이 칼 재주 부리는 장면도 있다. 두 사람이 서로 반대 방향으로 서서 오른손에는 고리자루긴칼[環頭大刀]을 약간 뒤로 높이 치켜들고, 왼손에는 굽은 활 같은 것을 쥐고 앞으로 내밀이 칼 재주를 부린다. 안악 3호분과 무용총에는 수박희 장면도 있다.9·10 집안 다섯 무덤의 4호 고분과 5호 고분에도 가면을 쓴 사람이 있다.[16]

특히 4세기 말에서 5세기 초 무덤으로 추정되는 장천 1호분 전실의 북벽 벽화에는 큰 나무를 중심으로 여러 연희와 음악 연주가 묘사되어 있다.35 참조 벽화 가운데 손님과 주인이 나무를 사이에 두고 양쪽에 서 있는데, 나무 아래에서 한 연희자가 원숭이를 부려 나무를 오르내리게 하는 재주를 구경한다.[17] 원숭이 재주 부리기는 다른 벽화에서는 보기 어려워 장천 1호분 벽화의 특징이라 할 만하다. 동물을 훈련해 재주를 부리게 하는 것은 동서고금을 막론하고 가장 전형적인 곡예다. 벽화 왼쪽에는 마상재 장면, 씨름 장면, 한 사람이 채찍 같은 것을 들고 다른 한 사람을 쫓는 장면, 악기 연주 장면 등이 보인다. 벽화 오른쪽에는 공을 던져 올리며 받는 농환, 곤봉 같은 도구로 작은 바퀴를 던져 올리며 돌리는 무륜이 묘사되어 있다.

또 이 그림 왼쪽 상단에는 노래를 부르는 여인이 좌우로 날리는 연꽃 봉오리를 들고 있다. 여인 오른쪽에는 거문고 모양 악기를 세워 들고 연주하는 여인이 있고, 노래하는 여인 앞에는 소매 긴 저고리를 입은 춤꾼이 있다. 이들 아래에는 앉아서 거문고를 타는 여인과 두 팔을 벌리고 춤을 추는 남자 춤꾼이 있다.

그림의 가장 왼쪽 상단에는 마부가 말을 끌고 가는데, 다른 사람이 머리를 수그린 채 말의 꼬리를 잡고 따라가는 모습이다. 두 사람 모두 가면을 쓰고 있다.[18] 중국 육홰(陸翽)의 『업중기(鄴中記)』에 "연희자가 원숭이 형상을 하고, 달리는 말에서 말 옆구리로 가기도 하고, 말 머리 부분으로 가기도 하고, 꼬리 부분으로 가기도 하는데 말은 변함없이 달린다. 이를 원숭이 말타기[猿騎]라 한다"는 내용이 있다. 연희자가 꼬리 부분으로 간다는 것은 구체적으로 어떤 모습일까. 중국 한나

9 안악 3호분의 수박희, 고구려. 4세기 중엽.
10 무용총 수박희, 고구려.

11 마희. 산둥성 임치(臨淄) 문묘(文廟) 화상석.

라 때 화상석으로 그 모습을 살펴볼 수 있다. 그림 왼편에 말꼬리를 잡고 뛰어오르려는 인물이 있다.**11** 이 그림과 마찬가지로 장천 1호분에서 가면을 쓰고 말꼬리를 붙잡은 인물도 고개를 수그렸다 뛰어 올라타려는 것이 아닌가 한다.

각저총에는 각저희, 즉 씨름하는 장면이 있다. 두 씨름꾼이 씨름을 하고, 오른쪽에 심판인 듯한 노인이 지팡이를 짚고 있다. 왼쪽 씨름꾼은 매부리코나 눈의 생김으로 보아 서역인이 분명하다.

당나라 십부기 중 고구려기에 호선무(胡旋舞)와 광수무(廣袖舞)가 들어 있다. 두 춤은 모두 고구려 고분벽화에서 발견된다. 호선무는 원래 서역 기원 춤으로 강국, 미국, 식닉 등 소그디아나 여러 나라의 춤이다. 강국악을 속칭 호선무라 일컬을 정도였다. 고구려 고산동 10호 고분에는 여자 두 명과 남자 한 명이 춤추는 모습이 있는데, 이는 호선무의 한 장면을 묘사한 것으로 보인다. 이 그림에서는 세 사람이 모두 두 팔을 하늘을 향해 번쩍 들어 좌우로 약간 벌리고 있는데, 두 팔을 이렇게 편 것은 원을 그리며 도는 동작을 주로 하는 호선무의 한 장면을 형상화한 것으로 간주된다.[19]

『신당서(新唐書)』 권21 「예악지(禮樂志)」에서는 구부기 중에 고려기(高麗伎)를 열거하고 각종 악기도 나열하면서 고구려 호선무를 소개했다. 이에 의하면 호선무는 놀이꾼이 큰 공 위에 서서 바람같이 빨리 도는 놀이로, 특히 고구려의 호선무가 매우 뛰어났다고 한다. 그러나 반드시 나무로 만든 큰 공에서 호선무를 추는 것은 아닌 듯하다. 맨바닥에서 추기도 했으며, 다만 바람처럼 매우 빨리 회전하는 춤이었다. 당나라 시인 백거이(白居易: 772~846)의 『신악부(新樂府)』「호선녀(胡旋女)」에도 호선무 묘사가 있지만, 춤추는 사람이 공에 올라갔다는 내용은 없다.

광수무는 무용총 무용수들이 입은 의상을 보면 금방 이해가 된다. 무용총 벽화에 등장하는 무용수들은 모두 소매가 길고 넓은 옷을 입었는데, 그 소매가 춤동작을 연출하는 데 크게 기여했다.**12** 『구당서(舊唐書)』 권29 지9 음악2에서는 고구려악 무용수 네 명을 다음과 같이 묘사했다.

> 무용수 네 명이 머리 뒤로 상투를 짜 올리고, 이마에는 곤지를 바르고, 황금 귀고리를 했다. 두 명은 누런 치마에 적황색 바지를 입었고, 매우 긴 소매에 검은 가죽신을 신고 쌍쌍이 나란히 서서 춤을 춘다.[20]

12 긴소매 옷을 입고 춤추는 무용총 무용수들.

넓고 긴 소매는 오늘날 봉산탈춤이나 강령탈춤, 처용무 등에서 찾아볼 수 있다.

한편 『구당서』 「양재사전(楊再思傳)」에 의하면 고구려 연희가 당나라에도 잘 알려진 것으로 나타난다. 양재사는 어사대부로 있었는데, 어느 날 사례시(司禮寺)에서 주연이 절정에 올랐을 때 사례소경(司禮少卿)인 동휴(同休)가 그의 얼굴이 고구려 사람을 닮았다고 희롱했다. 그러자 양재사는 흔쾌히 일어나 전지(剪紙)를 달라 해 건(巾)에 달고 자줏빛 도포를 뒤집어 입은 다음 고구려춤을 한바탕 췄는데, 머리에 띠를 묶고 두 손을 펼치는 동작이 음악과 잘 어울려 사람들이 매우 즐거워했다고 한다. 이 글에서 보듯 당시 어사대부가 고구려춤을 흉내 낼 정도였다면 고구려 연희가 꽤 관심을 끌었다는 이야기가 된다.

고구려가 멸망한 후에도 고구려 연희는 당나라에서 계속 전승된 것으로 나타난다. 이백(李白: 701~762)이 고구려춤을 보고 읊은 시 「고구려(高句驪)」가 이를 뒷받침한다.

金花折風帽　절풍모에 금화 꽂고
白馬小遲回　백마처럼 천천히 도네.
翩翩舞廣袖　넓은 소매 휘저으며 훨훨 춤을 추니
似鳥海東來　마치 해동에서 새가 날아온 듯.

이백이 이 시에서 묘사한 것이 고구려의 광수무다. 이 밖에도 약수리 고분, 무용총, 각저총 등 벽화에 수박희와 각저희를 비롯한 여러 연희와 무용 장면, 음악 연주 등이 묘사되었는데, 이들은 대부분 산악·백희에 해당하는 종목들이다. 그런데 이상의 산악·백희는 특정한 공연 장소가 필요하지는 않았던 것으로 나타난다. 산악·백희 관련 연희들은 행렬도에서도 보이고 다른 장소에서도 보인다. 산악·백희는 공연에 필요한 공이나 봉, 칼, 바퀴, 나무다리 등 소도구만 있으면 어느 곳에서나 언제든지 할 수 있는 연희였다.

한편 고구려에서는 산악·백희의 한 종목인 인형극도 매우 성행한 것으로 보인다. 우리 기록에는 고구려의 인형극에 대한 내용이 보이지 않으나 중국 여러 기록에서 그 내용이 발견된다.

(가) 대체로 산악잡희에는 환술이 많은데, 모두 서역에서 나온 것이다. 뛰어난 환인이 중국에 오면서 시작되었는데, 한나라 안제(安帝, 즉위 107) 때 천축에서 바친 기예가 그것이다. …가무희에는 대면(大面), 발두(撥頭), 답요랑(踏搖娘), 굴뢰자(窟礧子) 등이 있다. 현종(즉위 712)은 그런 가무희들을 정성(正聲)이 아니라고 해, 궁중에 교방(教坊)을 설치하고 거기에 소속시켰다. …굴뢰자는 괴뢰자(魁儡子)라고도 한다. 인형[偶人]을 만들어 연희했는데 가무를 잘했다. 본래는 상가(喪家) 음악이었는데 한 말에 비로소 가회(嘉會, 경사를 기념해 여는 연회)에서 사용되었다. 북제(北齊)의 후주인 고위(高緯: 즉위 565)가 몹시 좋아했다. 고구려 역시 인형극이 있었다. 현재 민간에서 성행하고 있다.[21]

— 두우(杜佑), 『통전(通典)』

(나) 굴뢰자는 괴뢰자(魁儡子)라 하고 또한 괴뢰자(傀儡子)라고도 한다. 대개 인형으로 하는 연희로 가무를 잘했다. 본래는 상가 음악이었다. 인형사가 목왕(穆王)에게 헌납한 기예에서 비롯되었다. 고구려에도 이것이 있었다. …한 말에 이르러서는 가회(嘉會)에서 공연되었다. 제나라 후주인 고위는 이것을 몹시 좋아했다. 진실로 왕이 즐겨야 할 바를 잃은 것이다.[22]

— 진양(陳暘), 『악서(樂書)』 권185 우인희(偶人戲)

(다) 괴뢰와 월조(越調), 이빈곡(夷賓曲)은 이적(李勣)이 고구려를 파한 후에 바친 것이다.[23]

— 마단림(馬端臨), 『문헌통고』 「동이부(東夷部)」

이 기록들로 산악·백희 종목인 인형극이 고구려에서 독자적으로 전승되었음을 짐작할 수 있다. (가)는 당나라 두우가 801년에 편찬한 『통전』 기록으로, 고구려에도 인형극이 있었다고 언급했다. 『구당서』 지9 음악2에도 (가)와 동일한 기사가 있다. (나)는 송나라 진양이 12세기 초에 편찬한 『악서』에 있는 기록이다. (가)와 (나)에서 중국 인형극을 얘기하면서 고구려 인형극도 함께 언급한 것은 그만큼 고구려 인형극이 유명했다는 증거다. (다)는 송의 마단림이 13세기 후반에 편찬한 『문헌통고』다. 당나라 이적이 668년에 고구려를 멸망시키고 황제에게 인형극을 진상했다는 내용이다. 이를 통해 고구려의 인형극이 중국 것과 다르고 수준이 매우 뛰어났다는 사실을 알 수 있다. 중국 인형극과 유사한 것이었다면 굳이 승전 기념물로 진상하지는 않았을 것이기 때문이다. 아마도 인형극 연희자와 악사가 함께 납치되어 인형극을 공연한 것으로 추정된다.[24] 이 인형극은 고구려의 자생적인 연희 전통 속에서 생겨난 것이거나, 서역에서 유래된 인형극이 고구려에서 한층 발전된 것일 터인데, 어쨌든 고구려 인형극이 중국과 다른 독자적인 내용을 갖고 있었음은 분명하다.

산악·백희의 중요한 종목 가운데 아직까지 고구려 고분벽화에서 발견되지 않은 것도 있다. 줄타기, 물구나무서기, 솟대타기, 불 토해내기, 칼 삼키기다. 중국 한나라 고분 화상석이나 화상전 등에는 이 다섯 종목이 많이 그려져 있다. 그러나 고구려 고분에서는 아직까지 발견되지 않았다. 물론 앞으로 고분을 더 발굴하면 발견될 가능성도 있다. 산악·백희의 주요 종목들은 전문적 연희 집단에 의해 함께 연행되었기 때문이다. 어쨌든 현재까지 발굴된 고구려 고분벽화에는 이 다섯 종목이 보이지 않지만, 고려와 조선시대에는 이 종목들도 연행된 것으로 나타난다.

이상 살펴본 바와 같이, 고구려악은 중국 수나라와 당나라의 칠부기와 구부기, 십부기에 들 정도로 예술성을 갖추고 있었다. 그리고 무용총, 장천 1호분, 수산리 고분 등 고구려 고분벽화에 보이는 무용도와 각종 연희 장면, 중국에서 유명했던 고구려 인형극, 이백의 악부시 「고구려」, 고구려춤을 흉내 냈던 당나라 재상 양재사의 경우 등으로 볼 때, 고구려에 전문적인 연희 담당층이 존재했을 것으로 추정된다.

한편 『수서』 권81 「열전」46 고려조에 "(고구려에서는) 사람이 죽으면 처음에는 곡을 하며 운다. 그러나 장례를 치를 때는 북을 치고 춤을 추며 음악을 연주하면서 보냈다"는 기록이 있다. 상가에서 북을 치며 춤을 추는 것이 우리의 자생적인 연희 전통이었을 것으로 짐작되지만, 구체적인 내용은 아직 알 수 없다.

백제의 전통연희

『삼국사기(三國史記)』에 의하면 백제는 기원전 18년에 건국되어 660년에 나당 연합군에 멸망한 것으로 되어 있다. 백제를 구성한 주민은 계통이 여러 갈래로, 이 가운데 선주토착민으로 마한의 여러 소국을 구성한 한인(韓人)이 주류를 이뤘고, 여기에 예인(濊人)이 섞이게 되었다. 한인과 예인이 주로 백제의 피지배층을 형성했을 것이다. 지배층은 왕족과 해씨(解氏) 등을 비롯한 부여족 계통이 중심을 이뤘다.

백제는 세 차례 천도로 개성 있는 문화를 형성했다. 한성(漢城)시대에는 서울 석촌동에 있는 대규모 돌무지무덤에 나타나듯이 고구려적인 성격을 강하게 띠었다. 그러나 웅진(공주)과 사비(부여)로 도읍을 옮기면서 중국 남조 문화를 받아들여 세련되고 우아한 문화를 만들어냈다. 또 백제는 지리적 이점을 최대한 활용해 중국에서 새로운 문물을 받아들여 백제화하고, 다시 왜에 전수해 일본 문화를 발전시키는 역할을 했다.

백제의 대중국 관계는 처음에 낙랑, 대방군을 중심으로 이뤄졌으나, 근초고왕(近肖古王: 재위 346~375)이 동진에 사신을 파견하고 동진에서 '진동장군령낙랑태수(鎭東將軍領樂浪太守)' 작호를 받음으로써 본격적으로 활발히 진행되었다. 백제의 중국 외교는 지리 관계상 주로 남조를 중심으로 이뤄졌지만, 사비 도읍기에는 남북조 모두와 외교하는 등거리 외교를 구사했다.

백제는 중국에서 유교사상과 불교를 받아들여 중앙집권의 지배 이념으로 삼았다. 백제에는 불교 외의 다른 신앙으로 시조묘 제사, 천지신 제사, 도교사상 등이 있었다. 1993년 부여 능산리에서 발견된 백제금동대향로 조각은 산악숭배, 신선사상, 도교, 불교가 복합된 모습을 보여준다.

백제와 왜의 관계는 우호적이었는데, 이는 왜 지역으로 이주한 백제계 사람들이 왜 정권의 핵심에 자리한 것과 연관 있는 듯하다. 백제는 왜에 학술과 기술 등 선진 문물을 제공했고, 왜는 백제의 요청에 응해 군사를 원조했다. 백제가 왜에 『천자문』과 『논어』를 전하고 오경박사(五經博士) 등을 파견한 것과, 광개토왕비문이나 백강(白江) 전투에서 알 수 있듯이 왜가 원군을 파견한 것은 이러한 사실을 반영하는 것이다.[25] 백제인 미마지(味摩之)가 일본에 전했다는 기악(伎樂)도 이러한 맥락에서 이뤄진 것으로 보인다.

『수서』「동이전」에 백제기(百濟伎)로 투호(投壺, 병에 화살 넣기), 위기(圍碁, 바둑), 저포(樗蒲, 윷놀이의 일종), 악삭(握槊, 주사위놀이인 쌍륙), 그리고 농주지희(弄珠之戱)를 들고 있다. 농주지희는 고구려 고분벽화에 나오는 것과 같은 공 받기나 방울 받기로, 흔히 농환이라 불리던 산악·백희 종목이다. 한편 중국 역사서인『수서』의「동이전」과『북사(北史)』의「백제전(百濟傳)」에 따르면, 백제 음악에 고(鼓), 각(角), 공후(箜篌), 쟁(箏), 우(竽), 지(篪), 적(笛) 일곱 가지 악기가 사용됐다고 한다. 이 일곱 가지의 백제 악기 가운데 공후, 쟁, 우, 지, 적은 중국 남조 음악을 대표하는 청상악(淸商樂) 악기다. 고구려 음악이 북조 음악의 영향을 받았듯이, 백제 음악은 남조 음악의 영향을 받았다.[26] 이렇듯 백제악은 주로 중국 남조악인 청악계(淸樂系)의 영향을 받았고, 당시 유행하던 서역계 음악을 사용하지 않았기 때문에 수의 구부기에 들지 못했다.[27]

그 밖에 백제인 미마지가 중국 남조 오나라에서 배워 612년 일본에 전했다는 기악이 있다. 기악 내용은 13세기 일본 문헌인『교훈초(教訓抄)』(1233)에 소개되어 있는데, 절에서 불사(佛事) 공양 무곡(舞曲)으로 연출되던 교훈극으로 묵극(默劇)이었다고 한다.[28] 이러한 기악의 존재로 볼 때 백제에도 연희 종목이 더 있었을 것으로 추정된다.

신라의 전통연희

삼한 사회가 각기 맹주국을 중심으로 정치적 통합을 달성한 결과 남한 지역에 등장한 것이 백제, 신라, 가야였다. 마한은 백제로, 진한은 신라로, 변한은 가야로 재편성된 것이다. 삼한 가운데 진한과 변한은 여러 면에서 매우 강한 종족적, 문화적 친연성을 지녔다. 신라의 모태는 진한 12국 중 하나인 사로국(斯盧國)이었다. 사로국은 오늘날 경주에 있던 여섯 개 읍락 연합으로 형성된 듯하다.

신라는 시조 박혁거세(朴赫居世)가 즉위한 기원전 57년부터 경순왕(敬順王: 재위 927~935)까지 56대 992년간 존속했다. 박(朴), 석(昔), 김(金) 세 성의 시조신화는 국가 형성 시기 경주 6촌 사회의 모습과 상고시대 신라인의 관습, 신앙, 종교의 단면을 전해준다. 박씨 혁거세 신화는 신라의 건국신화로, 우리나라 건국신화의 전형인 천강신화(天降神話)와 난생신화(卵生神話)의 요소를 모두 갖추고 있다. 특이한 것은 석씨 탈해(脫解) 신화인데, 주인공이 바다를 표류한 끝에 동해안에 이르렀다는 점으로 미뤄 석탈해를 해양 세력 출신으로 보기도 하고, 본래 야장(冶匠)이었다는 점으로 미뤄 시베리아 혹은 중국 북방 민족으로 보기도 한다.

4세기 중엽 내물왕(奈勿王: 재위 356~402)이 등장하면서 김씨 세습 왕조가 성립되었고, 이후 백오십 년 이상 왕과 일족은 돌무지덧널무덤을 만들어 썼다. 이것은 몽골 지역에서나 볼 수 있는 특이한 묘제(墓制)로, 여기서 출토되는 북방 계통 유목 민족 특유의 유물에 근거해 김씨 왕조를 북방 유목 민족 출신에 의한 정복왕조가 아닐까 주장하는 학자도 있다.

신라에서는 눌지마립간(訥祗麻立干: 재위 417~458) 때 고구려를 거쳐 온 아도(阿道, 별명 墨胡子)를 통해 불교가 파급되었지만, 지방에서의 개인 전도(傳道)로 박해가 심했다. 그 후 양(梁)나라 사신인 승(僧) 원표(元表)에 의해 비로소 신라 왕실에 불교가 알려졌다. 왕실은 불교 수용을 위해 노력했으나 귀족들의 반대로 실패하고, 법흥왕(法興王) 14년(527)에 이르러 이차돈(異次頓) 순교를 계기로 불교가 공인되었다.

또 신라에서는 『도덕경(道德經)』과 노자 사상이 유행했고, 이와 함께 도불회통(道佛會通), 삼교회통(三敎會通) 사상이 확산되었다. 신라의 화랑을 '선도(仙徒)'라 부른 데서도 도교사상과 신선사상의 성행을 짐작할 수 있다.

신라의 한학(漢學) 수용은 지배층의 정치적 목적으로 이뤄졌다. 한학은 유학(儒學) 중심으로 확대되면서 특히 왕권 성장과 밀접한 관계를 맺었다. 한학 발달은 왕권의 권위와 국가 발전을 찬양하는 국사(國史) 편찬으로도 나타났으며, 의학, 역학, 천문, 노장학 등에 이르기까지 문화의 폭을 넓혔다. 한문 사용은 법흥왕 때부터 진덕여왕 때까지 성행한 불교를 통해 확대되었고, 수당 외교에서 문화 발전의 안목을 넓히는 데 기여했다. 설총(薛聰: 655~?)은 이두(吏讀)를 만들어 경서를 훈독할 수 있도록 했다.[29]

신라 연희로는 가무백희, 황창무, 농환, 사자무, 무애희, 입호무, 신라박이 있다. 가무백희는 중국 산악 또는 백희에 해당하는 용어다. 가무백희라는 용어는 『삼국사기』의 신라 유리왕(琉璃王) 9년조에 처음 나타났다. 그리고 『증보문헌비고(增補文獻備考)』에도 진흥왕(眞興王) 12년(551)에 처음 설치한 팔관회에서 가무백희를 놀았다는 내용이 나온다.

(가) 왕이 육부(六部)를 정하고 이를 두 편으로 갈라, 왕녀(王女) 두 사람으로 하여금 각각 부내 여자들을 거느리게 해 편당을 만들었다. 7월 16일부터 날마다 일찍 대부(大部)의 뜰에 모여 길쌈을 해 밤 열 시쯤 일을 마쳤다. 8월 15일에 이르러 그 공의 다소를 살펴 진 편은 음식을 마련해 이긴 편에게 사례하게 했다. 이때 모두 가무백희를 했는데 이를 가배(嘉俳, 가위)라 했다.[30]

(나) 진흥왕 때 팔관회를 열었다. 매년 11월에 대궐 뜰에 스님을 모으고 윤등(輪燈) 하나를 설치하고 사방에 향등(香燈)을 늘어놓았으며, 또 채붕(綵棚) 두 개를 설치해 백희가무를 바치며 복을 빌었다.[31]

(가)의 가무백희는 내용으로 볼 때 산악·백희가 아닌 것으로 보인다. 그러나 (나)의 팔관회 때 채붕을 설치하고 연행한 가무백희는 바로 산악·백희다. 그래서 『증보문헌비고』 산악조에 수록된 것이다. 채붕을 설치하고 그 앞에서 산악·백희를 연행하는 전통은 고려를 거쳐 조선시대까지 지속되었다.

황창무(黃昌舞)는 가면을 쓰고 춤추는 검무다. 『증보문헌비고』와 조선조 현종 때 경주부사 민주면(閔周冕: 1629~1670)이 『구동경지(舊東京志)』를 증보 간행한 『동경잡기(東京雜記)』 풍속조에 신라의 황창랑(黃昌郞)이라는 일곱 살 소년이 검무를 빙자해 백제 왕을 죽이고 백제인에게 피살되었으므로, 신라인들이 이를 슬퍼해 그 모습을 가면으로 만들어 쓰고, 그의 춤을 모방해 검무를 추었다는 황창무 유래담이 나온다. 이 유래담은 품일(品日) 장군의 아들 관창(官昌)이 계백 장군에게 살해된 사실이 전설화한 것으로 보인다. 『삼국사기』 「열전」7 관창조에 의하면 관창은 신라 품일 장군의 아들로 화랑이었는데, 열여섯 살 때 이미 말타기와 활쏘기에 능했고, 백제와의 전쟁에 부장(副將)으로 출전해 용감하게 싸우다 백제의 계백 장군에게 사로잡혀 죽임을 당했다. 그러나 그의 죽음은 신라군의 사기를 진작시켜 신라군이 백제군을 대파하는 계기가 되었다. 그러므로 후일 신라인이 그의 죽음을 슬퍼하며 추모하고자, 그 얼굴을 본떠 가면을 만들어 쓰고 검무를 추었다고 한다. 여기서 황창무가 유래한 것으로 보인다. 관창의 나이가 열여섯이었는데, 황창이 일곱 살이었다는 것은 관창 이야기가 전승되는 과정에서 나이가 어렸다는 점을 강조하느라 과장된 것으로 보인다. 『동경잡기』 권2 관창조에는 이첨(李詹: 1345~1405)이 고려 말인 1385년에 경주에서 가면을 쓴 아이가 검무 추는 것을 보고 "황창… 이는 분명 관창이다. 기록해 전한 자의 착오다(黃昌… 此必官昌也. 傳者誤耳)"라 했다는 기록이 있는데, 이미 이첨도 황창을 관창의 와전(訛傳)으로 본 것이다.

칼춤 또는 칼 재주 부리기는 산악·백희의 일종으로 이미 고구려 고분벽화에도 나온 오래된 연희다. 황창무는 칼 재주 부리기가 고사와 결합해 오락화, 예술화한 것이다.

한편 가야국 가실왕(嘉實王)의 명으로 우륵(于勒)이 열두 곡을 지었는데, 가야국에 난리가 나자 우륵은 가야금을 가지고 신라 진흥왕(眞興王)에게 귀화했다. 우륵이 지은 열두 곡은 하가라도(下加羅都), 상가라도(上加羅都), 보기(寶伎), 달사(達巳), 사물(思勿), 물혜(勿慧), 하기물(下奇物), 사자기(師子伎), 거열(居烈), 사팔혜(沙八兮), 이사(爾赦), 상기물(上奇物)이다.[32] 이 중 세 번째 곡인 보기는 방울 받기인 농환으로 보인다.[33] 그리고 여덟 번째 곡의 '사자기'란 곡명으로 보아 이때 이미 사자춤도 존재했을 가능성이 있다. 왜냐하면 우륵이 지은 열두 곡이 음악만 의미하는 것은 아니기 때문이다. 『삼국사기』 권4 「신라본기」4 진흥왕 13년조에 의하면, 우륵이 신라로 귀화하자 진흥왕은 계고(階庫), 법지(法知), 만덕(萬德) 세 사람에게 명해 우륵에게 악(樂)을 배우게 했다고 한다. 이때 우륵은 그들의 재능에 따라 계고에게는 가야금을, 법지에게는 노래를, 만덕에게는 춤을 가르쳤다. 그러므로 우륵이 지은 열두 곡이 가야금 곡조만이 아니라 연주, 노래, 춤이 어울린 연희였음을 알 수 있다.

한편 우륵 12곡은 우륵이 창작한 것이 아니라, 가야 최성기인 5세기 말 제가야(諸伽倻) 연맹의 전통악을 가야금 곡으로 만든 것이며, 사자기와 보기는 남제(南

齊)에서 전래한 기악이라는 견해도 있다.[34] 즉 우륵 12곡의 사자기를 기악의 사자기로 간주하는 것이다. 이 견해에서는 『남제서(南齊書)』「왕경칙전(王敬則傳)」에 "몽기오색사자(夢騎五色獅子)"라는 기사가 있는 점으로 미뤄, 우륵의 사자기가 사자춤을 포함하는 것으로 보고 있다.

『삼국유사(三國遺事)』에 신라 승려 원효(元曉: 617~686)가 우인(優人)이 놀리던 큰 박을 본떠 연희 도구를 만든 후 무애(無㝵)라 이름 짓고, 이것을 가지고 촌락을 돌아다니면서 노래하고 춤춰 가난하고 무지몽매한 무리까지 교화시켰다는 내용이 보인다.

> 원효가 이미 계를 범해 설총을 낳은 후로는 속인의 옷으로 바꿔 입고, 스스로 소성거사(小姓居士)라 일컬었다. 우연히 우인들이 놀리는 큰 박을 얻었는데 모양이 기괴했다. 원효가 그 형상대로 도구를 만들고 『화엄경(華嚴經)』의 "일체무애인(一切無㝵人)은 한길로 생사를 벗어난다"란 글귀를 따 이 도구를 무애라 부르면서, 노래를 지어 세상에 퍼뜨렸다. 일찍이 이 도구를 가지고 촌락을 두루 돌면서 노래하고 춤춰 교화·음영(吟詠)하고 돌아왔으므로, 가난하고 무지몽매한 무리까지 모두 불타(佛陀)의 호(號)를 알게 되어 누구나 나무아미타불을 부르게 되었으니, 원효의 법화가 컸던 것이다.[35]
>
> — 『삼국유사』 권4 의해(義解)5 원효불기조(元曉不羈條)

결국 무애희(無㝵戱)는 전문 연희자인 우인의 연희 도구를 활용해 만든 무애를 사용하면서 노래하고 춤춘 연희다. 무애희는 고려시대를 거쳐 조선시대까지 전승되었다. 『고려사』「악지(樂志)」 속악(俗樂) 무애조에 "무애희는 서역에서 유래했다. 가사에 불가(佛家)의 말을 많이 사용하고 또한 방언이 섞여 기록하기가 어렵다"고 한 점으로 볼 때 무애희는 본래 서역 전래 연희로 전문 연희자들이 연행하던 것을 원효가 개작해 포교에 활용했을 가능성이 있다.

『삼국유사』에는 원효의 무애가 대호(大瓠)라 되어 있으나, 고려 말 이인로(李仁老: 1152~1220)의 『파한집(破閑集)』 권하에는 무애가 곡항호로(曲項葫蘆), 즉 목 굽은 호로박이라 되어 있다. 일본의 유야쿠(踊躍) 염불종(念佛宗)에서도 호로박을

사용해 포교했는데 형식이 무애희와 매우 유사하다. 구야쇼닌(空也上人: 903~972)은 헤이안 시대 초기 사람인데, 진메이(仁明) 천황의 황손으로 '아미다(あみだ) 스님'이라 불렸다. 그는 호로박을 두드리고 징을 울리며 화찬(和讚)이나 송문(頌文)을 읊고 환호하며 춤췄다. 이를 '유야쿠 염불'이라 불렀는데, 속어로는 '오도리(踊り) 염불'이라 했다. 처음에는 탁발의 발(鉢)을 친다는 의미에서 '탁발치기'라고도 불렸다. 그러다 발이 호로박으로 바뀐 것이다. 이 구야(空也) 염불종의 후예들은 후에 말차(抹茶)를 젓는 다선(茶筅)을 시중에 팔러 다녔는데, 그때 한 사람은 호로박을 치고, 다른 사람은 가슴에 단 정(鉦)을 쳤다. 이러한 포교 형식은 일면 연예화할 소질을 갖고 있었으므로 잡예(雜藝)에 들게 되었다.[36]

신라 연희 중에는 중국에 전해진 종목도 있다. 〈신서고악도〉에 묘사된 신라악 입호무(入壺舞)**108 참조**다. 이는 사람의 몸을 항아리 속으로 사라지게 했다 다른 항아리로 나오게 하는 환술로, 흔히 둔술(遁術)이라 불렸다. 그림 108에서 항아리 두 개에 하반신과 상반신이 분리된 모습은 이쪽 항아리로 들어가 저쪽 항아리로 나온다는 사실을 설명하는 것이다. 그리고 입호무의 연희자가 착용한 모자가 경각복두(硬角幞頭)로 관모(官帽)라는 점에 주목하면, 신라 궁정에 소속된 전문 연희자가 중국에 파견되어 이 연희를 연행했으리라 추측된다. 이미 수나라 칠부기와 당나라 십부기에 고구려기가 들어 있었고, 백제기와 신라기는 칠부기 외 외국악으로 존재했다는 사실을 상기한다면 고구려, 백제, 신라가 국가 차원에서 산악·백희 연희자를 양성했을 가능성이 있다.

일본에는 중국에서 산악이 전래하자 산악호(散樂戶)를 뒀다가 782년에 산악호를 폐지했다는 기록이 있다. 이는 나라시대에 산악 보호와 육성을 위한 관립 학교가 있었음을 의미한다.[37] 따라서 신라도 관이 주도하는 교육 기관을 둬 전문 연희자를 육성했을 가능성이 있다. 신라에는 궁중 공연 예술을 담당하는 왕립 음악 기관 음성서(音聲署)가 있었다. 그리고 통일신라 다섯 소경(小京)의 음악 중 하나로 밝혀진 소경무(小京舞)는 감(監) 세 명, 금척(琴尺) 한 명, 무척(舞尺) 한 명, 가척(歌尺) 세 명으로 구성되었다. 여기서 금척은 가야금 악공이고, 무척은 춤추는 무용수이며, 가척은 노래 부르는 악공이었다.[38] 그러므로 입호무 같은 산악·백희 연희자도 국가 차원에서 육성했을 것으로 추정된다.

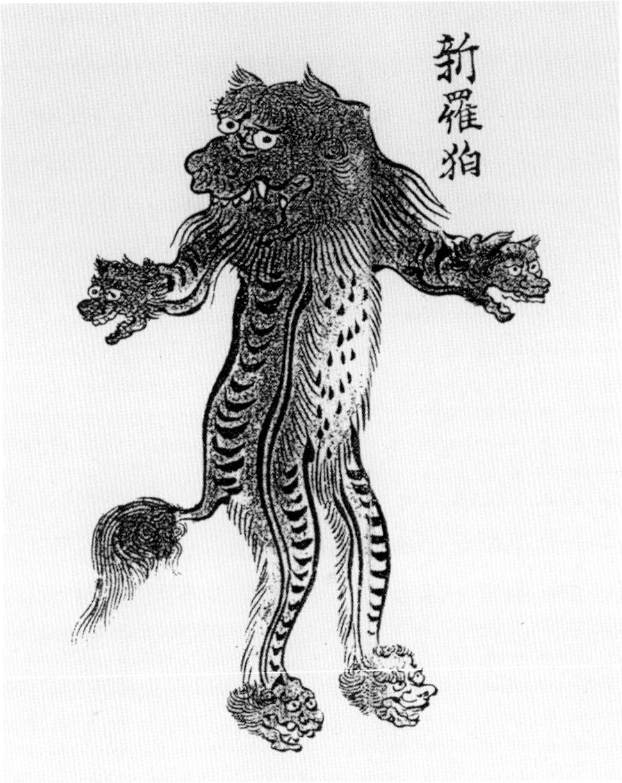

13 〈신서고악도〉 신라박.

우리나라에는 이 환술이 어떻게 형성된 것인지를 알려주는 기록이 전혀 없다. 중국 학자들은 신라 입호무를 오늘날 중국에서 널리 행해지는 항둔(缸遁)으로 간주한다.[39]

또 〈신서고악도〉에는 신라박(新羅狛)이라는 동물 가면을 착용한 가면희**13** 그림도 있는데, 동물로 가장한 가면희 역시 산악·백희의 일종이다. 신라박은 동물(사자) 형상에 사람이 들어가 서 있는 모습인데, 양손과 발에도 동물 머리를 형상화한 것이 특징이다.

삼국시대의 연희 담당층

고구려 고분벽화의 연희 장면, 수나라 칠부기와 당나라 십부기에 포함된 고구려악, 신라 궁중 공연 예술을 담당한 왕립 음악 기관 음성서, 입호무, 신라박을 통해 삼국시대에 전문 연희자가 활동했음을 확인했다.

그러나 현재로서는 연희 담당층을 살펴볼 자료가 별로 없다. 다만 재승(才僧) 계통 연희자에 대한 자료를 통해 삼국시대 연희자의 구체적인 모습을 일부나마 살펴볼 수 있을 뿐이다. 이 책에서 재승 출신이라는 용어 대신 '재승 계통'이라는 용어를 쓰는 이유는 다음과 같다. 불교와 관련한 연희 담당층에는 승려이면서 연희에 종사하는 사람, 즉 명실상부한 재승도 있었지만 절의 노비이면서 연희자인 경우도 있었고, 사찰에 이름을 올려 놓고 승려 행세를 하면서 실제로는 속인인 연희자도 있었기 때문이다.

재승 계통 연희자로 가장 대표적인 예가 원효다. 『삼국유사』에 의하면 원효는 불교를 포교하는 방편으로 전문 연희자인 우인의 연희 도구를 활용해 만든 무애를 사용하면서 노래하고 춤추는 무애희를 연행했다. 그런데 원효는 불교의 계를 범해 요석공주와의 사이에 설총을 낳은 후, 속인 옷을 입고 이 연희를 하며 돌아다녔다. 이때 원효에게서 바로 재승의 면모를 볼 수 있다.

다음 인용문은 삼국시대에 원효 이외에도 재승 계통 연희자가 활약했음을 전해준다.

(가) (대덕 경흥이) 갑자기 병이 나 한 달이나 되었는데, 한 여승이 와서 보고 『화

엄경』 가운데 착한 벗이 병을 치료해주는 이야기를 하면서 "지금 스님의 병은 근심으로 생긴 것이니 즐겁게 웃으면 나을 것입니다" 하고, 열한 상(相)의 면모(面貌)를 만들어 각각 우스꽝스런 춤[俳諧之舞]을 추게 하니 뾰족하기도 하고 깎은 듯도 해, 그 변하는 모습을 이루 다 말할 수 없었다. 모두 너무 우스워 턱을 떨어뜨릴 지경이었다. 이에 경흥(憬興)의 병이 자기도 모르는 사이에 깨끗이 나았다. 여승이 마침내 문을 나가 남항사(南巷寺, 삼랑사 남쪽에 있는 절)에 들어가 숨어버렸는데, 지팡이만 장정한 불화(佛畵) 십일면 보살상 앞에 남아 있었다.[40]

— 『삼국유사』 권5 감통(感通)7 경흥우성조(憬興遇聖條)

(나) 월명(月明)은 사천왕사(四天王寺)에 살았는데 피리를 잘 불었다. 일찍이 달 밝은 밤에 피리를 불며 문 앞 큰길을 지나니 달이 그를 위해 가기를 멈췄다. 이로 인해 그 길을 월명리(月明里)라 했다.[41]

— 『삼국유사』 권5 감통7 월명사도솔가조(月明師兜率歌條)

(다) 법민왕(法敏王)이 하루는 차득공(車得公)을 불러 "네가 재상이 되어 백관을 고루 다스리고 사해를 태평케 하라"고 말했다. 공이 말하기를 "폐하께서 만일 소신을 재상으로 삼으신다면 신은 나라를 몰래 다니면서 백성의 부역이 괴로운가 수월한가, 조세가 가벼운가 무거운가, 관리들이 청렴한가 더러운가를 살펴본 후에 직책을 맡겠습니다" 하니 왕이 그 말을 따랐다. 그래서 공은 승복을 입고 비파를 들고 거사 모습을 한 다음, 서울을 나와 아슬라주, 우수주, 북원경을 지나 무진주에 이르러 촌락을 순행했다.[42]

— 『삼국유사』 권2 기이(紀異)2 문무왕 법민조

(가)는 신라 승려 경흥이 병이 났을 때 여승이 열한 상의 면모를 만들어 각각 우스꽝스런 춤을 추게 하니, 그 변하는 모습이 너무 우스워 턱을 떨어뜨릴 지경이었다는 내용이다. 관음보살의 화신인 여승은 바로 인형희 연희자로 역시 재승의 면모를 보여준다. (나)는 피리 명수였던 승려 월명사 이야기다. 재승으로서의 월명사의 면모를 엿볼 수 있다. (다)는 668년 일이다. 차득공이 승복을 입고 비파를

든 거사로 변장해 민간을 순행했다는 내용이다. 당시에 승복 차림으로 비파를 연주하면서 민간을 돌아다니는 거사들이 많았기에 가능했을 것이다. 여기서 거사는 불교 색채를 띤 떠돌이 연희자다.[43] 이들의 구체적인 연희 내용은 알 수 없으나 일본에서 헤이안 시대부터 활동한 비파법사(琵琶法師)와 유사하지 않을까 한다. 일본 비파법사는 비파를 연주하면서 노래하는 길거리의 연희자였다.

이 밖에 『삼국사기』 권32 「잡지(雜志)」1에 진평왕 때 승려 담수(淡水)가 날현인(捺絃引, 정확히 알려진 바 없으나 현악기의 일종일 것으로 추정된다)을 만들었다는 기록도 있다. 이상 예로 신라시대에 연희와 악기 연주를 잘한 승려, 즉 재승이 존재한 사실을 확인할 수 있다.

현재는 신라 승려들이 연희를 행한 기록만 남아 있지만, 고구려나 백제도 마찬가지였을 것이다. 이를테면 백제인 미마지가 오나라에서 배워 612년 일본에 전한 기악이 있었음을 볼 때, 백제에도 기악 같은 불교연희를 담당하는 재승들이 있었으리라 짐작할 수 있다.

주

1 『한국사』8, 국사편찬위원회, 1998, 1쪽.

2 『수서(隋書)』 권15 음악지에 칠부기(國伎, 淸商伎, 高麗伎, 天竺伎, 安國伎, 龜玆伎, 文康伎)와 대업연간(大業年間: 605~616)에 확장한 구부악이 기록되어 있다.

3 예필(禮畢)은 본래 진(晉)나라 태위(太尉) 유량(庾亮: 289~340)의 집에서 나왔다. 유량이 죽자 기예인이 유량을 추모해 그의 얼굴을 본뜬 가면을 쓰고, 일산을 들고 춤을 추면서 그의 모습을 형상화했다. 이에 유량의 시호(謚號)를 따 문강악(文康樂)이라 했다. 구부악을 연주하고 연주가 끝날 때마다 문강악을 연출했기 때문에 예필이라 이름 지었다. 행곡(行曲)에는 단교로(單交路)가 있고, 무곡(舞曲)에는 산화(散花)가 있다. 악기로는 적(笛), 생(笙), 소(簫), 지(篪), 영반(鈴槃), 비(鞞), 요고(腰鼓) 일곱 가지가 있고, 삼현이 일부(一部)를 이루며, 악공은 스물두 명이었다. 『수서』 권15 음악지.

4 손수호, 「고구려 무덤벽화에 그려진 행렬도의 유형과 변천에 대하여」, 『조선고고연구』, 평양: 과학원출판사, 1992. 3; 전호태, 『고분벽화로 본 고구려 이야기』, 풀빛, 1999; 최무장, 『고구려 고고학』2, 민음사, 1995; 조선일보사, 『집안 고구려 고분벽화』, 조선일보사, 1993.

5 이상 고구려의 역사적, 문화적 배경은 전호태, 앞 책, 11~15쪽에서 요약 인용.

6 고구려의 대외 교섭에 대해 노태돈, 『고구려사 연구』(사계절, 1999), 539~542쪽에서 요약 인용.

7 앞 책, 310쪽.

8 順帝 永和 元年 其王來朝京師 帝作黃門鼓吹角抵戲以遣之.

9 漢時賜鼓吹技人.

10 武帝滅朝鮮 以高句麗爲縣 使屬玄菟 賜鼓吹伎人.

11 이혜구, 『한국음악연구』, 국민음악연구회, 1957, 222~224쪽.

12 주재걸, 「벽화무덤을 통하여 본 고구려의 교예」, 『력사과학』 2호, 평양: 조선역사편찬위원회, 1983, 32쪽.

13 고승길, 「고분벽화에 묘사된 고구려의 곡예와 아시아의 곡예」, 『연극연구』10, 중앙대 연극학과, 1996, 221쪽.

14 민병훈, 「실크로드를 통한 역사적 문화 교류」, 『실크로드와 한국 문화』, 소나무, 1999, 84쪽.

15 고승길, 앞 글, 224쪽.

16 주재걸, 「고구려사람들의 예술활동에 관한 연구」, 『고고민속논문집』8, 평양: 과학백과사전출판사, 1983, 250쪽.

17 사진으로는 분명하지 않지만 이 고분벽화에는 원숭이 두 마리가 있다. 최무장은 다음과 같이 설명했다. "묘 주인인 듯한 사람과 손님들은 나무를 중심으로 펼쳐지는 두 원숭이의 재롱을 감상했다. 나뭇가지에는 목에 쇠고리를 찬 원숭이가 내려오고, 다른 원숭이 한 마리는 나무 가장자

리에 앉아 왼쪽을 향해 머리를 조아리고 있다. 이들 두 원숭이의 몸은 황색으로 채색되고, 머리에는 가면을 쓴 것이 확인된다. 또 나무 아래에는 원숭이를 다루는 듯한 두 사람이 있다." 최무장, 앞 책, 597~609쪽.

18 주재걸, 앞 글, 252쪽.

19 사회과학원 고고학연구소 편, 『고구려문화사』, 사회과학출판사, 1975, 259쪽; 『고구려문화사』, 논장, 1988로 재간행.

20 高麗樂 …舞者四人 推髻於後 以絳抹額 飾以金璫. 二人黃裙襦 赤黃袴 極長其袖 烏皮靴 雙雙竝立而舞.

21 大抵散樂雜戲多幻術 皆出西域 始以善幻人至中國 漢安帝時天竺獻伎. …歌舞戲 有大面 撥頭 踏搖娘 窟礧子等戲. 玄宗以其非正聲 置教坊於禁中以處之. …窟礧子亦曰魁礧子 作偶人 以獻(戲)善歌舞. 本喪樂也 漢末始用之於嘉會. 北齊後主高緯尤所好 高麗之國亦有之 今閭市盛行焉.

22 窟礧子亦謂之魁礧子 又謂之傀礧子. 蓋偶人以戲 善歌舞 本喪家樂也. 蓋出於偃師獻穆王之伎 高麗國亦有之 …至漢末用之於嘉會. 齊後主高緯尤好之 眞失其所樂矣.

23 傀儡并越調夷賓曲 李勣破高麗所進也.

24 서연호, 『꼭두각시놀음의 역사와 원리』, 연극과인간, 2001, 39~41쪽 참조.

25 이상 백제의 역사적, 문화적 배경은 『한국사』6(국사편찬위원회, 1995), 1~10쪽 참조.

26 송방송, 「한국전통음악 소사」, 『한국음악학의 현단계』, 민속원, 2002, 108쪽.

27 이혜구, 앞 책, 222쪽.

28 이혜구, 「산대극과 기악」, 『한국음악연구』, 국민음악연구회, 1957; 「양주별산대놀이의 옴·먹중·연잎과장」, 『예술논문집』8, 예술원, 1969.

29 이상 신라의 역사적, 문화적 배경은 『한국사』7(국사편찬위원회, 1997), 1~10쪽 참조.

30 王旣定六部 中分爲二 使王女二人 各率部內女子 分朋造黨. 自秋七月旣望 每日早集大部之庭績麻乙夜而罷. 至八月十五日 考其功之多少 負者置酒食 以謝勝者. 於是 歌舞百戲皆作 謂之嘉俳. 『삼국사기』 권1 신라본기(新羅本紀)1 유리이사금(儒理尼師今) 9년조.

31 眞興王時設八關會. 其法每歲仲冬會僧徒於闕廷 置輪燈一座列香燈四旁. 又結兩綵棚呈百戲 歌舞以祈福. 『증보문헌비고』 권107 악고(樂考)18 산악조.

32 『삼국사기』 권32 악지 가야금조.

33 이혜구, 「국악사」, 『한국예술총람 개관편』, 예술원, 1964.

34 김동욱, 「우륵십이곡에 대하여」, 『신라가야문화』 제1장, 청구대, 1966, 32쪽.

35 曉旣失戒生聰 已後易俗服 自號小姓居士. 偶得優人舞弄大瓠 其狀瑰奇. 因其形製爲道具 以華嚴經一切無㝵人 一道出生死 命名曰無㝵 仍作歌流于世. 嘗持此 千村萬落且歌且舞 化詠而歸 使桑樞瓮牖玃猴之輩 皆識佛陀之號 咸作南無之稱 曉之化大矣哉.

36 河竹繁俊, 『日本演劇全史』, 東京: 岩波書店, 1979, 232쪽.

37 가와타케 시게토시(河竹繁俊), 이응수 역, 『일본연극사』(상), 도서출판 청우, 2001, 162쪽.

38 송방송, 앞 글, 27~28쪽.

39 傅起鳳·傅騰龍, 『中國雜技史』, 上海: 上海人民出版社, 1991, 171쪽.

40 (憬興)忽寢疾彌月 有一尼來謁候之. 以華嚴經中善友原病之說爲言曰 今師之疾 憂勞所致 喜笑可治. 乃作十一樣面貌 各作俳諧之舞 巉巖戍削 變熊不可勝言 皆可脫頤 師之病不覺泗然. 尼遂出門乃入南巷寺(寺在三郎寺南)而隱 所將杖子 在幀畵十一面圓通像前.

41 明常居四天王寺 善吹笛. 嘗月夜吹過門前大路 月馭爲之停輪 因名其路曰月明里.

42 王一日召庶弟車得公曰 汝爲宰 均理百官 平章四海. 公曰 陛下若以小臣爲宰 則臣願潛行國內 示民間 役之勞逸 租賦之輕重 官吏之淸濁 然後就職 王聽之. 公著緇衣 把琵琶 爲居士形 出京師 經由阿瑟羅州(今溟州)牛首州(今春州)北原京(今忠州)至於武珍州(今海陽)巡行里閈.

43 윤광봉, 『유랑예인과 꼭두각시놀음』, 밀알, 1994, 21~22쪽; 박전열, 「내방자 설화의 비교연구」, 『일본학보』 제26집, 한국일본학회, 1991.

제4장
통일신라시대의 전통연희

통일신라시대 전통연희의 전반적 성격

통일신라는 한국 고대 사회에서 정치적인 안정과 문화적인 번영을 이룩한 시기다. 비록 국토와 인구는 크게 감소했으나 당의 세력을 한반도 밖으로 축출해 민족 자결권을 확보하고, 백제와 고구려 문화와 성당(盛唐) 문화까지 폭넓게 수용해 새로운 민족 문화를 발전시켰다.

통일신라는 빈번히 조공사(朝貢使)를 파견해 문물을 교류하고, 숙위(宿衛) 외교로 통일을 완성했으며, 숙위 학생 파견 등으로 신라인의 세계관을 확장시켰다. 견당사(遣唐使)와 구법승(求法僧) 활동, 그리고 산둥(山東) 반도 일원의 신라방(新羅坊) 설치 같은 활동은 황해 횡단 항로나 남방 항로 확보와 발달된 조선술, 항해술 덕에 가능한 것으로, 신라인의 왕성한 해외 진출욕을 반영하는 예다. 또 통일신라는 문화 융성으로 불교철학과 유교정치가 정착하고 불교미술과 과학기술 발달로 이어져 전에 없이 번성했다.

통일신라시대의 빈번한 조공사 파견과 구법승 왕래는 서역을 인식하는 계기가 되었고, 이 인식은 6세기말 원광(圓光: 542~640)에 의해 더욱 넓어졌다. 또 통일신라의 활발한 대당 교류로 서역 문물이 수용되고, 귀족들의 수요 증가로 서역 문물이 널리 퍼지게 되었다. 원성왕릉(元聖王陵)의 무인석(武人石)이나 각종 금속, 유리 제품에서 당시 활발한 서역 교류 흔적을 살펴볼 수 있다.[1] 그러므로 최치원(崔致遠)이 「향악잡영 5수」에서 읊은 연희처럼 서역 계통의 수준 높은 연희가 존재한 것이다. 아울러 아랍인으로 간주되는 처용을 주제로 하는 처용무도 성립할 수 있었다.

통일신라에는 삼국 향악을 수용해 발전시킨 향악(鄕樂)과 당에서 들어온 당악(唐樂)이 있었다. 통일신라의 향악은 삼현(三絃)과 삼죽(三竹)으로 대표된다. 삼현은 거문고, 가야금, 향비파를 말하고, 삼죽은 대금(大笒), 중금(中笒), 소금(小笒)을 말한다. 가야금은 6세기 우륵에 의해 신라 사회에 수용되었고, 거문고와 향비파는 삼국 통일 후 고구려 현금(玄琴)과 오현비파를 수용한 결과였다. 삼죽은 고구려의 횡적(橫笛)이나 백제 적(笛)을 수용해 새롭게 발전시킨 것이다.[2] 통일신라의 당악은 당나라 군대를 통해 받아들인 고취악 계통 음악, 삼죽에 사용된 당악조(唐樂調), 당풍(唐風) 범패로 세분된다. 신라는 백제를 멸망시킨 당나라 군대가 머문 웅진도호부(熊津都護府)의 군영으로 성천(星川)과 구일(丘日) 등 신라 사람 스물여덟 명을 문무왕(文武王: 재위 661~681) 4년에 보내 당악을 배우게 했는데, 이때 배운 당악은 군악 계통 고취악으로 추정된다. 당악은 신라 하대로 내려오는 동안 당속악(唐俗樂) 28조(調)의 일부가 신라 사회에 수용되면서 더욱 다양하게 발전했다. 진감선사(眞鑑禪師) 혜소(慧昭: 774~850)는 당나라에서 배운 9세기 당풍의 범패를 신라 사회에 소개해 음악사의 새로운 지평을 열었다.[3]

통일신라시대의 연희로는 처용무와 최치원의 「향악잡영 5수」에 묘사된 다섯 가지 연희가 있다.

처용무

처용무는 통일신라시대부터 현재까지 꾸준히 전승되면서 시대 변천에 따라 다양하게 변화한 것으로 나타난다. 고려시대와 조선시대의 처용무는 나례와 밀접한 관련이 있으므로 통일신라시대 이후의 처용무는 각 시대별로 '나례의 전통연희'를 설명할 때 살펴보기로 한다. 처용무는 『삼국유사』 권2 처용랑(處容郞) 망해사조(望海寺條)에서 유래를 살펴볼 수 있다.

> 제49대 헌강대왕 때 대왕이 개운포(開雲浦) — 학성(鶴城) 서남에 있으니 지금의 울주(蔚州) — 에 나가 놀다 바야흐로 돌아가려 했다. 낮에 물가에서 쉬는데 문득 구름과 안개가 자욱해져 길을 잃었다. 왕이 괴이하게 여겨 측근에게 물으니 일관(日官)이 아뢰었다. "이것은 동해용의 조화이오니 마땅히 좋은 일을 해 풀어야 될 것입니다." 이에 사무를 맡은 관원에게 명령해 용을 위해 그 근처에 절을 세우도록 했다. 왕의 명령이 내려지자 구름과 안개가 걷혔으므로, 이 일로 말미암아 지명을 개운포라 한다. 동해용이 기뻐해 이에 아들 일곱을 거느리고 임금 앞에 나타나, 왕의 덕을 찬양해 춤을 추며 음악을 연주했다. 그중 한 아들이 임금을 따라 서울에 들어가 정사를 도왔는데, 이름을 처용이라 했다.
>
> 왕은 처용에게 미녀를 아내로 주어 그의 생각을 잡아두게 했으며, 또 급간(級干)이란 관직을 줬다. 그런데 그의 아내가 매우 아름다웠으므로 역신(疫神)이 흠모해 사람으로 모습을 바꿔 밤에 그 집에 가 몰래 동침했다. 처용이 밖에서 돌아와 자리에 두 사람이 누운 것을 보고 노래를 부르고 춤을 추면서 물러나왔다. 노래

> 는 이렇다. "서울 밝은 달에, 밤 들어 노니다가, 들어와서 자리를 보니, 가랭이가 넷이러라, 둘은 내 것인데 둘은 뉘 것이뇨, 본디는 내 것이다만은 빼앗겼으니 어찌할꼬?" 그때 역신이 형체를 나타내 처용 앞에 꿇어앉아 말했다. "제가 공의 아내를 사모해 그녀와 관계했는데, 공은 노여움을 나타내지 않으시니 감동해 칭송하는 바입니다. 맹세코 이후로는 공의 형용을 그린 것만 봐도 그 문에 들어가지 않겠습니다." 이 일로 나라 사람들이 처용 형상을 문에 붙여 사귀(邪鬼)를 물리치고 경사를 맞게 되었다.[4]

처용 설화는 신라 제49대 헌강왕(憲康王: 재위 875~886) 때 일이다. 이 설화는 처용을 문신(門神)으로 신격화하면서, 처용의 모습이 역귀(疫鬼)를 퇴치하는 주술력을 갖게 되는 과정을 잘 보여준다.

설화에서 처용무와 관련되는 내용을 요약하면 다음과 같다. 처용이 집에 돌아와 역신이 자기 아내를 차지한 것을 보고도 노여워하지 않고 「처용가」라는 향가를 지어 불렀다. 이에 역신이 용서를 빌면서 앞으로는 처용의 형용을 그린 것만 봐도 피하겠다고 약속하고 물러갔다. 이에 처용 형상으로 역귀를 피할 수 있게 되었다. 이는 역귀로 대변되는 나쁜 일을 물리치는 벽사(辟邪) 의례의 기원이 된다. 이렇게 시작된 처용무는 고려시대와 조선시대의 나례와 연회를 통해 계속 전승되었는데, 처용을 형상화한 가면을 착용하고 역귀를 쫓아내는 춤을 췄다.

처용 설화와 처용무의 성립에 대해 그동안 많은 견해가 있었다. 우선 민속학 입장에서 처용무를 고찰한 이두현은 처용 설화에 중국의 종규(鍾馗) 설화나 불교 설화 등의 영향이 보이나, 그 기층에는 여전히 신라 이전부터 전승된 주술종교적인 토착신앙이 핵심을 이루고 있다고 지적했다. 그는 처용무가 신라 이전부터 내려온 한국 토착의 고대전승인 벽사 가면과 산신탈굿, 용신탈굿 등의 복합에서 출발했지만, 점차 대륙계 가면무의 영향을 받아 이차, 삼차 변용을 거듭해 오늘날의 오방처용무(五方處容舞)**14**에 이르렀다고 봤다.[5]

국문학자 조동일(趙東一)은 처용랑 망해사조의 기록을 연극에 관한 중요한 자료로 봤다. 그는 동해용, 처용, 남산신(南山神), 북악신(北岳神), 지신(地神) 등은 모두 신격(神格)인데, 이러한 신격이 나와서 춤을 췄다는 것은 누군가 이러한 신격

14 오늘날 오방처용무 공연.

의 춤을 췄다는 말이고, 신격의 춤을 추려면 그 신을 형상화한 가면이 필요했다고 봤다. 그래서 처용도 사람이 처용 가면을 쓰고 췄을 것이라 추정했다. 특히 헌강왕이 포석정에 갔을 때 남산신이 나타나 왕 앞에서 춤을 추는 대목에서 실마리를 찾았다. 헌강왕 앞에 나타난 남산신의 춤이 좌우 사람들에게는 보이지 않고 왕에게만 보였으며, 후에 왕이 남산신 가면을 만들라 명해 그 가면을 쓰고 춤을 췄다는 사실이 이러한 사정을 이해하는 단서라는 것이다.[6] 그리고 처용의 왕정 보좌는 바로 재앙을 물리치고 나라를 튼튼하게 하는 것으로, 그것이 역신과의 대결로 구체적으로 표현되었다고 한다. 즉 역신은 문자 그대로 병을 일으키는 신인데, 이때 병은 나라의 병이라는 것이다. 그래서 처용이라는 신격의 가면을 쓰고 춤추는 사람이 상대역인 역신 가면을 쓰고 춤추는 사람을 물리치는 과정을 행동으로 보여주는 굿을 해 나라의 위기를 극복하고자 한 것이라 해석한다.[7]

국문학자 서대석(徐大錫)은 처용과 역신의 관계에 대해 무속적 입장의 견해를 제시했다. 그는 처용을 강신무(降神巫)로 봤다. 그는 처용 설화가 무당인 처용이

가무로 자기 처에게 붙은 역신을 퇴치하는 내용이며, 처용이 가정수호신인 문신으로 정립되기까지의 과정을 기술한 무속신화라는 점을 지적하고, 처용이 구역신(驅疫神)의 신격으로 숭앙되었다고 밝혔다.[8]

그런데 처용이 문신으로서 역신을 쫓고 역신의 침입을 막는 것은 바로 중국 나례신(儺禮神)인 종규와 통한다. 처용과 종규는 발생 설화, 문신으로서의 성격, 가면무희의 특징, 나례에서 차지하는 구역신의 위치 등 모든 면에서 공통점이 있다. 그래서 처용이 중국 종규에서 영향을 받은 것이라는 견해가 제시되기도 했다.[9]

한편 역사학계에서는 처용을 아랍인으로 보는 견해가 상당히 설득력을 얻고 있다.[10] 미술사학계에서는 경주에서 출토된 서역 관련 유물을 논하면서 신라와 서역의 교류가 활발했음을 밝히고 있다.[11] 한반도에서 발굴된 서역 유물, 아랍 문헌의 신라 내왕이나 신라가 아랍과 이슬람 제국에 수출한 물품에 대한 기사, 그리고 신라가 아랍과 이슬람 제국 문물을 일본에 중개 수출했다는 일본 쇼소인(正倉院) 문서, 고려 초기인 1024년과 1025년, 1037년에 대식, 즉 아라비아 상인 집단이 무역하러 벽란도(碧瀾渡)에 왔었다는 사실 등을 감안하면 신라와 서역의 직접 교류 가능성은 매우 높다.[12]

『삼국사기』「잡지」2에 기재된 색복(色服), 거기(車騎), 기용(器用), 옥사(屋舍) 등 기록을 통해 공작미(孔雀尾), 비취모(翡翠毛), 슬슬(瑟瑟), 대모(玳瑁), 자단(紫檀), 침향(沈香), 구수(毬毽), 탑등(毾㲪), 유리배(琉璃杯), 유향(乳香), 안식향(安息香) 등 서역 문물이 신라 귀족에게 매우 인기 있었음을 볼 수 있다. 심지어 흥덕왕(興德王) 9년(834)에 진골녀(眞骨女)부터 품계에 따라 이런 외래 사치품 사용을 금지하거나 제한하는 금령을 내릴 정도로 서역 문물이 유행했다.[13]

신라는 백제와 고구려의 방해를 피해 흑산도에서 양쯔강 입구까지 서남쪽으로 직행하는 항로를 사용했다. 그래서 당시 신라 최대 국제무역항이던 울산에서 이슬람 상인이 집단으로 거주하던 중국 양저우(揚州)와 밍저우(明州)까지 단시일에 왕래가 가능했다. 이 항로가 개척되어 적지 않은 유민(流民)이 양쯔강 하류에 거주하게 된 신라 말기에는 교류가 더욱 활성화했을 것이고, 나아가 이슬람 상인이 신라를 직접 찾아올 만한 조건도 마련되었을 것이다. 당시 신라와 당나라의 활발한 해상 교역은 장보고의 활동으로도 짐작할 수 있다.[14]

동해용의 아들로서 모양이 괴이하고 의관도 달랐던 처용에 대해, 역사학자 이용범(李龍範)은 다음 네 가지를 들어 이슬람 상인으로 간주했다.

(가) 신라 설화에 보이는 용이 수중(水中)의 정령(精靈)으로 항해와 불가분 관계라는 점.
(나) 『삼국유사』에 보이는 줄거리를 벗어나 다른 자료에 기록된 처용 설화를 살펴보면, 처용이 의복과 용모가 수상한 실재 인물로 그려지고 있다는 점.
(다) 처용이 출현했다는 개운포에서 당 말기 아라비아 상인이 운집하던 국제항 밍저우까지 항행(航行)이 용이했다는 점.
(라) 금이 많이 산출된다는 신라국이 족히 당 말 대식 상인의 상로 개척욕을 유발할 만했다는 점.

그리고 처용 설화는 당 말기 광저우에서 양저우 일대에 이르는 지역의 해상 무역권을 장악한 이슬람 상인의 표착전설(漂着傳說)이라 봤다. 그래서 용의 조화로 여겨지던 기상 급변을 치르고 출현한 용과 용자(龍子)는, 표류하다 울산만에 도착한 선박과 선원을 묘사한 것이라는 설명이다.

한편 『삼국유사』에는 용의 아들이 일곱이라 했으나, 처용의 출현과 같은 사건을 서술한 것으로 간주되는 『삼국사기』의 기록에는 넷으로 나온다.

(헌강왕 5년 3월에) 왕이 나라 동쪽 지방의 주군(州郡)에 행차했다. 이때 어디서 왔는지 알 수 없는 사람 네 명이 어전에 나타나 노래하고 춤을 추는데, 그 생김이 괴이하고 또 의관도 다르므로 사람들이 말하기를 산해정령(山海精靈)이라 했다.[15]

— 『삼국사기』 권11 「신라본기」11 헌강왕조

이방인을 보지 못한 신라 사람들에게 눈이 깊고 코가 높은[深目高鼻] 아리안족은 생김새가 괴이하고[形容可駭] 의관도 다르므로[衣巾詭異] 산해 정령으로 간주되었을 법하다.

그러므로 처용 설화는 당시 해상 무역으로 헌강왕대나 그 이전부터 신라 사회

15 『악학궤범』의 처용.
16 괘릉의 이란계 무인 석상. 통일신라.

에 정착한 이슬람 상인의 얼굴이 매우 위협적으로 받아들여져, 벽사 기능을 지닌 전설로 자리 잡은 것[16]이라 볼 수도 있다. 『삼국사기』의 "생김이 괴이하고 의관도 다르다"는 내용이나, 『경상도지리지(慶尙道地理志)』와 『세종실록지리지(世宗實錄地理志)』에서 처용을 묘사하며 "생김이 기괴했다[狀貌奇怪]"는 언급은 처용이 신라인이 아니고 아랍인이라는 점을 암시하는 것으로 보인다. 조선시대 『악학궤범(樂學軌範)』 권5 학·연화대·처용무합설조의 「처용가」에서는 처용을 "넓은 이마, 무성한 눈썹, 우그러진 귀, 붉은 모양(얼굴), 우뚝 솟은 코, 앞으로 튀어나온 턱, 앞으로 기운 어깨" 등으로 묘사했다. 그리고 『악학궤범』 권9 「관복도설(冠服圖說)」 중 처용관복도설(處容冠服圖說)에 그려진 처용**15**도 서역인의 모습이다.

서역인이 신라에 정착한 증거로 신라의 국제적인 문화 교류와 함께, 신라 제38대 원성왕(元聖王: 재위 785~798)의 능인 괘릉(掛陵), 제41대 헌덕왕(憲德王: 재위 809~826)의 능, 제42대 흥덕왕(興德王: 재위 826~836)의 능에 있는 이란계 무인 석상을 들 수 있다. 이 이란계 무인 석상**16**들은 눈이 깊이 파이고 코가 높으며, 허리에 호인(胡人)들이 자주 차던 전포(錢布)를 매달고 있다. 이렇게 사실적인 용모와

17 호인상 토용, 통일신라, 7세기, 경주 황성동 출토, 국립경주박물관.
18 호인풍 문관상 토용, 통일신라, 8세기, 경주 용강동 출토, 국립경주박물관.

복식 묘사는 석장(石匠)이 실제 인물을 접하지 않고는 묘사하기 어려운 것이다. 더구나 세 능의 이란계 석인상은 서로 모습이 다르다. 원성왕릉의 이란계 무인 석상은 무기를 들고 주먹을 불끈 쥔 역동적인 자세와 더불어 깊은 눈과 높은 코의 얼굴 자체가 성역의 침범을 용납치 않으려는 수호신의 위협적인 분위기를 사실적으로 나타내고 있다. 그러나 흥덕왕릉의 이란계 무인 석상은 자라처럼 움츠린 목, 부자연스런 팔, 찡그린 듯한 표정 등 용맹스럽다기보다는 인상을 쓴 것 같은 느낌이다. 허리에는 원성왕릉의 석상에 보이지 않던 장식 보검을 차고 있다. 즉 전대 왕릉에 있던 석인상을 그대로 답습하는 것이 아니라 다르게 표현한 것으로, 이는 석장이 서역인을 직접 보고 제작했을 가능성을 암시한다.[17]

더욱이 경주 황성동 돌방무덤에서 호모(胡帽)를 착용한 호인풍 토용(土俑)**17**이 출토되었으며, 용강동 돌방무덤에서도 홀(笏)을 들고 선 턱수염 긴 호인풍 문관상 토용**18**이 발굴되어 서역인이 이른 시기에 신라에 도래해 활약했을 가능성을 시사한다.[18] 그중 특히 호인풍 문관상은 처용의 왕정 보좌와도 연결되는 예라 할 것이다.

「향악잡영 5수」의 다섯 가지 연희

『삼국사기』「잡지」에 최치원(崔致遠: 857~?)이 당시 연희를 직접 보고 지은 한시 「향악잡영 5수(鄕樂雜詠五首)」가 실려 있다. 이 시에 묘사된 다섯 가지 연희는 금환(金丸), 월전(月顚), 대면(大面), 속독(束毒), 산예(狻猊)다. 차례로 살펴보자.

금환

廻身掉臂弄金丸	몸을 돌리고 팔을 흔들며 방울 놀리니
月轉星浮滿眼看	달은 돌고 별은 떠다녀 눈 안에 가득하네.
縱有宜僚那勝此	의료의 재주인들 이보다 나으랴
定知鯨海息波瀾	동해 바다 파도 소리 잠잠하겠네.

금환은 죽방울 여러 개를 던졌다 받는 연희다. 중국의 유명한 방울 받기 연희자인 의료도 이보다 더 잘하겠느냐는 말로 볼 때, 이 시에 등장하는 금환 연희자는 전문 연희자로 보인다. 그리고 "달은 돌고 별은 떠다녀 눈 안에 가득하네"라는 구절은 죽방울 여러 개가 공중에 떠 있는 모습을 묘사한 것으로 해석할 수 있다. 결국 금환은 이미 고구려 고분벽화에 자주 보이는 방울 받기와 공 받기인 농환(弄丸), 백제의 농주지희(弄珠之戲), 신라의 우륵 12곡 중 세 번째인 보기(寶伎)와 같은 연희인 것이다.

월전

肩高項縮髮崔嵬	어깨를 높이고 목을 움츠리고 머리털은 빳빳
攘臂群儒鬪酒盃	팔소매를 걷은 군유가 술잔을 다툰다.
聽得歌聲人盡笑	노랫소리를 듣고서 모두 웃어 젖히며
夜頭旗幟曉頭催	밤 들어 꽂은 깃발이 새벽을 재촉하네.

이 시에 묘사된 구경꾼들의 반응으로 월전이 골계희임을 짐작할 수 있다. 이익(李瀷: 1681~1763)은『성호사설(星湖僿說)』유선(類選)4(하)에서 "월전은 아마도 '유자(儒者)를 조롱거리로 삼는 연희(以儒爲戱)'인 듯하다"고 지적한 바 있다. 같은 책 권5(하)의 기예문(技藝門) 이유위희조(以儒爲戱條)에 의하면, 이유위희는 연희자가 선비로 분장하고 나와 다 떨어진 옷과 찢어진 갓을 쓰고 꾸며낸 이야기와 억지웃음으로 온갖 추태를 연출하는 내용이라고 한다. 이는 흔히 유희(儒戱)라 불리는 연희로 우희의 일종이다.

일찍이 일본 역사학자 쓰치다 교손(土田杏村)은 월전에 대해 어깨는 솟고 목은 움츠린 예인이 여러 명 등장해 팔소매를 걷고 술잔을 다투면서 익살스런 대화를 주고받는 골계희로 산악의 일종이라 봤다.[19]

국어학자 양주동(梁柱東)은 월전에서 군유(群儒)의 유(儒)는 주유(侏儒)로, 난쟁이들이 다리(가발)를 머리에 쓰고 술잔을 다퉈 마시는 놀음 혹은 가면 인형극인지도 모르겠다고 설명했다.[20]

음악학자 이혜구(李惠求)는 월전의 무태(舞態)를 일본 우방악에 전하는 고도쿠라쿠(胡德樂)에 비정했다. 고도쿠라쿠는 술에 취해 추는 호인무인데, 코가 흔들리는 가면을 쓰기 때문에 '헨비코토쿠(遍鼻胡德)'라고도 불리며, 기가쿠의 스이코(醉胡)와 좌방악의 고인쥬(胡飮酒), 당악 중 주호자(酒胡子), 즉 일명 취공자(醉公子) 또는 취호자(醉胡子)라 불리는 무곡과도 동일 계통이리라고 봤다.[21] 산악 종목 가운데 골계희 또는 우희라 불리는 연희에는, 이혜구가 소개한 고도쿠라쿠처럼 소위 '맹인취인지상(盲人醉人之狀)'이라 해 장님이 술에 취한 모습을 흉내 내는 것 같은 흉내 내기 연희가 있다. 이러한 연희는 한국, 중국, 일본에 모두 있었다. 비록 후대 기록이긴 하지만 조선조『세조실록』14년 5월 17일조에 "야장(冶匠) 고룡(高

龍)은 본래 우인으로 장님이 술 취한 모습을 놀이로 하는데, 강옥 등이 그것을 보고 즐거워해 자꾸 놀이를 시킵니다"라는 내용이 보인다.

이두현은 월전이 타림 분지에 있던 서역의 우전국(于闐國), 즉 지금의 화전(和闐, Khotan)에서 전래한 것이라 봤다.[22] 그리고 월전의 내용은 호인형 가면을 쓴 배우들이 사람들을 웃기는 익살극(mimic)이며, 골계희, 경희극(輕喜劇)이 분명하다고 지적했다.[23]

반면에 민속학자 양재연(梁在淵)은 월전을 배우들이 꼽추 시늉으로 골계가무를 하는 우리나라 전래의 향토적 연희라 보는 자생설을 제시했다.[24]

필자는 월전의 내용에 대해 두 가지 해석이 가능하다고 생각한다. 첫째, 이 시에서 연희자를 "어깨를 높이고 목을 움츠리고"라고 묘사한 점을 보아 주유, 즉 난쟁이가 연희자였다면 곧바로 난쟁이가 등장해 이런 연희를 한다고 소개했을 터인데, 처음에 연희자를 이와 같이 묘사한 것은 연희자가 난쟁이 흉내를 내며 연희하기 때문이 아닐까 한다. 제6장에서 자세히 살펴보겠지만, 『고려사』 충렬왕 14년(1288) 9월 임자일조에 왕이 베푼 연회에서 상장군 정인경이 주유희(侏儒戲), 즉 난쟁이를 흉내 내는 연희를 했다는 기록이 있다. 상장군 정인경이 난쟁이였을 리가 없다는 점을 고려하면, 그의 주유희는 난쟁이를 흉내 낸 춤이거나 난쟁이 흉내를 내는 우희였을 것이다. 어쨌든 고려시대에 난쟁이 흉내를 내며 골계적 내용을 연출하는 흉내 내기 연희가 있었음을 확인할 수 있다. 그렇다면 통일신라시대에도 월전처럼 이런 연희가 행해졌을 가능성이 충분히 있는 것이다.

둘째, 이 시의 연희자가 중국 산악에서 골계희를 담당한 연희자 중 한 부류인 척이나 주유와 유사하다는 점, 그리고 양주동의 견해처럼 군유를 여러 주유로 볼 수 있다는 점도 함께 고려하고자 한다. 「월전」의 짧은 내용만으로는 이 시의 연희자가 바로 주유일 가능성도 배제할 수 없기 때문이다. 산악의 내용을 자세히 소개한 일본 『신원악기』에 주유무(侏儒舞), 즉 난쟁이춤이 있는데, 이는 실제로 난쟁이가 등장해 춤을 추는 것이라고 한다.[25]

그러나 월전의 연희 내용을 둘 중 어느 것으로 보든지 간에, 그리고 성호 이익의 견해를 인정하더라도 월전은 산악 종목인 우희에 포함되는 것이다.[26]

대면

黃金面色是其人	황금색 가면을 썼다, 바로 그 사람
手抱珠鞭役鬼神	구슬 채찍을 손에 쥐고 귀신을 부리네.
疾步徐趨呈雅舞	빨리 뛰다 천천히 걷다 추는 한바탕 춤은
宛如丹鳳舞堯春	너울너울 봉황새가 날아드는 듯.

「대면」에서는 황금색 가면을 쓰고, 손에 구슬 채찍을 들고 추는 춤을 묘사했다. 첫 두 구절을 일종의 구나무(驅儺舞), 즉 귀신 쫓는 춤을 묘사한 것으로 볼 수 있다.

당나라에도 대면희(代面戱, 大面戱)가 있어 이를 통일신라의 대면과 관련지어 고찰한 연구들이 있다. 여기서는 우선 당나라 대면희의 유래를 살펴보기로 한다.

> 연희에 대면이란 것이 있는데, 북제 신무황제의 동생으로부터 비롯되었다. 그는 담력 있고 용맹해 전투를 잘했다. 그러나 생김새에 위엄이 없어 군진에 들어갈 때마다 가면을 착용했다. 후에 싸울 때마다 이겼다. 이 연희를 연행하는 사람들은 자주색 옷을 입고 허리에 금빛 혁대를 매고 채찍을 쥔다.[27]
>
> — 단안절, 『악부잡록』「고가부(鼓架部)」

> 대면은 북제에서 시작되었다. 북제의 난릉왕 장공은 용맹하지만 얼굴이 곱상해 늘 가면을 착용하고 적군을 상대했다. 일찍이 금용성 아래에서 주나라 군사를 공격했는데, 그때 용맹이 삼군 중에 으뜸이었다. 그 후 제나라 사람들이 이를 대단하게 여겨 이 춤을 추게 되었다. 그가 군사를 지휘해 적군을 공격하고 무찌르는 모습을 본뜬 것으로, '난릉왕입진곡'이라 부른다.[28]
>
> — 『구당서』「음악지」

인용문들은 당나라 대면희가 난릉왕(蘭陵王) 전설에서 유래했음을 전해준다. 이두현은 통일신라의 대면을 당대 오기(五伎)의 하나인 대면희와 일본에 전하는 부가쿠(舞樂)의 좌방무인 난릉왕과도 비교되는 가면무로, 귀신을 쫓는 구나무의 일종이라 봤다. 당대 대면희는 중국의 서북방에서 발생한 구나무인 호무구자곡(胡舞龜玆曲)이 중국에 들어와 난릉왕 전설과 부회되어 이뤄진 연희로, 이것이 다시 한국에 영향을 줘 최치원이 시에 쓴 대면희와 검무, 그리고 구나(驅儺)적인 처용무가 성립되는 데 도움이 되었다고 한다.[29]

우리 연희를 중국 연희와 비교 연구한 김학주는, 「향악잡영 5수」에서 대면이 황금면색이며 채찍을 잡고 귀신을 다루는 것이 나례의 방상시(方相氏)와 유사하다는 기존 연구와 달리, 그것이 방상시가 아니라 봤다. 이유는 방상시는 얼굴 전체를 황금색으로 칠한 황금면색이 아니라 눈 네 개만 황금색으로 칠한 황금사목(黃金四目)이고, 손에 채찍이 아니라 창과 방패를 들며, 또 나례에서 채찍을 든 인물은 방상시가 아니라 십이지신이라는 점을 들었다. 그러면서도 「대면」에 묘사된 연희를 바로 나례라 단정할 수는 없지만, 나례의 영향을 받은 것이라 할 수는 있다고 인정했다. 그리고 다른 글에서는 신라의 대면이 당나라 서량기의 사자랑(獅子郎) 춤이 수입되어 변형된 것일 가능성이 가장 크다고 추정했다.[30]

반면에 양재연은 대면희가 '처용무'나 방상시 그리고 중국 당대의 '대면희'와는 직접적인 관련이 없으며, 향토색이 짙은 가면 구나무로서 외래적 요소가 희박하다면서 자생설을 주장했다.[31]

이상과 같이 대면에 대한 해석은 학자에 따라 상당한 차이를 보인다. 그러나 황금색 가면을 쓴 대면의 등장인물이 채찍을 들고 귀신을 다스리는 모습이 나례에서 황금사목 가면을 쓴 방상시나 채찍을 든 십이지신이 귀신을 쫓는 모습과 관련이 있으므로, 대면을 나례의 일종 또는 나례의 영향을 받은 것으로 보는 것도 무리가 없을 성싶다. 아울러 북제 난릉왕이 적군을 물리치는 내용의 당대 대면희의 영향도 받은 것으로 보인다. 그런데 당대 대면희는 귀신을 쫓는 구나무의 성격을 띠었다. 난릉왕이 적군을 물리치는 것이 바로 나례에서 질병 귀신인 역귀를 물리치는 것과도 통하기 때문에, 중국에서는 난릉왕의 고사를 본뜬 춤과 나례가 이미 자연스럽게 결합된 것으로 보인다. 일본에 전하는 난릉왕이 가면무로 귀신을 쫓는 구나무의 일종이라는 사실이 이런 추정을 뒷받침한다. 그러므로 중국 대면희가 신라로 전해져 「향악잡영 5수」의 대면처럼 귀신을 쫓는 내용이 되었을 가능성은 충분하다.

한편 대면의 구나 형식은 나례의 구나 형식이나 현존하는 가면극의 양반과장에 있는 말뚝이와 양반의 극 형식과도 매우 유사하다. 특히 대면의 등장인물이 쓰는 황금색 가면은 '대면'이라는 말 그대로 큰 가면이었을 것이다. 이는 중국과 한국 나례에서 구나의 중심 인물인 방상시의 황금사목 가면이 매우 컸다는 점을 생각할 때, 대면과 나례의 방상시 사이에 있는 또 다른 유사점이라 할 것이다. 또 방상시의 네 눈이 황금색이었다는 것은 가면 대부분이 황금색이었다는 사실을 의미하므로, 대면은 방상시였거나 그 영향을 받은 모습이었을 가능성이 크다. 대면에서는 가면을 쓴 인물이 채찍을 들고 등장해 귀신을 쫓거나 귀신을 부리는 동작을 한다. 나례에서는 십이지신이 가면을 쓰고 채찍을 들고 나와 역귀를 쫓는다.

여기서 한국 가면극 대부분에 등장하는 말뚝이가 왜 채찍을 들고 나오는가, 왜 무릎에 왕방울을 차는가 하는 의문을 해결할 실마리를 찾을 수 있다. 그리고 야류와 오광대 가면극에 등장하는 말뚝이의 가면이 유난히 크다는 점[32]도 말뚝이를 대면과 연결해 이해할 수 있는 근거다. 대면의 등장인물이나 나례의 십이지신이 가면을 쓰고 채찍을 휘두르며 귀신을 다스린다는 구나 형식은, 가면극의 양반과장에서 말뚝이가 가면을 쓰고 채찍을 휘두르며 역귀 들린 양반(비정상적인 모습의 가면을 쓴 양반들)을 함부로 다루다 쫓아내는 극적 형식과 통한다. 또 말뚝이가 무릎에 차는 왕방울도 방울 소리로 악귀(양반)를 쫓아내려는 사고의 반영이다. 그러므로 말뚝이와 양반의 대결에서 구나 형식의 영향이 다양하게 나타나는 것을 알 수 있다.[33]

속독

蓬頭藍面異人間	쑥대머리 파란 얼굴의 이상한 사람들이
押隊來庭學舞鸞	떼를 지어 뜰에 와서 난새 춤을 추네.
打鼓冬冬風瑟瑟	북소리는 둥둥둥 바람은 살랑살랑
南奔北躍也無端	남으로 달리고 북으로 뛰며 그칠 줄을 모르네.

속독은 흐트러진 긴 머리에 남색 가면을 쓰고 떼 지어 난새 춤을 추는 내용이다. 속독 내용에 대해 양재연은 파란 얼굴에 쑥대머리를 한 주연자(主演者)가 연

희 일행을 이끌고 뜰로 나와, 북장단에 맞춰 우아하고 느릿한 춤을 추다 점점 동작을 빨리해 아주 활발한 춤을 계속 추는 것이라고 봤다. 그리고 그 춤 동작과 모습 등으로 볼 때, 이 연희는 벽사진경(辟邪進慶) 성격을 지닌 것이라고 해석했다.[34]

그러나 최남선은 속독을 원방인(遠方人)이 왕의 덕화(德和)를 사모해 떼지어 와서 춤과 음악을 바치는 내용으로, 가면극이라고 설명했다.[35]

이두현은 속독을 중앙아시아의 타슈켄트와 사마르칸트 일대의 속특(粟特, Soghd) 여러 나라에서 전래한 건무(健舞)의 일종인 듯하다고 봤다. 그리고 일본 악서에 쇼도쿠란 발음으로 '走禿, 宿獨, 蜀獨, 宿德, 走德' 등 여러 가지로 표기된 점으로 보아 속독의 전사(轉寫)일 가능성과 월전이 우전의 음사(音寫)일 가능성을 토대로, 속독도 글자 그 자체에 뜻이 있는 것이 아니라 속특을 음사한 것으로 해석했다.[36]

산예

遠涉流沙萬里來	멀고 먼 사막을 건너 만릿길을 오느라고
毛衣破盡着塵埃	털옷은 다 찢어지고 먼지를 뒤집어썼네.
搖頭掉尾馴仁德	머리를 흔들고 꼬리를 치며 인덕을 길들이니
雄氣寧同百獸才	뛰어난 그 재주가 어찌 온갖 짐승과 같으랴.

산예는 사자 가면을 쓰고 추는 사자춤이다. 이 시는 사자춤이 유사(流沙), 즉 고비 사막을 거쳐왔다고 유래를 밝히고 있다. 사자춤이 서역 계통임을 명시한 것이다.

이두현은 사자춤이 인도 특유의 동물의장무(動物擬裝舞)로서 서역과 동방 여러 나라에 널리 유행한 무악(舞樂)으로, 그 여풍(餘風)이 한·중·일 삼국에 지금도 남아 있다고 설명한다. 그리고 신라 사자춤은 구자국(龜茲國)에서 온 중국 서량기 계통 연희를 받아들인 것이라고 봤다.[37]

김학주는 산예의 사자춤이 중국 오방사자(五方獅子, 각기 동서남북과 중앙의 다섯 방위를 나타내도록 청, 백, 적, 흑, 황색 실로 만든 가짜 사자 다섯 마리)나 구두사자(九頭獅子, 밝혀진 바가 없으나 가짜 사자 아홉이 나오는 춤으로 보인다)가 아니라 서량기의 사자무라 주장한다. 백거이의 시에서도 "털옷을 흔들어 털면서 두 귀 흔드는 것이

마치 서역 사막 건너 만릿길 온 듯하네"라 읊었으니, 산예처럼 유사를 지나 만릿길을 왔으며, 털옷을 흔들어 턴다는 것도 짐승이 몸에 묻은 먼지를 터는 모습을 형용한 것이어서 산예와 비슷하다는 것이다. "머리를 흔들고 꼬리를 치며 인덕을 길들이니"는 춤 모습을 형용한 것으로, 서량기의 사자도 인도역인 사자랑(獅子郎)과 함께 '길들여 가까워지는 모습[馴狎之容]'을 나타내며 성세(盛世)를 상징하는 춤을 췄으니 이와 공통된다고 봤다. 그러나 산예에서 사자가 서량(西涼) 지역을 외적에게 빼앗긴 것을 알고 서쪽을 향해 울부짖는 장면은 없어졌거나 개조된 것으로 봤다.[38]

서량기는 변경을 외족에게 빼앗긴 중국 민족의 비탄이 주제다. 당나라 천보(天寶) 말에 일어난 안사(安史)의 난(755~763년경) 이후 중원은 잠시 평온했으나 변경을 돌볼 여력이 없었으므로, 토번(吐蕃)이 763년부터 삼십여 년간 중국 땅을 침략해 량저우(涼州), 간저우(甘州), 쑤저우(肅州), 과저우(瓜州), 사저우(沙州) 등 농우육주(隴右六州)를 연이어 함락시켰다. 량저우는 대종(代宗) 광덕(廣德) 2년(764)에 함락되었는데, 이 가무극 서량기는 그 일을 배경으로 해 량저우 함락 후 얼마 지나지 않아 발생한 듯하다. 서량기에 대한 가장 상세한 기록으로는 백거이의 「서량기」와 원진(元稹: 779~831)의 「신제악부(新題樂府)」에 실린 시 「서량기」가 있다. 다음 인용문은 백거이의 시 「서량기」다.

> 서량기엔 가면 쓴 오랑캐와 가짜 사자가 등장하는데
> 나무 깎아 머리 만들고 실을 꼬아 꼬리 만들고
> 금칠을 한 눈에 은칠한 이빨 달고
> 털옷을 흔들어 털면서 두 귀 흔드는 것이
> 마치 서역 사막 건너 만릿길 온 듯하네.
> 자줏빛 수염에 눈 움푹한 오랑캐가
> 북 장단에 춤추며 뛰어나와 말씀 아뢰네.
> 이르기를 량저우가 함락되기 전
> 안서도호부에서 공물 바칠 때 왔는데
> 조금 뒤 새 소식 전해오기를

안서로 가는 길 끊겨 돌아갈 수 없게 된 것이라 하네.
사자를 마주보고 두 줄기 눈물 흘리며
량저우가 적에게 함락된 것을 아는가 모르는가 묻네.
사자가 머리 돌려 서쪽 바라보며
한 소리 슬피 울자 관객도 모두 슬퍼하네.[39]

서량기의 중심은 호등무(胡騰舞)와 사자무였다. 호등무는 호아(胡兒)로 분장한 연희자가 무대에 놓인 술을 마시며 빠른 동작으로 춤을 추다, 점점 취해 몸도 잘 가누지 못하게 되어도 계속 춤을 춘다는 내용이다. 이처럼 서량기는 잡희라기보다 연극에 가까운 요소를 지닌 것으로, 고사에 기반한 줄거리와 대사, 동작까지 겸비한 무용극의 성질을 띤 것이었다. 이 시는 원래 사자와 함께 중국을 방문해 천자의 성덕을 기리려 한 오랑캐가 량저우 지방이 외족에게 함락되었다는 소식을 듣고 고국에 돌아갈 수 없게 된 것을 슬퍼하는 내용이다. 그러나 당나라가 849년에 하황(河湟) 지방을 되찾자 서량기의 의의가 없어졌다. 그래서 당나라 이후 서하사자(西河獅子)는 서량 함락을 비통해하는 내용이 삭제되고, 성군의 덕망과 태평성세를 찬양하는 가무희로 개작되었다. 당대의 서하사자는 서량기의 사자무가 단독으로 상연되었을 때의 호칭인 듯하다.[40]

이상 다섯 가지 연희는 산악·백희에 속하는 종목들인데, 전문 연희자가 공연한 것으로 보인다. 연희 중에 먼저 금환을 놀았다는 점 때문이다. 금환은 죽방울을 여러 개 던졌다 받는 연희인데, 이런 묘기로 구경꾼을 모으고 나서 본격적으로 연희를 벌이는 것이 전문 연희자가 공연하는 연희의 전형이다. 조선 후기의 전문 연희자인 남사당패나 대광대패의 연희에도 이러한 형식이 있다. 금환 같은 묘기는 전문 연희자들이나 구사하는 것이었다. 이 다섯 연희를 공연하던 사람들은 산악·백희의 전문 연희자였기 때문에 서역 계통인 외래 사자놀이도 공연 종목에 포함될 수 있었다.

「향악잡영 5수」에 묘사된 이 다섯 가지 연희는 제목에서 보듯 향악이라 불렸지만, 서역 계통 악의 영향을 받은 것이라는 견해가 지배적이다.[41]

향비파(鄕琵琶)는 신라에서 창제한 것이 아니라(개작한 것이면 모르거니와) 서역 악기라 할 수 있다. 이와 마찬가지로 향필률(鄕篳篥)도 우리나라에서 창제한 것이 아니라 서역 악기이고(또는 개변改變한 것이고) 당피리의 대칭인 것이다.
…이와 마찬가지로 향악이란 것이 반드시 우리나라 고유의 음악만이 아니고 서역 악도 가리킨다는 것은 최치원의 「향악잡영 5수」를 봐도 알 것이다. 즉 금환, 월전, 대면, 속독, 산예 모두 우리나라 것이 아니고 외국 것이기 때문이다. …요컨대 향비파, 향필률, 향악이라 해도 반드시 우리나라 것만이 아니고, 외국 것도 섞여 있다는 것을 알 수 있다.[42]

삼국이 정립되면서 각국은 독자적인 처지에서 대륙 문물을 받아들였으나, 통일신라에 이르러 중국에서도 한나라 이후 어수선하던 오대를 거쳐 천하가 통일되어 안전 세력을 이룬 수당대를 당하게 되어 중국 문화가 정면으로 반도에 유입되기 시작한 것은 사실(史實)에서 보는 바와 같다. 모든 면에서 선진문화국으로 추대해 당의 문물제도를 따른 결과로 당악도 등장하게 되었고, 재래 신라악은 향악이라 부르게 되었다. 그러므로 향악이라고 한 오기(五伎)의 하나인 금환희(金丸戲)가 중국을 거쳐 들어온 서역 계통일진대, 유입 시기는 신라에 있어 당악 성립 이전, 다시 말해 당 이전이라 봐야겠다.[43]

두 인용문 모두 최치원의 「향악잡영 5수」에 대해, 신라 당시의 신악(新樂)인 당악(唐樂)과 구별하기 위해 당악 이외의 것을 모두 향악이라 부른 데서 기인한 명칭으로 보고 있다. 즉 향악은 신라 때 새로 들어온 당악과 구별하기 위해 기존 악을 통칭한 것으로, 그 속에는 신라 고유의 악뿐만 아니라 서역악이나 불교악 같은 외래의 악도 들어 있다는 것이다.

주

1 통일신라의 역사적, 문화적 배경은 『한국사』9(국사편찬위원회, 1998), 1~10쪽 참조.

2 송방송, 「한국전통음악 소사」, 『한국음악학의 현단계』, 민속원, 2002, 28쪽.

3 앞 글, 29쪽.

4 일연, 이재호 역, 『삼국유사』(중), 명지대 출판부, 1974, 62~64쪽.

5 이두현, 『한국의 가면극』, 일지사, 1992, 57쪽.

6 조동일, 『탈춤의 역사와 원리』, 홍성사, 1981, 15~16쪽.

7 조동일, 『한국문학통사』1(제3판), 지식산업사, 1994, 232쪽.

8 서대석, 「처용가의 무속적 고찰」, 『한국학논집』 제2집, 계명대 한국학연구소, 1975.

9 김학주, 「종규의 변화발전과 처용」, 『아세아연구』 8권 9호, 고려대 아세아문제연구소, 1965.

10 이용범, 「처용설화의 일고찰: 당대(唐代) 이슬람 상인과 신라」, 『한만(韓滿) 교류사 연구』, 동화출판사, 1989; 무함마드 깐수(정수일), 『신라·서역교류사』, 단국대 출판부, 1992.

11 강우방, 「신양지론(新良志論)」, 『미술자료』 제47호, 국립중앙박물관, 1991; 권영필, 「경주 괘릉인물석상 재고」, 『미술자료』 제50호, 국립중앙박물관, 1992; 김원용, 「고대한국과 서역」, 『미술자료』 제34호, 국립중앙박물관, 1991; 변영섭, 「괘릉고」, 『이대사원(梨大史苑)』 제12집, 이대사학회, 1975.

12 무함마드 깐수, 앞 책, 227쪽.

13 이용범, 앞 글, 41쪽.

14 앞 글, 41~46쪽.

15 巡幸國東州郡 有不知所從來四人 詣駕前歌舞 形容可駭 衣巾詭異 時人謂之山海精靈.

16 이용범, 앞 글, 49쪽.

17 이재중, 「통일신라시대 왕릉 앞 석인 연구」, 『석오(碩晤) 윤용진(尹容鎭) 교수 정년퇴임 기념논총』, 석오 윤용진 교수 정년퇴임 기념논총 간행위원회, 1996, 820~825쪽.

18 민병훈, 「실크로드를 통한 역사적 문화 교류」, 『실크로드와 한국 문화』, 소나무, 1999, 82~87쪽.

19 土田杏村, 「新羅樂と散伎樂樂舞」, 『土田杏村全集』10, 367~382쪽.

20 양주동, 『국학연구논고』, 을유문화사, 1962, 222쪽.

21 이혜구, 『한국음악서설』, 서울대 출판부, 1967, 59쪽.

22 우전과 월전의 음운이 같고, 우전국은 천산남로의 대표국으로 유명한 옥(玉) 산출지이며, 한대 이래 오랫동안 국제 무역의 중추이자 중계 무역 시장으로 발전하던 나라였기 때문이다. 이두현, 앞 책, 82~83쪽.

23 이두현, 『한국연극사』(신수판), 학연사, 2000, 70쪽.

24 양재연, 「월전희고(月顚戱考)」, 『문경(文耕)』 제17집, 1964; 『국문학연구산고』, 일신사, 1976에 재수록.

25 藤原明衡 撰, 重松明久 校注, 『新猿樂記 雲州消息』, 東京: 現代思潮社, 1982, 8쪽.

26 우희에 대한 자세한 논의는 전경욱, 「우희(優戲)와 판소리·가면극의 관련 양상」(『한국민속학』 제34호, 한국민속학회, 2001. 12)과 이 책 제1부 제5장 '산악·백희의 교류 양상' 참조.

27 戲有代面 始自北齊神武弟. 有膽勇善戰鬪 以其顔貌無威 每入陣卽著面具 後乃百戰百勝. 戲者衣紫 腰金執鞭也.

28 代面出於北齊. 北齊蘭陵王長恭 才武而面美 常著假面以對敵. 嘗擊周師金墉城下 勇冠三軍. 齊人壯之爲此舞 以效其指揮擊刺之容 謂之蘭陵王入陣曲.

29 이두현, 『한국의 가면극』, 일지사, 1992, 62~63쪽.

30 김학주, 『한중 두 나라의 가무와 잡희』, 서울대 출판부, 1994, 19~20, 88쪽 참조.

31 양재연, 「대면희고」, 『국문학연구산고』, 일신사, 1976, 196~209쪽.

32 다른 가면보다 1.8배 정도 크기 때문에 머리에 매지 못하고 목에 걸어 쓴다.

33 자세한 논의는 전경욱, 『한국 가면극 그 역사와 원리』, 열화당, 1998, 192~193쪽 참조.

34 양재연, 「속독희고」, 『국문학연구산고』, 일신사, 1976, 212쪽.

35 최남선, 『조선상식문답』, 동명사, 1947, 325쪽.

36 이두현, 앞 책, 학연사, 2000, 72쪽.

37 이두현, 앞 책, 일지사, 1992, 63~64쪽.

38 김학주, 앞 책, 93~94쪽. 중국 오방사자, 구두사자, 서량기에 대해서는 전경욱, 『북청사자놀이연구』, 태학사, 1997, 167~169쪽 참조.

39 西涼伎/假面胡人假獅子/刻木爲頭絲作尾/金鍍眼睛銀帖齒/奮迅毛衣擺雙耳/如從流砂來萬里/紫髯深目羌胡兒/鼓舞跳梁前致辭/道是涼州未陷日/安西都護進來時/須臾云得新消息/安西路絶歸不得/泣向獅子涕雙垂/涼州陷沒知不知/獅子回頭向西望/哀吼一聲觀者悲. 번역문은 김학주, 「중국고대의 가무희」(개정증보판, 명문당, 2001), 224~225쪽 참조.

40 김학주, 앞 책, 59~64쪽.

41 김재철, 「오기」, 『조선연극사』, 학예사, 1939; 이두현, 앞 책, 2000, 30·66쪽; 이혜구, 「고구려악과 서역악」, 『한국음악연구』, 국민음악연구회, 1957, 217쪽; 최남선, 「향악오종(鄕樂五種)이란 것은 무엇입니까」, 『조선상식문답속편』, 동명사, 1947, 325쪽.

42 이혜구, 앞 글, 217~218쪽.

43 양재연, 「신라 금환희에 대하여」, 『국문학연구산고』, 일신사, 1976, 153쪽.

제5장
삼국시대의 전통연희와 서역·중국 연희의 관련성

실크로드를 통한 서역과 한국 문화의 교류 양상

최근 실크로드를 통한 동서 문화의 교류를 밝힌 연구서가 많이 출간되어, 우리 문화와 서역의 교류 양상을 구체적으로 살펴볼 수 있게 되었다. 한대(漢代)의 서역은 오늘날의 중국 서북부인 신장(新疆) 웨이우얼(維吾爾) 자치구 타림(Tarim) 분지(동투르키스탄)에 해당한다. 『한서(漢書)』「서역전(西域傳)」에 기록된 서역 36국이나 50여 국은 모두 이 지역에 해당한다. 한대 이후 중국의 대외교섭과 교류가 확대됨에 따라 서역의 범위도 넓어졌다. 당대(唐代)에는 천축(天竺, 인도), 파사(波斯, 페르시아), 대식(大食, 아랍)까지도 서역의 범위에 포함되었다.

실크로드는 전 지구를 아우르는 문화 교류의 통로다.[19] 지구를 동서로 가로지르는 3대 간선과 남북을 세로로 뚫는 5대 지선을 비롯해 수많은 길이 줄줄이 이어져 실크로드라는 상징적인 문화 교류 통로를 이루었다. 이 통로는 아시아 대륙의 동쪽 끝으로는 한반도와 잇닿았다. 실크로드는 고대 중국 비단이 중앙아시아와 서북 인도를 거쳐 로마에 수출되었기 때문에 붙은 명칭이다. 좁은 의미의 실크로드는 이 오아시스로를 말하지만, 넓은 의미의 실크로드는 초원로(스텝로), 오아시스로, 해로(海路)를 아우른다.[1]

초원로는 유라시아 대륙의 북방 초원지대를 동서로 횡단하는 길로, 실크로드의 3대 간선 중 가장 오래되었다. 이 길은 북유럽의 발트해 남안에서 시작해 흑해의 동북편과 남러시아의 카스피해, 아랄해 연안을 지나 동쪽으로 향해, 카자흐스탄과 알타이 산맥 이남의 중가리아(Zungaria) 분지에서 몽골 고비 사막의 북쪽 끝 오르혼(Orhon)강 연안에 접어든 다음 동남쪽으로 중국 허베이(河北) 지방에 이른

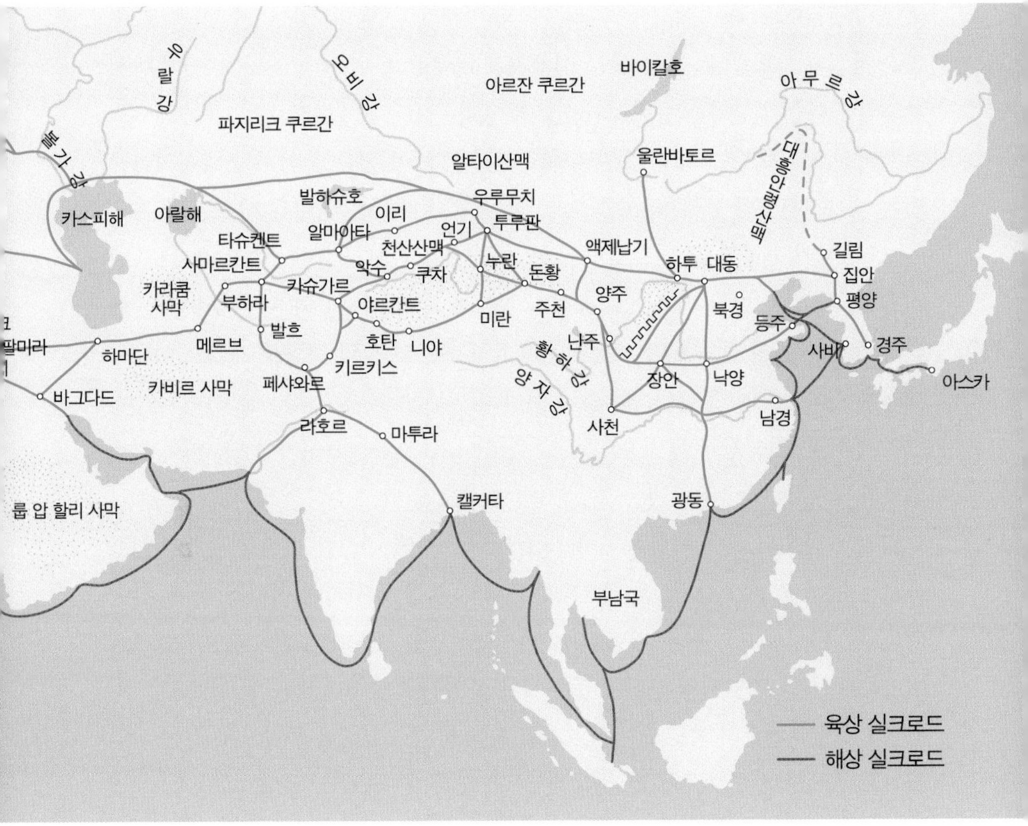

19 삼국시대의 실크로드.

다. 동쪽 끝은 알타이 산맥 이동(以東) 초원로에 해당하는 길이다. 이 동쪽 끝도 전체 초원로의 연장선상으로 예로부터 흉노와 몽골 등 기마 유목 민족의 활동 무대였다. 청동기 문화, 그리고 경주를 중심으로 하는 신라 문화권에서 출토되는 금관, 관식(冠飾), 요대(腰帶)와 화려한 유리 제품은 이 초원로를 통한 동서 문화 교류의 움직임이 고대 한국 문화와 직결되었음을 구체적으로 보여주는 중요한 물증이다.

오아시스로는 남도와 북도 두 갈래가 있다. 남도는 예로부터 중국과 인도를 비롯한 서남아시아 지역을 연결하는 요로였으며, 기원전 2세기 서역을 개척한 장건

(張騫: ?~기원전 114)이 이 길을 따라 귀국하면서 처음 알려졌다. 그후 이 길로 수많은 사절과 구법승(求法僧), 상인, 여행자가 왕래했다. 이 길의 연도(連道)에 동서 문화의 교류를 입증하는 유적들이 산재해 있다.

오아시스로 북도는 북방 초원로와도 연결된다. 이 길은 중국과 중앙아시아를 잇는 오아시스로의 동쪽 끝 요충으로, 한나라 때 서역을 정벌해 다스린 반초(班超: 33~102)가 개통한 후 남도보다 훨씬 자주 이용되었다. '호한문화(胡漢文化)'가 기원 초 이 길을 따라 서쪽으로 옮겨간 흉노에 의해 아시아와 서구에 전해졌고, 중국 제지술은 이 길을 오간 고선지(高仙芝: ?~755)의 서역 정벌을 계기로 이슬람 세계에 전해졌으며, 몽골의 제1·2차 서방 정벌도 이 길을 기점으로 실현되었다. 그리고 서역 불승, 중국 구법승, 마르코 폴로(Marco Polo: 1254~1324) 등이 이 길을 밟았다.

장건과 반초의 서역 개통은 동서 교류에 획기적인 전기를 마련했다. 오아시스 육로를 따라 비단과 칠기, 철기를 비롯한 중국 문물이 서역에 전달된 한편, 각종 식물, 말, 마구(馬具), 유리, 역법(曆法), 점성술, 환술, 제당법(製糖法), 양주법(釀酒法), 악기 등 다양한 서역 문물이 동아시아 문명권에 유입되었다. 인도 불교는 기원전 1세기 무렵부터 주로 오아시스로를 통해 파미르 고원을 중심으로 하는 서역 일원으로 북상한 후 동쪽으로 중국과 한국, 일본까지 전파되었다. 그리고 8세기에는 『왕오천축국전(往五天竺國傳)』을 쓴 혜초(慧超: 704~787)를 비롯한 신라 불승이 이 길로 중앙아시아를 거쳐 인도를 왕래했다.

해로는 로마에서 중국 동남 해안에 이르는 길로, 지중해에서 홍해와 아라비아해를 지나 인도양과 중국 남해에 이르는 바닷길이다.[2]

고구려인과 신라인이 실크로드로 동서 문화 교류에 활발하게 동참했음을 밝혀 주는 예로 서역계의 악기, 고분의 모줄임천장[抹角藻井], 유리 제품(로만 글라스), 옥기류(玉器類), 아랍산 유향, 황금 장식 보검, 아프라시압 궁전 벽화, 장회태자묘 벽화, 둔황 석굴 벽화, 서역계 문양 등이 있다.

고구려 고분벽화와 백제금동대향로**20·5 참조**의 악사들이 들고 있는 악기와 문헌 기록에 의하면 고구려와 백제에 서역 악기가 많았던 것으로 나타난다. 고구려의 서역 음악은 현재의 타클라마칸 사막 북쪽에 위치한 구자(龜玆, 현 쿠처庫車)의

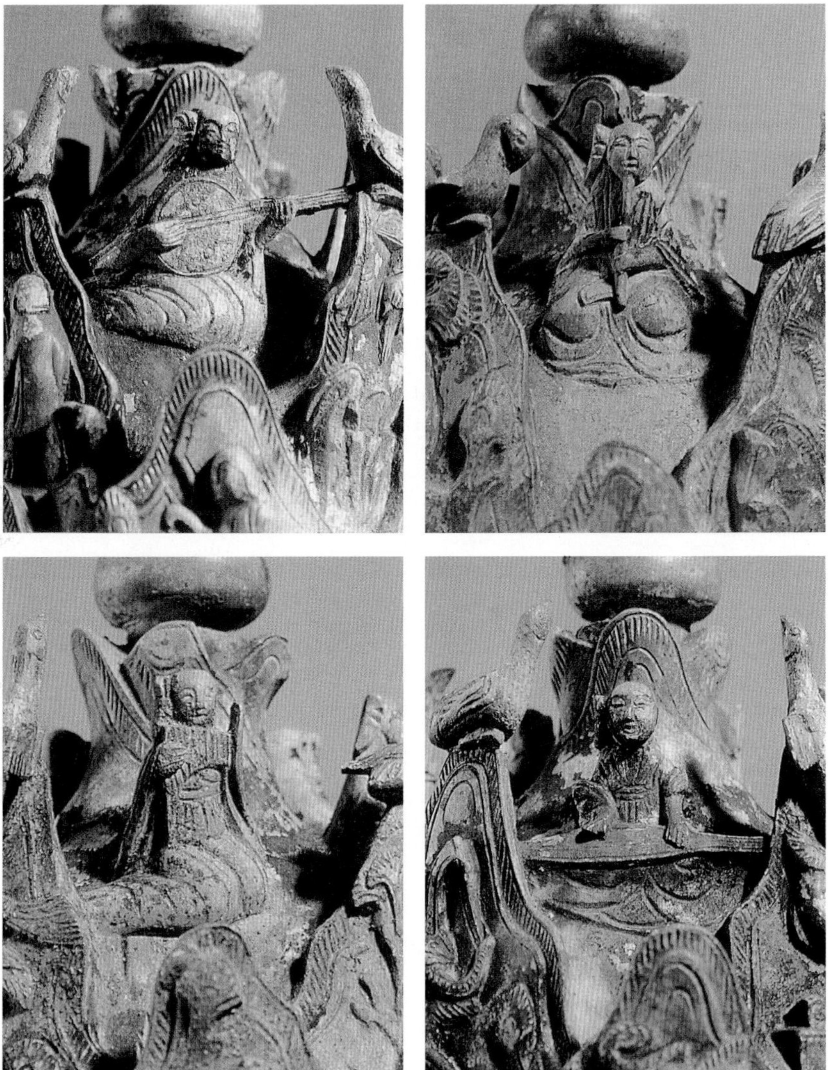

20 백제금동대향로의 악기 연주 장면(세부). 백제, 금동, 국립부여박물관. 왼쪽 위부터 완함, 적(笛, 퉁소), 배소, 거문고.

21 쿠처 키질 석굴 제38굴의 완함 연주 장면.

22 중국 둔황 막고굴 제159굴 남벽 관무량수경변(觀無量壽經變) 벽화의 완함 연주 장면, 중당(中唐).

23 중국 둔황 막고굴 제154굴 북벽 보은경변(報恩經變) 벽화의 배소, 적, 피리, 횡적(橫笛), 박(拍), 생(笙) 연주 장면, 중당.

24 중국 간쑤성 마이지산(麥積山) 석굴 벽화의 완함 연주 장면, 북위(北魏).

25 모줄임천장. 왼쪽부터 고구려 안악 3호분, 고구려 쌍영총, 쿠처 키질 석굴 제167굴.

영향을 많이 받은 것으로 보인다. 구자인은 단순히 서역 여러 나라의 음악과 악기를 수입해 동아시아에 전한 것이 아니라, 그것을 더욱 발전시켜 독자적인 음악과 춤, 다양한 악기를 만들어냈다. 고대 동북아시아에서 크게 유행한 완함(阮咸, 중국 당나라 현악기. 비파의 일종), 오현비파(五絃琵琶) 피리, 요고(腰鼓)**21~24** 등이 모두 구자에서 새로 만들어진 악기다. 고구려의 서역 악기가 특히 구자 지역의 악기와 유사한 것은 결국 두 지역의 문화 교류가 매우 활발했음을 의미한다.[3]

물론 고구려 고분벽화보다 삼백여 년 전에 조성된 한대 고분의 화상석(畵像石)과 화상전(畵像塼)에도 서역 악기가 많이 나타나므로, 서역에서 중국을 거쳐 고구려로 유입된 경우도 있었을 것이다.

서역 악기 이외에 구자와 고구려의 밀접한 관계를 보여주는 예로 고분의 모줄임천장**25**을 들 수 있다. 모줄임천장은 구자를 포함한 서역의 여러 지역에서 일찍부터 사용된 것으로, 본래 목조 가옥의 지붕을 높게 해 공간을 넓히고, 통풍과 채광을 좋게 하려고 고안된 것이라 한다. 4세기 후반에 축조된 안악 3호분을 비롯해 7세기까지 축조된 고구려 고분 오십여 기에서 모줄임천장이 발견된다. 그리고 고구려 고분 천장벽에 그려진 천상도(天上圖) 또한 쿠처의 키질 석굴, 쿰트라 석굴의 천장에 그려진 천상도와 문화적 연속성을 갖는 것으로, 두 지역의 교류 사실을 뒷받침한다.[4]

26 경주 계림로 14호분 출토 장식 보검, 신라 5~6세기, 국립경주박물관.

경주의 금관총, 서봉총, 황남동 98호 남분과 북분 등 5~6세기 고분에서 각종 유리 제품이 총 열여덟 점 발굴되었는데, 이것 역시 교류의 산물이다. 이 유물들의 소재, 제조 기법, 장식 형태, 색깔 등을 분석해보면 대체로 후기 로만 글라스계(비잔틴 유리)에 속하는 것으로, 4~5세기경 지중해 연안 지방에서 제작된 후 흑해로 북상해 남러시아에서 초원로를 따라 북중국을 거쳐 신라에 전입된 것으로 추정된다.[5]

중국을 거쳐 한반도까지 전파된 옥의 주산지는 오아시스로 남도에 자리한 우전(于闐, 호탄)으로 알려졌다. 『삼국사기』「잡지」에서 사용을 금지한 옥기나, 발굴된 고신라 옥기 유물은 대부분 서역산 옥을 재료로 중국 기법이나 형태의 영향을 받은 것으로 나타난다. 1966년 경주 불국사 석가탑에서 발견된 아랍산 유향도 그 교류상의 일단을 말해준다. 1973년 경주 계림로(鷄林路) 14호분 출토 단검(일명 '계림로 단검')은 서역 일원에서 유행한 다채장식 양식(多彩裝飾樣式, polychrome style)으로 장식한 검으로, 유사품이 중앙아시아 카자흐스탄이나 이란 등지에서 출토된 바 있다.**26** 동북아시아에서는 발견된 예가 없는 세계적인 보물이다.[6]

1965년 사마르칸트(Samarkand) 북쪽 황량한 대지(臺地)에서 7~8세기에 번성한 아프라시압(Afrasiab) 궁전터가 발견되었는데, 여기서 벽화를 비롯한 여러 가지 유물이 출토되었다. 이 유물들은 당시 소그디아나(Sogdiana)의 활발한 동서 교역상을 여실히 보여준다.

아프라시압 유적지의 제23호 발굴 지점 1호실에서 7세기 후반의 사마르칸트 왕 왈프만(Walfman)의 궁전터가 발견되었는데, 여기에 각국 사절단이 입조(入朝)하는 장면을

27 아프라시압 궁전 벽화의 한국인 사절(오른쪽의 조우관 쓴 두 사람), 7세기 후반.

그린 채색 벽화 〈사행도(使行圖)〉가 있다.**27** 그 사절 중에 조우관(鳥羽冠)을 쓰고 허리에 칼을 찬 우리나라 사절 두 명이 있어 한국과 서역 간의 교류 관계를 입증해준다. 학계에서는 이들을 고구려인 또는 신라인으로 추정하는데, 최근에는 고구려인 설이 더 유력하다.[7]

8세기 초 당나라 장회태자묘(章懷太子墓) 벽화에는 수렵(狩獵), 의장병(儀仗兵), 궁녀, 악무(樂舞)와 함께 외국 사절이 그려져 있다.**28** 외국 사절 여섯 명 가운데 오른쪽에서 두 번째에 있는 쌍각식모(雙角飾帽)를 쓴 사람은 신라인으로 보인다.[8] 8세기 초는 통일신라의 성덕왕(聖德王)이 즉위해 중국과 국교가 재개된 시기로, 이 무덤벽화에 있는 한국인은 당시 한·중 교류의 실상을 여실히 보여준다.

둔황 벽화에도 한국인이 등장한다. 당대 이래의 유마힐경변(維摩詰經變)에서는 공양자로서 외국 사절이 소주제(小主題)가 되어, 유마가 앉아 있는 호상(胡床) 아래쪽에 묘사되곤 했다. 여기에 한국인임을 나타내는 새깃[鳥羽]을 모자에 꽂은 인물들이 있다. 대표적인 예가 초당대에 건립된 둔황 석굴 220호와 335호(686) 벽화다. 석굴 335호의 북벽 남측에 있는, 문수(文殊) 아래 제왕과 마주보며 서 있는

28 중국 산시성(陝西省) 간현(乾縣) 장회태자묘의 외국 사절 중 신라인, 8세기 초. 가랑이 넓은 바지에 새깃을 장식한 모자를 썼다.

29 둔황 335호 석굴 주실 북벽의 유마힐경변(세부), 686. 머리에 조우관을 쓴 한국인 사절이 보인다.

사절 가운데 세 번째 줄에 한국인이 반측면으로 모습을 드러내고 있다.**29** 모자에는 새깃 두 개를 꽂았으며, 큰 소매 윗저고리에 통 넓은 바지를 입고 있다. 남러시아 사마르칸트 궁전 벽화, 장회태자묘 벽화, 둔황 석굴 벽화에 각각 표현된 한국인 사절은 이 동서교역로가 실질적으로 한국에까지 연장되어 있었음을 밝혀주는 증인 역할을 다하고 있다.[9]

포도당초문(葡萄唐草紋), 인동당초문(忍冬唐草紋), 보상화문(寶相華紋), 연주문(連珠紋), 귀갑문(龜甲紋), 수하쌍조문(樹下雙鳥紋), 사조문(咋鳥紋) 같은 문양도 서역에서 전래한 것이다.[10] 이 밖에도 고구려 고분벽화에 묘사된 문양과 연희 장면 같은 그림 가운데 고구려와 서역, 중국의 교류를 보여주는 예가 많다.

벽화로 본 서역·중국·한국의 교류 양상

문헌에 의하면 동아시아에서 벽화가 처음 그려진 것은 전한대(前漢代: 기원전 206~기원후 9)부터다. 전한대 벽화는 주로 사당이나 전각(殿閣) 벽면에 그린 건물 벽화였다. 고분벽화는 이보다 늦은 후한대(後漢代: 25~220)에 비로소 나타난다. 고분벽화는 고분 구조가 벽면을 갖고 있어야 성립된다. 그러므로 고분벽화는 묘제 양식과 관련이 밀접하다. 이러한 묘제는 당시의 후장사상(厚葬思想)과 민간 신앙, 그리고 대규모 분묘를 축조할 수 있는 경제력과 연결된다. 실제로 다수의 고분벽화가 발견된 한대의 산둥(山東), 쓰촨(四川) 지방은 소금과 철을 생산하는 부유한 지역이었다. 한편 허베이 지방에 있는 한대 벽화고분들은 허난(河南)의 난양(南陽)이 한 고조의 출신지였다는 특수한 사정으로 인한 것으로 보인다. 이 무렵 고분벽화는 표현 기법이 매우 고졸하고, 남아 있는 양도 많지 않다. 그러나 이 시대에 유행한 소위 한대 화상석과 더불어 중국 고대 회화를 이해하는 데 자료로서 매우 큰 몫을 차지한다.[11]

전한 때 서역 교통로를 개척하면서 중국과 각 민족, 그리고 중국 각 민족과 아시아 각 민족 사이에는 경제적·문화적 교류가 촉진되었다. 북방과 서방의 소수민족과 한족의 음악이 결합해 중국 초기의 고취악(鼓吹樂)이 탄생했다. 고취악은 타악기와 관악기가 중심이 되는 음악으로, 악기와 이용하는 경우 차이에 따라 고취와 횡취(橫吹)로 나뉘는데, 후대에는 고취라는 명칭으로 통일되었다. 고취**30**는 배소와 가(笳, 호가胡笳 혹은 가취笳吹라고도 불리는 관악기의 일종. 본래 서역 악기로 중국을 거쳐 전래된 듯하다)를 주요 악기로, 의장대가 도로에서 행진할 때 연주한 것으

30 덩현(鄧縣) 채색 화상전의 고취악도, 남북조.

31 산둥성 샤오리푸(孝里鋪) 샤오탕산(孝堂山) 화상석의 횡취, 한(漢).

32 그림 31 왼쪽의 기마 인물 넷.

33 안악 3호 고분벽화의 〈고취악도〉 중 고취와 횡취, 고구려 4세기 중엽. 수레 앞부분은 고취, 뒷부분은 횡취(기마 고취)다.

34 내몽골 후허하오터 허린거얼 고분벽화 연희 장면, 동한. 방울 받기, 칼 받기, 수레바퀴 쳐 올리기, 솟대타기, 물구나무 서기, 안식오안, 칼 재주 부리기 등 연희 장면이 보인다.

로 한나라 초기에 민간에서 유래했다. 횡취**31·32**는 북[鼓]과 뿔나팔[角]을 주요 악기로 쓰는 군악(軍樂)으로 말 위에서 연주했다. 횡취는 한 무제 때 장건이 서역에서 가지고 온 악곡을 음악가 이연년(李延年)이 개편해 만든 것이다.[12] 고취와 횡취는 한나라의 화상석, 화상전과 고구려 고분벽화에 자세하게 그려져 있다. 이런 고취도(鼓吹圖)로도 중국과 고구려의 문화 교류가 밀접했음을 확인할 수 있다.**33**

현재 중국 내몽골의 성도(省都)인 후허하오터(呼和浩特) 근처에 있는 허린거얼(和林格爾)의 동한시대(東漢時代) 고분벽화의 연희 장면과 고구려 고분벽화의 연희 장면을 비교해보면, 둘 사이의 교류를 분명하게 확인할 수 있다.

그림과 같이 내몽골 동한시대의 고분벽화에 채색으로 그려진 농환(弄丸, 방울 받기), 무륜(舞輪, 수레바퀴 쳐 올리기), 장간희(長竿戲, 솟대타기), 도립(倒立, 물구나무 서기), 안식오안(安息五案, 탁자 여러 개를 쌓아놓고 그 위에서 물구나무서기), 칼 재주 부리기, 도검(跳劍, 칼 던졌다 받기) 등의 연희와 그것을 반주하는 악사들**34**은 고구려 장천 1호분**35**과 수산리 고분벽화**36**에도 그대로 나타난다. 그리고 고구려 각저

35 장천 1호분 벽화 연희 장면, 고구려 4세기 말 5세기 초. 위 왼쪽부터 씨름, 노래, 춤, 나무에서 원숭이 재주 부리기, 농환, 무륜.
36 수산리 고분벽화 연희 장면, 고구려 5세기. 왼쪽부터 무륜, 농환, 나무다리 걷기.
37 각저총 씨름 장면, 고구려. 매부리코 씨름꾼은 서역인으로 보인다.

38 허시후이랑 지도.

총 벽화의 씨름꾼**37** 중 한 사람은 매부리코로 분명 서역 계통 외국인이고, 안악 3호분 벽화 중 가면희도(假面戱圖)에도 외국인으로 보이는 춤꾼이 있는 등 고구려의 대외 교섭이 매우 활발했음을 전해주는 자료가 다수 발견된다.

기원전 2세기 초 한 무제가 서역을 개척해 우웨이(武威), 장예(張掖), 주취안(酒泉), 둔황(敦煌)을 허시 4군(河西四郡)으로 삼았는데, 이 지역들은 서역으로 가는 좁고 긴 길에 위치하므로 허시후이랑(河西回廊)**38**이라고도 불렸다. 자위관(嘉峪關)은 명대(明代)에 장성(長城)의 서쪽 종착지였는데, 주취안 동쪽으로 20킬로미터 거리에 있다. 여기에는 고분이 매우 많은데, 이미 발굴된 것 중 1·3·4·5·6·7·12·13호분에 모두 벽화가 있다. 이 고분들은 위진십육국 시기의 것으로 3세기 전반에서 5세기 사이에 조성되었다. 그리고 주취안 북쪽으로 10킬로미터 거리에 위치한 주취안 정가갑(丁家閘) 십육국시대의 제5호묘에도 벽화가

39 간쑤성 허시후이랑 주취안 정가갑 십육국시대 제5호 고분벽화의 묘주 초상, 356~441.
40 안악 3호 고분벽화의 묘주 초상, 고구려.
41 허시후이랑 주취안 정가갑 십육국시대 제5호 고분벽화의 춤 장면, 356~441.
42 허시후이랑 주취안 정가갑 십육국시대 제5호 고분벽화의 악기 연주와 공중제비 연희 장면, 356~441.

있는데, 이 무덤은 356년에서 441년 사이에 조성된 것으로 추정된다.[13] 이 벽화에는 묘 주인과 뒤에서 일산(日傘)을 든 시종들, 부엌, 마구간, 경작 장면, 파르티아식 활쏘기 등과 함께 악기 연주와 연희 장면 등이 있다. 이 고분들은 고구려 고분벽화 중 연희 장면이 있는 고분과 그림의 내용, 축조 시기가 비슷하다.

주취안 정가갑 십육국시대 제5호 고분벽화와 고구려 안악 3호 고분벽화의 묘 주인은 형상이 너무나 유사하다.**39·40** 그리고 주취안 정가갑 십육국시대 제5호 고분벽화의 춤 장면은 고구려 고분벽화에서도 흔히 보이는 것이다.**41** 특히 주목할 점은 이 벽화 중 공중제비를 하는 연희 장면의 악기 구성이다. 요고, 완함, 퉁소, 쟁(또는 거문고)으로 구성된 악기 연주42가 고구려 안악 3호분 가면희 장면과 너무나 유사하다. 이 가면희 장면에서 가면을 쓰고 춤추는 연희자는 붉은색 물방울 무늬가 있는 터번식 머리쓰개를 하고, 코가 큰 탈을 썼으며, 다리를 X자형으로 꼬고 손뼉을 치는 듯한 자세로 춤을 추고 있다.43 이 발꼰춤사위는 인도와 서역계의 춤동작으로 본래 한국춤에는 없던 것이고, 모자 역시 인도계 터번과 유사하다. 그러므로 이 사람을 외국인으로 분장하고 서역계의 춤을 추는 우리 무용수로 보는 견해도 있지만, 가면을 쓴 것이 아니라 실제로 외국계 무용수일 가능성도 배제할 수 없다.

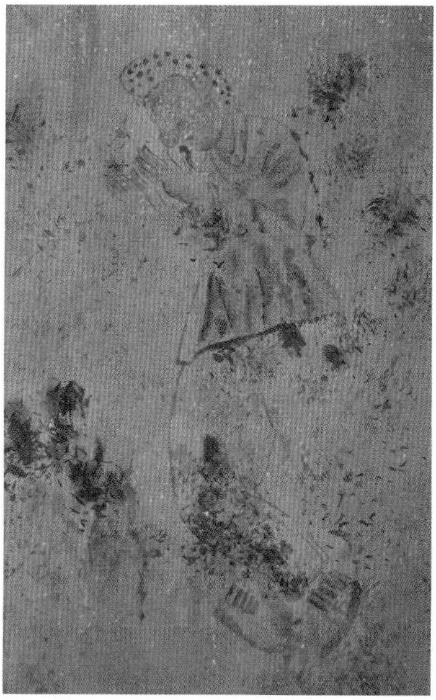

43 안악 3호분 벽화의 춤 장면(세부), 고구려. 인도와 서역계 춤 동작인 발꼰춤사위가 보인다.

한편 불교 발달과 더불어 생겨난 석굴사원 벽화도 기법이나 주제가 고분벽화와 유사하다. 중국 석굴 벽화의 효시는 366년(전진前秦 건원建元 2년)에 조영된 둔황 막고굴(莫高窟)이다. 이 초기 석굴사원 벽화는 중국 고분벽화의 기술적 전통을 바탕으로 닦은 표현 기량 위에 중앙아시아 회화 기법을 가미해 자유분방한 표현 형식을 구축한 결과물로 보인다. 일반적으로 석굴사원 벽화의 내용, 즉 그림의 주제는 종교적인 것으로만 생각하기 쉽다. 그러나 둔황 석굴 벽화는 주제가 매우 다양하다. 즉 존상화(尊像畵), 고사화(故事畵), 중국 고유의 전통 제재, 공양자상(供養者像), 장식 문양, 민속 소재 그림 등 중국이나 고구려의 고분벽화처럼 풍속적 내용이나 역사적 장면까지도 포함한다. 이런 의미에서 둔황 벽화는 동아시아 일원의 고분벽화 발달과도 밀접한 관련이 있을 뿐만 아니라, 같은 시기에 나타나는 중원 일반 회화의 전개와도 무관하지 않다. 가령 동일 주제(또는 표현 방식)에 대한

44 화상석 수렵도의 파르티아식 활쏘기, 동한, 25~220, 산시성 미즈현(米脂縣) 당가구(黨家溝) 출토.
45 둔황 막고굴 249호 벽화 수렵도의 파르티아식 활쏘기, 서위(西魏).
46 덕흥리 고분 수렵도의 파르티아식 활쏘기, 고구려, 408.
47 무용총 수렵도의 파르티아식 활쏘기, 고구려.

예로는 기마인물이 달리는 말 위에서 말의 진행 방향과 반대쪽으로 몸을 틀어 맹수를 향해 활을 쏘는 소위 '파르티아식 활쏘기'를 들 수 있다. 이 활쏘기는 기원 전후 존속한 이란의 고대 왕국 파르티아에서 창안된 방법으로 이 주제는 중국 한대의 화상석**44**을 비롯해 둔황 벽화(석굴 249호),**45** 허시후이랑 자위관의 위진십육국시대 고분벽화, 신장 투루판(吐魯蕃)의 당대 고분 출토 〈연색지수렵문인화견잔편(烟色地狩獵紋印花絹殘片)〉, 덕흥리 고분,**46** 무용총**47** 등 고구려 벽화에도 공통적으로 등장한다.

고구려에서 이러한 주제로 벽화가 그려진 것은 북조의 비한족(非漢族)이 형성한 '북방 기류' 미술 문화와의 연관 속에서 이해해야 한다. 중국 남북조시대의 북위는 북방 민족인 선비족이 세운 나라였다. 고구려는 북조 문화(비한족 문화)를 통해 직접 서역 미술을 받아들일 수 있을 만큼 조건이 좋았다. 고구려가 북위와 밀접하게 교류하던 당시 북위는 서역의 주요 지역인 타림 분지를 장악했기 때문이다.

고구려가 서역 계통 문화를 직접 수용한 사실을 보여주는 그림들이 고구려 고분벽화에서 발견된다. 이러한 서역적인 특징은 주로 6세기 때의 무용총, 오회분 벽화 등 제신(諸神)과 천인(天人)의 복식에서 표출된다. 이와 같은 양식적 표현 외에 서역인의 용모와 특정 동작에 더 직접적으로 관계되는 사례도 나타난다. 삼실총(三室塚)과 사신총(四神塚)의 천장을 떠받드는 역사(力士)를 비롯해, 안악 1호분의 천마도, 각저총(角抵塚) 씨름 장면의 서역인, 안악 3호분의 서역인물상 등이 그것이다.

45

46

47

48 화상석의 역사, 동한, 쓰촨성 싼타이현(三臺縣) 주장향(組江鄉) 애묘(崖墓) 출토.
49 삼실총 천장을 떠받들고 있는 서역인 역사, 고구려.
50 허시후이랑 자위관 고분벽화 중 천장을 떠받들고 있는 역사, 위진십육국시대.
51 화상석의 천마, 동한, 쓰촨성 신진애묘(新津崖墓) 출토.
52 허시후이랑 주취안 정가갑 고분벽화의 천마, 위진십육국시대.

53 덕흥리 고분벽화의 화염문, 고구려, 408.
54 닝샤 고원 출토 칠관화 화염문, 북위 486년 전후.

그런데 역사**48~50**와 천마**51·52**는 중국 한대의 화상석과 고구려 고분, 허시후이랑 주취안의 위진십육국시대 고분벽화에서 모두 발견된다. 이 현상은 두 가지로 해석할 수 있겠다. 우선 서역 문화가 중국 한나라 문화에 영향을 끼치고, 다시 한나라 문화가 고구려 문화에 영향을 끼친 것으로 볼 수 있다. 아니면 서역 문화가 중국 한나라 문화에 영향을 끼쳤을 뿐만 아니라, 동시에 북방 루트로 고구려 문화에 영향을 끼쳤을 수도 있다. 이에 대해서는 좀더 연구를 기다려 봐야겠지만 삼실총과 사신총의 서역인 역사, 각저총의 서역인 씨름꾼, 안악 3호분의 서역인 등 서역인 형상이 다수 직접적으로 묘사된 점으로 볼 때 현재로서는 후자의 가능성이 높다.

고구려 벽화에 나타난 다양한 장식 요소 가운데 화염문(火焰紋)53 또는 초화문(草花紋)을 전체적으로 삼각형을 이루도록 도식화한 문양이 초기 벽화에서부터 자주 등장하는데, 이는 주로 건물 기둥을 가로지르는 창방과 평방의 상부 벽면에 횡렬로 묘사된다. 안악 1호분 벽화에 표현되면서부터 고구려 벽화에 빈번히 나타나는 이 문양은 중원 회화에는 전혀 보이지 않는 북방 민족 특유의 것으로, 5세기 초 고구려 문화의 성격을 분명하게 보여준다.

내몽골로 통하는 북중국 닝샤(寧夏)의 구위안(固原) 지방에서 발굴된 칠관화(漆棺畵)에도 고구려와 유사한 화염문이 보인다.54 이 지역에서는 이러한 문양뿐만 아니라 중앙아시아 계통 유물이 다수 출토됨으로써 동서 문화 교류상의 위치를 나타낸다. 이처럼 고구려 벽화는 인접 지역인 요동과 화북 지방 벽화를 모방해 흡수했다.[14]

중국 고분벽화는 한대만 해도 화상석이라는 강한 표현 형식에 밀려 성행하지 못했고, 성당기의 왕릉 벽화를 제외하고는 큰 발달을 보지 못했으며, 마침내 불교벽화에 자리를 양보하게 되었다. 이에 반해 고구려 고분벽화는 벽화 발생 초기부터 고구려의 국세가 쇠잔할 때까지 계속 유행해 '쇠퇴기가 없는 양식'으로 발달했다.[15]

서역·중국·한국 연희의 교류 양상

산악·백희 관련 기록과 도상 자료

우리나라의 전통연희는 중국에서 흔히 산악 또는 백희라 불리던 연희와 밀접한 관련을 맺고 있다. 중국에서 산악·백희라 부르던 연희들을 우리나라에서는 백희, 가무백희, 잡희, 산대잡극, 산대희, 나희, 나 등으로 불렀고, 산악이라는 말은 거의 사용하지 않았다. 산악은 조선 영조 때 편찬된 『증보문헌비고(增補文獻備考)』에 언급되는 정도다.

중국에서는 한대 이후 백희, 제희(諸戱), 잡기 등의 용어를 주로 사용했다. 산악은 원래 주대(周代)부터 사용되었지만 육조 말부터 수대에 걸쳐서 점차 백희를 가리키는 말로 널리 사용되었다. 이때 산악은 궁정의 악무인 아악(雅樂)과 대칭되는 의미로 쓰였다.

산악·백희에는 중국의 자생적인 것뿐 아니라 중국 주변 민족의 것도 있었으나, 상당수는 서역에서 전래한 것이다. 이때 서역은 중앙아시아는 물론이고 안식(安息)이라 불리던 페르시아(이란), 선국(撣國)이라 불리던 미얀마 지역, 그리고 여헌(黎軒)이라 불리던 로마와 이집트 알렉산드리아도 포함한다. 산악·백희는 한나라와 위나라 때부터 본격적으로 서역에서 유입되기 시작해 수당대를 통해 계속 흘러 들어왔는데, 특히 남북조시대에 많이 전래했다. 후대에는 연행 종목이 더욱 다양해지고 세분화하면서 다양한 변천 과정을 거쳤다. 산악·백희는 오늘날 잡기라는 명칭으로 전승되고 있다. 현재도 중국 베이징의 경극(京劇)에서는 불 토해내기, 물구나무서기, 공중제비, 몸을 자유자재로 구부리는 유술(柔術), 창 재주 부리기, 칼 재주 부리기 등이 행해지고, 쓰촨성 가무극인 천극(川劇)에서도 환술인 칼 감추기, 연기 도중 갑자기 얼굴색을 바꾸는 변검(變脸) 등 다양한 산악·백희 종목이 활용되고 있다.

사마천(司馬遷: 기원전 145~기원전 86)의 『사기(史記)』 권123 「대완전(大宛傳)」과 『한서』 「서역전」 안식국조에 다음과 같은 기록이 보인다.

(안식국 왕은) 사신을 임명해 한나라의 사신을 따라 한의 광대한 땅을 시찰하게 했다. 그리고 타조 알과 여헌의 환술 명인을 한나라에 바쳤다.[16]

대완(大宛)은 중앙아시아의 페르가나(Fergana) 지방이다. 안식(安息)은 파르티아(Parthia) 제국(기원전 240~기원후 226)인데, 제2페르시아 제국으로 영토는 호레즘(Khorezm), 이란, 바빌로니아 지역을 포괄했다. 인용문의 한나라 사신은 한 무제 때 서역을 개척한 장건 일행을 말한다.

『한서』 권61 「장건전」에는 위에 인용한 『사기』 「대완전」의 기록에 대해 안사고(顔師古)가 남긴 주석이 실려 있다.

현(眩)은 환(幻)과 같은 말인데, 지금의 탄도(呑刀), 토화(吐火), 식과(植瓜), 종수(種樹), 도인(屠人), 절마(截馬)의 술(術)이 모두 이에 해당한다.[17]

이 기록으로 한 무제 때 안식국에서 바친 여헌의 환술은 연희자가 칼을 삼키는 탄도, 입에서 불을 토하는 토화, 오이씨를 심어 곧바로 열매 맺게 하는 식과, 나무를 심어 쑥쑥 자라게 하는 종수, 사람을 칼로 자른 후 다시 원상회복시키는 도인, 말을 칼로 자른 후 원 상태로 복원하는 절마 등이었음을 알 수 있다. 절마 또는 박려(剝驢)는 말의 가죽을 벗기거나 말의 머리를 자른 후 주문을 외우면 말이 다시 살아나 원 상태로 돌아간다는 환술이다.

『후한서』 권86 「남만서남이열전(南蠻西南夷列傳)」에는 후한 안제(安帝) 때 선국에서 보내온 환술인이 궁중에서 펼치는 환술이 묘사되어 있다.

영녕(永寧) 원년(120)에 선국의 임금 옹유조(雍由調)가 다시 사신을 파견해 천자를 찾아 뵙고 조하(朝賀)했다. 이때 음악과 환술인을 바쳤다. 여러 가지 변화와 토화, 자지해(自支解), 역우마두(易牛馬頭), 그리고 도환(跳丸)을 잘했는데, 공이 천 개나 되었다. 환술인은 자기가 해서인(海西人)이라 말했는데, 해서는 바로 대진(大秦)이다. 선국의 서남쪽은 대진으로 통한다.[18]

선국은 현재의 미얀마 지역이다. 환술인은 자기가 해서인, 즉 대진 출신이라 밝혔는데, 대진은 후한시대에 로마를 지칭하던 말이었다. 이들이 펼친 연희는 입에서 불을 토하는 토화, 스스로 팔과 다리를 자르는 자지해, 소와 말의 머리를 바꾸는 역우마두, 공(방울)을 여러 개 공중에 던졌다 받는 도환이었다. 여기서 공이 천 개나 되었다는 것은 과장한 것이거나, 십(十)을 천(千)으로 잘못 표기한 것일 가능성이 높다.

『구당서』「악지」에서는 다음과 같이 산악과 백희가 동일한 용어임을 밝히고 있다.

산악은 부오(部伍)의 음악(궁중음악)이 아니고, 배우(俳優), 가무(歌舞), 잡주(雜奏)다. 진한(秦漢) 이래로 또 잡기가 있었으니, 그 변종이 많아 백희라 불렀다. 또 그것들을 모두 산악이라고도 부른다.[19]

인용문의 배우는 골계희인 배우희(俳優戲)를 가리킨다. 이 기록은 산악·백희에 골계희, 가무희, 음악 연주, 잡기가 있었음을 지적한다.

한대 산악·백희의 종목은 장형(張衡: 78~139)의 「서경부(西京賦)」와 이우(李尤: 55?~155?)의 「평락관부(平樂觀賦)」에 자세하게 소개되어 있다. 양자는 내용이 유사한데, 전자가 더 자세하므로 여기서는 「서경부」를 살펴보기로 한다. 「서경부」 후반부는 평락관(平樂觀) 앞마당에서 펼쳐진 각저(角觝)의 묘희(妙戲)를 묘사하는데,[20] 이때 각저희는 씨름이 아니고 산악·백희를 가리킨다.

(가) 오획(烏獲) 같은 장사가 무거운 솥을 들어 올리고
도로국(都盧國) 사람처럼 날래게 장대를 기어오르네.

칼 꽂힌 둥근 장애물을 통과하고 물 담은 쟁반을 공중제비로 뛰어넘고
예리한 칼끝이 갑자기 가슴에 와 닿네.
공과 칼 여러 개를 공중에 던졌다 받으며 재주 부리고
두 사람이 양편에서 춤추며 줄타기를 하고 건너와 만나네.

(나) 우뚝하게 높이 솟은 산
이어진 봉우리들 들쑥날쑥하네.
신기한 나무와 신령스런 풀에 붉은 열매가 주렁주렁 달렸네.
신선이나 맹수로 분장한 연희자들이 모두 관객에게 얼굴을 보이고
표범은 재롱 떨고 큰 곰은 춤추네.
흰 범은 비파를 타고, 푸른 용은 퉁소를 부네.

(다) 아황(娥皇)과 여영(女英)이 앉아 길게 노래 부르니
그 목소리 맑고 아름다운 여운 남기네.
삼황시대 악사인 홍애(洪涯)가 일어서서 기악을 지휘하는데
털과 깃으로 아름답게 몸을 치장했네.

(라) 악곡의 연주 끝나기도 전에 구름 일고 눈 날리네.
처음엔 가볍게 날리다가 마침내 펑펑 쏟아지네.
복도와 전각 위로 돌이 구르며 우렛소리 나네.
이리저리 부딪히며 나는 벽력 같은 소리
바위가 깨지는 듯 하늘의 위엄 나타내네.

(마) 팔백 척 큰 짐승이 만연지희(曼延之戱)를 연출하고
높다란 신산(神山)이 홀연히 등 뒤로부터 나타나네.
곰과 호랑이 기어오르며 서로 다투고
원숭이들 펄쩍 뛰며 높이 기어오르네.
괴상한 짐승들 엉금엉금 기고, 큰 공작 어정어정 걷네.

흰 코끼리 새끼를 낳는데 늘어진 코가 휘청거리네.
바다 물고기 변해 용이 되어 이리저리 꿈틀거리네.

(바) 함리(含利)가 입 벌려 숨을 내뿜으니 신선의 수레가 되었네.
네 마리 사슴이 나란히 수레를 끌고
지초(芝草)로 만든 수레 지붕엔 아홉 송이 꽃이 피어 있네.
두꺼비와 거북이가 기어 나오고
수인(水人)은 뱀을 놀리네.

(사) 기이한 환술이 변화무쌍해서
모양을 바꾸고 형체를 달리해놓네.
칼 삼키기를 하고 불 토해내기를 하는데
구름과 안개 자욱이 피어나네.
땅을 긋기만 하면 강이 되어
위수(渭水)로도 흘러가고 경수(經水)와도 통하네.

(아) 동해황공(東海黃公)이
붉은 칼을 들고 주문을 외우네.
흰 호랑이 물리치려다가
마침내 성공하지 못하니,
부정한 몸가짐에 마음도 미혹되어
제대로 하지 못하는 것일세.

(자) 그러고는 희거(戲車)가 나오는데
긴 장대가 꽂혀 있네.
여러 아이들 재주를 부리는데
오르락내리락 물구나무서기도 하네.
갑자기 거꾸로 떨어지다 발꿈치가 걸리는데

마치 끊어졌다 다시 이어지는 듯하네.

백 마리 말이 고삐를 가지런히 하고

발 맞춰 나란히 달리네.

솟대 위에서 부리는 재주 변화무쌍해 다함이 없네.

활을 당겨 서쪽 오랑캐 쏘다가는

다시 머리 돌려 북쪽 오랑캐 쏘네.[21]

(가)~(자)는 「서경부」를 연희 내용에 따라 나눠본 것이다. (가)에서는 우선 무거운 솥을 들어 올리는 강정(扛鼎)과 솟대타기인 도로심장(都盧尋橦)을 묘사했다.**55~58** 그리고 굴렁쇠 같은 원형 테나, 칼 또는 창이 꽂힌 원형 장애물을 통과하는 충협(衝狹)이 나온다. 충협에는 대나무를 잘라 짠 원통형 기구에 칼이나 창을 꽂아 놓고, 연희자가 그 원통으로 뛰어들었다 빠져나오는 기예**59**도 있었다.[22] 이어 공중제비를 해 물을 담은 쟁반 위를 건너뛰었다 다시 물을 담은 쟁반 가운데로 돌아와 앉는 연탁(讌濯)이 나온다. 양손을 벌려 공중제비를 하면서 물이 담긴 쟁반 위를 지나는데, 뛰어넘을 때 발로 물을 탁탁 친다. 마치 제비가 물 위를 날면서 물에 꼬리를 스치는 듯한 모습이기 때문에 이 기예를 '연탁'이라 부르게 되었다. 다음은 흉돌섬봉(胸突銛鋒) 묘사다. 이는 가슴과 배에 예리한 칼을 찔러 넣지만 몸속에 기를 모아 칼이 들어가지 않도록 한 연희다. 오늘날의 기공(氣功)에 해당한다. 이어 공이나 방울을 여러 개 공중에 던졌다 받는 도환(跳丸), 칼을 여러 개 공중에 던졌다 받는 도검(跳劍), 그리고 줄타기인 주삭(走索) 등 곡예에 해당하는 연희 종목을 묘사했다.

(나)는 오산(鼇山) 또는 산대(山臺)라 부르는 구조물을 묘사했다. 이 구조물은 산 모양인데, 높고 낮은 봉우리가 있고 나무와 풀에 붉은 열매가 달려 있다. 그 구조물에서 총회선창(總會仙倡)을 한다. 총회선창은 신선이나 맹수 등으로 분장한 연희자가 관객 앞에서 행하는 연희다.**60** 표범, 큰 곰, 호랑이, 용 등으로 가장한 연희자들이 나와 연희를 하는데, 흰 호랑이는 비파를 타고 푸른 용은 퉁소를 분다. 즉 연희자가 산거(山車)라 불리는 신산(神山) 형태의 구조물 위에 출현해 여러 맹수로 바뀌면서 연희하는 것이다.

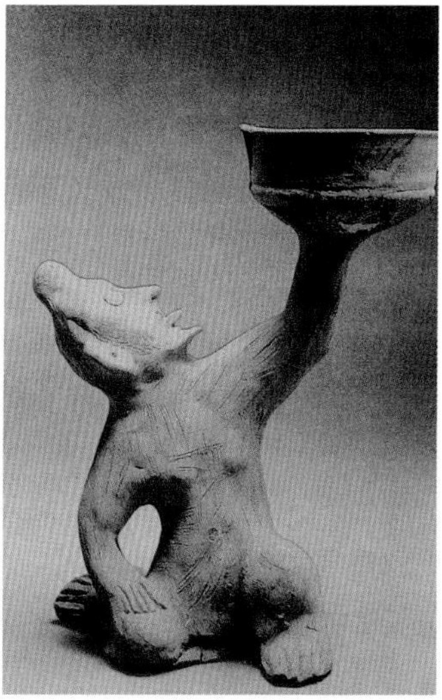
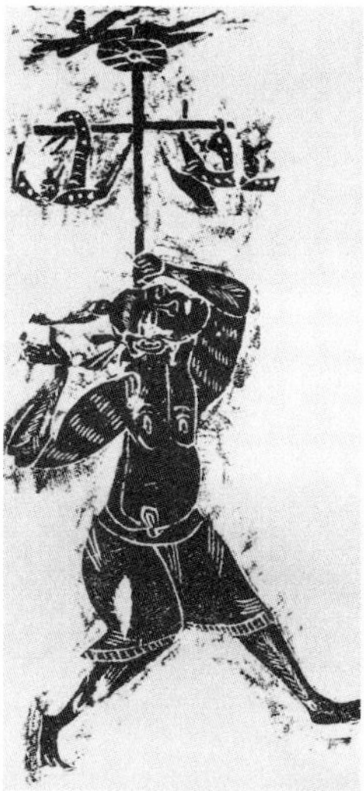

55 도등좌용역사(陶燈座俑力士), 서한, 광둥성 광저우시 다위안강(大元崗) 출토.

56 도로심장, 산둥성 이난 베이자이촌 악무백희(樂舞百戲) 화상석. 연희자 머리에 솟대를 세웠는데, 솟대 위에 아이 셋이 올라가 재주를 부리고 있다.

57 둔황 막고굴 85호 벽화의 도로심장, 만당(晩唐). 연희자 머리에 솟대를 세웠는데 솟대에 아이 둘이 올라가 재주를 부린다. 왼쪽은 악사, 오른쪽은 설화인(說話人)이다.

58 솟대타기. 산둥성 안추시(安丘市) 동가장(董家莊) 화상석. 동한.

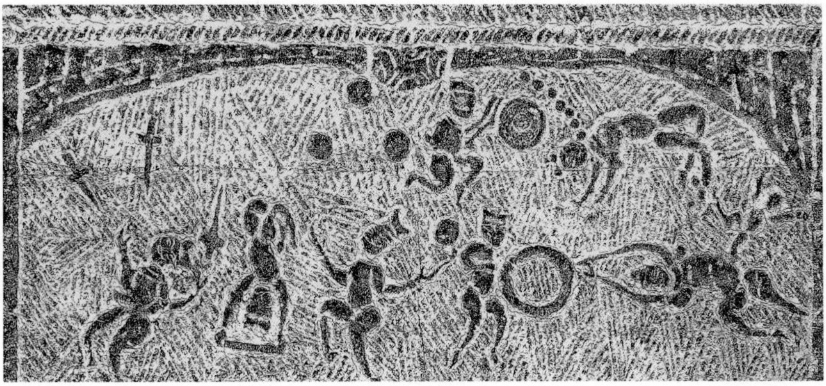

59 화상석 연희 장면, 쓰촨성 이빈(宜賓) 애묘 출토. 왼쪽부터 농검, 도립, 농환, 무륜, 충협, 유술.
60 총회선창, 한, 장쑤성(江蘇省) 퉁산(銅山) 홍루(洪樓) 출토. 온갖 동물이 등장하는 연희 장면. 특히 중앙 상단부의 악기를 연주하는 곰, 오른쪽에 다리 넷 달린 물고기, 오른쪽 상단과 하단의 동물 가면을 쓰고 선 사람 등은 이 연희가 사람이 동물로 가장한 것임을 보여준다.

이 신산은 한나라 때 성행한 신선사상에 의한 것으로 봉래산(蓬萊山)을 가리킨다. 신선이 산다는 봉래산은 바다에 떠 있기 때문에 바다에 가라앉을까봐 거북이가 등에 지고 있다고 한다. 그래서 봉래산을 오산이라고도 부른다. 한나라 때 신산을 형상화한 향로가 다수 제작되었는데, 이를 박산향로(博山香爐)라 부른다. 박산향로 가운데는 향로 받침에 거북이를 형상화해 마치 거북이가 봉래산을 지고 있는 것처럼 제작된 것도 있다.

61 『제감도설』의 〈관등시리〉에 묘사된 오산.

한대에 비하면 상당히 후대이긴 하지만 명대의《남도번회도권(南都繁會圖卷)》, 장거정(張居正: 1525~1582)의 『제감도설(帝鑑圖說)』 중 〈관등시리(觀燈市裏)〉, 그리고 명대 만력(萬曆: 1573~1619)·천계(天啓: 1621~1627) 연간에 활동한 화가 오빈(吳彬)의《월령도(月令圖)》 12폭 중 정월을 묘사한 〈원야(元夜)〉에서 오산(鼇山)의 모습을 구체적으로 볼 수 있다.《남도번회도권》은 이 책 제6장 고려시대의 전통연희 중 「연등회의 전통연희」에서 다룰 것이므로 여기서는 〈관등시리〉와 〈원야〉를 살펴보기로 한다.

〈관등시리〉의 오산은 기둥 네 개를 이용해 쌓아올린 삼 층 구조물의 겉면에 소나무와 잣나무 같은 나뭇가지를 덧씌워 신산(神山)을 표현했다. 그리고 오산의 정상에 단층 가옥형 구조물이 가설되고, 그 안에 신이 한 명 자리 잡았다.[23] **61** 최낙천(崔樂泉)에 따르면 이 그림은 명대 목각판화 중의 오산이라고 한다.[24]

〈원야〉는 16세기 말에서 17세기 초 사이 중국 남방 대도시에 세워진 오산을 묘사한 것으로 보인다. 이는 삼 층 누각 형태의 건축물 상단에 오산을 설치한 것이

62 《월령도》의 〈원야〉에 묘사된 오산.
63 백제금동대향로, 백제, 금동, 높이 62.5cm, 최대 지름 19cm, 국립부여박물관.

다. 오산 주위에 산봉우리 다섯 개가 있다. 이는 한국 백제금동대향로의 상단 부분을 연상시킨다. 삼층 건물의 맨 아래에는 나무기둥을 많이 세워 지면과 분리했고, 건물의 일 층과 이 층 사이에 구름을 배치해 하늘 높이 솟은 신산을 강조했다. 건물의 일층과 삼 층 앞면에는 인형으로 추정되는 다양한 인물을 배치했고, 등불 또한 건물 곳곳에 일정한 간격으로 매달았다.[25] 62

세계적인 보물로 평가받는 백제금동대향로도 역시 봉래산을 형상화한 것으로, 이 향로의 뚜껑은 산들이 겹쳐 있는 모습이다.63 큰 산봉우리가 스물다섯 개, 작은 산봉우리가 마흔아홉 개다. 그리고 이 바다 가운데 신산에서 불로장생하는 신선과 상서로운 동물들이 어우러져 사는 모습을 새겨 넣음으로써 신선사상을 나타내고 있다. 이 향로에 표현된 신선은 열일곱 명인데, 짐승을 부르듯 서 있는 신선, 낚시하는 신선, 머리를 숙이고 허리를 구부려 나무를 붙잡은 신선, 등이 굽고 지팡이를 짚은 신선, 팔짱을 끼고 명상이나 관상(觀賞)하는 듯한 신선, 악기를 연주하는 신선 다섯 등이다. 그리고 이 향로의 산에는 봉황을 비롯해 기러기를 닮은 원앙 다섯 마리, 천년을 산다는 장생(長生)의 동물 인면조신(人面鳥身) 동물, 신산의 동물인 포수(鋪首) 등 동물 서른일곱 마리가 포함되어 있다. 또 이 산에는 나무 다섯 그루, 작은 나무 같은 물체 서른세 개, 바위 열일곱 개, 산 중턱을 가르는 산길, 산 사이로 흐르는 시냇물, 입체적으로 돌출된 낙하하는 폭포수, 낚시터가 된 호수도 있다. 특히 향로 맨 위의 봉황 아래, 다섯 산봉우리에 앉아 있는 기러기를 닮은 새 다섯 마리는 원앙으로 추정된다. "봉래산 남쪽에 어떤 새가 있는데 원앙이라 부른다. 모양이 기러기를 닮았는데 구름 사이를 배회한다. 높은 산봉우리에 서식하며 땅을 밟지 않는다. 석굴에서 생활한다"[26]라는 기록으로 이 새들이 봉황과 불가분 관계에 있는 원앙이고, 이 향로는 바다에 있다는 삼신산 가운데 하나인 봉래산을 표현한 것임을 알 수 있다.[27]

「서경부」에 묘사된 신산이 후대 중국의 오산과 동일한 구조물이라는 점은 가경(嘉庆) 21년(1816) 간행한 『화양현지(華陽縣志)』에서도 알 수 있다.

> 『삼국지』 「예술전」에서 "(마균이) 산악(山嶽)을 만들고 인형으로 방울 받기와 칼 던지기를 하게 했다"고 한 것은 곧 지금의 원소절날 가설하는 오산(鰲山)을 말하며, 실은 장형의 「서경부」에 언급된 '우뚝 솟은 신산(神山)'의 전통을 이은 것이다.[28]

『화양현지』는 비록 상당히 후대의 기록이기는 하지만 오산의 유래를 한대 장형의 「서경부」의 신산으로 보고 있다. 이것이 삼국시대에 마균이 제작한 산악(山嶽)을 거쳐 청대까지 전승된 것으로 본다.[29]

(다)는 순(舜) 임금의 비(妃)인 아황과 여영으로 분장한 연희자가 노래를 부르고, 삼황시대의 악사 홍애로 분장한 사람이 나와 음악을 연주하는 내용이다.

(라)는 무대에 구름이 일어나고 눈이 쏟아지고, 복도와 전각으로 돌이 구르며 우렛소리 울리는 장치를 묘사했다.

(마)는 큰 짐승이 만연지희를 하는 내용이다. 만연(曼延)은 큰 짐승의 거대한 모양을 말한다. 신산에서 곰, 호랑이, 원숭이가 나와 재주를 부리며, 큰 공작이 어

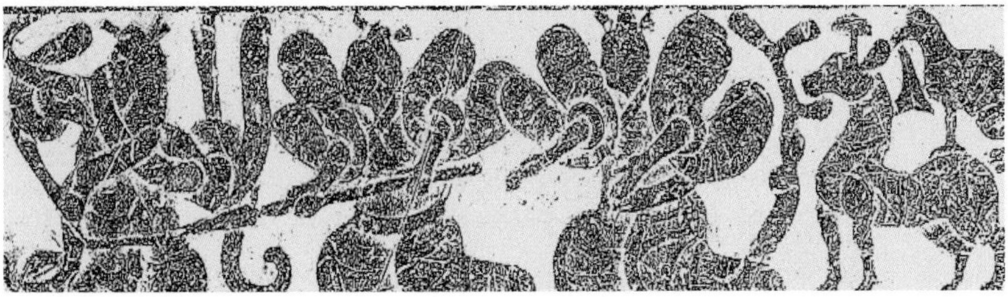

64 산둥성 이난 베이자이촌에서 발굴된 악무백희 화상석. 왼쪽부터 칼 받기, 방울 받기, 솟대타기, 칠반무, 악기 연주, 용희(龍戲), 줄타기, 어희(魚戲), 도립, 표희(豹戲), 공작희(孔雀戲), 마상재(馬上才), 희거(戲車). 이 연희들은 대부분 「서경부」에도 나온다.

65 뱀 놀리기, 동한, 산둥성 페이현(費縣) 출토. 왼쪽에 한 사람이 꿇어앉아 뱀을 놀리고 그 오른쪽에 대면한 사람은 창을 들고 찌르려 한다.

정어정 걷고, 코끼리는 새끼를 낳는 것이나, 물고기가 용으로 변하는 어룡(魚龍)을 묘사했다.**64** 여기에 나오는 동물은 모두 사람이 분장한 것이다. 즉 각종 동물로 분장한 가면희인 것이다. 여기서 신산은 (나)의 오산과 같은 구조물로 한국에서 산거(山車) 또는 산붕(山棚)이라 부르던 이동식 산대와 같은 것으로 보인다.

(바)는 환술을 묘사한 듯하다. 함리(含利)는 원래 황금을 토한다는 전설의 동물인데, 여기서는 숨을 내뿜어 신선의 수레를 만들고 두꺼비나 거북이가 기어나오게도 한다. 한켠에서는 뱀을 놀리는 재주인 수인농사(水人弄蛇)**65**가 연행되고 있다.

(사)도 환술이다. 칼 삼키기, 불 토해내기와 함께 구름과 안개를 일으키고 땅을 그어 냇물이 흐르게 하는 변화무쌍한 환술이 행해진다.

66 희거. 허난성 난양 출토 화상전.
67 희거. 산둥성 이난 베이자이촌 출토 악무백희 화상석.

(아)는 동해황공이라는 가무희를 묘사했다.

(자)는 희거에서 벌어지는 솟대타기와 활쏘기를 묘사한 것이다. 말이 끌고 달리는 수레 희거에 장대를 세우고 아이들이 오르락내리락하며 물구나무를 서는 등 다양한 솟대놀이를 구사한다. 이어 활쏘기 재주를 연출했다.

마침 허난성(河南省) 난양(南陽)에서 출토된 화상전에 희거가 묘사되어 있다.[66] 수레 두 대가 달리는데 앞 수레에는 솟대 꼭대기에 발을 걸치고 거꾸로 매달린 채 팔을 수평으로 벌린 연희자가 있고, 그 양 손에 각각 한 사람씩 올라가 있다. 뒷수레에는 수레 꼭대기에 한 사람이 쭈그리고 앉아 있고, 그와 앞수레의 마부가 줄을 45도 경사가 되도록 쥐고 있는데, 줄 위로 한 사람이 올라가고 있다. 그리고 산둥성 이난(沂南) 베이자이촌에서 출토된 악무백희 화상석에서는 수레 가운데 솟대를 설치했는데, 솟대 꼭대기에서 물구나무서기를 하는 연희자가 보인다.[67]

이상 「서경부」에 묘사된 각저지묘희(角牴之妙戲), 즉 산악·백희는 사람의 힘과 재주로 하는 여러 기예인 곡예, 각종 동물로 분장한 가면희, 변화무쌍한 환술, 노래, 춤, 악기 연주, 오산 또는 산대라 불리는 산 모양의 무대 구조물, 환상적인 무대 장치와 연출 효과 등을 망라했다.

후대에는 산악 내용이 더욱 다양해졌다. 『진서(晉書)』「악지」(하)에도 산악·백희 종목이 소개되어 있다.

> 후한 정월 초하룻날, 천자가 덕양전(德陽殿)에 납시어 조하를 받았다. 함리가 서쪽에서 와서 전 앞에서 연희를 펼쳤다. 물이 격렬하게 분출하니 변해 비목어(比目魚)가 되었다. 도약하며 물을 뿜으니 안개가 되어 해를 가렸다. 그 후에 용으로 변했는데, 길이가 열아홉 장(丈)이나 되었고, 물에서 나와 유희를 하는데 햇빛에 번쩍거렸다. 두 개의 큰 줄로 양쪽 기둥 윗부분을 매었는데, 거리가 몇 장이나 되었다. 두 여자 연희자가 마주보고 춤을 춘 후, 그 줄 위로 걸어나와 서로 만나 어깨가 부딪쳤는데도 떨어지지 않았다. 위진시대부터 강좌시대(남조)가 끝난 지금까지도 하육강정(夏育扛鼎), 거상행유(巨象行乳), 신귀변무(神龜抃舞), 배부영악(背負靈嶽), 계수백설(桂樹白雪), 획지성천(畵地成川) 연희가 남아 있었다.[30]

이 기록의 앞부분은 어룡만연(魚龍蔓延)이라는 연희를 묘사했다. 어룡은 함리처럼 동물 가면을 쓰고 있다 물고기와 용으로 변하기 때문에 생긴 명칭이다. 이 기록으로 위진대(魏晉代)에 하육강정, 거상행유, 신귀변무, 배부영악, 계수백설, 획지성천 등이 있었음을 알 수 있다.

하육강정은 「서경부」의 오획강정처럼 무거운 솥을 들어 올리는 것이다. 하육은 주나라 때 역사의 이름이다. 그래서 하육강정은 하육 같은 장사가 무거운 솥을 들어 올린다는 의미를 갖게 되었다.

거상행유는 「서경부」의 "흰 코끼리 새끼를 낳는데 늘어진 코가 휘청거리네"와 유사한 연희로 짐작된다. 연희자가 흰 코끼리 새끼에게 젖을 주는 내용일 것이다.

신귀변무는 신령한 거북이가 손바닥을 치면서 기뻐하는 춤이다. 배부영악은 뒤에서 소개할 왕단(王溥)의 『당회요(唐會要)』에 나오는 신귀부악(神龜負岳)과 같은 것으로 짐작된다. 구체적인 연희 내용은 알 수 없다.

신귀변무는 '신령한 거북이가 손바닥을 치면서 추는 춤'이고, 배부영악은 '등에 영험하고 신령한 산을 지고 하는 연희'다. 둘을 결합하면 뒤에 소개할 왕단(王溥)의 『당회요(唐會要)』에 나오는 신귀부악(神龜負岳)과 같은 연희 종목으로 짐작된다. 신귀부악은 '신령한 거북이가 등에 산을 지고 있다'는 뜻으로, 이 산은 오산을 가리킨다. 그래서 신귀변무, 배부영악과 신귀부악은 모두 「서경부」의 "우뚝하게 높이 솟은 산 이어진 봉우리들 들쑥날쑥하네. 신기한 나무와 신령스런 풀에 붉은 열매가 주렁주렁 달렸네"와 "높다란 신산이 홀연히 등 뒤로부터 나타나네"처럼 오산을 묘사한 것으로 보인다. 이것을 연희의 한 종목으로 열거한 점으로 볼 때 산거처럼 이동식 오산이었을 것이다.

계수백설은 「서경부」에 묘사된 "악곡의 연주 끝나기도 전에 구름 일고 눈 날리네. 처음엔 가볍게 날리다가 마침내 펑펑 쏟아지네"와 유사한 연희로 짐작된다. 즉 나무에 흰 눈이 내리게 하는 환술이다.

획지성천은 땅을 긋기만 하면 냇물이 되어 물이 흐르게 하는 환술이다. 「서경부」의 "땅을 긋기만 하면 강이 되어 위수(渭水)로도 흘러가고 경수(經水)와도 통하네"라는 설명과 같은 연희다.

또 『진서』 「악지」에 따르면 고진(顧臻)의 상주(上奏)로 인해 고환(高絙), 자록(紫鹿), 기행(跂行), 별식(鼈食), 제왕권의(齊王捲衣), 착아(笮兒) 등 산악 종목을 없앴다고 한다.[31] 고환은 줄타기다. 기행은 '외다리로 가기'다. 나머지는 실제로 어떻게 연희되었는지 알 수 없다.

『진서』 「열전」64에는 여자 무당들이 '칼로 혀를 잘랐다 잇기', '칼 삼키기', '불 토해내기' 같은 환술을 행한 내용이 보인다.

> 마침 어머니가 병이 나자 통(統)이 의약(醫藥) 시중을 들었는데, 종친들이 이로 인해 그를 볼 수 있었다. 그 종부(從父)가 조상들에게 경건히 제사 지내고, 여무(女巫) 장단(章丹)과 진주(陳珠) 두 명을 데려왔는데 모두 경국지색이었다. 옷을 꾸

68 칼 사다리를 밟고 올라가는 한국 무당. 사다리를 다 올라가면 작두 위에서 춤을 춘다.
69 칼에 혀를 대고 굿는 무당.
70 칼 위에 배를 대고 엎드린 무당.

> 민 것이 매우 화려했고 가무를 잘했으며, 또 몸과 그림자를 숨길 수 있었다. 초저녁에 종을 치고 북을 울리며 간간이 관현악기를 연주하고, 장단과 진주가 칼을 뽑아 혀를 자르고, 칼을 삼키고 입에서 불을 토해내니, 구름과 안개가 자욱하고 빛이 번쩍이며 번개가 쳤다.[32]

이와 같이 진대(晉代)에는 장단과 진주라는 여자 무당이 환술을 행했다. 이들은 환술로 영험함과 신통력을 과시하고자 했을 터인데, 우리나라의 강신무(降神巫)들이 하는 작두 타기, 칼 사다리 밟고 올라가기,**68** 칼날 밟고 걷기, 칼날에 혀를 대고 굿기,**69** 칼 위에 배를 대고 엎드리기**70** 등과 유사하다. 우리도 강신무가 작두 타기로 자기에게 신이 내렸다는 사실과 영험함을 드러내는 것이다.

오호십육국시대의 고승 불도징(佛圖澄)은 바리때(중의 밥그릇)에 맑은 물을 부으면 연꽃이 무럭무럭 피어나는 환술인 '발내생연(鉢內生蓮)'을 행함으로써, 후조(後趙)의 두 폭군인 석륵(石勒)과 석호(石虎)를 감복시켰다. 불경을 한문으로 번역

71 일본의 농침.

한 구마라집(鳩馬羅什: 344~413)은 숟가락으로 바늘을 먹는 환술 '식침(食針)'을 행했다고 한다.[33]

당대(唐代)에는 인도 승려와 유랑예인이 중국에 환술과 기예를 전파했다. 『법원주림(法苑珠林)』「십악편(十惡篇)」에 "당나라 정관(貞觀) 20년(646)에 서국(西國)에서 바라문 다섯이 경사에 왔는데 음악, 주술, 잡희, 칼로 혀를 잘랐다 다시 잇기, 칼로 배를 갈라 창자를 꺼내 끊었다 다시 잇기 등을 몹시 잘했다(唐貞觀 二十年 西國有五婆羅門來到京師 善能音樂 呪術 雜戲 截舌 抽腸續斷)"는 내용이 있다. 『신당서(新唐書)』「예악지」에는 "천축(인도) 기예는 스스로 수족을 자르고 창자를 찌를 수 있을 정도였다. 고종은 그런 환술이 백성을 놀라게 할까봐 중국에 들어오지 못하게 했다(天竺伎 能自斷手足 刺腸胃 高宗惡其驚俗 詔不令入中國)"는 내용이 있다.

당나라 왕단의 『당회요』 산악조에서는 산악·백희 종목을 다음과 같이 제시한다.

> 산악은 역대로 있었는데 명칭이 하나가 아니다. 부오의 음악이 아니고 배우, 가무, 잡주(雜奏)다. 그것들을 모두 백희라 부른다. 도령(跳鈴), 척검(擲劍), 투제(透梯), 희승(戲繩), 연간(緣竿), 농침주(弄枕珠), 대면(大面), 발두(撥頭), 굴뢰자(窟礧子), 그리고 환기(幻伎)로서 격수화어룡(激水化魚龍), 진왕권의(秦王捲衣), 복서(茯鼠), 하육강정(夏育扛鼎), 거상행유(巨象行乳), 신귀부악(神龜負岳), 계수백설(桂樹白雪), 획지성천(畫地成川) 및 단수족(斷手足), 척장위(剔腸胃) 같은 것들이다. 환기(幻伎)는 한 무제 때부터 중국에 들어왔다.[34]

도령은 도환과 같은 연희로 방울을 공중에 던졌다 받는 것이다. 척검은 도검과 같은 연희로 칼을 던졌다 받는 것이다. 투제는 충협과 같은 연희로 칼이 꽂힌 좁고 긴 상자를 빠져나가는 것이다. 희승은 주삭 같은 연희로 줄타기다. 연간은 솟대타기다. 농침71은 목침(나무베개) 여러 개를 가지고 줄을 맞춰 마치 기둥처럼 만들고 그중에서 사람들이 요구하는 목침을 하나 빼내는 연희로, 수차례 이것을 반복한다. 신귀부악은 '신령한 거북이가 등에 산을 지고 있다'는 뜻이며 산은 오산을 가리킨다. 이것을 연희의 한 종목으로 열거한 점으로 볼 때 산거처럼 이동식 오산이었을 것이다. 그 밖의 연희는 앞에서 소개한 바와 같다.

산악·백희의 교류 양상

앞에서 살펴본 바와 같이 산악·백희는 무용, 음악, 연극, 체육, 무술이 세분화하지 않은 채 연행되던 고대의 총체예술로 서민적인 연희였다. 이상 자료로 볼 때 산악·백희 종목은 크게 곡예와 묘기, 환술, 각종 동물로 분장한 가면희, 동물 재주부리기, 괴뢰희라 불린 인형극, 골계희, 가무희, 악기 연주 등으로 나눌 수 있다.[35]

곡예와 묘기에는 방울을 여러 개 공중에 던졌다 받는 도환(跳丸) 또는 농환(弄丸),[36] 칼을 여러 개 공중에 던졌다 받는 도검(跳劍) 또는 농검(弄劍), 물구나무서기인 근두(筋斗) 또는 도립(倒立), 공중제비, 솟대타기인 간희(竿戲) 또는 파희(爬戲),[37] 머리나 이마에 장대를 세우고 그 위에 사람들이 올라가 솟대타기를 하는 정간희(頂竿戲), 나무다리 걷기, 줄타기인 주삭(走索), 접시돌리기,[38] 칼 재주 부리기, 무거운 솥을 들어 올리는 강정(扛鼎),[39] 바퀴를 쳐 공중에 띄워 돌리는 무륜(舞輪),[40] 맨발로 불을 밟는 이화(履火), 칼이 꽂힌 좁고 긴 장애물을 통과하는 충협(衝狹) 또는 투제(透梯), 공중제비를 해 물이 담긴 쟁반 위를 건너뛰었다 다시 쟁반 가운데로 돌아와 앉는 연탁(讌濯), 씨름인 각저희(角抵戲),[41] 격투의 일종인 수박희(手搏戲), 나무로 만든 베개 여러 개를 가지고 줄을 맞춰 기둥처럼 만들고 그중에서 목침을 하나 빼거나 여러 개 쌓아 모양을 만드는 농침(弄枕), 말타기 재주인 마상재,[42] 뱀을 놀리는 수인농사(水人弄蛇),[43] 누워서 발로 항아리 돌리기, 두 발을 벌린 채 윗몸을 뒤로 젖혀 손으로 발목을 잡는 하요(下腰) 또는 절요(折腰),

두 발을 벌린 채 윗몸을 뒤로 젖혀 머리가 양다리 사이로 나오게 하는 등 마치 뼈가 없는 사람처럼 몸을 자유자재로 구부리는 기예, 몸을 뒤로 젖혀 손을 땅에 대고 입으로 그릇을 물고 다시 일어서는 요요기(拗腰技) 등이 있었다. 하요부터 요요기까지를 통칭해 유술(柔術)이라 부른다.

이 밖에 솟대타기의 일종으로 도로심장(都盧尋橦)이 있고, 물구나무서기의 일종으로 안식오안(安息五案)이 있었다. 도로심장은 사람의 머리나 어깨에 장대를 세우고 그 위에 아이들이 여럿 올라가 재주를 부리는 것인데, 도로국(현재 미얀마 간푸토루우 지방) 사람들이 이 연희를 잘했기 때문에 도로심장이라는 명칭이 붙었다.[44] 안식오안은 탁자를 여러 개 쌓고 그 위에서 물구나무서기를 하는 것인데, 안식국에서 유래했기 때문에 생긴 명칭이다.**72~87**

환술에는 연희자가 입에서 불을 토하는 토화(吐火), 칼을 삼키는 탄도(呑刀),**88·89** 사람의 가슴과 배에 예리한 칼을 찔러 넣지만 칼이 들어가지 않는 흉돌섬봉(胸突銛鋒), 칼로 배를 갈라 창자를 꺼내 끊었다 다시 잇는 추장속단(抽腸續斷), 칼로 혀를 잘랐다 다시 잇는 절설(截舌), 칼로 창자를 찌르는 자장위(刺腸胃), 오이씨를 심어 곧바로 열매 맺게 하는 식과(植瓜), 나무를 심어 쑥쑥 자라게 하는 종수(種樹), 바리때 안에 맑은 물을 부어 연꽃이 무럭무럭 자라게 하는 발내생연(鉢內生蓮), 땅을 그어 내를 만들고 물이 흐르게 하는 획지성천(畫地成川), 사람이나 말을 칼로 자른 후 원 상태로 살아나게 하는 도인(屠人)과 절마(截馬), 스스로 팔과 다리를 자르는 자지해(自支解), 스스로 자기 몸을 끈으로 묶은 후 스스로 푸는 자박자해(自縛自解), 소와 말의 머리를 바꾸는 역우마두(易牛馬頭), 칼 감추기, 끓는 기름에 집어넣은 물고기 헤엄치게 하기, 말의 항문으로 들어갔다 입으로 나오는 입마복무(入馬腹舞)**90** 등이 있었다. 계수백설(桂樹白雪)은 「서경부」의 "악곡 연주 끝나기도 전에 구름 일고 눈 날리네. 처음엔 가볍게 날리다 마침내 펑펑 쏟아지네"와 유사한 연희로 짐작된다. 거상행유(巨象行乳)는 「서경부」의 "흰 코끼리 새끼를 낳는데 늘어진 코가 휘청거리네"와 유사한 연희로 짐작된다. 살마박려(殺馬剝驢)는 절마와 유사한 연희로 말을 칼로 잘라 가죽을 벗겼다 다시 살아나게 하는 연희다.

각종 동물로 분장해 연행하는 가면희로는 어룡, 만연, 공작희, 표희 등이 있었

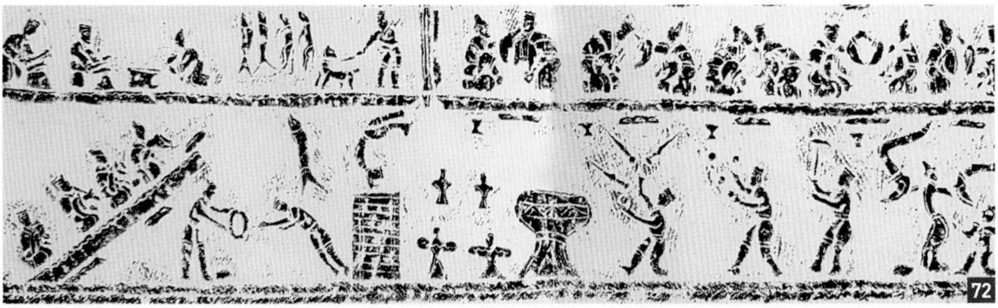

72

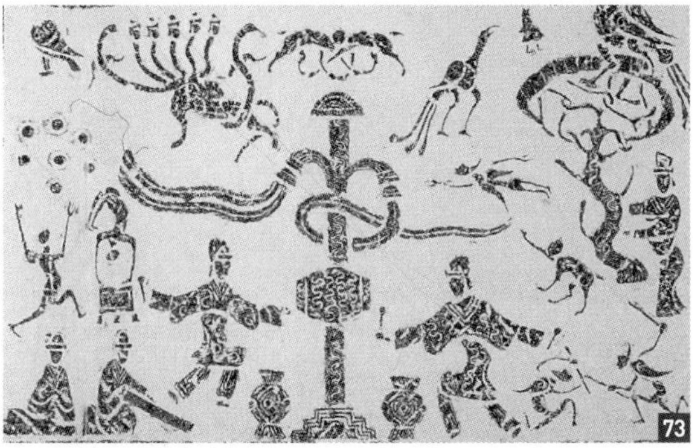

73

74

75

72 화상석의 연희 장면, 동한, 중국 쓰촨성 창닝(長寧) 1호 석관. 왼쪽부터 충협, 안식오안, 농검, 농환, 접시돌리기, 장수무(긴소매춤).

73 화상석의 연희 장면, 동한 만기, 147~189, 중국 산둥성 텅저우시(滕州市) 출토. 왼쪽부터, 농환, 도립, 건고무, 칼재주부리기.

74 솟대타기. 서한 선제(宣帝) 원제(元帝) 기원전 73~33. 중국 산둥성 웨이산현(微山縣) 출토.

75 솟대타기와 건고무. 동한 초, 25~88, 산둥성 저우청시(鄒城市) 출토. 두 사람이 건고를 치고, 건고에 솟대를 세워 양쪽으로 줄을 늘여뜨렸다. 연희자들이 줄 위를 걷거나 농환, 도립, 앙와 등을 하며 줄을 올라가고 있다. 이들 양쪽에는 북, 우(竽), 배소를 연주하고 있다. 왼쪽에는 장수무(長袖舞)를 추는 사람 둘과 관람객이 보인다.

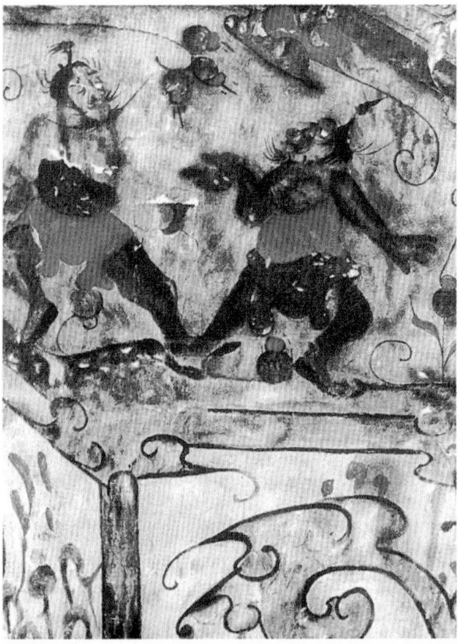

76 둔황 벽화의 솟대타기, 오대(五代), 둔황 막고굴 61호. 솟대를 세우고 아이 둘이 올라가 재주를 부리고 있다. 왼쪽과 앞은 악사, 오른쪽은 설화인이다.

77 고분벽화의 수박희, 동한, 허난성(河南省) 미현(密縣) 타호정(打虎亭).

78 솟대타기의 하나인 정간희(頂竿戲)와 무용 장면, 만당, 둔황 막고굴 제156굴 〈송국부인출행도(宋國夫人出行圖)〉 세부.

79 솟대타기의 하나인 정간희 목용(木俑), 당, 신장 투루판 고분 출토.
80 근두, 하요, 유술 연행, 서한, 산둥성 지난시(濟南市) 우잉산(無影山) 출토.

다. 어룡과 만연은 한대에 비롯된 본격적인 동물 흉내 내기 연희다. 물고기와 용의 동작을 흉내 낸 집단 무용으로, 물이 없는 못에 물고기와 용이 나타나면 구름이 생겨 비가 내리므로 물고기와 용의 동작을 흉내 낸 집단적 춤이 연출된 듯하다. 『한서』「서역전찬(西域傳贊)」에 의하면 어룡은 한대에 황제의 궁궐에서 행하던 연희였다. 황금을 토한다고 해 함리라 불리던 동물이 황제 앞에서 춤을 추다, 물이 격렬하게 분출되면 비목어라는 외눈박이 물고기로 변한다. 이어 안개를 내뿜으며 점점 길이가 여덟 장(丈)이나 되는 황룡으로 변해 황제의 만수 무강을 기원하는 춤을 춘다. 이와 같이 함리 가면을 쓰고 있다 물고기와 용으로 변화하기 때문에 어룡이란 명칭이 생긴 것이다. 만연은 큰 짐승의 거대한 모양을 말한다. 어룡만연은 한대 이후에는 산악·백희의 대표 종목으로 자주 거론되었다. 만연도 어룡과 유사하다. 만연은 길이가 열여덟 장에 달하는 긴 동물이 등장해 점차 황룡으로 변해가는 연희다. 어룡과 만연은 현재도 중국에서 정초에 행하는 용놀이로 전해 내려오고 있다. 오늘날 행해지는 용놀이는 천으로 길게 용 형상을 만들고, 많은 사람이 그것을 들고 뛰어다니는 연희다. 공작희와 표희는 이미 살펴 봤듯이 공작 가면과 표범 가면을 쓰고 춤을 추는 것이다.

81 역기(力技), 동한, 장쑤성 쉬저우시(徐州市) 홍루(洪樓) 출토. 한대 혹은 그 이전부터 행해진 다양한 역기, 거중 활동의 양상을 볼 수 있다. 왼쪽 두 번째 인물부터 각각 박호(搏虎, 호랑이 잡기), 발수(拔樹, 나무 뽑기), 배수(背獸, 등에 소 메기), 거구(擧臼, 돌절구 들기), 양 안고 있기, 포호(抱壺, 병 들고 있기)를 연행하고 있다.

82 장방형 동패(銅牌) 씨름 장면. 기원전 3~4세기, 산시성 시안시(西安市) 창안현(長安縣) 객성장(客省庄) 출토. 흉노 씨름으로 보인다.

83 중국 화상석의 수박희, 동한, 허난성 난양 출토.

84 〈삼재도회〉 중 주화도.
85 〈삼재도회〉 중 각저도.
86 〈삼재도회〉 중 농구도.
87 〈삼재도회〉 중 연간도.
88 〈삼재도회〉 중 탄검도.
89 〈화한삼재도회〉의 탄도와 이화.
90 〈신서고악도〉의 입마복무.

91 코끼리 재주 부리기인 상희(象戲), 동한, 205, 쓰촨성 루산현(蘆山縣) 출토. 왼쪽 큰 코끼리 몸에 옷을 입혔다. 코끼리 뒤 한 사람과 앞 네 사람이 코끼리와 함께 연희한다. 나무 아래 세 사람은 연희를 구경한다. 나무 오른쪽 사람들도 연희를 하고 있다.

92 화상석 연희 장면, 동한 중기, 89~146. 산둥성 저우싱시(鄒省市) 출토. 왼쪽부터 투우(鬪牛), 낙타 타기, 상희 또는 순상(馴象).

동물 재주 부리기에는 금수어충희(禽獸魚蟲戲) 또는 동물희(動物戲)[45]라 해 각종 동물을 훈련시켜 묘기를 부리게 하는 연희가 있었다. 처음에는 사람들이 동물 흉내를 내던 것이, 직접 동물을 훈련시켜 재주를 부리게 하는 데까지 나아갔다.**91·92** 그리하여 코끼리, 말, 원숭이, 개, 쥐, 곰, 새 등 각종 동물을 직접 훈련시켜 재주를 부리게 하는 동물희가 성행했다.[46]

괴뢰희는 인형극이다. 괴뢰(傀儡)는 춘추시대에 나무를 사람 모양으로 깎아 노예 대신 순장한 풍습에서 유래했다. 처음에는 장례 때 상가(喪家)에서 연행하던 것이었다. 즐거운 잔치에서 괴뢰희를 연행한 것은 한대 말부터다. 괴뢰희가 산악·백희 종목이 된 것은 남북조시대에서 당대 사이다. 송대에는 괴뢰희가 매우 발달해 흥행을 목적으로 하는 공연장에서 중요한 종목이 될 정도로 인기가 있었다.[47] 당나라의 두우(杜佑)가 801년에 편찬한 『통전(通典)』에는 "대체로 산악잡희(散樂雜戲)에는 환술이 많은데 모두 서역에서 나온 것이다. …가무희에는 대면(大面), 발두(撥頭), 답요랑(踏搖娘), 굴뢰자(窟礧子) 등이 있다"고 해 괴뢰희가 산악의 한 종목임을 밝혔다.

송대 괴뢰희는 다양했다. 우선 나무 인형의 머리와 팔다리에 줄을 몇 가닥 연결해 조종자가 위에서 줄을 잡고 인형을 놀리는 현사괴뢰(懸絲傀儡)가 있었다. 두 번째로 막대 끝에 나무 인형을 달고 대나무로 나무 인형의 두 손을 받치며 조종자가 아래에서 막대와 대나무로 움직임을 조종하는 장두괴뢰(杖頭傀儡)가 있었다. 세 번째로 물 위에서 인형희를 연출하는 수괴뢰(水傀儡)가 있었다. 네 번째로 사람(아동 또는 청년)이 나무 인형의 형태를 흉내 내 연희하는 육괴뢰(肉傀儡)가 있었다. 다섯 번째로 현재 내용은 구체적으로 알 수 없지만 명칭이 전하는 약법괴뢰(藥法傀儡)가 있었다. 그리고 북송 때 이미 그림자 인형극인 영희(影戲)가 있었다. 처음에는 백지에 인물 형상을 그린 후 오려 사용했으나, 후대에는 가죽으로 오리고 채색해 잘 찢어지지 않았다.[48] 채색한 가죽으로 만든 인형을 놀리는 그림자 인형극을 오늘날에는 피영희(皮影戲)라 부른다.[49] **93~99**

골계희는 그동안 우리 학계에서 흔히 소학지희(笑謔之戲)라 불린 연희다. 중국에서는 골계희를 우희(優戲), 배우희(俳優戲), 창우희(倡優戲)라 불렀다. 또 '배우'가 골계희를 의미하기도 했다. 고려와 조선의 여러 기록에도 대부분 우희, 배우희, 창우희라 되어 있다. 그동안 우리나라에서는 학자에 따라 우희를 소학지희, 조희(調戲), 화극(話劇) 등으로 불러왔다. 그러나 우리의 여러 기록에 나타나는 명칭이나 중국과 일본의 예로 볼 때 우희가 가장 적당한 용어로 보인다. 중국 문학을 연구하는 학자들은 이미 우리의 이런 연희를 우희로 보고, 중국 우희와 비교해 논의하기도 했다.[50]

우희는 서역에서 산악이 전래하기 이전에 이미 중국에 존재하던 중국의 자생적인 전통연희다. 중국 선진(先秦) 시기에는 예인을 우(優)와 령(伶)으로 구분했다. 우는 다시 창우(倡優)와 배우(俳優)로 나뉘는데, 창우는 가무를 위주로 하는 전문 예인을 부르는 호칭이었고, 배우는 골계와 조소(調笑)를 전문으로 하는 직업 예인을 부르는 호칭이었다. 령은 악곡을 연주하는 사람을 말한다. 한대 이후에서 송대 전까지 '우'와 '령'을 '우령'으로 합쳐 부르면서 우령은 가무, 음악, 백희, 골계를 직업으로 하는 예인을 총칭하게 되었다.

중국에서 골계희는 '배우'가 연희했으므로 흔히 골계희를 배우희 혹은 우희라 부른다. 골계희를 시사희(時事戲)라고도 하는데, 이는 골계희가 시사풍자적인 내

93 〈목우희연출도〉, 명.
94 〈목우희도〉, 명.
95 〈현사괴뢰도(懸絲傀儡圖)〉, 청.

96 중국 청대 피영희.
97 중국 윈난성(雲南省) 텅충현(騰冲縣) 유가채(劉家寨)의 피영희. 서유기의 한 장면. 2003년 2월 촬영.
98 공연을 위해 줄에 걸어놓은 가죽 인형들. 윈난성 텅충현 유가채. 2003년 2월 촬영.
99 중국 윈난성 윈난 민족박물관 소장품인 가죽 인형들.

용을 많이 다루기 때문이다. 또 골계희에는 흉내 내기 연희도 포함되었다.

배우의 출현은 대단히 빨랐던 것으로 보인다. 가장 이른 기록은 주나라 좌구명(左丘明)이 찬술(撰述)한 『국어(國語)』「정어(鄭語)」에 보이는데, 기원전 774년 서주 유왕(幽王)의 궁정에 주유(侏儒, 난쟁이)와 척이(戚施, 꼽추)가 배우로 있었다고 한다. 배우는 골계를 주요 내용으로 하기 때문에 외형적으로 우스꽝스러운 난쟁이나 기형인 사람이 많았다.[100]

『사기』「골계열전(滑稽列傳)」에 등장하는 우전(優旃)도 바로 진나라 난쟁이 배우였다. 배우는 국왕과 귀족의 노리갯감으로서 코믹한 언동으로 웃음을 자아내는 것을 주요 직무로 삼았지만, 이를 수단으로 해 풍자를 할 수도 있었다. 즉 우희에는 풍간(諷諫) 기능이 있었다. 이는 배우가 비록 잘못 말해도 죄가 되지 않는 것이 당시의 불문율이었기 때문에 가능했다.

대표적인 예가 『사기』「골계열전」에 보이는 우맹 일화다. 초나라에 손숙오라는 재상이 있었는데 매우 훌륭한 사람이었다. 그가 죽자 남은 자식들은 너무 가난해 땔나무를 팔아 연명해야만 했다. 당시 우맹이라는 배우가 이를 알고 연기를 해 초장왕의 잘못을 일깨워 바로잡고자 했다. 그는 손숙오의 옷을 입고, 손숙오의 행동과 아주 흡사해 보이도록 일 년 동안 연습했다. 어느 날, 그는 손숙오의 옷을 입고 초왕 앞으로 갔다. 초왕은 그를 보자마자 깜짝 놀라 손숙오가 살아 돌아온 줄 알고, 그에게 재상이 되어주기를 청했다. 그러자 우맹이 말하기를, "좀 생각해보고요. 돌아가 처자식과 의논해보겠습니다." 그가 돌아오자 초왕이 또 물었다. "어떻게 됐소?" 우맹이 대답하기를 "마누라가 하지 말라고 하던데요." 초왕이 물었다. "왜 그러오?" 그가 말하기를, "보십시오. 손숙오는 평생을 바쳐 초나라를 부강하게 했는데, 죽은 뒤에는 자식조차 먹여살릴 수 없습니다. 그래서 못 하게 하는 겁니다." 우맹의 말에 깨달은 장왕은 손숙오의 아들에게 땅을 분봉해줘 편히 살도록 했다고 한다.

100 주유 우용(優俑), 동한, 쓰촨성 충칭시(重慶市) 출토. 골계희인 우희를 연행하던 난쟁이 연희자로 보인다.

훗날 우희는 국왕을 풍자하는 것이 아니라 잘못을 한 관원을 풍자하는 것으로 바뀌었다. 이 변화는 국왕 앞에서 더 이상 멋대로 풍자를 할 수 없게 되었음을 의미한다. 처음에는 배우가 잘못 얘기해도 죄가 되지 않았으나 후대에는 국왕이 그런 비평을 쉽게 받아들이지 않게 되었으므로 우희에 변화가 생긴 것이다. 그래서 후대 배우들은 국왕이 아니라 잘못을 한 관원에게 풍자를 가하기 시작했다. 이에 관한 최초의 기록이 후조 석륵 때(재위 319~333) 일이다. 석륵에게 주연(周延)이라는 참군(參軍)이 있었는데, 관도령(館陶令)을 지낼 때 관의 비단 수만 필을 착복해 투옥되었다 사면되었다. 이 사건 후 연회 때마다 배우들은 이 부정한 관리를 풍자했다. 내용은 다음과 같다. 배우 한 명이 두건을 쓰고 누런 비단 홑옷을 걸치고 등장한다. 다른 배우가 그에게 "너는 무슨 벼슬을 했는데 우리들 속에 들어왔느냐?"라 물으면 "나는 원래 관도령이었습니다"라고 하고, 또 자기 옷을 흔들면서 "바로 이것을 착복했기에 당신들 속에 들어왔소"라 대답해 우스갯거리로 삼았다는 것이다.[51] 이때부터 배우는 잘못을 저지른 관원을 전문적으로 풍자하게 되었다. 또 이때부터 배우 두 명이 연기를 하게 되었는데, 각각 풍자를 하는 주체와 풍자를 받는 대상으로 분장한다. 이때 풍자되는 대상을 '참군(參軍)'이라 하고, 풍자하는 연기자를 '창골(蒼鶻)'이라 한다. 두 연기자의 출현은 우희의 진일보로, 흔히 이를 '참군희(參軍戱)'라 부른다.

당대에는 참군희가 매우 성행했다. 당대 전반기 참군희에 관한 기록을 보면 여전히 연기자는 두 명밖에 없다. 송 잡극은 기본적으로 바로 이러한 골계희를 계승한 것이다. 이뿐만 아니라 훗날 완숙한 잡극과 전기 등의 극종에서도 흔히 찾을 수 있는 '삽과타원(揷科打諢)', 즉 '우스꽝스런 동작과 말'도 바로 골계희의 영향이다.[52]

일본에서는 나라시대(奈良時代: 710~794)에 중국에서 받아들인 산악이 사루가쿠(猿樂)라는 이름으로 불리면서 전문 연희자에 의해 여러 행사에서 연행되었다. 기가쿠(伎樂), 부가쿠(舞樂)에 이어 혹은 병행해 동아시아 대륙에서 일본에 전래된 제3의 악무(樂舞), 예능이 바로 산가쿠(散樂)다. 부가쿠가 귀족 계급에서 귀족 계급으로 전래된 음악 무용인 데 반해, 대중 예능이던 산가쿠는 일본 고유의 민속 예능과 재빨리 융합해 일본 연극의 토양이 되고 지하수가 되어 후세의 여러 연극과 예능의 기초를 이뤘다. 노가쿠, 노쿄겐, 닌교조루리, 가부키 그 어느 것도 산가쿠의 영향을 받지 않은 것이 없을 정도로 산가쿠의 역사적 의의는 매우 크다.[53]

그런데 일본에서 후일 산가쿠의 '산(散)' 대신 '사루(猿)'를 써 사루가쿠(猿樂)라 부르게 된 이유는 다음과 같다. 원래 산가쿠의 대표적인 예능은 우스꽝스럽고 비속한 흉내 내기였는데, 그것이 원숭이가 흉내를 내 사람을 웃기는 것과 유사해 산 대신 사루를 쓰게 되었다. 또 '散樂'을 히라가나로 쓸 때 '사루가쿠(さるがく)'라 쓰던 것을, 그 내용으로 보아 흉내를 잘 내는 동물인 원숭이를 나타내는 같은 발음의 '사루'를 전용해 '猿樂'라 쓰게 된 것이다.[54]

일본 사루가쿠의 내용은 종목의 성격에 따라 곡예적인 것과 가무연극적인 것으로 크게 나뉜다. 이 중 가무연극적인 것이 바로 앞서 살펴본 우희와 관련이 있다. 가무연극적인 것이란 음악과 춤을 볼거리로 하거나 언어나 몸동작으로 의미를 전달하는 연극적인 것을 말한다. 특히 웃음을 자아내는 흉내 내기나 골계희가 중심 종목이었다.

헤이안시대(平安時代: 794~1192) 중기의 문인 후지와라 아키히라(藤原明衡)의 『신원악기(新猿樂記)』를 통해 교토 거리에서 연행된 사루가쿠를 살펴볼 수 있다.

> 그 가운데서도 악귀를 쫓는 주사(呪師)놀이, 난쟁이[侏儒]춤, 풍년을 기원하는 놀이[田樂], 인형극[傀儡子], 당나라에서 온 재주[唐術], 요술[品玉], 윤고(輪鼓), 방울을 놀리는 농환[八玉], 혼자 하는 씨름[獨相撲], 혼자 하는 쌍륙[獨雙六], 뼈가 없는 것처럼 흐물흐물하게 추는 춤[無骨], 뼈만 있는 것처럼 뻣뻣하게 추는 춤[有骨]. 촌장 엔토우(延動)의 거드름 피우는 걸음걸이, 새우 잡는 사람처럼 능한 발놀림, 히카미(氷上)에 사는 절지기가 바지춤을 잡아 올리면서 달아나는 모습, 그 모습을 본 야마시로(山城)의 노파가 부채로 얼굴을 가리며 웃는 모습, 비파법사(琵琶法師)의 이야기조 노래[物語], 센슈만자이(千秋萬歲, 재담하는 떠돌이 연희자)가 부르는 축하 노래, 불룩 내민 배를 두드리지만 갈비뼈가 앙상하게 드러나 우스꽝스러운 모습, 목을 앞으로 쭉 뻗으며 버마재비 흉내 내기, 신도들을 찾아다니면서 가사(袈裟)를 시주하라고 하는 복광(福廣) 스님 흉내 내기, 묘고(妙高)의 여승이 아기에게 덮어줄 강보를 구걸하는 모습 흉내 내기, 얼굴을 감춰야 할 내시가 얼

굴을 드러내 웃음거리가 된 모습, 서두르다 피리를 두고 와 피리 대신 휘파람을 부는 피리장이, 점잖아야 할 노악사의 우스꽝스러운 춤, 거룩한 제사에 임하는 무녀가 남자를 유혹하기라도 하는 듯 짙게 화장한 모습, 입이 거친 교토 젊은이들의 말장난, 갓 상경한 시골 사람의 어리둥절한 모습 흉내 내기. 이뿐만 아니라 사루가쿠의 박자에 맞춰 춤추는 남자들의 흥겨움, 우두머리 연희자의 익숙한 손놀림, 이 모두는 사루가쿠라는 예능. 주고받는 우스갯소리, 너무나도 우스워 창자가 끊어지고 턱이 빠져버리지 않을 사람이 없구나.[55]

이 글에는 주사를 비롯해 갓 상경한 시골 사람의 어리둥절한 모습 흉내 내기까지 모두 스물여덟 종목의 산악이 열거되어 있다. 이 스물여덟 종목은 크게 곡예적인 종목과 골계극적인 종목으로 분류할 수 있다. 점잖은 촌장이 거드름을 피우는 모습 흉내 내기나 갯가에서 빠르고 능숙한 동작으로 새우를 잡는 새우잡이의 모습을 우스꽝스럽게 흉내 내는 종목부터는 모두 극적인 요소가 중심인 연희로서 바로 우희에 해당하는 것이다.[56]

관객에게 긴장감과 웃음을 제공하던 사루가쿠 연희자들은 사회적 수요의 변천에 따라 차츰 쇠퇴한다. 사루가쿠 가운데 우스꽝스러운 짓, 두 사람이 이야기를 주고받는 예능 형식, 흉내 내기 예능 등은 확실한 줄거리를 가진 골계극으로 발전했다. 골계극은 가마쿠라시대(鎌倉時代: 1185~1333) 들어 악극 요소가 첨가되었고, 이어서 무로마치시대(室町時代: 1336~1573)에는 대사극에 가무극이 첨가된 고전연극으로 발전했다. 가마쿠라시대가 되면 종래 골계를 중심으로 한 사루가쿠는 가무와 흉내 내기를 중심으로 하는 노(能)로 비약하고, 헤이안시대 본래의 사루가쿠는 교겐(狂言)이라는 한층 희극적인 공연물이 되었다. 남북조시대(1336~1392)에는 각 지역에 사루가쿠 놀이패가 생긴다. 이 중 야마토(大和) 사루가쿠의 유자키좌(結崎座)에서는 간나미(観阿彌: 1333~1384)라는 기예가 매우 뛰어난 중심적 존재가 있었다. 간나미의 아들 제아미(世阿彌: 1361~1442)는 아버지를 이어 노를 크게 발전시켰다. 사루가쿠가 새로운 연희이자 본격적인 고전연극이라 할 수 있는 노와 교겐으로 변천하자, 사루가쿠라는 장르 자체는 독립적인 성격을 잃고 소멸해버리고 말았다.[57]

한국에서도 마찬가지로 삼국시대에 중국에서 유입된 산악 또는 백희라 불리던 연희의 한 종목인 우희가 고려시대와 조선시대의 우희로 계승되고, 이 전통 속에서 우희가 판소리, 가면극, 재담, 만담 등에 영향을 끼쳤다. 한국에서도 우희에 흉내 내기 연희가 포함되어 있었다.

가무희는 노래와 춤으로 내용을 전달하는 것이다. 이미 한대의 화상석에서 칠반무(七盤舞), 반고무(盤鼓舞), 건무(巾舞), 파유무(巴渝舞) 등 가무희가 발견된다.

칠반무**101**는 접시 일곱 개를 엎어놓고 그 위를 옮겨 다니는 춤이다. 접시 일곱 개를 바닥에 두 줄로 배열하고, 접시 앞에는 북이 하나 놓인 가운데 연희자가 춤을 추는 것이다. 도판에서 보는 바와 같이 긴 소매 의상과 모자의 띠가 춤사위에 따라 펄럭인다.

반고무**102**는 일종의 고무(鼓舞)로 북을 땅에 두고 한 명 혹은 여러 명이 북 주위를 돌거나 북을 두드리면서 추는 춤이다. 반고무는 쓰촨성 다이현(大邑縣)에서 출토된 한대 화상전으로 살펴볼 수 있다. 바닥에 접시 여섯 개를 흩어놓고 그 사이에 북 두 개를 배치했다. 긴 소매에 가느다란 허리를 강조한 의상을 입은 연희자

101 칠반무, 동한 건녕(建寧) 3년(170), 허난성 난양 출토.

102 반고무, 동한, 쓰촨성 다이현 출토. 안식오안과 농환 연행 장면도 보인다.

103 건무, 쓰촨성 청두 서문(西門) 출토 화상전.

가 몸을 활처럼 구부리고 두 발로 북을 율동적으로 친다. 왼손은 긴 소매를 펄럭이며 앞으로 뻗고, 오른손은 긴 소매를 뒤로 늘어뜨리는 자세다.

건무**103**는 공막무(公莫舞)라고도 하는데, 두 손에 비단천을 들고 추는 춤이다. 건무는 쓰촨성 청두(成都)에서 출토된 화상전에 묘사되어 있다. 이 그림에서 연희자는 머리카락을 고리 형태로 땋았고, 수놓은 상의와 가선 두른 긴바지를 입고 있

104 동해황공. 가면 쓴 상단의 일곱 명 중 가운데가 동해황공으로, 젊은 시절 용과 호랑이를 제압하던 모습을 표현했다.

다. 손에 띠를 싼 짧은 막대를 쥐고 긴 띠 모양 비단천을 높이 날리고 있다. 이는 요즘도 한국의 살풀이춤과 승무 등에서 활용되는 것으로, 막대기를 사용하면 비단천을 휘날리는 것이 수월하고 어려운 동작도 구사할 수 있다. 무용수 뒤쪽에는 어릿광대 역할을 하는 듯한 남자가 도고(鼗鼓)를 든 채 두 팔을 좌우로 흔들고, 엉덩이를 낮춘 자세로 무희를 쫓아가고 있다. 이 남자는 주유, 즉 난쟁이 역할을 하는 듯 보인다.[58]

한대의 동해황공(東海黃公)**104**은 춤과 노래로 진행된 가무희였다. 「서경부」의 평락관에서의 '각저지묘희(角觝之妙戲)' 중 가장 두드러지는 가무희는 동해황공이다. 동해황공은 갈홍(葛洪: 283~343)이 편찬했다는 『서경잡기(西京雜記)』 권3에도 실려 있다.

> 내가 아는 국도룡(鞠道龍)이란 환술을 잘하는 사람이 이러한 옛날 일을 얘기해줬다. 동해에 황공(黃公)이란 사람이 있었는데, 젊었을 때 술법(術法)으로 용을 제압하고 호랑이를 부렸다. 그는 붉은 금도(金刀)를 차고 붉은 비단으로 머리를 묶었는데, 단숨에 구름과 안개를 일으키고 앉은자리에서 산과 강물을 만들었다. 그는 노쇠해지자 기력도 없어진 데다 술을 지나치게 마셔 다시는 술법을 행할 수 없

105 〈신서고악도〉 난릉왕.

게 되었다. 진나라 말년에 흰 호랑이가 동해 지방에 나타나자, 황공이 곧 붉은 칼을 가지고 그놈을 물리치러 갔는데, 술법이 듣지 않아 결국 호랑이에게 잡아먹혔다. 이에 장안 근처 사람들이 그것으로 놀이를 만들었는데, 한나라 황제도 그것을 가져다 각저지희(角抵之戲)를 만들었다.[59]

인용문으로 볼 때 「서경부」의 동해황공은 동해황공이 붉은 칼과 뛰어난 주법(呪法)으로 흰 호랑이를 물리치려 했으나 도리어 잡아먹힌다는 내용의 가무희였을 것이다. 황공은 "노쇠해 기력도 없어진 데다 술을 지나치게 마셨다"고 했으니, 주인공은 이 가무희에서 힘도 없으면서 술에 취해 비틀거리며 우스꽝스러운 말과 행동으로 재미있는 가무를 연출했을 것이다.[60]

남북조시대에는 난릉왕입진곡(蘭陵王入陣曲), 발두(鉢頭, 撥頭), 답요랑(踏搖娘) 등의 가무희가 있었다. 난릉왕입진곡은 북제(北齊: 550~577)에서 시작되었다. 북제의 난릉왕 장공(長恭)**105**은 용맹했지만 얼굴이 곱상해 늘 가면을 착용하고 적군을 상대했다고 한다. 일찍이 금용성(金埇城) 아래에서 주나라 군사들을 공격했는데, 그때 용맹함이 삼군 중에 으뜸이었다. 그 후 제나라 사람들이 이를 대단하게 여겨 이러한 내용의 춤을 추게 되었다. 그가 군사를 지휘해 적군을 공격하고 무찌르는 모습을 본뜬 것이다.

발두는 서북 소수 민족의 작품일 가능성이 높다고 한다. 아들이 호랑이에게 물려 죽은 아버지의 시신을 찾는 내용이다. 노래에 나오는 산이 여덟 고개이므로 노래도 팔 절이다. 연희자는 산발을 하고 흰옷을 입었으며, 우는 연기를 하며 마치상을 당한 사람처럼 분장했다.

답요랑은 소중랑(蘇中郞)이라고도 한다. 북제 때 술에 취한 남편 소 씨(주먹코가 달린 추악한 모습이다)가 착한 아내를 때린 이야기를 연출한 것이다. 아내는 미인에다 노래까지 잘 불렀는데, 매를 맞으면 이웃집에 가서 울며 호소했다고 한다. 사람들이 이 여자가 울며 호소하는 목소리와 두들겨맞는 동작을 모방한 것이 점차 민간 가무극으로 정착되었다. 공연 때는 남자 연희자가 여자 옷을 입고 노래하며 춤을 췄다. 때때로 노래의 리듬에 맞춰 몸을 이리저리 흔들기도 했다. 그래서 '답요랑'이라는 명칭이 생겼다고 한다.[61]

이상 난릉왕입진곡, 발두, 답요랑은 남북조시대에 새로 생겨 당나라 때 성행했는데, 이 가무희들은 중국에서 생겨난 산악·백희라 할 수 있다. 이런 가무희는 송원대의 잡극 형성에 영향을 끼쳤다. 이 가무희들은 모두 가면희였는데, 성당(盛唐) 때까지만 해도 가면희가 중심을 이뤘으나 중당(中唐) 때부터는 가무희에서 가면희가 사라져갔다. 중당 때에는 서량기만 가면희이고, 이후 만당(晩唐), 오대, 송으로 이어지며 가무희에서 가면을 쓰지 않게 되었다. 대신 이때부터 가면희는 민간 나희(儺戲)로 스며들어 현재까지 중국 각지에 전하고 있다. 후세 중국 희극에 갖춰져 있는 여러 정식(程式)도 중당 무렵부터 생겨났다. 정식은 일정한 함의를 지닌 규범적인 연기 동작을 말한다. 중국 고전희극에서 정식은 이미 중당대 가무희에서 발달하기 시작해 송대 가무희에서 거의 완벽한 수준까지 발전을 이뤘다. 그리고 그 정식은 그대로 후세의 대희(大戲)로 흡수되었는데, 대희는 공연 양식과 대본이 갖춰진 성숙한 중국 전통극을 가리킨다.[62]

일본에 전하는 〈신서고악도〉는 산악과 무악(舞樂) 그림이 많은 두루마리 그림인데 표지에 '당무회(唐舞繪)'라 적혀 있다. 이것으로 보아 두루마리에 그려진 산악과 무악은 중국 당나라에서 전래한 것으로 간주된다. 여기에 묘사된 산악은 창놀리기인 농창(弄槍), 사자 형상에 두 사람이 들어가 연희하는 사자무(獅子舞), 연희자가 이쪽 항아리로 들어갔다 저쪽 항아리로 나오는 입호무(入壺舞), 반주에 맞춰 원숭이가 굴렁쇠를 통과하는 원악통금륜(猿樂通金輪),**106** 목을 젖히고 칼을 삼켰다 뽑아내는 음도자무(飮刀子舞), 무동 타기의 일종으로 힘센 사람의 어깨에 어린이 셋이 올라가 춤을 추는 사인중립(四人重立), 입에 기름을 물었다 뿜어내며 불

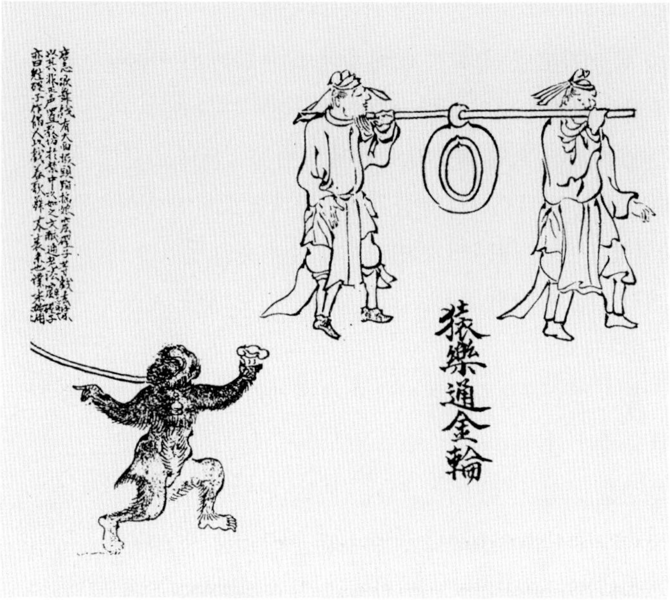

106 〈신서고악도〉 원악통금륜.
107 〈신서고악도〉 와검상무.

을 붙여 입에서 불을 뿜어내는 듯 보이는 토염무(吐炎舞), 솟대타기의 일종으로 힘센 사람의 머리에 V자 모양 막대를 세우고 막대 양 끝에 사람이 올라가 재주를 부리는 억격도립(抑格倒立), 나막신을 신은 세 여자가 줄타기를 하면서 방울을 놀리는 신왜등승농옥(神娃登繩弄玉), 칼 일곱 개를 공중에 던졌다 받는 농검(弄劍), 물구나무서기를 한 사람의 발바닥에 한 사람이 올라서고, 그 머리에 둥근 걸상 모양 도구를 올리고, 그 위에 또 한 사람이 올라가 춤을 추는 삼동중립(三童重立), 한 사람의 어깨에서 다른 사람이 물구나무를 선 채 움직이는 억견도립(抑肩倒立), 방울 열한 개를 양손과 입으로 던져 올렸다 받는 농옥(弄玉), 칼끝이 위를 향하도록 바닥에 칼을 세우고 칼끝에 옆으로 누워 손과 발을 움직이며 춤을 추는 와검상무(臥劍上舞),**107** 어린이가 말의 항문으로 들어갔다 춤추면서 말의 입으로 나오는 환술인 입마복무(入馬腹舞) 등 열다섯 종류다.[63]

그리고 16~19세기에 중국에서 행해진 산악·백희에 대한 기록이 중국에 사신으로 간 우리나라 문인들의 연행록(燕行錄)에 실려 있다. 도환, 긴 장대로 접시돌리기, 탄도, 토화, 도인, 식과, 물건 감추기 등 연희 내용을 매우 자세하게 묘사해 자료 가치가 매우 높다.[64]

그런데 여기서 주목할 점은 산악·백희가 한대부터 서역에서 유입되기 시작해 특히 남북조시대에 많이 전래했지만, 한나라 이전에도 이미 중국에 산악·백희 같은 연희들이 존재했다는 사실이다. 그러니까 한 무제가 서역을 개척한 이후 서역에서 전래한 산악·백희가 일방적으로 중국의 산악·백희를 성립시킨 것은 아니라는 사실이다.

먼저 우희를 예로 들면 이미 살펴봤듯이 서역 전래 연희가 아니라 중국의 자생적인 전통연희였음을 알 수 있다. 한대에 서역에서 산악·백희가 전래하기 몇백년 전부터 이미 골계희인 우희가 전문 배우에 의해 공연된 것이다. 인형극 괴뢰희도 춘추시대에 나무를 사람 모양으로 깎아 노예 대신 순장한 풍습에서 유래한 것으로, 본래 중국 괴뢰희가 장례 때 상가에서 연행되던 것이라는 사실은 서역에서 괴뢰희가 전래하기 이전에 이미 중국에 인형극 전통이 있었음을 말한다. 가무희도 이미 살펴본 바와 같이 한대와 남북조시대에 중국 자생의 전통적인 가무희가 있었으므로 모두 서역 전래로 볼 수는 없다. 그러나 후대에는 서역에서 많은 가무희가 전래했다. 당나라 문인 단안절(段安節)의 『악부잡록(樂府雜錄)』에서는 호풍(胡風)이 성하던 당대에 성행한 악무로 건무(健舞), 연무(軟舞), 자무(字舞), 화무(花舞), 마무(馬舞)를 소개했다. 이 중 건무에는 능대(稜大), 아연(阿連), 자지(柘枝), 검기(劍器), 호선(胡旋), 호등(胡騰) 등이 포함되어 있다. 여기서 자지, 호선, 호등은 이란풍 무용이다. 강국기(康國伎), 미국기(米國伎), 식닉기(識匿伎)에도 '호선녀무(胡旋女舞)'가 보인다. 이 춤은 원래 서역 기원으로 강국, 미국, 식닉 등 소그디아나 여러 나라의 춤이었다. 강국악(康國樂)은 속칭 호선무라 일컬어질 정도였다.

그리고 이미 춘추전국시대에 산악·백희의 곡예 종목에 해당하는 강정, 무륜, 줄타기, 농환, 농검, 물구나무서기, 마희, 동물 재주 부리기 등과 유사한 연희가 존재했다.[65] 여기서는 농환, 농검, 나무다리 걷기, 강정을 통해 춘추전국시대에 이미 중국 자체에 산악·백희의 곡예 종목이 존재했음을 살펴볼 수 있다. 방울 받기 하면 우리는 으레 의료(宜僚)를 떠올린다. 우리나라에서도 최치원(崔致遠)의 「향악잡영 5수(鄕藥雜詠五首)」 등 여러 기록에서 방울 받기를 묘사할 때 의료를 거론한다. 그런데 의료는 초 장왕 때 사람이다. 『장자(莊子)』 주(註)에 "의료는 초나라 용사다. 방울 받기를 잘했다"는 내용이 보인다. 양 무제 때 지은 『천자문(千字文)』 주에 "의료는 초나라 사람이다. 농환을 잘했다. 여덟 개는 공중에 있고 한 개는 손에 있었다. 요즘의 농령이 이것이다"[66]라는 기록도 있다. 의료가 방울 아홉 개를 차례로 공중에 던져 올렸는데, 항상 여덟 개는 공중에 있고 한 개는 손 안에 있었다는 것이다.

의료보다 약 1세기 후인 송 원공(元公: 기원전 531~517) 때에는 칼을 여러 개 공중에 던졌다 받는 농검이 있었다. 『열자(列子)』 「설부(說符)」에 "춘추시대 송나라에 난자(蘭子)라는 사람이 있었다. 재주를 가지고 송 원공에게 잘 보이고자 했다. 송 원공이 불러 그 재주를 보이도록 하니, 자기 키 두 배나 되는 긴 막대기 두 개를 양쪽 발에 묶고 위로 뛰기도 하고 달리기도 했다. 칼 일곱 개를 번갈아 던지며 놀았는데, 칼 다섯 개는 항상 공중에 있었다. 송 원공이 크게 놀라 즉시 금과 비단을 하사했다"[67]는 내용이 있다. 즉 난자는 이미 춘추시대에 칼 일곱 개로 농검을 했고, 양발에 긴 막대를 묶고 공중에서 걸어다니는 나무다리 걷기도 한 것이다.

무거운 솥을 들어 올리는 강정은 이미 기원전 306년에 진나라 연희에 있었다. 『사기』 「진본기(秦本記)」에 의하면 무왕은 힘이 세고 놀이를 좋아해 역사인 임비(任鄙), 오획(烏獲), 맹설(孟說)에게 높은 관직을 줬다. 또 맹설과 '무거운 솥 들어 올리기'를 하다 다리뼈가 부러졌다고 한다.[68] 이는 서역에서 산악이 전래하는 한나라 이전에 이미 강정이 있었다는 이야기다.

그런데 서역에서 산악·백희가 본격적으로 유입되기 전인 춘추전국시대에 이미 산악·백희에 해당하는 연희 종목이 존재했음에도, 중국 연희사나 일본 연희사에서 산악·백희를 논할 때는 으레 이것이 한대에 서역에서 전래했다고 말하는 것은 어째서일까.

이유는 다음과 같다. 우선 이미 한대의 여러 기록에서 본 바와 같이 춘추전국시대에 존재한 일부 종목과 공통되는 연희 외에, 새롭고 수준 높으며 다양한 산악·백희의 종목이 한 무제 이후 서역인에 의해 전래되었기 때문이다. 당나라 왕단이 쓴 『당회요』 산악조의 "한 무제 때부터 환기는 비로소 중국에 들어왔다"는 기록에서 나타나듯이 이때 유입된 대표적인 새로운 연희가 환술이다.

두 번째로는 기존에 존재하던 연희 종목도 서역의 뛰어난 연희자들이 공연한 수준 높은 연희의 영향으로 더욱 발전했기 때문이다. 예를 들어 물구나무서기나 솟대타기 같은 종목은 중국뿐만 아니라 세계 어느 지역에서나 자생적으로 생겨났을 가능성이 있는 연희다. 그런데 서역에서 전래한 물구나무서기나 솟대타기는 안식오안이나 도로심장처럼 수준 높은 고난도의 연희였기 때문에 기존 물구나무서기나 솟대타기를 대신해 인기를 끌고 유사한 이전 연희에 자극을 줬을 것이다.

마지막으로는 중국의 자생적인 연희인 방울 받기나 칼 받기 같은 연희가 서역에서 전래한 농환이나 농검과 자연스럽게 결합하면서 더욱 발전했기 때문일 것이다. 전에는 단순히 곡예 묘기를 보이던 연희에서 진일보해 음악에 맞춰 공연한다든지, 내용을 다양하게 발전시켰을 것으로 짐작된다. 실제로 중국 한대 화상석이나 고구려 고분벽화에 악기 연주에 맞춰 곡예 종목을 연희하는 장면이 발견된다.

그러면 이제 우리나라 산악·백희의 성립을 살펴보자. 고구려 소수림왕(小獸林王) 2년(372) 들어 전진(前秦)에서 불교가 전래했는데, 같은 시기에 동아시아 공동 연희 문화인 산악·백희도 한반도에 전래한 것으로 보인다. 『후한서』85「동이열전」75의 "무제가 조선을 멸하고 고구려를 현으로 삼아 현도에 속하게 하고, 악사와 연희자를 하사했다"는 기록과 고구려 고분벽화의 연희 장면이 이를 입증한다. 삼국시대 이후 조선 전기까지 중세 보편주의 시대는 한·중·일 각국이 함께 동아시아의 공동 문명을 가꿔간 시기였는데, 연희 문화도 예외는 아니었다.

그래서 이미 4세기 이전부터 서역악의 영향을 받아 고구려에서 잡희가 성행했고, 그것이 신라 통일 후 백제의 잡희와 함께 최치원이「향악잡영 5수」에서 묘사한 신라 향악(鄕樂)의 오기(五伎) 등으로 집성되었으며, 따라서 고려 때 연등회나 팔관회에서 연행되던 가무백희 전통이 오래되었음을 알 수 있다는 지적은 매우 설득력이 있다.[69] 여기에서 말하는 잡희 또는 가무백희가 바로 산악·백희다. 아울러 조선시대의 나례나 중국 사신 영접 행사 등에서 연행되던 산대희·산대잡극, 조선 후기 유랑예인집단의 연희들, 현재도 남사당패나 서커스단에서 연행되는 연희 대부분이 바로 산악·백희라 총칭할 수 있는 종목이다.

우리 경우도 중국처럼 자생적인 전통 산악·백희 종목이 존재했을 것이다. 방울

108 〈신서고악도〉 신라악 입호무.

받기, 줄타기, 솟대타기, 나무다리 걷기 등은 세계 어느 지역에서나 보편적으로 발견되는 것이다. 그러므로 한반도에도 삼국시대에 중국·서역에서 산악·백희가 전래하기 이전부터 산악·백희에 해당하는 종목이 일부 존재했을 것이다. 그러나 새롭고 수준 높은 산악·백희 종목이 중국과 서역에서 다수 유입되면서 기존에 존재하던 연희 종목들도 그 영향을 받아 더욱 발전했을 것이다.

신라의 산악·백희 중에는 중국에 전해진 종목도 있었다. 〈신서고악도〉에 신라의 입호무**108**와 신라박**13 참조**이 그려져 있다. 입호무는 조금 떨어진 두 탁자에 항아리를 하나씩 두고, 그중 한 항아리로 연희자가 들어갔다 다른 편 항아리에서 나오는 것이다. 이는 사람의 몸을 항아리 속으로 사라지게 했다 다른 항아리에서 나오게 하는 환술이다.

우리나라에는 이 환술이 어떻게 형성된 것인지를 살펴볼 수 있는 기록이 전혀 없다. 중국 학자들은 신라 입호무를 오늘날 중국에서 널리 전해지는 환술인 항둔(缸遁)으로 간주한다.[70] 한국의 산악·백희가 일방적으로 서역과 중국에서 유입된 것이 아니라, 입호무나 신라박에서 보듯 오히려 중국에 영향을 끼치기도 했다는 점은 산악·백희의 상호 교류를 입증하는 중요한 사실이다.

또 고구려 인형극도 한국 연희가 중국과 교류한 예다. 당나라 두우가 801년 편찬한 『통전』과 송나라 진양(陳暘)이 12세기 초에 편찬한 『악서(樂書)』에 고구려에서는 민간 인형극이 성행했다는 내용이 보인다. 그리고 마단림(馬端臨)이 13세기 후반에 편찬한 『문헌통고(文獻通考)』에 괴뢰와 월조(越調), 이빈곡(夷賓曲)은 이적(李勣)이 고구려를 파한 후 바친 것이라는 내용이 보인다.[71] 고구려기는 중국 수나라의 칠부기와 구부기에 들어 있었고, 백제기와 신라기는 칠부기 외의 외국악(外國樂)으로 존재했다. 당나라 때도 백제기가 십부기 외의 외국악으로 존재한 반면 고구려기는 십부기 안에 들어 있었다. 『구당서』 지9에 의하면 고구려악은 당나라 초에 가장 풍성했고, 측천무후(則天武后: 재위 690~705) 때도 스물다섯 곡이 있었다고 한다. 그러므로 우리 삼국악이 이미 수나라 이전부터 중국에 전해졌고, 그 수준도 상당했던 사실을 확인할 수 있다.

또 고구려에는 서역계 악기와 가면무가 있었기 때문에 일본에서도 백제악이나 신라악이란 명칭은 사라지고 고마가쿠(高麗樂)란 명칭으로 고구려악이 전래되었다. 일본에서는 5세기 중엽에서 9세기 중엽에 이르는 동안 신라악, 백제악, 고구려악 순서로 삼국의 음악이 전래되어 병립했으나, 9세기 중엽에 외래 악무를 정리할 때 당나라와 인도(천축) 등의 악무를 좌방악(左方樂)이라 하고 삼국과 발해 악무를 우방악(右方樂)이라 불렀다. 그리고 이때 우방악은 일명 고려악이라 해, 고구려악이 삼국악의 총칭으로 불렸다. 고구려악은 스물네 곡이었는데, 이 중 신도리소(新鳥蘇), 고도리소(古鳥蘇), 신쇼오도쿠(進走禿), 다이쇼오도쿠(退走禿), 나소리(納曽利), 소리고(蘇利古), 곤론핫센(崑崙八仙), 고도쿠라쿠(胡德樂), 오오닌데이(皇仁庭), 기도쿠(貴德), 아야기리(綾切), 지큐우(地久) 열두 곡은 가면무악(假面舞樂)이다.[72] 한국에서는 고구려 고분벽화에서만 가면을 쓴 인물이 보일 뿐이고, 가면극 관계 연희를 살펴볼 문헌 기록은 발견되지 않았다. 그러나 일본 문헌에 이와 같이 고구려 등 삼국 가면희 기록이 있어 대략적이나마 그 사정을 짐작해 볼 수 있다.

그리고 『일본후기(日本後記)』에 의하면, 일본 조정에 파견된 고구려 악사 네 명이 군후(箜篌, 거문고), 막목(莫目, 피리), 횡적(橫笛, 젓대) 등 고구려 악기와 고구려 춤을 가르쳤고, 백제 악사 네 명도 군후, 막목, 횡적과 백제춤을 가르쳤으며, 신라 악사 두 명은 가야금과 신라춤을 가르쳤다고 한다.[73]

그리고 중국에서 산악·백희의 영향으로 동해황공과 답요랑 등 산악·백희 계통 자생적인 연희가 생겨났듯이, 한국에서도 신라 처용무와 황창무 등 산악·백희 계통으로 자생적인 연희가 생겨났다.

삼국시대에 전래한 산악·백희 종목은 이후 한반도에서 더욱 발전해 중국과 일본에 영향을 줌으로써 명실공히 연희 문화 교류가 이뤄졌다. 그리고 조선 후기에 이르러 한국적인 변용으로 토착화하면서 본산대놀이 가면극, 꼭두각시놀이, 판소리 등 발전된 연극 양식 갈래를 창출하는 데 크게 기여했다.

주

1 정수일, 『문명의 루트 실크로드』, 효형출판, 2002, 6쪽.

2 실크로드에 대한 내용은 다음 논저를 참고했다. 권영필, 『실크로드 미술』, 열화당, 1997; 민병훈, 「실크로드를 통한 역사적 문화 교류」, 국제한국학회, 『실크로드와 한국 문화』, 소나무, 1999, 47~48쪽; 서정록, 『백제금동대향로』, 학고재, 2001; 정수일, 『고대문명교류사』, 사계절, 2001; 『씰크로드학』, 창작과비평사, 2001; 『문명의 루트 실크로드』, 효형출판, 2002; 나가사와 가즈토시(長澤知俊), 민병훈 역, 『동서 문화의 교류』, 민족문화사, 1991.

3 서정록, 앞 책, 80~140쪽에서 서역 악기와 백제, 고구려 악기의 관련성에 대해 자세하게 논의했다.

4 김병모, 「말각조정의 성격에 대한 재검토」, 『역사학보』80, 역사학회, 1978; 서정록, 앞 책, 126쪽.

5 정수일, 앞 책, 사계절, 2001, 450~451쪽. 이인숙은 유리가 고대 동서 교역의 대동맥이던 실크로드로 교류된 대표적 유물 중 하나라 하면서, 고대 유리 유물은 당시 세계 속의 한국 사회를 여실히 보여주는 확실한 증거라 봤다. 이인숙, 「유리와 고대 한국」, 『실크로드와 한국 문화』, 소나무, 1999.

6 정수일, 앞 책, 452~453쪽.

7 권영필, 앞 책, 37쪽; 노태돈, 『고구려사 연구』, 사계절, 1999, 539~542쪽.

8 김원용, 『한국미술사연구』, 일지사, 1994, 425~432쪽.

9 권영필, 앞 책, 18쪽.

10 민병훈, 앞 글, 72~77쪽.

11 권영필, 앞 책, 156쪽.

12 양인리우(楊蔭瀏), 이창숙 옮김, 『중국고대음악사』, 솔, 1999, 193쪽.

13 張寶璽, 『嘉峪關酒泉 魏晉十六國墓壁畵』, 蘭州: 甘肅人民出版社, 2001.

14 벽화의 내용은 권영필, 『실크로드미술』(열화당, 1997, 156~157쪽)에서 요약 인용하면서 일부 보충했다.

15 앞 책, 141~143쪽.

16 (安息王) 發使隨漢使來 觀漢廣大 以大鳥卵及黎軒善眩 人獻於漢.

17 眩讀與幻同 卽今呑刀吐火 植瓜種樹 屠人截馬之術 皆是也.

18 永寧元年 撣國王雍由調復遣使者 詣闕朝賀. 獻樂及幻人 能變化吐火 自支解 易牛馬頭 又善跳丸數乃至千. 自言我海西人 海西卽大秦也. 撣國西南通大進.

19 散樂者 非部伍之聲 俳優歌舞雜奏. 秦漢以來 又有雜伎 其變非一 名爲百戲. 亦摠謂之散樂.

20 旣定且寧 焉知傾陁 大駕幸乎平樂 張甲乙而襲翠被 攢珍寶之玩好 紛瑰麗以奓靡 臨迴望之廣場程角觝之妙戲.

21 烏獲扛鼎 都盧尋橦 衝狹讌濯 胸突銛鋒 跳丸劍之揮霍 走索上而相逢. 華嶽峩峩 岡巒參差 神木靈

草 朱實離離 總會仙倡 戲豹舞羆 白虎鼓瑟 蒼龍吹篪. 女娥坐而長歌 聲清暢而逶蛇 洪涯立而指麾 被毛羽之纖灑. 度曲未終 雲起雪飛 初若飄飄 後遂霏霏 複陸重閣 轉石成雷 瞬霹激而增響 磅端象乎天威. 巨獸百尋 是爲曼延 神山崔巍 欻從背見 熊虎升而拏攫 猿狖超而高援 怪獸陸梁 大雀踆踆 白象行孕 垂鼻轔囷 海鱗變而成龍 狀蜿蜿以蝹蝹. 含利颬颬 化為仙車 驪駕四鹿 芝蓋九葩 蟾蜍與龜 水人弄蛇. 奇幻儵忽 易貌分形 吞刀吐火 雲霧杳冥 畫地成川 流渭通涇. 東海黃公 赤刀粵祝 冀厭白虎 卒不能救 挾邪作蠱 於是不售. 爾乃建戲車 樹脩旃 侲僮程材 上下翩翻 突倒投而跟絓 譬隕絕而復聯 百馬同轡 騁足並馳 橦末之伎 態不可彌 彎弓射乎西羌 又顧發乎鮮卑.

22 『문헌통고(文獻通考)』「악고(樂考)」20 산악백희(散樂百戲)조에 의하면 충협은 칼 꽂은 문을 통과하는 연희다. 한나라 때는 대자리를 말아 창을 꽂은 다음 통과하는 연희였다. 후대에는 창 대신 칼을 꽂았는데 연희자가 옷을 벗고 왕복해도 다치지 않았다고 한다. 이처럼 칼이나 창을 꽂은 충협을 달리 도협(刀狹)이라 부르고, 풀로 엮은 둥근 테에 불을 붙인 후 통과하는 것을 화협(火狹)이라 부른다.

23 안상복, 「오산과 산대의 명칭·유형과 역사적 전개상의 특징」, 『중국문학』 제86집, 한국중국어문학회, 2016, 96~97쪽.

24 崔樂泉, 『圖說 中國古代百戲雜技』, 世界圖書出版公司, 2007, 167쪽.

25 안상복, 앞 글, 99~100쪽.

26 晉王嘉, 『拾遺記』 卷十: "蓬萊山 …南, 有鳥名鴛鴦. 形似雁 徘徊雲間. 棲息高岫 足不踐地 生于石穴中." 袁枷 編著, 『中國神話傳說詞典』, 上海: 上海辭書出版社, 1985, 400쪽.

27 조용중, 「백제금동대향로에 관한 연구」, 『미술자료』65, 국립중앙박물관, 2000, 5~19쪽.

28 『三國志』「藝術傳」 馬鈞作山嶽 使木人跳丸擲劍 卽今元夕鰲山也. 實本張衡西京賦神山崔嵬云.

29 『화양현지(華陽縣志)』는 안상복, 「오산과 산대의 명칭·유형과 역사적 전개상의 특징」, 『중국문학』 제86집, 한국중국어문학회, 2016, 95쪽에서 소개하고 있다. 이 자료를 통해 필자가 이미 『한국의 전통연희』(열화당, 2004), 55~56쪽에서 논의했던 내용을 더욱 확실하게 논증할 수 있게 되었다.

30 後漢正旦 天子臨德陽殿受朝賀. 含利從西方來 戲於殿前 激水化成比目魚 跳躍嗽水 作霧翳日. 畢又化成龍 長八九丈 出水遊戲 炫燿日光. 以兩大絲繩繫兩柱頭 相去數丈 兩倡女對舞 行於繩上 相逢切肩而不傾. 魏晉訖江左 猶有夏育扛鼎 巨象行乳 神龜抃舞 背負靈嶽 桂樹白雪 畫地成川之樂.

31 散騎侍郎顧臻表曰 …於是除高絙 紫鹿 跂行 鼈食 齊王捲衣 笮兒等樂.

32 曾母疾 統侍醫藥 宗親因得見之. 其從父敬寧祠先人 迎女巫章丹陳珠二人 竝有國色. 莊服甚麗 善歌舞 又能隱形匿影. 甲夜之初 撞鐘擊鼓 間以絲竹 丹珠乃拔刀破舌 吞刀吐火 雲霧杳冥 流光電發.

33 傅起鳳·傅騰龍, 岡田陽一 譯, 『中國藝能史』, 東京: 第一書房, 1993, 79~80쪽.

34 散樂歷代有之 其名不一. 非部伍之聲 俳優歌舞雜奏 總謂之百戲. 跳鈴 擲劍 透梯 戲繩 緣竿 弄枕珠 大面 撥頭 窟磻子 及幻伎 激水化魚龍 秦王捲衣 笮鼠 夏育扛鼎 巨象行乳 神龜負岳 桂樹白雪

畵地成川之類 至于斷手足 刳腸胃之術. 自漢武帝 幻伎始入中國.

35 현재 중국에서는 산악·백희에 해당하는 연희를 잡기라 부르는데, 잡기를 역기(力技), 형체기교(形體技巧), 사롱기교(耍弄技巧), 고공기예(高空技藝), 환술(幻術), 마희(馬戱), 골계(滑稽) 등 일곱 가지로 분류한다. 역기는 각력(角力), 거정(擧鼎) 등 힘을 이용하는 연희다. 형체기교는 근두(筋斗), 도립(倒立) 등 신체를 이용하는 체기(體技)다. 사롱기교는 농환(弄丸), 도검(跳劍) 등 고도의 손놀림을 필요로 하는 연희다. 고공기예는 파포(爬布), 주유부로(侏儒扶盧) 등의 곡예를 말한다. 마희는 마상재다. 傅起鳳·傅騰龍, 『中國雜技史』, 上海: 人民出版社, 1989, 41~47쪽.

36 이 연희의 명칭은 매우 다양하다. 우선 도구의 재질이 무엇인가에 따라 구분한다. 구(球)를 가지고 연희할 때는 농환(弄丸)이나 도환(跳丸)이라 하고, 방울을 가지고 연희할 때는 농령(弄鈴)이나 도령(跳鈴)이라 하며, 칼을 가지고 할 때는 농검(弄劒), 도검(跳劒), 척검(擲劒), 무검(舞劒)으로 부른다. 그 밖에도 구슬을 사용한 팔옥(八玉), 농옥(弄玉), 권옥(拳玉)과 병을 사용한 농병(弄甁), 바퀴를 들어 올리는 무륜(舞輪) 등이 있다. 그러나 실제로 방울인지 구슬인지 옥인지는 분명하지 않다. 그리고 연희의 특징에 따른 명칭도 있다. 어떤 것을 가지고 희롱한다는 의미에서 '농(弄)'을 붙여 농환, 농령, 농검, 농옥, 농병 등의 이름이 붙었다. 또 연희 장면에서 도구가 날아오르는 것처럼 보여 '오를 도(跳)'를 붙여 도환, 도령, 도검이라 부르기도 하고, 무용이라는 측면에서는 무검이나 무륜이란 명칭을 쓰기도 한다. 또 칼을 던진다는 의미로 척검, 도구가 여덟 개임을 나타내는 팔옥, 죽방울 치기의 권옥 등을 사용하기도 한다.

37 솟대타기는 간희(竿戱), 간목기(竿木技), 파희(爬戱), 정간(頂竿), 대간(戴竿), 연간(緣竿), 도로기(都盧伎), 도로심장(都盧尋橦) 등 여러 명칭이 있다.

38 접시돌리기는 버나돌리기, 대접돌리기, 무반(舞盤), 전반(轉盤), 농반(弄盤), 완주기(椀珠伎), 잡선(雜旋) 등 여러 명칭이 있다.

39 강정(扛鼎)은 글자 그대로 '솥 들기' 연희다. 백희 종목 중 하나로 무거운 물체를 들어 올리는 거중(擧重) 방식으로 연희되었다. 이 같은 거중 활동은 생활 도구 제작에 조형적인 소재로 반영되기도 했다. 등(燈) 받침, 베개 등 생활 용구 중에는 기형(器形)이 역사(力士)가 거중하는 모습으로 표현된 것이 많다. 또 한대(漢代) 벽화, 화상석(畵像石), 화상전(畵像塼) 그리고 역사의 거중 모습이 기형으로 표현된 생활 도구로 거중 활동이 백희의 잡기 종목으로서 당시 사회에 성행했음을 알 수 있다. 거중 활동에는 강정을 비롯해 거구(擧臼, 절구통 들기), 거거륜(擧車輪, 수레바퀴 들기), 발수(拔樹, 나무 뽑아 들기), 예수(曳獸, 짐승 업어 끌기), 배수(背獸, 짐승 업어 들기) 등이 있었다. 강정의 연희 방식은 두 가지다. 첫째, 무거운 물건을 손으로 들고 놀면서 연희자의 역술(力術)을 보여주는 것이다. 둘째, 무과(武科)에서 치르는 거중 과목과 유사하게 가장 무거운 물건을 들어 올리는 자가 승자가 되는 시합 방식이다.

40 무륜(舞輪)은 강정의 일종이다. 『구당서(舊唐書)』「음악지(音樂志)」에 "지금 수레바퀴를 가지고 놀리는 무륜기는 강정의 일종이다(舞輪技 蓋今戱車輪者 扛鼎類也)"라는 내용이 보인다.

41 각저(角抵)는 '다퉈 밀친다', '맞닥뜨려 다툰다'는 의미인데 중국 문헌에는 각저(穀抵), 각희(脚戲), 치우희(蚩尤戲) 등으로도 기록되어 있다. 각희는 '다리를 쓰는 놀이'라는 뜻이다. 치우희는 상고시대에 전쟁에서 용맹을 떨쳐 전쟁신으로 추앙받던 치우 대왕의 이름에서 비롯된 것으로, 씨름이 용맹하면서도 난폭한 운동이란 뜻을 담고 있다.

42 마상재(馬上才)는 마희(馬戲), 희마(戲馬), 곡마(曲馬), 농마희(弄馬戲), 마기(馬伎), 원기(猿騎) 등 다양한 명칭으로 불린다.

43 수인농사(水人弄蛇)는 수인족이 뱀을 잘 놀린 데서 유래한 이름이다. 수인 계통이 어느 곳에서 왔는지는 미상이지만 인도일 가능성이 있다. 傅起鳳·傅騰龍, 앞 책, 67쪽.

44 솟대타기를 나타내는 도로심장의 도로는 도로국(都盧國)을 의미한다. 도로국은 미얀마 바간(Bagan) 지방의 간푸토루우에 있었다고 한다. 이곳은 열대 수목과 대나무가 번성해 일과 생활 속에서 나무 타는 기술을 용이하게 몸에 익힌다고 한다. 실제로 열대 지역에서는 야자 열매를 딸 때 나무가 높기 때문에 원숭이를 이용하거나 나무를 잘 타는 사람이 높이 올라가 열매를 딴다. 그러므로 열대 사람들 가운데 나무를 잘 타는 사람이 많고, 이것이 솟대타기와 연결되는 것이다. 미얀마는 한나라와 교류가 밀접했다. 107년 미얀마의 왕 옹유조(雍由調)는 장안에 사신을 파견했는데 그중에 고도로 발달한 잡기와 환술 기술을 가진 예인이 많았다. 傅起鳳·傅騰龍, 岡田陽一 譯, 앞 책, 48쪽. 『문헌통고』 도로기조(都盧伎條)에 "솟대타기는 종류가 많다. 한 무제 때는 도로라 불렀다. 도로는 나라 이름인데, 그 나라 사람들은 나무를 잘 올라갔다(緣橦之伎衆矣 漢武帝時 謂之都盧 都盧國名 其人體輕而善緣也)"는 내용이 보인다.

45 동물의 연희와 관련한 용어는 동물 종류만큼이나 다양하다. 우리나라 연행록에 보이는 것만 해도 '마상재(馬上才)', '견희(犬戲)', '원희(猿戲)', '상희(象戲)', '양희(羊戲)', '금수어충희(禽獸魚蟲戲)', '금수희(禽獸戲)' 등 여러 가지가 있다. 중국에서는 동물 명칭에 기른다는 의미를 붙여 '순후(馴猴)', '순상(馴象)', '순구(馴狗)' 혹은 통합적인 명칭으로 '동물희(動物戲)' 등을 썼다. 이 책에서는 인간이 길들인 동물을 연희에 활용한다는 의미로 '동물희(動物戲)'라는 용어를 사용하기로 한다.

46 김경일·이수웅, 『중국 문화의 이해』, 대한교과서, 1995, 348~355쪽.

47 일본에서는 괴뢰자(魁儡子)가 서역에서 중국으로 유입된 시기를 1~2세기경 전한 말에서 후한에 걸친 시기로 보고, 괴뢰자 연희자는 중앙아시아 방면 유랑예인으로서 후대에 그 일부가 한국과 일본으로 넘어온 것이라 보는 견해도 있다. 이들은 7~8세기경 나라 시대에 가족적 집단을 이뤄 일본에 넘어왔는데, 원래 집시(Gypsy)로 인도 북서부에서 시작해 서역을 거쳐 중국, 한국, 일본으로 전래했다는 것이다. 일본 문헌 『괴뢰자기(傀儡子記)』에 의하면 괴뢰희 연희자는 칼 재주 부리기, 방울 받기, 환술 등 산악·백희에 해당하는 여러 연희 종목을 공연하면서 떠돌아다녔다. 그 후 산악의 일부이던 괴뢰희가 발전해 근세 닌교조루리(人形淨琉璃)와 오늘날 분라쿠(文樂)의 모태가 되었다고 한다. 가와타케 시게토시(河竹繁俊), 이응수 역, 『일본연극사』(상), 도서출판 청우, 2001, 167~169쪽.

48 양인리우, 이창숙 옮김, 앞 책, 522~524쪽.

49 필자는 2003년 2월 12일 밤, 중국 윈난성(雲南省) 텅충현(騰冲縣) 유가채(劉家寨) 종사(宗祠)에서 연행된 피영희를 현지 조사했다. 이들의 공연 종목에는 천지개벽 때부터 청나라 때까지 각 시대에 해당하는 극이 있는데, 흔히 「서유기」나 「삼국지」 등을 공연한다. 인형은 황소 가죽으로 만드는데 이 마을에는 인형이 칠백 개 정도 있었다. 이날은 「서유기」 중 일부를 공연했다.

50 안상복, 「한중 우희의 관련 양상에 대한 한 고찰」, 『구비문학연구』8, 한국구비문학회, 1999.

51 『태평어람(太平御覽)』 568권.

52 양회석, 『중국희곡』, 민음사, 1994, 24~26쪽.

53 가와타케 시게토시, 앞 책, 157쪽.

54 앞 책, 158쪽.

55 就中呪師 侏儒儛 田樂 傀儡子 唐術 品玉 輪鼓 八玉 獨相撲 獨雙六 無骨 有骨 延動大領之腰支 帳漉舍人之足仕 氷上專當之取袴 山城太御之指扇 琵琶法師之物語 千秋萬歲之酒禱 飽腹鼓之胸骨 螳螂舞之頸筋 福廣聖之袈裟求 妙高尼之襁褓乞 刑勾當之面現 早職事之皮笛 目舞之老翁體 巫遊之氣裝貌 京童虛佐禮 東人之初京上 況拍子男共之氣色 事取大德之形勢 都猿樂之態 嗚呼之詞莫不斷腸解頤者也. 藤原明衡, 川口久雄 譯註, 『新猿樂記』, 東京: 平凡社, 1983, 36~40쪽.

56 박전열, 「일본 산악(散樂)의 연구」, 『한국연극학』 제8호, 한국연극학회, 1996, 165~195쪽 참조.

57 앞 글.

58 왕커펀(王克芬), 고승길 역, 『중국무용사』, 교보문고, 1991, 51~58쪽.

59 余所知有鞠道龍 善爲幻術 向余說古時事. 有東海人黃公 小時爲術 能制龍御虎 佩赤金刀 以絳繒束髮 立興雲霧 坐成山河. 及衰老 氣力羸憊 飮酒過度 不能復行其術. 秦末有白虎 見于東海 黃公乃以赤刀往厭之 術旣不行 遂爲虎所殺. 三輔人俗用以爲戲 漢帝亦取以爲角抵之戱焉.

60 김학주, 『중국 고대의 가무희』, 민음사, 1994, 117~118쪽.

61 왕커펀(王克芬), 고승길 역, 앞 책, 118~119쪽; 양인리우, 이창숙 옮김, 앞 책, 335쪽.

62 김학주, 앞 책, 198~200쪽.

63 박전열, 앞 글, 189~194쪽.

64 임기중, 「연행록의 환희기」, 『한국민속학』31, 한국민속학회, 1999; 홍성남, 「연행록에 나타난 환술과 연극 연구」, 『동아시아고대학』 5집, 동아시아고대학회, 2002. 6.

65 傅起鳳·傅騰龍, 앞 책, 30~49쪽.

66 宜僚者 楚人也 能弄丸 八在空中 一在手中 今人之弄鈴是也.

67 宋有蘭子者 以技干宋元 宋元召而使見其技 以雙枝長倍其身 屬其踁 竝趨竝馳 弄七劍迭而躍之 五劍常在空中 元君大驚 立賜金帛.

68 傅起鳳·傅騰龍, 앞 책, 41쪽.

69 이두현, 『한국연극사』(신수판), 학연사, 2000, 32쪽.

70 傅起鳳·傅騰龍, 앞 책, 171쪽.

71 傀儡幷越調夷賓曲李勣破高麗所進也. 馬端臨, 『文獻通考』, 東夷部.

72 이혜구, 『한국음악연구』, 국민음악연구회, 1957, 219~220쪽.

73 송방송, 「한국전통음악 소사」, 『한국음악학의 현단계』, 민속원, 2002, 28쪽.

제6장
고려시대의 전통연희

고려시대 전통연희의 전반적 성격

고려(918~1392) 왕조를 창시한 왕건(王建: 877~943)은 호족 세력 통합 정책, 북진 정책, 숭불 정책 등으로 세력 구축에 힘썼다. 그리하여 고려시대에는 불교 관련 행사가 성행했고, 이 행사들에서 각종 연희가 연행되었다. 또 고려가 건국할 무렵 세워진 거란족의 요(遼)나라와 한족의 송나라에 대해, 고려는 친송배요(親宋排遼)를 대외 정책으로 표방했다. 광종은 962년 송과 국교를 맺고 송의 선진 문화를 수입하고자 노력했다. 그리하여 송나라의 과거 제도, 아악(雅樂), 교방가무희(教坊歌舞戲), 나례(儺禮) 등이 유입되었고, 이와 관련된 연희들이 연행되는 기회가 마련되었다. 그러나 1231년에 몽골의 침입으로 강화(江華)로 천도하고, 1259년 원(元)나라와 화의해 충렬왕(忠烈王) 이후 공민왕(恭愍王) 때까지 팔십여 년간 원나라의 내정 간섭을 받으면서 자주성을 잃었다. 이 기간 동안 고려는 원나라와 빈번하게 교류하면서 문화적으로도 원의 영향을 많이 받았다.

이미 신라부터 전승되어온 팔관회와 연등회를 비롯해, 고려시대에 들어 성행한 우란분재, 나례, 수희, 과거 급제자 축하 행사와 여러 축하·환영 행사 등에서 연희를 베풀었다. 내용은 주로 산악·백희에 해당하는 곡예적 연희와 환술, 교방의 가무희인 궁중정재, 가면희, 산악의 한 종목인 골계적 우희 등이었다.

곡예적 연희와 환술은 여러 기록에서 잡희, 백희, 가무백희, 산대잡극 등으로 다양하게 표기되었지만, 결국 그 종목들은 대부분 산악·백희에 해당하는 것들이었다. 궁중정재는 고려시대에 새로 생긴 연희로 이전에는 없던 것인데, 송대 가무희를 도입해 팔관회와 연등회 등에서 연행했다. 가면희의 예는 여러 곳에서 발견된다. 최이(崔怡)가 고종이 베푼 연회에서 가면인잡희(假面人雜戱)를 바쳤다는 내용,[1] 처용 가면을 쓰고 처용무를 췄다는 내용 등의 기록이 있다. 그리고 『고려사』 권124 「전영보전(全英甫傳)」 가운데 "가면을 쓰고 연희하는 자를 우리나라 말로 광대라 한다"는 기사도 보인다. 이는 고려시대에 전문적으로 가면을 쓰고 노는 가면희가 있었고, 그 공연이 상당히 활발했음을 알려준다.

고려시대의 전문 연희자로는 북방 민족 계통, 재승 계통, 서역 계통 등이 있었다. 이 중에서도 이 시기의 연희 담당층으로 특히 주목할 것은 북방 민족 계통이다. 고려시대에는 양수척(楊水尺), 거란족(契丹族), 달단(韃靼, 타타르인) 등으로 불리던 북방 민족이 활동했다. 이들은 주로 도살, 수렵, 유기장(柳器匠), 잡희 등으로 생계를 유지했으며, 이들 가운데서 기생도 나왔다. 『고려사』에 1117년 8월, 예종이 남경(서울)에 왔을 때를 기념해 "이때 귀순한 거란 사람들로 남경 근처에 사는 자들이 거란의 가무와 잡희를 연행하며 왕을 맞이했다. 왕이 수레를 멈추고 구경했다"라는 기록이 있다. 『고려사』 「최충헌전」에는 "비단으로 된 채붕과 호한잡희(胡漢雜戱)는 지극히 사치스럽고 이상스러운 구경거리였다"는 기록이 있어, 고종 4년(1217)에 열린 왕을 위한 축수(祝壽) 연회에서 호한, 즉 북방인이 전문 연희자로 공연했음을 알 수 있다.

고려시대에는 불교를 국교로 숭상해 불교 사원에서 연등회, 우란분재, 수륙재 등 여러 행사를 거행했으며, 그 행사에서 각종 연희를 공연했다. 이런 행사에서는 재승 계통 연희자들이 연희를 담당했을 것이다. 마침 『고려사』에 이들이 우란분재 때 공연한 기사가 발견된다.

서역인은 연희에 뛰어나 당나라 이전부터 중국에서 활동했다. 우리나라에는 이미 고구려 고분벽화에서 서역 계통 연희자가 발견된다. 『고려사』 권72 지26 가운데 고려 의종(재위 1146~1170) 때 정비된 법가위장(法駕衛仗)과 연등위장(燃燈衛仗)에 서역악인 안국기, 고창기, 천축기가 나온다. 법가위장은 왕이 문묘(文廟)나 전시(殿試)에 거둥할 때 앞장서는 의장대열을 말하고, 연등위장은 연등회에서 왕이 봉은사(奉恩寺) 진전(眞殿, 선대 임금들의 초상화를 모신 곳)으로 거둥할 때 앞장서는 의장대열을 말한다. 법가위장의 의장대열 중에 서역악인 안국기(마흔 명), 고창기(열여섯 명), 천축기(열여덟 명)가 잡기(마흔 명)와 함께 열거되고 인원도 상당히 많았다는 사실에 주목하면, 서역악에 속하는 음악과 연희가 매우 다채로웠을 것으로 짐작할 수 있다. 이런 서역악을 연행하려면 서역 출신 음악인과 연희자가 필요했을 것이다. 고려 가요「쌍화점(雙花店)」에 나오는 회회아비로 그 사실을 확인할 수 있다.

한편 고려 왕조는 통일신라의 향악과 당악을 전승해 발전시켰고, 또 송나라의 대성아악(大晟雅樂)을 수입해 아악(雅樂)이라는 새로운 갈래를 도입함으로써 한국 중세음악사의 새로운 지평을 열었다. 고려 왕조의 향악·당악·아악은 모두 대악서(大樂署)와 관현방(管絃房)이라는 두 왕립 음악 기관이 관장했다. 대악서는 음악 행정을 맡는 관리를 여러 명 거느린 기관이고, 관현방은 음악을 익히고 연주할 악공을 지도하고 감독하는 악사를 거느린 기관이었다.

대악서와 관현방의 활동 범위는 크게 세 갈래로 구분된다. 첫째, 국가적 규모로 제사를 지내는 의식 여섯 번에 제례 음악을 연주하는 것이다. 즉 천단(天壇)에서 하늘에 제사를 지내는 원구(圜丘), 땅의 신과 곡식의 신에게 제사를 지내는 사직(社稷), 역대 고려왕의 위패를 모신 종묘에서 제사를 지내는 태묘(太廟), 농사의 신인 신농씨(神農氏)에게 제사를 지내는 선농(先農), 양잠을 처음 시작했다는 서릉씨(西陵氏)에게 제사를 지내는 선잠(先蠶), 공자의 위패를 모신 사당에서 제사를 지내는 문선왕묘(文宣王廟) 등 여섯 가지 제례 의식에서 음악을 연주했다. 둘째, 임금이 문무백관을 거느리고 조회하는 조의(朝儀)와 관련된 여러 의식에서 음악을 연주하는 것이다. 셋째, 왕이 군신을 위해 베푸는 잔치, 태후 책봉 후에 베푸는 잔치, 죄수를 사면하며 여는 잔치 등 여러 궁중연향에서 당악과 향악을 연주했다.[2]

여러 종류의 당악기와 교방악을 가르치던 송의 교방악사(敎坊樂師)들이 고려 조정의 왕립 음악 기관에 파견되기도 했다. 송의 교방악사는 고려 악사와 악공에게 당악기와 당악을, 교방여기(敎坊女妓)에게 당악정재(唐樂呈才)를 가르침으로써 고려 당악 발전에 크게 기여했을 뿐만 아니라 고려음악사의 대세 형성에도 공헌했다. 그리고 예종 11년(1116)에 송 휘종(재위 1100~1125)이 고려 조정에 여러 종류의 등가악기(登歌樂器)와 헌가악기(軒架樂器)를 보내면서 대성아악이 고려 조정에 최초로 소개되었고, 그 결과 12세기부터 아악이라는 갈래가 성립되었다. 대성아악기 수입으로 원구, 사직, 태묘, 선농, 선잠, 문선왕묘의 제례 의식에서 아악이 등가와 헌가에서 연주되기 시작했다. 등가는 당상악(堂上樂)이라고도 불리는데, 대궐 댓돌 위에서 연주하는 음악이라는 뜻이다. 헌가는 대제(大祭)나 대례(大禮) 때 대청 뜰에서 아뢴 음악인데, 종과 북을 시렁에 걸어 놓고 관현을 갖춰 올렸다.

팔관회의 전통연희

팔관회(八關會)는 원래 불교의식의 하나로 팔관재회(八關齋會), 팔재회(八齋會) 등으로도 불린다. 팔관회는 "살생하지 말고, 도둑질하지 말며, 간음하지 말며, 헛된 말 하지 말며, 음주하지 말라"는 불교의 오대계(五大戒)에 "사치하지 말고, 높은 곳에 앉지 말며, 때 아닌 때에 먹지 않는다"는 세 가지를 덧붙인 여덟 가지 계율을 재가신도(在家信徒)들로 하여금 하루 낮, 하루 밤 동안 지키게 하는 의식이다. 금욕과 수행을 목적으로 하는 지극히 종교적인 행사였다.[3]

이러한 팔계재(八戒齋)가 중국에 도입된 후 팔관재(八關齋)로 명칭이 바뀌었다. 이는 중국의 '팔관(八關)'이라는 전통적인 관념에서 온 것이다. 중국에서 숫자 '8'은 천하를 상징하고 '관(關)'은 '막아낸다'는 의미를 지닌다. 따라서 '팔관'은 외적이나 위험한 것으로부터 중국인을 보호해주는 상징적인 방어 개념으로 인식되었고, 실제로 전쟁에서 방어 요새로 팔관을 설치하기도 했다. 이와 같이 팔관이라는 전통 액막이 관념이 있었기 때문에 인도의 팔계재를 번역할 때 중국인은 팔관재라는 용어를 택했을 것이다. 중국 팔관재에는 중요한 성격이 두 가지 있다. 하나는 액막이나 치병(治病), 구명(救命)을 바라면서 설행(設行)된 경우이고, 다른 하나는 죽은 이가 도솔천에 왕생하기를 기원하는 위령제(慰靈祭)로 설행된 경우다. 이러한 두 가지 성격은 미륵(彌勒) 신앙, 약사(藥師) 신앙과 결합되면서 더욱 선명해졌다. 그러나 당대로 내려오면서 팔관재 명칭이 팔관재회로 바뀌고 성격도 달라진다. 재계적(齋戒的)인 성격보다 재회적(齋會的)인 면이 강해지면서 많은 사람이 참여하는 세속적인 경향으로 바뀐 것이다.[4]

팔관회는 인도에서 기원하고 중국을 거쳐 우리나라로 전래되었다. 정확한 전래 연도를 추정하기는 어렵다. 다만 우리나라 최초의 팔관회 관련 기사가 신라 진흥왕대 기록에 전할 뿐이다. 신라에서는 진흥왕 12년(551)에 처음 팔관회를 열었는데, 승려 혜량(惠亮)[5]을 승통(僧統)으로 삼아 백좌강회(百座講會)와 함께 설행했다. 진흥왕 33년(572)에 전쟁에서 목숨을 잃은 병사들을 위해 팔관회를 설행했다는 기록도 있다.

> 진흥왕 33년(572) 10월 20일, 전쟁에서 목숨을 잃은 병사들을 위해 외사(外寺)에서 팔관회를 설행했는데 이레 만에 파했다.[6]

인용문으로 두 가지 사실을 파악할 수 있다. 하나는 신라 팔관회가 전사자(戰死者)의 영혼을 달래는 위령제 성격을 띠었다는 점이고, 다른 하나는 중국의 영혼 천도 의식인 수륙법회(水陸法會)처럼 7일간 행해졌다는 점이다.[7] 이는 이미 중국에서도 팔관재가 죽은 이를 위한 위령제의 성격을 띤 사실과 일치한다. 또 신라 팔관회는 중국과 한국에서 행해진 수륙재와도 설행 목적이 통한다.

고려 개국 후 최초의 팔관회는 태조 원년(918) 11월에 철원에서 개최되었다. 왕이 직접 위봉루(威鳳樓)에 나가 관람했으며 이후 연례 행사로 삼았다. 그리고 태조가 서경(西京)을 중시하자 서경에서도 거행된 듯하다.

> (가) 태조 원년 11월 유사(有司)가 태조에게 아뢰기를, "이전 임금(궁예)은 해마다 11월에 팔관회를 열고 복을 기원했습니다. (전하께서도) 그 제도를 따르소서"라 했다. 왕은 건의를 받아들였다. 마침내 구정(毬庭, 격구장)에 바퀴 모양 등[輪燈]을 설치하고 (구정의) 네 모서리에 향등(香燈)을 일렬로 배열했다. 또 채붕을 두 개 만들어 세웠는데, 각각 높이가 다섯 장(丈)이 넘었다. 그 앞에서 백희가무(百戱歌舞)를 공연했다. (행사의) 사선악부(四仙樂部), 용봉상마거선(龍鳳象馬車船)은 모두 신라 고사(故事)였다. 관리는 모두 도포를 입고 홀을 들고 의례에 참석했다. 구경꾼들이 도성을 기울일 만했다. 왕이 위봉루로 가 의례를 참관했다. (팔관회는) 연례행사가 되었다.[8]
>
> — 『고려사』 권69 지23 예11 가례잡의(嘉禮雜儀) 중동팔관회의

(가)에 의하면 태봉(泰封)의 팔관회는 11월에 거행되었으며, 고려 팔관회는 신라와 태봉의 팔관회에서 일정한 영향을 받았음을 알 수 있다. 특히 "사선악부, 용봉상마거선은 모두 신라 고사였다"는 대목은 고려 초기 팔관회에 미친 신라의 영향을 보여주는 예다. 고려 초기 팔관회에서 연행된 공연의 내용은 백희가무, 사선악부, 용봉상마거선이었다. 또 고려시대 팔관회에서는 위봉루 앞 구정에 대규모 연등을 설치해 밤새 등불을 밝히고, 채붕 두 개를 가설하고 그 앞에서 백희가무를 벌였다. 이 백희가무는 산악·백희에 해당하는 연희였을 것이다. 채붕 앞에서 산악·백희를 연행하는 전통은 고려를 거쳐 조선시대까지 지속되었다. 고려조 성종 원년에 팔관회의 잡기들이 요란하고 불경하다는 이유로 팔관회가 폐지된 사실로 미뤄보더라도 산악·백희의 연행을 짐작할 수 있다.

다음 두 인용문은 신라시대와 고려시대의 팔관회에 화랑이 가무로 참가했음을 알려준다.

> (나) 무자일에 관풍전에 나가 다음과 같은 교서를 내렸다. …(다섯째로) 선풍(仙風)을 준수하고 숭상해야 한다. 옛날 신라 때에는 선풍이 성행했다. 그래서 용과 하늘이 기뻐하고 백성이 모두 편안했던 것이다. 그런 까닭에 우리 선조 때부터 선풍을 숭상해온 지 오래되었는데, 근래에는 양경(兩京, 개경과 서경)의 팔관회가 날이 갈수록 옛 격식이 줄어들고 이전 풍속도 점차 쇠퇴했다. 지금부터 거행하는 팔관회는 살림이 유족한 양반의 집을 미리 선택해 선가(仙家)로 정하고 옛날 풍속 그대로 거행함으로써 사람과 하늘이 모두 기뻐할 것이다.[9]
>
> — 『고려사』 권18 세가(世家)18 의종 22년(1168) 3월조

> (다) 신라 옛 풍속에 미남자를 골라 구슬로 장식하고 화랑이라 불렀다. 나라 사람들이 모두 받들어 따르는 무리가 삼천여 명에 이르렀다. 중국 평원군·맹상군·춘신군·신릉군 등이 선비를 양성한 것처럼, 그 낭도 중에 뛰어난 자를 취해 조정의 벼슬을 줬다. 그중 오직 사선(四仙) 문하의 낭도들이 가장 번성해 비석을 세웠다. 고려 태조가 즉위한 후에 신라 유풍 중에서 이것은 보존할 만한 것이라 여겨, 겨울철에 성대한 팔관회를 열고 양가(良家) 자제 네 명을 선발해 오색빛 옷을 입혀 뜰

에서 춤추게 했다.[10]

— 『파한집』 권하

(나)는 고려 의종의 교서(敎書)로, 신라 팔관회 중 용신제와 천신제에서 화랑이 중요한 참가자였음을 지적한다. 그리고 그동안 고려 팔관회는 날로 옛 격식이 줄어들고 유풍이 점차 쇠퇴하고 있다면서, 살림 풍족한 양반집을 선택해 선가로 만들고 풍속을 준수하라고 지시하고 있다. 신라 때처럼 팔관회에 선풍을 살리겠다는 의도다.

(다)는 이인로의 『파한집』에 수록된 내용인데, 1168년 의종의 교서인 (나)에 의해 팔관회에서 선풍이 부활했음을 알려준다. 실제로 신라 화랑처럼 양가 자제 넷을 선발해 팔관회에서 춤추게 한 것이다.

신라 팔관회는 물론이고 (가)에 나타난 고려 초 팔관회에도 신라의 고사인 사선악부가 있었다. 그동안 사선악부는 조선시대까지 전해온 사선무(四仙舞)거나 신라 화랑으로 구성된 가무인 일단이 고려조의 창건을 축하하는 팔관회에 참가한 것이라고 추정되었다.[11] 여기서 사선은 영랑(永郞), 술랑(述郞), 남랑(南郞), 안상(安祥) 등 네 국선(國仙)을 가리키는 듯하다.[12] 그러나 점차 사선악부 같은 선풍이 쇠퇴했기 때문에 의종이 (나)와 같은 교서를 내려 선풍을 부활하고 예전 격식과 풍속을 되살리라 지시한 것이다. 그 결과 (다)처럼 양가의 자제 네 명이 춤추는 사선악부가 복원 연행되었다. (나)에서 가산이 풍족한 양반가를 선택해 선가로 만들라 하고, (다)에서 양가 자제를 선발해 춤추게 한 것은 이들이 바로 사선이고, 이들의 가무가 사선악부임을 입증하는 것이다. 그래서 조선시대의 사선무도 바로 사선악부의 전승인 것을 알 수 있다.

용봉상마거선은 그동안 채붕의 장식물일 것으로 봤는데, 산악잡희의 내용으로 보는 견해도 있다. 즉 '용'은 용놀이로 중국 어룡지희(魚龍之戱)에 비교할 수 있고, '봉'은 학무(鶴舞)같이 봉황 모양을 사람이 뒤집어쓰고 춤추는 봉황무일 수 있고, '상'은 장형의 「서경부」에 나오는 코끼리놀이처럼 일종의 가면희로 볼 수 있고, '마거'는 선차놀이 또는 무륜기(舞輪伎) 같은 연희로 볼 수 있으며, '선'은 연희에 배를 등장시킨 것으로 조선 말까지 궁중연회 때 상연되던 선유락(船遊樂)과 같

은 것으로 간주할 수 있다는 설명이다.[13]

태조는 즉위 26년(943) 4월에 대신 박술희(朴述熙)를 내전으로 불러 훈요십조(訓要十條)를 내렸는데, 이 중 6조는 팔관회와 관련된 내용이다.

> 짐이 지극히 바라는 것은 연등(燃燈)과 팔관(八關)에 있다. 연등은 부처를 섬기기 위한 것이고, 팔관은 하늘·오악(五嶽)·명산(名山)·대천(大川)·용신(龍神)을 섬기기 위한 것이다. 후세에 이것의 폐지를 건의하는 간신이 있다면 마땅히 그를 막을 것이요, 나 또한 처음 맹세한 마음으로 할 것이다.[14]

태조의 유지에 따라 팔관회는 고려가 멸망하기 직전인 공양왕(恭讓王) 3년(1391)까지 지속되었다. 그렇지만 도중에 중단되거나 변화를 겪기도 했다. 가장 오래 중단된 기간은 성종 6년(987) 10월에서 현종 원년(1010) 11월까지 24년간이었다. 성종은 원년(981) 11월, 팔관회 잡기들이 불경하고 요란하다는 이유로 폐지했다.[15] 성종 6년 6월, 최승로(崔承老)는 「시무(時務)28조」에서 다음과 같이 지적했다.

> 우리나라에서는 봄에 연등을 열고 겨울에 팔관을 개최하기 위해 사람들을 징발해 노역이 매우 번다하니, 청컨대 부담을 경감해 백성의 힘을 펴도록 하소서. 또 여러 우인(偶人, 인형)을 만드는 데 노력과 비용이 많이 들며, 한 번 사용하고는 부숴버리니 말도 안 됩니다. 우인은 흉례(凶禮)가 아니면 사용하지 않으니, 중국 사신이 일찍이 와서 보고 좋은 일이 아니라며 얼굴을 가리고 지나갔습니다. 원컨대 지금부터는 이렇게 함을 허락하지 마십시오.[16]
>
> — 『고려사』 권93 「열전」6 최승로전(崔承老傳)13조

고려 팔관회는 금욕적이고 종교적이기를 요구하는 팔계율(八戒律)과 달리 화려하고 풍류적이며 향락적이기까지 했다. 그러나 팔관회가 정통 불교 의례와 전혀 무관한 것은 아니다. 팔관회에서도 등을 매달고 향을 피우는 모습이 보인다. 그러나 정통 불교와 달리 채붕을 설치하고, 불교 교리에서 금지하던 백희가무를

즐겼다. 즉 팔관회에 우리 고유의 풍습과 불교 의례가 함께 반영된 것이다.

한편『고려사』 권71 악2「속악을 사용하는 절차」에 의하면 팔관회에서 교방악인 포구락(抛毬樂)과 구장기별기(九張機別伎)도 연행되었다고 한다.

또 팔관회에는 우인이 많이 등장했다. 최승로는 팔관회에 여러 우인을 만드는데 노력과 비용이 많이 든다는 점을 지적하며 팔관회 폐지를 건의했다. 여기서 우인은 인형을 가리키는 듯하다. 왜냐하면 '흉례가 아니면 우인을 사용하지 않는다'는 말이 있는데, 중국에서는 고대부터 장례식에서 인형극을 공연했으므로 흉례에서 우인을 사용한다고 한 것이다.

다음 인용문은 팔관회에 역대 공신의 우상(偶像), 즉 사람 형상으로 만든 인물잡상도 있었음을 전해준다.

> 예종 15년(1120) 10월, 서경에서 팔관회를 개최했을 때 왕이 잡희를 관람했다. 그때 태조의 공신인 김낙(金樂)과 신숭겸(申崇謙)의 우상이 있는 것을 보고 왕이 감동해 시가를 남겼다.[17]
>
> ―『고려사』 권14 세가14 예종 15년 10월 신사조(辛巳條)

『고려사』 권14와『대동운부군옥(大東韻府群玉)』,『평산신씨장절공유사(平山申氏壯節公遺事)』에 김낙과 신숭겸의 우상에 대한 기록이 보인다. 김낙과 신숭겸은 고려 태조 왕건이 견훤과 싸우다 궁지에 몰렸을 때 왕건을 대신해 죽은 공신이다. 그 공을 기리기 위해 태조 때부터 팔관회에서 두 사람을 추모하는 행사를 벌였다. 이때 태조가 그 자리에 두 공신이 없는 것을 애석하게 여겨 풀[草]로 두 공신의 허수아비를 만들어 복식을 갖추고 자리에 앉게 했더니, 두 공신이 술을 받아 마시고 생시와 같이 일어나 춤을 췄다고 한다. 후대에 예종은 팔관회에서 김낙과 신숭겸의 우상을 보고 두 공신을 추모해「도이장가(悼二將歌)」를 지었다. 이미 살펴본 바와 같이 신라 진흥왕 때부터 팔관회는 전쟁에서 죽은 사람을 위한 위령제의 성격도 띠었기 때문에, 고려 팔관회에서도 김낙과 신숭겸을 추모하는 행사를 수용한 것으로 보인다.

북한 연극학자인 김일출은『평산신씨장절공유사』중 "가상(假像) 두 사람이 있어 머리에 비녀를 꽂고 자색 옷을 입고 홀(笏)을 잡고 금인(金印)을 차고 말을 타고 뜰을 뛰어다녔다"는 내용에 주목해, 이 광경은 가면을 쓰고 복식을 갖춰 말을 탄 연희자들이 김낙과 신숭겸이 분투하는 모양을 흉내 내 보여주는 것으로 가면극임에 틀림없다고 주장했다.[18] 앞서 소개한 기록만으로는 김낙과 신숭겸 우상에 가면을 씌웠는지 아닌지 구체적으로 알 수 없으나, 두 공신의 모습을 나타내기 위해 가면과 유사한 얼굴 형상을 표현했을 것은 틀림없다.

신라와 태봉을 거쳐 고려까지 계승된 한국의 팔관회는 토착신앙적인 성격을 띠면서 음주 가무까지 포함하는 성대한 축제로 변모했다. 고려시대 팔관회는 불교 격식대로 설행된 의례라기보다 각지에서 수시로 열리는 토속신 제사를 한꺼번에 행하는 최고(最古) 전례였다. 거행 시기로 보면 고대부터 전해오는 추수감사제적인 문화 축제이고, 신라 화랑적 요소와 고구려 조상제사적 요소가 포함된 복합적 성격을 지녔다.[19] 또 팔관회는 속절(俗節)[20]의 하나로 10월에는 서경에서, 11월에는 개경에서 행해졌다. 팔관회가 고구려의 동맹처럼 추수감사제적인 요소를 포함했고, 개경 팔관회(11월 15일)와 별도로 서경 팔관회(10월 15일)를 개최한 사실은 고려 왕조가 표방한 고구려 계승 의식의 반영으로 보인다.[21]

그러나 조선시대에 이르러 팔관회는 공식적으로 폐지되었다. 다만 팔관회 때 행하던 포구락, 사선무 등 음악과 무용 가운데 일부가 조선의 궁중행사에 전해졌을 뿐이다.

연등회의 전통연희

연등회(燃燈會)는 불교가 토착 종교를 수용하는 과정에서 창출된 의례다. 석가의 공덕을 찬양한 초기 소승경전에 연등 공양에 관한 기록들이 담긴 점으로 볼 때, 석가 생존 시기부터 연등회가 행해진 것으로 보인다. 대승경전인 『대보적경(大寶積經)』과 『대반야바라밀다경(大般若波羅密多經)』에는 연등이 중요한 공양물로 등장하며, 『아도세왕수결경(阿闍世王手決經)』, 『불설시등공덕경(佛說施燈功德經)』에서는 연등 공덕을 독립적으로 다루고 있다. 『불설시등공덕경』은 부처님이 사리불(舍利佛)에게 등(燈)을 보시하는 공덕이 매우 큼을 설법하는 형식인데, 내용을 요약하면 다음과 같다.

> (가) 만약 불탑묘(佛塔墓)에 시등(施燈)하면 그것이 심지 불만을 밝히는 작은 것일지라도 복덕(福德)이 대단히 커 성문(聖門)과 연각(緣覺)은 헤아릴 수 없으며 오직 부처님만이 아신다. 또 불탑묘에 등명(燈明)을 바친 사람들은 임종 시 네 가지 광명(光明)을 보게 되며, 죽어서는 삼십삼천(三十三天)에 태어나 다섯 가지 청정(淸淨)을 얻는다. 이뿐만 아니라 설법하는 법사에게 등명을 보시해도 여덟 가지 무량자량(無量資粮, 정도를 헤아릴 수 없을 정도로 많은, 보리와 열반에 이르는 데 바탕이 되는 선근 공덕)을 얻으며, 부처님 앞에 다른 사람이 보시한 등을 보고 신심이 청정해져 합장하고 기뻐하면 이것만으로도 여덟 가지 증상법(增上法)을 얻게 된다.[22]

인도에서는 석가탄신일인 4월 8일에 축하 행사로 행상공양(行像供養)을 거행했는데, 연등은 그날 밤의 중요한 행사였다. 장식한 수레에 불상을 안치하고 성내를 돌면 그 앞에서 각종 연희를 공연하고 꽃과 향을 공양하는 것이 행상공양이다. 동진(東晉) 승려 법현(法顯)은 339년에서 414년 사이에 인도를 순례하며 불경법을 구한 과정을 기록했는데, 거기에 마갈제국(摩竭提國, 마가다국) 파련불읍(巴連弗邑, 현재의 파탈리푸트라)에서 거행된 연등 행사를 서술했다.

> (나) 사륜거를 만들고 대나무를 엮어 5층으로 쌓은 다음 승로(承櫨)와 알극(揠戟)을 세우니 높이가 두 필 남짓 되었다. 모양이 마치 탑과 같다. 흰 무명으로 감싼 다음 채색으로 제천(諸天) 형상을 그리고, 금·은·유리 등으로 꾸민다. 그리고 채색 깃발과 덮개를 매단다. 사방에 불감(佛龕)을 두는데, 불감마다 좌불(坐佛)과 입시(立侍)한 보살이 있다. 이런 수레를 약 스무 개 정도 만드는데, 수레마다 달리 꾸민다. 이날이 되면 이 지역 승려와 속인이 모두 모여 창우의 기악을 공연하고 꽃과 향을 공양한다. 승려들이 와서 부처님(불상 실은 수레)을 청하면 부처님이 차례로 성에 들어가 이틀 밤을 머문다. 밤새 등을 밝히고 기악을 공양한다. 인도의 다른 나라도 모두 마찬가지다.[23]
>
> — 『법현전(法顯傳)』

(가)는 개인적으로 연등해 공덕을 쌓는 내용이지만 (나)는 불교 의례로 정착된 집단 불교 행사로서 연등의식을 보여주는 예다. 비록 석가와 소승경전 시대는 차이가 크지만 인도 연등회의 모습을 구체적으로 보여주는 사례다. 연등회 장소는 수레가 지나는 길과 수레가 머무는 곳이 주가 되고 시간은 밤이 가장 절정이다. 그리고 승려와 속인이 모두 사원으로 모여들 때 연희를 연행하고 음악을 연주했다.

인도 연등회는 불교 전파와 함께 중국으로 전래되었다. 불교 수용에 적극적이던 북위에서는 석가탄신일에 황제가 직접 행사에 참석해 인도와 같은 행상공양을 거행했다. 불상을 실은 화려한 수레가 도성 안 사원에서 출발해 궁성 남문으로 향하면 황제는 행렬을 기다렸다 수레 도착에 맞춰 산화공양(散花供養)을 했다. 그리고 이때 서역에서 유래한 각종 잡희가 공연되었다. 이는 왕이 곧 부처라는 왕즉불(王卽佛) 사상과 결합된 중국 불교의 특색을 반영한 것이다.

이와 같이 국가불교적인 중국 연등회는 7세기를 전후로 해 거행 시기가 상원(上元, 1월 15일)으로 바뀌었다. 당 현종 2년(713) 호승(胡僧) 파타(婆陁)의 건의로 열린 연등회에서는 사흘간 통행 금지를 해제하고 야간에도 성문을 개방했으며, 등불 수만 개를 밝히고 밤새도록 거행했다.[24] 이 행사를 계기로 상원연등이 국가 의례로 정례화되었다. 『구당서』에 의하면 현종은 상원에 왕족과 백관들을 데리고 근정루(勤政樓)로 행차해 관등(觀燈)을 하다 밤이 깊어 태상 악부에서 연행하는 산악이 끝나면 궁녀들의 가무를 즐겼는데, 이때 행하던 줄타기와 솟대타기가 매우 기이하고 교묘했다고 한다.[25]

상원연등회(上元燃燈會)는 이후 오대를 거쳐 송대까지 지속되었다. 그러나 상원연등 자체가 엄밀히 불교 행사로 유지된 것은 아니다. 송대에는 불사(佛舍)와 도관(道觀) 분향이 함께 이뤄졌으며, 점차 일반적인 기복과 유락으로 중심이 이동했다.[26]

연등회는 고려 태조의 훈요십조에 의해 국가 의례로 시행되었다. 성종 때 최승로의 건의에 따른 유교적 중앙집권화 정책으로 연등회가 일시 중단되기도 했으나, 성종 사망 이후 부활했다. 초기에는 중국 제도를 본떠 연등회를 상원에 시행했으나, 현종 이후 2월 15일에 시행하는 것으로 바뀌었다. 그러나 전왕의 기일이나 한식(寒食)과 겹치는 경우 등, 때에 따라서는 상원으로 변경되기도 했다. 팔관회는 격구장에서 거행되었지만 연등회는 궁정과 법왕사(法王寺), 봉은사 같은 사찰을 중심으로 거행되었다.

2월 연등회에는 소회(小會)와 대회(大會)가 있었다. 『고려사』 권69 지23 예11 가례잡의(嘉禮雜儀) 상원연등회의(上元燃燈會儀)에 의하면 절차는 다음과 같다. 2월 14일 소회는 국왕이 의례 장소인 강안전(康安殿)에 도착하면 시작했다. 의장대가 만세를 부르고 재배(再拜)하면, 관리들이 차례에 따라 부서별로 재배한 후 각각 위치에 자리한다. 다음에는 백희잡기 공연이 이뤄지고 음악과 무용이 동반되었다. 이미 살펴본 바와 같이 중국에서도 상원연등회 때 왕이 근정루로 행차해 관등했고, 줄타기나 솟대타기 등 산악·백희와 궁녀들의 가무를 구경했다. 고려 연등회도 중국 상원연등회와 절차와 내용이 매우 유사한 것이다.

연회가 끝나면 국왕은 태조의 진영(眞影)이 봉안된 봉은사로 행차했다. 봉은사에서 태조 어진(御眞)에 배알하고 환궁했다. 왕의 환궁은 매우 화려해 기녀들이 춤을 추고 음악이 연주되었고, 야간 통행 금지가 해제되어 사람들로 거리가 북적거렸다. 소회의 배알의식이 연등회의 공식 의례로 확립된 시기는 정종 4년(1038)부터다.[27] 이는 고려 초기의 국가적 위기 상황에서 왕실을 중심으로 공동체의 결집을 다지기 위해 대두된 태조신앙(太祖信仰)의 일환인 듯하다.

15일에 행한 대회에서는 궁정연회가 중심이 된다. 편전(便殿) 의식과 진설(陳設), 좌정(坐定), 연회 등 세 부로 이뤄진 대회에서는 참가자들에게 음식과 술뿐만 아니라 하사품까지 내렸다. 이는 소회보다 큰 규모지만 궁중백관을 중심으로 한 궁중연회였다. 이렇듯 2월 연등회는 이틀에 걸친 대규모 행사였으나 봉은사에 행차했다 돌아오는 과정을 제외하면 행사 대부분은 궁정과 사찰 안에서 벌어졌다.

이상과 같이 정월 15일과 2월 15일 연등회는 궁정을 중심으로 거행되었는데, 이때 여러 연희가 베풀어졌다. 우선 『고려사』 권71 악2 「속악을 사용하는 절차」 가운데 연등회에서 행한 왕모대가무(王母隊歌舞)라는 교방악에 관한 내용이 있다.

> (가) 문종 31년 2월 을미일에 연등회를 열어 왕이 중광전에 거둥해 교방악을 감상했는데, 여제자 초영이 아뢰기를 "왕모대가무의 전체 대오 인원이 쉰다섯 명인 바, 춤을 추면서 네 글자를 형성하는데 군왕만세(君王萬歲) 혹은 천하태평(天下太平)이란 글자입니다"라 했다.

또 『고려사』 권72 지26 가운데 의종 때 규정된 연등위장(燃燈衛仗)은 상원연등회에서 왕이 선대 임금의 초상화를 모신 봉은사 진전(眞殿)으로 거둥할 때의 위장에 대한 것이다. 내용은 다음과 같다.

> (나) 인가교방악관(引駕教坊樂官) 백 명이 좌우로 갈라서고, 안국기(安國伎)와 잡기(雜伎) 각각 마흔 명이 좌우로 갈라선다. 취각 군사 열여섯 명이 좌우로 갈라서되 모두 수레 앞에 나서며, 취라 군사 스물네 명은 수레 뒤를 따른다.

이런 내용으로 보아 연등회 때 잡기와 서역악인 안국기가 연행된 것을 알 수 있다.[28] 다음 인용문은 상원연등회에서 백희잡기가 연행되었음을 전해준다.

(다) 전중성(殿中省)에서는 등롱(燈籠)을 부계(浮階)의 위아래와 좌우에 진열하고 채산(彩山)을 전정(殿庭)에 만든다. …다음에는 전중성의 육상국(六尙局)과 여러 후전관(後殿官)이 전정으로 들어와 지정된 자리에서 재배하고 나서, 전정의 서편으로 가 북쪽을 위로 하고 동쪽을 향해 선다. 다음에는 백희잡기(百戲雜伎)를 하는 사람들이 전정으로 들어와 연이어 연기한 후 물러난다.

— 『고려사』 권69 지23 예(禮)11 가례잡의 상원연등회의

다음 인용문은 2월 연등회 때 채붕을 가설하고 행한 여러 연회를 전해준다.

(라) (2월) 정유일에 왕이 봉은사에 가 연등회를 특별히 열고 새로 만든 불상을 찬송했다. 이때 가로(街路)에는 이틀 밤에 걸쳐 각각 등불 삼만 개를 밝혔으며, 중광전과 각 관아에는 모두 채단으로 장식한 다락과 등산(燈山)을 설치하고 풍악을 잡혔다.[29]

— 『고려사』 권9 문종 계축 27년(1073)

(마) (정월) 신해일에 연등회를 열고 왕이 봉은사에 갔다. 계축일에 왕이 강안전(康安殿)에 나가 채붕과 영관(伶官) 양부악(兩部樂)을 구경했다. 이에 앞서 전날 밤에 벌써 연등 대회를 치렀다 하여 시설을 모두 철거해버렸는데, 왕이 갑자기 명령을 내려 처음대로 하게 한 것이다. 왕은 곤한 줄 모르고 재미있게 보다 한낮이 되어서야 파했다.[30]

— 『고려사』 권17 의종 임신 6년(1152)

상원연등회는 중국의 영향임을 이미 살펴봤다. 특히 중국 『송사(宋史)』에 기록된 상원연등회 행사를 통해 고려와 송의 문화 교류가 매우 활발했음을 짐작할 수 있다.

(바) 대보름 관등 때면 누 앞에 노대(露臺)를 설치했다. 대 위에서는 교방악을 연주하고 소아대(小兒隊)가 춤을 췄다. 대 남쪽에는 등산(燈山)을 설치하고, 등산 앞에서는 백희가 벌어졌다. 산붕(山棚)에서는 산악과 여제자의 춤이 벌어졌다.[31]

— 『송사』 권142 악(樂)17 교방(敎坊)

(바)에 의하면 송나라의 상원연등회에서는 여제자무(女弟子舞)가 행해졌고, 등산 앞에서는 백희가 벌어졌다. 그런데 고려에서도 연등회 때 (가)처럼 여제자무를 행했고, (나)와 (다)처럼 백희잡기를 행했으며, (라)처럼 중광전과 각 관아에 모두 채단으로 장식한 다락과 등산을 설치하고 연희를 펼쳤다. 채단으로 장식한 다락 채루(綵樓)는 채붕(綵棚)과 유사한 것으로, 《화성성역의궤(華城城役儀軌)》의 〈낙성연도(落成宴圖)〉에 묘사된 채붕과 같은 형태로 보인다. 그동안 학자들 대부분이 산대와 채붕을 동일한 것으로 추정했으나, 이제 산대와 채붕의 그림이 모두 발견되어 다른 구조물임이 밝혀졌다.[32]

우리나라에서는 (라)에 언급된 등산의 실물을 확인할 수 없으나 중국 명대의 《남도번회도권(南都繁會圖卷)》**109**을 통해 그 모습을 알 수 있다. 이 그림에서 왼쪽에 오산(鰲山)이라 적힌 것이 등산이다. 중국에서 흔히 오산이라 부른 무대 구조물을 우리나라에서는 산대(山臺)라 불렀는데, 이와 같이 산대에 등을 많이 설치한 것이 등산이다. 이 오산은 누대 위에 산을 안치한 형태로, 중국에서는 이런 형태의 오산을 산루(山樓)라 불렀다. 산루는 아래층에 사람이 지나다니는 통로를 갖춘 2층 구조물이다.[33]

《남도번회도권》은 중국에서 정월 보름에 하는 집단 명절놀이 사화(社火)를 묘사했다. 이 그림의 등산은 대들보 네 개에 기둥 여덟 개로 만든 양정(凉亭, 비를 피하거나 쉴 수 있도록 만든 정자)에 설치되었다. 크기는 사람 키의 다섯 배 정도로 작은 편이다. 오산 1층에는 동자가 등을 들고 서 있는데, 등에는 '장명부귀(長命富貴)' 등을 적었다. 2층과 3층에는 광배를 두른 보살들이 있다. 그림을 자세히 보면 상인들이 몰려 상점이 활기를 띠며, 사화에 참가하는 사람들도 여기저기에 무리를 지어 명절 분위기가 넘친다. 그림 왼쪽에는 사화에 참가하러 농촌에서 도시로 오는 무리가 줄을 이으며, 맨 앞의 생초무(生肖舞, 열두 띠에 해당하는 동물 가면을 쓰

109 《남도번회도권》(세부), 명대. 왼편에 봉래산 형태로 제작한 오산이 보인다.

고 추는 춤)를 추는 사람들은 이미 그림 중심에 이르렀다. 아래쪽에는 손에 무기를 들고 나무다리로 걷는 사람 등 여러 사람이 있다. 나무다리 걷기 무리 중 여덟 명이 거리 한복판에 서 있는데, 그중에는 '회안지희(淮安地戲)'라 쓴 기를 든 사람들도 있다. 그림 오른쪽 모퉁이에는 사자랑(獅子郞)이 공을 들고 가짜 사자를 놀리며, 가짜 사자 두 마리가 한 호인(胡人)의 재촉 아래 막 무대에 들어오고 있다.[34]

한편 『고려사』 권77 지31 백관(百官)2 제사도감과 각색조에 "연등도감, 충렬왕 5년에 정전 산대색(山臺色)을 폐지하고 그 사업을 연등도감에 합쳤다"는 기록이 있다. 산대색이란 산대놀이, 즉 산대를 설치하고 그 앞에서 놀던 연희를 관장하던 관리를 일컫는다. 따라서 이를 연등도감에 합쳤다는 것은 연등도감에서 이런 연희를 공연했다는 의미다. 또 『고려사』 상원연등회의조에 "다음에는 양부악관(兩部樂官)과 산대악인(山臺樂人)에게도 꽃과 술을 하사할 것을 전하고"라고 해 연등회에서 백희를 공연하는 연희자들을 산대악인이라 불렀음을 알 수 있다. 그리고 양부악관은 태악서와 관현방에 소속된 악공과 배우를 가리킨 것으로 보인다.

백희, 잡희, 산대희, 산대잡극은 결국 동일한 연희를 달리 부르는 명칭으로, 내용은 흔히 산악 또는 백희라 알려진 연희 종목이 대부분이었다. 고려 말 이색의 『목은집(牧隱集)』 권33에 실린 시 「동대문부터 대궐 문 앞까지의 산대잡극은 전에 보지 못한 것이다(自東大門至闕門前山臺雜劇前所未見也)」로 확인해보자.

山臺結綴似蓬萊	산대를 얽어맨 것이 봉래산 같고
獻果仙人海上來	과일 바치는 선인은 바다에서 왔네.
雜客鼓鉦轟地動	연희자가 울리는 북과 징소리 천지를 진동하고
處容衫袖逐風廻	처용의 소맷자락은 바람 따라 돌아가네.
長竿倚漢如平地	장대 위 연희자는 평지에서 걷듯하고
爆竹衝天似疾雷	폭죽은 번개처럼 하늘에 솟네.
欲寫太平眞氣像	태평성대의 참모습을 그리려 하나
老臣簪筆愧非才	늙은 신하 글솜씨 없어 부끄럽구나.

이 시에 보이는 '헌과선인무(獻果仙人舞)'는 당악가무(唐樂歌舞)인 헌선도(獻仙

桃)를 가리키는 듯하다. 처용무는 속악가무(俗樂歌舞)이며, 솟대타기는 백희다.

그동안 "산대를 얽어맨 것이 봉래산 같고, 과일 바치는 선인은 바다에서 왔네"라는 구절을 산대 앞 헌선도 연행으로 해석하는 견해가 지배적이었다.[35] 헌선도는 문종(1046~1083) 때 송나라에서 들여온 교방악이다. 헌선도는 정월 보름날 가회(嘉會)에서 군왕의 장수를 기원하는 가무희인데, 서왕모(西王母)가 선계에서 내려와 군왕에게 선도(仙桃)를 드리는 내용이다.

그러나 이 구절을 봉래산 모양으로 산대를 꾸미고 그 위에 인형 잡상을 설치해 신선 고사를 재현한 것으로 해석할 수도 있다는 견해가 제시되었다.[36] 봉래산은 삼신산(三神山) 중 하나로 자라가 등에 지고 있다고 해 오산(鼇山)이라고도 불렸다. 실제로 우리 기록 가운데 산대를 오산이라고 표현한 경우가 여럿 있는데, 이는 산대 모양이 실제로 봉래산 모양이었기 때문이다. 비록 조선시대의 예지만 최근 발견된 아극돈의 《봉사도》 중 일곱 번째 폭에 그려진 산대에는 낚시질하는 신선 인형, 춤을 추는 선녀 인형, 원숭이 인형, 붉은 옷을 입은 인형, 그리고 나무와 누대도 있다. 이 밖에도 조선시대 산대에 대한 기록을 검토하면 산대에 여러 잡상(雜像)을 설치했고, 그것들을 자세히 보려고 산대 위에 올라가기도 했으며, 그러다 산대 모퉁이가 무너져 사람들이 다치는 사고가 발생하기도 했다는 내용이 보인다. 그러므로 이색이 본 산대잡극에서도 봉래산 모양의 산대를 꾸미고 그 위에 인형 잡상을 설치해 신선 고사를 재현했을 가능성이 있다.[37]

고려시대에는 궁정 중심의 2월 연등회 이외에 석가탄신일인 4월 초파일에 시행하는 연등회도 있었다. 4월 초파일 연등회는 고려 중기부터 민간에서 성행한 듯하다.

> 32년 4월 8일에 최이(崔怡)가 연등회를 하면서 채붕을 가설하고 기악과 온갖 잡희를 연출해 밤새도록 즐겁게 노니, 도읍 안 남녀노소 구경꾼이 담을 이루었다. 또 5월에는 종실 사공(司空) 이상과 재추(宰樞)를 위해 연회를 베풀었다. 이때 산처럼 높게 채붕을 가설하고 수단 장막과 능라 휘장을 둘러치고, 그 안에 비단과 채색 비단 꽃으로 장식한 그네를 매었으며, 은과 자개로 장식한 큰 분(盆) 네 개를 놓고 거기다 얼음산을 만들고, 또 큰 통 네 개에다 십여 종 이름난 생화를 꽂아 눈을 황

홀하게 했다. 그리고 기악과 백희를 연출했는데, 팔방상공인(八坊廂工人) 천삼백 오십여 명이 모두 성대한 옷차림으로 뜰로 들어와 주악(奏樂)하니 각종 악기 소리가 천지를 진동했다. 최이는 팔방상 각각에게 백금을 세 근씩 줬고, 또 영관(伶官)과 양부(兩部) 기녀, 재인에게도 금과 비단을 줘 비용이 거만(鉅萬)에 달했다.[38]

—『고려사』 권129「열전」42 반역 최충헌전

15년 4월 8일에 신돈(辛旽)의 집에서 대연등회 행사를 했더니, 서울 사람들이 모두 따라하고 가난한 집은 구걸을 해서라도 등을 켰다. …신돈은 연등절에 화산(火山)을 만들고 왕을 초청했으므로 왕이 그 집으로 갔다. …등 수가 백만 개는 될 듯 많고 모양도 지극히 교묘하고 기이했으며, 잡희도 성대했다. 왕이 포목 백 필을 하사했다.[39]

—『고려사』 권132「열전」45 반역 신돈전

두 인용문은 고려 후기에 설행된 4월 초파일 연등회를 기록한 것이다. 연등회 때 채붕을 가설하고 기악과 백희를 공연했는데, 규모가 대단히 큰 공연이었음을 알 수 있다. 연등과 채붕, 잡희 공연이라는 점에서 2월 연등회와 차이가 없으나, 행사 주체는 국가가 아닌 개인이다.

고려 초기부터 있던 정월 또는 2월 15일 연등회는 국가 의례로 궁정과 사찰에서 행했으나 고려 중기 이후부터는 4월 초파일 연등회가 성행한 듯하다. 4월 초파일에 행하는 민간의 연등행사는 조선시대에도 계승되었으나, 국가 의례인 정월 또는 2월 15일 연등회는 조선시대 들어 점차 단절되었다.

나례의 전통연희

원래 나례(儺禮)는 중국에서 유래한 것이다. 중국 나례는 연출 대상과 장소에 따라 궁정나(宮庭儺), 민간나(民間儺), 사원나(寺院儺), 군나(軍儺)로 나뉜다.[40] 궁정나는 궁중에서 거행한 나례로 보통 대나(大儺)로도 불린다. 민간나는 민간에서 행한 나례로 백성나(百姓儺), 향인나(鄕人儺), 서인나(庶人儺) 등 여러 명칭으로 불린다. 사원나는 사원에서 거행하던 나희로 라마교 사원의 가면극인 '참(Cham)'인데, 중국어로는 '챵무(羌姆)'라 한다.**110·111** 사실 참은 나례라 보기 어렵다. 이것은 티벳 불교인 라마교에서 생겨난 가면극으로 중국 나례와는 거리가 있다. 그럼에도 현재 중국학자들은 참을 나례에 포함시킨다. 군나는 옛날 군대에서 거행하던 나례로, 주로 삼국, 수, 당의 역사를 담은 『삼국지연의(三國志演義)』, 『설인귀전(雪仁貴傳)』 등 씩씩하고 용맹스런 내용을 담은 가면극을 연행했다.

특히 중국에서는 군대에서 행하던 군나가 민간에 전파되어, 구이저우성(貴州省) 안순(安順) 지방에서 농민들이 연행하는 가면극 지희(地戲)**112**의 〈설악(說岳)〉, 〈삼국연의〉, 〈봉신방(封神榜)〉, 〈양가장(楊家將)〉, 〈설인귀정동(薛仁貴征東)〉, 〈설정산정서(薛丁山征西)〉, 윈난성(雲南省)의 〈관색희(關索戱)〉,**113** 칭하이성(靑海省)의 〈오장(五將)〉, 〈삼장(三將)〉,**114** 안후이성(安徽省)의 〈화관색전포삼랑(花關索戰鮑三娘)〉, 〈성제등전(聖帝登殿)〉 같은 역사적인 전쟁 이야기가 가면극으로 전승되고 있다.

최근 중국 나희 연구자들은 민족학과 민속학 자료에 근거해 나례의 기원으로 몇 가지 견해를 제시했는데, 그중 "나(儺)는 황제씨족(黃帝氏族)의 곰 토템 숭배에서 기원한다. 나는 원래 곰 씨족의 토템 춤이었는데, 후에 일반적인 타귀도신(打鬼

110 티베트 타실룬포사(扎什倫布寺) 참의 아찰랍(阿扎拉). 여섯 명이 야마 가면을 쓰고 아찰랍(인도의 운유승雲遊僧)으로 분장해 장엄하게 춤춘다.

111 타실룬포사 참의 호법신무(護法神舞). 아홉 사람이 몹시 화난 모양의 금강(金剛) 가면을 쓰고, 손에 큰 칼을 들고 용맹하게 춤춘다.

跳神, 귀신을 퇴치하는 춤)으로 변한 것"[41]이라는 견해가 크게 설득력을 얻고 있다.

중국에서 언제부터 나례가 행해졌는지는 정확히 알 수 없지만 적어도 춘추시대(기원전 770~기원전 403) 이전부터인 것만은 틀림없다. 『고금사류전서(古今事類全書)』, 『사물기원(事物紀元)』, 『예기(禮記)』「월령(月令)」, 『주례(周禮)』「점몽(占夢)」에 나례의 기원 시기에 대한 기록이 보인다. 내용을 종합해 정리하면 다음과 같다.[42] 구나는 본래 고대에 성행한 일종의 세시무속의식으로 귀신과 역병을 몰아내고, 복을 구하며 재앙을 떨쳐버리는 것이 목적이었다. 구나의식(驅儺儀式)은 대략 원시사회 말기에 기원해 상주(商周)에 이르러 점차 제도로 고정되었다. 주대에는 구나를 예의 범주에 넣어 매년 정기적으로 성대한 구나의식을 거행했는데, 시기는 기후가 바뀌고 음기와 양기가 교체되는 계춘(季春, 늦봄), 중추(仲秋, 한가을), 계동(季冬, 늦겨울)이었다. 계춘과 중추의 나의식은 오직 천자나 대신, 귀족만

112 중국 구이저우성 안순현의 나희인 지희의 공연.

113 중국 윈난성 청장현(澄江縣) 양중진(陽宗鎮) 샤오툰촌(小屯村)의 나희인 〈관색희〉 공연.

114 중국 칭하이성 민허현(民和縣) 싼촨(三川) 토족(土族)의 추수감사제인 납돈절(納頓節)에서 전승되고 있는 나희인 〈삼장〉. 『삼국지』의 관우를 기리는 내용이다.

참가했다. 그러나 계동 나의식은 궁중뿐만 아니라 백성들도 참가했기 때문에 대나(大儺)라 불렸다. 내용은 방상시를 중심으로 한 순수한 구역의식(驅疫儀式)이었다. 이는 평시에 사람들이 우연히 재앙이나 상사(喪事)를 만나면 수시로 거행하던 나의식과 규모나 참가자 수 정도만 차이가 있을 뿐이었다. 『논어(論語)』에 의하면 이미 공자 생존 당시에 민간에서도 나의식이 행해졌다고 한다.

나례는 발전 과정에서 성격과 내용이 변함에 따라 고나시대(古儺時代)와 금나시대(今儺時代)로 나눌 수 있다.[43] 고나는 역병과 잡귀를 몰아내는 구나의식이 중심이기 때문에 신비하고도 장중한 분위기에서 거행되었다. 그러나 당나라부터는 점점 구나의식이 약화되었다. 대신 가무와 오락적인 면이 강화되었으며 가면극 형식으로 발전했는데, 이것을 금나라 부른다.[44]

우선 고나를 살펴보자. 『주례』에 주나라 때의 나례 의식이 구체적으로 기록되어 있다.

> 방상시(方相氏)는 곰 가죽을 뒤집어쓰고, 황금색 눈이 넷 있으며, 검은 저고리에 붉은 치마를 입고, 창을 들고 방패를 쥐었는데, 많은 무리를 거느리고 철에 따라 나를 행함으로써 집 안을 뒤져 역귀를 몰아냈다.[45]
>
> — 『주례』 권31 하관사마(夏官司馬)4

이와 같이 주나라 나의식의 대표적인 신은 방상시다. 방상시는 곰가죽을 뒤집어쓰고, 머리에는 황금사목(黃金四目) 가면을 썼다. 또 방상시는 장례 행렬 앞에서 귀신을 쫓고 길을 열기도 했으며, 무덤을 팔 때 창으로 무덤 안 네 모퉁이를 쳐 방량(方良, 악귀)을 몰아내는 역할도 했다.

한대 이후 나의식의 규모는 점차 커지고 예절과 의식 요소가 늘어났다. 그래서 몇몇 문헌에서 이를 나의(儺儀), 또는 나례라 칭한 것이다. 『후한서』「예의지(禮儀志)」에서도 역시 고나의 모습을 살펴볼 수 있는데, 후한의 고나는 방상시, 십이지신, 진자(侲子) 들이 역귀를 쫓아내는 순수한 구역의식이었다. 이런 의례가 한나라 이후에는 흥성기에 들어섰고 궁중에서 정기적으로 거행하는 완전한 의례로 형성되어 송나라 때까지 계속되었다.

115 중국 안후이성 구이츠(貴池)에 전승되는 나희 종목 중 〈종규와 소귀(小鬼)〉 공연.

『신당서』「예악지」와 당나라 문인 단안절의 『악부잡록』 구나조에 의하면 당 나례는 선진(先秦) 이래의 나의와 나제고례(儺祭古禮)를 계승하는 동시에 한편으로 많은 부분을 바꾸고 새롭게 했다. 그래서 고나에 있던 신비하고도 장중한 분위기가 점점 약화되고 가무와 오락적인 면이 강화되었다.

한편 『악부잡록』 구나조에 의하면 당나라 때는 나례를 거행하기 열흘 전에 나의와 제악(諸樂)을 검열한 것으로 나타난다.

> 열흘 전에 태상경과 여러 관원이 본사(本寺)에서 먼저 나를 사열하고, 아울러 여러 음악도 모두 사열했다. 그날 크게 잔치를 벌였는데 너댓 관청의 관원과 조종 대신의 집에서도 모두 악붕(樂棚)에 올라가 구경했다. 백성들도 들어와 구경했는데 대단한 장관이었다. 태상경은 섣달 그믐날 하루 전에 우금오(右金吾)의 용미도(龍尾道) 아래에서 나를 다시 사열했는데, 이때는 악(樂)을 쓰지 않았다.[46]

정식 나례 열흘 전에 나례를 사열하는 예행 연습은 전에는 볼 수 없던 것이다. 이는 당대의 나례에서 역귀를 몰아내는 주제가 이미 상징적 의미로 변화했음을 의미한다. 특히 제악까지 동원되어 장관을 이뤘다. 여기서 제악은 산악뿐만 아니라 가무잡희까지 포함한 총칭이다.[47]

그리고 배역도 변화를 보였다. 당나라 중엽 이후에는 종규(鍾馗)라는 새로운 축귀(逐鬼) 대신(大神)이 창조되었다. 그래서 고나에서는 네 눈을 황금으로 장식하고 창과 방패를 든 방상시가 구나의식의 주역이었지만, 당 중엽 이후부터는 종규가 구나의식의 주역으로 등장했다.[115]

나례가 우리나라에 들어온 사실을 전하는 첫 기록은 고려시대 정종 6년(1040)에 나타나지만, 실제로는 그 이전에 들어온 것으로 추정된다. 정종 6년 기록은 중국의 궁중나례가 고려 궁중나례에 수입되었다는 내용이다. 고려 초기 궁중나례는 섣달 그믐날 궁중과 관아, 민간에서 가면 쓴 사람들이 일정한 도구를 가지고 주문을 외면서 귀신을 쫓는 동작을 함으로써 묵은 해의 잡귀를 몰아내는 의식이었다. 그러나 고려 말에 이르면 나례에서 점차 구역의식보다 잡희부(雜戲部)의 비중이 커지면서 나례는 잡희인 나례희(儺禮戲), 즉 나희로 인식되었다. 조선시대에는 이 현상이 더욱 심해져 본말이 전도될 정도였는데, 이는 중국 나례와 전개 과정이 유사하다.

한국의 초기 나례는 『고려사』 권64 지18 예6 군례(軍禮)의 계동대나의(季冬大儺儀)에서 살펴볼 수 있다. 이 기록에 의하면 12월에 대나의식을 거행하기 위해 열두 살에서 열여섯 살 사이의 아이들을 뽑아 진자로 삼았다고 한다. 이들에게 가면을 씌우고 붉은 고습(袴褶, 융복을 입고 말을 탈 때 다리를 가리는 아랫도리 옷)을 입혔다. 스물네 명이 한 대(隊)가 되는데, 여섯 명을 한 줄로 해 보통 두 대로 구성했다. 집사자(執事者)는 열두 명이고, 붉은 모자와 소창옷을 입고 채찍을 잡는다. 공인(工人)은 스물두 명이며 그중 한 사람이 방상시가 되어 황금색 눈이 달린 가면을 쓰고 곰가죽을 걸치고 검은 윗옷과 붉은 치마를 입고, 오른손에는 창, 왼손에는 방패를 잡는다. 또 한 사람은 창사(唱師)로, 가면을 쓰고 가죽옷을 입고 몽둥이를 든다. 나머지 악공은 고각군(鼓角軍)으로 스무 명을 한 대로 삼는데 깃대를 잡은 사람이 넷, 퉁소 부는 사람이 넷, 북을 가진 사람이 열둘이다. 이렇게 해 궁중에서 악귀를 쫓아내는 것이다. 이때 악공의 반주에 맞춰 진자들이 춤을 추는데, 그때 처용무도 췄다. 계동 대나의는 등장인물과 구나 내용이 『신당서』 권16 「예악지」의 대나와 완전히 일치한다. 그러므로 한국 나례가 당 나례에서 직접 영향을 받았음을 알 수 있다.[48] 『고려사』 권64 「예지(禮志)」6에는 나례에서 연행된 여러 연희, 즉 나희 장면도 있다.

> 예종 11년(1116) 12월 기축날에 대나를 행했다. 이에 앞서 환관들이 나희하는 자들을 좌우로 가르고 서로 겨루게 했다. 왕은 또 동생인 친왕(親王)들에게 이들을 나누어 지휘토록 명했다. 무릇 창우의 잡기로부터 지방 유기(遊伎)에 이르기까지 징집당하지 않은 것이 없어, 멀고 가까운 곳으로부터 창우들이 몰려들어 깃발이 길에 널리고 궁중에 가득 찼다. 이날 간관(諫官)이 대궐문에서 머리를 조아려 간절히 간하니, 이에 심히 괴이한 자를 내쫓았으나 저녁이 되자 다시 모여들었다. 왕이 장차 악(樂)을 구경하고자 하니, 좌우가 분연히 먼저 기예를 보이고자 다투어 조리가 없었으므로 다시 사백여 명을 내쫓았다.[49]

인용문에서 보듯 나례에서 환관의 주도 아래 창우의 잡기나 지방 유기 등 경향 각지에서 모여든 연희자 수백 명에 의해 여러 연희가 매우 성대하게 연행되었다.[50]

고려 말 이색은 나례를 구경하고 「구나행(驅儺行)」이라는 시를 지었는데, 시는 크게 두 부분으로 나뉜다. 전반부(1~14구)는 십이지신과 진자가 역귀를 쫓는 의식을 묘사하고, 후반부(15~28구)는 구나의식이 끝난 후 연희자들이 각종 잡희를 연행하는 내용이다. 이 후반부로 나례에서 연행된 연희를 구체적으로 살펴볼 수 있다.

舞五方鬼踊白澤	오방귀 춤추고 사자가 뛰놀며
吐出回祿呑青萍	불을 뿜기도 하고 칼을 삼키기도 하네.
金天之精有古月	서방에서 온 저 호인들은
或黑或黃目青熒	검기도 하고 누렇기도 한 얼굴에 눈이 파랗네.
其中老者傴而長	그중 한 노인이 등은 구부정하면서도 키가 큰데

衆共驚嗟南極星　　모두가 남극성이 아닐까 놀라고 감탄하네.
江南賈客語侏離　　강남의 장사꾼은 무어라 지껄이며
進退輕捷風中螢　　나아갔다 물러났다 가볍고 빠르기가 바람결의 반딧불 같네.
新羅處容帶七寶　　신라 처용은 칠보 장식을 했는데
花枝壓頭香露零　　머리 위 꽃가지에선 향기가 넘치네.
低回長袖舞太平　　긴 소매 날리며 태평무를 추는데
醉臉爛赤猶未醒　　불그레 취한 얼굴은 아직도 다 깨지 않은 듯.
黃犬踏碓龍爭珠　　누런 개는 방아 찧고 용은 여의주를 다투며
蹌蹌百獸如堯庭　　온갖 짐승 더풀더풀 춤추니 요임금 시절 궁정 같네.

인용문은 구나행 중 나례에서 구역(驅疫)이 끝난 뒤에 행해진 연희들을 보고 읊은 것이다. 따라서 이 연희는 나희다. 여기서는 오방귀무(五方鬼舞), 사자무[白澤舞], 불 토해내기, 칼 삼키기, 서역의 호인희(胡人戱), 줄타기, 처용무, 동물로 분장한 가면희 등을 묘사했는데 이는 대부분 산악, 백희, 산대희, 잡희 등으로 불리던 연희들이다.

이 시는 나례에서 사자무가 연행된 사실을 전해준다. 후반부의 첫 구절 15구에 있는 "오방귀 춤추고 사자가 뛰놀며"에서 구나의식이 끝난 후 거행되는 나희에서 오방귀무와 사자무가 첫 번째로 연행되었음을 알 수 있다. 백택(白澤)은 신수(神獸) 또는 사자의 별칭인데, 여기서는 사자의 별칭으로 쓰인 듯하다.[51] 신수가 사자의 별칭으로 사용되기도 했고 또 중국의 전례에 비춰 나례에 등장하는 벽사적인 동물이 사자였기 때문이다. 그러므로 중국 나례에서 흔히 사자무가 연행되었듯이 한국에서도 고려 말에 이미 나례에서 사자무가 연행된 것으로 볼 수 있다.

그러나 백택을 사자가 아니라 그대로 백택이라는 신수로 봐도 큰 문제는 없다. 이미 백택이 말을 할 줄 알고 만물의 정에 통달한 전설 속 신수로 벽사 기능을 한다고 여겨졌기 때문이다.[52] 백택을 언급한 둔황 문건을 살펴보자.

구나의 예법은 옛날 헌원씨로부터 비롯되었다. 종규와 백택이 신선을 통솔한다.[53]

정확히 언제부터인지는 알 수 없지만 적어도 당송대 나례부터 백택이 종규와 대등하게 선두에서 뭇 정령을 통솔했음을 알 수 있다. 「구나행」에서 정식 나례가 끝난 후 맨 먼저 백택이 등장한 것은 아마도 중국의 관행이 수입되었기 때문일 것이다.[54] 그런데 여기서 언급된 백택이 실제로 백택 가면을 썼는지, 아니면 사자 가면인데 백택이라 언급한 것인지는 여전히 의문이다. 일반적으로 중국 당송대의 나례를 묘사하는 장면에는 신수로서 으레 사자가 등장하기 때문에 사자를 백택으로 표기했을 가능성도 충분하다.

구체적인 내용을 알 수 없으나 서역 호인희는 당시 고려에 많던 서역인이 직접 등장해 연희를 펼쳤거나, 우리 연희자가 서역인 가면을 쓰고 연희를 펼쳤을 것으로 추정된다. 또 "검기도 하고 누렇기도 한 얼굴에 눈은 파란" 호인과 강남 장사꾼은 '공물바치기놀이'에 등장한 외국인을 가리킨 것으로 볼 수도 있다. 『고려사』 의종 19년(1165) 4월조에 우번(右番) 내시들이 채붕을 설치하고 이국인이 고려에 와서 공물을 바치는 광경을 흉내 내는 '공물바치기놀이'를 연출했다는 내용이 있다. 우번에 귀족 자제가 많았다는 기록으로 볼 때 이는 우번 내시들이 원래 전문 연희자가 연행하던 '공물바치기놀이'를 모방한 흉내 내기 연희라 할 수 있다. 이는 11세기에서 12세기 사이 고려의 대외 무역 발전 상황을 반영한 내용으로, 송나라의 객상(客商), 여진과 일본 사절, 아라비아 상인이 고려에 와서 진기한 물화와 명마를 공헌하는 정경을 연희화했을 가능성도 있다.[55]

"나아갔다 물러났다 가볍고 빠르기가 바람결의 반딧불 같네"라는 부분은 강남 장사꾼의 줄타기 묘사로 볼 수도 있고,[56] 강남 장사꾼의 다른 연기를 묘사한 것으로 볼 수도 있다.

시의 마지막 두 구에 대해, 이혜구는 "누런 개는 방아 찧고 용은 여의주를 다투며"는 인형극 또는 백수희(百獸戱)를, "온갖 짐승 더풀더풀 춤추니 요임금 시절 궁정 같네"는 동물로 분장한 가면희를 묘사한 것이라고 봤다. 그러나 중문학자 안상복은 이 부분이 구나의 맨 끝이라는 점에 주목해 두 구절 모두 인형극보다는 역귀를 모두 내친 다음 신수들이 태평을 구가하는 춤으로 보는 것이 타당하다는 견해를 제시했다. 뒤 구절에서 신수들이 뛰노는 놀이판을 요임금의 뜰에 비유한 것도, 요임금이 태평을 상징하므로 신수무(神獸舞)는 구나가 끝난 뒤의 정화(淨化),

납길(納吉), 태평 등을 의미한다는 것이다.[57] 반면에 국문학자 윤광봉은 두 구 모두 인형극으로 추정했다.[58]

성현(成俔: 1439~1504)이 조선 전기의 나례를 보고 지은 「관나희(觀儺戲)」를 보면 나례에서 방울 받기, 줄타기, 인형극, 솟대타기 등이 연행된 것을 알 수 있다. 이색과 성현 생존 시기에 차이가 있지만 성현은 「관나희」에서 "네 벽 두른 좁은 방에 인형을 놀리고"라고 해 나례에서 인형극이 연행된 사실을 분명히 전한다.

이상과 같이 「구나행」의 연희에 대한 해석이 다양하게 전개되었는데, 이는 시 내용이 워낙 간단해 구체적인 내용을 파악할 수 없는 한계가 있기 때문이다. 그러므로 현재로서는 보완 자료가 발견될 때까지 단정을 피하고 여러 해석의 가능성을 열어두는 것이 좋겠다.

양현지(楊衒之)가 493년에서 534년 사이 북위의 수도 낙양을 무대로 쓴 『낙양가람기(洛陽伽藍記)』의 「장추사(長秋寺)」에도 「구나행」과 매우 유사한 장면이 보인다.

> 절에는 삼층탑이 하나 있었다. 탑의 금반(金盤)과 영찰(靈刹)이 성안을 환히 비췄다. 또 상아가 여섯 개 달린 흰 코끼리가 석가를 태우고 있는 상이 허공에 솟아 있었다. 불상 장식은 모두 금과 옥을 사용해 화려하고 장엄했다. 솜씨가 뛰어나 말로 표현하기 어려울 정도였다.
> 4월 4일, 이 불상이 행상을 나갔는데 악귀를 물리치는 사자가 앞을 인도했다. 칼을 삼키거나 불을 토하고, 말을 모는 묘기가 한쪽에서 행해지고, 솟대를 오르거나 줄을 타는 등 평소 볼 수 없는 기이한 묘기들이 행해졌다. 신기한 재주를 펼치며 이상한 옷을 입은 사람들이 도시를 가득 메웠다. 불상이 멈춘 곳에서는 구경하는 사람들이 담처럼 둘러싸 서로 밟거나 뛰어넘어 항상 죽는 자가 생겨났다.[59]
>
> — 『낙양가람기』 권1 성내(城內) 「장추사」

이는 남북조시대 4월 4일 장추사에서 열린 불상 행상 장면을 기록한 것이다. 그런데 연희 내용에 사자춤, 불 토해내기, 칼 삼키기, 줄타기 등 「구나행」과 같은 것들이 보인다. 특히 모두 사자가 악귀를 물리치는 벽사 사자라는 공통점도 있다.

이는 한국과 중국의 연희가 지속적으로 교류했음을 보여준다.

한편 고려시대에는 처용무가 나례, 중국 사신을 위한 연회, 궁중연회, 개인 연회 등 다양한 행사에서 연행되면서 보편적인 연희로 자리 잡았다. 고려 처용무는 나례와 가장 관련이 깊으므로 여기서 다루기로 한다.

이숭인(李崇仁: 1349~1392)의 「11월 17일 밤 공익(功益)의 신라 처용가를 들으니 성조가 비장해 사람들로 하여금 느끼게 하는 바가 있다(十一月十七日夜聽功益新羅處容歌聲調悲壯令人有感)」와 이곡(李穀: 1298~1351)의 「개운포(開雲浦)」, 이첨(李詹: 1345~1405)의 시, 이색의 「구나행」 등에서 보듯, 고려 문인은 처용무를 보고 내용을 종종 시로 표현했다.

(가) 地勝仙遊密	지세가 하도 좋아 신선들이 몰래 놀더니
雲開世路通	구름 걷히자 환하게 세상 길 트였네.
依稀羅代兩仙翁	희미하나 신라의 두 늙은이
會見畵圖中	그림 속에서 만나봤네.
舞月婆娑白	달빛 환한 밤에 춤추는데
簪花爛漫紅	비녀 같은 꽃송이 붉게 빛나네.
欲尋遺跡杳難窮	흔적을 찾고자 하나 아득하기만 하고
須喚半帆風	모름지기 돛에 스치는 바람을 부르네.

— 『가정선생문집(稼亭先生文集)』

(가)는 고려 말에 이곡이 지은 「개운포」로, 고려 처용무에 2인무도 있었음을 전해준다. 또 앞서 살펴봤듯이 이색의 「구나행」은 처용무가 나례에서 역귀를 쫓는 구나의식을 행한 후에 연행하는 연희 가운데 하나였음을 전해준다. 한편 『고려사』에는 처용무에 대한 기사가 여섯 번 나오는데, 모두 처용희(處容戱)라 지칭했다.

(나) 고종 병신 23년(1236) 2월 초하루 무자일에 내전에 소재(消災) 도량을 베풀었다.
…임인일에 내전에서 간소한 연회를 베풀었다. 이날 승선(承宣) 채송년(蔡松年)

이 왕에게 복야(僕射) 송경인(宋景仁)이 평소에 처용희를 잘한다고 아뢰었다. 송경인이 술이 취한 김에 처용희를 하면서 조금도 부끄러운 기색이 없었다.[60]

— 『고려사』 권23 세가23

(다) 충혜왕 계미 4년(1343) 8월 경자일에 원나라 사신 감승(監丞) 오라고(吾羅古)가 왕을 접대하기 위해 초청했더니, 왕이 "오늘은 꼭 묘련사에 가서 즐겁게 놀아야겠다"고 말했다. …천태종 중조(中照)가 춤을 추니 왕이 기뻐서 궁인을 시켜 마주 춤추게 하고, 왕도 역시 일어나 춤추면서 옆에 있는 사람들도 모두 춤추게 했다. 그러다 처용희도 했다.[61]

— 『고려사』 권36 세가36

(라) 을축 11년(1385) 6월 무술일 태백성이 백주에 나타났다. 신우(辛禑)가 호곶[壺串]에서 사냥하고 화원으로 돌아와 처용희를 했다.[62]

— 『고려사』 권135 「열전」48 신우3

(마) 병인 12년(1386) 정월에 신우가 이인임의 집에 있었는데, 이인임의 처가 큰 잔을 올리며 말하기를 "오늘은 삼원(三元)의 하나인 상원(上元, 정월 보름)인즉 삼가 축수합니다"라고 했다. 신우가 잔을 들이면서 …라고 농담을 하면서, 이어 처용 가면을 쓰고 놀이를 하며 웃고 즐겼다.[63]

— 『고려사』 권136 「열전」49 신우4

위 기사에서는 당시 연행한 처용무가 연희의 성격이 강했으므로 처용희라 칭한 듯하다. (나)는 내전 연회에서 행한 처용희다. (다)는 원 사신 접대에서 행한 처용희고, (라)는 신우가 사냥 후에 개인적으로 즐긴 처용희다. (마)는 정월 보름에 신우가 술자리에서 벌인 처용희다. 이처럼 고려시대에 처용무는 나례뿐 아니라 궁중연회로부터 개인적인 연회에 이르기까지 널리 행해졌으며, 왕과 신하가 직접 연행하고 즐길 정도로 보편적이었다.

우란분재의 전통연희

동아시아 불교문화권에서 우란분재(盂蘭盆齋)는 역사가 오랜 매우 중요한 행사다. 우란분은 범어인 '울람바나(ullambana)'의 음을 취한 조어다. 죄를 짓고 지옥에서 거꾸로 매달려 고통받는 조상의 혼백을 구하고 풀어낸다는 뜻에서, 해도현(解倒懸) 혹은 구도현(救倒懸)이라 번역한다. 지옥에 갇힌 혼백을 부처님께 기도해 풀려나게 한다고 해 백종(魄縱)이라고도 한다.[64]

『불설우란분경(佛說盂蘭盆經)』에 의하면 우란분재는 부처님의 제자인 목련존자(目連尊者)의 어머니가 생전에 지은 죄로 죽어서 극락으로 가지 못하고 아귀도(餓鬼道)에서 고생할 때, 목련존자가 석가모니에게 애원해 석가모니의 가르침으로 시방대덕(十方大德)에게 공양을 올려 어머니의 영혼을 구제했다는 '목련구모고사(目連救母故事)'에서 유래한 것이라 한다.

사찰에서는 우란분재일인 음력 7월 15일에 음식과 공양물을 마련해 신도들의 돌아가신 부모와 '제사 지낼 사람이 있든 없든 외로운 혼령들(有主無主孤魂)' 앞에 바치고 아귀에게 시주함으로써 혼백의 극락왕생을 기원한다. '바리 우(盂)', '난초 란(蘭)', '쟁반 분(盆)'의 합성어인 우란분은 '꽃과 갖가지 음식'을 공양하는 의미를 담고 있는 것이다.

마침 이날은 하안거(夏安居)가 끝나는 날이다. 승려들은 음력 4월 15일부터 7월 15일까지 석 달간 수행에 정진하는데, 이를 하안거라 한다. 하안거를 마친 승려는 신도들로부터 공양을 받고, 스님들 앞에서 의문점 등을 문의하고, 대중 앞에서 그동안의 수행을 점검한다.[65]

우란분재는 목련구모고사와 하안거 해제가 결합한 것으로, 부모와 조상의 영가(靈駕)를 천도(薦度)하는 행사와 하안거를 마친 수도승을 맞아 법회를 열고 공양하고 보시하는 행사가 중심을 이루었다.

중국에는 양(梁) 천감(天監) 15년(516)에 쓴 『경율이상(經律異相)』 권14에 "목련이 어머니를 위해 우란분을 행했다"는 기록이 있다. 그리고 『불조통기(佛祖統紀)』 권37에, 양 무제 대동(大同) 4년(538)에 "양 무제가 동태사에 행차해 우란분재를 베풀었다"는 기사가 전한다. 그러므로 중국에서는 이미 6세기경에 우란분재가 큰 행사로 자리 잡았음을 알 수 있다.

일본 승려 엔닌(圓仁)이 지은 『입당구법순례행기(入唐求法巡禮行記)』에 의하면 당나라 때는 모든 절에서 음력 7월 15일부터 7월 17일까지 우란분재가 열렸다. 중국에서는 우란분재 때 목련희(目連戱)를 비롯해 많은 연희가 공연되었다.

중국과 일본에서는 우란분재가 매우 성행했고, 이때 연희도 많이 연행되었다. 우리나라에서도 불교를 숭상한 고려시대에는 우란분재가 성대했으나 조선시대에는 억불 정책으로 매우 위축되었다. 그러나 우란분재는 오늘날까지 백중날(음력 7월 15일) 죽은 사람의 영혼을 위로하는 행사로 자리 잡았으며, 석가탄신일과 더불어 불교의 2대 명절이다. 그래서 망혼일(亡魂日)이라는 명칭도 생겼다.

우리나라에서 우란분재가 거행되었다는 최초의 기록은 『고려사』 세가12 예종 원년(1106) 7월조에 있다.

> 계묘일에 장령전(長齡殿)에서 우란분재를 올려 숙종의 명복을 빌고 갑진일에 또 명망 있는 중을 불러 목련경을 강의했다.[66]

이 기록에 의하면 「목련경」이 우란분재 설행의 핵심 경전이었다. 그리고 이보다 앞선 문종 병신 10년(1056) 9월조에 의하면, 예종대 이전에 이미 우란분재가 행해진 것으로 나타난다.

다음 인용문이 바로 그 조서인데, 고려시대 우란분재에서 여러 연희가 연행되고 절에 속한 연희자들이 있었음을 확인할 수 있다.

석가모니가 불교를 창시한 것은 청정(淸淨)으로 근본을 삼아 온갖 더러운 것을 멀리하고 탐욕을 없애자는 뜻이었다. 지금은 나라의 역사(役事)를 기피하는 무리들이 불적에 이름을 걸어놓고 재부를 축적해 사생활에 마음을 팔고 있다. 그래서 농업과 축산으로 직업을 삼고 상업이 예사로 되었다. 밖에 나가서는 계율의 조문을 위반하고, 집에 들어와서는 청정의 결심이 없으며, 몸에 입는 장삼은 술독 덮개로 굴러떨어지고, 불경을 강독하는 장소는 채소밭으로 변했다. 장사치들과 결탁해 물건을 매매하고, 잡인과 어울려 술주정을 하며, 기생과 시끄럽게 섞여 우란분을 모독하고 있다. 속인의 관을 쓰고 속인의 옷을 입으며, 사원을 짓는다는 명목으로 돈을 거둬 북장구와 깃발을 갖춰 노래하고 악기를 불며 촌락과 시정에 다니면서 사람들과 난투해 피투성이가 된다.[67]

— 『고려사』 권7 세가7 문종 10년(1056) 9월 병신조(丙申條)

이는 형식적으로는 불적에 이름을 걸어놓았으나 장사를 하고 기생들과 놀며 속인 복장을 하고, 절을 짓는다는 명목으로 노래하고 악기를 연주하면서 공연하고 다니는 사람들을 묘사했다. 이들이 바로 고려시대의 승광대, 즉 재승(才僧)일 것이다. 하는 짓은 조선시대 승광대인 사장, 사당, 거사와 흡사하다.[68] 그런데 이 기록에서 "장사치와 결탁해 물건을 매매하고, 잡인과 어울려 술주정하며, 기생과 섞여 우란분을 모독한다"는 말로 재승이 우란분재에서 기생과 함께 공연하면서 난잡한 짓을 했음을 알 수 있다. 재승들이 고려시대에 우란분재뿐만 아니라 연등회나 수륙재 등 불교 행사에서도 연희를 담당했을 것이다. 이 밖에도 『고려사』에 우란분재 설행에 대한 기록이 다수 있다.

무오일에 우란분 도량을 장령전(長齡殿)에 설치했다.[69]
임인일에 봉원전(奉元殿)에서 우란분재를 올렸다.[70]
계미일에 왕이 신효사(神孝寺)에 가서 우란분재를 베풀었다.[71]
신사일에 왕과 공주가 광명사(廣明寺)에 가서 우란분재를 베풀었다.[72]
계사일에 내전(內殿)에 우란분재를 차렸다.[73]

이와 같이 절이 아닌 궁정에서도 우란분재를 설행했다.

고려 충목왕 3년(1347)부터 4년 사이에 편찬된 『박통사언해(朴通事諺解)』 기록으로, 고려시대에 우란분재를 설행할 때 「목련경」을 어떻게 강(講)했는지 짐작할 수 있다.

> 7월 15일은 여러 부처님께서 해하(解夏)하는 날이라 경수사(慶壽寺)에서 죽은 영혼을 위해 우란분재를 한다기에, 나도 사람들을 따라 구경 갔다. 그곳 단주(壇主)는 고려 스님이었는데, 새파랗게 깎은 둥근 머리에 얼굴이 새하얗고 총명과 지혜가 남보다 뛰어난 사람이었다. 창하고 읊는 소리가 여러 사람을 압도했고, 경율론(經律論) 삼장(三藏)에 모두 통달한, 정말로 덕행이 높은 스님이었다. 「목련존자구모경(目連尊者救母經)」을 설하는데 승니도속(僧尼道俗, 승려와 속인)과 선남선녀가 수를 헤아릴 수 없을 정도로 많았다. 모든 사람이 다리를 꼬고 앉아 두 손 들어 합장하고 귀를 기울여 소리를 들었다.[74]

고려의 승려가 원에 초청되어 「목련경」을 강설했다는 『박통사언해』의 기록에서, 승려의 속강을 '창하고 읊는 소리'로 표현한 것으로 보아 「목련경」 설행의 연희적 측면을 엿볼 수 있다.[75]

수희의 전통연희

수희(水戲)는 물에 배를 띄우고 연행하는 백희다. 중국에서는 위나라 명제 때 마균(馬鈞)이 시작했다고 한다.[76] 송대 맹원로(孟元老)의 『동경몽화록(東京夢華錄)』 중 「황제가 임수전에 행차해 표기(標旗) 빼앗는 연희를 구경하고 연회를 베풀다(駕幸臨水殿觀爭標錫宴)」라는 시에서 수희를 묘사했다.

> (가) 어가(御駕)가 임수전에 납시어 여러 신하에게 연회를 베푼다. 임수전 앞에는 연못 물에 닿도록 채붕을 설치하고 의장이 빙 둘러서며, 임수전 가까이에는 채색한 배 네 척이 가로로 늘어서는데, 위에는 백희를 연행하는 사람들이 타고 있다. 이를 테면 대기(大旗), 사표(獅豹), 도도(掉刀), 만패(蠻牌), 신귀잡극(神鬼雜劇) 같은 종류들이다. 또 배 두 척이 늘어서는데 모두 악부(樂部)다.
>
> 작은 배 한 척도 있는데, 위에 작은 채루(彩樓)가 설치되고 아래에는 작은 문 세 개가 있어 마치 인형극 무대 같다. 바로 맞은편에는 악선(樂船)이 떠 있는데, 위에 참군색(參軍色)이 타고 있다가 치어(致語, 악인이 풍류에 맞춰 올리는 찬양의 말 혹은 노래)를 하면 악대가 음악을 연주한다. 그러면 채붕 가운데 문이 열리면서 작은 배와 조그만 나무 인형이 나온다. 작은 배에는 흰옷 입은 인형이 낚시를 드리우고 있다. 뱃고물에는 어린아이 인형이 삿대를 들고 배를 젓는다. 배가 몇 바퀴 돌면 참군이 말을 하고 악대는 음악을 연주하며, 배 위 인형은 살아 있는 작은 물고기 한 마리를 낚아 올린다. 악대가 또 음악을 연주하면 작은 배는 채붕으로 들어간다. 이어서 다른 나무 인형이 나와 공을 쌓아놓고 춤추면서 도는데, 이 역시 각각

> 치어에 맞게 화답하면서 음악을 연주한다. 이것을 수괴뢰(水傀儡)라 한다.
> 또 그림을 그린 배 두 척에 그네를 세우고, 배 꼬리 부분에서 백희하는 사람이 장대로 올라가면 좌우 군원(軍院)과 우후(虞候)와 감교(監敎) 들이 북을 치고 피리를 불며 서로 화답한다. 또 한 사람이 위에서 그네를 뛰다, 가로 댄 나무 높이까지 올라갈 정도가 되면 곤두박질해 물속으로 몸을 던지니 이를 수추천(水鞦韆)이라 한다. 수희가 모두 끝나면 백희를 하던 배와 음악을 연주하던 배가 나란히 나팔과 북을 울리며 연주하고, 춤추듯 깃발을 휘두르며 수괴뢰를 하던 배와 함께 양쪽 가장자리로 물러난다.[77]

인용문처럼 송대 수희에서는 대기, 사표, 도도, 만패, 신귀잡극 등과 수괴뢰, 솟대타기, 수추천 등을 연행했다. 음악을 연주하는 사람들이 타는 배도 따로 있었다. 또 작은 배 한 척에는 인형극 무대를 설치해 인형들이 연희를 펼치는데 이를 수괴뢰라 불렀다. 수괴뢰에 이어 연희자가 배에서 연행하는 솟대타기가 있고, 배에 설치된 그네를 타다 물로 뛰어드는 수추천이 있었다.

중국 명나라 사조제(謝肇淛)의 『오잡조(五雜俎)』 인부(人部)2에는 다른 수희가 보인다.

> (나) 진나라 회계현의 하중어(夏仲御)는 수희를 잘했다. 키를 조종하며 노를 저어 물 가운데에서 맴돌게 하는데, 처음에는 '숭어뛰기'를 하다 나중에는 '돌고래끌기'를 하고, 나는 짐새(鴆鳥, 중국 광둥 지방에 사는 독 있는 새)의 머리인 듯, 짐승의 꼬리를 잡은 듯, 긴 막대기를 휘두르면서 똑바로 나아가기를 세 번 한다.[78]

(나)를 통해 곡예에 가까운 '배젓기 기술'도 수희의 일종임을 알 수 있다. 『고려사』에서는 수희에 대한 기사가 여러 곳에서 발견된다.[79] 그중 수희 내용을 가장 구체적으로 소개한 기록을 살펴보자.

> (다) 왕[毅宗]이 수희를 구경하려고 내시 박회준 등에게 명해 배 오십여 척에다 모두 색 고운 돛을 달고 악기(樂伎)와 채붕과 고기잡이 도구를 싣게 했다. 왕 앞에서

여러 연희를 하던 중 어떤 사람이 귀신놀이[鬼戱]를 하면서 불을 머금었다 토하다가 실수해 배 한 척을 태워버리자, 왕이 크게 웃었다.[80]

— 『고려사』 권122 「열전」35 백선연(白善淵)조

(라) 계축일에 왕[毅宗]이 장단현 응덕정(應德亭)에서 뱃놀이를 했는데, 배 안에 비단 장막을 치고 여악(女樂)과 잡희를 실어 강 중류에서 놀았다. 이때 배 열아홉 척을 모두 비단으로 장식했다. …거기서 이틀간 체류하면서 수희를 구경했다.[81]

— 『고려사』 권18 의종 21년(1167) 5월조

(다)의 수희에서는 물에 배를 오십여 척이나 띄우고 배에 채붕을 설치했으며, 귀신놀이를 하면서 불을 머금었다 뿜는 연희를 행했다. 고기잡이 도구를 실은 점으로 볼 때, 어부가를 부르면서 고기 잡는 모습도 연출했을 것으로 짐작된다.[82] 이처럼 고려시대의 대규모 수희에서는 배에 채붕까지 설치하고, 전문 연희자와 뱃사공, 어부를 동원해 연희를 펼친 듯하다. 뱃사공은 (나)처럼 곡예에 가까운 '배젓기 기술'도 발휘했을 것이다. 한편 『고려사』 의종 19년(1165) 여름 4월 무신일조에 "(왕이) 예성강의 뱃사공과 어부들을 불러 수희를 시키고 구경한 후 그들에게 물품을 차등 있게 줬다"는 기록이 있다. 이 수희는 소규모였고 뱃사공과 어부가 주로 '배젓기 기술'을 발휘했을 것으로 보인다. 이런 내용의 수희는 (나)와 같이 이미 중국에도 있던 것이다.

(라)의 수희에 대해서는 구체적인 내용이 언급되지 않았으나, 배에 비단 장막을 치고 여악과 잡희를 실었으며, 열아홉 척 모두 비단으로 장식했다고 한다. 배 위에서 베푸는 여악과 잡희도 있었을 것으로 짐작할 수 있다.

(다)에서 불을 머금었다 뿜는 연희는 토화(吐火)라 해 산악·백희 종목 중 하나인데, 귀희(鬼戱)를 하며 연희를 했다는 점이 특징이다. 북송 때 풍속을 담은 『동경몽화록』을 통해, 고려시대 수희에서 연행된 '귀희를 하며 불을 머금었다 뿜는 연희'를 구체적으로 살펴볼 수 있다.

(마) 불꽃이 크게 일자 가면을 쓰고 머리를 흐트러뜨린 채 입으로는 낭아(狼牙, 이

리 이빨) 같은 불꽃을 내뿜으며 귀신 차림을 한 자가 등장했다.[83]

(바) 혹은 나무 꼭대기에 가로로 나무를 걸쳐놓고 그 위에 늘어서서 귀신으로 분장한 이들이 불꽃을 뿜어대는데, 매우 아슬아슬해서 사람들을 놀라게 한다.[84]

위 인용에서 보듯 북송 때 연희에 귀신으로 분장한 인물이 불을 내뿜는 것이 있었다. 고려시대 수희에서 연행된, '귀희를 하며 불을 머금었다 뿜어내는 연희'도 이처럼 귀신 역할을 하는 인물이 귀신 가면을 쓰고 불 토해내기를 하는 것으로 짐작된다.

그리고 (가)에서 중국 수희에 솟대타기가 있었음을 알 수 있는데, (바)에서 귀신으로 분장한 인물이 솟대에 올라 '불 토해내기'를 연행한 점을 볼 때 (다)에서 소개한 고려 수희에서도 귀신 가면을 쓴 인물이 솟대타기를 하며 불을 내뿜었을 가능성도 있다.

북송 연희와 고려 연희가 유사한 것으로 보아, 송나라와 고려 사이에 연희 문화 교류가 있었음을 알 수 있다.

그 밖의 행사에서 연행된 전통연희

고려시대에는 앞에서 본 팔관회, 연등회, 나례, 우란분재, 수희뿐만 아니라 왕의 행행(行幸)과 환궁, 궁중연회, 개선장군 환영 잔치, 과거 급제자를 위한 잔치 등에서도 연희가 연행되었다. 그러면 우선 궁중연회에서 공연된 연희를 살펴보자.

> 정해일에 왕이 간소한 연회를 베풀었다. 이날 최이가 가면을 쓴 연희자들이 하는 잡희를 바쳤다. 왕이 그들에게는 은병 한 개씩, 또 기생들에게는 각각 비단 두 필씩 줬다.85
>
> —『고려사』 권23 고종 31년(1244) 2월조

> 경인일에 왕이 대관전에서 축하를 받고 이어 문무 상참관(常參官) 이상 관원들을 위해 연회를 베풀었으며, 친히 악장(樂章) 다섯 수(首)를 지어 악공에게 가창하도록 했다. 채붕을 세우고 백희를 공연하고 놀다 날이 저물어서야 파했다.86
>
> —『고려사』 권19 의종 24(1170) 윤4월조

이 글로 궁중의 간소한 연회에서 가면 쓴 사람들이 잡희를 공연하고, 채붕을 세우고 백희를 공연하기도 했음을 알 수 있다. 왕의 행행과 환궁, 개선장군의 환영 잔치 등과 관련된 공연 상황을 살펴보자.

> 신사일에 왕이 궁으로 돌아왔다. 이에 앞서 여러 종친에게 명해 광화문 좌우 행랑

에 채단 장막을 치게 했다. 관현방과 대악서에서 채붕을 세우고 백희를 공연하며 왕을 영접했는데, 여기를 금은, 주옥(珠玉), 금수(錦繡), 나기(羅綺), 산호(珊瑚), 대모(玳瑁) 등으로 꾸며 기묘하고 사치스럽기가 전 시대에 비할 바가 아니었다.87

— 『고려사』 권19 의종 24(1170) 정월조

강감찬이 삼군을 거느리고 개선해 포로와 노획 물자를 바쳤다. 왕이 친히 영파역(迎波驛)까지 나가 맞이했는데, 채붕을 맺고 풍악을 갖춰 장병들에게 연회를 베풀었다.88

— 『고려사』 권94 「열전」7 「강감찬전」

위 인용문은 왕의 환궁에 채붕을 설치하고 백희를 노는 모습과 개선장군 강감찬을 환영하는 행사에서 채붕을 설치하고 연희하는 모습을 묘사했다.

또 『고려사』 「최충헌전」에 의하면 고종 4년(1217)에 열린 왕을 위한 축수 연회에서 북방인이 전문 연희자로서 연희를 담당한 것으로 나타난다.

고종 4년에 왕이 최이의 집으로 거처를 옮겼을 때, 최충헌이 왕의 행차를 마중해 활동(闊洞) 자택에서 왕을 위한 축수 연회를 베풀었다. 여러 종친과 재추가 모두 참석했으며 이튿날에야 연회가 끝났다. 비단으로 된 채붕과 호한잡희(胡漢雜戲)는 지극히 사치스럽고 기이한 구경거리였다.89

이는 고려 고종 때 호한잡희가 공연되었음을 보여주는 예다. 호한은 북방인을 가리키는 말이다.

다음 인용문은 이미 고종 4년보다 백 년 앞서 거란인이 왕을 위해 가무와 잡희를 펼쳤다는 기록이다. 일찍부터 북방 민족의 연희가 행해졌음을 보여준다.

(예종 12년) 8월 정묘일에 왕이 남경에 도착했다. 이때 귀순한 거란 사람으로 남경 기내(圻內)에 사는 자들이 거란의 가무와 잡희를 연행하면서 왕을 맞이했다. 왕이 수레를 멈추고 구경했다.90

예종이 남경(서울)에 왔을 때 서울 근교에 흩어져 사는 거란인이 가무잡희를 연행했다는 내용이다. 거란인은 북방 민족과 양수척에 해당하므로 이들의 가무잡희는 바로 호한잡희에 속한다.

고려시대의 과거 제도와 관련된 행사로 영친의(榮親儀)에 대한 기록이 있다. 한편 조선시대에 과거 제도와 관련된 행사로는 은영연(恩榮宴), 유가(遊街), 영친의, 홍패고사(紅牌告祀), 소분(掃墳), 문희연(聞喜宴) 등이 있었다. 고려시대에도 비슷한 행사가 있었을 것으로 짐작된다. 영친의는 지방 출신 급제자가 고향으로 돌아왔을 때 그 지방 수령이 급제자와 부모를 관아에 초청해 잔치를 베푸는 행사다.

> 새로 급제한 진사가 거주하던 주(州)에 들어오는 날, 수령은 먼저 장교(將校)와 악사[伶人]를 주 경계 근처까지 보낸 후, 수령도 아전을 대동하고 5리정(五里亭)까지 나가 관복을 입고 향탁자와 절하는 자리를 갖춘다. …첫 순배 술은 원이 손수 부어 그의 아버지에게 드리고 다음으로 술과 음식을 권하고 주악하고 잡기를 놀린다. 연회가 끝나면 새로 급제한 자는 치사 재배하고 인사말을 한 다음 다시 재배하고 밖으로 나간다.[91]
>
> —『고려사』 권 68 지22 예10 가례 신급제진사영친의(新及第進士榮親儀)

새로 급제한 진사의 부모를 우대하는 의식을 영친의라 부르며, 이때 관아에서 과거 급제를 축하하기 위해 잡기를 베푼 것이다.

한편 고려시대에는 길거리, 궁중연회, 사냥터, 절 연회 등 다양한 곳에서 우희가 연행되었다. 기존 연구에서는 고려시대 우희를 조희(調戱)나 화극(話劇)이라 불렀다.[92] 그러나 결국 산악·백희를 놀던 연희자인 창우들이 이 연희들을 연행했고, 중국이나 조선의 우희와 동일한 주제와 내용을 다루므로 우희라 부르는 것이 적절할 듯하다. 실제로 고려시대 기록에 이런 연희를 우희라 지칭하는 예가 종종 보인다.

> (가) 염흥방(廉興邦) 집 노비와 이림(李琳)의 사위인 판밀직(判密直) 최렴(崔濂)의 노비들이 부평(富平)에 살면서 권세를 믿고 방자해 횡포가 심했다. …흥방이

일찍이 아비 다른 형 이성림(李成林)과 함께 집에 갔다 돌아오는데 말과 마부가 길에 가득 찼다. 어떤 사람이 우희를 하는데, 세도가의 노비가 백성을 괴롭혀 조세를 거두는 내용이었다. 성림은 부끄러워했는데 홍방은 즐겁게 구경하면서 깨닫지 못했다.[93]

— 『고려사』 권126 「열전」39 염흥방조

(나) 예종 5년(1110) 9월 갑술일에 천수전에서 연회를 배설해 모든 종친, 재상과 함께 놀다 새벽녘이 되어서야 헤어지면서 각각 선물을 줬다. 이날 왕이 시를 지어 유신들로 하여금 화답시를 바치게 하고 물품을 차등 있게 줬다. 이때에 우인 한 사람이 연희로 선대의 공신 하공진(河拱辰)을 예찬하자 왕이 하공진의 공로를 회상해 그의 현손인 내시 위위주부 하준을 합문지후로 임명하고 그 자리에서 시 한 절을 지어줬다.[94]

— 『고려사』 권13 세가13

(다) 충렬왕 14년(1288) 9월 임자일. 이날은 세자의 생일인 까닭에 왕이 여러 신하를 위해 연회를 베풀었는데, 상장군 정인경(鄭仁卿)은 주유희를 하고 장군 간홍(簡弘)은 창우희를 했다. 왕도 또한 손벽을 치며 일어서서 춤을 췄다.[95]

— 『고려사』 권30 세가30

(라) 고려 장사랑(將仕郎) 영태(永泰)는 배우희를 잘했다. …또 영태가 충혜왕을 따라 사냥을 갔을 때도 늘 우희를 하니, 임금이 그를 물에 던져버렸다. 영태가 물을 헤치고 나오니 임금이 크게 웃으며 "너는 어디 갔다 지금 오느냐" 하자 영태는 "굴원을 보러 갔다 옵니다" 했다. 임금이 "굴원이 뭐라 하드냐" 하니 "굴원이 '나는 어리석은 임금을 만나 강에 몸을 던져 죽었지만, 너는 명군을 만났는데 어찌 왔느냐' 했습니다" 하고 대답했다. 임금이 기뻐서 은구(銀甌) 하나를 줬다.[96]

— 『용재총화』 권3

(가)는 당대 권세가의 횡포를 풍자하는 시사성을 띤 우희가 민간에서 연행되었

음을 보여준다.

(나)는 일명 '하공진놀이'다. 하공진은 고려 현종 1년(1010) 거란 침입 때 철군 교섭을 위해 적진에 들어갔다 포로가 되어 연경에 억류되었으나, 거란 왕의 갖은 회유에도 끝내 변절을 거부해 살해된 충신이다. 이러한 하공진의 이야기를 우희로 공연했다. 이미 소개한『사기』「골계열전」중 우맹이 초장왕에게 재상 손숙오의 후손을 후대하라고 풍간한 내용과 유사하다.

(다)는 왕이 베푼 연회에서 상장군 정인경이 난쟁이놀이, 즉 주유희를 했고, 장군 간홍은 창우놀이를 했다는 내용이다. 이미 지적한 바와 같이 중국에서는 난쟁이가 직접 우희를 연행했다. 그러나 이 기록에서는 고려시대에 난쟁이 흉내를 내며 골계적 내용을 연출하는 흉내 내기 연희가 있었음을 확인할 수 있다. 이때 장군 간홍이 했다는 창우희는 우희인 것으로 짐작된다.

(라)로도 그 점을 확인할 수 있다. 장사랑 영태도 관리로서 배우희·우희를 잘한 것이다. (라)는 비록 조선 초기 기록이긴 하지만 이런 연희를 역시 배우희·우희라고 표현했다. 그런데 (라) 같은 우희는 중국과의 교류를 보여주는 대표적인 사례다. (라)와 동일한 내용이『태평광기(太平廣記)』권249「고최외조(高崔嵬條)」의 '조야첨재(朝野僉載)'를 인용해 소개하는 기록에서 발견되는 점으로 볼 때, 한국과 중국의 우희가 교류했음을 알 수 있다.

> 당의 산악 고최외는 농치(弄癡)를 잘했다. 태종이 급사에게 명해 그의 머리를 물속으로 집어넣었다. 한참 뒤에 나오면서 최외가 웃었다. 태종이 까닭을 묻자 "굴원을 만났는데, 그가 말하길 '나는 무도한 초회왕을 만나 멱라수에 뛰어들었지만 너는 성명(聖明)한 주인을 만났는데 왜 왔느냐'고 했습니다"라고 대답했다.[97]

『태평광기』「고최외조」는 (라)와 구체적으로 일치한다. 결국 장사랑 영태는 우희를 즉흥적으로 펼친 것이 아니라 전래된 우희를 익혀 보인 것이다.[98]

『고려사』에 의하면 의종 19년(1165) 4월에 좌우번(左右番)의 내시들이 다퉈 왕에게 연희를 바쳤는데, 좌번은 모두 유사(儒士)였고 우번에는 귀족 자제가 많았다고 한다. 우번은 채붕을 설치하고 이국인이 고려에 와 공물을 바치는 광경을 흉내 낸 연희를 연출했다. 우번에 귀족 자제가 많았다는 기록으로 볼 때, 우번 내시들이 원래 전문 연희자들이 연행하던 '공물바치기놀이'를 모방한 것이라 할 수 있다.

이미 소개한 바와 같이 중국 우희에는 임금을 풍간하는 내용, 부패한 관원을 풍자하는 시사적인 내용, 흉내 내기 연희, 주유희가 있었는데, 고려시대 우희도 동일했음을 확인할 수 있다. 또 연희 명칭으로는 앞 인용문들에서 보듯 우희, 창우희, 배우희가 모두 쓰였다. 이는 중국에서 우희를 배우희 혹은 창우희라고도 부르는 것과 마찬가지다.

한편 구체적인 관련성은 밝혀지지 않았지만 고려시대에는 인형극과 격구, 수박희, 각저희 등 무예적인 연희도 있었다.

이규보는 인형극을 보고 「부답병서(復答幷序)」와 「관농환유작(觀弄幻有作)」을 지었다.

격구는 마희(馬戱)의 하나로 막대기로 공을 쳐 문에 넣는 무예적 경기다. 격구는 타구(打毬), 격봉(擊棒), 농장희(弄杖戱), 포구(抛毬), 봉희(棒戱), 격국(擊鞠) 등으로도 불렸는데, 우리말로는 장치기, 공치기, 얼레공이라 한다. 고려 태조 원년(918)에 이미 격구장이 있었고, 고려 중기부터 본격적으로 시작되었다. 격구는 처음에 왕을 즐겁게 하려는 무예로 시작해 의종 때에는 왕 스스로 격구를 하는 데 이르렀다. 최씨 정권 때는 더 사치스러워졌고, 우왕 때는 단오놀이로 부활시켜 기악을 연주하게 하는 등 유희화했다.[99]

수박희는 맨손으로 힘을 겨루는 놀이로 고려시대 무인의 필수 무술이었다. 조선시대에는 태껸으로 발전했다. 이미 본 바와 같이 고구려 무용총과 안악 3호분 등 고분벽화에 수박희 장면이 있다.

각저희는 각력희(角力戱), 각희(角戱), 상박(相撲) 등으로도 불렸는데 씨름의 일종이다. 이미 고구려 각저총 벽화에서 경기 장면을 볼 수 있다.

이상 고려시대의 전통연희를 살펴보면서 파악한 중요한 내용을 정리하면 다음과 같다. 우선 고려시대에는 팔관회, 연등회, 나례, 우란분재, 수희, 왕의 행행과 환궁, 궁중연회, 개선장군 환영 잔치, 과거 제도와 관련한 행사 등에서 연희가 연행되었다. 이 연희들을 묶어 잡희, 백희, 백희가무, 잡기, 산대잡극 등으로 불렸다. 이 연희들은 채붕을 설치하고 그 앞에서 연행하는 경우가 많았지만 채붕을 설치하지 않는 경우도 있었다. 이러한 연희를 담당하는 사람들은 산대악인, 창우, 우인, 재인 등으로 불렸다.

고려시대에 연행된 연희 종목으로는 『고려사』 권69 지23 예11 가례잡의 중동팔관회의조의 사선악부, 『고려사』 권14 세가14 예종 15년 10월 신사조의 김낙과 신숭겸 우상이 등장하는 인형놀이, 이색의 「산대잡극」에 헌과선인무, 처용무, 솟대타기, 이색의 「구나행」에 기록된 오방귀무, 사자무, 불 토해내기, 칼 삼키기, 서역 호인희, 줄타기, 처용무, 인형극, 동물로 분장한 가면희, 『고려사』 권30 세가30 충렬왕 14년(1288) 9월 임자일 기록에 나오는 상장군 정인경의 주유희와 장군 간홍의 창우희, 『고려사』 의종 19년(1165) 4월 기록에 나오는 '공물바치기놀이' 등이 있다. 그러나 기록들은 대부분 이런 연희들을 잡희, 백희, 백희가무, 잡기 등으로 통틀어 표현하는 경우가 많다. 한편 중국에서 유래한 산악·백희 계통 연희 이외에 고려에서 자생한 새로운 연희 종목으로 사선악부, 김낙과 신숭겸 우상이 등장하는 인형놀이, 처용무, 공물바치기놀이 등도 있었다.

고려시대에 산악·백희의 중요 종목인 우희는 창우희나 배우희 등으로도 불렸다. 고려시대 우희는 형식과 주제가 중국 우희와 매우 유사하지만, 구체적인 내용은 한국적 정서와 배경을 반영해 새롭게 창작된 것으로 나타난다.

고려시대의 연희 담당층

고려시대의 연희 담당층으로는 북방 민족 계통 수척, 재승 계통 연희자, 서역 계통 연희자 등이 있다. 한편 조선시대에는 오히려 세습무계(世襲巫系)의 무부(巫夫)들이 대표적인 연희 담당층이었음을 생각하면, 고려시대에도 무부들이 연희자로 활약했을 것으로 보인다. 현재로서는 구체적인 자료가 없어 논의를 진행할 수 없지만, 앞으로 새로운 자료가 발굴된다면 연희자로서의 고려시대 무부에 대한 연구도 가능할 것이다.

북방 민족 계통 수척

조선시대의 백정인 수척(水尺)은 원래 양수척과 달단을 비롯한 북방 민족의 후예였다. 조선조 『세종실록』 5년 10월 8일 기록에 의하면, 조선시대 백정은 세종 5년(1423)에 이전의 재인과 화척을 합해 통칭한 것이다. 『세조실록』 권3, 2년 3월 정유조(丁酉條)에서는 "백정을 화척, 혹은 재인, 혹은 달단이라 부르는데 그 종류가 하나가 아니다. …본래 우리 민족이 아니다(白丁 或稱禾尺 或稱才人 或稱韃靼 其種類非一 …本非我類)"라 해, 이들이 본래 우리 민족이 아님을 분명히 밝혔다. 또 『성종실록』 권252 22년 4월 무진조(戊辰條)에는 "우리나라 재인과 백정은 선조가 호종이다(我國才人白丁 其先胡種也)"라고 해, 재인과 백정이 호종, 즉 북방 민족의 후예임을 밝혔다.

『고려사』 권134 「열전」47 신우 8년 4월조에 "화척은 곧 양수척이다(禾尺卽楊水尺)"라는 내용이 보인다. 조선조 『중종실록』 5년 8월 4일조에도 "우리나라에는 특별한 이들이 있으니, 사냥과 고리버들 제품 만드는 것을 업으로 삼아, 편호(編戶) 백성과 다르다. 이를 백정이라 부르는데, 곧 전조(고려)의 양수척이다"라는 내용이 보인다.[100] 특히 『중종실록』의 "정재인(呈才人), 백정(白丁) 등은 본시 일정한 재산이 없는 사람들로 오로지 배우의 잡희를 직업으로 각처로 돌아다닌다. 이것을 식량 구걸이라 칭한다"[101]라는 기록에서, 조선 전기 백정들이 도축뿐만 아니라 연희에도 종사했음을 알 수 있다.

또 『예종실록』 1년 6월 29일조 양성지의 상소문에 '조선시대 재인과 백정은 양수척의 후예인데, 당시까지도 고려의 양수척이 악기를 연주하며 노래하던 풍습과 짐승 도살하는 일을 계속했다'고 기록되어, 고려시대의 연희 담당층이 조선시대에도 계승되었음을 알 수 있다.

북방 민족들은 부단히 한반도로 흘러 들어왔다. 삼국 통일기의 나당(羅唐) 전쟁에서 거란인과 말갈인이 당나라 군사와 함께 신라를 공격해온 사실과 신라의 흑금서당(黑衿誓幢)이 말갈인으로 구성된 것을 『삼국사기』에서 볼 수 있으며, 후백제를 공격하던 고려 태조 왕건의 군병에도 흑수(黑水), 달고(達姑), 철륵(鐵勒) 등 번군(蕃軍)이 있었다. 고려시대에도 여진족과 거란인이 귀화하거나 포로가 되어 왔으며, 거란 귀화인과 포로를 수용하는 거란장(契丹場)도 있었다.[102] 다음 견해는 양수척과 거란인과의 관련성을 강하게 시사한다.

> 양수척은 중국 동북부 열하(熱河) 지역을 무대로 활동하던 동호족(東胡族) 계통 유목 민족인 거란의 유종(遺種)으로 보인다. 이미 고구려 양원왕 9년에 거란의 만여 가(家)가 이주한 바 있고, 고려 성종 12년 이래 25년간 고려와 요(遼)의 전쟁으로 말미암아 고려에는 투화하거나 포로가 된 거란인이 많았는데, 인종 원년(1123)에는 수만 명이나 되었다. 또 고려에는 속칭 '거란장'이 있어 거란 유종이 모여 살았는데, 이들이 양수척과 관련이 있는 듯하다.[103]

양수척은 그들이 유기장(柳器匠)과 창우(倡優)를 업으로 삼은 데서 나온 명칭인 듯하다. 양수척의 칭호에서 '양'은 유기장의 류(柳, 고리)에서 나온 것이고, '수척'은 북송의 손목(孫穆)이 쓴 『계림유사(鷄林類事)』에 "창우를 수작이라 한다(倡曰水作)"라는 언급이 있어, 창우를 '수작(水作)' 즉 수척이라 했음을 알 수 있다.[104]

달단은 본래 만주 싱안링(興安嶺) 서쪽 기슭이나 인산(陰山) 산맥 부근에 살던 몽골 민족의 한 부족인 타타르(Tatar)의 칭호였으나 몽골 지방 또는 몽골 민족 전체를 가리키기도 했다. 달단은 고려와 몽골 사이에 벌어진 장기간의 전란과 한 세기 동안의 몽골 간섭기를 통해 고려에 남게 된 몽골인의 유종이었다.[105]

고려는 이런 북방 민족을 정착시키면서 거란장처럼 한곳에 모여 살게 하고 천민으로 삼은 것으로 보인다. 북한 음악학자인 박은용은 평안남도 용강군의 말뫼를 예로 들어 북한 지역에 있던 천민 마을 재인촌을 소개했다. 말뫼의 재인은 버들가지로 키나 고리 등을 비롯해 체, 바디, 부채 등을 만들어 생계를 유지했지만 역시 주업은 음악 연주였다고 한다. 그래서 그들은 흔히 '고리 재인'이라 불렸는데, 박은용은 그들의 혈통이 양수척과 관련 있는 듯하다고 지적했다. 그러나 재인 모두가 이런 것은 아니고 지방에 따라 재인의 생활에 차이가 있었다고 한다. 특히 용강군 양곡리 재인은 일반 농민과 마을에서 함께 살 수 없었고, 재인 거주 구역에는 양반은 물론 평민도 섞여 살지 않았다고 한다. 많은 경우에 재인촌은 마을에서 떨어진 외딴 곳이 보통이었다.[106] 음악학자 이보형(李輔亨)의 조사에 의하면 황해도 재인촌 사람들은 삼현육각(三絃六角, 피리 둘과 장구, 해금, 대금, 북으로 이뤄진 우리나라 고유 악기 편성) 연주는 물론 줄타기와 땅재주 등 기예도 연행했다고 한다.[107]

그러면 수척이 연희자였다는 사실을 좀더 확인해보자. 다음 『고려사』「최충헌전」 기록에 의하면 양수척은 원래 고리버들 제품 제조와 수렵 등을 생업으로 삼았다고 한다.

> 양수척은 태조가 후백제를 칠 때 제어하기 어려운 유종으로 본래 관적(貫籍)도 부역도 없었다. 수초(水草)를 따라 유랑생활을 하면서 일정한 거주 없이, 다만 사냥을 일삼고 또 고리[柳器]를 엮어 팔아 생업으로 삼았다. 대개 기생은 근본이 유기장(柳器匠) 집에서 나왔다.

조선조 『예조실록』 1년 6월 29일조의 양성지 상소문은 고려 양수척의 후예들이 당시까지도 악기를 연주하며 노래하는 풍습과 짐승을 도살하는 일을 하고 있다고 지적했다.

이와 관련해 일본과 비교해 양수척을 고찰한 연극학자 서연호의 견해를 보자. 일본 헤이안 시대 말기인 12세기 초 오에노 마사후사(大江匡房)의 『괴뢰자기(傀儡子記)』에서 괴뢰자라는 유랑예인집단을 소개하는데 양수척과 매우 흡사하다.

> 일정한 주거도 머무는 집도 없다. 그저 포장을 두른 천막집에 살고 수초를 따라 이동하는데, 북방인[北狄]의 풍습과 유사하다. 남자는 모두 활과 말로 수렵 생활을 하고, 어떤 이는 쌍검을 던졌다 받기와 방울(공) 일곱 개를 놀리고, 어떤 이는 나무 인형을 춤추게 하거나 도경(桃梗, 인형의 일종)끼리 싸우게 했는데 살아 있는 사람처럼 보였다. 마치 어룡만연의 연희 같았다. 요술로 모래와 돌을 금전으로 바꾸거나, 풀이나 나무를 새나 짐승으로 변화시켜 이목을 끌었다. 여성은 눈썹을 찡그리거나 슬픈 표정을 짓거나 허리를 꼬거나 흰 이를 내보이거나, 짙게 화장을 하고 음란한 음악으로 남자를 유혹했다. 부모가 이를 알아도 경계하지 않았다. …밭 한 뙈기 경작하거나 풀 한 가지도 따지 않았다. 그래서 관(官)에 소속되지 않았다. 모두 토착민이 아니고 떠돌이였다. …밤이면 온갖 신에게 제사 지내며 북을 치고 춤추고 떠들면서 복을 빌었다.[108]

이와 같이 일본 괴뢰자(구구쓰시)는 수초를 따라 유랑했고, 남자들은 수렵 생활을 했으며 연희도 행했다. 여자들은 춤과 노래를 공연하고 몸을 팔았다. 한국에도 유랑예인집단 수가 매우 많고 패거리[黨·族·輩·牌]로 불렸는데, 이는 일본과 동일하다. 그들은 마을마다 집집마다 악기를 울리면서 찾아가 연희를 공연하거나 주민들이 원하는 비나리를 베풀었으며, 여성 연희자는 남성 관객이 원하는 성적 요구를 들어주고 끼니와 잠자리를 해결하는 방식으로 생존한 무리들이었다.[109]

여기서 한국의 양수척이 북방 유목민으로서 수초를 따라 유랑하며 사냥을 일삼고 연희를 연행한 것이나, 일본 구구쓰시 집단이 북방인처럼 수초를 따라 이동하며 사냥을 하고 인형극 등 연희를 연행한 것이 매우 흡사하다는 사실은 주목할 만하다.[110] 일본에서는 이미 역사학자 스기야마 지로(杉山二郎) 등 여러 학자가 구구쓰시와 양수척이 동일 계통임을 지적한 바 있다.[111]

한편 『고려사』 「최충헌전」에 "비단으로 된 채붕과 호한잡희는 지극히 사치스럽고 이상한 구경거리였다"고 해, 고종 4년(1217) 왕을 위한 축수 연회에서 북방인 호한이 전문 연희자로서 연희를 공연한 기록이 있다. 또 『고려사』에 예종이 1117년 8월 남경에 왔을 때, 귀순한 거란 사람들로 남경 기내에 사는 자들이 거란의 가무와 잡희를 연행하면서 왕을 맞이했다는 기록도 있다. 이와 같이, 고려시대에는 궁정뿐만 아니라 민간에서도 연희를 행할 정도로 북방 민족 출신 연희자가 많았던 것이다.

이상으로 고려시대에는 양수척, 거란족, 달단 등 북방 민족이 들어와 있었고, 도살, 수렵, 유기장, 잡희 등으로 생계를 유지했으며, 기생도 이들 가운데서 나왔음을 알 수 있다.

재승 계통 연희자

고려는 불교 국가였으므로 석가탄신일, 우란분재, 연등회, 수륙재 등 여러 불교 행사에서 성대한 연희를 베풀었다. 따라서 이미 삼국시대부터 재승 계통 연희자들이 활동했지만 고려시대에 더 크게 활약했다. 중국과 일본에서는 재승 출신 연희자들이 매우 활발하게 활동한 것으로 나타난다.[112]

『고려사』 문종 10년(1056) 9월조 기록에 의하면, 고려시대에는 형식적으로 사찰에 이름을 걸어놓고서 장사를 하고 기생과 놀며 속인 복장을 하고, 절을 짓는다는 명목으로 악기를 연주하며 공연하고 다니는 사람들이 있었다. 이들은 승적에 이름을 올려놓고 승려 행세를 했지만 실제로는 속인과 마찬가지여서 조선시대 사장, 사당, 거사와 흡사하다. 이 기록의 "장사치와 결탁해 물건을 매매하고 잡인과 어울려 술주정을 하며, 놀이판에 뒤섞여 (기생과 시끄럽게 섞여) 우란분을 모독한다"는 언급으로 재승 계통 연희자들이 우란분재에서 기생과 함께 공연하면서 난잡한 짓을 했음을 알 수 있다.

고려시대에는 이런 재승 계통 연희자들이 우란분재뿐만 아니라 연등회, 수륙재, 석가탄신일 등 불교 행사에서도 연희를 공연했을 것이다.

(가) 32년 4월 8일에 최이가 연등회를 하면서 채봉을 가설하고 기악과 온갖 잡희를 연출시켜 밤새도록 즐겁게 놀게 하니 도읍 남녀노소 구경꾼이 담을 이루었다.[113]

(나) 예종 11년(1116) 계묘일에 왕이 천수사에 가 재(齋)를 베풀어 낙성식을 거행했다. 이때 사흘이나 채붕과 기악이 길에까지 미쳤다.[114]

(다) 예종 13년(1118) 정묘일에 안화사(安和寺) 중수 공사가 준공되었으므로 닷새 동안 재(齋)를 베풀어 낙성식을 거행했다. 경오일에 왕이 친히 가서 낙성식을 구경하는데, 장막을 잇대고 기악이 울렸으며 남녀 구경꾼이 모여들었다.[115]

(가)에 연등회 때 채붕을 가설하고 기악과 잡희를 공연한 사실이 나오는데 이는 대단히 규모가 큰 연희였음을 의미한다. 4월 8일 연등회는 석가탄신일을 축하하는 불교 행사였으므로, 다양한 불교연희가 연행되었을 것은 물론이다. 그리고 이때 재승과 재승 계통 연희자들이 불교연희와 잡희 등을 공연했을 것이다. (나)와 (다)는 불교 사원의 낙성식에서 기악을 연행한 사실을 전해준다. 이 기악을 연행한 연희자 가운데 재승들도 있었을 것이다.

이처럼 고려시대에는 우란분재, 수륙재, 연등회, 절 낙성식 등에서 기악과 잡희를 연행했다. 불교연희인 기악은 절에 소속된 재승과 재승 계통 연희자들이 연행했을 것이다. 그런데 앞에서 본 『고려사』 문종 10년(1056) 9월조 기록에 의하면, 일반 연희자뿐만 아니라 재승 계통 연희자도 잡희를 연행했을 가능성이 있다.

한편 신라 때 원효가 연희했다는 무애희는 고려시대를 거쳐 조선시대까지 전승되었다. 고려 말 이인로의 『파한집』 권하에 고려시대 무애희에 대한 내용이 보이는데, 이 역시 재승 계통 연희자들이 연행했을 것이다.

옛날 원효 스님이 미천한 사람들 속에 섞여 놀았다. 일찍이 목이 굽은 호로박을 어루만지며 저자에서 가무하고 이를 무애(無㝵)라 불렀다. 이런 일이 있은 후 호사자(好事者)가 금방울을 박에 매달고 채색 비단을 밑에 드리워 장식해 두드리며 진퇴하니 모두 음절에 맞았다. 이에 불경에 있는 게송을 취해 무애가라 하니, 밭 가는 늙은이도 이를 모방해 유희로 삼았다. 무애지국(無㝵智國)이 일찍이 제(題)해 이르기를 "이 물건은 오래도록 무용(無用)을 가지고 사용했고, 옛사람은 도리어 불명(不名)으로써 이름이 났도다" 했다. 근래 산인(山人) 관휴(貫休)가 게(偈)를 지어 이르기를, "양 소매를 휘두르는 것은 이장(二障, 煩惱障이라고도 한다. 道에 장애가 되는 모든 번뇌)을 끊은 까닭이요, 세 번 다리를 드는 것은 삼계(三界, 欲界·色界·無色界)를 초월한 까닭이다"했으니, 모두 진리로써 이를 비유한 것이다.[116]

이 글로 원효에 의해 생겨난 무애희가 고려 후기에도 연희되었음을 알 수 있다. 원래 『삼국유사』에는 원효의 무애가 대호(大瓠)라 기록되었으나 여기서는 곡항호로, 즉 호로박으로 되어 있다. 또 무애는 호사자에 의해 금방울을 박에 매달고 채색 비단을 드리워 장식한 형태로 개작되었다. 무애희는 불교적 성격을 강하게 띤 연희로서 주로 승려들이 연행했을 것이다. 조선시대의 재승 계통 연희자를 살펴보는 자리에서 밝혀지겠지만, 조선시대에는 실제로 승려들이 무애희를 연행했다. 이들이 진정한 의미의 재승이다.

서역 계통 연희자

서역인은 당나라 이전부터 중국에 들어와 연희자로 활동했다. 우리나라에서는 고구려 고분벽화에서 서역 계통 연희자가 발견된다. 고구려 각저총 벽화의 씨름꾼 한 사람은 분명히 서역 외국인이고, 안악 3호분 후실의 무악도(舞樂圖)에도 서역인 또는 서역인 가면을 쓴 춤꾼이 그려진 점으로 볼 때, 서역인이 고구려에 와 산악·백희를 논 것으로 생각된다.

『고려사』 권72 지26 가운데 고려 의종 때 규정된 법가위장(法駕衛仗) 말미에는 "안국기 1부(一部), 잡기 1부 각 마흔 명이 좌우로 갈라서며, 고창기 1부 열여섯 명은 왼쪽에 서고, 천축기 1부 열여덟 명은 오른쪽에 서며 연락기(宴樂伎) 1부 마흔 명이 좌우로 갈라선다"는 내용이 있고, 연등위장(燃燈衛仗) 말미에는 "인가교방악관(引駕敎坊樂官) 백 명이 좌우로 갈라서며, 안국기와 잡기 각각 마흔 명이 좌우로 갈라선다"는 내용이 있다. 이를 통해 고려시대까지도 서역악인 안국기, 고창기, 천축기가 존속했음을 알 수 있다. 특히 서역악이 잡기와 함께 열거되었고 인원도 상당히 많았다는 사실에 주목하면, 이 시기 서역악에 속하는 음악과 연희가 매우 다채로웠을 것으로 짐작된다. 이런 서역악을 연행하려면 서역 출신 음악인과 연희자도 있었을 터인데, 고려 가요 「쌍화점(雙花店)」에서 확인할 수 있다.

「쌍화점」에 "쌍화점에 쌍화를 사러 가고신댄 회회아비 내 손목을 쥐여이다. 이 말이 이 점(店) 밖에 나명들명 다로러거디러 조고맛감 삿기광대 네 말이라 호리라"는 대목이 있다. 이 시의 서술자는 여성인데 쌍화점, 삼장사, 우물, 술집에 가니 회회아비, 사주(社主), 용, 술집아비가 자기 손목을 잡더라는 것이다. 그리고 이 소문을 낼 만한 주체로 삿기광대(새끼광대), 삿기상좌(새끼상좌), 드레박, 싀구박을 들고 있다. 그런데 회회아비가 사주와 삿기상좌의 관계처럼 삿기광대와 짝을 이루는 어른 광대인지, 쌍화점(여기서 쌍화는 霜花의 음역으로 '만두'를 뜻한다) 주인인지, 쌍화점에 쌍화를 먹으러 온 손님인지는 분명하지 않으나, 그의 존재는 이미 고려시대에 서역인이 이 땅에 들어왔다는 사실을 전해준다. 회회아비의 '회회(回回)'가 위구르인을 지칭하는 말이기 때문이다. 국문학자 이병기(李秉岐)는 "쌍화점이란 말은 쌍화떡 파는 가게란 말인데, 어른 광대인 회회아비가 쌍화점을 경영함으로 해…"라고 해, 회회아비를 어른 광대, 즉 연희자로 봤다. 그렇다면 고려시대에 서역 계통 연희자가 존재했다는 이야기가 된다.[117]

또 『고려사』 권29 세가29 중 충렬왕 9년조에는 "원나라의 연희자[倡優] 남녀가 왔는데, 왕이 그들에게 쌀 세 석을 주었다. …대전에서 연회가 있었는데 원나라 연희자들이 백희를 연행했다"는 내용도 보인다.

고려 말 이색의 「구나행」에 "금천지정유고월 혹흑혹황목청형(金天之精有古月或黑或黃目靑熒)"이라는 구절이 있는데, 여기서 '고월'은 '호(胡)'의 파자(破字)로

서호(西胡), 즉 서역이다. 그러므로 이 구절은 "서방의 정령인 호인이 있으니, 검기도 하고 누렇기도 한 얼굴에 눈은 파랗네"라 번역할 수 있다. 따라서 이 구절로 눈이 파란 서역인이 직접 가면희를 했거나 아니면 연희자가 서역인 가면을 쓰고 놀이했음을 추정할 수 있다. 이 구절의 내용이 흔히 '서역의 호인희'라 불린 것은 이런 이유이다.

회회는 고대 서역 일대에서 활약하던 부족인 회흘(回紇) 혹은 회골(回鶻)의 전성어(轉聲語)로 보는 것이 학계의 통설이다. 본래 회흘은 터키계 흉노의 후예인 위구르족을 가리킨다. 현재 중국의 신장성은 위구르족 자치구로 이곳부터가 우리가 말하는 서역이다. 한동안 상하이 서커스 전용 극장의 공연 종목에 신장성 출신 위구르인이 펼치는 줄타기 곡예 등이 있을 정도로 위구르인은 연희에 뛰어났다. 원나라 때 이르러 회회는 허시(河西)에서 파미르 고원 서쪽 카스피해까지 광활한 지역에 사는 여러 종족을 가리키게 되었다. 이들을 색목인(色目人)이라고도 불렀다. 또 원나라 때부터 회회는 이슬람교도를 가리키는 말로도 쓰였다. 명 홍무(洪武) 15년에 한문으로 번역된 『원조비사(元朝秘史)』에서는 회회가 투르크족(돌궐) 중 이슬람교도를 가리키는 말로 쓰였다. 투르크족은 터키계인데, 위구르인도 투르크족에 속한다.[118] 결국 넓은 의미의 회회는 위구르를 포함해 서역 이슬람교도를 지칭하는 말이라 보면 되겠다. 회회, 즉 서역의 이슬람교도는 색목인이 많고 복장도 특이하므로 쉽게 구분된다.

고려가 원의 지배를 받으면서 원나라의 판도 안에 있던 서역인이 고려에 많이 들어온 것으로 나타난다.[119] 고려 말에 이르러 서역의 이슬람교도가 본격적으로 우리나라에 들어왔다. 원 제국에서 서역의 이슬람교도 색목인은 몽골인 버금가는 사회적 지위를 누리면서 내정은 물론이고 원정을 비롯한 대외관계에서 두뇌 구실을 했다. 원대 조정에서 '문화교수'라는 특수한 입지를 갖고 있던 이슬람교도들은 자의 반 타의 반으로 원 제국의 고려 경략(經略)에 동참해 사신이나 역관, 서기, 근위병, 시종무관 등 여러 직분으로 고려에 공식 파견되었다. 이들 중 고려에 잔류해 귀화하고 동화된 자들도 있었다. 대표적인 예가 장순룡(張舜龍), 민보(閔甫), 설손(偰遜) 등이다.[120]

이수광(李睟光)의 『지봉유설(芝峰類說)』에 "우리나라 연희자는 본래 중국 배우나 환술자류인데, 고려 말 노국대장공주가 올 때 따라온 것이라 전한다"는 내용이 보인다.[121] 다소 과장된 표현으로 그대로 믿을 수는 없지만 어쨌든 중국에서는 한대 이후 서역 출신 연희자가 많이 활동했으므로 여기서 말하는 중국(원나라) 배우 환술자 중에는 서역 계통도 있었을 것이다.

주

1 丁亥 曲宴崔怡進假面人雜戲 賜銀甁人一口 又賜妓綾各二匹.『고려사』 권23 고종 31년(1244) 2월조.

2 송방송,『한국음악학의 현단계』, 민속원, 2002, 31쪽.

3 홍윤식,「불교 행사의 성행」,『한국사』16, 국사편찬위원회, 1994, 155쪽.

4 안지원,「고려시대 국가 불교의례 연구」, 서울대 박사학위논문, 1999, 114~135쪽.

5 혜량은 본래 고구려 승려로 551년에 신라로 왔으며, 그해 신라의 팔관회를 주관했다. 신라에서 최초로 개설된 팔관회를 고구려 승려 혜량이 주관한 점으로 볼 때 고구려에도 이미 팔관회가 존재했을 것으로 추정된다.

6 冬十月二十日 爲戰死士卒 設八關筵會於外寺七日罷.『삼국사기』 권4, 신라본기 4, 진흥왕 33년 10월 20일조.

7 중국의 수륙법회 혹은 수륙재는 불교에서 망혼을 천도하는 의식으로, 보통 칠 일을 주야로 거행한다. 수륙재에 대해서는 제1부 제7장 '불교 행사의 전통연희'를 참조할 것.

8 太祖 元年十一月 有司言 前主 每歲仲冬 大設八關會以祈福 乞遵其制. 王從之. 遂於毬庭置輪 燈一座 列香燈於四旁. 又結二綵棚 各高五丈餘 呈百戱歌舞於前. 其四仙樂部 龍鳳象馬車船 皆新羅故事. 百官袍笏行禮 觀者傾都. 王御威鳳樓觀之. 歲以爲常.『고려사』 권69 지23 예11 가례잡의 중동팔관회의.

9 戊子御觀風殿下敎曰 …遵尙仙風 昔新羅仙風大行 由是龍天歡悅 民物安寧. 故祖宗以來崇尙其風久矣. 近來兩京八關之會 日減舊格遺風漸衰. 自今八關會 預擇兩班家産饒足者 定爲仙家 依行古風 致使人天咸悅.

10 鷄林舊俗 擇男子美風姿者 以珠翠飾之 名曰花郞. 國人皆奉之 其徒至三千餘人. 若原嘗春陵之養士 取其穎脫不群者爵之朝. 惟四仙門徒最盛 得立碑. 我太祖龍興 以爲古國遺風尙不替矣. 冬月設八關盛會 選良家子四人 被霓衣列舞于庭.

11 김일출,『조선민속탈놀이연구』, 평양: 과학원출판사, 1957, 91쪽.

12 정철(鄭澈)의「관동별곡(關東別曲)」에 "삼일포(三日浦)를 찾아가니 단서(丹書)는 완연하되 사선(四仙)은 어디 가니"라는 구절이 보인다. 단서는 바위에 '永郞徒南石行'이라 쓰인 붉은 글씨를 말하고, 사선은 신라 때의 선도(仙徒) 네 사람인 영랑, 술랑, 남랑, 안상을 가리킨다.

13 김일출, 앞 책, 92~93쪽.

14 朕所至願在於燃燈八關. 燃燈所以佛事 八關所以事天靈及五嶽名山大川龍神也. 後世姦臣建白加減省 切宜禁止 吾亦當初心.『고려사』 세가 권2, 태조 26년 하사월조(夏四月條).

15 …王以八關會 雜技不經且煩擾 悉罷之….『고려사』 권3, 성종 원년 11월조.

16 我國 春設燃燈 冬開八關 廣徵人衆 勞役甚煩 願加減省 以紓民力又造. 種種偶人 貢費甚多 一進之後 便加革破 亦甚無謂也. 且偶人非凶禮不用 西朝使臣嘗來見之 以爲不祥 掩面而過. 願自今勿許

用之.

17 設八關會 王觀雜戲 有國初功臣金樂申崇謙偶像 王感嘆賦詩.

18 김일출, 앞 책, 102쪽.

19 안계현(安啓賢), 「팔관회고(八關會攷)」, 『동국사학(東國史學)』 제4집, 동국대 사학과, 1956. 4; 『한국불교사상사연구(韓國佛敎思想史硏究)』, 동국대 출판부, 1983에 재수록.

20 『고려사(高麗史)』 권84 「형법지(刑法志)」1에 의하면 고려시대 속절은 원정(元正), 상원(上元), 한식(寒食), 상사(上巳), 단오(端午), 중구(重九), 동지(冬至), 팔관(八關), 추석(秋夕) 등 아홉 가지가 있었다.

21 안지원, 「고려시대 국가 불교의례 연구: 연등·팔관회와 제석도량을 중심으로」, 서울대 박사학위논문, 1999, 294쪽.

22 안지원, 앞 글, 25~26쪽 참조.

23 作四輪車 縛竹作五層 有承櫨揠戟 高二疋餘許 其狀如塔. 以白氎纏上 然後彩畫 作諸天形像 以金銀琉璃 莊校其上. 懸繒幡蓋. 四邊作龕 皆有坐佛 菩薩立侍. 可有二十車 車車莊嚴各異. 當此日 境內道俗皆集 作倡伎樂 華香供養. 婆羅門子來請佛 佛次第入城 入城內再宿. 通夜然燈 伎樂供養. 國國皆爾. 章巽 校註, 『法顯傳 校註』, 上海: 上海古籍出版社, 1985, 103쪽.

24 『唐會要』 卷49 燃燈.

25 每初年望夜 又御勤政樓 觀燈作樂 貴臣戚里 借看樓觀望. 夜闌 太常樂府縣散樂畢 卽遣宮女於樓前 縛架出眺歌舞以娛之. 若繩戲竿木 詭異巧妙 固無其比. 『구당서(舊唐書)』 권28 지8 음악1.

26 이상 인도와 중국의 연등회와 관련된 내용은 안지원, 앞 글, 23~48쪽을 참조.

27 2월 계미에 연등회를 열었다. 이날 왕이 봉은사에 가서 태조의 초상을 참배했다. 관등하는 날 저녁에 반드시 초상을 모신 전에서 친히 분향을 했는데 이것을 상례로 삼았다(二月癸未 燃燈 王如奉恩寺 謁太祖眞 燈夕必親行香眞殿以爲常). 『고려사』 권6, 정종 무인(戊寅) 4년.

28 고려 의종 때 상정된 법가위장에는 안국기, 잡기, 고창기, 천축기가 들어 있어, 서역악이 삼국시대 이래 고려시대까지 지속되었음을 보여준다.

29 丁酉 王如奉恩寺 特設燃燈會 慶讚新造佛像. 街衢點燈兩夜 各三萬盞 重光殿及百司 各置綵樓燈山作樂.

30 辛亥 燃燈 王如奉恩寺. 癸丑 御康安殿 觀綵棚伶官兩部樂. 以前夕已經燃燈大會 皆已徹去王亟命復之. 樂觀忘倦 至日午乃罷.

31 每上元觀燈 樓前設露臺. 臺上奏教坊樂 舞小兒隊. 臺南設燈山 燈山前陳百戲. 山棚上用散樂 女弟子舞.

32 산대의 일종인 예산대의 그림과 그에 대한 고찰은 제1부 제7장 '중국 사신 영접 행사의 전통연희'를 참조할 것. 낙성연도의 채붕과 그에 대한 고찰은 제1부 제7장의 '그 밖의 행사에서 연행된 전통연희'를 참조할 것.

33 안상복, 「송·금대 잡극·원본 연구」(서울대 박사학위논문, 1996)의 117~132쪽에서 중국의 악

붕(樂棚), 산붕(山棚), 채산(綵山), 오산(鼇山), 산루(山樓), 채붕(綵棚)을 자세히 소개했다.

34 董錫玖·劉峻驤,『中國舞蹈藝術史圖鑑』, 湖南: 湖南敎育出版社, 1997, 128~129쪽.

35 양재연,「산대희에 취(就)하여」,『국문학연구산고』, 일신사, 1976, 35쪽.

36 사진실,「산희(山戲)와 야희(野戲)의 공연양상과 연극사적 의의: 기완별록에 나타난 공연 행사를 중심으로」,『고전희곡연구』 제3집, 한국고전희곡학회, 2001, 282쪽;『공연문화의 전통』, 태학사, 2002에 재수록.

37 오산과 산대에 대해서는 제1부 제7장 '중국 사신 영접 행사의 전통연희'를 참조할 것.

38 三十二年 四月八日 怡燃燈結彩棚 陳伎樂百戲 徹夜爲樂 都人士女觀者如堵. 五月宴宗室司 空以上及宰樞. 結綵棚爲山 張繡幕羅幃中結鞦韆 飾以文綉綵花 設大盆四盛冰峯 盆皆銀釦貝鈿 大尊四揷名花十餘品 眩奪人目. 陳伎樂百戲 八坊廂工人 一千三百五十餘人 皆盛飾入 庭奏樂 絃歌鼓吹轟震天地. 怡給八坊廂白金各三斤 又給伶官兩部伎女才人金帛 其費鉅萬.

39 十五年 旽以四月八日大燃燈于其第 京城爭效之 貧戶至乞丐以辦. …旽燃燈設火山邀王幸其第. …燈以百萬計 極其奇巧又盛陳雜戲. 王賜布百匹.

40 윤광봉,『한국의 연희』, 반도출판사, 1992, 343~345쪽.

41 孫作云,『詩經與周代社會』, 北京: 中華書局, 1966, 11쪽.

42 顧朴光,『中國面具史』, 貴州: 貴州民族出版社, 1996, 112쪽.

43 나례를 고나시대(古儺時代)와 금나시대(今儺時代)로 나눠 살펴본 내용은 타오리판(陶立璠),「중국의 가면문화」,『비교민속학』 제11집, 비교민속학회, 1994 참조.

44 이와 같이 나례의 연희에서 많은 가면극이 유래했기 때문에 현재 중국에서는 가면극을 나희(儺戲)라 부른다.

45 方相氏掌蒙熊皮 黃金四目 玄衣朱裳 執戈揚盾 帥百隸而時儺 以索室毆疫.

46 事前十日 太常卿幷諸官於本寺先閱儺 幷遍閱諸樂. 其日 大宴三五署官 其朝寮家皆上棚觀之. 百姓亦入看 頗謂壯觀也. 太常卿上此 歲除前一日 於右金吾龍尾道下重閱 卽不用樂也.

47 김학주,『한중 두 나라의 가무와 잡희』, 서울대 출판부, 1994, 10~11쪽.

48 앞 책, 9~10쪽.

49 睿宗 十一年 十二月 己丑 大儺 先是 宦者分儺 爲左右求勝. 王又命親王分主之. 凡倡優雜伎以至外官遊伎 無不被徵 遠近坌至 旌旗亘路 充斥禁中. 是日諫官 叩閤切諫 乃命黜其尤怪者至晚復集. 王將觀樂 左右紛然 爭呈伎 無復條理 更黜四百餘人.

50 『고려사』 권136 열전 권49 신우(辛禑)4에는 신우 13년(1387)에 "(禑가) 8월 15일에 6도의 창우들을 징발해 동강에서 백희를 연행하게 했다(以中秋 徵六道倡優 陳百戲于東江)"는 기록도 있다. 창우의 잡기나 창우의 백희는 전문적인 연희를 가리킨 것으로, 전국적으로 직업 연희자가 매우 많았음을 알 수 있다.

51 윤광봉도 백택무를 사자무라 지적한 바 있다. 윤광봉,「한국 가면극의 형성 과정: 나례의 변이

양상을 중심으로」, 『비교민속학』 제9집, 비교민속학회, 1992, 97쪽.

52 帝巡狩東至海 登桓山 於海濱得白澤神獸 能言 達於萬物之情. …帝令以圖寫之. 以示天下竝作祝邪之文以祝之. 張君房 纂輯, 蔣力生 等 校注, 「軒轅本紀」, 『雲笈七籤』 卷100, 華夏, 1996.

53 驅儺之法 自昔軒轅 鍾馗白澤 統領居仙. 黃徵·吳衛 校注, 『敦煌願文集』, 岳麓書社, 1995, 945쪽. 居仙을 諸仙으로 해석한 것은 앞 책 947쪽 校記11을 따른 것이다.

54 안상복, 「구나행의 나희와 산대놀이」, 『중어중문학』 제30집, 한국중어중문학회, 2002. 6, 416쪽.

55 김일출, 앞 책, 100쪽.

56 윤광봉, 앞 책, 183쪽.

57 안상복, 앞 글.

58 윤광봉, 『한국연희시연구』, 박이정, 1997, 65쪽.

59 中有三層浮圖一所 金盤靈剎 曜諸城內. 作六牙白象負釋迦在虛空中. 莊嚴佛事 悉用金玉. 工作之異 難可具陳. 四月四日 此像常出 辟邪獅子導引其前. 吞刀吐火 騰驤一面 綵幢上索 詭譎不常. 奇伎異服 冠於都市. 像停之處 觀者如堵 迭相踐躍 常有死人. 양현지, 서윤희 옮김, 『낙양가람기』, 눌와, 2001, 52~53쪽 참조.

60 戊子朔 設消災道場于內殿 …壬寅 曲宴于內殿 承宣蔡松年奏 僕射宋景仁素善爲處容戲. 景仁乘酣作戲 略無愧色.

61 丙申 庚子 元使監丞吾羅古請享王 王曰今日須往妙蓮寺爲樂 …天台宗僧中照起舞 王悅命宮人對舞 王亦起舞 又命左右皆舞 或作處容戲.

62 戊戌 太白晝見 禑畋于壺串 夜還花園 爲處容戲.

63 禑在李仁任第 仁任妻進大爵曰 今日三元謹上壽 禑進爵 仍戲曰 …乃冒處容假面 作戲以悅之.

64 나용화, 「우란분절의 유래와 의의」, 『우란분재와 목련전승의 문화사』, 중앙인문사, 2000, 60쪽.

65 박광수, 「한국목련전승의 유통양상」, 『우란분재와 목련전승의 문화사』, 중앙인문사, 2000, 403~404쪽.

66 癸卯 設盂蘭盆齋于長齡殿 以薦肅宗冥祐 甲辰 又召名僧講目連經.

67 釋迦闡教 清淨爲先 遠離垢陋 斷除貪欲. 今有避役之徒 托號沙門 殖貨營生 耕畜爲業 估販爲風. 進違戒律之文 退無淸淨之約 袒肩之袍任爲酒甖之覆 講唄之場割爲葱蒜之疇. 通商買賣 結客醉娛 喧雜花院 穢臭蘭盆. 冠俗之冠 服俗之服 憑托修營寺院 以備旗鼓歌吹 出入閭閻 搪突市井與人相鬪以致血傷.

68 자세한 논의는 제1부 제6장 중 '재승 계통 연희자'와 제7장 중 '재승 계통 연희자'를 참조할 것.

69 設盂蘭盆道場於長齡殿. 『고려사』 세가13 예종 4년(1109) 추칠월(秋七月) 무오조(戊午條).

70 壬寅 設盂蘭盆齋於奉元殿. 『고려사』 세가18 의종 7년(1153) 추칠월(秋七月) 병신조(丙申條).

71 幸神孝寺設盂蘭盆齋. 『고려사』 세가30 충렬왕 11년(1285) 추칠월(秋七月) 계미조(癸未條).

72 王與公主幸廣明寺設盂蘭盆齋. 『고려사』 세가31 충렬왕 22년(1296) 추칠월(秋七月) 신사조(辛巳條).

73 設盂蘭盆齋于內殿.『고려사』 세가39 공민왕 5년(1356) 추칠월(秋七月) 계사조(癸巳條).

74 這七月十五日是諸佛解夏之日. 慶壽寺裏爲諸亡靈 做盂蘭盆齋 我也隨喜去來. 那壇主是高麗師傅 靑旋旋圓頂 白淨淨顔面 聰明智慧過人. 唱念聲音壓衆 經律論皆通 眞是一個有德行的和尙. 設目連尊者救母經 僧尼道俗 善男善女 不知其數. 人人皆盤雙足 箇箇擧手合掌 側耳聽聲.『老乞大諺解·朴通事諺解』(景印老·朴諺解合刊本), 臺北: 聯經出版事業公司, 1978, 274~280쪽.

75 박광수는『박통사언해』에 보이는「목련경」의 속강과 고려 속강승의 존재를 통해「목련경」이 강창 형식으로 연행되었을 가능성을 언급했다. 박광수, 앞 글.

76 高承,『事物紀原』卷99, 博變嬉戱部 水戱.

77 駕先幸池之臨水殿 錫燕群臣. 殿前出水棚排立儀衛 近殿水中橫列四綵舟 上有諸軍百戱. 如大旗獅豹 棹(掉)刀蠻牌 神鬼雜劇之類. 又列兩船皆樂部. 又有一小船 上結小綵樓 下有三小門如傀儡棚. 正對水中樂船 上參軍色進致語樂作. 綵棚中門開 出小木偶人 小船子上 有一白衣人垂釣. 後有小童擧棹划船 遼繞數回 作語樂作 釣出活小魚一枚. 又作樂 小船入棚. 繼有木偶築毬舞旋之類. 亦各念致語唱和樂作而已. 謂之水傀儡. 又有兩畵船 上立鞦韆 船尾百戱人上竿左右軍院虞侯監敎 鼓笛相和. 又一人上蹴鞦韆 將平架 筋斗擲身入水 謂之水鞦韆. 水戱呈畢百戱樂船竝各鳴鑼鼓 動樂舞旗 與水傀儡船分兩壁退去.

78 晉會稽夏仲御能作水戱. 操柂正櫓 折旋中流 初作鯿鯈躍 後作鯆魚孚引 飛鷁首 掇獸尾 奮長梢而直逝者三焉.

79 양재연,「화희부수희(火戱附水戱)」,『국문학연구산고』, 일신사, 1976, 96~99쪽.

80 王欲觀水戱 命內侍朴懷俊等 以五十餘舟 皆掛彩帆載樂伎綵棚及漁獵之具. 張戱於前 有一人 作鬼戱 含火吐之誤焚一船 王大噱.

81 癸丑幸長湍縣應德亭 舟中結綵棚載女樂雜戱 泛江中流. 凡十九艘皆飾以綵. …留二日觀水戱.

82 장정룡,「고려시대의 연희 고찰」,『역사민속학』 제9호, 한국역사민속학회, 1999, 17쪽.

83 煙火大起 有假面披髮 口吐狼牙煙火 如鬼神狀者上場.『동경몽화록』 권7 가등보진루제군정백희(駕登寶津樓諸軍呈百戱).

84 或竿尖立橫木 列於其上 裝神鬼 吐煙火 甚危險駭人.『동경몽화록』 권8 유월육일최부군생일이십사일신보관신생일(六月六日崔府君生日二十四日神保觀神生日).

85 丁亥 曲宴崔怡進假面人雜戱 賜銀甁人一口 又賜妓綾各二匹.

86 庚寅 御大觀殿 受朝賀 仍宴文武常參官以上 王親製樂章五首 命工歌之 結綵棚陳百戱至夜乃罷.

87 辛巳 還宮命諸王 結綵幕於廣化門左右廊 管絃房大樂署結綵棚陳百戱 迎駕皆飾以金銀珠玉 錦繡羅綺珊瑚玳瑁奇巧奢麗前古無比.

88 邯贊帥三軍凱還 獻俘獲 王親迎于迎波驛 結綵棚備樂宴將士.

89 四年 王移御怡第 忠獻迎駕獻壽于闊洞私第 諸王宰樞皆侍宴 翌日乃罷 錦繡綵棚 胡漢雜戱 窮極侈異.

90 丁卯王至南京 契丹投化人散居南京圻內者 奏契丹歌舞雜戱以迎駕 王駐蹕觀之.

91 新及第入州日 州官先送將校伶人于近境 次帥州吏出五里亭 具公服設香卓及拜位. …酒第一行州官親酌獻父母 次進酒食奏樂雜技. 宴罷新及第謝再拜寒暄又再拜出.

92 고정옥, 『조선구전문학연구』, 평양: 과학원출판사, 1962; 이두현, 『한국연극사』(신수판), 학연사, 2000, 91쪽.

93 興邦家奴 李琳女婿判密直崔濂家奴 居富平 恃勢恣橫. …興邦嘗與異父兄李成林 上家而還騶騎滿路. 有人爲優戲 極勢家奴隸剝民收租之狀. 成林忸怩 興邦樂觀不之覺也.

94 九月 甲戌 宴諸王宰樞于天授殿 達曙乃罷 各賜侑幣. 王賦詩命儒臣和進賜物有差. 有優人因戲 稱美先代功臣河拱辰. 王追念其功 以其玄孫內侍衛尉注簿濬爲閤門祗侯 仍製詩一絶賜之.

95 壬子 王以世子生日 宴群臣 上將軍鄭仁卿爲侏儒戲 將軍簡弘爲倡優戲 王亦拍手起舞.

96 高麗將仕郎永泰 善俳優戲. …泰又從忠惠王獵 每呈優戲 王投泰于水中. 泰撇裂而出 王大笑問曰 汝從何處去 今從何處來. 泰對曰 往見屈原而來. 王曰 屈原云何. 對曰 原云我逢暗主 投江死 汝遇明君底事來. 王喜賜銀甌一事.

97 唐散樂高崔嵬 善弄癡. 太宗命給使捺頭向水下 良久 出而笑. 帝問之 曰 見屈原 云 我逢楚 懷王 無道 乃沈汨羅水. 汝逢聖明主 何爲來.

98 안상복, 「한중 우희의 관련 양상에 대한 한 고찰」, 『구비문학연구』8, 한국구비문학회, 1999, 337~338쪽.

99 장정룡, 앞 글, 17~18쪽.

100 我國有別種人 以射獵結造柳器爲業 異於編氓. 名曰白丁 卽前朝之 楊水尺.

101 呈才人白丁等 本是無恒産之人. 專業優戲 橫行閭里 稱爲乞糧.

102 강만길, 「왕조전기 백정의 성격」, 『조선시대상공업사연구』, 한길사, 1984, 311쪽.

103 이준구, 「조선시대 백정의 전신 양수척, 재인, 화척, 달단: 그 내력과 삶의 모습을 중심으로」, 『조선사연구』 제9집, 조선사연구회, 2000, 5쪽.

104 진단학회 편, 『한국사』(중세편), 을유문화사, 1961, 346쪽.

105 이준구, 앞 글, 2쪽, 20쪽.

106 박은용, 「재인들의 처지와 재인청에 대하여」, 『력사과학』 6호, 평양: 조선역사편찬위원회, 1967.

107 이보형, 「제5편 민속예술」, 『한국민속종합조사보고서』(황해·평안남북편), 문화재관리국, 1980, 246쪽, 261~262쪽.

108 傀儡子者 無定居 無當家. 穹廬氈帳 逐水草以移徙. 頗類北狄之俗. 男則皆使弓馬 以狩獵爲事. 或跳雙劍弄七丸 或舞木人鬪桃梗. 能生人之態 殆近魚龍曼蜓之戲. 變沙石爲金錢 化草木爲鳥獸 能口人目. 女則爲愁眉啼粧折腰步齲齒咲 施朱傅粉 倡歌淫樂 以求妖媚. 父母夫知不誡告. 丞雖逢行人旅客 不嫌一宵之佳會. …不耕一畝田 不採一枝葉. 故不屬縣官 皆非土民 自限浪人. …夜則祭百神 鼓舞喧嘩 以祈福助.

109 서연호, 『꼭두각시놀음의 역사와 원리』, 연극과인간, 2001, 85~87쪽.

110 야나기다 구니오(柳田國男)는 구구쓰(グクツ)는 원래 인형을 가리키는 傀儡와는 관계가 없다고 봤다. 『만엽집(萬葉集)』 등에 의하면 구구쓰는 원래 가는 줄로 짠 주머니[袋]를 말한다는 것이다. 원래 산의 늪지대나 습지에 자생하는 구구(莎草, 물가 모래사장에 나는 풀)라는 식물로 만든 주머니를 구구쓰라 했다는 설명이다. 구구쓰라 불리게 된 이유는 아마도 구구쓰시(傀儡子)라는 유랑민이 특수한 주머니를 휴대했기 때문이거나, 그들이 이 주머니를 만들었기 때문이라 한다. 이들은 수렵·잡희 외에 넝쿨이나 대나무로 제품을 만들어 생계를 유지했을 것으로 보이는데, 무녀(巫女)와 유녀(遊女)도 이 집단에서 나왔다고 한다. 柳田國男, 「巫女考」, 『柳田國男全集』11, 筑摩書房, 1990, 402~405쪽.

111 杉山二郎, 『遊民 系譜』, 東京: 青土社, 1988, 184~185쪽; 喜田貞吉, 「朝鮮の白丁と我が傀儡子」, 『史林』 9巻 9号, 大正 7年(1918) 7月.

112 전경욱, 「재승 계통의 연희자」, 『민속학연구』 제11호, 국립민속박물관, 2002. 12.

113 三十二年四月八日 怡燃燈結彩棚陳伎樂百戲 徹夜爲樂 都人士女觀者如堵. 『고려사』 권129 열전 42 반역 최충헌.

114 癸卯王如天壽寺 設齋以落之 綵棚伎樂連亘道路者三日.

115 重修安和寺成 設齋 五日以落之 庚午 親行觀之 幄幕連亘 伎樂塡咽 士女坌集.

116 昔元曉大聖 混迹屠沽中. 嘗撫玩曲項葫蘆 歌舞於市 名之曰無㝵. 是後好事者 綴金鈴於上 垂彩帛於下以爲飾 擊進退皆中音節. 乃摘取經論偈頌 號曰無㝵歌 至於田翁亦效之以爲戲. 無㝵智國嘗題云 此物久將無用用 昔人還以不名名. 近有山人貫休作偈云 揮雙袖所以斷二障 三擧足所以越三界 皆以眞理比之. 僕亦見其舞作讚 復若秋蟬 頸如夏鼈 其曲可以從人 其虛可以容物. 不見室於密石 勿見笑於葵壺. 韓湘以之藏世界 莊叟以之泛江湖. 孰爲之名 小性居士. 孰爲之讚 隴西駝李.

117 이병기, 「시용향악보의 한 고찰」, 『고려가요연구』, 국문학연구총서2, 백문사, 1979, 20쪽.

118 무함마드 깐수(정수일), 『신라·서역교류사』, 단국대 출판부, 1992, 102~113쪽; 漢語大詞典編輯委員會, 『漢語大詞典』3, 漢語大詞典出版社, 1993, 612쪽.

119 박용운, 『고려시대사』, 일지사, 1991, 605쪽.

120 장순룡은 1274년 고려 충렬왕의 몽골비인 제국(齊國) 공주(원 세조의 딸)의 종관으로 고려에 왔다. 그는 낭장(郎將)에서 장군을 거쳐 첨의참리(僉議參里)에 올랐는데, 덕수(德水) 장씨의 시조다. 덕수 장씨 문중에서는 조선조 4대 문장가의 한 사람인 장유(張維)를 비롯해 많은 명인이 나왔다. 민보는 충렬왕 때 귀화해 충선왕 때 평양 부윤(府尹)이 되어 존무사(存撫使)를 겸하기도 했다. 설손은 공민왕 때 귀화해 관직에 나아간 사람으로 경주 설씨의 시조인데, 회골, 즉 위구르족이다. 정수일, 「한국·이슬람, 1천2백 년 교류사 탐험」, 『신동아』, 2001년 5월호, 432쪽.

121 我國呈才人 本中國之俳優幻術者流 世傳麗末魯國大長公主來時隨來.

제7장
조선시대의 전통연희

조선시대 전통연희의 전반적 성격

조선 왕조(1392~1910)의 개창은 다만 역성혁명(易姓革命)에 그치는 것이 아니라 정치, 사회, 경제, 문화, 사상 등 여러 방면에 걸쳐 큰 변혁을 이룬 중대한 사건이었다. 새 왕조는 이성계를 중심으로 한 개혁파 유신(儒臣)과 이에 동조한 세력의 승리로 이뤄졌다. 따라서 새 왕조의 정치 지도 이념은 숭유억불(崇儒抑佛)이 될 수밖에 없었고, 토지 제도로 과전법(科田法) 체제와 대외관계에서의 대명사대(對明事大)도 이미 정해진 방향이었다.

고려와 조선 건국은 각각 전통연희가 공연되는 행사의 변화를 초래한 전환점이었다. 고려시대에는 팔관회 연희 공연이 더욱 성대해졌고, 불교 성행으로 연등회, 수륙재, 우란분재 등 불교 행사에 각종 연희가 동원되었다. 그리고 중국 궁중나례를 도입해 궁중나례 연희도 시작되었고, 왕을 위한 대규모 수희나 궁중연회가 벌어져 각종 연희가 공연되기도 했다.

그러나 조선 건국으로 성리학을 기본으로 한 유학 이념이 지배하자 팔관회와 연등회는 자취를 감췄고, 수륙재나 우란분재 같은 불교 행사도 약화되었으며, 왕을 위한 수희나 궁중연회에서 대규모 연희 연행 또한 어렵게 되었다. 대신 중국 사신 영접 행사나 나례 같은 행사에서 대규모 연희가 연행되었고, 과거 급제자 축하 잔치인 삼일유가와 문희연이 성대하게 벌어졌다. 한편 조선 후기에는 민간 경제력 발전과 공연물 수요 증가가 전통연희 발전에 커다란 영향을 끼쳤다.

조선시대에는 나례, 사신 영접 행사, 문희연, 수륙재, 우란분재, 관아 행사, 읍치제의(邑治祭儀), 동제, 사대부가 잔치 등에서 연희를 공연했고, 조선 후기 들어서는 다양한 유랑예인집단이 민간에서 연희를 공연하고 다녔다. 이 밖에도 국가 행사와 지방 관아 행사에서 연희를 연행했다. 그 연희들은 나희, 나례, 나(儺), 산대나례, 채붕나례, 잡희, 백희, 가무백희, 산대희 등으로 다양하게 불렸지만 결국 대부분 산악·백희에 해당했다.

이상과 같이 왕조 성립과 교체는 전통연희가 공연되는 행사가 성립하거나 소멸하고 변화하는 데 영향을 끼쳤기 때문에, 한국 전통연희의 역사는 왕조의 역사와 매우 밀접한 관계를 갖는다. 그리고 각종 행사에 동원된 연희자들이 시대적 요구에 부응해 자신들의 연희를 발전시켰기 때문에, 여러 행사의 성행과 소멸은 전통연희의 변화와 발전에도 커다란 영향을 끼쳤다.

조선 후기에는 임진왜란과 병자호란으로 사회 전반에 변화가 일어났는데, 전통연희 분야도 예외가 아니었다. 조선 후기에는 각종 국가 행사가 크게 위축되었다. 그래서 국가 행사에 동원되던 연희자들은 민간에 퍼져 활동을 벌일 수밖에 없었다. 이에 조선 후기 연희 문화도 새로운 국면을 맞았다. 우선 본산대놀이 가면극, 판소리, 꼭두각시놀이 등 본격적인 연극적 양식이 새로 나타났다. 그리고 민간을 떠돌면서 공연하는 유랑예인집단이 많이 생겨났다.

한편 고려 왕조 멸망 때 왕립 음악 기관이던 전악서와 아악서가 조선 왕조의 왕립 음악 기관으로 계승되었다. 건국 초 아악서는 종묘 제례악 중에서 악기로 연주되는 아악만 관장했고, 전악서는 향악과 당악 연주를 관장했다. 건국 이후 반세기 동안 전악서와 아악서 이외에 궁중음악의 일부나 음악 이론, 행정을 맡은 기관으로 봉상시(奉常寺), 악학(樂學), 관습도감(慣習都鑑)이 있었다. 다섯 기관은 세조 3년(1457)에 장악서(掌樂署)와 악학도감(樂學都監)으로 통합되었다. 후에 다시 두 음악 기관은 장악원(掌樂院)으로 일원화됐다. 장악원에는 아악 연주를 담당하는 좌방(左坊) 악생, 그리고 향악과 당악을 연주하는 우방(右坊) 악공이 있었다. 악생은 양인 중에서 선발했고, 악공은 천민 중에서 선발했다. 또 내연(內宴)의 춤 반주를 맡은 관현맹인(管絃盲人), 당악정재와 향악정재를 춘 여기(女妓)와 무동(舞童), 그리고 등가에서 악장(樂章)을 부른 가동(歌童)이 있었다. 이들의 연주 활동은 고려시대와 마찬가지로 원구, 사직, 종묘, 선농, 선잠, 문선왕묘 같은 제례 의식에서 연주된 아악, 여러 궁중의식과 잔치에서 연주된 향악과 당악을 망라했다.[1]

나례의 전통연희

조선시대에 궁중과 지방 관아 그리고 민간에서 거행하던 나례는 성현의 시「관나희」와『용재총화(慵齋叢話)』, 조선 중기 이행(李荇) 등이 왕명을 받아 편찬한『신증동국여지승람(新增東國輿地勝覽)』, 조선 후기 홍석모(洪錫謨)가 쓴『동국세시기(東國歲時記)』, 고성부사 오횡묵(吳宏默)이 남긴『고성총쇄록(固城叢鎖錄)』과『함안총쇄록(咸安叢鎖錄)』, 북한 김일출이 행한 현지 조사 자료 등으로 살펴볼 수 있다.

성현의『용재총화』에 소개된 조선 전기 궁중나례는 고려시대 궁중나례와 차이를 보인다. 우선 방상시**116·117**와 십이지신 이외에 판관(判官), 조왕신(竈王神), 소매(小梅) 등 새로운 배역이 등장한다. 이는 중국에서도 송대에 오면 이전 나례에 없던 장군, 부사, 판관, 종규, 육정, 육갑, 신병, 오방귀사, 조군, 토지, 문호, 신위 등이 등장하는 점과 유사해 시대에 따라 변모하는 모습을 엿볼 수 있다. 앞서 이색의「구나행」등으로, 고려시대 나례에서 여러 연희가 연행되었음을 살펴봤다. 조선시대 나례에서도 각종 연희가 연행되었는데, 성현이 나례에서 연희를 보고 지은「관나희」에서 그 연희들을 볼 수 있다.

祕殿春光泛彩棚	궁궐 봄빛이 채붕 위에 일렁이고
朱衣黃袴亂縱橫	붉은 옷 노란 바지 입고 종횡으로 오가네.
弄丸眞似宜僚巧	신묘한 방울놀이는 의료의 솜씨인 듯
步索還同飛燕輕	줄 타는 모습은 비연처럼 날렵하네.

116 강원도 통천군수 최 씨의 장례식 행렬, 조선총독부에서 간행한 『생활상태조사: 강릉군』(1931). 오른쪽에 큰 황금사목 가면을 쓴 방상시 둘.
117 방상시 가면. 창덕궁 창고에서 장례용구와 함께 발견되었다.

小室四旁藏傀儡 네 벽 두른 좁은 방에 인형을 놀리고
長竿百尺舞壺觥 백 척 솟대에서 잔 잡고 춤추네.
君王不樂倡優戲 우리 임금님 광대놀이 즐기지 않지만
要與群臣享太平 신하들과 태평성대 누리려 함이라네.
— 성현, 『허백당집(虛白堂集)』 권7 「관나희」

이 시는 나례에서 방울 받기[弄丸], 줄타기[步索], 인형극[傀儡], 솟대타기[長竿戲] 등이 연행되었음을 전해준다. 이때 방울 받기는 중국 유명 연희자인 의료에 비유하고, 줄타기는 중국 조비연(趙飛燕)이 춤추듯 날렵하다고 비유했다.

한편 조선 나례에서는 우희가 매우 중요한 종목이었다. 이 점이 고려시대 나례와의 차이다. 고려시대에 우희 공연은 길거리, 궁중연회, 사냥터, 절 등에서 다양하게 이뤄진 것으로 나타나지만, 나례에서 우희가 연행된 예는 별로 발견되지 않는다. 그러나 조선 나례에서는 우희가 자주 연행되었다. 또 조선시대에는 나례뿐만 아니라 궁중의 진풍정(進豊呈), 중국 사신 영접 행사, 문희연 등에서도 우희 공연이 이뤄진 것으로 나타난다.

> (가) 중종 때 정평부사 구세장은 탐욕이 끝이 없었다. 어떤 말안장 파는 사람을 관가 뜰로 끌고 들어가 직접 값을 흥정하면서 싸다느니 비싸다느니 따지기를 며칠이나 하다 끝내 관가의 돈으로 샀다. 우인이 설날에 그 상황을 연희로 만들었는데, 임금이 묻자 대답하기를 "정평부사가 말안장을 산 일입니다"라고 했다. 마침내 명을 내려 그를 잡아다 심문하고 처벌했다. 배우 같은 자도 능히 탐관오리를 규탄하고 공박할 수 있다.[2]
>
> — 어숙권(魚叔權), 『패관잡기(稗官雜記)』

> (나) 잡희가 모두 시작되어 밤 2고(二鼓)에 역귀 쫓는 우인이 연희를 통해 서로 문답하면서 관리의 탐오(貪汚)하고 청렴(淸廉)한 모양과 민간의 더럽고 자질구레한 일에 이르기까지 들춰내지 않는 것이 없었다.[3]
>
> — 『세조실록』 10년 12월 28일조

> (다) 사신이 이르기를, 임금이 구중궁궐에 깊숙이 살아서 정치의 득실이나 풍속의 미악(美惡)을 듣지 못하는 것이 있다. 따라서 비록 배우의 말이나, 어떤 것은 규풍(規風)의 뜻이 있어 채용하지 않을 수 없는 일이다. 이것이 바로 나례를 설치하는 까닭이다. 요즘 들어 본뜻을 잃어버리고 단지 기기(奇技, 기발한 기술)와 음교(淫巧, 음란한 기교)로 마음과 눈을 현혹시키니 설치하지 않는 것만 못하도다.[4]
>
> — 『명종실록』 16년 12월 29일조

(가)는 소위 탐관오리놀이인데, 실제로 있던 일을 소재로 부패한 관원을 비판한 시사풍자적인 우희다. (나)는 나례에서 우희를 연행하는 내용이다. 우희로 탐관오리 풍자와 민간의 시사풍자를 행한 것이다. (다)는 우희의 시사적인 성격과 풍간(諷諫) 기능을 말한다. 우희가 임금에게 정치 득실이나 풍속의 좋고 나쁨을

깨우치게 한다는 것이다. 이것이 나례에서 연희를 행하는 배우의 말이라는 점으로 보아 기존에 소학지희(笑謔之戲)라 부르던 연희, 즉 우희에 대한 평임을 알 수 있다. 또 유몽인(柳夢寅: 1559~1623)의 『어우야담(於于野譚)』에도 "예부터 우희에서 하는 말은 구경하고 웃기 위해서가 아니라 세상을 교화시키는 데 도움이 되고자 함이었으니, 우맹과 우전의 우희가 바로 그렇다"라는 언급이 있다. 어숙권의 『패관잡기』에는 "배우 같은 자도 능히 탐관오리를 규탄하고 공박할 수 있다" 또는 "배우도 또한 백성에게 유익함이 있다"는 언급이 보인다. 즉 우희가 관객에게 웃음을 주는 것만이 아니라 항간의 시사를 엮어 백성에게 유익함을 준다는 점을 강조했다.

중국 우희에는 임금을 풍간하는 내용, 부패한 관원을 풍자하는 시사적인 성격을 띤 내용, 흉내 내기 연희, 주유희(侏儒戲, 난쟁이놀이)가 있었다. 이미 앞에서 살펴본 것처럼 고려시대 우희도 내용이 동일했으며 우희, 창우희, 배우희 등 다양한 명칭이 사용되었다. 조선시대 우희도 고려 때와 같은 내용이다. 연희의 명칭도 동일한데, 문헌에 나타난 예는 다음과 같다. 『지양만록(芝陽漫錄)』의 「도목정사놀이(都目政事)」에서는 "임금이 심기가 불편해 침울함을 참다 명을 내려 창우희를 펼치게 했다. 임금이 조금도 웃음을 보이지 않자 창우가 이에 간청해 이조와 병조의 도목정사놀이를 행했다(上不豫時 靡堪沈鬱 命陳倡優戲 未嘗一笑 倡優乃請爲吏兵都目政事)"고 하며 창우희라는 용어를 사용했다. 유몽인의 『어우야담』에서는 우희라는 말을 사용했다. 또 『어우야담』에서는 귀석(貴石)의 우희를 다룬 부분에서 배희(俳戲)라는 용어도 사용했다. 조선시대도 고려시대와 마찬가지로 우희, 창우희, 배우희(배희)라는 용어를 사용한 것이다.

한국 가면극에 등장하는 인물의 성격과 극적 형식은 나례에 등장하는 인물 성격과 구나 형식에 크게 영향을 받은 것으로 나타난다. 즉 나례의 오방귀무·오방처용무와 가면극의 오방신장무, 나례의 사자무와 가면극의 사자무, 나례의 소매와 가면극의 소무 및 소매각시, 나례의 처용 및 역신과 가면극의 취발이와 노장, 나례의 구나 형식과 팔먹중춤의 극적 형식 등은 매우 밀접한 관련을 보여준다.[5]

한편 나례와 밀접한 관련이 있는 처용무는 조선 초기부터 고려시대와는 다른 새로운 모습으로 나타난다. 오방처용무와 학·연화대·처용무합설이라는 종합 가

무극이 그것이다.

성현의 『용재총화』에서는 처용무의 변천 과정을 다음과 같이 밝히고 있다.

> 처용희는 신라 헌강왕 때부터 시작되었다. 신인(神人)이 바다에서 나와 처음에는 개운포에 나타났다 왕도(王都)로 들어왔는데, 그 사람됨이 기위(奇偉, 뛰어나게 훌륭함)하고 독특해 노래와 춤추기를 좋아했다. 익재(益齋) 이제현(李齊賢)의 시에 "자개 같은 이와 붉은 입술로 달밤에 노래하는데, 솔개인 양 으쓱한 어깨에 붉은 소매가 봄바람에 춤춘다" 한 것이 이것이다.
>
> 처음에는 한 사람으로 하여금 검은 베옷에 사모(紗帽)를 쓰고 춤추게 했는데, 그 뒤에 오방처용(五方處容)이 되었다. 세종이 그 곡절을 참작하고 가사를 고쳐 봉황음(鳳凰吟)이라 이름하고, 마침내 조정의 정악(正樂)으로 삼았으며, 세조가 제(制)를 늘여 크게 악(樂)을 합주하게 했다.[6]

인용문으로 신라 헌강왕대에 처용이 있었고, 고려 말에 처용을 자개 같은 이, 붉은 입술, 으쓱한 어깨의 모습으로 표현했으며, 처음에는 처용무가 1인무였으나 후대에 5인무가 되었다는 사실을 알 수 있다.

『악학궤범』 권5 학·연화대·처용무합설조에서는 조선 전기의 나례에서 처용무로 오방처용무가 연행되었음을 전해준다.

> 12월 그믐 하루 전날 오경(五更) 초에 악사, 여기, 악공 등이 대궐에 나아간다. 이날 나례 때에 악사가 여기와 악공을 거느리고 음악을 연주한다. 구나 후 안뜰에 지당구(池塘具, 연못처럼 생긴 무대)를 설치하고, 악사가 두 동녀(童女)를 거느리고 들어가 연화(蓮花) 가운데 앉히고 안뜰에서 나와 절차를 기다린다. 무릇 구나 뒤에 처용무를 두 번 춘다.[7]

이상과 같이, 조선 전기의 나례에서는 처용무를 두 번 췄다. 첫 번째를 '전도(前度) 처용무', 두 번째를 '후도(後度) 처용무'라 한다. 이는 악공들이 음악을 연주하고 기녀들이 노래하는 가운데 처용무, 학무, 연화대무(蓮花臺舞)를 추는 내용이다.

전도 처용무에서는 학, 연화대, 회무(回舞) 등을 연행하지 않았다. 먼저 악공이 〈봉황음(鳳凰吟)〉 일기(一機)를 연주하면 여기가 〈처용가〉를 부른다. 이어 〈봉황음〉 중기(中機), 〈봉황음〉 급기(急機), 〈삼진작(三眞勺)〉, 〈정읍(井邑)〉 급기, 〈북전(北殿)〉 순서대로 연주되는 음악에 맞춰 여기가 노래를 부르는 가운데 청처용(靑處容), 홍처용(紅處容), 황처용(黃處容), 흑처용(黑處容), 백처용(白處容) 등 다섯 처용이 춤을 춘다.

후도 처용무는 청학춤과 백학춤, 오방처용무, 연화대무로 짜였을 뿐 아니라 다양한 음악 반주와 노래가 동원되는 등 종합가무극의 성격을 띠었다. 먼저 악공들이 〈영산회상(靈山會相)〉 만기(慢機)를 연주하면, 여기와 악공이 일제히 가사 〈영산회상불보살(靈山會相佛菩薩)〉을 부르고 오방처용이 춤을 춘다. 이어 〈보허자령(步虛子令)〉을 연주하고 박을 치면 청학과 백학이 나아가고 물러나며 춤을 추다 연화를 쫀다. 그 속에서 동녀 둘이 나오면 학 두 마리가 놀라 뛰어서 물러간다. 두 동녀가 지당(池塘)에서 내려와 가지런히 서서 절차대로 연기한다. 이것이 연화대무다.[8] 다시 음악이 처용 만기를 연주하면 오방의 처용이 춤을 춘다. 이어서 〈미타찬(彌陀讚)〉, 〈본사찬(本師讚)〉, 〈관음찬(觀音讚)〉 연주에 맞춰 여기들이 노래를 부른다.

한편 앞서 인용한 『용재총화』와 같이 처용무는 조선 초기 세종, 세조 때 정악으로 개편되어 의례에 사용되었다. 그 후 연산군 때에 이르러 처용무는 또 한 차례 변화를 겪는다. 『연산군일기(燕山君日記)』에는 처용무 관련 기사가 무려 스물여덟 건이나 담겨 있다. 중요한 내용을 보면 다음과 같다. 우선 나례와 관계없이 각종 연향(宴享)에서 처용무를 자주 추게 했으며, 연산군 10년 5월 22일에는 '왕이 직접 처용 가면을 쓰고 바로 대비 앞으로 가서 춤추고 뛰놀며 홍청에게 노래로 응답하게 한 일'도 벌어졌다. 그리고 "처용무에 기생을 쓰지 말고 남자 재인을 쓰라"(세종 25년 1월 25일)는 세종의 명과는 반대로 "기녀에게 처용무를 가르치고 연습시켜 한결같이 향연 때 사용하도록 하라"(연산군 10년 12월 13일)고 명했다. 또 장악원 제조 이계동, 임숭재의 말에 따라 "사모를 화려하게 바꾸고 금박 가루를 아교풀에 갠 이금(泥金)과 진한 불투명 채색인 진채(眞彩)를 사용"(연산군 10년 12월 15일)하도록 하거나, "처용 가면을 여자 얼굴같이 가볍고 편하게 만들도록"(연산군 10년 12월 21일) 해, 처용무 가면과 복색에 전반적인 변화를 일으켰다. 연산군은 술에 취하면 기꺼이 처용의를 입고 처용무를 추며 스스로 노래하기도 했고(연산군 11년 4월 7일), 칼을 휘두르며 처용무를 추기도(연산군 11년 10월 9일) 했다.

> 아상복(迓祥服, 경사를 맞아 입는 옷)을 입는 데는 연연아(燕燕兒), 일점홍(一點紅), 연연월(娟娟月), 암향매(暗香梅) 등이 알맞겠으니 처용무를 미리 익히게 하라. 다만 지금 이른바 처용무라는 것은 진위를 모르겠으되, 전에 여산(余山)이 대내(大內)에 들어와 정재할 적에 팔을 그리 굽히지 않았으나 추는 모양이 매우 볼 만했으니, 춤을 배우는 자로 하여금 본받게 하라.
>
> — 『연산군일기』 11년 1월 9일조

위 기사에서 연산군은 기녀들에게 처용무를 가르칠 것을 명하면서 동작까지 자신의 취향에 맞게 요구했다. 연산군 때 처용무가 남성적인 춤에서 벗어나 기녀들의 궁중무에 어울리는 춤으로 바뀐 것이다. 그래서 원래 처용무가 갖고 있던 주술적인 측면이 약화되고, 연악무(宴樂舞)의 성격을 띠게 되었다.

김홍도(金弘道: 1745~?)의 《평안감사향연도(平安監司饗宴圖)》,[118] 사대부가의 수연(壽宴)을 묘사한 〈담악연도(湛樂宴圖)〉,[119] 영조가 쉰한 살 되던 1744년(영조 20) 9월 기로소(耆老所)에 들어간 것을 기념해 그린 《기사경회첩(耆社慶會帖)》, 현종 9년(1668) 11월 당시 영중추부사 이경석(李景奭: 1595~1671)이 궤장(几杖, 안석과 지팡이)을 하사받은 사실[9]을 기념해 제작한 《이경석사궤장연회도첩(李景奭賜几杖宴會圖帖)》[120] 등과 과거 급제 축하 잔치인 문희연 장면을 묘사한 송만재(宋晩載)의 〈관우희(觀優戲)〉(1843)에서도 오방처용무가 발견된다. 이는 궁중뿐만 아니라 민간에서도 오방처용무가 연행되었음을 의미한다. 궁중 행사에 동원된 재인과 선상기(選上妓)는 행사 후에 고향으로 돌아가 활동했기 때문에 오방처용무뿐만 아니라 학춤, 포구락, 헌선도 등 궁중에서 공연한 종목들이 민간으로 전해졌다.

118 전 김홍도, 〈부벽루연회도〉(《평안감사향연도》 세부), 조선 후기, 국립중앙박물관. 오방처용무 외에 삼현육각 악사, 박, 무고(舞鼓), 검무, 포구락, 헌선도 등 공연 장면도 담겨 있다.

119 〈담악연도〉 세부, 오방처용무 연행 장면, 18세기. 개인 소장.

120 《이경석사궤장연회도첩》 오방처용무 연행 장면, 1668, 고려대 박물관.

중국 사신 영접 행사의 전통연희

조선에서 중국 사신을 영접하는 일은 국가의 매우 중요한 행사였다. 특히 조선 전기에 명나라 사신이 올 때는 광화문 밖 양쪽에 광화문처럼 높고 큰 산대를 하나씩, 모두 두 개를 만들었다. 이를 대산대라고 부른다. 그러나 임병 양란을 거치면서 국가의 재정이 어려워졌고, 광화문 앞에 대산대를 세우던 장소에 다른 건물들이 들어서서 대산대를 세울 만한 공간이 부족했다. 중국 정권도 명나라에서 오랑캐가 세운 청나라로 바뀌면서 중국 사신 영접의 열기가 시들해졌다. 그래서 조선 후기에는 대산대를 세우는 일은 없어졌고, 대신 산거(山車)·산붕(山棚)·윤거(輪車)·예산대(曳山臺)·예산붕(曳山棚) 등으로 불렸던 소규모 산대를 사용했다.

세종 32년(1450) 윤정월에 명나라 사신으로 왔던 예겸(倪謙: 1415~1479)의 『조선기사(朝鮮紀事)』에 의하면, 당시 중국 사신 영접 때 평양, 황주, 개성, 서울에서 오산과 채붕을 설치하고 연희를 공연했다.[10]

> (가) (서경) 대동관 문 밖에 이르르니, 동쪽과 남쪽 두 곳에 각각 오산(鰲山)과 채붕을 설치하고 그 위아래에 영기(伶妓)들을 나열시키고 여러 놀이를 했다.[11]
>
> (나) 황해도 황주에 이르니 관찰사 신구근이 관료들을 거느리고 조서를 맞이했다. 향정·용정·황의장·고악(음악대)을 나열시켰다. 잡희를 하는 것과 오산·채붕 등은 서경의 경우와 모두 같았다.[12]
>
> (다) 개성부에 이르니 …조서를 맞이했다. 향정·용정·황의장·고악(음악대)을 나열시켰다. 잡희를 하는 것과 오산·채붕 등을 갖춘 것이 황해도의 경우와 같았다.[13]

(라) 경복궁 문에 이르니, 동쪽과 남쪽 두 곳에 오산을 성대하게 설치하고 춤추는 기녀들이 나왔다.[14]

(가)에 의하면, 평양에서는 오산(산대)과 채붕을 설치하고 그 위와 아래에서 공연을 펼쳤다. 위에서 영기들이 공연한 것은 이동식 소형 산대가 아니라 고정적으로 설치한 산대였을 것이다. 또는 채붕 위에 올라갔을 수도 있다. 채붕도 산처럼 꾸미는 경우가 많았기 때문에 채붕도 산에 해당한다고 볼 수 있다. 한글본《정리의궤(整理儀軌)》의 채색화 〈낙성연도〉에서는 채붕을 산으로 표현하기 위해 지붕에 소나무가지를 잔뜩 꽂아 놓았다. 즉 채붕산인 것이다.

연희자들이 산대 위에 올라가서 공연한 기록은『인종실록』1년(1545) 4월 27일조에도 "오늘 광화문 밖의 좌우의 산대 위에서 크게 잡희를 바쳐 보였으니, (이어 때에 보았다.) 내가 참으로 미안하다. 산대를 설치한 것은 다만 중국 사신을 위한 것이고 나를 위한 것이 아닌데 감히 잡희를 한단 말인가. 이 뒤로는 내가 출입할 때에 다시는 이렇게 하지 말라"[15]라는 내용이 보인다. 여기서의 좌우 산대는 중국 사신 영접을 위해 광화문 앞에 세운 대산대이다. 인종은 4월 28일에 모화관으로 나가 중국 사신을 맞이하기 위해, 4월 27일 창덕궁에서 경복궁으로 옮겨갔다. 이때 인종을 위해 광화문 앞의 좌우 산대의 위에서 잡희를 펼쳤기 때문에 위와 같은 말을 한 것이다.

대산대는 고정된 대규모의 산대이므로 연희자가 올라갈 수도 있었다. 그러나『인종실록』1년(1545) 5월 11일조에 의하면, 이때 군기시가 세운 산대의 한 모퉁이가 무너져 구경하던 사람들이 많이 깔려 수십 명이나 죽었다고 한다. 이후로는 산대 위에 사람이 올라가는 것을 주의했을 것이다. 그래서 앞으로 살펴볼 산대와 산붕 관련 기록에서는 대부분 산대나 산붕 위에 잡상을 설치했다는 내용만 보이고, 연희자가 직접 그 위에 올라가서 공연했다는 기록은 보이지 않는다. 혹시 연희자가 산대나 산붕 위에 올라가서 공연했을 가능성도 완전히 배제할 수는 없지만, 대부분의 기록에서는 이 구조물들 위에 잡상을 세웠다는 내용만 보인다.

(나)는 황해도 황주에서도 중국 사신 영접 시에 오산과 채붕을 설치했으며, 악기를 연주하고 잡희를 연행했음을 전해준다.

(다)는 개성부의 중국 사신 영접 행사를 기술하고 있는데, 잡희를 연행하는 것과 오산·채붕을 갖춘 것이 황해도와 같았다고 한다.

(라)에서는 "盛結鰲山"이라는 표현이 주목된다. 이는 광화문 앞에 세운 산대가 평양, 황주, 개성에 비해 훨씬 컸다는 사실을 강조하기 위한 것인 듯하다. (가)~(다)에는 "盛"이라는 용어가 보이지 않는다.

성현의 「관괴뢰잡희(觀傀儡雜戱)」는 중국 사신 영접 행사의 연희를 묘사한 것이다.[16]

煌煌金帶耀朱衣	번쩍번쩍 금빛 허리띠 붉은 옷에 빛나는데
跟絓投身條似飛	거꾸로 매달렸다 몸을 날리니 새가 나는 듯하네.
走索弄丸多巧術	줄타기 방울 받기 기술도 많은데
穿絲刻木逞神機	나무 인형에 실 꿰어 신기한 동작 자유롭구나.
宋家郭禿奚專美	어찌 인형놀이가 오로지 아름다움만 추구하리오.
漢朝平城可解圍	한 고조는 평성에서 풀려날 수 있었다네.
爲敬朝廷陳縟禮	공경코자 조정에서 여러 예를 베푸노라니
皇華眼大定嘲譏	중국 사신 눈이 커져 마땅히 비난하리라.[17]

— 성현, 『허백당집(虛白堂集)』 권14 「관괴뢰잡희」

마지막 행 "중국 사신 눈이 커져 마땅히 비난하리라"는 중국 사신이 자신을 영접하는 행사의 연희가 뛰어나 눈을 크게 뜨며 놀라면서도, 이런 잡희를 뭐하러 그렇게 성대하게 벌이느냐고 비난할 것이라는 성현의 유학자적인 생각을 담은 대목이다. 사신 영접 행사에서 연행된 땅재주 또는 솟대타기, 줄타기, 방울 받기, 인형극 등이 매우 수준 높았음을 짐작할 수 있다.

성종 19년(1488) 3월, 조선에 사신으로 온 명나라 동월(董越)의 「조선부(朝鮮賦)」에 의하면, 중국 사신 영접 시에 평양, 황주와 서울 광화문에 산대를 가설하고 백희를 공연했다고 한다.

누대는 모두 무늬 있는 비단옷을 입는다(거리의 집들은 모두 명나라 조정에서 반

> 포해 내려준 예법, 제도와 같고, 채색 비단을 벌여놓고 그림을 걸어둔다). 음악은 느린 듯하면서도 빠르고, 쇠북과 경쇠 설치대는 화려하고 또한 곱다. 침단향(沈檀香)은 새벽 해의 연기와 안개를 뿜는 것 같고, 복숭아와 오얏은 봄바람에 날리는 비단처럼 아름답다. 연이어 모여드는 거마(車馬) 소리가 울리고, 만연(曼衍)의 어룡(魚龍) 유희가 나온다(이하는 모두 백희를 베풀어 조서를 맞는 광경을 말한다). 자라는 산을 이고 봉래산과 영주산이 있는 바다 해를 둘러싸고(광화문 밖에 동서로 오산鰲山 두 자리를 벌였는데, 높이가 광화문과 같고 극히 교묘하다) 원숭이는 아들을 안고 무산협(巫山峽) 물을 마신다(사람의 양 어깨에 어린아이 둘을 세우고 춤을 춘다). 땅재주를 넘으매 상국(相國)의 곰은 말할 것도 없고, 긴 바람에 울거니 어찌 소금 수레를 끄는 훌륭한 말이 있겠는가? 많은 줄을 따라 내리매 가볍기는 능파선자(凌波仙子, 가볍게 걷는 미인)와 같고, 외나무 솟대를 타는 모습[躡獨趫]에 날뛰는 산귀신인가 놀라며 본다. 사자와 코끼리를 장식했는데 모두 벗긴 말가죽을 뒤집어썼고, 원조(鵷鳥)와 난조(鸞鳥) 춤을 추매 들쑥날쑥한 꿩 꼬리를 모았도다. 대개 황해도나 서경(평양)에서 베푸는 솔무(率舞)를 봐도 모두 이처럼 좋고 아름답지 못했다.[18]

이상과 같이 성종 때 열린 사신 영접 행사의 백희는 만연어룡지희, 무동, 땅재주, 솟대타기, 각종 동물춤 등이었다. "원숭이는 아들을 안고 무산협 물을 마신다"는 구절은 아이가 어른의 어깨에 올라가 추는 무동춤을 표현한 것이다.

"땅재주를 넘으매 상국의 곰은 말할 것도 없고"라고 한 것은 송나라 서울에 상국사(相國寺)란 절이 있는데, 그 앞에 곰이 곤두박질로 땅재주 넘는 것을 구경하는 곳이 있었기 때문이다.

섭독교(躡獨趫)는 솟대타기를 말한다. 섭(躡)은 '밟다' 또는 '오르다'라는 뜻이고, 교(趫)는 '행동이 민첩해 나무에 잘 오른다'는 뜻이다. 또 '교'는 '나무에 잘 올라가는 사람'을 의미하기도 한다.[19] 그러므로 섭독교는 외나무 장대에 올라가 재주를 부리는 솟대타기를 의미하는 것이다. 장형의 「서경부」에 "날렵하게 높은 곳에 잘 올라가는 도로 사람들이 아니라면 누가 저렇게 높이 올라갈 수 있으랴(非都盧之輕趫孰能超而究升)"라는 구절이 있는데, 여기서도 솟대타기의 '교'의 용례가 보인다. 서역 도로국 사람들이 솟대타기를 잘했으므로 중국에서는 솟대타기를 도로심장이라 불렀다.

"사자와 코끼리를 장식했는데 모두 벗긴 말가죽을 뒤집어썼다"는 내용에서 사자와 코끼리는 가장물이거나 그 동물을 형상화한 가장물을 뒤집어쓰고 추는 사자춤이나 코끼리춤으로 보이는데, 후자일 가능성이 높다. 왜냐하면 인용한 구절에 바로 이어서 "무원난(舞鵷鸞)"이라 해 원조와 난조의 춤이 나오기 때문이다. 김홍도가 그린 《평안감사향연도》와 《화성성역의궤(華城城役儀軌)》의 〈낙성연도(落成宴圖)〉에도 사자춤이 보인다. 《평안감사향연도》에는 가짜 사자 두 마리로 꾸민 사자춤, 그리고 가짜 학 두 마리로 꾸민 학춤이 묘사되어 있다. 〈낙성연도〉에는 몰이꾼 세 명이 가장한 사자와 가장한 호랑이 한 마리를 놀리는 장면이 있다. 이와 같이 조선시대의 여러 행사에서 각종 동물 가면춤이 공연된 사실을 확인할 수 있으므로, 여기서 가장물로 꾸민 사자와 코끼리도 사자춤과 코끼리춤으로 짐작된다.

한편 "광화문 밖에 동서로 오산 두 자리를 벌였는데, 높이가 광화문과 같고 극히 교묘하다"는 광화문 밖 좌우에 설치한 커다란 산대를 가리킨다. 산대의 형태가 오산, 즉 봉래산처럼 생겼기 때문에 산대를 오산이라 표현한 것이다. 고려 말 이색의 『목은집』 권33에 실린 시 「산대잡극」에서 "산대를 얽어맨 것이 봉래산 같고"라 표현한 것처럼, 산대는 실제로 봉래산 모양으로 만들었다.

이미 한대 장형의 「서경부」에도 산대 같은 구조물 묘사가 있다. 이 구조물은 산 모양으로 만들었는데, 높고 낮은 봉우리들이 있고 나무와 풀에는 붉은 열매가 달렸다. 거기서 총회선창을 한다. 백제금동대향로처럼 봉래산 형태로 무대를 제작하고, 거기서 신선이나 동물로 가장한 연희자들이 등장해 공연하는 것이 바로 총회선창이다. 그동안 이 무대 구조물은 오산, 산대, 산거 등으로 불려왔다.

『중종실록』에서는 동일한 무대 구조물을 지칭하면서 산대와 오산이라는 용어를 함께 사용했다.

> 두 사신이 즐거워하며 관람하다 해 질 무렵 돌아와 대동관(大同館)의 대문 밖 섬돌에 앉아 산대잡희를 구경하는데, 날이 어두워졌으므로 횃불을 들어 밝히라고 했

> 습니다. 그런데 그때 갑자기 산대의 소나무 사이에서 불이 나 불꽃이 충천해 풍월루(風月樓) 서쪽 행랑으로 번졌습니다. 두 사신은 앉기도 하고 서기도 하면서 친히 불 끄는 것을 독려하는데, 불길이 더욱 치열해져 산대의 대나무가 모두 불타버렸습니다. …즉시 밖으로 나가 대문 밖 계단에서 두목들로 하여금 긴 밧줄로 산대를 끌어당겨 넘어뜨리게 했습니다.

이는 중종 34년 4월 5일 중국 사신이 평양에서 산대잡희를 구경할 때 산대에 불이 난 사건을 기록한 것으로, 산대라는 용어를 여러 번 반복했다.

> 상(上)이 말하기를, "풍진(風塵)을 무릅쓰고 먼 길을 오시느라 귀체(貴體)가 매우 수고로우셨습니다" 하니, 정사(正使)가 말하기를, "평양 오산(鼇山) 실화(失火) 사건은 실로 우리들 때문에 일어난 것이고…."
> 상이 말하기를, "영접하는 등의 일은 예의상 당연히 해야 하는 것인데 무슨 사례하실 것이 있겠습니까. 평양 관리들이 일을 신중히 하지 못해 오산 실화가 발생해 귀하신 몸을 놀라게 했는데"라고 했다.

이 기록은 중종 34년 4월 10일 서울에 온 사신들이 중종과 주고받은 대화인데, 4월 5일 평양에서 발생한 화재를 언급했다. 그러나 이 기록에서는 중종과 중국 사신 모두 산대라는 용어 대신 오산이라는 용어를 썼다. 두 인용문으로 산대와 오산이 결국 동일한 용어라는 사실을 다시 한 번 확인할 수 있다.

한편 산대 위에는 잡상과 인물상을 많이 설치한 것으로 나타난다.

> 천사(天使, 중국 사신)가… 대동관 앞 오산 밑에 이르러서는 친히 손으로 다정(茶亭)을 만져보고 잡상을 세밀히 관찰했으며, 오산에도 올라가려 하다 도로 그만뒀습니다. 드디어 대동문(大同門)에 이르러 선 채로 우인들의 잡희를 구경하다 이어 쾌재정(快哉亭)으로 가 해가 저물어서야 내려왔습니다.[20]
>
> — 『중종실록』 32년 3월 4일조

잡상을 많이 설치해 산대를 멋있게 꾸몄으므로 중국 사신이 잡상들을 자세히 관찰하고 산대 위로 올라가려 할 정도였다는 내용이다. 산대는 신선의 거처인 오산(봉래산)을 형상화했기 때문에 선산(仙山) 분위기를 연출하기 위해 산봉우리, 나무, 꽃, 신선 등 잡상이 많이 필요한 것이다.

> 석강(夕講)에 나아갔다. 시강관(侍講官) 권찬(權纘)이 아뢰기를, "근래 재앙은 옛날이나 지금이나 없던 것들입니다. 산대놀이 때 인물 잡상 중에 공자의 화상을 만들어 그 위에 액자(額字, 현판에 쓰는 큰 글자)를 쓴 것도 있었다고 하니 듣고는 너무 놀랐습니다. 옛날 송의 공도보(孔道輔)가 거란에 사신으로 갔다가, 그곳 광대들이 문선왕(文宣王)을 놓고 놀이하는 것을 보고는 발끈해 그 길로 뛰쳐나와 거란주(契丹主)에게 말했습니다. '광대 무리가 선성(先聖)을 모독하는데도 금지하지 않은 것은 북조의 잘못이다'라고 했습니다. 더구나 우리나라는 당당한 예의의 나라로 선성의 화상을 잡희에 설치하고 중국 사람들에게 보임으로써 국가 체면을 손상시켰으니 매우 잘못된 일입니다." …이에 왕이 "공자 화상을 만든 일이 비록 전례가 있긴 하지만 그 일을 답습한다는 것은 매우 잘못된 일이다"라고 말했다.[21]
>
> — 『중종실록』 34년 5월

인용문에 의하면 산대에 인물상도 많이 제작해 전시한 듯하다. 권찬은 임금에게 산대놀이를 놀 때 잡상으로 성인 상을 설치하는 것은 옳지 않다고 말하고 있다. 왕도 동의했다. 그런데 이것을 중국 사람들에게 보였다는 내용이 있어, 사신 영접 행사에서 산대를 설치하고 인물 잡상을 진열했음을 알 수 있다.

중국 사신 영접 행사의 연희 장면을 전해주는 것으로 아극돈(阿克敦: 1685~1756)의 《봉사도》가 있다.[22] 아극돈은 1717년에서 1725년 사이 네 차례나 조선에 사신으로 왔는데, 1725년(영조 1)에 조선에 관한 풍물과 자신에 대한 영접 행사를 묘사한 스무 폭짜리 화첩을 완성했다. 이 중 제7폭에 그려진 모화관(慕華館) 마당 연희 공연**121**을 보면 객사 바로 앞에서 연희자가 대접돌리기를 한다. 마당 가운데서는 연희자 셋이 땅재주인 물구나무서기를 하고, 이들 양옆에서 각각 두 명씩 모두 네 명이 탈춤을 춘다. 마당 왼쪽에서는 줄타기를 하고, 오른쪽에는

121 《봉사도》 제7폭. 모화관에서 행한 중국 사신 영접 연희. 왼쪽부터 줄타기, 접시돌리기, 탈춤, 땅재주, 예산대.

산거(山車), 윤거(輪車), 예산대(曳山臺), 예산붕(曳山棚), 헌가산대(軒架山臺) 등으로도 불린 소규모 산대가 보인다. 제11폭에는 솟대타기를 하는 연희자도 있다.[122]

《봉사도》 제7폭 그림의 배경이 된 모화관은 중국 사신이 서울에 들어오기 전에 머물던 곳으로, 지금의 독립문 근처다. 조선에서는 중국 사신이 모화관에 머무는 동안 의례적으로 놀이판을 벌였다. 『태종실록』 8년(1408) 4월 16일조에서 구체적으로 볼 수 있다.

조정의 내사(內史) 황엄(黃儼), 전가화(田嘉禾), 해수(海壽), 한첩목아(韓帖木兒)

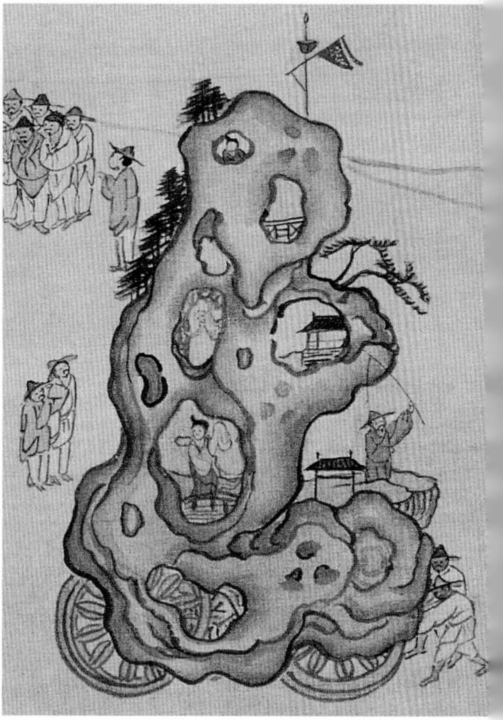

122 《봉사도》 제11폭 솟대타기.
123 《봉사도》 제7폭(세부). 모화관에서 행한 중국 사신 영접 연희의 예산대.

와 상보사상보(尙寶司尙寶) 기원(奇原) 등이 오니, 산붕(山棚)을 만들어 나례와 백희를 베풀고, 임금이 백관을 거느리고 모화루(慕華樓)에서 영접했다.

인용문으로 조선 초기부터 모화관에서 중국 사신을 환영하는 연희가 베풀어졌음을 확인할 수 있다. 이 기록의 산붕은 바로《봉사도》제7폭에 묘사된 이동식 소규모 산대를 말한다.**123** 그리고 나례와 백희를 베풀었다는 것은 나례에서 연행되던 연희 종목과 백희에 해당하는 연희 종목을 공연했음을 의미한다. 바로《봉사도》제7폭과 제11폭에 묘사된 줄타기, 땅재주, 대접돌리기, 솟대타기 등을 포함하는 각종 연희를 가리킨다. 그러나 이 기록의 나례와 백희는《봉사도》연희들보다 훨씬 다양하고 성대했을 것이다.

조선 전기에는 명나라 사신을 맞는 영접 행사를 매우 성대하게 치렀다. 그러나 조선 후기 들어 만주족이 세운 청나라가 들어서자 중국 사신 영접 행사가 간소해졌는데, 당시 고조되던 배청의식 때문이었을 것이다. 앞서 인용한 명나라 사신 동월의 「조선부」에 의하면, 성종 19년(1488)만 해도 불 토해내기, 만연어룡지희, 무동, 땅재주, 솟대타기와 사자춤, 코끼리춤, 원조춤, 난조춤 등 각종 동물 가면춤이 있었다. 그리고 광화문 밖에는 동서로 두 오산, 즉 산대를 설치했다. 이때 산대는 대산대로 대규모였을 것이다.

나례도감의 주된 업무는 산대를 만들고 외방재인(外方才人)을 차출하는 일이었다. 광화문 밖에 산대를 두 개씩 세우는 관습에 따라 나례도감은 좌우로 나뉘었다. 그리하여 좌변나례도감인 의금부와 우변나례도감인 군기시가 각각 좌산대와 우산대를 설치했다.

> 의금부가 아뢰기를, "(양쪽) 산대에 소요되는 역군(役軍)도 그전에는 그것을 수군(水軍)으로 정해 의금부가 천사백 명, 군기시가 천삼백 명이었습니다."
>
> — 『광해군일기(光海君日記)』 12년 9월 3일조

> 호조가 아뢰기를, "나례청(儺禮廳)의 잡상인 주지(注之, 꽃 모양 장식), 광대(廣大) 등의 물품을, 우변나례청은 이미 이전에 쓰던 것으로 수리해 만들었는데, 좌변나례청은 우리 호조에서 마련하도록 했습니다" 했다.
>
> — 『광해군일기』 8년 8월 20일조

> 산대 좌우변의 장인과 재인 등에게 쌀과 베를 차등 있게 내렸다.
>
> — 『연산군일기』 12년 1월 16일조

> 군기시가 세운 산대 한 모퉁이가 무너져(예전부터 내려오는 관례가, 광화문 밖에 의금부와 군기시가 좌우로 나뉘어 산대를 설치해 각각 마음껏 연희하는데, 모두가 조사詔使를 위한 것이다) 구경하던 자가 많이 깔려 죽었는데, 그 수가 수십 명이나 되었다.
>
> — 『인종실록』 1년 5월 11일조

인용문을 통해, 좌변나례도감인 의금부와 우변나례도감인 군기시가 많은 수군을 동원해 광화문 밖에 각각 좌산대와 우산대를 만들고, 잡상도 좌변나례도감(좌변나례청)과 우변나례도감(우변나례청)이 별도로 만들었으며, 장인과 재인도 각각 좌변나례도감(좌변산대)과 우변나례도감(우변산대)에 나뉘어 소속된 사실을 알 수 있다.

다음 인용문은 산대에 대산대(大山臺), 예산대(曳山臺), 다정산대(茶亭山臺) 등 여러 종류가 있었음을 밝혀준다.

> 예조에서 아뢰었다. "정희왕후의 신주를 부묘할 때에 산대, 나례, 결채(結綵, 임금이나 사신 행차 시 여러 빛깔 천으로 문이나 지붕, 다리, 누대 등을 장식하는 것) 등을 모두 정지하라 명하셨습니다. 신들이 생각하건대 부묘는 중한 예식이므로 조종조에서 모두 이 예식을 썼으니, 대산대는 비록 쓸 수 없을지라도 예산대, 다정산대, 결채, 나례, 여기, 정재 등의 일은 조종조의 예에 의해 행하는 것이 어떻겠습니까?"[23]
>
> — 『성종실록』 16년 1월 17일조

다음 인용문은 광해군 12년(1620) 9월에 중국 사신을 맞이할 때, 산대 설치에 대해 이전 사례를 들어 설명한 내용인데, 규모로 보아 대산대임을 알 수 있다.

> 의금부에서 제의했다. "예조에서는 황제가 새로 즉위한 것과 관련해 오는 사신을 위해 채붕을 만드는 데 대해 비망기(備忘記)가 내렸기 때문에 본 의금부에 공문을 띄웠습니다. …호조가 간직한 채붕 의식을 상고해보고, 임오년 중국 사신이 왔을 때의 산대도감 하인을 찾아 물어봤더니, 채붕에 소요되는 하고많은 물품은 그만두고라도 당시 도감의 하인으로 아직 남아 있는 사람이라곤 서리, 서원, 사령 각 한 명씩뿐이었습니다. 그리하여 그들에게 자세히 물었더니 그들 말이, 좌우편에 각각 봄산[春山], 여름산[夏山], 가을산[秋山], 겨울산[雪山]을 만드는데, 산마다 상죽(上竹) 세 대와 차죽(次竹) 여섯 대가 들어간다고 합니다. 상죽은 길이가 각각 구십 척이고 차죽 길이는 각각 팔십 척인데, 양쪽 산대에 드는 것을 계산하면 들어가야 할 상죽이 스물네 대, 차죽이 마흔여덟 대이며 그 밖에 들어가야 할 기둥 나무

가 이루 셀 수 없이 많습니다. 가장 짧은 나무라 해도 이십여 자 아래로 내려가는 것이 없습니다.

…전란이 일어나기 전에는 경복궁 문밖 지형이 넓어 양쪽에 산대를 배치하기에 넉넉했습니다. 그런데 지금 돈화문 밖은 좌우편이 매우 비좁아서, 오른편은 반드시 비변사를 헐어내야만 무대를 만들 수 있고 왼편은 금용교(禁用橋) 수문 밑이어서 형편상 배치하기가 어려우니 이것도 걱정이 됩니다. …고천준(顧天俊) 이후로는 중국 사신이 왔을 때 산대를 설치한 일이 한 번도 없으니, 이는 중국 조정에서도 다 아는 일입니다. …궐문 밖 산대만은 그냥 종전대로 실행하지 않는 것이 편리할 것 같습니다.

—『광해군일기』 12년 9월 3일조

이 기록으로 궐문 밖에 대규모로 설치하던 대산대는 선조 35년(1602) 3월 중국 사신 고천준의 방문 이후로는 설치하지 않은 것을 알 수 있다.

《봉사도》에 그려진 산대는 바퀴를 달아 끌고 다니는 것으로, 흔히 예산대 또는 산거, 산붕이라 불리던 것이다. 그런데 다음 시와 같이, 아극돈은 이 산대를 오산이라 표현했다.[24]

上宮張樂迎　상궁에서 풍악을 울려 맞이하고
百戲呈傀儡　백희와 괴뢰희를 바치네.
鼇山陸地行　오산은 땅에서 움직이고
綵索架空起　채색 밧줄은 허공을 가로질러 높이 솟았네.

—《봉사도》 제7폭을 읊은 시

《봉사도》의 예산대에는 인물 잡상이 보인다.**123 참조** 아래부터 보면 맨 아래 낚시질하는 신선과 춤추는 선녀 인형이 있고, 가운데 원숭이 인형이 있으며, 맨 위에 붉은 옷을 입은 인형이 상반신만 보인다. 그리고 산 모양 구조물에는 나무와 누대도 설치되었다.

그런데 인형 잡상들은 단순한 진열물이 아니라 기계 장치로 움직이는 잡상놀이일 가능성이 있다. 이 그림에서 예산대는 멈춰 있고 그 앞에서 연희가 펼쳐지는데, 예산대 바퀴 앞쪽과 뒷쪽에서 각각 두 사람이 무엇을 조작하는 동작을 취하고 있다. 산대 위 잡상을 움직이려는 것으로 보인다. 기계 장치로 움직이는 잡상놀이는 일본 산거와 중국 오산에서도 발견된다.

그리고 『정종실록』 22년(1798) 2월 19일조에 동지정사(冬至正使) 김문순(金文淳)이 연경에 갔다 와서, 거기서 보고들은 사실을 임금에게 보고하는 가운데 오산에 설치한 인형 잡상들이 기계 장치로 움직였다는 기록이 있다.

> 이어서 통역관이 태상 황제의 특지에 따라 신들을 인도해 정대광명전(正大光明殿)으로 나아가 좌우 오산을 구경하게 했는데… 오산 형태를 말하자면, 정대광명전 안 동서벽에 모두 층탁(層卓)이 있고, 탁 위에는 오색 찬란한 봉래산 모양을 만들어 놓았는데, 바위 사이 골짜기가 높고 널찍하고 누각이 층층이 겹쳐 있으며, 기이한 새와 짐승[珍禽奇獸], 아름다운 나무와 꽃[琪樹瑤花]이 여기저기 휘황찬란하게 널려 있어 그 형상을 어떻다고 표현할 수가 없었습니다. 그 안에는 기관(機關)을 설치해 밖에서 노끈만 잡아당기면 선관(仙官, 신선)과 미녀가 골짜기에서 나오고 수당(繡幢, 비단으로 꾸민 휘장)과 보개(寶蓋, 아름답게 꾸민 덮개)가 하늘에서 내려오며 닫힌 문이 저절로 열리는데, 그 안에는 사람이 들었고, 내리쏟는 듯 급한 여울에는 돛대와 노가 일제히 움직였습니다. 탁 아래에는 작은 장막을 둘러치고 안에 악기를 설치해, 기관이 잠깐 요동하면 법칙대로 작동하고 그치고 하는데, 소리는 모두 생(笙), 관(管), 사(絲), 종(鐘) 소리였습니다.

이상과 같이 중국 산거나 오산에는 기계 장치로 움직이는 인형 잡상이 설치되었다. 《봉사도》의 예산대는 기암괴석의 산 모양에 나무와 누대 등을 갖췄고, 거기에 낚시질하는 신선 인형, 춤추는 선녀 인형, 원숭이 인형, 붉은 옷 입은 인형 등이 있는데, 따라서 이 인형 잡상도 기계 장치로 움직였을 가능성이 충분하다.[25]

환궁 행사의 전통연희

조선시대에는 임금이 부묘의(祔廟儀), 친경의(親耕儀, 임금이 직접 농사짓는 시범을 보이던 의식), 배릉례(拜陵禮, 선왕의 능에 참배하는 의식) 등을 거행하고 궁궐로 돌아올 때 여러 행사를 베풀었다. 우선 『세종실록』 오례(五禮) 중 「부묘의」에 나오는 환궁 행사를 살펴보자.

> 의금부와 군기감이 종묘의 동구에서 나례를 올리고, 성균관 학생들이 종루의 서쪽 거리에서 가요(歌謠)를 올리고, 교방에서는 혜정교 동쪽에서 가요를 올리고 이어 정재를 한다. 그리고 광화문 밖 좌우에 채붕을 가설한다. 임금이 탄 수레가 광화문 밖 시종신하들이 말에서 내리는 곳에 이르러 잠시 멈추면, 시종신하가 모두 말에서 내려 나눠 서서 엎드린다. 임금이 탄 수레가 지나가면 몸을 바로 한다. 어가가 근정문에 이르면 악(樂)이 그친다.[26]

임금이 부묘의를 마치고 종묘에서 나오면 동구에서 의금부와 군기시(軍器寺, 군기감의 개칭)가 나례를 올린다고 했는데, 이는 의금부와 군기시가 연희자를 감독해 연희를 펼친 것을 의미한다. 이때 나례는 섣달 그믐날의 축귀(逐鬼) 행사가 아니라 나례 연희들을 가리킨다. 평상시에 경중우인(京中優人)을 관리하며 왕실의 공연오락을 주관한 의금부가 좌변나례도감 일을 맡고, 화산대(火山臺) 등 불거리를 연출하는 군기시가 우변나례도감 일을 맡는다. 불놀이인 화산대는 장치와 기구를 사용해 폭죽을 터트리고 불꽃을 일으키는 것인데, 이는 군기시가 평소에 맡은 업무와 관련이 있다.[27] 군기시는 병기, 깃발, 군복 제조를 맡아 보던 기관이었다. 서울에 거주하는 연희자인 경중우인은 중앙 관청인 의금부의 관리를 받았다. 의금부는 순작(巡綽, 순찰), 포도(捕盜, 도둑 체포), 금란(禁亂, 법을 어기거나 사회를 혼란스럽게 하지 못하도록 법으로 금지함)과 왕권에 도전하거나 질서를 유린하는 범인 체포, 구금, 심문, 판결을 담당했다. 그리고 궁정 행사와 관련해 재인을 동원하고 관리하는 역할도 맡았다. 나례도감이 좌우로 나뉜 것은 임금의 행차가 지나는 좌우 양쪽에서 나례를 벌였고, 광화문 밖에 산대나 채붕을 좌우에 하나씩 설치했기 때문이다.

임금이 환궁하는 도중 성균관 유생은 가요를, 교방에서는 가요와 정재를 바쳤다. 광화문 앞 좌우에는 채붕을 설치했다. 이러한 행사에는 온 백성을 대신해 임금의 덕을 칭송하고 큰 경사를 만방에 자랑한다는 뜻이 담겨 있었다.[28]

또『단종실록』2년 7월 16일조에 문종대왕과 현덕왕후의 신주를 종묘에 부묘하고 환궁할 때의 행사에 대한 기록이 있다.

> 북이 삼엄(三嚴)을 알려 노산군(魯山君)이 원유관(遠遊冠)과 강사포(絳紗袍)를 갖추고 연(輦, 가마)을 타고 나가면, 백관이 모두 엎드리고 연이 지나가서야 몸을 바로 한다. 시위(侍衛)는 평상시의 의절(儀節)과 같이 한다. 전후의 고취(鼓吹)가 요란하게 울리고 잇달아서 산붕이 앞에서 인도한다. 잡희도 갖춰 전개된다. 대가(大駕, 임금의 수레)가 종루(鐘樓) 아래에 이르자, 성균(成均) 생원 김유부(金有孚) 등이 가요를 바치니 …연이 혜정교에 이르니 여기(女妓) 담화지(擔花枝) 등이 침향산붕(沈香山棚)을 만들고 가요를 바쳤다. …연이 광화문 밖에 이르니, 좌우 채붕에서 온갖 희롱을 다 지었으며, 여기와 우인도 함께 근정전 뜰로 들어갔고, 연은 근정문에 머물러 뒤 사람들이 보게 했다.

여기서 산붕과 침향산붕은 바퀴를 달아 끌고 다니게 만든 구조물로, 이미 살펴본《봉사도》의 예산대와 유사해 보인다.**124** 이 잡희는 앞에서 살펴본 세종 때 부묘의에서 의금부와 군기시가 바친 나례와 같다. 그래서 앞에서 인도하는 산붕과 여기의 침향산붕을 제외하면 두 기록의 행사 내용은 잡희, 성균관 유생의 가요,

124 『악학궤범』 권8의 침향산 그림.

교방의 가요, 광화문 밖 채붕 등으로 거의 일치한다.

임금 환궁 행사로서 나례는 인조 이후에 폐지되었고, 중국 사신을 환영하는 나례는 정조 8년(1784)에 폐지되었다. 이유는 막대한 물자를 징발하고 전국 재인을 동원하기가 점점 어려워졌기 때문이다. 앞에서 살펴봤듯이 중국 사신 영접에 대산대를 만드는 데만 각각 수군 천사백 명과 천삼백 명이 동원될 정도였다니, 대산대의 규모가 매우 크고 소용되는 물자도 엄청났을 것이다. 인조는 반정 이후에 왕실의 유연(遊宴)에 관한 기물들을 대로에서 불태우는 상징적인 행사를 단행했고, 왕실 의식과 행사를 간소화했으며 환궁 행사로서의 나례를 폐지했다. 인조 이후 궁정 공연 문화는 크게 위축되었다. 또 민간의 오락 수요가 늘어나 재인의 흥행 활동이 활발해지면서 나례도감으로 재인을 관리하는 일도 점차 어려워진 듯하다.[29]

문희연의 전통연희

고려 광종 9년(958)에 과거 제도가 채택된 후 고려시대에는 2년에 한 번 정도 과거가 실시되었다. 조선시대에는 2년에 한 번꼴로 식년시(式年試)와 증광시(增廣試)가 열려 생원 백 명, 진사 백 명, 문과 서른세 명, 무과 스물여덟 명을 뽑았다. 그리고 아홉 달에 한 번꼴로 각종 별시(別試)가 실시되었다.[30] 이러한 과거 관련 행사들에서 다양한 연희가 베풀어졌다.

문희연(聞喜宴)은 사대부가의 과거 급제 축하 잔치다. 문희연 외에 과거 제도와 관련한 행사로는 은영연(恩榮宴), 유가(遊街), 영친의(榮親儀), 홍패고사(紅牌告祀), 소분(掃墳) 등이 있다.

중앙에서 과거 급제자의 명단을 공표하는 방방의식(放榜儀式)을 행하면 의정부에서 급제자를 위해 은영연이란 잔치를 베풀었다. 선조 13년(1580) 은영연을 묘사한 그림에 접시돌리기, 방울 받기, 땅재주 등 연희 모습이 보인다.**125** 이 그림은 현재 일본 요메이분코(陽明文庫)에 소장되어 있는데, 임금이 성균관을 방문해 별시의 하나인 알성시(謁聖試)를 행한 후 의정부에서 급제자들에게 베푼 은영연을 그린 것이다.

과거 급제자는 세악수(細樂手, 삼현육각), 광대, 재인을 대동하고 서울 시가를 사흘간 돌아다녔는데, 이를 삼일유가라 한다.**126** 삼일유가 후에는 집에 돌아와 사당에서 홍패고사를 지내고 조상의 묘에 참배하는 소분(掃墳), 부모에게 급제를 알리는 문희연 등을 행했다. 홍패(紅牌)는 문과에 급제한 자에게 성적, 등급, 성명을 기록해주던 교지로, 급제자는 이것을 받은 후에 삼일유가를 하고 고향집에 내려가

125 〈은영연도(恩榮宴圖)〉, 1580, 요메이분코, 일본. 은영연에서 연행된 접시돌리기, 방울 받기, 땅재주 등 여러 연희 장면.

는 것이다. 급제자가 광대를 데리고 집에 닿으면 광대가 마당에 소반을 놓고 그 위에 쌀을 놓고 또 그 위에 홍패를 올리고서 고사를 지냈다. 마당이 아니라 급제자 집의 사당에서 홍패고사를 지내기도 했다. 고사 내용은 우주가 생긴 이래 삼한에서 조선에 이르는 역사를 약술하고, 그 집의 세간 등을 묘사하고, 급제한 사실을 말하고, 앞으로 부귀를 누리라고 덕담하는 것이다. 영친의는 지방 출신 급제자가 고향으로 돌아왔을 때 그 지방 수령이 급제자와 부모를 관아에 초청해 베푸는 축하 잔치다. 급제자의 집에서 며칠간이나 행하는 문희연에서는 전문 연희자들이 성대한 연희를 펼친 것으로 나타난다.[31]

> 어전(御前)에 과거 급제자의 이름이 호명되어 어사화(御賜花)를 꽂고 사악(賜樂)을 받아 그의 부친 최정승이 후배(後拜)로 나오니, 풍악이 하늘에 울리고 영광이 세상을 빛냈다. 자기 집에 당도하자 초헌(軺軒)이 문을 메워 축하객이 마루에 가득하고, 노래하는 아이와 춤추는 여자가 앞뒤로 늘어섰으며, 진수성찬이 좌우로 즐비한데, 관현(管絃)이 기쁨을 돋우고 창우가 재주를 자랑하니, 구경꾼이 뜰과 거리에 장사진을 쳤다.[32]

『청구야담(靑邱野談)』(벽사본碧史本)에 실린 자료다. 이 글에서 과거 급제자는 최창대(崔昌大: 1669~1720)인데, 최석정(崔錫鼎)의 아들로 숙종 20년(1694)에 별시 문과에 급제했다. 축하하는 잔치에 노래하는 아이, 춤추는 여자, 악사, 재주를 자랑하는 창우 등 연희자가 동원되었음을 알 수 있다. 유득공의 『경도잡지』 유가조(遊街條)에서도 유가와 문희연 연희를 볼 수 있다.

126 전 김홍도, 〈삼일유가〉(《평생도平生圖》), 조선 후기, 국립중앙박물관.

> 진사에 급제해 방방을 하면 유가를 하는데, 세악수와 광대, 재인을 대동한다. 광대란 창우를 말하는데 비단옷에 누런 초립을 쓰고, 머리에는 비단으로 만든 가화(假花)를 꽂고, 공작선(孔雀扇)을 들고 어지럽게 춤추며 익살을 부린다. 재인은 줄타기와 땅재주 등 여러 연희를 한다.[33]

이 기록으로 문희연에 춤, 익살[詼調], 줄타기, 땅재주 등 연희가 있었음을 알 수 있다. 유득공이 지은 「유우춘(柳遇春)」의 "익살꾼이 섞여 앉아 신소리를 늘어놓지요(滑稽之客 雜坐詼調)"라는 내용[34]에서 분명히 드러나듯이, 인용문에서 익살이라 번역한 회조(詼調)는 '골계지객이 늘어놓는 신소리'였다.[35] 또 이것이 유가, 문희연과 관련한 기록이므로 여기서 회조는 문희연에서 연행된 것으로 밝혀진 유희(儒戲)일 것이다.

다음 시는 석북(石北) 신광수(申光洙: 1712~1775)가 1750년에 진사에 급제해 유가할 때 거느린 광대 원창(遠昌)에게 준 것이다.

桃紅扇打汗衫飛	붉은 부채 탁 치니 한삼 소매 너울너울
羽調靈山當世稀	〈우조영산〉은 당세의 독보라네.
臨別春眠更一曲	이별에 임해 한 곡조 〈춘면곡〉 또 부르고
落花時節渡江歸	꽃 지는 이때에 강을 건너 돌아가네.

— 신광수, 『석북집(石北集)』 권4 「원창의 부채에 쓰다(題遠昌扇)」

이 시로 광대가 문희연에서 〈우조영산〉과 〈춘면곡〉 등 노래를 불렀음을 알 수 있다. 다음은 신광수가 줄타기를 보고 지은 「연희하는 아이가 줄타기 하는 것을 보다(觀倡童走索)」인데, 줄타기 외에 소년이 검무도 연행했음을 볼 수 있다.

蓮花劍舞小紅衣	홍의 소년 검무로 연꽃 피우더니
七步盤旋索上飛	일곱 걸음에 얼른 줄 위로 날아오르네.
忽看平地飜身落	홀연 몸 뒤집어 평지로 떨어지니
疑自瑤池罷宴歸	요지(서왕모가 사는 곳)에서 잔치 끝나 돌아오는 듯.

유만공(柳晩恭)의 『세시풍요(歲時風謠)』에도 문희연 내용이 있다.

纔過春榜萃優倡	춘방이 나자마자 광대를 선발하며
名唱携來卜夜良	명창도 데려다 좋은 밤을 고르네.
歌罷靈山呈演戲	영산을 부르고 나면 연희가 벌어지니
一場奇絶現春香	한바탕 기이하고 빼어난 춘향가.
(善歌曰 名唱)	(소리 잘하는 것을 명창이라 한다)

이 시는 문희연에서 연희를 담당할 광대들을 가려 뽑는데, 특히 판소리 명창을 데려온다는 내용이 첨가된 점으로 보아 문희연에서 판소리 연행이 매우 중요한 위치를 차지하게 된 것을 짐작할 수 있다. 다음에 살펴볼 송만재(宋晩載)의 「관우희(觀優戲)」(1843)에 판소리를 '본사가(本事歌)'라 칭하는 구절이 있어 문희연에서 판소리가 가장 인기 있는 공연물이었음을 짐작할 수 있다.

「관우희」는 문희연의 여러 연희를 가장 자세하게 묘사했다. 재인이 산봉도 설치하고, 영산회상(靈山會相), 가곡, 십이가사, 어룡만연지희, 불 토해내기, 포구락, 사자무, 처용무, 유자희(儒者戲), 요요기, 판소리 단가, 판소리, 땅재주, 검무, 줄타기, 솟대타기, 홍패고사 등을 연행했다고 한다.

이 가운데 유자희는 흔히 유희(儒戲)라 불리던 연희로 우희의 범주에 속한다. 요요기는 허리를 뒤로 꺾어 입으로 비녀를 물어 올리는 재주인데 바로 산악, 백희의 한 종목인 유술(柔術)에 속한다. 솟대타기는 「관우희」 서두의 "제비처럼 갑자기 뛰어올라 줄을 타는 도로심장(衝燕躍而走索 都盧尋橦)"이란 대목과 33수의 "솟대 꼭대기에서 물구나무를 서는 도로장(竿頭倒作都盧橦)"에서 알 수 있다. 중국에서는 솟대타기를 도로심장이라 불렀다. 제비처럼 뛰어올라 줄을 타는 것은 솟대 양쪽에 설치된 쌍줄에서 연희하는 모습을 가리키는 듯하다.[127]

이와 같이 문희연은 전문 연희자들이 필요하기 때문에 과거가 임박하면 지방 연희자들이 서울로 몰려들었다.

劇技湖南産最多	연희자는 호남 출신이 가장 많은데
自云吾輩亦觀科	우리도 과거 보러 왔다고 말하네.
前科司馬後龍虎	사마시 다음에 무과 초시 치렀는데
大比到頭休錯過	대과가 다가왔으니 놓치지 말아야지.

金榜少年選絶技	등과한 소년이 연희자를 뽑는다니
呈才競似聞齋僧	재주를 보이려 떼 지어 몰려드네.
分曹逐隊登場地	무리를 나눠 계속 나와
別別調爭試一能	별의별 재주로 기량을 뽐내네.

127 〈운흥사감로탱(雲興寺甘露幀)〉(세부), 1730, 운흥사. 솟대 양쪽에 쌍줄을 설치하고 줄 위에서 대금을 부는 연희자.

「관우희」 44수와 45수다. 여러 놀이패가 상경해 문희연에 초청받기 위해 기량을 과시하는 모습이다. 문희연에서 연행한 연희자들은 주로 재인청(才人廳) 재인이었다. 재인청은 세습무 지역의 군마다 있었다. 재인청 구성원은 주로 세습무당 집안 남자인 무부(巫夫)들이었는데, 악기를 연주하는 화랑, 줄타기나 물구나무서기 등 곡예를 하면서 악기도 연주하는 재인, 가무예능인이자 악기도 연주하는 광대를 포함했다. 판소리 광대도 재인청에 속했다.[36] 그러므로 「관우희」에 나오는 여러 연희 중 줄타기, 땅재주(물구나무서기), 유자희, 판소리 등은 모두 세습무당 계통 재인이 연행한 것임을 알 수 있다. 아울러 삼일유가에 앞서 사당에서 조상께 과거 급제 사실을 알리는 홍패고사의 고사소리를 담당한 고사 광대도 무부 출신이었다. 이렇듯 세습무 지역 무부들은 각 군에 있던 재인청 소속 연희자이기도 했으므로 나례나 중국 사신 영접 등 국가 행사는 물론이고 관아 행사, 문희연, 도당굿(동제), 난장 등에서 연희를 공연했다.

한편 문희연에서 반드시 연행되던 유희는 우희의 일종이다. 유희는 선비를 풍자하고 유가를 희롱하는 내용으로, 유학 경전도 자주 인용되곤 했다. 이익의 『성호사설』 유선(類選)5(하)의 기예문 '이유위희조(以儒爲戱條)'에 유희에 대한 언급이 보인다.

> 유자를 조롱거리로 삼다: 지금 등과한 자들은 반드시 창우를 써 낙으로 삼는다. 창우의 연희에는 반드시 유희(儒戱)라는 것이 들어 있다. 다 떨어진 옷과 찢어진 갓을 쓰고 꾸며낸 이야기와 억지웃음으로 온갖 추태를 연출해 축하연의 즐거움으로 삼는다. 대저 요새 벼슬하는 사람들이 모두 유로써 이름을 삼으면서도, 천한 사람들로부터 이렇게까지 모욕을 당한다. 저 배우들은 책망할 것도 없으려니와, 요즘 사대부들이 태연히 수치를 알지 못하는 것이 괴이할 뿐이다.[37]

과거 급제자의 집에서 벌이는 문희연에 창우가 유자를 조롱거리로 삼아 연행하는 '유희'가 있었다는 것이다. 유자들이 천한 놀이꾼에게 모욕을 당하면서도 부끄러운 줄 모른다는 것이 괴이하다는 말을 통해, 바로 앞의 "다 떨어진 옷과 찢어진 갓을 쓰고 꾸며낸 이야기와 억지 웃음으로 온갖 추태를 연출하는 것"이 유희의 내용임을 알 수 있다. 이 연희에서 창우가 선비역을 했다.

한편 이이명(李頤命: 1658~1722)의 『소재집(疎齋集)』에 기록된 「만록(漫錄)」과 구수훈(具樹勳)의 『이순록(二旬錄)』에는 박남(朴男)이라는 판소리 광대가 문희연에서 유희도 연행한 것으로 나타난다.

> 이귀(李貴)는 유생 시절부터 상소문 쓰기를 좋아했다. 그 첩이 노래를 잘 불렀는데, 노래를 할 때마다 반드시 "오늘이야, 오늘이야" 하는 가사를 불렀다. 이귀가 "너의 '오늘이야' 노래는 그만둘 때도 되었는데"라고 하자 첩이 "나으리의 성황성공(誠惶誠恐, 참으로 황공하다는 뜻)은 어떻고요"라고 했다. 청음(淸陰) 김상헌(金尙憲)은 평생토록 말수가 적고 잘 웃지를 않았다. 창우들의 잡희에서 다른 사람이 모두 포복절도해도 청음공은 여전히 이를 드러내 웃지 않았다. 어떤 집에 과거 급제자가 있어 문희연을 베풀었는데, 그때 우인 박남이란 자가 헌희(獻戱)로

세상에 이름을 날렸다. 그 집에서 박남에게 말하기를, "오늘 청음 상공께서 반드시 이 잔치에 오실 것이다. 아주 우스운 일을 꾸며 청음공을 한 번이라도 웃게 하면 후한 상을 주겠다"라고 했다. 청음이 잔치에 참석하자 박남이 잡희를 펼쳤는데, 청음은 전혀 돌아보지도 않았다. 그러자 박남이 종이 한 장을 상소문처럼 말아 두 손으로 받들고 천천히 걸어나가 "생원 이귀가 바친 상소이옵니다" 하며 꿇어앉아 종이를 펼쳐 읽기를, "생원(生員) 신(臣) 이(李)는 성황성공 돈수돈수(頓首頓首, 편지 첫머리나 끝에 상대편에 경의를 표하는 말)…"라고 했다. 모두 포복절도하고, 청음 또한 부지불각에 실소하고 말았다.[38]

— 이이명, 『소재집』 권6 잡저(雜著) 「만록」

한천(寒泉) 이공이 혼자 앉아 있는데 낯선 손이 명함도 들이지 않고 불쑥 나타났다. 의관을 잘 갖춘 사람이었다. 한천은 그가 누구인지 알 수 없었지만 영접을 하고 주객 간 예절을 차렸다. 그 사람이 다른 말은 없이 다만 "문자간에 의문이 있어 감히 묻고자 왔습니다"라고 해 한천이 "무슨 일이요?" 하고 답했다. 그랬더니 그가 "논어 무우장(舞雩章)의 관동(冠童) 수가 몇인지요?" 하고 묻는 것이었다.

"관자(冠者) 대여섯 명, 동자(童者) 예닐곱 명 외에 무슨 딴 뜻이 있소?", "저의 소견으로서는 그렇게 볼 것이 아닌 듯합니다." 한천은 특별한 견해가 있는가 싶어 "고견을 듣고 싶소.", "관자는 서른 명이요, 동자는 마흔두 명이 아닌가요?"

한천은 비록 해괴한 언설이나 초면인 까닭으로 심히 책망하지 않았다. "존객이 사시는 곳은 어디신가요?", "호남 사람 박남이올시다. 이번 걸음은 선생을 뵈러 온 것이 아니고 관동 수를 물어보려는 것이었습니다. 답하시는 바가 극히 밝지 못하셨습니다. 선생의 학문을 짐작하겠군요."

그는 곧 작별을 고하고 일어섰다. 한천도 읍하고 보내면서 마음속으로 심히 괴이하게 여겼다. 한천이 후일 호남 사람을 만나게 되어 그에 관해 물었다.

"귀도(貴道) 유생으로 박남이라 이름하는 사람이 있소? 얼굴 모양은 이러이러한데 나에게 해괴한 질문을 던집디다. 대체 어떤 사람이오?"

그 사람이 한참 생각하다 "유생에 박남이란 이는 없고 명창에 박남이란 놈이 있지요" 하고 대답하는 것이었다. 한천은 비로소 속은 줄 알았다.

박남은 창을 잘해 나라에서 으뜸으로 손꼽히는 사람이었다. 사람을 능히 웃기고 울리고 한 것이다.[39]

— 구수훈, 『이순록』

이상은 17세기의 우인 박남에 대한 일화다. 「만록」에는 박남이 헌희(獻戲)에 능한 인물로, 문희연에서 이귀라는 유자를 풍자한 일화가 나온다. 이는 앞서 본 『성호사설』에서 말한 유희에 해당한다. 그러므로 여기서 헌희는 바로 유희다. 한편 인조 4년(1626)의 『나례청등록(儺禮廳謄錄)』을 통해 박남이 실존 인물이었음을 확인할 수 있다.

전라도 재인: 김제, 돈일(頓一) 성복(成福) 유덕금(劉德金) 박남(朴男)

이 자료는 1626년에 거행된 나례 자료로 국문학자 김종철이 박남을 17세기 인물이라 추정한 사실과도 들어맞고, 전라도 김제 사람이라 기록되어 다른 일화에서 그가 호남 사람이라 한 사실과도 부합한다.[40] 그리고 이는 청음 김상헌(1570~1652)의 생존 시기와도 들어맞아 「만록」 일화의 신빙성을 인정하게 한다. 즉 박남은 나례도감에 동원되어 전라도에서 상경한 나례우인이었던 것이다. 또 작자 미상인 『계서야담(溪西野談)』의 「어떤 선비가 과거에 급제하다(有一士族登科)」에 당시 상국(相國, 영의정, 우의정, 좌의정 총칭)이던 기천(沂川) 홍명하(洪命夏: 1608~1668)가 참석한 문희연에 박남이 배우로 불려왔다는 일화가 있다.[41]

한편 『이순록』의 기록은 박남이 본래 판소리 창자였다는 사실을 전해준다.[42] 국창으로 일컬을 정도로 창을 잘했다는 점, 사람을 능히 울리고 웃겼다는 점, 그리고 과거철을 맞아 문희연에 연행하러 상경했다는 점이 이를 뒷받침한다. 이 일화에서 박남은 유생인 척하고 한천이란 도학자를 방문해 『논어』 선진(先進) 편의 '증자(曾子)가 관자 대여섯 명, 동자 예닐곱 명을 데리고 기수에서 목욕하고 무우에서 바람을 쐬고 시를 읊으며 돌아온다'는 내용에 관자와 동자가 정확히 몇 명인지 물었다. 한천이 특별한 뜻 없이 단지 대여섯 명과 예닐곱 명을 말하는 것이 아니냐 하자, 박남은 관자는 서른 명이고 동자는 마흔두 명이 아니냐면서 한천의 학문이 짐작할 만하다고 비웃고 나왔다. 이는 『논어』를 들먹이며 유자인 이재(李縡)를 비웃은 것으로, 이도 역시 유희임을 알 수 있다. 후일 한천이 만난 호남 사람이 "유생에 박남이란 이는 없고 명창에 박남이란 놈이 있지요"라 답했다는 이야기에서도 박남이 판소리와 우희를 겸한 인물임이 드러난다.[43]

또 유희 자료로는 우인 공결(孔潔)이 우희를 하면서 삼강령(三綱領)과 팔조목(八條目) 등을 논했다는 『연산군일기』 5년(1499) 12월조 기록과, 우인 공길(孔吉)이 노유희(老儒戲)를 하면서 『논어』 구절을 외웠다는 『연산군일기』 11년(1505) 12월 29일조 기록이 있다. 두 기록의 시기로 볼 때 공결의 우희와 공길의 노유희는 연말 나례 연행으로 보인다. 유희는 우희의 일종이기 때문에 나례에서도 연행된 것이다.

> 이보다 앞서 공길이라는 우인이 노유희를 만들어 말하기를, "전하는 요순(堯舜) 같은 임금이요, 저는 고요(皐陶) 같은 신하입니다. 요순 같은 임금은 항상 있는 것이 아니지만, 고요 같은 신하는 언제나 있을 수 있습니다"라고 했다. 또 『논어』를 외우면서 말하기를, "임금이 임금답고 신하가 신하답고 아버지가 아버지답고 아들이 아들다워야 합니다. 임금이 임금답지 못하고 신하가 신하답지 못하면 설사 쌀이 있은들 제가 먹을 수 있겠습니까"라고 했다. 임금은 그의 말이 공경스럽지 못하다고 해 형장을 치고 먼 지방으로 귀양을 보냈다.[44]
>
> — 『연산군일기』 11년 12월 29일조

공길은 늙은 신하 역을 맡아 『논어』를 외우면서 노유희로 임금을 풍간했는데, 이는 박남이 『논어』를 외우며 이재를 비웃은 『이순록』 일화와 유사하다. 그리고 공길이 선비의 역을 맡아 연희를 진행하는 것은 『성호사설』에 기록된 유희 형태와 일치한다. 이 노유희는 바로 유희인 것이다.

공길의 풍간에 대해 연산군은 "말이 공경스럽지 못하다"며 형장을 치고 귀양을 보냈다. 그리고 이 우희가 연행된 날짜의 기록에서 연산군은 "나례는 배우의 장난으로, 볼 만한 것이 없다"는 등 이유를 들어 나례 중지를 명했다고 한다. 중국에서 우희에 원래 풍간 기능이 있었으나 후대에 잘못한 관원을 풍자하는 것으로 바뀐 것처럼, 처음에는 배우가 왕을 풍자해도 죄가 되지 않았으나 국왕이 그런 비판을 쉽게 받아들이지 않게 되었으므로 우희는 탐관오리를 풍자하는 것으로 변화했다. 그래서 중국에서는 연희자가 우희로 임금에게 풍간하다 고난을 겪은 이야기를 흔히 볼 수 있는데, 조선 우희에서도 그런 상황이 벌어진 것이다. 중국에서는 이미 우리보다 이백 년 이상 앞서 당송대에 유희가 공연되었다.

> 지도(至道) 2년(태종 996) 중양절, 황태자와 여러 왕이 함께 경림원에서 연회를 가졌는데, 교방에서 공자로 연희를 했다. 태자의 빈객 이지(李至)가 태자에게 "당 태화(太和) 연간에 악부에서 공자로 연희를 했을 때, 문종이 즉시 명해 멈추게 하고 배우를 매질해 그것이 이치에 닿지 않음을 징계했습니다. 노정공은 유생을 희(戱)로 삼는 것도 불가하다 했는데 하물며 어찌 감히 성인으로 그럴 수 있겠습니까"라고 말했다. 태자가 놀라 탄식하며 임금에게 아뢰어 그것을 금지시켰다. 이에 희가 없어졌다.[45]
>
> — 송(宋) 황감(黃鑑), 『양문공담원(楊文公談苑)』

> 원우(元祐: 1086~1093) 연간, 상원에 임금이 영상지(迎祥池)로 행차해 종신들에게 연회를 베풀었다. 교방 영인이 공자로 희를 했다. 형부시랑 공종한(孔宗翰, 공도보의 아들)이 상주(上奏)했다. "당 문종 때 일찍이 이 희가 있었는데 하명해 그것을 내쳤습니다. 지금 성군께서 군신들을 호궤(犒饋, 음식을 줘 위로함)시키는데 어찌 이런 일을 용납할 수 있으리까!" 이에 검관에게 맡겨 처리토록 했다.[46]
>
> — 송 왕벽지(王闢之), 『민수연담록(澠水燕談錄)』

> 경정(景定) 5년(1264)에 명당이 완성되자 치사(致謝)하고, 태을궁(太乙宮)에서는 재전(齋殿)에다 연회를 베풀었는데, 교방 우령이 경전 문구로 연희를 했다. 형부시랑 서복(徐復)이 공도보(孔道輔)가 거란에 사신으로 갔을 때 공자로 연희를 만든 것을 책망한 고사를 인용해 악부를 벌하고 육경이나 전대 현인으로 연희를 못하게 할 것을 청했다.[47]
>
> — 송 무명씨(無名氏), 『애일재총초(愛日齋叢抄)』

이 기록들은 교방 배우가 공자나 선비를 풍자하고 유가를 희롱할 때 경전 문구도 차용했음을 알려준다.[48] 이에 중국과 조선 유희가 주제와 형식에서 일치함을 확인할 수 있다.

중국에서 배우가 공자나 유가를 풍자하게 된 이유는 『춘추곡량전(春秋穀梁傳)』 정공(定公) 10년조 사건으로 짐작할 수 있다.

> 여름에 정공이 협곡에서 제나라 제후를 만났다. …모임이 파하매, 제나라 사람들이 우시(優施)로 하여금 노군(魯君)의 휘장 아래에서 춤을 추게 했다. 공자는 "군주를 비웃는 자는 그 죄가 죽음에 해당한다"고 말하며, 사마(司馬)로 하여금 우시를 처형하게 해 머리와 발을 각각 다른 문으로 던졌다.[49]

이 유명한 협곡지회(頰谷之會)에서 우시는 공연으로 군주를 조롱하는 연희를 했기 때문에 죽음을 당한 것으로 보인다. 그러므로 우희 배우들이 이 일을 계기로 공자와 유가에 나쁜 감정을 갖게 되었을 것이다.

불교 행사의 전통연희

조선시대 불교 행사는 우란분재, 수륙재, 연등회 등이 있었다. 그러나 국가가 주관하는 연등회는 태종 29년과 세종 19년에 모두 혁파되었고 민간 연등회만 전승되었다. 그래서 조선시대 연등회에서 연행된 연희를 살펴보기가 어렵다. 여기서는 우란분재와 수륙재를 중심으로 이 행사에서 연행된 연희들을 살펴보기로 한다.

고려시대에 성황을 이룬 우란분재는 조선시대에 이르러 숭유억불 정책으로 음성화했다. 그러나 우란분재는 민중의 깊은 신앙에 뿌리를 내렸고 시대를 초월한 효행 윤리를 주축으로 했기 때문에, 점차 시대에 적응해 유지되었다. 그래서 억불 정책에도 불구하고 태조 7년 7월 15일에 우란분재가 행해졌다.

> 나라의 풍속이 7월 15일은 절에 가서 혼을 불러 제사했는데, 이날 무례한 승도들이 도성에 들어와 거리 골목에 기를 세우고 쟁(錚)과 북을 치며 탁자를 설치해 찬구(饌具)를 늘어놓고 죽은 사람의 이름을 불러 백종(百種), 시식(施食)이라 이름했다. 사녀(士女)들이 수없이 모여들어 곡식과 베를 시사(施捨)하되 남에게 뒤질세라 두려워하고, 경사(卿士)의 집에서도 하는 자가 있었다. 임금이 이를 듣고 크게 노해 승정원에 이르기를, "승도들이 방자한 것이 이렇게 극도에 이른 것을 나도 들었는데, 경들은 어째서 아뢰지 않았는가" 하고, 또 사헌부를 불러 "왜 금하지 않았느냐" 하고 힐책하기를 마지 않았다. 이때 장령(掌令) 민건(閔騫)은 중들이 방울을 흔들며 염불을 하는 것을 보고도 못 들은 체하고 지나니, 사람들이 이를 크게 비난했다.
>
> — 『세종실록』 27년 7월 병무조(丙戊條)

이처럼 백중절 우란분재 행사는 왕명이나 정책으로도 억제할 수 없을 정도로 보편적이었다. 민간의 신앙 기반도 대단했거니와 불교를 숭상하는 명나라와의 종교적 교류 관계 유지와 더불어 왕실의 뒷받침이 있었기 때문이다.[50]

한편 조선시대에도 수륙재는 계속 거행되었다. 태종 원년 10월조에는 천재(天災)를 없애는 목적으로 수륙재를 개설했고, 태종 8년에는 태조의 병이 위독하자 수륙재를 열었다. 이후 세종과 문종 때도 병 치료를 기원하는 수륙재가 설행되었다. 왕실에서만이 아니라 민간에서도 전염병이 돌아 사상자가 많으면 수륙재를 거행하곤 했다.

조선시대 불교 행사에서 연행된 연희에 대해서는 고려시대와 마찬가지로 문헌이 남지 않아, 우란분재와 수륙재에서 연행된 연희들을 구체적으로 알 수 없다. 그러나 감로탱에 적힌 수륙재 관련 명문(銘文)과 『조선왕조실록』 기사로 감로탱이 수륙재 성격을 갖고 제작되었음을 알 수 있다. 『조선왕조실록』의 관련 기사 중 감로탱과의 관계를 살펴볼 수 있는 것은 다음과 같다.

> 임자년(1432) 봄에 크게 무차지회(無遮之會)를 열었사온데, 중들이 구름같이 모여 한강가에서 하루가 지나고 열흘이 넘도록 극히 호화스럽고 사치스럽게 차려 깃발과 일산이 해를 가리고, 종과 북소리가 땅을 흔들었습니다. 천당과 지옥의 반야(般若)를 그리고, 사생(死生)과 화복(禍福)의 응보를 보여주니, 이에 귀천과 남녀를 논할 것 없이 모두가 보고 듣고자 모여, 도시는 이 때문에 텅 비고 관문과 나루는 길이 막혀 통하지 못했습니다.[51]

조선시대 감로탱이 야외에서 행하는 수륙재를 위해 제작되었음을 짐작하게 하는 인용문이다. 현재는 영산재(靈山齋)를 거행할 때 괘불탱(掛佛幀)을 야외에 설치하지만, 당시는 수륙재 때도 괘불탱을 이용한 것이다.

고려대학교 박물관이 소장한 감로탱(18세기 후반 추정)을 보면 고깔을 쓴 승려들이 의식을 펼치는 장면이 있는데, '수륙대회설재(水陸大會設齋)', '무차평등회(無遮平等會)'라는 명문으로 수륙재 의식임을 알 수 있다. 또 〈불암사(佛巖寺)감로탱〉(1890)에도 '지금 여기 수륙재를 베푼 사람들을 비롯해 법계의 모든 혼령이 극락왕생하기를 바랍니다(今此水陸設齋者等 伏爲法界含靈願往生)'와 '시방찰과 삼계와 사부 등에게 널리 고하노니 차별 없는 평등을 얻으십시오(普告十方刹三界四府等無遮平等會)'라는 번(幡)이 그려져 수륙재에서 사용된 것임을 알 수 있다.[52]

감로탱은 육도(六道: 지옥도地獄道, 아귀도餓鬼道, 축생도畜生道, 아수라도阿修羅道, 인간도人間道, 천상도天上道) 가운데 하나인 아귀 세계를 묘사한 그림으로, 『우란분경(盂蘭盆經)』을 근거 경전으로 사용했다 해 '우란분경변상도(盂蘭盆經變相圖)'라고도 한다. 감로탱은 아귀도를 떠도는 영혼에게 '단 이슬[甘露]'로 상징되는 음식을 베풀어 배고픔과 목마름을 달래고, 마침내 극락에 왕생토록 하는 의식을 집행한다는 『유가집요구아난다라니염구궤의경(瑜伽集要救阿難陀羅尼焰口軌儀經)』과 밀접한 관계가 있다. 감로탱은 죽은 이의 넋을 천도하기 위해 재(齋)를 베푼 사람의 공덕을 그의 조상에게 회향(廻向)한다는 조상 숭배적인 요소와 함께, 끝없는 윤회의 굴레를 헤매는 중생들도 그러한 고통 세계에서 벗어나 극락에 태어날 수 있다는 믿음을 시각적으로 보여주는 것이다.[53]

감로탱은 한국 불화의 특색과 불교 신앙의 성격을 보여주는 귀한 자료지만 언제부터 제작되고 사용되었는지는 정확히 밝혀지지 않았다. 현재 남아 있는 감로탱 가운데 제작 연대가 가장 빠른 것은 일본 나라(奈良) 국립박물관에 있는 〈약산사(藥山寺)감로탱〉으로 1589년에 조성된 것이다. 그러나 앞서 본 『조선왕조실록』 기사는 이미 조선 초(1432)에도 감로탱이 수륙재에 사용되었음을 분명하게 밝히고 있다.

현존하는 감로탱들은 하단부에 매우 다양한 장면들을 묘사했다.**128** 이 장면들은 천상도, 인간도, 지옥도, 축생도, 아귀도 등을 표현함으로써 육도를 구성한다. 그런데 인간 세계를 묘사한 부분에 전통연희, 농경, 승려, 궁궐과 관아, 전쟁과 싸움 장면 등이 있다. 이러한 내용은 조선 후기 풍속화와 유사한 것이다. 그러나 감로탱에는 풍속화와 다른 성격도 있다. 즉 공포스러운 형벌과 사람들의 불화를 그려 불교에서 말하는 무상함과 허무함 등을 강조한 종교화의 성격을 띠는 것이다.

감로탱은 도설 내용에 따라 상중하 세 단으로 나눌 수 있다. 감로탱은 아래에서 위로, 즉 하에서 중으로, 중에서 상으로 내용이 전개된다. 하단은 육도윤회상(六道輪廻相), 중단은 육도윤회의 굴레에서 벗어나기 위해 재를 올리는 내용이다.

128 〈운흥사감로탱〉, 1730, 운흥사.

성반(盛飯) 모습, 재를 올리는 사람들이 부처님 덕을 기리는 모습, 수행 공덕을 상징하는 수행 비구, 그리고 그러한 공덕을 모아 감로비를 내리는 뇌신(雷神) 등이 그려진다. 상단에는 중생을 구제하러 납시는 일곱 여래(多寶, 寶勝, 妙色身, 廣博身, 離怖畏, 阿彌陀, 甘露王)와 세 보살(引路王, 地藏, 觀音)이 묘사된다.

감로도의 도상 구조 중 상단은 하단의 중생이 중단의 시식의례와 뇌신의 은총

129 〈운흥사감로탱〉(하단 세부), 1730, 운흥사. 육도윤회상.

으로 감로를 받고 극락정토에 인도되기까지의 과정 중 마지막 단계로, 일곱 여래의 가호 아래 극락왕생한다는 내용이다. 하단에 작게 그린 육도 중생과는 대조적으로 천의를 휘날리고 밝은 후광을 발하며 미소를 머금고 구름 속에 우뚝 선 모습이 극락세계의 청정함과 장엄함을 잘 나타낸다.

감로탱의 중단에는 대체로 화면 중앙의 시식단인 '제단(祭壇)의 성반'을 중심으로 고행승려나 성현 등이 배치되고, 향좌(向座)에 의식 장면과 설제(設祭)를 의뢰한 재가신도들이 운집한 모습이 그려지며, 시대에 따라 좌우로 뇌신 도상이 첨가되기도 한다. 중단의 기능은 죽은 이의 명복을 비는 것이다. 즉 의식주행(衣食住行)의 공덕으로 상단을 감응케 함으로써, 불보살의 도움을 얻어 하단의 육도중생을 구제하는 것이다. 중단의 시식의례는 꽃과 음식으로 마련하는 제단의 성반을 그대로 묘사할 뿐만 아니라, 그림 조성 당시 행해진 의식의 여러 광경도 자세히 도설한다.

감로탱 구성에서 가장 흥미로운 것은 하단의 육도윤회상이다.**129** 육도윤회의

130 《보녕사수륙화》, 명대. '온갖 학설과 제자백가와 예술을 했던 옛날 무리들(往古九流百家諸士藝術衆)'.
131 《보녕사수륙화》, 명대. '모든 무부, 무녀, 산악 연희자 가운데 횡액을 당해 죽은 혼과 여러 귀신(一切巫師神女散樂伶官族橫亡魂諸鬼衆)'.

업을 반복해야 하는 미혹한 세계의 실상을 묘사한 하단은 아귀나 지옥고(地獄苦) 뿐만 아니라 천상, 인간, 아수라, 축생의 고통상을 인간 세상의 다양한 현실에 비유한다.[54] 그리고 하단에 묘사된 인물들은 죽은 영혼들의 생전 모습으로, 전쟁터에서 죽은 병사, 범에게 잡아먹힌 사람, 간통하다 들켜 죽은 남녀, 유랑광대로 떠돌다 죽은 연희자, 여러 이유로 비명횡사한 사람 등 대부분 죽어서 '제사 지내줄 사람 없는 외로운 혼령'인 무주고혼(無主孤魂)이다. 이들은 죽은 후 지옥에 떨어지므로 수륙재를 통해 천도되어야 할 대상이다.

감로탱 하단부에는 특히 연희 장면이 많은데 이는 두 가지로 해석할 수 있다. 수륙재 설행에 실제로 연행된 연희 장면을 그대로 옮겼다는 해석과 죽은 사람의 생전 모습을 재현한 것 가운데 일부라는 해석이다. 그런데 감로탱을 자세히 보면 중요한 단서가 보인다. 가운데 연희자를 비롯한 죽은 사람들의 생전 모습 옆에 까맣게 칠한 그림자 같은 것들이다. 한 방향으로 표시하지 않고, 어떤 것은 실물의 왼쪽, 어떤 것은 오른쪽에 그렸으므로 그림자가 아님을 알 수 있다. 여기서 이 그림자가 영혼을 표현한 것이며, 따라서 이 장면이 죽은 연희자의 생전 모습을 재현한 것임을 짐작할 수 있다. 이 연희 장면에 묘사된 유랑광대들은 죽은 후에 무주고혼이 되었기 때문에 수륙재의 대상이 된다.

그런데 우리나라 감로탱은 탱화 하나에 상단, 중단, 하단 장면을 모두 그렸지만 명나라의 《보녕사수륙화(寶寧寺水陸畵)》는 족자 139개에 장면을 나눠 그렸다.[55] 이 수륙화는 우리나라 감로탱의 각 장면을 별도로 그린 것이다. 이 그림들도 부처와 귀신, 극락과 지옥, 인과응보가 내용으로, 사람들을 감동시켜 교의를 쉽게 받아들이도록 하고자 그린 것이다. 이 그림들 역시 사회 생활을 반영하는 내용이고, 제재는 현실 생활에서 찾은 것이다. 수륙도량의 발전과 더불어 발전한 수륙화는 중국 종교화의 하나로 자리 잡았다.

중국 수륙화에도 연희자들이 있는데, 이들은 수륙재의 대상인 죽은 영혼들이다. 이 그림 중에는 난쟁이 연희자, 사자 가면을 든 사람, 장구를 멘 사람 등 연희자 집단도 있고, 무부(巫夫)나 무녀(巫女), 산악(散樂) 연희자 등을 묘사한 것도 있다.**130·131** 후자 그림에 '횡액을 당해 죽은 혼과 여러 귀신'이라는 제목이 있는 점으로 볼 때, 이 무당과 연희자들이 횡사한 혼에 해당하고 바로 수륙재의 대상임을 알 수 있다.

그 밖의 행사에서 연행된 전통연희

조선시대 전통연희는 앞에서 본 나례, 사신 영접 행사, 환궁 행사, 문희연, 불교 행사, 궁중 행사뿐 아니라 관아 행사, 읍치제의, 동제, 사대부가의 잔치 등에서도 연행되었다. 그리고 종묘제례, 문묘 참배, 왕자와 공주의 태를 태봉에 묻을 때, 내농작(內農作) 거행 때, 새 감사 부임을 환영할 때 등에도 연행되었다. 새 감사 부임 시의 연희 공연은 이미 세종 이전부터 행해진 것으로 보인다.

> 예조에 지시하기를, "이제부터 각 도, 각 고을에서는 교서를 가지고 가는 새 감사를 맞이할 때 채색 비단을 두르거나 붕(棚)을 설치하거나 나례희를 하거나 군사를 늘여 세우는 의식을 벌이지 말 것이다"라고 했다.[56]
>
> —『세종실록』 13년(1431) 5월 26일조

인용문은 세종의 지시로, 당시 감사 부임 행사와 관련해 논란이 많았음을 짐작할 수 있다. 그러나 지시 이후에도 감사 부임 행사는 별다른 변화 없이 계속되었다.

1601년에 허균(許筠: 1569~1618)의 큰형 허성(許筬)이 전라도 관찰사가 되었는데, 이때 허균이 큰형의 가족을 데리고 전주로 내려갔다. 허균은 9월 7일, 전주에서 마중 나온 놀이패의 연희를 보고 기록을 남겼다.

> 삼례에서 점심을 먹고 전주로 들어가는데 판관이 기악과 잡희로 반 마장이나 나와 맞이했다. 북소리와 피리소리로 천지가 시끄럽고, 천오(天吳, 바다귀신춤), 상

학(翔鶴, 학춤), 쌍간(雙竿, 줄타기 또는 솟대타기), 희환(戱丸, 방울 받기), 대면(大面, 가면희), 귀검(鬼臉, 귀신 가면) 등 온갖 춤으로 길을 메우니 구경하는 사람들이 성곽에 넘쳤다.[57]

— 허균, 『성소부부고(惺所覆瓿藁)』 권18 문부(文部) 조관기행(漕官紀行)

또 허균은 이보다 스무나흘 전인 1601년 8월 13일에도 전주에 갔는데, 그때는 관찰사와 함께 연희를 봤다.

13일(임신) 진남헌(鎭南軒)에 나가 방백(관찰사)과 함께 솟대타기[長竿], 줄타기[走繩], 높이뛰기[跳床] 등 잡희를 모두 구경했다.[58]

— 허균, 『성소부부고』 권18 문부 조관기행

두 예로 감사 부임이나 손님 접대 등 지방 관아의 여러 행사에서 성대한 연희가 공연되었음을 구체적으로 확인할 수 있다.

임진왜란 전부터 지방 관기들이 궁중 행사에 선상되었다 귀향했는데, 궁중에서 정재를 연행한 관기들의 귀향은 궁중정재가 지방으로 전파되는 계기가 되었다. 허봉의 『조천기』에 기록된 평양의 포구락, 향발, 무동, 무고 등의 연희[59] 와 단원 김홍도의 〈부벽루연회도〉에 묘사된 무고, 포구락, 검무, 오방처용무, 그리고 〈연광정연회도〉에 묘사된 학무, 연화대, 선유락 등은 궁중정재가 지방에서 연행된 사실을 확인시켜준다.

유득공(柳得恭: 1749~1807)의 『경도잡지(京都雜志)』 권1 성기조(聲伎條)에 나례도감에 속한 산희와 야희 소개가 있는데, 나례도감에 속했다는 것은 나례나 중국 사신 영접 행사에서 공연되었다는 의미다. 그리고 이외에 화성(華城)의 낙성연 같은 다른 행사에서도 이 연희들을 연행했다.

연극에는 산희(山戱)와 야희(野戱) 두 부류가 있는데 나례도감에 소속된다. 산희는 다락을 매고 포장을 치고 하는데 사자춤, 호랑이춤, 만석중춤을 춘다. 야희는 당녀(唐女)와 소매(小梅)로 분장하고 춤을 춘다. 만석은 고려 중 이름이고, 당녀는

고려 때 예성강 가에 살던 중국 창녀다. 소매는 옛날 미녀의 이름이다.[60]

『경도잡지』 권1 성기조 내용과 《정리의궤》의 채색화 〈낙성연도(落成宴圖)〉는 가면극의 성립에 관해 매우 중요한 정보를 제공한다. 산희의 만석중춤은 현재의 가면극 노장과장과 유사하고, 야희의 소매와 당녀는 현재 양주별산대놀이와 송파산대놀이 등에 나오기 때문이다. 그러므로 『경도잡지』가 저술된 18세기 중엽에 이미 본산대놀이가 성립되었거나 성립되어가는 과정이었다는 점을 확인할 수 있다. 이는 산대희로부터 산대놀이 가면극으로의 발전을 의미한다. 위 기록에서 산희와 야희는 나례도감에 소속된다고 했다. 그런데 본산대놀이 가면극은 나례도감에 속한 연희자들, 즉 나례나 중국 사신 영접 행사 등에 동원되어 산대희를 담당한 연희자 가운데 한 부류인 반인들이 만들어낸 것이기 때문이다.

새로 발견된 한글본 《정리의궤》의 채색화 〈낙성연도〉에는 위 인용문 중 "산희는 다락을 매고 포장을 치고 사자춤과 호랑이춤, 만석중춤을 춘다"라는 내용이 그대로 묘사되어 있다.

1796년(정조 20년) 10월 16일에 화성 성역 완성을 축하하는 낙성연이 화성 행궁(行宮)의[61] 낙남헌(洛南軒)에서 열렸다. 《화성성역의궤(華城城役儀軌)》에 이때 연행된 연희에 대한 기록과 그림이 있어 구체적인 내용을 살펴볼 수 있다. 그동안 《화성성역의궤》 〈낙성연도〉는 흑백 그림만 있었으나, 2016년 프랑스 프랑수아 미테랑 국립 도서관이 소장한 한글본 《정리의궤 삼십구 성역도(整理儀軌三十九 城役圖)》[62]에서 채색화 〈낙성연도〉가 발견되었다.

채색화 〈낙성연도〉와 흑백 〈낙성연도〉의 차이점은 크게 두 가지다. 첫째, 흑백 〈낙성연도〉의 채붕 안에는 아무것도 그리지 않았으나 채색화 〈낙성연도〉에는 만석승무가 있다. 둘째, 그동안 학자들은 흑백 〈낙성연도〉의 채붕 앞에서 연행되는 동물춤을 사자춤 두 마리 또는 사자춤과 호랑이춤으로 추정했는데, 채색화 〈낙성연도〉에는 채붕 앞 동물춤이 사자춤과 호랑이춤으로 분명하게 드러난다.[63] **132~135**

주목할 점은 채색화 〈낙성연도〉에서 채붕을 중심으로 연행되는 공연 종목이 『경도잡지』 권1 성기조에 나오는 산희와 그대로 일치한다는 점이다. 그래서 이 채

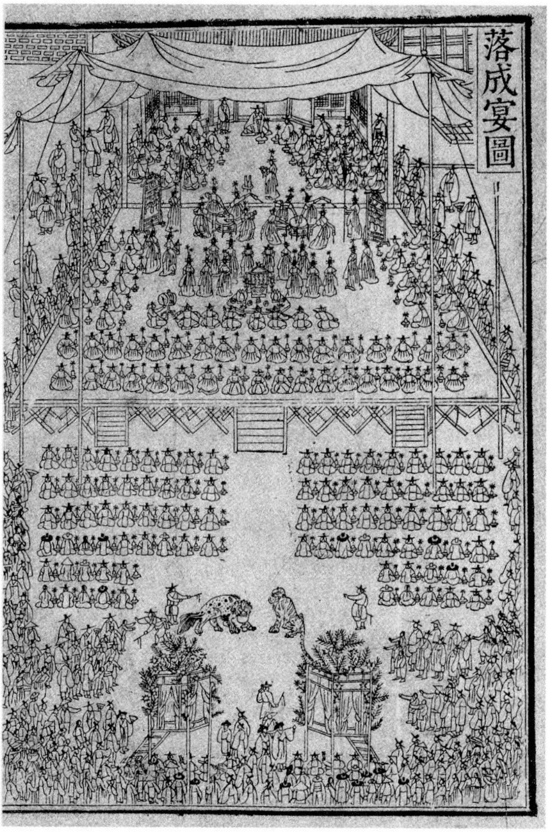

132 〈낙성연도〉(《화성성역의궤》), 1801, 고려대 도서관.

133 〈낙성연도〉(《화성성역의궤》)의 채붕 부분.

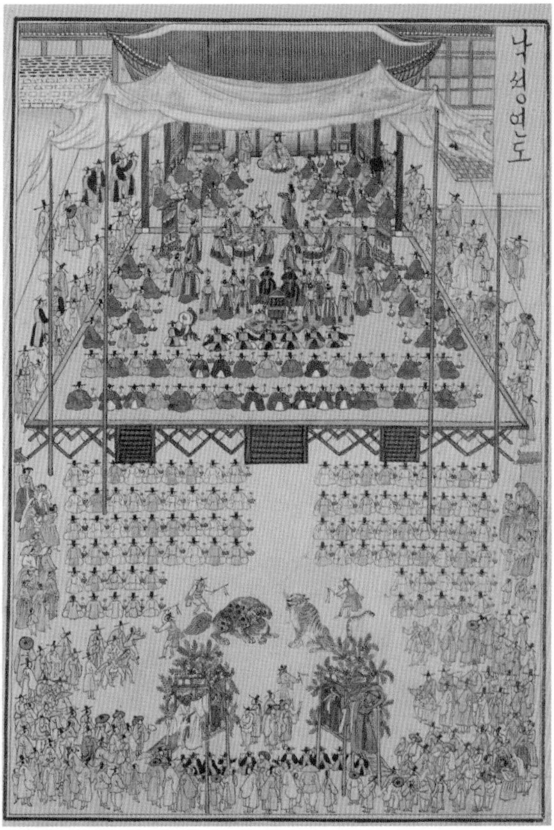

134 〈낙성연도〉(《정리의궤 삼십구 성역도》), 18세기 말, 프랑스 미테랑 국립 도서관.

135 〈낙성연도〉(《정리의궤 삼십구 성역도》)의 채붕 부분.

색화 〈낙성연도〉를 통해 그동안 의견이 분분하던 '산희'를 확실히 규명할 수 있게 되었다.

이 그림 하단부에 해당하는 낙남헌 앞마당에서는 청색 가장물을 뒤집어쓴 사자춤과 황색 가장물을 뒤집어쓴 호랑이춤이 연행되고, 그 뒤로 구조물 두 개가 보인다. 바로 채붕이다. 채붕 위에서는 만석승무가 연행되고 있다. 《화성성역의궤》의 흑백 〈낙성연도〉에는 채붕 위에 어떤 연희도 보이지 않는다. 그러나 채색화 〈낙성연도〉에는 분명하게 노장과 소무, 취발이와 소무가 춤을 추는 만석승무가 연행되고 있다. 만석승무는 현재 봉산탈춤, 양주별산대놀이 등의 노장과장과 내용이 매우 유사하다.[64]

채색화 〈낙성연도〉 중 오른쪽 채붕에 칡베장삼을 입은 노장과 기생, 왼쪽 채붕에 술에 취해 얼굴이 붉은 취발이와 기생이 보인다. 이것이 바로 『경도잡지』 권1 성기조의 만석승무인 것이다.

그동안 만석승에 관한 논의는 주로 그림자 인형극인 만석중놀이에 집중되었다. 만석중놀이는 불탄일인 음력 4월 초파일에 공연되던 놀이인데, 인형에 줄을 매어 조종하며 대사 없이 음악 반주로 연출했다. 인형으로는 만석중, 노루, 사슴, 잉어, 용 등이 등장했다.[65]

그러나 김일출은 개성산대놀이에서는 노장을 만석중인 지족선사로, 당녀를 황진이로 간주한다고 소개했다. 즉 만석중놀이의 발생 설화(황진이가 지족선사를 유혹해 파계시키는 내용)가 그대로 개성산대놀이에 반영되어, 개성산대놀이에서는 노장으로 지족선사(만석중)가, 당녀로 황진이가 등장한다는 것이다. 나아가 이런 개성산대놀이 노장과장의 주제가 다른 가면극의 노장과장에 영향을 끼친 것으로 보았다.[66]

노장을 만석중으로, 상대역 기생을 황진이로 보는 관점은 이미 18세기에도 있었다. 조수삼(趙秀三: 1762~1849)의 『추재기이(秋齋紀異)』에 따르면 18세기 후반부터 19세기 전반까지 활동한 탁문한(卓文漢)[67]이 만석승무를 췄다고 한다.

> 탁 반두의 이름은 문환으로 나례국의 변수다. 젊어서부터 황진이춤과 만석중의 노래 및 우스개몸짓을 잘하여 반중(班中)의 연희자 가운데 그를 따라잡을 자가 없었

다. 늙어서 청나라 사신을 영접한 노고를 인정받아 가선대부의 품계를 하사받았다(卓班頭 班頭名曰文煥 儺禮局邊首也. 少工於眞妓之舞 萬石僧之歌笑. 斑中子弟毋能及之者. 老以延勅勞賜嘉善階).

眞娘弓步斂蛾眉	황진이는 활보하며 얼굴을 수그리고
萬石傞傞舞衲緇	만석중은 비틀비틀 장삼 입고 춤을 춘다.
旛綽新磨何似者	황번탁(黃旛綽)과 경신마(敬新磨)를 빼닮은 자 누구더냐?
斑頭先數卓同知	반두인 탁 동지를 첫손가락 꼽는다네.

탁문한은 탈춤꾼이자 중국 사신 영접에 산대를 조성하는 장인의 우두머리인 도변수였다.[68] 그런데 그는 젊어서부터 황진이춤과 만석중 노래, 우스개몸짓을 잘해 다른 연희자들이 따라잡지 못했다. 특히 "황진이는 활보하며 얼굴을 수그리고, 만석중은 비틀비틀 장삼 입고 춤을 춘다"는 내용은 현전하는 가면극의 노장과장에서 처음에 노장이 장삼을 입고 등장해 몸을 가누지 못하고 비틀거리는 장면과 일치한다. 그런데 『추재기이』에서는 이 노장을 만석중으로, 기생을 황진이로 밝혔다.[69] 현전 가면극 노장과장의 유래가 지족선사와 황진이의 전설로부터 비롯되었음을 전해주는 것이다.

그러므로 『경도잡지』 권1 성기조에 "만석은 고려 중의 이름이다(曼碩高麗僧名)"라는 설명이 있고, 1936년 8월 31일 사리원에서 오청(吳晴)이 채록한 봉산탈춤 대본에도 노장과장의 유래로 봉산 지방에 전하는 고려 말엽 만석(萬石)이라는 노승의 파계 이야기를 언급하지만, 이는 지족선사의 전설이 와전된 것으로 생각된다.

그러면 유득공의 『경도잡지』에서는 왜 채붕을 설치하고 연희하는 사자춤, 호랑이춤, 만석중춤을 산희라 불렀을까? 답은 채붕에 꽂은 소나무가지를 통해 구할 수 있다. 이 채붕을 산으로 표현하기 위해 소나무가지를 잔뜩 꽂은 것이다. 즉 채붕산인 것이다. 그러므로 채붕과 관련된 연희를 산희라고 부르는 것이다. 이런 사례는 중국에도 있다. 솔가지 장식은 앞에서 본 중국의 「관등시리」(16세기)에도 나타나고, 청대 여러 문헌에도 자주 언급된다. 솔가지 같은 나뭇가지는 신산을 표현하는 일종의 상징물이었다. 그러므로 〈낙성연도〉의 채붕도 소형 채산이자 소형 산대라 볼 수 있다.[70] 「게우사」에서 만석승무를 "좌우산 만석춤은 구름 위에 넘노는 듯"이라 표현한 것도 좌우의 채붕을 채붕산으로 간주했기 때문이다. 결국 채붕도 산대처럼 신산의 하나인 것이다.

『신증동국여지승람』 권32 「고성(固城)」 성황사조(城隍祠條)에 조선 전기 읍치 제의에 관한 기록이 있다. 단오 때 신상(神像)과 서낭대를 앞세우고 집집마다 방문해 나인, 즉 연희자들이 백희를 펼친다는 내용이다. 이때 백희는 전문 연희자를 초청해 행한 연희로 추정된다. 비슷한 예로 1944년 청수골(현재 서울 청담동)의 동제인 도당굿을 구경하고 남긴 이혜구의 기록이 있다. 저녁에 도당에서 무당이 굿을 하기에 앞서, 도당 앞마당에서 줄타기하는 재인을 자세하게 묘사했다.[71]

다음으로 왕세자나 공주의 태를 태봉에 묻을 때의 연희와 관련된 기록을 보자.

> 전지하기를, "안태사(安胎使)가 지나는 각 고을로 하여금 군용(軍容)의 위의(威儀)를 갖춰 맞이하지는 말도록 하라" 했다. 안태사가 지나는 크고 작은 고을에서 채붕을 세우고 연희를 베풀며 군용을 갖춰 맞기 때문에 경기와 충청, 경상 등 3도의 길가 백성이 농사를 폐할 정도로 바빠지니, 이러한 명이 있게 된 것이다.
>
> — 『세종실록』 20년 4월 9일조

이처럼 태를 태봉에 묻기 위해 안태사가 지나는 고을 관아에서는 관내에 채붕을 설치하고 연희를 연행해 그를 맞이했다. 그러므로 세종은 군용 의장을 갖추지 말고 간단하게 맞도록 지시한 것이다.

내농작은 정월 보름에 궁중에서 풍농을 기원하며 행하는 모의 농경의례인데, 이때도 산대를 가설하고 연희를 연행했다.

> 성세명(成世明)이 말하기를, "인승(人勝, 정월 초이레 날에 임금이 신하에게 내리던 머리 장식)이나 춘번(春幡, 나례와 입춘 행사 때 색깔 있는 명주로 작은 깃발을 만들어 머리에 장식하거나 꽃나무 가지에 묶는 의식) 같은 것은 비록 오락 같으나 예부터 있던 것이고, 또 인력도 많이 소요되지는 않습니다. 신이 보기로는 내농작

에서 설치하는 구조물들은 기암괴석 모양과 산천초목 형태가 아닌 것이 없습니다. 또 좌우로 편을 나눠 재주를 부리며 기교를 경쟁하니, 이는 사실 오락인 것입니다" 하니, 명하기를 "산을 만드는데 초목이 없으면 산이 될 수 없다. 또 예부터 하던 것이다" 하고 들어주지 아니했다.

— 『성종실록』 19년 1월 9일조

명하기를, "병인년 내농작에 대례(大例)로 산대를 만들어 잡상을 그 위에 베풀고 정희(呈戲)하라."

— 『연산군실록』 11년 12월 13일조

시독관 유숭조가 아뢰기를, "또 폐조(연산군)에 나례 잡희를 베풀어 재인의 의복을 모두 저자 사람으로 하여금 갖춰주게 하니 그 폐해가 많았습니다. 내농작을 설치한 것은 임금으로 하여금 농사의 어려움을 알게 하고자 함인데, 농사의 어려움을 미처 알기도 전에 저자 사람이 먼저 곤욕을 당하니, 폐해가 이보다 심한 것이 없습니다" 하니, 왕이 이르기를, "나례는 이미 행하지 말라 했다. 내농작은 만약 폐해가 있으면 또한 정지해도 좋다" 했다.

— 『중종실록』 1년 12월 20일조

이 인용문을 통해 내농작에서 산대를 가설하고 잡상을 설치했으며, 나례잡희를 공연했음을 알 수 있다. 내농작 거행에는 비용이 많이 들고 오락적인 면이 강했다. 『조선왕조실록』에서 여러 번 발견되는 내농작을 폐지하라는 상소는 내농작이 본래 취지를 잃고 폐해가 많았음을 보여준다.

한편 궁중의 진풍정(進豊呈)에서는 우희가 연행되었다.

공헌대왕이 대비전을 위해 대궐 내에서 진풍정을 펼쳤다. 서울 우인인 귀석(貴石)이 배우희를 잘해 진풍정에 나갔다. 풀을 묶어 꾸러미 네 개를 만들었는데 큰 것이 두 개, 중간 것이 하나, 작은 것이 하나였다. 귀석이 자칭 수령이라 하며 동헌에 앉아 진봉색리(進奉色吏)를 불렀다. 한 배우가 자칭 진봉색리라 하고 무릎으로 기어 앞으로 나왔다. 귀석이 소리를 낮추고 큰 꾸러미 하나를 들어 그에게 주며 말하기를 "이것은 이조판서에게 드려라" 하고, 또 큰 꾸러미 하나를 들어 그에게 주며 말하기를 "이것은 병조판서에게 드려라"했다. 또 중간 것 하나를 주며 말하기를 "이것은 대사헌에게 드려라"했다. 그러고 나서 작은 꾸러미를 주면서 "이것은 임금께 진상해라" 했다.[72]

— 유몽인, 『어우야담』

이는 소위 '진상(進上)놀이'로 항간에서 일어나는 사건을 꾸며 보여준 시사풍자극이다.

귀석은 종실의 종이다. 주인은 시예(試藝)하는 데 참여해 품계를 얻었으나 실제 관직이 없고 봉록도 더해지지 않은 채 주위에 거느리는 종도 없이 여러 왕릉의 제사 지내는 데 뽑혀 겨를이 없었다. 귀석이 진풍정에 들어가 여러 우인과 약속했다. 한 명이 시예 종실이라 이르고 비루먹은 말을 탔고, 귀석은 종이 되어 고삐를 쥐었다. 한 명이 재상이 되어 준마를 탔고, 가마꾼들이 길을 옹위하며 갔다. 앞선 졸개가 길을 피하라 외치는데 종실이 걸려들었다. 귀석을 잡아 땅에 엎드리게 하고 곤장을 쳤다. (귀석이) 큰 소리로 하소연했다. "소인의 주인은 시예 종실로 관직이 대감보다 낮지 않은데 봉록이 더해지지 않아 거느리는 종도 없이 능이며 전에 제사 지내는 일에 뽑혀 한가한 날이 없으니 오히려 시예가 되기 전보다 못합니다. 소인에게 무슨 죄가 있습니까?" 재상을 맡은 배우가 경탄해 그를 놓아줬다. 얼마 안 있어 특명으로 주인에게 실제 관직이 주어졌다.[73]

— 유몽인, 『어우야담』

인용문의 연희는 소위 '종실양반놀이'로 귀석이 우희를 통해 시예 종실을 후대하라고 풍간한 내용이다. 이 우희로 왕은 시예 종실의 실상을 깨닫고 그에게 실제 관직을 주었다.

진풍정이나 나례에서는 우희가 주로 궁정을 중심으로 연행되었지만, 다음 인용문은 민간에서 연행된 우희의 실상을 잘 전해준다.

(장생은) 이야기와 웃기기를 잘했으며 특히 노래를 잘 불렀다. 노래를 하면 애처로워 남의 마음을 움직였다. …그는 술이 반쯤 취하면 눈먼 점쟁이, 술 취한 무당, 게으른 선비, 소박맞은 여편네, 비렁뱅이, 늙은 젖어미 시늉을 했는데, 가끔 실물에 가까웠다. 또 가면으로 십팔나한을 본받되 흡사치 않음이 없고, 또 입을 찌푸리며 호각, 퉁소, 피리, 비파, 기러기, 고니, 두루미, 따오기, 까치, 학 따위의 소리를 짓되 참인지 거짓인지를 분간하기가 어려웠다. 밤이 되어 닭 울음, 개 짖는 소리를 흉내 내면 이웃집 개와 닭이 모두 따라서 우짖었다. 아침이면 야시(野市)에 나가 구걸을 하는데 하루에 얻는 것이 거의 서너 말이나 되었다. 몇 되를 먹고 나면 다른 거지에게 흩어줬기에 나가면 뭇 거지 아이들이 뒤를 따랐다.[74]

이 인용문은 허균의 「장생전(蔣生傳)」 중 주인공 장생의 재주를 묘사한 부분이다. 장생은 허균이 직접 만난 적이 있다고 기록한 실존 인물이다. 몰락한 양반으로, 오랫동안 호남과 호서 지방을 떠돌다 1589년경에 서울로 올라왔다고 한다. 아침이면 시장에 나가 걸식을 했는데, 양이 매우 많아 다른 거지들에게 나눠줬다는 말은 구걸을 잘했다는 의미가 아니다. 재주를 팔아 걸식했다는 사실을 말한다. 장생의 우희에는 특히 흉내 내기가 많았음을 알 수 있다.

조선시대의 연희 담당층

조선시대에 전통연희를 담당한 연희자는 세습무계 무부, 북방 민족 계통 수척과 반인, 재승 계통 승려·사장·사당·남사당과 조선 후기의 유랑예인집단 등이었다.

조선시대에 들어오면 전문 연희자가 크게 네 부류로 나뉘고, 그들의 연희도 분화된다. 조선조 『문종실록』 즉위년(1451) 6월 10일조에서는 중국 사신 영접에 동원된 연희자의 부류와 그들의 연희를 구별해 언급했다.

> (나라에 국상國喪이 있어) 백성이 부모를 잃은 것과 같이 하고, 함부로 떠들고 희학할 수 없다고 한다면, 광대와 서인의 주질, 농령, 근두 등 '규식 있는 놀이(규식지희)'는 예전대로 하고, 수척이나 승광대 등의 '웃고 희학하는 놀이(소학지희)'는 늘여 세워 수만 채우는 것이 가하다. 음악은 마땅히 예전대로 하고, 금지하는 것이 불가하다.[75]

이 인용문으로 조선 전기에 중국 사신을 영접할 때 광대, 서인(서역인), 수척, 승광대, 악공이 동원되었음을 알 수 있다. 이 중 광대와 서인이 주질(줄타기), 농령(방울 받기), 근두(땅재주) 등 규식 있는 연희를 담당했고, 수척과 승광대는 웃고 희학하는 연희를 담당했다. 악공은 음악을 담당했다. 광대와 서인이 담당한 규식 있는 연희는 전문 연희자들만 연행할 수 있는 곡예에 해당하는데, 이는 삼국시대에 중국에서 들어온 산악, 백희 종목들이다. 수척과 승광대가 담당한 웃고 희학하는 연희는 고려시대 우희와 통하는 연희로, 중국 산악, 백희 가운데 골계희인 우희와 성격이 비슷하다.

인용문에서 연희자의 부류와 그들의 연희를 구별한 것은 연희자를 국가 행사에 동원할 때 편의상 연희 종목에 따라 연희자의 부류를 배정한 것으로 해석할 수 있다. 실제로 광대와 서인이 평소에도 반드시 규식 있는 연희만 공연했다거나, 수척과 승광대도 반드시 웃고 희학하는 연희만 공연한 것은 아닐 것이다. 광대와 서인도 웃고 희학하는 연희를 공연할 수 있었고, 수척과 승광대도 규식이 있는 연희를 공연할 수 있었기 때문이다. 다만 국가 행사에서는 편의상 연희자가 부류별로 어떤 연희를 주종목으로 삼는가를 고려해 해당 종목에 맞춰 배치한 것으로 보인다.

세습무계 연희자

조선 후기에 재인청 재인은 흔히 광대라고도 불렸는데, 한강 이남 세습무권에서는 대부분 무속 집안 출신의 무부들이었다. 『조선무속의 연구(朝鮮巫俗の研究)』와 『조선무속의 현지연구』에서는 경기도 도산주(都山主)였던 이종만(李鍾萬)이 경기, 충청, 전라 삼도의 각 군에 재인청이 있었다고 증언했다.[76] 경상도는 빠졌다. 그러나 이는 후대의 현상이거나 구술상의 착오였을 가능성이 있다. 왜냐하면 『나례청등록』(1626)에는 중국 사신 영접에 경기, 충청, 경상, 전라 등 네 도에서 모두 재인이 동원되었다는 기록이 있기 때문이다.

재인청은 신청(神廳), 악사청(樂師廳), 광대청(廣大廳), 화랑청(花郎廳)이라고도 불렸다. 재인청이 언제부터 있었는지는 알 수 없으나 「경기도창재도청안(京畿道唱才都廳案)」, 「경기재인청선생안(京畿才人廳先生案)」 등을 통해 1784년에서 1920년까지 있었던 사실이 확인된다. 물론 이전부터 재인청이 존재했을 것이지만 기록상으로는 1784년에 존재했다는 사실을 구체적으로 확인할 수 있다. 특히 인조 4년 좌변나례도감을 맡은 의금부가 중국 사신 영접 행사를 준비하는 과정에서 오고간 문서를 모은 『나례청등록(儺禮廳謄錄)』(1626)을 통해 재인청과 같은 조직이 이미 1626년 무렵에도 존재했음을 짐작할 수 있다.

이 자료에서 좌변나례도감이 경기도 재인 30명, 충청도 재인 52명, 경상도 재인 33명, 전라도 재인 171명 등 총 286명을 각 군별로 나눠 징발한 점을 보면 이미 1626년 무렵에도 각 군의 재인청이 존재했을 것이다. 좌변나례도감과 우변나례도감이 경기, 충청, 경상, 전라도에서 500명이 넘는 재인을 동원하려면 이들의 전국적인 조직을 파악하고 있지 않으면 불가능했을 것이다.[77]

『나례청등록』의 뒷부분에는 당시 동원된 재인을 도별로 적어놓았다. 그 가운데 경기도 재인 명단을 보면 경기도 산하 군별로 재인의 이름을 적어놓았다.**136·137**

이와 같이 경기도에서는 광주의 일록, 기남, 사랑동, 억종(4명), 양주의 만복(1명), 죽산의 대남(1명), 잠두의 천년수, 계남(2명), 고양의 수향, 김이남(2명), 교하의 응남(1명), 수원의 충남, 끝(긋)년, 연귀(3명), 통진의 덕명, 끝쇠, 끝손(3명), 부평의 방축, 무인(2명), 안성의 지막난, 천종(2명), 강화의 허선립(1명), 풍덕의 신복(1명), 용인의 신민(1명), 파주의 대춘, 애수(2명), 김포의 인근(1명), 양성의 서천국(1명), 파주의 장쇠(1명), 개성부의 돌쇠(1명) 등 군별로 재인이 동원되었다. 물론 1626년 이전에도 어떤 형식으로든 재인과 관련된 조직이 있었을 것이다. 고려시대와 조선 전기에도 연희자들은 계속 국가의 공식 행사에 동원되었기 때문이다.

『나례청등록』에 "의금부 소속 정재인은 각 도 관찰사에게 공문을 보내 추착할 것"이라 되어 있고, 또 "영광 군수의 첩정에 '전라감사가 첨부한 이문에 따라 현재 본군에 있는 재인을 좌우변에 이름을 적고 봉쇠, 대추, 몽남, 윤이, 귀복, 동지, 이남, 춘남, 영난, 기복, 명춘, 천지, 매춘, 무세 등 14명 및 추가로 출두한 끝남을 함께 상송한다'고 했는데"라고[78] 적혀 있다. 그러므로 서울 의금부(좌변나례도감)나 군기시(우변나례도감)가 각 도 관찰사에게 재인 동원 공문을 보내면 관찰사는 다시 군으로 공문을 보내 재인을 할당해 징발했음을 알 수 있다.

재인청의 전국 조직은 다음과 같다. 각 도마다 도청(都廳)이 있는데 그 장(長)을 대방(大房)이라 했으며, 대방 밑에는 도산주(都山主)가 두 사람 있었다. 한 도를 좌우로 나누고, 좌도 도산주와 우도 도산주를 두어 관할했다. 산주는 대방을 보좌하며 중요 사항을 의논했다. 그 밑으로 집강(執綱) 네 명, 공원(公員) 네 명, 장무(掌務) 두 명이 있는데 집강과 공원은 간사에 해당하며 장무는 서무에 해당했다. 군

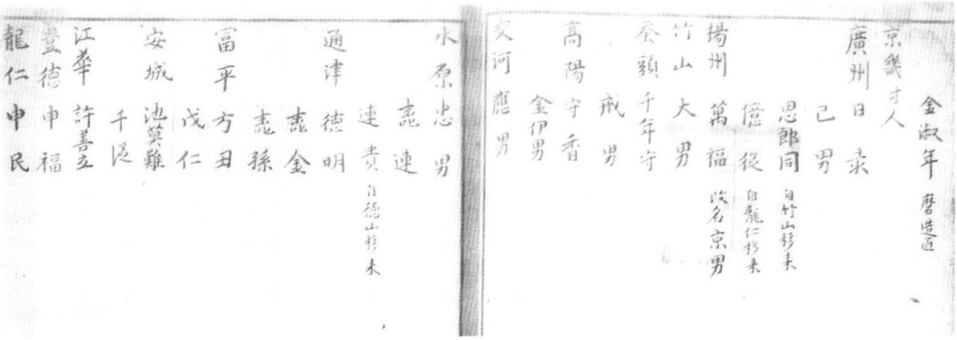

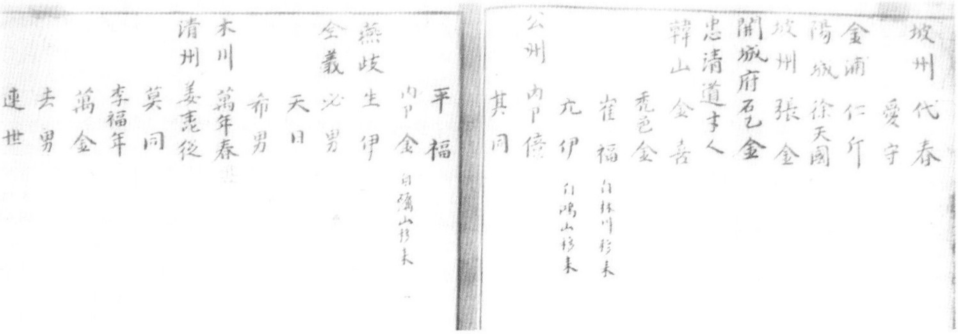

136·137 『나례청등록』 경기도 재인 명단.

재인청의 장은 청수(廳首)라 했고, 그 밑에도 공원과 장무가 있었다. 계원은 세습무당 당골에 한하며, 전적으로 무악(巫樂, 굿음악)을 연주하는 화랑, 줄타기·물구나무서기 등 곡예를 하면서도 무악을 연주하는 재인, 가무 예능인이며 무악을 연주하는 광대를 포함했다.[79]

1827년에 작성된 「팔도재인등등장(八道才人等等狀)」의 끝부분에 염계달, 송흥록, 고수관 등 판소리 명창의 이름이 있는 점으로 볼 때 판소리 광대도 재인청에 속했음을 알 수 있다.[80] 판소리 광대는 무계 출신이 많았기 때문에 재인청에 속한 것이다.

1824년 5월에 작성된 「완문등장팔도재인(完文等狀八道才人)」에 의하면 병자호란 당시 청나라 사신이 올 때 산대희를 위해 설치한 각 도의 재인도청(才人都廳)을 통합할 목적으로 갑신년(1824)에 각 도의 소임(所任)이 서울에 모여 행방회(行房會)를 열고 전국 규모로 재인청 조직을 개조했다고 한다. 이는 그동안 중국 사신 영접 때마다 도 단위로 무질서하게 서울로 올라와 시행한 것을 통제하기 위해 다시 전국 기구로 재조직한 것이었다.[81]

「경기도창재도청안」에 의하면 재인은 중국 사신 영접 때 서울에 올라와 산대희를 거행하는 한편, 각 도 창재도청(唱才都廳)과 군 재인청에 항상 순번으로 대령해 대령광대(待令廣大)로서 군에 예속되었다.[82] 이들이 지방 관아 행사에도 참여한 것으로 나타난다.

재인이 연희를 연행하던 장소는 나례에서는 궁중 앞뜰, 중국 사신 영접 때는 광화문 밖의 광화문만큼 높은 산대 앞, 관아 축제에서는 외정(外庭), 경기도 도당굿에서는 도당 앞마당, 문희연에서는 사가(私家) 마당, 4월 초파일에 벌이는 난장 축제에서는 광장 등이었다.[83] 이처럼 재인은 궁중연희뿐 아니라 민간의 크고 작은 연희에도 참가해 맡은 바 전문 연행 활동을 했다.

이상 재인청에 속한 재인은 평소 자기 고장에 있다가 나례와 사신 영접 행사의 산대희 거행 때나 삼일유가, 문희연 등이 있을 때 서울에 올라와 공연에 참가했다. 그러나 인조, 영조 이후 나례와 사신 영접 행사에서 산대희가 중단되자 민간 공연 활동을 적극적으로 추진하게 되었다.

북방 민족 계통 수척과 반인

북방 민족을 지칭하는 수척(水尺)은 화척(禾尺), 재인(才人), 달단(韃靼), 백정(白丁), 재백정(才白丁), 신백정(新白丁) 등으로도 불렸다. 그러므로 수척은 바로 백정을 말한다. 백정은 조선시대 이전에는 양수척(楊水尺)이라 불렸다. 양수척은 후삼국시대부터 고려시대에 걸쳐 떠돌아다니면서 천업에 종사하던 무리인데, 북방 민족이나 귀화인의 후예로 보인다. 조선시대의 백정은 세종 5년(1423) 그 이전의 재인과 화척을 합해 통칭한 것이다. 이들은 도살업, 육류 판매업, 고리[柳器] 제조업, 잡희 등으로 생계를 유지했다.

『세조실록』 2년(1456) 3월 28일조에 "백정을 화척, 혹은 재인, 혹은 달단이라고 부르는데, 그 종류가 하나가 아니다. …본래 우리 민족이 아니다(白丁 或稱禾尺 或稱才人 或稱韃靼 其種類非一 …本非我類)"라고 해, 백정을 화척 또는 재인 또는 달단으로도 불렀고, 본래 우리 민족이 아니었음을 밝히고 있다. 이미 『고려사』 권134 「열전」47 신우 8년 4월조에 "화척은 곧 양수척이다(禾尺卽楊水尺)"라는 내용이 보인다. 또 『성종실록』 22년(1491) 4월 23일조에 "우리나라 재인과 백정은 선조가 호종이다(我國才人白丁 其先胡種也)"라고 해, 재인과 백정을 호종 즉 북방 민족의 후예로 보고 있다.

『예종실록』 1년 6월 29일조 양성지의 상소문은 이런 사실을 더욱 분명하게 밝히고 있다.

> (가) 양수척은 전조(前朝, 고려) 초기에 있었는데 강화도로 옮겨 갔을 때도 있었습니다. 재인과 백정은 충렬왕 때도 있었고 공민왕 때도 있었습니다. 그래서 멀리는 500~600년 전(고려 초기를 가리킴, 필자 주)에 있었고, 가까워도 수백 년 아래(충렬왕 때와 공민왕 때, 필자 주)로는 떨어지지 않는데도, 악기를 연주하며 노래하는 풍습과 짐승을 도살하는 일을 지금껏 고치지 않고 있습니다.[84]

이 기록은 재인과 백정이 양수척 계통이며, 조선조 예종 때까지도 계속 놀이와 도살에 종사했음을 전해준다.

또 『중종실록』의 "정재인(呈才人), 백정(白丁) 등은 본시 일정한 재산이 없는 사람들로서 오로지 우희(優戱)를 직업으로 해 여염을 횡행하며 양식을 구걸한다고 하나…"[85]라는 기록도, 조선 전기에 백정들이 소를 잡을 뿐만 아니라 놀이에도 종사했음을 전해주고 있다.

이상과 같이 조선 전기에는 양수척의 후예로 간주되는 재인과 백정이 연희와 도살에 종사했다. 그런데 조선 후기에는 이들과 동일한 일을 반인(泮人)이 했다.

> (나) 민정중이 품달해 말하기를 "일찍이 영의정이 품달한 바대로 평상시에 시장에서 변통하게 하소서. 반인은 기필코 어물전을 운영하고 싶어 합니다. 그런데 반인

은 수천 명이나 되기 때문에 형세상 모든 사람이 똑같이 이익을 얻기가 어렵습니다. 반인은 어물전 이외에는 원하는 것이 없으니, 어떻게 하는 것이 좋은지 알지 못하겠습니다. 나라의 풍속은 (반인이) 소 도살과 악(樂, 공연 예술)으로서 삶을 영위하니, 소 돌림병이 그친다면 기필코 다시 소 도살장을 열어야 하며, 그 사이에 잠시 어물전의 이익을 빼앗아 반인에게 주는 것 또한 매우 편치 않습니다"라고 했다.

— 『승정원일기』 숙종 8년 12월 3일조

인용문은 『승정원일기』 숙종 8년(1682) 12월 3일조 민정중의 상소인데, 반인이 소 도살과 함께 연희를 담당했음을 밝히고 있다. 소 돌림병이 돌아 반인들이 소를 도살하지 못해 생활이 곤궁해지자 어물전을 운영하고 싶어 한다는 내용이다. 이에 대해 민정중은 그것이 불가함을 말하면서, 당시 반인이 소 도살과 악으로 삶을 영위했음을 밝히고 있다. 여기서 악은 음악만이 아니고 공연 예술 전반, 즉 연희를 가리킨다. 민정중의 상소는 반인과 관련한 내용이므로 "나라의 풍속은 소 도살과 악으로서 삶을 영위하니(國俗, 以屠牛, 樂爲生理)"의 주어는 당연히 반인이다.

이 기록은 (가) 양성지의 상소문 가운데 조선의 재인과 백정은 고려시대 양수척의 후예로 "악기를 연주하며 노래하는 풍습과 짐승을 도살하는 일"에 종사한다는 내용과 그대로 부합된다.

서울에는 조선 전기부터 나례에 동원된 연희자들이 살았다. 조선 전기의 여러 기록에 경중우인(京中優人), 경중남녀재인(京中男女才人) 등의 용어가 보이고, 우인 또는 재인이 서울 사대문 안에 살았다는 내용도 발견되어 이를 뒷받침한다.[86] 조선 전기에는 관나(觀儺)[87]라는 정기 공연이 궁궐에서 벌어졌는데, 관나는 의금부가 경중우인, 즉 서울에 사는 연희자와 경기도의 재인을 동원해 거행하는 소규모 궁중 행사였다. 이때 참가한 재인을 관나재인(觀儺才人)이라 불렀다. 이들은 큰 행사가 있을 때 지방 재인청에서 동원되던 재인과는 구별된다.

지방 재인이 서울 사대문 밖에 모여 사는 것도 사회적 문제가 되던 시기에 서울 성문 안에 경중우인이라 불리는 연희자들이 살았다는 사실은 이들이 상당한 특권을 누렸음을 의미한다. 『대전회통(大典會通)』 「형전(刑典)」 '금제(禁制)'의 "화랑이나 유녀, 무녀가 성중(城中)에 머물면 벌을 받는다(화랑이나 유녀를 적발했을 때

양가良家의 자녀면 영구히 잔읍殘邑 노비로 소속시키고, 공사천公私賤이면 장杖 백 대에 삼천 리 밖으로 유배 보낸다. 성중에 있는 무녀는 모두 색출해야 하며 검거하지 못하는 관원은 파면한다)"는 내용에서 보듯이 성문 안에는 화랑이나 유녀, 무녀가 거주할 수 없었다. 그러므로 서울에 거주하는 연희자는 단지 연희만 전업으로 한 것이 아니라 다른 일도 병행했기 때문에 살 수 있었을 것으로 짐작된다. 이때 경중우인의 일부로 주목되는 것이 반인(泮人)이다. 특히 반인은 주로 인형극과 가면극을 공연 종목으로 삼았는데, 조선 전기 궁궐의 관나 행사에 동원된 관나재인의 공연 가운데 잡희 외에 인형극이나 우희 같은 연극도 있었다는 사실은 시사하는 바가 크다.

일본학자 아키바 다카시(秋葉隆)는 본산대놀이의 연희자가 반인이라는 사실을 처음 제시했다.

> (다) 산대희의 연희자는 궁중에서 천한 일을 하던 하층민으로 반인(泮人, panin)이라 칭했는데, 상인(常人)과의 교혼(交婚)은 금지되었다. 그들은 산대도감 또는 나례도감에 예속되어 궁중으로부터 쌀이나 콩 등을 지급받았으나, 인조 12년 상주(上奏)에 의해 궁중에서 산대희가 폐지됨으로써 그 이후에는 연희 흥행에 전력하게 되었고 커다란 무대를 만드는 것도 없어지게 되었다. 특히 서쪽 교외의 아현리(阿峴里)에 사는 연희자가 많았는데, 소위 아현(애오개)산대의 이름이 유명했다.[88]

(다)는 서울 근교에서 놀던 가면극인 본산대놀이의 성립에 대해 매우 중요한 정보를 제공한다. 반인이 산대도감 또는 나례도감에 예속되었다는 말은 이들이 중국 사신 영접 행사에 동원되었다는 사실을 의미한다.

북한학자 김일출(金日出)은 "이것은 산대놀이의 연기자가 반인이라 불리운 하층 인민이었던 사정에 기인하는 것이었다. …반인은 물론 봉건사회에 있어서 인민의 개념 안에 포괄된 피지배 계급의 일부였으나, 그들이 공연하는 산대놀이는 벌써 어느 정도로 전업화(專業化)한 것이었다. 또 그것은 특히 서울을 위시한 도시의 하층 주민을 상대로 공연되었던 것이다"[89]라고 하며 서울 본산대놀이의 연희자를 반인이라고 밝혔다.

김동욱도 "보통 반인은 편놈 또는 관(館) 사람이라 해 소위 재인백정(才人白丁)의 신분에 해당해 궁중의 잡희나 산대희 때에는 우인(優人)으로 출연하곤 했다."[90]라고 지적했다. 반인이 본산대놀이의 연희자라는 언급은 없으나, 잡희와 산대희를 담당한 전문 연희자임을 밝혔다. 그리고 반인을 편놈 또는 관 사람이라고 불렀다는 사실도 제시했다.

이두현은 인조(仁祖) 이후 공의(公儀)로서의 나희가 급격히 쇠퇴하고, 영·정조 이후 나희가 국가적인 행사로는 폐지되자 놀이꾼인 반예(泮隷, 편놈)들이 민간에서 가면극인 산대놀이를 시작했고, 그러다가 놀이꾼들이 지방으로 분산되면서 각 지방의 가면극이 이뤄졌다고 보았다.[91]

서울에서 가면극인 산대놀이를 논 반인은 원래 성균관의 전복(典僕)인데 관인(館人)이라고도 불렸다. 전복은 성균관에 소속된 노비로 문묘를 지키고 유생 부양에 필요한 잡무를 처리했다. 반인은 이들이 반궁(泮宮), 즉 성균관에 소속된 노비였기 때문에 생긴 명칭이다. 반인은 조선 전기부터 소를 도살해 문묘제향(文廟祭享)에 응했고, 조선 후기에는 현방(懸房)이라 불리는 푸줏간을 운영하면서 서울의 쇠고기 유통을 독점했다. 조선이 건국되어 성균관 문묘제향을 위해 백정이 필요해지자 귀화한 북방 민족의 후예에게 일을 맡긴 것으로 추정된다. 물론 숙종 때 4천 명이나 되던 반인이 모두 북방 민족의 후예는 아니었다. 그 일부가 북방 민족의 후예였던 것으로 보인다.

반인은 동일한 한 가지 성격의 집단이 아니고 여러 부류 사람들로 구성되었다. 즉 안향이 기증한 사노비의 후손, 소를 도살하고 판매하는 재인(宰人), 쇠가죽과 쇠기름 판매 등 상업 활동을 하는 상인, 전통연희의 연희자 등 다양한 사람들로 구성되었다. 그래서 앞서 본 김동욱의 지적처럼 반인 가운데 재인과 백정, 즉 수척이 있었다는 사실을 밝혀준다. 결국 수척은 연희자로도 활동했고, 숙종 때 수천 명이나 되던 반인 가운데는 수척의 후예도 있었기 때문에 반인들도 현방을 통한 소 도살과 판매뿐만 아니라 연희에도 종사했다. 그래서 반인들이 서울의 산대놀이 가면극을 전승할 수 있었던 것이다.[92]

정조 9년(1785) 왕명으로 성균관에서 편찬한 『태학지(太學志)』에 반인과 산대희의 관련을 보여주는 기록이 보인다.

(라) 영조 12년 병진년(丙辰年, 1736)에 임금이 유사에게 성균관 입직관(入直官)의 죄를 다스리고, 태학의 두 장의(掌議)를 모두 과거 응시 자격을 정지시키라고 명했다. 이때 반인들이 산붕을 설치해 반촌 내에서 연희를 베푸니 임금이 듣고 이 명령이 있었다.

—『태학지』 권7 교화조

(라)에 의하면 반인이 반촌에서 산붕을 설치하고 연희를 연행한 것으로 나타난다. 산붕은 소형 산대로 바퀴를 달아 끌고 다닐 수 있기 때문에 예산대 또는 산거라고도 불렀다. 작은 산대인 산붕을 설치하고 그 앞에서 여러 연희를 펼친 것이다. 그러므로 중국 사신 영접에 나례도감에서 창우를 모을 때 당연히 산붕을 설치하고 놀던 반인도 동원했을 것이다. 또 『승정원일기』에도 다음과 같이 반인과 산대희의 관련성에 대한 중요한 기록이 있다.

(마) 지난달 20일경 반인 무리가 마침 북방 사신을 위해 베푼 산붕놀이를 멈추는 때를 만나, 각자 돈을 모아 산붕희(山棚戲) 도구를 빌려 이틀간 성묘(문묘) 뒤에 산붕을 설치하고 기이한 재주를 두루 보여주었고 음란한 악을 크게 베풀었는데, 성균관 유생들도 뛰어가서 구경하지 않는 자가 없었습니다.

—『승정원일기』 권45 영조 12년 2월 20일조

(마)는 영조 12년(1736) 일로 (라)와 동일한 사건을 다룬 기록이다. 반인은 국가 행사인 중국 사신 영접 행사에도 동원되었지만 이처럼 시정에서 '설붕잡희(設棚雜戲)' 공연 활동을 벌였다. 설붕은 붕을 설치하는 것으로 (라)와 (마)에서는 산붕이라고 표기했다.

(라)와 (마)는 영조 12년(1736) 사건이지만 (나)는 이보다 54년이나 앞선 숙종 8년(1682) 민정중의 상소다. (나)에서 이미 반인들이 소 도살과 연희를 담당했음을 분명히 밝혔다.

이상 여러 정황으로 볼 때 서울의 산대놀이는 성균관에 속한 반인들에 의해 18세기 전반기에 성립되었다. 반인은 나례도감에 속해 나례에 동원되었기 때문에 본산대놀이에는 나례의 영향이 많이 남아 있다.[93] 또 본산대놀이는 동몽골을 포함하는 북방 민족의 후예에 의해 전승되었기 때문에 본산대놀이에는 몽골 등 북방 문화의 영향도 남아 있다.[94]

북방 민족 계통 재인촌과 재인

이상 살펴본 바와 같이 서울과 조선시대의 전문 연희자들은 주로 세습무계의 무부인 재인, 북방 민족 계통의 수척과 반인 등이었다. 그러나 세습무가 없는 황해도와 평안도에서는 재인촌 재인들이 전문 연희자로 활동했는데 이들은 북방 민족의 후예였다. 중국 사신이 왔을 때 평양, 황주, 개성 등 북쪽 지역에서도 산대와 채붕을 가설하고 산대희를 연행했는데, 이때 연희자와 악사는 재인촌 재인이었다.

황해도와 평안도에는 재인촌이 있었다. 그동안 이 재인촌의 유래에 대해 '양수척의 후예'라는 설[95]과 '기생의 아들 집단'이라는 설[96]이 제시되었다. 그러나 박은용의 평남 지방 재인촌에 대한 조사 기록, 『조선의 취락』에 소개된 황해도의 구백정부락에 대한 기록, 그리고 재인촌 사람들의 여러 활동에 대한 자료를 볼 때 재인촌 재인은 북방 민족인 양수척의 후예로 보인다. 특히 황해도와 평안도의 재인촌 사람들은 삼현육각 악기 연주, 줄타기, 땅재주, 작대기 재주, 서도소리 등 재인으로서의 활동, 고리버들 제품이나 체와 바디 등 수공업 제품 생산, 기생 배출 등 고려시대 양수척이 하던 일을 계속하고 있었다.[97]

또 조선시대 재인과 백정을 모여 살도록 규정한 『경국대전』「형전」 재백정단취조(才白丁團聚條)에 의해 전국에 백정촌이 성립되었고, 황해도와 평안도에는 백정촌뿐만 아니라 재인촌도 존재하게 되었다.

봉산과 강령에서는 재인촌 재인들이 탈춤 반주를 담당했고 탈춤 연희자로도 활동했다. 봉산탈춤 예능 보유자 최경명은 원래 신천군 재인촌 출신으로 여러 악기를 잘 연주했을 뿐만 아니라 취발이 역과 말뚝이 역 등 연희도 했는데, 매우 뛰어난 연희자였다. 은율탈춤 악사로서 예능 보유자였던 김영택도 은율군 재인촌 출신이었다. 재인은 원래 악기만 잘 연주하는 것이 아니라 줄타기, 땅재주, 작대기 재주, 서도소리, 성주고사 등에도 능했으므로 해서(海西)탈춤의 노래와 춤, 연기에도 영향을 끼친 것이다.

김일출은 1955년 8월 봉산탈춤 악사들이 살던 재인촌 가창마을을 답사했는데, 아주 외딴 곳이었다고 한다. 그는 가창마을에서 봉산탈춤의 미얄 역을 맡은 한성근(통인 출신, 당시 67세)을 만나 봉산탈춤의 악사에 대해 다음과 같은 제보를 얻었다.

> 약 55년 전(12세 때)까지는 재비는 '본관 재비'가 따랐다. 즉 군수청에 있는 악공을 이른 것이다. 본관 재비는 2~7일 장날 곡식을 되박질을 하는 특권을 가졌다. 또 '지세'를 받는다. 그것으로 살아나간다. 장터에다 매똘(일명 망판)을 가져다 놓아두면 장사부치들이 지세를 거기다 몇 푼씩 던져준다. 매똘이란 곧 맷방석(맷돌을 쓸 때 밑에 까는, 짚으로 만든 방석, 필자 주)을 말하는 것이다.[98]

이와 같이 봉산탈춤이 1900년 무렵까지는 관아의 악사청으로부터 반주 음악을 담당할 악사를 쉽게 지원받았으나 한일 병합으로 악사청이 해산된 후에는 가창마을의 재인 부락에서 악사를 초청해 공연했다. 원래 봉산 관아의 본관재비들은 가창마을 같은 재인촌 재인들이었기 때문이다.

다음 인용문은 재인촌 사람들을 양수척의 후예라고 지적한다.

> 재인들은 일반 농민과 같은 부락에서 함께 살 수 없었다. 부득이 같은 부락에 동거하는 경우에도 구역을 갈랐는 바, 예컨대 일반 농민이 뒷마을에 거주하면 재인은 개울을 사이에 둔 앞마을에 거주하게 마련이었다. 재인 거주 구역에는 양반은 물론 일반 평민도 섞여 살지 않았으며 재인과는 따로 거주 구역이 규정되었다. 그러나 많은 경우 재인촌은 이와 같이 되는 것이 아니고 부락에서 떨어진 외딴 곳에 있는 것이 보통이었다. 이러한 부락을 재인촌이라 일렀다는 것이다.
> 룡강군의 재인촌인 말뫼에는 재인이 30호 정도 살았다고 한다. 말뫼에서 재인은 버들가지로 만드는 키, 고리 등을 비롯해 체, 바디, 부채 등 수공업 생산을 통해 생

계를 유지하고 있었다. 그래서 '고리재인'이란 말도 흔히 듣게 되었다. 이는 그들의 혈통이 '양수척'과 관계되어 있다는 것을 말해주고 있다.

말뫼 재인들은 이러한 수공업 생산을 일방으로 하면서 때때로 벌어지는 놀이판에 불리어 나가 예술 활동도 했다. 그들의 활동 무대의 기본으로 된 것은 통치배들의 잔치놀이였는 바 환갑 잔치, 생일 잔치, 결혼 잔치를 비롯해 봄 가을철의 산놀이 등이었다. 공연에는 삼현육각이 중심으로 되고, 새납과 젓대 등이 연주되기도 했다. 말하자면 기악이 놀이의 기본으로 되어 있었던 것이다. 곡목은 역시 '풍류(영산회상)'였으며 '길군악'은 신랑이 신부를 데리고 가는 날 앞장서서 울렸다고 한다. 그러나 그들 중에서 자기 기량에 따라 노래 혹은 춤, 땅재주 등을 전문하는 사람들로 전공이 분화되어 있었다. 그들이 버들엮기도 하는 등 수공업도 하기는 했으나 사실 그것은 기본 직업은 아니었고, 어디까지나 음악 활동이 그들의 기본적인 직업이었다.[99]

이상과 같이 북한학자 박은용의 조사에 의하면 평안남도 여러 곳에 재인촌이 산재했는데, 평양 가까운 곳만 해도 낙랑리, 호남리와 용강군 양곡리 말뫼 등을 들 수 있다. 말뫼 재인은 버들가지로 키, 고리 등을 비롯해 체, 바디, 부채 등을 만들어 생계를 유지했지만 주업은 음악 활동이었다고 한다. 그래서 흔히 '고리재인'이라 불렀는데, 그들의 혈통이 양수척과 관련 있다고 보았다.

그리고 일제시대에 조사한 『조선의 취락(朝鮮の聚落)』 중편에서는 황해도의 구백정부락 세 곳을 소개하면서 구백정부락은 구시대에 백정이라 칭한 계급 집단의 부락이라고 설명하는데, 이 가운데 재인촌도 보인다. 첫째, 안악군 은홍면 청천리 청계동(淸溪洞)에 대해 "생업은 버드나무 가지로 여러 가지 물건을 넣는 용기를 제조, 혹은 조선 재래의 가죽 구두를 제조해 이들을 판매해 생활했다"고 기록했다. 둘째, 서흥군 율리면 서달리 백촌(白村)에 대해 "부락민은 고리버들로 만든 용기 제조를 직업으로 삼아, 일반적으로 고리버들 제조업에 종사해, 상호상조 정신이 뛰어나다"고 기록했다. 셋째, 은율군 일도면 농림리 차우동(車隅洞)은 1933년 무렵 21호 132명이 사는 마을이었는데 "본 부락민은 체 혹은 바디 제조업이 주된 직업이되, 그 외에 가무예자 등 23명이 있다. 돌로 만든 제조품은 그다지 수송하는 지역도 없고, 판매 경로는 지극히 미진해 다만 시골을 다니면서 물건을 파는 일에 그친다"고 기록되어 있다.[100] 구백정마을 차우동 사람 중 23명은 가무예자라고 했는데, 이는 재인을 가리키는 것이다. 은율탈춤 예능 보유자였던 악사 김영택이 바로 차우동 출신이다.

황해도 차우동도 평안도의 말뫼마을처럼 체, 바디 등 수공업 생산에 종사하면서 연희에도 종사한 것이다. 백정은 이미 세종 때부터 재인과 화척을 통칭하는 말이었기 때문에 재인이 사는 마을을 구백정부락이라고 표기한 것이다. 그리고 조선시대 백정은 고려시대 양수척의 후예이므로 결국 박은용의 견해와 일치한다. 김동욱도 이미 많은 기록에서 경기 이남의 연희자 집단은 세습 무당 집안의 무부이고, 경기 이북의 연희자 집단은 북방 민족 출신인 수척이라고 밝힌 바 있다.[101]

재승 계통 연희자

이미 앞에서 삼국시대와 고려시대에 재승 계통 연희자들이 존재했음을 살펴봤다. 조선조 『문종실록』 즉위년(1451) 6월 10일조에 의하면 중국 사신을 영접할 때 재승 계통 연희자도 동원된 것으로 보인다. 이 기록에 의하면, 승광대는 수척과 함께 웃고 희학하는 연희, 즉 우희를 담당했다. 이때 연희를 담당한 승광대는 조선 초기에 사원 혁파로 절에서 쫓겨난 재승 출신이거나 또는 절에 소속된 연희자였을 것으로, 고려시대 재인승(才人僧)의 후예로 볼 수 있다.[102]

고려시대 재승은 사원에 소속되었지만 조선조 재승은 사원에서 쫓겨나 호적도 없고 부역도 하지 않으며, 조세도 부담하지 않는 유랑예인으로 전락했다. 고려시대에 사원 승려로는 청정한 마음으로 욕심 없이 법당에서 마음을 수양하는 상품(上品) 선종승(禪宗僧), 불경을 강론하고 설법하기 위해 말을 타고 바삐 돌아다니는 중품(中品) 교종(教宗)의 법사승(法師僧), 참선도 경학도 제대로 못 하고 불공이나 사십구재 같은 의식과 상가 다비(茶毘) 의식이 있을 때 한몫 끼어 의식(衣食)을 구하는 하품(下品) 염불종(念佛宗) 재승(齋僧), 그리고 사원에서 잡일을 하는 잡역승(雜役僧)이 있었다.

그런데 조선 태종 6년에 불교 사사혁파정책(寺社革罷政策)으로 사원이 혁파되면서 사전(寺田)이 삭감되었고, 승려는 강제로 환속되었으며, 사사노비(寺社奴婢)가 관아 노비로 넘어갔고 도첩제가 강화되었다. 이에 따라 고려시대에 사원에서 의식을 담당한 하품 잡승이 우선 사원에서 쫓겨나 사원 주변이나 시정 주변 그리고 민간 마을을 돌면서 걸식하게 되었다. 조선조 들어 새 도읍지인 서울을 건설할 때는 하품승을 징발해 부역하게 했다. 태종대에 속공시킨 노비만 팔만여 명이었다. 더구나 불공을 도심에서 사십 리나 떨어진 산간 사찰에서만 하게 하니, 자연히 유리승려(流離僧侶)들이 민간을 돌아다니면서 비밀리에 불공 행사를 하는 폐풍이 생겼다. 이런 상황에서 사설사암(私設寺庵)이 생겨나고 동냥승이 생겨났다. 본래 재를 올리는 일과 다비를 치르는 데 뽑혀 다녔고, 범패, 염불, 법고, 바라 등 가무희 명수였던 가무재승(歌舞才僧)은 그들끼리 어울려 살게 되었고, 사설사암이 이런 재승들의 활동 장소가 되었다. 그러다 같은 소질과 재주를 가지고 그늘에서 사는 신세인 무당이나 재인, 광대와 자연스럽게 어울리면서 가무재승들은 조선시대 연희 담당층의 하나로 성립되었다.[103]

조선시대 재승에 대해서는 신라 원효로부터 시작되어 고려를 거쳐 조선 전기까지 전승된 무애희(無㝵戲)의 담당층을 통해 살펴볼 수 있다.

> 처음에 원경왕후(元敬王后)의 수불(繡佛)이 양주 회암사(檜巖寺)에 있었는데, 중들이 불전(佛殿)이 기울어져 위험하다고 칭탁(稱託)하고는 불전을 수리하자는 권문(權文)을 가지고 서울과 지방으로 다니며 권유하니, 무지한 부녀자와 부유한 상인들이 앞다퉈 수많은 재물을 내었고, 임금도 쌀과 베를 내려 도왔다. 그리하여 절집을 수리하고 이날에 이르러 '경찬(慶讚)'을 연다고 말하면서 크게 불회(佛會)를 베푸니… 중 각원(覺圓), 신주(信珠), 신현(信賢) 등이 무애희를 시작하자 부녀자들이 시주라 해 옷을 벗어 주기도 했다.
>
> — 『세종실록』 16년 4월 10일조

이 글에서 보듯이 조선조 세종 때까지도 승려들은 무애라는 도구를 가지고 연희하는 무애희를 전승했다. 여기서 무애희를 하는 승려 세 명을 바로 재승으로 볼 수 있다.

유몽인의 『어우야담』에 나오는 재승 동윤(洞允) 이야기로도 재승이 연희 담당층으로 중요한 역할을 한 사실을 확인할 수 있다.

> 동윤은 재승이다. 글에 능하고 배희(俳戲)를 잘했다. 또 짐승 소리를 교묘하게 흉내 냈다. 일찍이 어느 마을을 지나는데 한 집에서 술과 음식을 갖추고 무녀를 데려다 죽은 영혼을 불러 굿을 행했다. 동윤이 그 집에 들어가 음식을 구하니 주인이 꾸짖었다. 동윤이 화가 나서 몰래 마을 아이들을 꾀어 죽은 사람의 나이, 모습, 친척, 생전의 일을 자세하게 알아낸 다음, 굿판에 뛰어들어가 얼굴빛을 고치고 붉으락푸르락 온몸을 떨며 빈말과 어지러운 말로 주인을 꾸짖었다. 그리고 죽은 사람의 말처럼 꾸며내어 지나온 일을 말하니, 친척 이름을 대며 지적하고 형제, 처첩, 자손을 모두 정확하게 분별했다. …중국 사신이 오자 도감에서 동윤으로 하여금 승군(僧軍)을 거느리고 홍제교를 고치게 했다. 일을 조금 게을리 하면 새끼줄로 동윤의 머리를 얽어 나무에 매달았는데, 동윤이 마침내 소리를 질러 송아지 소리를 내니 온 들의 소가 일시에 응했다. 또 밤에 서울에서 잠을 자다 초저녁에 소매로 닭 우는 소리를 내니, 많은 닭이 일시에 날개를 치며 울었다.[104]

재승인 동윤이 글에 능하고 배(俳)를 잘했다고 하는데, 배는 배희를 의미한다. 배희는 배우희(俳優戲), 즉 흔히 우희라 부르는 골계희다. 그리고 동윤은 송아지와 닭울음을 흉내 냄으로써 뭇 소와 닭이 울게 할 정도였는데, 이런 동물 소리 흉내도 우희에 속한다. 『조선왕조실록』과 유몽인의 『어우야담』 등에서는 이상과 같은 연희를 우희, 창우희, 배희라고 기록했다. 특히 이 일화가 수록된 『어우야담』에는 귀석(貴石)이라는 유명한 연희자의 우희 내용도 있는데, 그가 행한 우희를 배희라고 표기했다.

조선조 『문종실록』 즉위년(1451) 6월 10일조 기록에 승광대가 수척과 함께 우희를 담당했다는 언급이 나온다. 이 기록보다 약 백 년 후인 16세기 중엽에 활약한 재승 동윤[105]의 경우에서 실제로 승광대가 우희를 연행한 사실을 확인할 수 있다.

다음 인용문은 조선시대 재승 계통 연희자인 사장(社長), 사당(社堂), 거사(居

士)의 변천 과정을 살펴볼 수 있는 자료들이다.

(가) 중 수미(守眉)가 전라도에 있으면서 봉서(奉書)해 아뢰기를, "승인(僧人)의 사장(社長)들이 혹은 원각사(圓覺寺)의 불유(佛油)를 모연(募緣)한다 일컫고, 혹은 낙산사(落山寺)를 짓는 화주승(化主僧)이라 일컬으며, 여러 고을의 민간에게 폐를 끼치는 자가 자못 많습니다" 하니….

—『세조실록』 14년 5월 4일조

(나) 요즘 서울과 지방의 남녀노소 가운데 사장 혹은 거사라 칭하는 사람들이 많습니다. 이들은 도사(道士)에 비교되는 것으로서 중도 아니고 속인도 아닌데, 그 생업을 폐하고서 차역(差役)을 피할 것만을 엿보고 있습니다. 외방에서는 많은 사람이 무리를 이루고서 절에 올라가 향을 불사르고, 경중(京中)에서는 마을에서 밤낮으로 남녀가 섞여 거처하며, 징과 북을 시끄럽게 두들기면서 이르지 않는 바가 없습니다.

—『예종실록』 원년 6월조 양성지의 상소문

(다) (사장들은) 형상을 보면 중도 아니고 속인도 아니며, 거처하는 곳을 보면 절도 아니고 집도 아닙니다. 아침이면 장사를 하고, 저녁이면 부처에 귀의해, 기이한 형태와 괴이한 형상으로 잡답(雜沓)하게 주선(周旋)해, 징을 울리고 북을 치며, 춤추고 뛰어노는데, 시중의 아이나 부녀 들이 쳐다보며 흠모하고 귀로 듣고 익힙니다.

—『성종실록』 2년 6월 8일조 한치형(韓致亨)의 상소문

(라) 십여 년 전부터 인심이 흐려지고 사설(邪說)이 횡행해도 금해 바로잡지 못하니, 어리석은 백성들이 미혹되어 남자는 거사가 되고 여자는 사당이라 칭하며, 본분을 다하지 않고 승복을 걸치고 걸식하며 서로를 유인해 그 무리들이 번성하고 있습니다.

—『선조실록』 40년 5월 4일조

(마) 거사라는 남자들과 회사(절을 찾아다니며 붙어사는 여인을 방언으로 回寺라 한다)라는 여인들은 모두가 농업에 종사하지 아니하고 마음대로 음탕한 짓을 하며 횡행해 풍속을 그르치니, 법으로 금해야 합니다.

—『중종실록』 8년 10월 3일조

이상은 『조선왕조실록』에서 사장, 사당, 거사에 관한 기록을 시대순으로 배열한 것이다. 이 기록들로 사장에서 놀이패인 사당과 거사가 유래했음을 충분히 추정할 수 있다. (가)에서는 '승인의 사장'이라는 말로 사장이 절과 관련된 사람임을 분명히 밝혔다. 그런데 이들이 원각사의 불유를 모연한다고 일컫고, 혹은 낙산사를 짓는 화주승이라 일컬으며 돌아다녔다는 사실에 주목해보자. 이는 조선 후기에 사당패나 남사당패가 일정한 절과 관계를 맺고 불사(佛事)를 돕는다는 명분을 내세우며 연희를 공연하고 다닌 사실과 일치한다. 고려시대 재승들이 사원을 짓는다는 명목으로 돈을 거두면서 북과 장구, 깃발을 갖춰 노래하고 악기를 연주하며 촌락과 시정으로 다니던 양태를 그대로 잇는 것이다.

(나)에서는 서울과 지방 남녀노소 가운데 사장 혹은 거사라 칭하는 사람이 많으며, 징과 북을 두들긴다고 했다. 당시까지는 절과 관련을 맺고 연희를 행하는 무리를 사장 또는 거사라 불렀음을 알 수 있다. 즉 사장은 남녀 연희자를 모두 포괄하는 명칭이었다. 아직 여자 연희자를 사당, 남자 연희자를 거사라 부르는 구별은 없었던 듯하다.

(다)는 사장이 불교와 관련을 맺고 악기를 연주하며 연희를 펼쳤음을 전해준다. 징과 북을 울리고, 염불을 일삼고, 범패를 하며, 기이한 형태와 괴이한 형상으로 춤추고 뛰어논다는 것은 이들이 연희자임을 의미한다. 그런데 시중 아이나 부녀들이 이들의 연희를 흠모하고 익혔다는 언급에서, 사장패의 연희가 민간에서 매우 인기를 끌었음을 짐작할 수 있다.

(라)는 선조 40년(1607)의 기록인데, 이 시기에 절과 관련을 맺고 연희하는 사람들 가운데 여자는 사당, 남자는 거사라 부르는 구별이 있었음을 전해준다. 임진왜란 이후 살기 어려워진 백성들이 무리를 이뤄 떠돌아다녔고, 일반 백성 가운데서도 사당이나 거사가 되는 경우가 많았음을 알 수 있다. 여기 인용하지는 않았으

나 같은 기록에 그 무리가 번성해 도로에 줄을 잇고 산골짜기에 가득 차며, 혹 자기들끼리 모이면 천백(千百) 무리를 이뤘다는 언급도 있다. 이 무렵 유민과 사당 수가 크게 증가한 사실을 강조했다.

(마)는 사당을 회사라고도 불렀음을 알려준다. 이 기록 역시 남녀를 거사와 회사(사당)로 구별했다. 이 무리들이 떠돌며 음탕한 짓을 하고 풍속을 그르친다 했는데, 이는 조선 후기 사당패들이 가무와 연희를 펼친 후 매음(賣淫)을 한 사실을 지적한 듯하다.

한편 다음 기록은 재승 계통 연희자뿐만 아니라 향리, 군인, 공사(公私) 노비도 사장 무리에 참여했음을 알려준다.

> 이 앞서 승도(僧徒)들의 횡포가 심해, 탑묘(塔廟)를 짓는 데 백성의 전원(田園)을 탈취함으로써 소재한 곳마다 송사(訟事)가 일어났고, 또 우민(愚民)을 속이고 꾀어 모두 집을 버리고 귀의해 생업을 잃고 몰려들어 남녀가 서로 반반씩 되니, 이름하기를 사장이라 한다. 밤낮으로 함께 거처하고 간음을 행하며, 심한 자는 아내를 거느리고 자식을 키우면서 여염에 섞여 살아도 죄책(罪責)이 미치지 못했다. 이로 말미암아 향리(鄕吏), 일수(日守, 칠반천역七般賤役의 하나로 지방 관아나 역에 속해 잡무를 맡아보던 구실아치), 정병(正兵), 선군(船軍), 공사천예(公私賤隸) 들의 귀의함이 매우 많았다. …임금이 빨리 이들을 끌어다 군적(軍籍)에 편입시키려 했지만, 오히려 백성들의 소요가 일어날까 염려해 의논을 마침내 중지한 것이었다.
>
> — 『예종실록』 원년 5월 9일조

조선 전기인 예종 원년(1469) 무렵에 이미 수많은 유민이 승도가 되어 사찰에 몰려들었다는 내용이다. 이들은 사장이라 불렸고, 사장 무리에는 향리, 일수, 정병, 선군, 공사천예도 합류했다. 더욱이 이들을 군적에 편입시키려 했으나 실행하지 못했다고 해, 이러한 민중 이탈이 꽤 심했음을 알 수 있다. 원래 조선 초기에 도첩제를 만들어 백성들이 마음대로 출가해 승려가 되는 것을 금지했으나, 이와 같이 승복을 입고 승려로 가장해 국역을 피하는 자가 헤아릴 수 없었던 것이다.

이익(李瀷)의 『곽우록(藿憂錄)』에 의하면, 유민들이 국역을 피해 사원에 의탁해

138 〈경국사감로탱(慶國寺甘露幀)〉, 1887, 경국사. 사당패 연희 장면.

살 길을 도모했다고 하는데, 유민이 사원에 들어갔다는 사실과 창우(倡優)가 성행했다는 사실은 실질적으로 연관이 있어 보인다. 그것은 사장, 사당패, 남사당패, 걸립패 등 유랑예능인 집단이 사찰과 긴밀한 관계를 맺었기 때문이다.[106]

사당은 가무희를 앞세우고 매음도 했다. 사당패의 공연 종목은 사당버꾸춤[社堂法鼓舞], 소리판(주로 산타령 등 민요창), 줄타기(재담줄이라 해 곡예보다는 재담과 노래가 우세하다) 등 세 가지였다. 사당패에는 맨 위에 모갑(某甲)이라는 우두머리 남자가 있고, 그 밑으로 거사라는 사내들이 제각기 사당 하나씩과 짝을 맞췄다. 표면상 모갑이인 남자가 이끄는 조직 같지만 실제로는 모갑이 이하 거사들 모두 사당에 붙어먹는 기생자였고,[107] 이들의 주요 공연 종목도 사당들의 가무희였다.**138** 신재효본 〈박타령〉, 〈변강쇠가〉나 이능화(李能和: 1869~1943)의 『조선해어화사(朝鮮解語花史)』에 의하면 사당패는 주로 사당의 가무희, 즉 소리판에서만 공연한 것으로 나타난다. 그러므로 조선 전기에 사장 또는 거사라 불리던 무리를 후기에는 거사패라 하지 않고 사당패라 부른 듯하다. 사당패의 연희에 대해서는 다음에 살펴볼 '조선 후기의 다양한 유랑예인집단'에서 논의할 것이다.

사당패가 인기를 끌면서 기예를 갖춘 사당 공급이 부족해지자 여장한 남자가 그 역할을 수행하면서 남사당이 생겨난 것으로 추정된다. 남사당패는 숫동모와 암동모라는 이름으로 남색(男色) 조직을 이루었다. 암동모는 초입자인 삐리들이 감당했고, 삐리는 연희자인 가열이 되기까지 머리를 땋아 늘어뜨리고 여장을 했다. 이들은 풍물(농악), 버나(대접돌리기), 살판(땅재주), 어름(줄타기), 얼른(요술), 덧뵈기(탈놀이), 덜미(인형극, 꼭두각시놀이) 등을 공연했다.

이미 본 바와 같이 사당패와 남사당패는 절과 밀접한 관계를 유지했다. 이긍익(李肯翊: 1736~1806)의 『연려실기술(燃藜室記述)』에 "비구승(比丘僧), 비구니(比丘尼), 우바새(優婆塞), 우바이(優婆夷)를 사중(四衆)이라 일컫는다. 우리나라 풍속에 우바새를 거사라 부르고, 우바이를 사당(捨堂)이라 부른다"[108]는 내용이 있다. 이는 사당과 거사가 본래 불교에 속하는 사람들이라는 사실을 뒷받침한다.

이덕무(李德懋: 1741~1793)의 「관승희(觀僧戲)」에서는 조선 후기에 민간 마을을 돌면서 연행하던 재승 계통 연희자의 모습을 생생하게 묘사하고 있다.

伐鼓撞鐘動四隣	북소리 징소리 온 이웃이 들썩이고
庭中簇簇奉盤人	뜰 안에는 소반 받든 사람이 늘어섰네.
花翻彩笠徙媚俗	꽃 달린 굴갓은 속인의 눈에 곱게 뵐 뿐
旗曳紅綃強托神	붉은 비단 기를 끌며 애써 신을 청탁하네.
齊唱南無鐃半日	반나절을 나란히 나무(南無)만 불러대며
更祈東道享長春	동도님 복 누리라 기도를 드리누나.
舞時邨婦含羞語	춤출 때 마을 아씨 수줍어 하는 말이
記取明年得子新	내년에는 새 아들을 낳는다 일렀다네.

이 시에서 연희자들은 북과 징 등 악기를 연주하고, 종이꽃 달린 굴갓을 썼으며, 각 가정의 뜰 안으로 들어가 깃발을 들고 염불하고 기도하면서 동도주(東道主, 주인)의 복을 빌고, 춤을 추고 점도 봐주면서 걸립(乞粒)을 했다.

시 앞부분에는 "중 무리 십수 명이 깃발을 들고 북을 둥둥 울리며 때때로 마을에 들어와 입으로 염불을 외고 발 구르고 춤추면서 속인의 이목을 현혹시켜 미곡(米穀)을 요구하니 족히 한 번의 웃음거리가 된다. 시 한 수를 지었으니 대개 실상을 기록한 것이다"라는 설명이 있다.[109] 승려들이 연희한 후 곡식을 요구했다는 점으로 미뤄 시에서 묘사한 놀이패는 중매구 또는 굿중패일 것이다.

이두현은 꽹과리를 치고 염불을 외우며 구걸하는 잡승(雜僧)을 굿중패 또는 중매구라고 지적했는데, 이는 「관승희」 내용과 일치하는 것이다.[110]

이능화는 "항간에 전하는 말에 의하면, 사당은 사(寺)노비에서 비롯되었는데, 안성군(安城郡)의 청룡사(青龍寺)가 본거지라고 한다. 그래서 남녀 사당이 중을 대하게 되면 반드시 공경하고 예를 행해, 마치 노비가 상전을 섬기듯 한다"고 하며, 사당패가 사찰과 밀접한 관련이 있음을 지적했다.[111]

사당패는 관계를 맺은 사찰에서 내준 부적을 가지고 다니며 팔고, 그 수입 일부를 사찰에 바쳤다. 그래서 사당패는 자기들의 수입으로 불사를 돕는다고 내세웠다. 사당패나 걸립패 구성원에 승려나 보살이 직접 참여하거나 뒤에서 조종했고, 그들의 수입이 사종(四種, 아미타阿彌陀를 생각해 떼어주는 공양물)이란 명목으로 사찰에 바쳐진 것은 현재 남아 있는 많은 시주질(施主秩)에서도 확인할 수 있다.[112]

그러므로 남사당패의 꼭두각시놀이 중 건사거리에서 절을 짓는 내용은 그들이 명분으로 내세우는 공연 목적과 일치하는 것이다. 그리고 꼭두각시놀이의 각 거리가 독립된 내용이라는 점에서, 맨 마지막 거리에서 절을 지어 그동안 진행된 갈등을 극적으로 승화하며 화해를 이루고, 시주해준 관중의 안녕과 행복을 빌어준 것으로 해석할 수 있다.

도시 장마당이나 농어촌을 무대로 삼고 순회 공연을 하던 사당패들은, 집결처이자 새로운 공연을 준비하는 연습지이고 또 생활 본거지인 사찰을 본산으로 삼았다. 그러나 18세기에서 19세기 사이 사당패가 급격히 늘어남에 따라 본산 사찰뿐만 아니라 근처 마을에도 근거지를 두게 되었다. 그래서 '사당골'이란 이름을 가진 마을이 생겨났다. 널리 알려진 본산과 사당골로 경기도 안성 청룡사와 부근의 청룡사 당골, 황해도 문화 구월산의 패엽사와 사당골, 경상도 하동 쌍계사와 사당골, 전라도 강진 정수사와 사당골(사당리), 경상남도 남해의 화방사와 사당골

등을 들 수 있다.[113]

신재효본 〈박타령〉 중 놀보의 세 번째 박에서 나온 사당패는 "소사(小寺) 문안이요. 소사 문안이요. 소사 등은 경기 안성 청룡사와 영남 하동 목골이며, 전라도라 의론하면 함열의 성불암, 창평의 대주암, 담양, 옥천, 정읍, 동막[同福], 함평의 월량사, 여기저기 있삽다가, 근래 흉년 살 수 없어 강남으로 갔삽더니…"[114]라며 거처를 절과 관련지어 얘기했다.

이상 여러 기록으로 볼 때, 조선 전기 사장은 고려시대 재승 계통 연희자의 후예로, 조선 후기의 사당, 거사, 남사당, 굿중패 등으로 계승되었음을 알 수 있다.[115]

주

1 송방송,「한국전통음악 소사」,『한국음악학의 현단계』, 민속원, 2002, 34~35쪽.

2 中廟朝 定平府使具世璋 貪黷無厭. 有賣鞍子者 引來府庭 親與論價 詰其經重者數曰 卒以官貸買之. 優人於歲時 戱作其狀. 上問之 對曰 定平府使買鞍子事也. 遂命拿來拷訊竟贓罪. 若優者又能彈駁貪汚矣.

3 雜戱俱作 夜二鼓 逐疫優人 因戱自相問答 官吏貪廉之狀 閭里鄙細之事 無所不至.

4 史臣曰 人君深居九重 政治之得失風俗之美惡 有不可得以聞. 則雖俳優之言 或有規風之意 而亦無不採用之事焉. 此儺禮之所以設也. 末世失其本意 徒以奇技淫巧 侈蕩心目 不若不設之爲愈也.

5 전경욱,「가면극과 나례」,『한국 가면극, 그 역사와 원리』, 열화당, 1998 참조.

6 『국역 대동야승』I, 민족문화추진회, 1984, 22쪽.

7 『국역 악학궤범』II, 민족문화추진회, 1989, 31쪽.

8 단안절의『악부잡록』에 나오는 자지무(柘枝舞)는 호등무와 마찬가지로 석국에서 나온 춤으로 조선시대의 연화대무와 같이 연희자가 연꽃 속에서 나오는 것으로 시작한다.『문헌비고』에서는 "연화대라는 것은 본래 탁발의 위나라에서 행하던 놀이다"라고 해 자지무와 조선 연화대가 같은 계열 연희임을 지적했다. 이두현,『한국연극사』(신수판), 학연사, 2000, 30쪽.

9 사궤장(賜几杖) 제도는 일흔이 된 조신(朝臣)이 치사(致仕)를 청했을 때 궤장을 내려 관직에 더 머물게 한 제도다. 나이 든 조신을 우대하는 경로 정책의 하나였다.

10 이 자료는 손태도,『광대의 가창 문화』, 집문당, 2003, 290쪽에서 소개했다. 그러나 원문을 검토해 이 책에서는『조선기사』의 원문 번역과 내용 해석을 달리했다. 원문은 倪謙,『朝鮮紀事』, 藝文印書館影印, 民國54(1965) 참조.

11 至大同館門外東南二面各樹鰲山綵棚山上下列伶妓諸戱.

12 至黃海道黃州都觀察使申句謹率僚屬迎詔列香亭龍亭黃儀仗鼓樂雜戱及鰲山綵棚皆與西京同.

13 至開城府 …迎詔列香亭龍亭黃儀仗鼓樂雜戱及鰲山綵棚俱與黃海道同.

14 至景福宮門東南二面盛結鰲山舞妓進至勤政殿宣.

15 今日光化門外左右山臺之上 大呈雜戱以示之 予實未安. 山臺之設 只爲天使 非爲我也 敢爾戱耶. 自今以後 予之出入 勿復如是.

16 시의 제목인「관괴뢰잡희(觀傀儡雜戱)」는 두 가지로 해석된다. 이 책에서는 괴뢰희와 잡희를 보고 지은 시로 해석했다. 반면에 이 제목을 괴뢰가 행한 잡희로 해석해 땅재주 또는 솟대타기, 줄타기, 방울 받기를 모두 인형이 행한 것으로 해석하는 견해도 있다(임재해,「꼭두각시놀음의 역사적 전개와 발전양상」,『구비문학연구』5, 한국구비문학회, 1998, 279~280쪽). 그러나 이러한 예는 우리 기록에 전혀 발견되지 않는다. 중국에서도 일반 인형극에서 인형이 이런 연희를 행한 기록은 없다. 특히 중국에서 인형극이 매우 성행한 송나라 기록에도 이런 연희를 인형이

행했다는 기록은 볼 수 없다. 그러므로 이 견해가 설득력을 얻으려면 인형이 행한 백희 기록을 찾아내 입증해야 할 것이다. 다만 동력으로 물을 사용하는 중국의 수괴뢰(水傀儡)에서는 이런 연희를 행한 것으로 나타난다. 지금까지 백희를 행하는 수괴뢰 관련 기록은 두 개 발견되었는데, 모두 당나라 이전 것이다. 송대 맹원로(孟元老)의 『동경몽화록(東京夢華錄)』 중 「황제가 임수전에 행차해 표기(標旗) 빼앗는 연희를 구경하고 연회를 베풀다(駕幸臨水殿觀爭標錫宴)」라는 시에도 수괴뢰가 묘사되어 있지만, 송대 수괴뢰에서는 이런 연희를 행하지 않았다. 수괴뢰가 행하는 백희로는 우선 『삼국지(三國志)』 위지(魏志) 권3 「명제기(明帝紀)」에서 배송지(裵松之)가 『위략(魏略)』을 인용해 언급한 박사(博士) 마균(馬均)이 만들었다는 수전백희(水轉百戲)가 있는데, 같은 책 권29 「두기전(杜夔傳)」의 주(注)에 의하면 그 내용은 다음과 같다. "큰 나무로 둥근 통을 만들어 평지에 설치하고 물을 채워 움직이게 했다. 여악이 춤추는 장면을 펼쳐내고, 나무 인형이 북을 치고 소(簫)를 불게 하는 데까지 이르렀다. 산악을 만들고 나무 인형이 방울받기, 칼 던지기, 줄타기, 물구나무서기를 하는 등 들고남이 자유자재였다(以大木雕構, 使其形若輪, 平地施之, 潛以水發焉. 設爲女歌舞象, 至令木人擊鼓吹簫. 作山嶽, 使木人跳丸擲劍, 緣絙倒立, 出入自在)." 그리고 당나라 두보(杜寶)의 『대업습유기(大業拾遺記)』 「수식도경(水飾圖經)」에도 수괴뢰에서 행하는 백희 장면이 있는데, 이는 수 양제 때 일이다. "나무 인형은 약 두 척 크기고 비단옷을 입고 금옥으로 장식했다. 또 금수와 물고기, 새도 만들어 넣었는데 모두 살아 있는 것처럼 곡수를 따라 움직였다. 또 기녀를 실은 배를 사이사이 배치해 수식과 엇섞었는데 모두 열두 척이었다. 길이가 한 장, 너비가 여섯 척인 배에서 나무 인형이 음악을 연주하고 타악기와 현악기를 연주하는데 모두 악률에 맞았다. 또 어떤 인형들은 백희를 연출하는데, 칼 던지기, 수레바퀴 놀리기, 장대타기, 줄 던지기 등이 모두 사람이 하는 것과 다를 바 없었다(木人長二尺許, 衣以綺羅, 裝以金碧. 及作雜禽獸魚鳥, 皆能運動如生, 隨曲水而行. 又間以妓航, 與水飾相次. 亦作十二航. 航長一丈, 闊六尺, 木人奏音聲, 擊磬撞鍾, 彈箏鼓瑟, 皆得成曲. 及爲百戲, 跳劍, 舞輪, 升竿, 擲繩, 皆如生無異)." 『태평광기(太平廣記)』 권226.

17 여기서 인용한 「관괴뢰잡희」, 「괴뢰붕」, 「괴뢰부」의 번역은 윤주필, 「조선 전기 연희시에 나타난 문학사조상의 특징」(『동양학』 제25집, 단국대 동양학연구소, 1995)의 번역을 참조해 다시 번역했다.

18 樓臺盡爲文繡所衣被(街巷人家 皆如頒降禮制 設綵掛畫) 樂聲也 若緩以嘽 虛設也 亦華以麗. 沈檀噴曉日之烟霧 桃李艷東風之綺羅. 騈闐 動車馬之音 曼衍出魚龍之戲(以下皆書陳百戲迎詔) 鰲戴山 擁蓬瀛海日(光化門外東西 列鰲山二座 高與門等 極其工巧) 猿抱子 飮巫山峽水(人兩肩 立二童子舞) 飜筋斗 不數相國之熊. 嘶長風 何有鹽車之驥 沿百索 輕若凌波仙子. 躡獨蹻 驚見跳梁山鬼 飾獅象盡蒙解剝之馬皮 舞鵷鸞 更簇參差之雉尾. 蓋自黃海西京 兩見其陳率舞 而皆不若此之善且美也.

19 漢語大詞典編輯委員會, 『漢語大詞典』9, 漢語大詞典出版社, 1993, 1153쪽.

20 天使… 至大同館前鰲山下 親自手捫茶亭 細觀雜像. 至欲登鰲山而還至. 遂止大同門 立觀優人雜戲. 因往快哉亭 至暮而下.

21 癸酉御夕侍講官權纘曰 近來災變近古所無. 山臺時 人物雜像中 有造孔子像 書額字其上云聞之至爲駭愕. 昔宋臣 孔道輔使于契丹 有優人以文宣王爲戱 道輔艴 然經出言 于契丹主曰 俳優之徒 侮慢先聖而不之禁北朝之過也. 況我國以堂堂禮儀之邦 造設先聖之像於雜戲中以示華人 埋沒國體之爲非矣. …造孔子之像雖有前例踵而爲之 至爲非矣.

22 阿克敦, 黃有福·千和淑 校註, 『奉使圖』, 遼陽: 遼寧民族出版社, 1999.

23 禮曹啓曰 貞熹王后祔廟時 山臺儺禮結綵等事 竝命停之. 臣等意 祔廟重禮 祖宗朝皆用此禮 大山臺雖不可 如曳山臺茶亭山臺結綵儺禮女妓呈才等事 依祖宗朝例行之何如.

24 阿克敦, 앞 책, 99쪽.

25 박영은, 「봉사도에 나타난 산대 잡상놀이의 무대와 공연형태에 대한 연구: 일본의 산거 인형과의 비교를 중심으로」, 『중앙우수논문집』 제2집, 중앙대 대학원, 2000; 사진실, 「산대의 무대양식적 특성과 공연 방식」, 『구비문학연구』7, 한국구비문학회, 1998.

26 『세종실록』 권135 오례 「부묘의」.

27 사진실, 앞 글, 222~232, 239~240쪽.

28 사진실, 『한국연극사연구』, 태학사, 1997, 138~140쪽.

29 사진실, 『공연문화의 전통』, 태학사, 2002, 348쪽.

30 이성무, 『한국의 과거 제도』, 집문당, 1994, 134~135쪽.

31 과거 제도와 관련한 행사에 대해서는 손태도, 「광대집단의 가창문화 연구」, 서울대 박사학위논문, 2001, 36~39쪽 참조.

32 御前唱名 挿花賜樂 其大人議政公後拜出來 仙樂喧天 榮光耀世. 至其家 軒軺 塡門 賀客盈堂 歌童舞女 羅列前後 珍羞綺饌 交錯左右. 管絃助歌 倡優呈技 觀者如堵 盈庭溢巷. 이우성·임형택 편, 『이조한문단편집』(상), 일조각, 1978, 257쪽.

33 進士及第 放榜遊街 帶細樂手廣大才人. 廣大者倡優也 錦衣黃草笠 揷綵花孔雀扇 亂舞詼調才人作踏索筋斗諸戲. 이석호 옮김, 『조선세시기』, 동문선, 1991, 201~202쪽.

34 이우성·임형택 편, 『이조한문단편집』(중), 일조각, 1978, 217쪽.

35 정출헌, 「판소리 담당층의 변화에 따른 19세기 판소리사와 중고제의 소멸」, 『민족문화연구』31, 고려대 민족문화연구소, 1998, 268쪽.

36 아키바 다카시(秋葉隆), 최길성 역, 『조선무속의 현지연구』, 계명대 출판부, 1987, 183~185쪽.

37 以儒爲戱: 今時登科者 必以倡優爲樂. 有倡優則必有儒戱. 其破衣弊冠 胡說强笑 醜態百陳 以資歡宴. 夫今日冠紳之徒 孰不以儒爲名. 而忍令下賤戮辱至此. 彼倡優不足責. 獨怪夫今日 士夫之恬然不知愧耳.

38 延平自儒生喜陳疏. 其妾有歌者 每歌必唱今日今日之曲. 公曰 爾今日之曲尙可已矣. 妾曰 何如主

公之誠惶誠恐. 淸陰平生寡言笑. 雖倡優雜戲人皆絶倒者 公一不啓齒. 有一新恩 家說聞喜宴. 時優人朴男者 以獻戲名世. 其家謂男曰 今日淸陰相公當赴宴. 汝能作極可笑之事 得其一 笑 當厚賞之. 淸陰旣赴宴 男陳雜戲 淸陰一不顧見. 男乃卷一紙如上疏 兩手擎之 徐步而進曰 生員李貴呈疏 仍跪而展紙讀曰 生員臣李誠惶誠恐 頓首頓首. 滿座皆絶倒 淸陰亦不覺失笑云.

39 이우성·임형택 편, 『이조한문단편집』(하), 일조각, 1978, 179쪽 번역 인용.

40 사진실, 『한국연극사』, 태학사, 1997, 311쪽.

41 서대석 편저, 『조선조문헌설화집요』(1), 집문당, 1991, 350쪽.

42 박남을 17세기 인물로 소학지희를 하는 우인(優人)이자 판소리 창자라고 본 견해는 김종철, 『판소리사 연구』(역사와비평사, 1996), 27~29쪽을 참조.

43 박남에 대한 일화는 모두 이우성·임형택 편, 앞 책, 178~179쪽에서 인용. 그런데 김종철이 지적한 바와 같이 이 자료의 이용에는 전제가 필요하다. 한천은 곧 도암(陶庵) 이재(李縡: 1678~1746)로 「만록」에 나오는 김상헌(1570~1652)과 동시대 인물이 아니다. 박남이 아무리 오래 살아도 「만록」과 『이순록』에서의 일화는 시대상 공존할 수 없다. 결국 원래 구수훈의 『이순록』에 실린 이 일화는 박남의 유사한 일화가 전승되면서 한천의 일화가 첨가된 것으로 보인다. 그러나 1626년의 『나례청등록』 기록, 「만록」을 쓴 이이명이 이 일화를 직접 들은 것이라 한 점, 그리고 김상헌이 이이명의 바로 앞 시대 인물이란 점에서 박남이란 연희자가 17세기에 존재했다는 사실은 분명하다. 김종철, 앞 책, 29쪽 참조.

44 先是 優人孔吉作老儒戲曰 殿下爲堯舜之君 我爲皐陶之臣 堯舜不常有 皐陶常得存. 又誦論語曰 君君臣臣父父子子. 君不君臣不臣 誰有粟 吾得而食諸. 王以語涉不敬 杖流遐方.

45 至道二年 重陽 皇太子與諸王宴瓊林苑 教坊以夫子爲戲. 太子賓客李至言於東朝曰 唐太和中 樂府以此爲戲 文宗遽令止之 笞優人 以懲其無理. 魯定公以儒爲戲尙不可 況敢及先聖乎. 東朝驚歎白於上 而禁止之 此戲遂絶.

46 元祐中 上元 駕幸迎祥池 宴從臣 教坊伶人以先聖爲戲. 刑部侍郎孔宗翰奏 唐文宗時 嘗有爲此戲 詬斥去之. 今聖君宴犒羣臣 豈宜尙容有此 詔付檢官 置於理.

47 景定五年 明堂禮成 恭謝 太乙宮賜宴齋殿 教坊優伶擧經語以戲. 刑部侍郎徐復引孔道輔使契丹責以文宣爲戲故事 請誡樂部 無得以六經前賢爲戲.

48 중국 유희에 대한 자세한 고찰은 안상복, 「한중 우희의 관련 양상에 대한 한 고찰」, 『구비문학연구』8, 한국구비문학회, 1999, 338~339쪽 참조.

49 夏公會齊候于頰谷 …罷會齊人使優施舞於魯君之幕下 孔子曰 笑君者罪當死 使司馬行法焉 首足異門而出.

50 사재동, 「불교희곡의 형성, 유통」, 『한국문학유통사의 연구 II』, 중앙인문사, 2000, 355쪽.

51 『세종실록』 16년(1434) 4월 11일조.

52 강우방, 『감로탱』, 예경, 1995, 180·244쪽.

53 김승희, 「조선시대 감로도의 도상연구」, 홍익대 석사학위논문, 1990, 4~5쪽.

54 감로탱의 삼단 구성에 대해서는 다음 글들을 참조했다. 장충식, 『한국의 불교미술』, 민족사, 1997; 진철승, 「불교의식과 민중의례 III」, 『해인(海印)』, 해인사, 1988; 홍윤식, 「한국불교의식의 삼단분단법」, 『문화재』 9호, 문화재관리국, 1975.

55 중국 수륙재에서는 수륙화를 한꺼번에 걸지 않는다. 이레 중 셋째 날 사경에는 상당(上堂) 정중앙에 비로자나불, 석가모니불, 아미타불 족자를 모시고 좌우에 여러 신의 족자를 모시는데, 상당에 바치는 족자는 모두 황색 비단으로 표구했다. 넷째 날 삼경에는 하당을 청해 오악(五嶽), 하해(河海), 대지(大地), 용신(龍神), 고덕인륜(古德人倫), 아수라중(阿修羅衆), 명관권속(冥官眷屬), 지옥중생(地獄衆生), 유혼체백(幽魂滯魄)과 주인이 없고 의지할 곳 없는 여러 귀신의 족자를 거는데, 하당 족자는 모두 붉은색으로 표구했다. 중국 명대 수륙화와 이레 동안 거행하는 수륙재 내용은 山西省博物館 編, 『寶寧寺 明代 水陸畵』, 北京: 文物出版社, 1995, 1~7쪽 참조.

56 傳旨禮曹 自今各道各官迎新監司齎去敎書 勿用結綵結棚儺禮軍威.

57 午飯于參禮 入州 判官出 伎樂雜戲于半程以迎. 鼓吹喧天 萬舞塞途 天吳翔鶴雙竿戲丸大面鬼臉觀者溢郛. 『국역 성소부부고 III』, 민족문화추진회, 1967, 16쪽을 참조해 번역함.

58 壬申 就鎭南軒 同方伯 看陳雜戲 長竿走繩跳床 諸伎悉奏.

59 허봉의 『조천기』에 기록된 연희들에 대해서는 정은경, 앞 글 참조.

60 演劇有山戲野戲兩部 屬於儺禮都監 山戲結棚下帳 作獅虎曼碩僧舞 野戲扮唐女小梅舞 曼碩高麗僧名 唐女高麗時禮成江上有中國倡女來居者 小梅亦古之美女名.

61 행궁은 왕이 전란, 휴양, 능원 참배 등의 목적으로 궁궐을 나와 지방으로 행차할 때 임시로 머무는 거처다. 경기도 수원시 신풍동에 자리한 화성 행궁은 정조 20년(1796)에 건립된 것으로, 조선시대 행궁 가운데 대표적인 것이다.

62 책 표지에 '整理儀軌 三十九 城役圖'라 되어 있고, 안쪽에는 한글로 '뎡니의궤 권지삼십구 화셩셩역도본'이라 적혀 있다. 이어서 화성전도와 화성의 각 건물과 시설 그리고 성역에 사용된 건설 장비 등에 대한 채색화 75점이 있다. 그림에 이어 화성 건설 과정을 날짜순으로 기록하고, 마지막으로 낙성연에 참석한 사람들의 명단을 실었다. 이상 채색화의 제목과 그 뒤 기록은 모두 한글로 작성되었다.

63 다음 기록이 이 구조물이 채붕임을 분명하게 밝힌다. "원근에서 구경 온 백성들은 반드시 양식을 가지고 와서 모이기 바랍니다. 다만 군데군데 모여 바라보기만 한다면 장님 단청 구경하는 격이 되어 정말로 무엇을 보고 왔는지 모를 것이고, 이런 사람들을 위로하고 기쁘게 할 수 없을 것입니다. 그러므로 도청에서는 경포교에게 이 뜻을 알려, 약간 떨어지고 널찍한 곳에 채붕을 설치하고(設彩棚) 다양한 놀이를 베풀어 상하가 모두 함께 즐길 수 있도록 하기 바랍니다(《화성성역의궤》 부편2 감결(甘結) 병진년 10월 초7일)." 낙성연도의 무대 공간에 대한 내용은 허용호, 「화성 행궁과 전통연희」, 『민족문화연구』 제39호(고려대 민족문화연구원, 2003.12.) 참조.

그리고 김은영, 「산대와 채붕」, 『생활문물연구』(국립민속박물관, 2003.9)에서 이미 낙성연도의 두 구조물이 채붕임을 밝힌 바 있다.

64 전경욱, 「새 자료 채색화 「낙성연도」를 통해 본 산희(山戲)의 실체」, 『민족문화연구』 제73호, 고려대 민족문화연구원, 2016.11.

65 김재철, 『조선연극사』, 학예사, 1939, 140쪽.

66 김일출, 『조선민속탈놀이연구』, 평양: 과학원출판사, 1958, 188쪽.

67 다른 기록에는 '卓文漢'이라고 되어 있으나 『추재기이』에는 '卓文煥'으로 되어 있다.

68 탁문한에 대한 자료와 번역은 안대회, 「18·19세기 탈춤꾼·山臺造成匠人 卓文漢 연구」, 『정신문화연구』33 제4호(한국학중앙연구원, 2010) 참조.

69 1872년에 정현석이 엮은 『교방가요』에는 춤 14종 가운데 「승무(僧舞)」가 있는데 가면극의 노장과장과 매우 흡사하다. 이 춤에서는 노장의 상대역인 여성을 '소기(少妓)' 즉 어린 기생으로 표기했다.

70 안상복, 「鰲山과 山臺의 명칭·유형과 역사적 전개상의 특징」, 『中國文學』 第86輯, 중국문학회, 2016, 109쪽.

71 이혜구, 「무악연구」, 『한국음악연구』, 국민음악연구회, 1957, 164~165쪽.

72 恭憲大王 爲大妃殿 陳進豊呈於闕內. 京中優人貴石 以善俳戲進. 束草爲苞四 其大者二 中者一 小者一. 自稱守令 坐於東軒 召進奉色吏. 有一優人 自稱進奉色吏 膝行匍匐而前. 貴石低聲 擧大苞一 與之曰 此獻吏曹判書. 又擧大苞一 與之曰 此獻兵曹判書. 又其中者一 與之曰 此獻大司憲. 然後 與其小苞曰 以此進上.

73 貴石宗室之奴也. 其主參試藝陞資 而未有實職 俸祿不加 趨率不備 而差祭於各陵殿 殆無少假. 貴石入進豊呈 與諸優人約. 一稱試藝宗室乘瘦馬 貴石爲奴 自持韉靮而去. 一作宰相乘俊馬 輿徒擁路而去. 前卒辟路 而宗室見犯. 拏貴石而去 仆地而杖之. 高聲而訴之曰 小人之主試 藝宗室也 官高不下於令公 而俸祿不加 趨率不備差祭於各陵各殿 殆無閑日 反不如不試藝之前 小人何罪. 宰相之優 敬歎而釋之. 未幾 特命加其主實職.

74 허균, 「장생전」; 이가원 편역, 『이조한문소설선』, 민중서관, 1961, 74~75쪽.

75 百姓如喪考妣不可恣爲讙謔 則如廣大西人注叱弄鈴斤頭等 有規式之戲 則依舊爲之. 如水尺僧廣大等 笑謔之戲 則列立備數而已可也. 音樂則當依舊爲之不可禁也.

76 赤松智城·秋葉隆, 『朝鮮巫俗の研究』下, 조선총독부, 1938; 『朝鮮巫俗의 研究』, 沈雨晟 옮김, 동문선, 1991, 283쪽; 秋葉隆, 최길성 역, 『조선무속의 현지연구』, 계명대 출판부, 1987, 184쪽.

77 좌변나례도감에만 286명이 동원되었으니 우변나례도감을 합하면 이 행사에 동원된 재인은 500명이 넘었을 것이다. 『광해군일기』 13년(1621) 10월 5일조에 따르면 당시 중국 사신 영접 행사에 동원된 연희자는 360명이었다. 그런데 이때 연희자를 원래 배정한 인원보다 훨씬 적게 보냈기 때문에 두 감사를 추고하는 기사가 있다. 그러므로 원래 계획대로라면 360명보다 훨씬

많은 연희자가 동원되었을 것이다.

78 사진실, 「나례청등록 4」, 『문헌과 해석』 5, 문헌과 해석사, 1999, 50·56쪽.

79 秋葉隆, 최길성 역, 『조선무속의 현지연구』, 계명대 출판부, 1987, 183~185쪽.

80 이혜구, 『한국음악연구』, 국민음악연구회, 1957, 356~357쪽.

81 김동욱, 『한국가요의 연구』, 을유문화사, 1961, 301~302쪽.

82 대개 우리들이 맡은 것은 나라에서 중국 사신 영접 시에 조산위희(造山爲戱, 산대를 조성하고 벌이는 산대놀이)해 저 사람들에게 사랑받는 것이다. 청(廳, 신청)에 참여한 후에는 청역(廳役)으로서 관가에 순서대로 이바지하는 것이며, 사적으로는 다른 사람을 위해 일해 자신을 살찌우는 것이니, 천한 장부가 하는 일이다. 그러나 갑진 이전의 중국 사신 영접 행사에서 산대를 조성할 때에는 맡은 바가 자연히 중했는데, 갑진 이후에 산대를 조성하는 규칙이 깨지자 우리 무리들도 곧 한산해졌다. 그래도 관가에 청역으로서 참가하는 일은 남아 있었다. 또 청내에 규칙을 세웠으니 어찌 감히 조금이라도 소홀하고 태만하겠는가(蓋吾輩所任在國則勅使時 造山爲戱媚於彼人. 參廳後應役以爲番供於官家 在私則事於人肥於己. 蓋賤丈夫之所爲也. 然甲辰時以前勅行造山時 則所任自重矣. 甲辰以後旣罷 造山之規則 吾輩便同閑散矣. 猶有應役於官家. 亦有立規於廳內 則豈敢絲毫忽慢哉), 秋葉隆·赤松智城, 『朝鮮巫俗の硏究』(下), 京城: 朝鮮印刷株式會社, 1938, 284쪽.

83 이보형, 앞 글; 이혜구, 「무악연구」, 『한국음악연구』, 국민음악연구회, 1957; 「나례상으로 본 팔관회」, 『한국음악서설』, 서울대 출판부, 1967.

84 楊水尺者 前朝初有之 江都時亦有之 才人白丁 忠烈王時有之 恭愍王時亦有之 遠者五六百年 近不下數百年 其絃歌之習 宰殺之事 至今不改.

85 呈才人白丁等 本是無恒産之人 專業優戱 橫行閭里 稱爲乞糧.

86 사진실, 「조선시대 서울 지역 연극의 공연상황 연구」, 서울대 박사학위논문, 1997, 36~53쪽 참조.

87 사진실은 그동안 나례라고 부르던 행사를 구나(驅儺), 관나(觀儺), 설나(設儺)의 세 종류로 나눠 치밀하게 논의했다. 구나는 본래 의미의 나례로 역귀를 쫓는 의식이다. 그러나 관나와 설나는 순전한 공연 오락물로 연희자가 주축이 된 공연이다. 관나는 궁중에서 임금과 대신이 연희를 구경하기 위해 벌인 행사로 잡희를 비롯해 인형극이나 재담 위주로 소학지희(笑謔之戱) 같은 것이 공연되었고, 거행 시기도 연말 계동나례뿐만 아니라 10월 말, 1월 중순 등으로 나타난다. 관나는 임진왜란 이후 더 이상 기록에 나타나지 않는다. 전란 후 궁궐의 재정이 궁핍해졌을 뿐만 아니라 민심을 수습하려면 궁정이 모범을 보여야 했기 때문이다. 설나는 궁궐 밖 중요한 행차가 지나는 연도(沿道)에서 행차를 환영하고 칭송하는 의전 행사로 거행되었다. 환영 행차는 다시 임금 행차의 나례와 중국 사신 행차의 나례로 나뉜다. 관나는 구경하고 즐기는 것이 목적이었지만, 설나는 늘여 세우고 과시하는 데 공연의 목적이 있었다. 그래서 설나의 공연 종목은 볼거리 위주의 춤이나 잡희를 연행하고 잡상(雜像)을 늘여 세우는 것이었다. 사진실, 위 글; 「조선 전기 나례의 변별 양상과 공연의 특성」, 『구비문학연구』3집, 한국구비문학회, 1996에서 요약 인용.

88 秋葉隆,「山臺戱」,『朝鮮民俗誌』, 東京: 六三書院, 1954, 172쪽.

89 김일출,『조선민속탈놀이연구』, 평양: 과학원출판사, 1958, 126쪽.

90 김동욱,「이조 학교 풍속고: 성균관을 중심으로」,『중앙대 논문집』 통권 제3호, 중앙대, 1958, 179쪽.

91 이두현,『(신수판)한국연극사』, 학연사, 2000, 174쪽.

92 자세한 논의는 전경욱,「새 자료를 통해서 본 연희자로서의 수척과 반인」,『한국민속학』60, 한국민속학회, 2014.12 참조.

93 이 책 제2부 374~387쪽 참조.

94 이 책 제2부 388~394쪽 참조.

95 박은용,「재인들의 처지와 재인청에 대하여」,『력사과학』, 1967년 6호, 평양: 조선역사편찬위원회, 1967, 21~22쪽.

96 손태도,『광대의 가창 문화』, 집문당, 2003, 126~135쪽.

97 자세한 논의는 전경욱,「해서탈춤의 악사와 재인촌」,『구비문학연구』24, 한국구비문학회, 2007.6 참조.

98 김일출,「봉산탈놀이의 옛 모습을 찾아서」,『문화유산』3, 평양: 과학원출판사, 1957, 63쪽.

99 박은용,「재인들의 처지와 재인청에 대하여」,『력사과학』, 1967년 6호, 평양: 조선역사편찬위원회, 1967, 21~22쪽.

100 朝鮮總督府,『朝鮮の聚落(中篇)』, 朝鮮總督府, 昭和 8年(1933), 307쪽.

101 김동욱,『춘향전 연구』, 연세대 출판부, 1965, 19~21쪽.

102 서연호,『꼭두각시놀음의 역사와 원리』, 연극과인간, 2001, 24쪽.

103 최정여, 앞 글, 14~15쪽.

104 洞允者才僧也 能文善俳 又巧作禽獸聲. 嘗過村閭 有一家備酒食 迎巫女招亡靈享祀之. 允入 其家求食 主人呵之. 允怒 密誘村童 問亡人年歲聲容親戚平生行事作業甚詳 遂突入饗祀之場 變其容色 或靑或紅 渾體戰掉 譫言亂說以詬主人. 作亡人言 歷陳行事 指點親屬姓名 分別兄弟妻妾子孫無一或差. …天使出來 都監令允統僧軍治弘濟橋. 役少懈以綯索繫允頸懸之樹 允遂抗聲爲犢吼 遍野之牛一時齊應. 又夜入京城宿 初昏鼓袖作鷄聲 衆鷄一時鼓翼而鳴.

105 재승 동윤의 활동 연대 고증은 최원식,「배뱅이굿 연구」,『민속어문논총』, 계명대 출판부, 1983, 553쪽 참조.

106 김흥규,「조선 후기의 유랑 예능인들」,『한국 고전문학과 비평의 성찰』, 고려대 출판부, 2002, 131~133쪽.

107 심우성,『남사당패연구』, 동문선, 1989, 177쪽.

108 比丘僧 比丘尼 優婆塞 優婆夷 是爲四衆 東俗稱 優婆塞曰居士 優婆夷曰捨堂.

109『국역 청장관전서(靑莊館全書)』 권1「영처시고1(嬰處詩稿一)」, 민족문화추진회, 1983, 74쪽.

110 이두현, 앞 책, 128쪽 참조. 그런데 심우성은 걸립패, 중매구(僧乞粒牌), 굿중패를 구별했다. 걸

립패는 반드시 어느 사찰과 관계를 맺었다는 신표(信標)를 지니고, 마을과 마을을 떠돌며 가정을 찾아가 사찰 보수나 창건을 위해 기금을 걷는다는 명목으로 곡식이나 금전을 얻었는데, 집주인의 승낙이 있으면 풍물놀이로 시작해 지신밟기를 해줬다고 한다. 걸립패가 사찰을 내세워 연희의 대가를 얻는다면 중매구는 일단 승려가 주동이 되어 조직된, 명목상으로도 순수한 걸립 패거리라 할 수 있다. 다만 승려만으로는 풍물놀이나 중매구(탈놀이)에 익숙지 못한 까닭으로 일반인 가운데 능숙한 풍물잡이와 탈꾼을 고용하는 경우가 많았다. 또 비나리 대신 「천수경(千手經)」 등 불경(佛經)으로 벽사진경을 기원했는데, 연희 종목은 풍물놀이, 독경, 중매구로 주로 경상남북도에서 활동했다고 한다. 굿중패는 본래 시골이 아닌 대도시만 순회한 뛰어난 놀이패였는데, 1930년대 초에 남사당패와 솟대쟁이패가 합류했다. 따라서 기예에 뛰어난 연희자만으로 구성됐다. 심우성, 『한국전통예술개론』, 동문선, 2001, 192~195쪽.

111 이능화, 이재곤 역, 『조선해어화사』, 동양서원, 1927, 142쪽.

112 심우성, 앞 책, 1989, 27·32쪽.

113 박은용, 「사당패들의 활동정형」, 『고고민속』 4호, 평양: 사회과학원출판사, 1964, 28쪽.

114 강한영, 『신재효판소리사설집』(全), 보성문화사, 1978, 425쪽.

115 사장이 조선 후기의 사당, 거사, 남사당으로 바뀐 것에 대해서는 문성렵, 「중세기 사당패의 발생과 그 예술활동」, 『력사과학』, 평양: 과학백과사전종합출판사, 1988. 4; 서연호, 앞 책, 124~128쪽; 이능화, 앞 책, 445~450쪽 참조.

2
전통연희의 새로운 양상

들어가는 글

조선 후기는 격동기였다. 근대 사회로의 전환 기점으로 간주될 정도로 조선 후기 사회는 전환기적 조짐을 보이고 있었다. 사회사 측면에서만 보더라도 전기 사회의 기반이던 신분제가 이완되고 친족 체계가 변화했으며, 촌락 구조와 향촌 운영 체계 또한 변모했다. 이러한 변화 속에서 사회 신분 변동과 분화, 신분 간의 갈등이 격해지기도 했다. 일찍이 조선 사회가 경험하지 못한 변동과 변화가 혼란과 혼효를 수반하며 일시에 일어나고 있었던 것이다.[1]

사상 분야에서도 마찬가지였다. 그동안 성리학은 지배 질서의 축으로서 조선 왕조의 세계관이었지만, 조선 후기의 역사적 상황 변화에 신축성 있게 대응하지 못하면서 배타적인 가치관으로 변질되어 중세적 봉건 질서의 모순을 심화시켰다. 이를 타파하기 위해 양명학, 실학 그리고 감결사상(鑑訣思想, 『정감록鄭鑑錄』의 중심 내용으로, 이씨 조선이 망하고 정씨의 새로운 나라가 계룡산에서 흥기한다는 내용) 등이 나타나 사회 개혁 운동의 정신적 기저가 되었고, 지배 질서에 대한 도전도 시간이 흐를수록 거세졌다.[2] 특히 실학은 단순한 학문 활동이 아니라 조선 후기의 사회적·경제적 변동에 따른 갖가지 모순에 직면해 그 해결책을 구상하는 과정에서 나타난 사회 개혁 사상이었다. 그러므로 사상이나 개혁 논리는 종래의 성리학과 같을 수가 없었다. 실학은 전통 사회 체제를 극복하고 새로운 사회를 이루려는 일련의 진보적 사상이요, 학문이었다.[3]

의식 확대와 새로운 현실 인식은 문학과 예술 분야에서도 새로운 경향을 보였다. 박지원(朴趾源), 홍대용(洪大容), 이용휴(李用休), 이가환(李家煥), 정약용(丁若

鏞) 등 종래의 관념적 학문 태도를 비판하고 새로운 현실적 사상을 제창하면서 등장한 실학파 지식인은 문학에 관한 새로운 의식 성장에도 기여했다. 특히 박지원과 이옥(李鈺)은 고문(古文) 규범에 얽매인 문학 의식을 예리하게 비판하고, 참다운 문학이란 자신이 살고 있는 시대의 체험을 진실하게 그리는 것이라 주장하며 이를 창작으로 구체화한 대표 인물이다. 정약용과 이학규(李學逵) 같은 이들은 민중 생활에 대한 깊은 이해와 애정이 담긴 시를 많이 썼다.[4]

15~16세기에 문학과 예술은 거의 지배층의 취향을 만족시키기 위한 것이었으나 조선 후기에는 사정이 확연히 달라졌다. 17세기 이래 사회 변동은 종래의 이념, 제도, 문화의 균형을 뒤흔들면서 새로운 문학 의식, 예술 성향, 창작 유통의 방향을 조성했다. 이 시기 사회 전반의 생산력 증가, 상품 화폐 경제의 진전, 서민층의 사회적·경제적 성장과 문화적 욕구 증대 등은 대중의 의식을 일깨웠으며, 그들의 재능과 취미를 계발할 기회를 마련해줬다.[5]

18세기부터 19세기 전반기까지는 문학이 매우 활기를 띠었다. 이 시대의 문학적 변화를 특징짓는 가장 중요한 양상은 국문 문학의 성장과 활발한 유통이다. 15세기에 훈민정음이 창제된 후 관찬문학과 여성 중심 생활 기록 문학으로 점차 성장하던 국문 문학이 17세기에는 창작과 소통의 폭이 더 넓어졌고, 18세기에 이르러서는 더욱 활기를 띠었다. 시조 향유층 확대와 가집(歌集) 편찬, 사설시조 유행, 다채로운 가사(歌辭) 창작, 국문 소설의 발달과 방각본(坊刻本) 소설 출판 성행, 국문 기록 문학의 성장 등이 주요 양상이다. 작품 배경은 공상 세계보다는 현실 세계를 중심으로, 주인공도 영웅에서 보통 인물로 바뀌었다. 한 예로 조선 후기에 등장한 사설시조는 형식에 구애받지 않으면서 민중의 생활 형태나 적나라한 사랑을 노래했는가 하면, 기탄없는 비유로 현실을 비판함으로써 사회비평적 의미를 갖기도 했다.[6]

미술에서도 새로운 경향이 나타났다. 가장 한국적이고도 민족적이라 할 화풍이 시대를 풍미했다. 회화 부문에서는 진경산수화(眞景山水畵)와 풍속화(風俗畵)가 발달했다. 한국 산천과 한국인의 생활상을 소재로 삼은 조선 후기 회화는 실학의 추이와 매우 유사하다. 정선(鄭敾: 1676~1759)은 중국 화첩을 보고 그리는 관념적인 산수 대신, 우리나라에 실제로 존재하는 산천을 독특한 화법으로 표현했다. 이른바 진경산수화다. 정선은 그림을 그릴 뜻이 서면 앞산을 직접 마주 대하고 그렸기 때문에 주름을 나타내고 먹을 쓰는 것을 마음속에서 스스로 터득했다고 한다. 이러한 자득적(自得的) 창작 태도에 따라 묘사 대상으로 앞에 나타난 실물 소재가 '진자(眞者)'로 중시되었다. '진경(眞景)'의 취재는 소재의 현실성 확보 또는 민족적 자아의 각성과 성취라는 측면과 함께, 우주 만물의 신묘한 조화와 이치, 생성화육(生成化育)하는 자연의 창생적 도체(道體)를 갖춘 '진경'을 직접적으로 분명하게 나타냈다는 데 의의가 크다.[7]

한편 18세기에 이르러 장단 구조, 선율 구조, 짜임새(형식) 등 음악 구조에 역동적인 변화가 일어났다. 궁중음악이 재창조되는가 하면, 민간 음악에는 가곡, 시조, 판소리 등 이전에 없던 갈래가 생겨났다. 그리고 이 시기에 활동한 음악인의 전기(傳記)와 음악 관련 기록에서 당시 음악을 신성(新聲), 신조(新調), 신곡(新曲) 등으로 규정한 것처럼, 전과 다른 레퍼토리가 주로 연주되었다. 또 줄풍류, 대풍류, 세악 등으로 불리는 삼현육각이나 새로운 실내악 편성이 크게 유행해 기악의 울림이 달라졌다.[8]

이전에 궁중을 중심으로 한 상류층이 주로 향유하던 음악을 18세기에는 중류 이하 민간층도 향유하게 되었다. 음악 수용층이 확대되면서 주로 의식 수단으로서 관념적인 존재 이유를 가진 '예악(禮樂)'이라는 가치관 대신, '듣기 좋은 음악'으로서 전문성을 중시하는 가치관이 태동했다. 결국 '관념적인 음악'이 '감성적인 음악'으로 바뀌는 음악사의 보편적 흐름을 18세기 우리 음악사도 따르게 된 것이다. 우리 음악사에서 이 두 가지 서로 다른 음악은 '중세 음악'과 '근대 음악'으로 나뉜다.[9]

18세기 음악사에 나타나는 커다란 특징은 가객, 기생, 광대, 무당, 사당패 등 전문 예인집단의 활동이 활발해지고, 오늘날 각 장르로 분류되는 새로운 음악이 생성되었다는 점이다. 중인 가객이 실학자와 어울려 가단(歌壇, 동호인 집단)을 만들어 가곡(歌曲)과 영산회상(정악正樂)을 정착시킨 것, 소리 광대가 판소리를 만들어 판놀음이라는 연예 공간에서 활동한 것, 사당패나 걸립패가 잡가나 풍물(농악農樂)을 발전시킨 것, 이앙법 이후에 새로운 '농사짓기소리[農謠]'가 유행한 것 등이 모두 이 시기다.[10]

문학과 예술의 새 경향은 조선 후기 민중의 성장과 더불어 나타났다는 점에서 주목된다. 사회 변동 속에서 삶의 질 향상을 추구한 대중은 자신들의 삶이 현실 세계와 깊이 관련 있다고 의식하면서 현실 세계에 적극적으로 대응하기에 이르렀으니, 그것이 문학과 예술에 적나라하게 드러난 것이다. 즉 문학과 예술의 새 경향은 민중의식의 반영이었다.

조선 후기 진경산수화와 풍속화가 사실주의 기풍을 지닌 것처럼, 그리고 실학이 의식을 확대하고 현실에 대한 새로운 인식을 조성했듯이, 판소리와 본산대놀이, 꼭두각시놀이 또한 사실적이고 새로운 현실 인식을 담았다. 그리고 조선 후기 국문학 작품에서 현실 세계를 중심으로 민중의 생활이나 남녀의 사랑, 서민적인 주인공으로 현실을 비판한 것 역시 판소리, 본산대놀이, 꼭두각시놀이의 주제, 내용과 일치한다.

이처럼 사회, 경제, 사상, 문화, 예술 등 전반에 걸쳐 총체적 변모를 보인 시대 조류와 결부되어 판소리, 본산대놀이(가면극), 꼭두각시놀이(인형극)가 18세기 전반기에 성립되었다. 이것들은 이전 연희와는 달리 연극으로 인정할 수 있을 정도로 수준 높은 예술성을 갖췄다. 물론 이것들이 아무것도 없는 상태에서 갑자기 툭 튀어나온 것은 아니다. 이전에 이미 산악, 백희에 해당하는 여러 연희가 존재했고, 그것들을 바탕으로 조선 후기의 사회 변동과 시대 의식을 반영한 새로운 연희가 재창조되었다는 점에 주목해야 한다.

한편 조선 후기 연희사에서 매우 중요한 사실은 민간을 떠돌면서 연희를 공연해 생계를 유지하는 유랑예인집단이 속출했다는 점이다. 조선 후기에는 이전부터 존재한 세습무계의 재인, 북방 민족 계통 수척과 반인, 재승 계통 연희자와는 별도로 남사당패, 사당패, 대광대패, 솟대쟁이패, 초라니패, 풍각쟁이패, 광대패, 걸립패, 중매구, 굿중패 등 다양한 유랑예인집단이 생겨나 활약했다.

주

1 『한국사』34, 국사편찬위원회, 1995, 1쪽.

2 『한국사』35, 국사편찬위원회, 1998, 1~2쪽.

3 앞 책, 5쪽.

4 앞 책, 390쪽.

5 앞 책, 8쪽.

6 앞 책, 389쪽.

7 앞 책, 438쪽.

8 백대웅, 「18세기의 음악환경과 전문예능인들의 음악활동 연구」, 『한국음악사학보』 제26집, 한국음악사학회, 2001, 5쪽.

9 백대웅, 「18세기 음악사에 나타난 음악 양식의 변화」, 『한국학연구』7, 고려대 한국학연구소, 1995, 67~69쪽.

10 앞 글, 70쪽.

제1장
가면극의 성립과 발전

가면극의 성립 배경과 특징

가면극은 연희자들이 등장인물의 성격을 나타내는 가면을 쓰기 때문에 생긴 말이다. 탈춤, 탈놀이, 탈놀음이라는 명칭이 혼용되고, 지역에 따라 산대놀이(서울, 경기도), 탈춤(황해도), 야류(野遊, 경상남도), 오광대(五廣大, 경상남도) 등 여러 명칭이 사용되고 있다. 그러나 탈춤이나 탈놀이, 탈놀음보다는 가면극이 문학과 연극 용어로 적당하고 여러 지역의 것을 통칭하기에도 적당하므로, 여기서는 가면극이라는 용어를 사용하기로 한다.

나례나 사신 영접 행사 등에 동원되어 산악·백희 계통 연희를 담당한 연희자 가운데 한 부류인 반인(泮人)은 조선 후기에 서울에서 본산대놀이 가면극을 성립시켰다. 한국, 중국, 일본 모두 전문 연희자가 놀던 가면극은 산악·백희 계통 연희를 담당한 연희자들이 성립시킨 것이다. 그러나 주목할 점은 한·중·일 모두 산악·백희라는 공동 연희 문화를 기반으로 그 연희자들이 각각 본산대놀이, 나희(儺戱), 노(能)라는 가면극을 성립시켰지만, 성립 과정에서 기존 산악·백희 계통 연희를 발전시켜 각국의 문화적 정서에 맞게 환골탈태하고, 각국의 사회상과 시대상을 반영해 완전히 새로운 공연물로 재창조했다는 사실이다.

18세기 이전에도 이미 가면을 착용하는 연희가 있었다. 그런데 본산대놀이가 기존 연희를 바탕으로 재창조한 것이라는 말은 무엇을 의미하는가. 이는 몇 가지 사실로 설명할 수 있다.

첫째, 본산대놀이 계통 가면극이 18세기의 시대 사조 안에서 생겨난 새로운 의식을 반영했다는 점이다. 본산대놀이 계통 가면극은 사회풍자적인 희극으로, 사회적인 불평등으로 인한 현실 문제를 비판적으로 제시한다. 등장인물의 명칭부터 각 과장에서 다루고자 하는 주제를 암시한다. 노장, 소무, 신장수, 양반, 말뚝이, 영감, 할미 등 신분이나 부류를 나타내는 명칭이 대부분으로, 구체적인 개인의 이름은 드물다. 이러한 명칭을 통해 가면극에서 다루는 것이 개인 문제가 아니라 신분이나 계층 문제임을 알 수 있다.

양반의 신분적 특권, 노장의 관념적 허위, 영감의 가부장적 횡포는 봉건사회의 유물로 서로 밀접하게 관련된다. 이 부정적 유물의 청산을 주장하는 가면극 주제를 통해 새로운 사회의식의 발전을 엿볼 수 있다. 아울러 긍정적인 인물로 제시되는 취발이, 포도부장, 말뚝이, 할미를 통해 기존 질서를 거부하고 새로운 가치관을 요구하는 민중 의식을 볼 수 있는데,[1] 이는 중세에서 근대 사회로 이행하는 전환기의 역사적 운동과 맥락을 함께한다.

둘째, 당대 민중이 겪는 현실 문제를 다룬다는 점이다. 본산대놀이 계통 가면극은 기존 연희인 우희를 바탕으로 대사를 구성했다. 판소리와 마찬가지로 가면극은 많은 대목이 그 자체로 독립적인 우희의 모습을 갖추고 있다. 본산대놀이를 형성하는 데는 여러 요인이 작용했을 터이지만, 대사 구성이나 양반과장 중 양반의 모습 등은 우희와 유희(儒戲)의 영향을 직접적으로 보여준다. 이는 본산대놀이가 성립될 때 반인이 우희를 적극 활용한 결과다. 그런데 기존 우희가 왕이나 양반을 대상으로 공연했기 때문에 임금을 풍간하는 내용이나 부패한 관원을 풍자하는 시사적인 내용, 흉내 내기 연희, 주유희 등이었던 데 반해, 민중을 상대로 공연하는 가면극 우희에서는 민중이 현실적으로 부딪치는 내용을 다룬다는 점에서 기존 연희와 차이를 보인다.

셋째, 등장인물들이 매우 사실적인 가면을 착용한다는 점이다. 본산대놀이 계통 가면극은 조선 후기 민중이 직면한 현실을 다룬다. 그래서 여기 사용되는 가면은 흔히 '가면' 하면 연상되는 환상적이고 초현실적인 형상화 대신 사실적인 형상화를 추구한 것으로 보인다. 이미 살펴본 바와 같이 이는 조선 후기의 사회, 문화, 예술의 흐름과 일치한다. 일례로 조선 전기 나례에서는 눈이 네 개인 방상시 가면, 십이지신 동물 가면, 판관(判官) 가면, 조왕신(竈王神) 가면 등 초현실적이거나 환상적인 가면이 대부분이었다. 그러나 본산대놀이 계통 가면극은 나례에 동원되던 연희자들이 본산대놀이를 만들어냈음에도, 초현실적이거나 환상적인 것이 드물고 사실적이거나 등장인물의 극중 성격에 따라 특징을 부각시킨 것이 주를 이룬다.

가면 연희는 18세기 이전에도 존재했지만 본산대놀이는 특히 등장인물의 성격을 가면으로 형상화한 것이다. 강이천(姜彛天)의 시 「남성관희자(南城觀戲子)」는 그가 열 살인 1778년에 남대문 밖에서 인형극과 가면극을 보고 11년 후에 지은 것이다. 이 시에 등장하는 샌님 가면은 언청이인데, 지금까지도 양주별산대놀이, 송파산대놀이, 봉산탈춤, 강령탈춤 등에서 첫째 양반과 둘째 양반은 언청이 가면이다. 민중에게 양반은 적대적이기 때문에 추한 모습으로 표현한 것이다. 이 밖에도 현존하는 본산대놀이 계통 가면극의 가면을 살펴보면 조선 후기 민중의 모습과 그들이 적대감을 갖고 있던 인물들을 사실적이고 직설적으로 표현했음을 알 수 있다.

넷째, 등장인물 대부분이 규칙적인 타령 장단에 맞춰 빠른 춤을 춘다는 점이다. 본산대놀이 계통 가면극인 서울과 경기도의 양주별산대놀이, 송파산대놀이와 황해도의 봉산탈춤, 강령탈춤, 은율탈춤 등은 등장인물 대부분이 '느린 타령 장단'이나 '빠른 타령 장단' 또는 염불 장단에 맞춰 춤을 춘다. 이 가면극들에서는 타령 장단과 염불 장단이 가장 보편적인 장단이다. 그런데 이 타령 장단과 염불 장단은 규칙적인 장단으로 이전 시대의 불규칙적인 장단과는 구별된다. 예를 들어 타령 장단은 '♩.♩.♩ ♪ 얼쑤=♩.♩.♩.♩.'처럼 '♩.'가 규칙적으로 네 번 반복되는데, 이는 18세기 중반 이후에야 나타났다. 18세기 이전에는 불규칙적인 장단이 사용되었다.[2] 따라서 장단이 바뀌면 춤도 바뀐다는 자명한 사실을 생각하면 본산대놀이 계통 가면극에서 타령 장단에 맞춰 추는 춤사위는 18세기 들어 타령 장단에 맞게 기존 춤사위를 개작하거나 만들어낸 것으로 볼 수 있다. 특히 가면극에서 많이 사용하는 '빠른 타령 장단'은 속도가 빨라, 이 장단에 맞춰 추는 춤은 신나는 춤사위를 구사하게 된다. 빠른 장단과 빠른 춤사위 역시 18세기라는 시대의 산물이다.

가면극의 기원

그동안 제시된 가면극의 기원론은 크게 산대희(山臺戱) 기원설, 산악(散樂)·백희(百戱) 기원설, 기악(伎樂) 기원설, 제의(祭儀) 기원설, 실제적 목적 기원설로 나뉜다. 그리고 가면극의 발전 과정에 대해서는 이상 여러 기원설을 종합한 견해가 자주 제시되었다. 가면극의 기원에 관한 연구는 격렬한 논쟁을 불러일으켰으나, 아직도 학자들 사이에 일치된 결론을 내지는 못했다.

산대희 기원설

산대희 기원설은 안확, 김재철, 양재연, 이두현 등이 제시했다. 이 기원설을 처음으로 제기한 학자는 일제시대에 활동한 국문학자 안확(安廓)이다. 그는 처용무, 나례, 산대희를 같은 것으로 봤다. 즉 나의(儺儀)가 신라시대 처용무가 되고 고려시대에 내려와 산대희가 되었는데, 산대희가 바로 조선시대 산대도감극의 전신이라는 견해다.[3]

이어 비슷한 시기에 평론가이자 극작가로 활동한 김재철(金在喆)은 가면극이 고대 제의에서 출발해 신라 연희와 고려 산대잡극을 거쳐 조선의 산대도감극으로 발전했다는 견해를 밝혔다.[4]

송석하와 조원경은 안확과 김재철의 주장을 비판했다. 민속학자 송석하(宋錫夏)는 나례가 가면극 발생에 동기가 된 것은 인정하지만, 처용무와 나례, 나례와 산대극은 다르다고 주장했다. 나례나 산대잡극은 나례의식에서 행한 백희 전반을 총괄하는 명칭이고, 처용무는 그 가운데 한 가지이며, 산대희와 산대잡극은 고려 말에는 여러 잡기를 지칭했으나 현대 산대극은 연극적 형태를 갖춘 연극 명칭으로 여기에 잡기는 전연 포함되지 않는다면서, 나례 산대희와 가면극인 산대극이 다른 것임을 지적했다.[5] 그는 안확의 견해에 대해, 처용무와 산대극은 벽사관념(辟邪觀念)에서는 공통점을 갖지만 조형 미술상, 무용 동작상, 음곡 가요상 상이하기 때문에 처용무가 산대극이라는 주장은 잘못되었다고 비판했다.

역사학자 조원경(趙元庚)은 안확과 김재철의 주장을 비판하면서, 나례에서 행한 백희, 희학지사(戱謔之事), 교방가요(教坊歌謠)는 산대극 같은 가면무극(假面舞劇)이 아니며, 어느 나례에서도 가면무극을 행했다는 기록이 발견되지 않으므로 나례와 가면무극은 관계가 없다고 주장했다. 나례는 궁중나례와 채붕나례로 나뉘는데, 궁중나례는 연말에 궁중에서 행하는 것으로 방상시 축역(逐疫)과 학무(鶴舞), 처용무, 백희, 희학지사가 있었으나, 가면무용극은 없었다고 한다. 채붕나례는 중국 사신을 영접할 때, 왕의 신주를 종묘에 모실 때, 태실을 옮길 때, 새로 온 감사를 영접할 때 등 행사에서 행해졌고, 어느 경우나 백희는 있었으나 중국 사신 영접에는 희학지사가, 신주를 종묘에 모시러 왕이 행차할 때 교방가요가 추가되었을 뿐 역시 가면무용극은 없었다고 한다.[6]

한편 양재연과 이두현은 산대희 기원설을 부분적으로 긍정했다.[7] 이두현은 산대희 기원설을 더욱 발전시켜, 가면극의 기원을 서낭제 탈놀이와 산대도감 계통극으로 나눠 논의했다. 그는 하회별신굿탈놀이, 강릉관노가면극 등 서낭제에서 놀던 서낭제 탈놀이는 서낭제에서 기원해 발전한 토착적 가면극이라고 봤다. 그러나 서울 근교의 산대놀이, 해서탈춤, 야류와 오광대는 산대도감 계통극이라고 주장했다. 그리고 고대 제의에서 연극 일반의 기원을 찾아 이것을 가면극과 관련지으면서 기악을 산대극의 원형이라 설정하고, 나례희, 산대희, 가무잡희를 산대도감극의 선행 예능으로 보며, 규식지희와 소학지희의 결합이 가면극이라는 종합적인 견해를 제시했다. 그는 산대도감극은 음악 반주에 춤이 주가되고, 거기에 '몸짓이나 동작[科]'과 '덕담이나 재담 성격을 띤 대사[白]'와 노래를 곁들인 연출 형태로, 그 가무적 측면은 규식지희의 전승이고 연극적 측면은 광대 소학지희의 희곡적 전개에서 이뤄진 것이라고 봤다. 즉 산대도감극의 춤과 연기는 나례의 규식지희에서, 대사는 나례의 광대 소학지희에서 영향을 받았다고 보고, 처용무와 나례를 산대도감극의 선행 예능으로 인정한 것이다.[8] 그리고 인조 이후 공의(公儀)로서 나희가 급격히 쇠퇴해 영정조 이후 국가 행사로는 폐지되자, 연희자인 팽인(伻人, 편놈. 반인의 착오다: 필자)이 민간에서 가면극인 산대놀이를 시작했고, 그러다 연희자가 지방으로 분산되면서 지방 가면극이 이뤄졌다고 봤다.[9]

이상 산대희 기원설에 의하면 결국 가면극인 산대극은 산대희에서 생겨난 것이다. 산대희는 신라시대 이래 조선 중기까지 지속되었다. 산대는 무대 구조물로 산 형태의 높은 무대라는 의미에서 명칭이 유래했다.

이미 살펴본 바와 같이 고려시대 산대희는 산악, 백희에 해당하는데, 조선시대에도 사신 영접 행사, 나례, 왕의 환궁 행사 등에서 이런 연희들을 공연했다. 한 예로 앞서 살펴본 아극돈의 《봉사도》(1725)에는 예산대 앞에서 가면을 쓴 네 사람이 춤을 추는 모습이 그려져 있다. 이는 중국 사신을 영접하는 행사의 산대희를 묘사한 것이므로, 산대희로부터 가면극인 산대극과 산대도감극이 성립되었다는 견해는 더욱 설득력을 얻게 되었다.

기악 기원설

가면극의 기악 기원설은 1950년대에 이혜구가 처음 제기한 후 여러 학자가 동조했는데, 최근에는 오국(吳國)의 위치 논쟁이 활발하다.

기악에 관한 첫 기록은 『일본서기(日本書紀)』의 스이코(推古) 천황 20년조(612)에 보인다.

> 백제인 미마지(味摩之)가 귀화해 말하기를, "오나라에서 배워서 기악무를 출 수 있다"고 했다. 그래서 사쿠라이(桜井)에 살게 하고 소년들을 모아 기악무를 배우게 했다. 진야수제자(眞野首弟子), 신한제문(新漢濟文) 두 사람이 춤을 배워 전했다. 이것이 지금의 대시수(大市首), 벽전수(辟田首) 등의 선조다.[10]

인용문에서는 백제인 미마지가 중국 남조 오나라에서 배워 일본에 전했다는 기악의 내용을 정확히 밝히지 않았다. 구체적인 내용은 13세기 일본 문헌인 『교훈초(教訓抄)』에 소개되었는데, 절에서 불사공양의 무곡(舞曲)으로 연출되던 교훈극으로서 묵극(默劇)이었다고 한다. 그러나 우리 기록에서는 기악에 대한 내용을 찾아볼 수 없다.

미마지가 일본에 기악을 전한 후, 일본에서는 기악을 기가쿠라 불렀다. 백제 귀화인의 후손들은 야마토국(大和國) 시로시타군(城下郡) 모라야촌(杜屋村)에 살면서 세습 가업으로 기가쿠를 전승했다. 그리고 불교의 2대 명절인 석가탄신일(음력 4월 8일)과 우란분재(음력 7월 15일)에 동서양사재회(東西兩寺齋會)에서 기가쿠를 공연했는데, 나라 시대에는 기가쿠가 모든 사찰에서 연행될 정도로 융성했다. 그러나 헤이안 시대부터는 쇠퇴해 새로운 무악(舞樂)에 압도되었고, 가마쿠라 시대에 이르러서는 명맥을 잃었다. 현재 일본에는 기가쿠에 사용되던 가면만 이백삼십여 개 남아 있을 뿐이다. 최근에 도다이지(東大寺) 등에서 기가쿠를 복원해 공연하고 있다.

기악 기원설을 처음 제기한 이혜구는 기가쿠를 양주별산대놀이나 봉산탈춤과 비교해 가면극의 각 과장과 등장인물을 설명했다.[11] 이 학설은 한국 가면극에 대한 새로운 자료를 제공해 의의가 크고, 앞으로 자료를 더 발굴해 연구할 만한 가치가 충분하다. 그러나 단순히 연희 장면 비교로 기가쿠와 한국의 가면극을 같은 계열의 연희로 보고, 각 과장별 등장인물의 성격이 같다고 해석하는 것은 문제가 있다. 특히 『교훈초』의 내용은 미마지가 기가쿠를 전수한 지 육백 년이나 지난 후에 기록된 것이라, 기가쿠 내에서도 변화가 많았을 것으로 보인다.

최정여는 조선조 초기에 사원 정비책으로 사원에서 쫓겨난 승려들이 놀이패로 전환되면서, 기악이 민간 연극으로 바뀌는 계기가 되었으리라고 봤다.[12]

일본의 한국 문학 연구자 무라카미 쇼코(村上祥子)는 한국 가면극과 일본 기가쿠를 비교하면서, 양주별산대놀이에서 옴, 먹중, 연잎까지 과장은 기가쿠와 양상이 다르며, 양주별산대놀이의 연잎과 기가쿠의 오공(吳公)이 비슷한 인물이라고 해석하는 것도 무리가 있다고 지적했다. 그리고 『교훈초』로 본 기가쿠는 내용이 비속하고 불교적인 내용도 희박한 골계기(滑稽伎)라고 밝혔다. 이것은 『교훈초』

가 기가쿠의 전래로부터 육백 년이 지난 후에 쓰인 기록인 데서 짐작할 수 있듯, 그동안 수입된 많은 악무의 영향을 받은 결과 기가쿠가 본래 모습을 잃고 비속하며 골계적인 내용이 되었고, 이 때문에 일본에서도 사원극(寺院劇)으로서는 점차 쇠퇴하지 않을 수 없었던 것이다.[13]

한편 처음으로 기악을 전래한 오국의 위치에 대해서도 아직까지 합일점을 찾지 못한 형편이다. 오국에 대한 견해는 다음과 같다.

서연호는 오국의 위치에 대해 중국 남조설 이외에 한국 내재설로 고구려설, 가야설, 백제설이 있음을 소개하고, 전승 가면, 연희 내용, 연희 방법, 북청사자놀이와의 관계, 전승 계통, 고대 지역 명칭 등을 근거로 논의하면서 오국이 고구려의 대방군(帶方郡) 지역일 것이라는 견해를 밝혔다.[14]

일본의 한국 문학 연구자 나리사와 마사루(成澤勝)는 일본 학계에서 '구레(吳)'가 중국의 남방을 가리키는 것이 통설이지만, 미마지가 전한 가면극으로서의 기가쿠가 중국에서는 흔적조차 확인되지 않는 점 등을 들어 이 학설에 부정적인 견해도 적지 않음을 소개했다. 그리고 여러 실증 자료를 바탕으로 구레의 위치를 고구려와 백제 사이에 있던 대방군 지역으로 봤다. 그는 각각 동일한 사건에서 『일본서기』는 구레(吳)로, 『속일본기(續日本記)』는 대방(帶方)으로 기록해, 결국 '구레'는 대방을 지칭한다고 밝혔다. 그리고 기원 200년 전에 후한 조정이 오봉(吳鳳)을 낙랑 태수로 한반도에 파견했을 때 그 일족이 따라왔다고 한다. 즉 한대(한사군과 대방군 시기)에 오(吳)씨 성을 가진 중국계 집단이 대방 지역으로 이주해 오성(吳姓)을 칭하면서 한반도에 우월한 중국 문화를 전승했고, 한반도 재래 문화와 융합하면서 새롭게 창조해나갔기 때문에 고구려나 백제와는 다른 특이한 문물을 일본에 전파했는데, 그렇게 전래된 문물이 바로 '구레노타가라(吳財)'라는 것이다. 그러므로 일본에서는 오씨 성을 가진 사람이 많던 대방 지역을 구레(吳)라 부른 것으로 봤다.[15]

이 밖에 일본에서는 기가쿠와 관련해 기가쿠(伎樂), 구레가쿠(吳樂), 기가쿠(妓樂) 등 명칭 문제, 미마지의 실체, 오국의 위치 등에 대해 논쟁이 활발하게 진행되었다.[16]

기악 기원설이 설득력을 얻으려면 기악과 현전하는 가면극을 연결할 만한 중간 단계 자료를 발굴해야 한다. 그리고 기악은 불교 선전극이자 묵극인데, 이것이 현전하는 가면극같이 파계승 풍자를 비롯한 민속풍자극으로서 대화, 노래, 춤, 연기가 어우러지는 연극으로 발전한 과정에 대한 논의도 과제로 남아 있다.

그런데 다음 기록이나 고구려 고분벽화들은 고구려가 중국이나 서역과 매우 활발하게 교류했고, 고구려에 이미 기악 같은 서역형 가면희가 있었음을 밝혀준다.

> 고구려에는 서역계 악기와 가면무가 있었기 때문에 일본에서도 백제악, 신라악이란 명칭은 사라지고 고마가쿠(高麗樂)란 명칭으로 전래되었다. 고구려악은 스물네 곡이었는데, 이 중 열두 곡이 가면무악이다.[17]

> 안악 3호분 동수묘 벽화 중 후실의 가면희도(假面戱圖)에는 외국인으로 보이는 춤꾼이 가면을 착용했다. 춤추는 인물이 비교적 선명한데, 물방울 무늬가 있는 터번식 머리쓰개가 이국적이다. 이 인물은 코가 큰 탈을 썼으며, 다리를 X자형으로 꼬고 손뼉을 치는 듯한 자세로 춤을 추고 있다. 집안 다섯 무덤의 4호 고분과 5호 고분에도 가면을 쓴 사람이 있다.[18]

이상과 같이 이미 고구려에 서역 계통 가면희가 있었다. 그런데 현재 일본에 남아 있는 기가쿠 가면은 대부분 호인형(胡人形)이다. 그러므로 서역에서 호인형 가면이 주종을 이루는 기악이 고구려에 유입되고, 이것을 미마지가 일본으로 전파했을 가능성이 있다. 따라서 서연호와 나리사와 마사루가 미마지가 기악을 배웠다는 오나라를 고구려 대방군 지역으로 보는 것은 충분히 가능성이 있다. 그렇다면 한국에서도 후대 가면극에서 기악의 흔적이 발견되어야 하는데, 기악에 등장한 취호(醉胡)를 오늘날 전하는 한국 가면극의 취발이와 연결할 수 있을 듯하다.

경기도의 양주별산대놀이와 송파산대놀이, 황해도의 봉산탈춤과 강령탈춤 등에 등장하는 취발이는 체괄이(쵀괄이)→취괄이→취발이로 변천한 것으로 보인다.

> 力微任從風　이 노장 힘이 쇠약해
> 顚躓凡幾度　넘어지기 몇 번이던고?

又出一少妹　젊은 계집 하나가 등장하니
驚喜此相遇　이 만남에 깜짝 반기며
老興不自禁　흥을 스스로 억제치 못해
破戒要婚娶　파계하고 청혼을 하더라.
狂風忽大作　광풍이 문득 크게 일어
張皇而失措　당황해 어쩔 줄 모르는 즈음
有僧又大醉　또 웬 중이 대취해서
呼號亦恣酗　고래고래 외치고 주정을 부린다.

인용한 시는 강이천의 「남성관희자」 중 일부인데, 1778년(무술)에 공연된 본산대놀이를 묘사한 것이다. 인용한 부분은 노장과장이다. 마지막 두 행에서 주정하는 중은 양주별산대놀이, 봉산탈춤 등에 등장하는 취발이다. 은율탈춤에서는 이 배역을 '최괄이'라 부른다. 체괄이, 최괄이, 취발이 삼자의 관련성을 짐작할 수 있다.

1865년에 지은 것으로 추정되는 작자 미상의 「기완별록(奇玩別錄)」에 체괄이, 취괄이가 보인다.

별안간에 발광한 중이 생각 밖에 내다르니
팔뚝 짓에 다리 짓에 대가리를 뒤흔들며
가로 뛰고 세로 뛰고 사지육신 흔들흔들
체과린가 취과린가 잡상코도 수선하다
재채음도 야릇하고 헛맹세도 해참(駭慚)할사[19]

「기완별록」 중 노장과장의 일부다. 발광한 중이 나와 어수선한 모습을 보인다. 이는 오늘날 취발이 모습과 완전히 일치한다. 그런데 이 등장인물의 이름을 "체과린가 취과린가"라 해, 당시에 취발이를 체괄이나 취괄이로 불렀음을 알 수 있다. 그러므로 은율탈춤의 최괄이는 취발이의 잘못된 표기가 아니라 예전 이름이 남아 있는 것이다.

체괄이를 「기완별록」에서는 "체괄인가 취괄인가"라 했다가 후대에 취발이라 부르게 된 것은 그가 술에 취해 등장하기 때문인 듯하다. 이미 강이천의 「남성관희자」에서 "또 웬 중이 대취해 고래고래 외치고 주정을 부린다"고 하여 취발이를 술 취한 배역으로 설정했는데, 이는 오늘날 양주별산대놀이 등에 등장하는 취발이의 특징과 일치한다. 그래서 술에 취했다는 의미를 나타내기 위해 체괄이를 취괄이로 부르다가, 이것이 취발이로 바뀐 것으로 보인다.

체괄이는 사설시조 「연등가」에도 나오는데 "사자 탄 체괄(體适)이요, 호랑이 탄 올량합(兀良哈)과 칠성등 벌였는데"라는 구절이 나온다. 체괄과 올량합은 모두 북방 오랑캐[胡人]를 가리킨다. 그러므로 체괄이, 최괄이, 취발이를 같은 말로 본다면 북방 민족이 가면극에 등장하는 셈이 된다.

결국 취발이는 술 취한 호인을 가리키는 데서 유래한 것으로 볼 수 있는데, 그렇다면 이것은 기가쿠의 취호와 유사한 인물이라 할 수 있다. 기가쿠의 취호는 『교훈초』에 취호왕(醉胡王)이라고도 기록되어 있는데, 쇼소인의 가면이나 여러 사찰에 전하는 『자재장(資財帳)』에 의하면 취호왕 가면과 함께 그의 종자(從者)로 여섯 명 혹은 여덟 명의 취호 가면이 있었다고 한다.[20] 이는 봉산탈춤에서 취발이가 팔먹중의 우두머리로 나타나고,[21] 취발이와 팔먹중 모두 술에 취했으며, 그 가면이 모두 호인 형상인 것과 통하는 것이다.

그런데 중국 가면극에도 기가쿠의 취호와 관련해 지금까지 전하는 연희가 있다. 중국 안후이성 구이츠(貴池)의 여러 마을에서는 마을굿인 향촌제사에서 가면무와 가면극을 공연한다. 이때 연행되는 가면무를 나무(儺舞)라 하고, 가면극을 나희(儺戲)라고 한다. 구이츠의 나무 가운데 무회회(舞回回)는 여러 마을에서 전승되는데, 한국 가면극의 취발이나 팔먹중처럼 서역인 가면을 쓰는 연희로서 상호 관련성을 고찰할 필요가 있다. 무회회에는 회회축복형(回回祝福型),**139** 회회무방형(回回舞方型), 회회무도형(回回舞刀型), 회회무사형(回回舞獅型), 회회취주형(回回醉酒型)**140** 등 다섯 유형이 있는데,[22] 모두 술 취한 회회인이 등장한다. 그래서 다섯 유형 전부 회회가 춤을 춘다는 제목이 붙은 것이다. 회회는 위구르를 포함한 서역의 이슬람교도를 지칭한다.

회회축복형은 회회가 다섯 명 등장해 축복하는 노래를 부르는데, 한 사람이 노래하고 여럿이 화창한다. 회회무방형은 회회 네 명이 네 방향으로 나눠 돌아가며

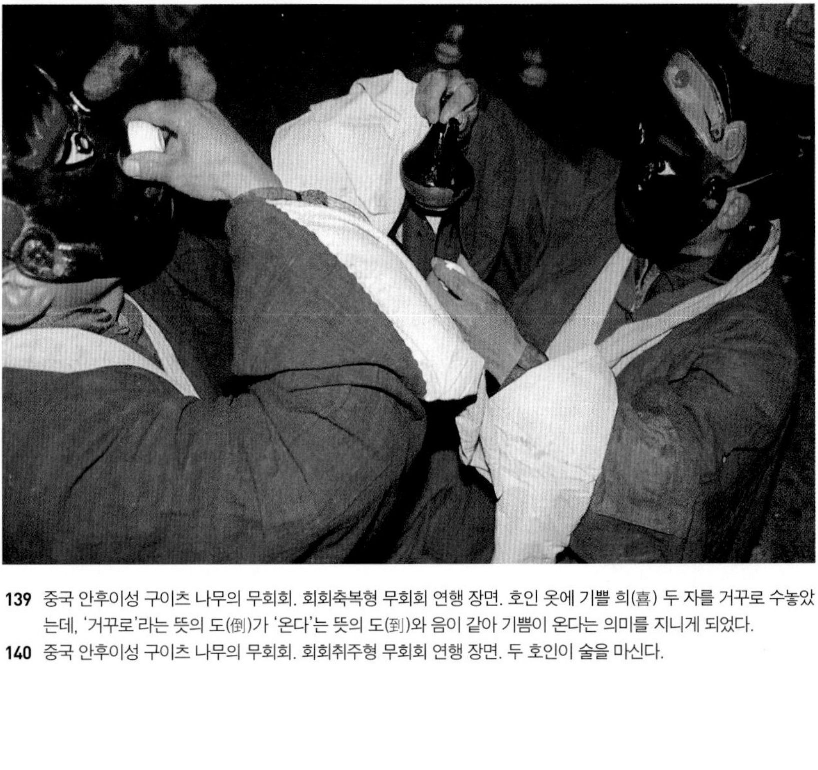

139 중국 안후이성 구이츠 나무의 무회회. 회회축복형 무회회 연행 장면. 호인 옷에 기쁠 희(喜) 두 자를 거꾸로 수놓았는데, '거꾸로'라는 뜻의 도(倒)가 '온다'는 뜻의 도(到)와 음이 같아 기쁨이 온다는 의미를 지니게 되었다.

140 중국 안후이성 구이츠 나무의 무회회. 회회취주형 무회회 연행 장면. 두 호인이 술을 마신다.

사방무(四方舞)를 춘다. 회회무도형은 회회가 칼춤을 춘다. 회회무사형은 회회가 사자 가장물을 데리고 등장해 사자춤을 놀게 하는 내용이다. 회회취주형은 회회 두 명이 술을 마시다 취해 누워서도 마시고 칼도 겨루는 내용이다.[23]

원진(元稹)의 시에 "취한 듯 추는 호등무는 근육과 뼈 부드러운 듯하네(胡騰醉舞筋骨柔)"라는 구절이 있듯이, 이미 당나라 때 취호등(醉胡騰), 취호자(醉胡子)라고 해 술 취한 호인이 등장하는 연희가 있었다. 이것이 일본으로 건너가 고인쥬(胡飮酒)로 불렸다. 일본에 전하는 두루마리 그림 〈신서고악도〉에 무악의 하나로 고인쥬가 그려져 있는데, 분명히 서역인의 모습이다.**141** 이혜구는 일본 우방악 중에

141 〈신서고악도〉의 고인쥬.
142 1936년에 연행된 봉산탈춤 먹중들.

전하는 호덕악(胡德樂)은 술에 취해 춤추는 호인무인데, 코가 흔들리는 가면을 착용하기 때문에 '헨비코토쿠(遍鼻胡德)'라고도 불리며, 기가쿠의 취호와 좌방악의 고인쥬, 당악의 주호자(酒胡子), 또 일명 취공자(醉公子) 또는 취호자라 불리는 무곡과도 동일 계통이라고 봤다.[24]

그러므로 오늘날 중국 안후이성의 가면극에 술 취한 서역인 회회가 등장하는 것과, 한국 가면극에서 술에 취한 서역인 형상으로 취발이와 팔먹중이 등장하는 것은 우연의 일치가 아니다.[142] 기가쿠와 취호등, 취호자로부터 내려오는 오랜 내력이 있는 것이다.

제의 기원설

연극에서 제의 기원설은 예술의 시원이 제의에 있다는 의미에서 세계적인 보편성을 인정받고 있다. 특히 고대 그리스 연극이나 동양 연극을 비롯한 비서구 연극의 기원을 풍요제의나 무속제의에서 찾는 것은 세계적인 추세다.

한국 가면극의 기원 논의에서도 제의 기원설이 자주 제시되었다. 가면극의 제의 기원설은 가면극의 기원이 무당이 주재하는 고대 제의나 마을굿에 있다고 보는 무속제의 기원설과 풍요제의 기원설(풍농굿 기원설)로 크게 나뉜다.

이미 일제시대에 김재철은 농사를 마치고 신을 즐겁게 하려는 단순한 무당의 의식에서 점점 복잡한 가무가 발달해 비로소 가무극이 발생한 듯하다면서, 산대극 첫 과장에 고사 장면이 있는 점, 미얄할미의 죽음 후 넋두리 등 무당과 관련한 내용이 많은 것을 근거로 들었다.[25]

송석하는 가면극의 사방신무(四方神舞)와 성행위 흉내를 풍농풍어(豐農豐漁)를 비는 굿의 흔적으로 해석했다.[26] 그러나 이상 견해들은 한국 가면극의 발생 배경을 직접 해명하는 것이 아니고, 연극 발생의 일반론을 다시 한 번 확인한 셈이어서 한계를 보인다.

가면극의 풍요제의 기원설은 1960년대에 국문학자 조동일이 제기했는데, 풍농굿 기원설이라고 요약할 수 있다. 그는 마을굿 유형을 농악대가 하는 행사, 무당이 하는 행사, 제관이 하는 행사 등 셋으로 나누고, 본래 가면극은 농악대가 주도하는 풍농굿에서 출발했다고 봤다. 비록 마을굿에서 농악대의 가면을 쓰고 노는 무리가 잡색으로 따라다니며 이따금씩 허튼 수작을 하기도 하지만, 마을굿 행사가 끝난 다음 기회를 얻어 연희를 한바탕 따로 벌인 것이 가면극이라는 것이다. 즉 가면극이 마을굿에서 자생적으로 생성, 발전했다는 것이다. 그 근거로 가면극 내용과 농악굿을 비교해 여러 공통점을 들었다. 우선 『동국세시기』에 기록된 강원도 고성 마을굿, 경북 영양군 일월면 주곡동 농악대굿, 경북 안동군 풍천면 하회동의 하회별신굿 등을 보면 모두 가면을 쓰고 농악대와 함께 마을 수호신에게 굿을 하면서 탈춤놀이를 했다고 한다. 가면 이름은 이매, 초랭이, 양반, 각시 등으로 인간이지만, 이것은 본래 굿에서 신 가면이 연극으로 전이되면서 인간 가면으로 바뀐 것으로 봤다. 또 마을굿에는 다산과 풍요를 기원하는 여름과 겨울의 싸움이 있는데, 가면극에도 이같은 싸움이 있다고 한다. 즉 노장과 취발이의 대결, 미얄할미와 돌머리집의 대결에서 생산력이 약한 늙은이가 구축되고 생산력 강한 젊은이가 승리하며, 젊은이로부터 새로운 생명이 탄생하는 모습을 보여주는 것이 농경의식에서 행한 모의주술적 기풍의례(祈豐儀禮)의 반영이라는 것이다.[27] 그리고 각 지방 가면극의 형성에 대해서는 가면극을 농촌 탈춤과 도시 탈춤으로 나눠 설명했다. 농사가 잘되기를 기원하는 마을굿에서 농악대의 잡색이 노는 놀이가 발전해 농촌 탈춤이 형성되고, 농촌 탈춤이 18세기 중반 상인과 이속(吏屬)의 도시 탈춤으로 발전했다는 것이다.[28] 그러나 조동일은 가면극의 기원에 대해서는 기존 입장을 고수하면서도 각 지방 가면극의 형성 과정에 대해서는 견해를 수정했다. 농촌 탈춤이 바로 도시 탈춤으로 바뀐 것이 아니라, 직업 연희자인 떠돌이 놀이패의 탈춤이 농촌 탈춤에서 도시 탈춤으로 발전하는 데 모형을 제공했을 것이라고 봤다. 그리고 오광대는 초계 밤마리(경상남도 합천군 덕곡면 율지리)의 오광대패 같은 떠돌이 놀이패의 가면극이 직접적인 영향을 끼쳤다고 봤다.[29]

이상과 같이, 풍농굿 기원설에서는 가면극의 형성 과정을 민간 전승에서 찾고, 가면극이 하층 문화로서 일관된 전승을 했다고 주장한다. 이는 하회별신굿탈놀이나 강릉관노가면극 등 마을굿에서 유래해 발전한 가면극의 기원과 발전 과정 논의로서는 설득력이 있다. 그러나 이 견해는 한국 가면극에 마을굿에서 유래한 가면극과 함께, 삼국시대에 중국에서 유입된 산악, 백희를 놀던 연희자들이 성립시킨 본산대놀이 계통 가면극도 있다는 사실을 고려하지 않아 한계를 보인다. 상좌춤과장과 사자춤과장이 풍농굿 기원설로는 설명될 수 없다는 것을 그 예로 지적할 수 있다. 또 함경도처럼 농악이 없는 지역에 극의 성격을 지닌 북청사자놀음이 성행했으며, 농악이 가장 성했고 전국 농악대 가운데 잡색이 가장 많은 충청도와 전라도 지역에 가면극이 존재하지 않은 사실을 생각하면, 각 지역의 가면극이 모두 농악대 주도의 풍농굿에서 발생했다는 주장은 설득력이 약하다.

한편 가면극의 무속제의 기원설은 1980년대에 박진태(朴鎭泰)가 본격적으로 제기했다. 그는 신화와 굿, 제의와 가면극의 상관성을 구조적으로 고찰했다. 박진태는 하회별신굿의 강신과 거리굿을 무당이 주재하고, 광대들이 연행하는 가면극에도 무당의 가면극이 들어 있다는 사실에 주목해, 하회별신굿은 무당이 사제 역할을 하던 마을굿에서 농악대가 주재하는 마을굿으로 전이하는 과정의 중간 형태라고 봤다. 하회별신굿탈놀이는 주지과장, 백정과장, 할미과장, 중과장, 양반·선비과장으로 구성되는데, 이는 각각 무굿의 부정굿, 타살굿, 계면굿, 세존굿, 천왕굿에 대응하며, 각 과장의 순차 구조와 굿의 절차 사이에도 대응 관계가 있다고 지적했다. 그뿐만 아니라 각 과장의 연희 절차가 내림굿(맞이굿), 신유(神遊), 싸움굿, 화해굿, 환후굿(전송굿)으로 전개되는 무굿의 다섯 단계와 대응한다는 점을 지적하면서, 가면극은 무굿에서 기원한 것이라고 주장했다. 그리고 농악대 주도의 풍농굿도 무당이 주재하던 마을굿에서 분화 파생된 것으로 봤다.[30] 그러나 이 주장을 하회별신굿탈놀이 이외에 본산대놀이 계통 가면극 등 한국 가면극 전반으로 확대해 적용할 수 있을지는 의문이다.

실제적 목적 기원설

해방 후 북한에서 가면극을 연구한 김일출은 가면극의 기원을 사회주의적인 관점에서 고찰했다. 그는 가면극의 기원을 무당의 의식에서 찾고, 산대극도 무당의 의식에서 출발해 발전했으리라는 김재철의 견해에 대해, 산대극이 신라 이래 가면무용을 집대성한 것임은 틀림없으나 가면극이 무당의 의식에서 발생했다고 인정하는 것은 편협한 견해라고 비판했다. 그리고 러시아 민속학자 코스벤(M. O. КосВеИ)의 견해를 소개하면서 가면 또는 가면 무용은 원시인이 짐승 소리를 흉내 내거나 사냥하려는 짐승의 모피를 뒤집어쓰고 동물에게 접근하는 특수한 수렵 방식에서, 또는 호랑이나 곰 등을 숭배하는 토템과 관련된 의식에서, 혹은 종족 전쟁에서 적을 위협하고자 하는 것 등 실제적 목적에서 기인했다고 주장했다.[31] 그러나 이 견해는 한국 가면극의 발생 기원을 직접 설명하기보다 가면극 일반의 기원을 표명한 것에 불과하다.

산악·백희 기원설

이상 그동안 한국 가면극의 기원으로 제시된 여러 학설을 살펴봤다. 이 과정에서 드러난 것처럼 우리 가면극에는 산대희, 기악, 제의의 영향이 두루 남아 있다. 그래서 앞서 본 여러 기원설 모두 일정한 설득력을 갖는다. 그러나 한국 가면극의 주류를 이루는 본산대놀이 계통 가면극은 산대희, 즉 산악 또는 백희라 불리던 연희들과 가장 밀접한 관련을 갖는다.

그러므로 산악·백희 기원설은 산대희 기원설과 거의 동일한 내용이다. 그러나 산대희 기원설이 한국적인 시각에서 가면극의 역사를 고찰한다면, 산악·백희 기원설은 동아시아적인 관점에서 한국 가면극의 역사를 고찰하면서 산악·백희로부터 전문 연희자가 공연하는 가면극이 성립되는 것이 동아시아의 보편적인 현상임을 밝히고 있다.

필자는 이미 한국의 가면극을 '마을굿놀이 계통 가면극'과 '본산대놀이 계통 가면극'으로 나눠 기원을 고찰한 바 있다. 마을굿놀이 계통 가면극은 하회별신굿탈놀이나 강릉관노가면극처럼 마을굿놀이나 고을굿놀이에서 유래한 가면극이고, 본산대놀이 계통 가면극은 전문 연희자가 전승하던 산악 또는 백희의 연희가 발전해 성립된 가면극이다.

산악, 백희 또는 산악잡희라 불리는 연희는 삼국시대에 중국에서 유입되었다.

고려시대와 조선시대에는 산악, 백희가 가무백희, 잡희, 산대잡극, 산대희라 불리며 연행되었다. 그리고 중국에서 산악을 담당한 사람들이 이 연희들을 발전시켜 '나희(儺戲)'라는 가면극을 성립시키고, 일본에서 사루가쿠(猿楽), 즉 산악을 담당한 사람들이 '노(能)'라는 가면극을 성립시킨 것처럼, 한국에서도 중국 사신 영접 때 나례도감에 동원되어 연희를 펼치던 반인이 18세기 전반기에 산악·백희 계통 연희와 기존 가면희를 바탕으로 본산대놀이를 성립시켰다.[32]

여기서 중국과 한국의 나례에서 산악·백희가 연행되고, 연희자들이 후대에 가면극을 성립시켰다는 일치점은 주목할 만하다. 한국 가면극에 등장하는 인물 성격과 극 형식은 나례에 등장하는 인물과 구나 형식에 크게 영향을 받은 것으로 나타난다. 이는 서울 본산대놀이 가면극을 성립시킨 연희자들이 나례와 중국 사신 영접 행사에 동원되던 반인이었기 때문이다.[33]

그러므로 이러한 입장은 본산대놀이의 '산악·백희 기원설'이라 부를 수 있다. 산악·백희 기원설은 한국 가면극이 갖는 동아시아적 보편성을 밝힐 뿐만 아니라, 고구려 고분벽화나 각종 문헌에 기록된 연희 자료를 일관되게 꿰뚫어 해명할 수 있다. 아울러 산악·백희에 대한 고찰로 이 연희들을 담당한 연희자에 대해서도 일관되게 해명할 수 있다. 한국에서 산악·백희를 연행한 담당층은 세습무계 재인, 북방 민족 계통 수척과 반인, 재승 출신 사장·사당·남사당, 서역 계통 연희자, 조선 후기의 유랑예인집단 등이었다. 산악·백희라는 입체적인 대상을 설정함으로써 한국 전통연희의 갈래, 분포, 담당층을 명쾌하게 해석할 수 있게 되었다.

가면극의 계통

한국 가면극은 '본산대놀이 계통 가면극'과 '마을굿놀이 계통 가면극'으로 나눌 수 있다. 본산대놀이 계통 가면극은 본산대놀이에서 전파된 가면극을 말한다. 본산대놀이는 구파발(녹번), 애오개, 사직골 등에 있던 산대놀이로, 양주와 송파 등지의 별산대놀이와 구별하기 위한 명칭이다. 본산대놀이는 반인이 조선 후기에 서울 근교에서 삼국시대 이래 전승된 산악·백희 계통 가면희와 연희를 재창조해 만들어낸 가면극이다. 마을굿놀이 계통 가면극은 마을굿에서 유래해 발전한 토착적·자생적 가면극을 말한다.

본산대놀이 계통 가면극

본산대놀이의 성립

한국 가면극 가운데 본산대놀이는 삼국시대에 유입된 산악 또는 백희가 통일신라시대, 고려시대, 조선시대를 거치면서 발전한 것이다.

앞에서 고분벽화로 살펴본 바와 같이 고구려에서는 중국, 서역과 활발하게 교류했고, 산악·백희 같은 서역과 중국 유래 연희들과 가면희도 행해졌다. 연희 내용으로 볼 때, 삼국시대부터 전문적이고 직업적인 연희자가 산악·백희를 담당했을 것이다. 이들의 후예가 통일신라의 오기(五伎), 그리고 통일신라 이래 고려까지 계승된 팔관회와 연등회의 가무백희, 고려 이래 조선까지 계승된 나례의 산대희 등을 담당했다.

시대별로 가면극에 대한 기록은 다음과 같다.

우선 통일신라시대 최치원의 「향악잡영 5수」에 언급된 대면, 속독, 산예가 가면희이고, 고려시대에는 최이(崔怡)가 왕의 궁중연회에 가면희를 바쳤다는 기록이 전한다. 또 가면을 쓰고 연희하는 자를 우리말로 광대라 불렀으며, 조선 전기에는 김구의 한시 「이밀양댁연석관우희작(李密陽宅讌席觀優戲作)」에 사대부가의 잔치에서 연행된 가면희가 보인다. 조선 후기에는 강이천의 「남성관희자」를 통해 1770년대 서울에 본산대놀이가 성립되었고 그 연희 내용은 양주별산대놀이, 송파산대놀이 등 오늘날 전하는 별산대놀이나 봉산탈춤, 강령탈춤, 은율탈춤 등 해서탈춤과 거의 같았음을 확인할 수 있다.

한편 우희는 산악, 백희 계통 연희로 본산대놀이와 판소리 등 후대 연희에 영향을 끼쳤다. 우희로 본산대놀이 계통 가면극의 형식과 내용, 대사 형성을 상당 부분 해명할 수 있다. 우희 담당층과 후대에 본산대놀이를 성립한 연희자는 일치하며, 가면극의 많은 대목이 독립적인 우희의 모습을 하고 있다. 본산대놀이 형성에는 여러 요인이 작용했겠지만 대사 구성이나 양반과장 중 양반 모습 등은 우희나 유희의 영향을 직접적으로 보여준다. 이에 대해서는 다음 장에서 자세하게 살펴볼 것이다.

별산대놀이와 해서탈춤 등 본산대놀이 계통 가면극에서는 상좌, 팔먹중, 취발이 등 등장인물들이 소매에 긴 한삼 자락을 휘날리며 춤을 추는데, 이런 춤도 오랜 전통 속에서 형성된 것이다. 긴 소매춤은 이미 고구려 무용총 벽화에서 발견되는데, 당나라 십부기 중 고구려기에 호선무와 함께 들어 있는 광수무가 긴 소매춤을 가리킨다. 무용총 벽화에 등장하는 무용수는 모두 소매가 길고 넓은 옷을 입었으며, 소매가 춤동작을 연출하는 데 크게 기여했다.

『구당서』 권29 지9 음악2에서는 고구려악 무용수 네 명의 모습을 다음과 같이 묘사했다.

> 무용수 네 명이 머리 뒤로 상투를 짜 올리고, 이마에는 곤지를 바르고, 황금 귀고리를 했다. 두 명은 누런 치마에 적황색 바지를 입고, 소매는 매우 길며, 검은 가죽신을 신었는데, 쌍쌍이 나란히 서서 춤을 춘다.[34]

143 처용무의 소매춤.
144 은율탈춤의 최괄이. 긴 한삼을 달고 소매춤을 춘다.

넓고 긴 소매춤은 고려 말 이색의 「구나행」 중 처용무를 읊은 "신라의 처용은 칠보 장식을 했는데 머리 위 꽃가지에선 향기가 넘치네. 긴 소매 날리며 태평무를 추는데 불그레히 취한 얼굴은 아직도 다 깨지 않은 듯"35에서도 볼 수 있다.

고려시대 처용무에서의 길고 넓은 소매춤은 조선시대 궁중무용인 처용무와 춘앵무 등에 이어졌고, 본산대놀이 계통 가면극에서도 활용되었다.143·144 그러므로 18세기 전반기에 성립된 본산대놀이는 결국 반인이 산악·백희 계통 연희와 가면희를 바탕으로 재창조한 가면극이라 할 수 있다.

조선 후기에 서울 근교에서 전승되던 가면극인 본산대놀이의 연희자는 성균관에 속한 노비 반인이었다. 반인의 공연 종목은 가면극과 인형극이었다.

반인은 17세기 중반 이후 서울에 설치된 현방 스물세 개를 운영했는데, 이는 반인이 백정과 관련 깊음을 의미한다. 또 반인이 설붕잡희나 본산대놀이 등 전문 연희까지 논 사실은 이들이 바로 양수척, 수척, 화척, 재인, 달단, 백정, 신백정, 재백정, 화백정 등으로 불린 북방 민족의 후예임을 입증한다.[36]

이미 앞에서 본 바와 같이 고려시대부터 북방인 중에는 양수척 같은 전문 연희자가 있었다. 조선시대에는 그 후예인 수척이나 반인이 전문 연희자로 연희에 동원된 것으로 나타난다. 조선 『문종실록』 즉위년 6월 10일조에 의하면 중국 사신 영접 행사에 수척이 동원되었고, 『영조실록』, 『태학지』 등에 의하면 반인이 붕(棚) 또는 산붕(山棚)을 설치하고 연희를 했으며, 일제시대 아키바 다카시의 조사에 의하면 애오개산대놀이의 연희자도 반인이었다.

서울에는 조선 전기부터 나례에 동원된 연희자들이 살고 있었다. 이들을 경중우인(京中優人)이라 부른다. 이들은 단지 연희만 전업한 것이 아니고 다른 일도 병행했기 때문에 서울에서 살 수 있었다. 이때 경중우인의 일부가 반인이다. 특히 반인은 인형극과 가면극을 공연했는데, 조선 전기에 서울에 사는 경중우인으로 궁궐 관나 행사에 동원된 관나재인의 공연물이 잡희, 인형극, 우희 같은 연극이었다는 사실은 시사하는 바가 크다.

아키바 다카시는 본산대놀이의 연희자가 반인이라는 사실을 처음으로 밝혔다. 그는 반인이 본래 산대도감 또는 나례도감에 예속되었으며, 산대희가 폐지되자 연희 흥행에 전력하게 되었고, 이에 따라 애오개본산대놀이가 성립되었다고 봤다.

이미 제7장에서 살펴본 바와 같이 반인은 조선 후기에 서울에서 '설붕잡희' 또는 '설산붕장악(設山棚張樂)'의 공연 활동을 벌였다. 설붕이나 설산붕은 소형 산대인 산붕을 설치하는 것을 의미한다.

강이천의 시 「남성관희자」는 그가 열 살 때인 1778년 남대문 밖에서 인형극과 가면극을 보고 11년이 지나 1789년에 지은 시다. 시는 크게 두 부분으로 나뉜다.

앞 부분은 인형극을, 뒷 부분은 가면극을 묘사했다. 「남성관희자」의 가면극 부분을 살펴보자.

(가)	平陂更展席	평평한 언덕에 새로 자리를 펼쳐
	僧雛舞緇素	상좌 아이 깨끼춤 추는데
	仙娥自天降	선녀는 하늘에서 내려왔나.
	唐衣復繡袴	당의에 수놓인 바지를 입었으니
	漢女弄珠游	한수의 선녀 구슬을 가지고 노는 듯
	洛妃淸波步	낙수의 여신 푸른 물결에 걸어 나오듯.

(나)	老釋自何來	노장 스님 어디서 오셨는지?
	拄杖衣袂裕	석장 짚고 장삼 걸치고
	龍鍾不能立	구부정 몸을 가누지 못하고
	鬚眉皓如鷺	수염도 눈썹도 도통 하얀데
	沙彌隨其後	사미승 뒤를 따라오며
	合掌拜跪屢	연방 합장하고 배례하고
	力微任從風	이 노장 힘이 쇠약해
	顚躓凡幾度	넘어지기 몇 번이던고?
	又出一少姝	젊은 계집 하나 등장하니
	驚喜此相遇	이 만남에 깜짝 반기며
	老興不自禁	흥을 스스로 억제치 못해
	破戒要婚娶	파계하고 청혼을 하더라.
	狂風忽大作	광풍이 문득 크게 일어
	張皇而失措	당황해 어쩔 줄 모르는 즈음
	有僧又大醉	또 웬 중이 대취해
	呼號亦恣酗	고래고래 외치고 주정을 부린다.

(다)	潦倒老儒生	추레한 늙은 유생

	闖入無乃誤	이 판에 끼어들다니 잘못이지.
	缺脣猇其眉	입술은 언청이, 눈썹이 기다란데
	延頸如鳥嗉	고개를 길게 뽑아 새 모이 쪼듯
	揮扇擧止高	부채를 부치며 거드름을 피우는데
	呌罵是何故	아우성치고 꾸짖는 건 무슨 연고인고?
	赳赳一武夫	헌걸차다 웬 사나이
	可應壯士募	장사로 뽑힘직하구나.
	短衣好身手	짧은 창옷에 호신수
	豪邁誰敢忤	호탕하고 고매하니 누가 감히 거역하랴!
	叱退儒與釋	유생이고 노장이고 꾸짖어 물리치는데
	視之如嬰孺	마치 어린애 다루듯
	獨自嬰青娥	젊고 어여쁜 계집을
	抱持偏愛護	홀로 차지해 손목 잡고 끌어안고
	舞劍一何奇	칼춤은 어이 그리 기이한고!
	身輕似脫兎	몸도 가뿐히 도망치는 토끼처럼.
(라)	居士與社堂	거사와 사당이 나오는데
	老甚病癃痼	몹시 늙고 병든 몸
	破落戴敝陽	거사는 떨어진 패랭이 쓰고
	纜縷裙短布	사당은 남루한 치마 걸치고.
	禪律是何物	불가의 계율이 다 무엇인가!
	聲色素所慕	소리와 여색을 본디 좋아해
	登場弄嬌姿	등장하자 젊은 계집 희롱하더니
	張袖趂樂句	소매 벌리고 춤을 춘다.
(마)	婆老尙盛氣	할미 성깔 대단하구나
	碎首恣猜妬	머리 부서져라 질투해
	鬪鬩未移時	티격태격 싸움질 잠깐 새

氣窒永不窹	숨이 막혀 영영 죽고 말았네.
神巫擺叢鈴	무당이 방울을 흔들며
如泣復如訴	우는 듯 하소연하듯
翩然鐵拐仙	너울너울 철괴선 춤추며
偃蹇植雙胯	두 다리 비스듬히 서더니
竦眉仍攢手	눈썹을 찡긋, 두 손을 모으고
東馳又西騖	동쪽으로 달리다 서쪽으로 내닫네.[37]

이처럼 가면극에서는 상좌, 선녀, 노장, 젊은 계집(소매), 취발이, 늙은 유생(샌님), 포도부장, 거사, 사당, 할미 등 여러 인물이 나온다. 오늘날 양주별산대놀이나 봉산탈춤과 동일한 배역이 상당수 발견되는 점으로 볼 때, 이 시는 애오개(아현)의 본산대놀이를 구경하고 지은 것으로 추정된다.

(가)는 상좌춤과 팔선녀춤이다. 현재 상좌춤과장은 별산대놀이와 해서탈춤에서 전승되고 있다.

(나)는 노장과장이다. 노장이 젊은 여자(소매)에게 반해 파계하면서 청혼하는 내용이다. 수염과 눈썹이 온통 하얗다고 묘사해 늙은 중임을 나타낸다. (나)의 뒷부분에서는 '술 취한 중', 즉 취발이가 등장해 주정을 부린다. 지금도 양주별산대놀이와 봉산탈춤 등의 노장과장에는 노장이 소매(소무)를 차지한 후 취발이가 나와 노장으로부터 소매를 뺏으려고 싸우는데, 이 시에서도 노장이 소매를 차지한 후 술 취한 중, 즉 취발이가 등장했다. 여기서 취발이라는 이름의 의미에 대해 확실히 알게 된다.

(다)는 샌님과 포도부장춤이다. 샌님(늙은 유생)이 소매(젊은 여자)를 차지했는데, 칼을 찬 젊은 포도부장이 등장해 소매를 뺏고 칼춤을 추는 내용이다. 현재 양주별산대놀이, 송파산대놀이, 봉산탈춤 등의 샌님·포도부장과장과 동일하다. 양주별산대놀이에서는 1910년대에 활동한 정한규(鄭漢奎)라는 연희자까지만 해도 포도부장이 검무를 췄으나, 그 뒤 전수를 못해 검무가 단절되었다고 한다.[38] (다)에서 샌님 가면은 긴 눈썹에 언청이로, 1929년에 수집된 양주별산대놀이의 샌님 가면(서울대 박물관)과 오늘날 연행되는 양주별산대놀이, 송파산대놀이, 봉산탈춤,

강령탈춤의 샌님 가면이 긴 눈썹에 쌍언청이인 점과 일치한다. 그리고 샌님이 부채를 부치며 거드름을 부리는 모습까지도 완전히 일치한다.

(라)는 거사와 사당춤이다. 현재는 봉산탈춤에만 거사와 사당춤이 있다. 이를 통해 거사춤과 사당춤이 양주와 송파별산대놀이에는 없지만 원래 본산대놀이에는 있었음을 알 수 있다. 퇴계원산대놀이를 복원하는 데 고증한 백황봉(白黃鳳: 1911년생)에 따르면 양주별산대놀이와 퇴계원산대놀이는 서로 활발하게 교류했고 내용도 거의 같았지만, 퇴계원에서는 애사당이 먹중들과 선소리 산타령을 부르며 노는 내용이 양주와 달랐다고 한다. 이는 봉산탈춤 등의 사당·거사과장과 동일한 내용으로, 본산대놀이 계통 가면극에 본래 선소리 산타령류의 노래를 부르는 사당·거사과장이 있었음을 알 수 있다.

(마)는 할미과장을 묘사한 것이다. 할미가 첩을 질투해 싸우다 죽자 무당이 등장해 방울을 흔들며 굿을 거행한다. 현재도 양주와 송파별산대놀이와 해서탈춤에 그대로 전승되는 내용이다. 야류와 오광대에서는 이 장면이 할미의 죽음 후에 무당굿을 하는 것이 아니고, 상두꾼이 상여소리를 부르는 것으로 변했다. 가산오광대에서는 영감과 할미의 싸움에서 영감이 죽고 무당이 등장해 굿을 거행하는 내용으로 바뀌었다.

이 시는 1770년대에 상좌춤과장, 노장과장, 샌님·포도부장과장, 사당·거사과장, 할미과장을 갖춘 본산대놀이 가면극이 현존하는 별산대놀이, 해서탈춤, 야류, 오광대와 거의 같은 모습으로 서울 근교에서 전문 연희자에 의해 연행되었다는 사실을 분명하게 전해준다.

한편 1860년대 형성된 판소리계 소설 「게우사」, 즉 「무숙이타령」에 의하면, 당시 서울 왈짜패의 놀음에 산대도감패가 동원된 것으로 나타난다.

> 미친 광인 무숙이가 선유 기계(뱃놀이 시설) 차릴 적에, 한강 사공 뚝섬 사공 하인 시켜 급히 불러 유선(遊船) 둘을 무어내되(만들어내되), 광(廣, 넓이)은 잔뜩 삼십 발이고 장(長, 길이)은 오십 발씩 무어내되, 물 한 점 들지 않게 민파같이 잘 무으라고(만들라고) 한 명마다 천 냥씩 내어주니, 양 섬 사공 돈을 타서 주야(밤낮) 재촉 배를 무고(만들고), 삼남의 제일 광대, 전인(專人, 어떤 소식이나 물건 등을 전

하려고 특별히 보내는 사람), 보행(步行, 심부름꾼) 급히 불러 아무개 아무개 칠팔 명을 호사시켜 등대하고, 좌우편 도감(都監) 포수 급히 불러 산두노름(산대놀이) 기계 새 화복(華服, 무색옷) 새 탈 선유 때 대령하라 이천 냥씩 내어주고, 정읍 동막 창평 하동 목골 함열 성불 일등 거사(居士) 명창 사당(社堂) 골라 빼어 이삼십 명 급주(急走) 놓아 불러오고, 산두노름 하는 때는 총융청(摠戎廳) 공인(工人) 등대하고, 노름날 택일해 추(秋) 칠월 기망일(旣望日, 16일)이었다. 범주유어행선(泛舟遊於行船, 뱃놀이)할 제, 백포장막 서양포와 몽고삼승 구름 차일 화백문석 청사등롱 수팔연을 부려 꽂고 삼승돛 고작 채워 좌우로 갈라 떡 붙이고, 보계판(補階板) 비껴 대어 강 위를 육지 삼아 놓고, 좌우 산 만석춤은 구름 속에 넘노는 듯, 사당 거사 집진 소리는 벽공에 낭자하고, 관아일성(배를 저으면서 부르는 노랫소리) 높이 해 어부사로 화답하고, 서빙고 한강이며 압구정 돌아 들어 동작강 노들이며 용산 삼개(마포) 서강이며 양화도 흘리저어….

「무숙이타령」의 주인공 무숙이의 선유(船遊)놀음 묘사다. 무숙이는 경강(京江, 서울 뚝섬에서 양화도에 이르는 지역)을 무대로 상업에 종사하며 서울 시정의 공연오락을 장악한 왈짜패 일원이다. "좌우편 도감 포수 급히 불러 산두노름 기계 새 화복 새 탈 선유 때 대령하라 이천 냥씩 내어주고"에서 좌우편 도감은 나례도감인 의금부가 아니라 놀이패인 산대도감을 가리킨다. 무숙이가 이천 냥씩 줘 산대놀음을 준비하라고 했으니, 돈을 받고 흥행하는 놀이패임을 알 수 있다.[39] 그리고 새 화복과 새 탈을 준비하라는 점으로 보아 산대놀음은 본산대놀이 가면극을 가리키는 것임을 알 수 있다.

그리고 "산두노름 하는 때는 총융청 공인 등대하고"에서 반주를 담당한 악사들은 총융청 공인인 것으로 보인다. 공인은 전문 연주자다. 별산대놀이와 해서탈춤에는 가면극 연희자와 별도로 음악을 담당하는 악사들이 있었다. 그래서 가면극 공연에는 악사를 초청해야만 했다. 양주별산대놀이는 원래 양주 관아의 악공이 반주를 맡았으나, 관아가 없어진 후에는 무속인 집안의 화랭이(무부)들이 반주를 맡았다. 송파산대놀이도 무속인 집안 화랭이들이 반주했다. 봉산탈춤은 원래 관아의 악공이 반주자였으나, 관아가 없어진 후에는 가창리 재인촌 재인이 반주를 맡았다. 강령탈춤은 강천리 재인촌 재인이 반주자였다. 마찬가지로 서울 본산대놀이도 연희자는 반인이었지만 반주 악사는 따로 있었을 가능성이 있는데, 「게우사」에서 산대놀음 악사를 총융청 공인이라고 밝힌 것이다.

총융청은 조선 후기 5군영(五軍營)의 하나로, 인조 2년(1624)에 설치되었다가 고종 21년(1884)에 폐지되었다. 원래 약 이만 명에 이르는 총융청 군사는 경기도 일대 방어를 맡았으나, 1644년 겨울 석 달 동안 도성에 입번해 궁성 숙위의 임무를 가지면서 중앙군의 테두리에 들게 되었다. 숙종 즉위년(1674)에는 총융청 산하 군사의 일부가 궁중이나 도성 안에 있는 병영인 내영(內營)이 되었고, 총융청 본영(本營)은 지금의 자하문 밖에 있었다. 그런데 『총융청사례(摠戎廳事例)』의 첫 항목으로 총융청에 속한 사람들에게 매월 지급하는 급료가 기록된 「장관장교군병원역수료실수(將官將校軍兵員役受料實數)」에 취고수(吹鼓手) 스물여섯 명과 세악수(細樂手) 열세 명이 언급되어 있다. 취고수는 행렬 앞에 서는 악대이고, 세악수는 행렬 뒤에 서는 악대다. 결국 총융청에 급료를 받는 전문 연주자들이 있었던 셈이다. 특히 세악수는 삼현육각으로 별산대놀이와 해서탈춤의 악사들과 악기 구성이 같다. 그러므로 「게우사」에서 산대놀음 악사를 총융청의 공인이라고 지적한 것은 충분히 인정할 만하다.

본산대놀이 계통 가면극의 분포와 지역적 특징

본산대놀이라 할 수 있는 서울 근교의 가면극은 구파발(녹번), 애오개(아현), 사직골 등에 있었다. 송석하는 서울의 본산대놀이에 대해 간단하게나마 여러 군데에서 언급했다.

> (가) 산대 가면은 본래 중국의 고의식(古儀式) 나례(儺禮)에서 변천된 것인데 그것은 고려 때라고 보며, 이조에 입(入)하여서는 나례도감에 예속되어서 녹번리(구파발이라고도 함)에 거주 제한을 하고 중국 사신이 올 때 관람에 공(供)합니다. 그러다가 그것이 폐지되자 아현리로 옮긴 사람도 있어 애오개본산대가 발생했고, 그 후 양주에서 창설하자 그것을 양주별산대라고 부르게 되었습니다.[40]

(나) 개화 후는 구파발은 가면조차 정체 모르는 자에게 빼앗기고, 아현본산대·노량진산대도 망하고 양주별산대만 잔명을 유지하다가 그나마 연전 박람회 때 동대문 외 붕어우물에서 마지막으로 흥행하고 해산했다.[41]

(다) 산대극 계통의 분포 상태는 기내(畿內)에는 본산대(녹번, 아현, 만리현 등 무학현 중심의 것)와 양주의 별산대가 있고, 또 다른 계통으로 퇴계원 기타에 산재한 것이 있고….[42]

(가)에 의하면 본산대놀이 가면극은 녹번리(구파발)에 거주하면서 나례도감에 예속되어 중국 사신 영접 행사에 동원된 연희자들이 전승했는데, 행사가 폐지되자 아현리로 옮긴 사람들이 아현본산대놀이를 성립했다는 내용이다. 즉 녹번리가 중국 사신을 맞는 산대희와 관련이 밀접하고 본산대놀이의 본거지였음을 밝힌 것이다. 그렇다면《봉사도》에 묘사된 산대희 연희자들도 녹번리에 거주하던 연희자일 가능성이 크다. 녹번리에 거주 제한을 했다는 말은 이들이 일반인이 아니고 황해도·평안도의 재인촌, 서울 등지의 백정촌, 성균관 앞의 반촌과 같은 특수촌에 거주하는 천민층이었음을 의미한다.

(나)는 구파발본산대놀이의 가면, 아현본산대, 노량진산대, 양주별산대를 언급한다. (다)는 본산대로 녹번, 아현, 만리현을 제시했다. (가)~(다)를 통해 본산대놀이는 녹번리, 아현(애오개), 노량진, 만리현 등지에서 전승되었음을 알 수 있다.

본산대놀이의 영향 아래 서울과 경기도의 송파산대놀이와 양주별산대놀이, 황해도의 봉산탈춤, 강령탈춤, 은율탈춤, 경상남도의 수영야류, 동래야류, 통영오광대, 고성오광대, 가산오광대, 남사당패의 덧뵈기 등이 생겨났다.[43]

현재 본산대놀이는 전하지 않는다. 학자들은 흔히 애오개, 사직골 등에 있던 원래 산대놀이를 본산대놀이라 부르는데, 이는 양주와 송파 등지의 별산대놀이와 구별하기 위해서다. 양주별산대놀이의 유래에 대해, 1930년대에 양주를 현지 조사한 송석하와 아키바 다카시는 애오개본산대놀이의 영향이라 보았고,[44] 1930년에 필사된 양주별산대놀이 김지연본(金志淵本)의 제보자인 조종순(趙鍾洵, 1929년 당시 62세)은 구파발본산대놀이의 영향 아래 형성되었다고 봤다.[45] 한편 조동일 소장의 양주별산대놀이 대본(1957년본)에서는 사직골 딱딱이패의 영향이라 보기도 한다. 이와 같이 양주별산대놀이의 유래에는 여러 의견이 제기되었지만, 19세기 초중엽에 본산대놀이를 본떠 성립된 것은 틀림없는 사실로 드러난다.

송파산대놀이는 19세기 초중엽에 구파발본산대놀이 등의 영향 아래 성립된 별산대놀이다.

황해도 일대 가면극을 해서탈춤이라 부른다. 해서탈춤은 1930년대까지만 해도 봉산과 사리원을 중심으로 그 동쪽 지대인 기린, 서흥, 평산, 신계, 금천, 수안, 북쪽 지대인 황주, 서쪽 지대인 안악, 은율, 재령, 신천, 송화, 남쪽 지대인 강령, 옹진, 연백, 해주 등지에서 전승되었다. 황해도에서는 오일장이 서는 거의 모든 장터에서 일 년에 한 번 가면극을 초청해 놀았다고 한다. 현재는 월남한 연희자들이 봉산탈춤, 강령탈춤, 은율탈춤을 복원해 전승하고 있다.

경상남도에서 낙동강을 중심으로 동쪽 지역에서 전승된 가면극을 야류(野遊)라 부르고, 서쪽 지역에서 전승된 가면극을 오광대(五廣大)라 부른다. 야류와 오광대의 발생지는 낙동강변인 초계 밤마리(경상남도 합천군 덕곡면 율지리)라고 전한다. 밤마리 시장에서 대광대패라는 유랑예인집단이 여러 공연물 가운데 하나로 가면극을 놀았다. 야류는 들놀음이라고도 부르는데, 동래, 수영, 부산진 등지에서 전승되었다. 오광대는 다섯 광대가 나오기 때문에 또는 다섯 과장으로 구성되기 때문에 오광대라 하는데, 초계, 신반, 통영, 고성, 가산, 마산, 진동, 가락, 거제, 진주, 산청, 학산, 도동, 서구, 남구 등지에서 전승되었다.

조선 후기에 서울 시정에서는 성균관 노비인 반인이 본산대놀이를 공연했다. 특히 애오개와 사직골본산대패는 지방 순회 공연을 자주 다녔는데, 이것이 각 지방의 가면극 형성에 영향을 끼쳤다. 그리고 조선 후기에 남사당패, 대광대패 등 유랑예인집단이 떠돌아다니며 여러 연희를 공연하면서, 흥행을 위해 본산대패의 가면극을 공연 종목 가운데 하나로 삼은 것으로 보인다.

본산대놀이 계통 가면극은 상업이 발달한 곳에서 많이 공연됐다. 야류 지역은 동래를 중심으로 대일 무역의 근거지였고, 오광대 지역은 낙동강과 남해를 이용한 교역로에 자리 잡고 있었다. 산대놀이 지역은 서울 외곽 상업 중심지였고, 해서탈춤 지역은 서울에서 평양을 거쳐 의주로 가는 교통로와 서해안의 상업 지역이었다.

본산대놀이 중 가장 유명한 애오개 산대놀이의 전승지인 애오개는 서울 3대 시장의 하나인 칠패시장과 인접하면서 현방이 있던 곳이다. 노량진에도 본산대놀이가 있었다고 하는데, 노량진은 경강 지역의 나루였다. 별산대놀이의 전승지인 양주와 송파는 18세기경 금난전권(禁難廛權)을 가진 서울의 시전상인(市廛商人)에 대항하는 사상도고(私商都賈)가 서울로 들어가는 물자를 장악하면서 상설 시장을 벌인 곳이다. 양주에서는 일제시대까지 난장을 텄을 때 낮에는 줄타기를, 밤에는 양주별산대놀이를 공연했다.

애오개, 즉 아현동은 구한말까지도 흥행을 위한 공연 장소로 자주 사용된 것으로 보인다.

> [한잡유희(閒雜遊戱)] 서강(西江) 한잡배(閒雜輩)가 아현 등지에서 무동(舞童) 연희장을 설(設)했는데, 관광하는 인(人)이 운집했거늘 경무청(警務廳)에서 순검(巡檢)을 파송하야 금집(禁戢)한즉, 방관하든 병정이 파흥(破興)됨을 분통히 여기어 해순검(該巡檢)을 무수난타(無數亂打)하여 기지사경(幾至死境)한지라. 본청(本廳)에서 기한잡배(其閒雜輩) 기허명(幾許名)을 착치(捉致)하고, 해연희(該演戱) 제구(諸具)를 수입하여 소화(燒火)하였다더라.
>
> —『황성신문』 1899년 4월 3일 기사

기사에 의하면 애오개에서 서강 한잡배들이 무동 연희장을 배설했는데 구경꾼이 구름처럼 몰려들었다고 한다. 애오개에는 현방이 있었고 바로 칠패시장이 접했으므로 본래 사람이 많이 몰리는 곳이다. 공연 흥행에 적격지였다. 상인은 영업을 위해 연희패를 이런 곳에 불러다 공연시켰을 것이다. 마침 박제가(朴齊家: 1750~1805)의 시 「성시전도응령(城市全圖應令)」에서 이런 사실을 확인할 수 있다.

忽若閒行過康莊	거리를 한가로이 지나가노라니
如聞嘖嘖相汝爾	홀연 왁자지껄 떠드는 소리 들리는 듯.
賣買旣訖請設戱	사고팔기 끝나 연희 펼치기를 청하니
伶優之服駭且詭	배우들의 복색이 놀랍고도 괴이하네.

東國撞竿天下無	우리나라 솟대타기 천하에 으뜸이라
步繩倒空縋如蟢	줄을 걷고 공중에 거꾸로 매달린 것이 거미와 같네.
別有傀儡登場手	또다시 인형을 가지고 등장하는 사람이 있으니
勅使東來掌一抵	칙사가 동쪽으로 왔다 하며 손뼉을 한 번 치네.
小猴眞堪嚇婦孺	조그만 원숭이 참으로 아녀자를 놀래줘
受人意旨工拜跪	제 뜻을 채워주면 예쁘게 절하고 무릎 꿇네.

— 『정유집(貞蕤集)』 권3

시 제목에서 보듯이 한양을 그린 〈태평성시도(太平城市圖)〉**145**를 보고 박제가가 명(命)에 의해 지은 것이다. 그런데 그 상황을 마치 직접 시정에 나가 구경한 듯 묘사했다. 주목할 것은 장사가 끝난 다음 배우들이 솟대타기, 줄타기, 인형극, 원숭이 재주 부리기 등 연희를 펼치는 점이다. 내용으로 짐작할 때 연희패가 상인의 상업 활동과 연계해 흥행을 벌인 것으로 보인다.[46] 박제가가 그림만 보고도 앞뒤 문맥을 구체적으로 표현할 수 있었던 것은 평소 이런 모습을 자주 봤기 때문일 것이다.

18세기 무렵에는 황해도와 경상남도 쪽에도 상업 도시가 나타났을 것이다. 황주, 봉산, 마산 등지에서는 전국에서 가장 큰 향시가 열렸고, 물자 대량 교역이 이뤄졌다. 경상남도 합천군 초계에서는 내륙 농산물과 낙동강을 거쳐 들어오는 해산물을 교역하는 난장이 일정 기간 동안 계속 열렸다.

이러한 상업 도시 중 지방 관아가 자리 잡은 곳에서는 상인과 이속의 관계가 밀접했으며, 가면극의 후원자 노릇도 함께 했다. 이속들은 관아나례를 거행할 때 가면극 연희자들을 초청하기도 했다. 시장을 배경으로 전승되던 가면극 후원은 상인이 맡았다. 가면극을 공연하면 사람이 모여들어 교역이 활발해지기 때문이었다. 초계에서는 난장이 설 때마다 상인들이 대광대패에게 돈을 주고 가면극을 공연하게 했다고 한다. 봉산탈춤의 경우, 한창 때는 이삼만 명이 모여 대규모 교역이 이뤄졌다. 농촌 농민은 양반의 묵인 아래 빈약한 경제력으로 소규모 가면극을 공연하는 데 그쳤지만, 이속과 상인은 도시에서 사실상 주인 노릇을 했으므로 양반의 간섭에서 벗어나 가면극을 육성하는 데 필요한 경제력을 동원할 수 있었다.

그래서 산대놀이와 해서탈춤은 신장수나 취발이와 같은 등장인물로 상인의 생활이나 의식을 반영하고 있다.[47]

본산대놀이 계통 가면극의 연희 내용

본산대놀이 계통 가면극은 벽사적 의식무과장, 파계승과장, 양반과장, 영감·할미과장 등 독립적 과장들로 짜인, 소위 옴니버스형 구성 방식이다. 1770년대 본산대놀이를 묘사한 「남성관희자」에 의하면 본산대놀이는 18세기 중후반부터 이미 독립된 여러 내용이 모여 하나의 가면극을 구성했다. 이처럼 본산대놀이 계통 가면극이 서로 다른 내용으로 짜인 것은 산대희로부터 본산대놀이 가면극을 만들 때 (1)문희연 등에서 연행하던 양반 풍자의 우희(優戲)와 유희(儒戲), (2)유득공의 『경도잡지』 성기조와 채색화 〈낙성연도〉를 통해 밝혀진 산희(山戲)에서 연행하던 파계승 풍자의 만석중춤, (3)일상생활에서 흔히 접하던 처첩의 삼각관계를 다룬 영감과 할미 관련 소재 등 기존에 따로 존재하던 내용을 가져와 극으로 만들었기 때문인 듯하다. 그리고 팔먹중춤과장, 연잎·눈끔쩍이과장, 오방신장무과장 등 나례에서 역귀를 쫓던 방식을 활용한 내용도 과장으로 삽입됨에 따라 더욱 다양한 과장을 갖추게 되었다.

145 작자 미상, 〈태평성시도〉, 18세기 후반, 국립중앙박물관. 중앙에 원숭이 두 마리가 장대에 올라가 재주를 부린다. 조선 후기 〈태평성시도〉는 여러 개가 전하는데 박제가는 이런 그림을 보고 〈성시전도응령〉을 읊었을 것이다.

146 양주별산대놀이의 상좌춤과장.
147 봉산탈춤의 상좌춤과장.

본산대놀이 계통 가면극인 해서탈춤, 별산대놀이, 야류와 오광대 등은 각 과장의 구성과 연희 내용, 등장인물, 대사 형식, 극 형식, 가면 유형 등으로 보아 동일 계통임이 드러난다.[48]

본산대놀이 계통 가면극은 벽사 의식무, 양반과장, 파계승과장, 할미과장을 공통적으로 갖고 있다. 벽사 의식무는 흔히 가면극의 첫 과장에 설정된다. 송파산대놀이, 양주별산대놀이, 봉산탈춤 등에는 상좌춤, 강령탈춤과 은율탈춤 등에는 사자춤, 진주오광대와 가산오광대 등에는 오방신장무가 첫 과장에 있다.**146·147** 이 춤들은 가면극을 시작하기 전에 놀이판을 정화하는 의미로 행하는 벽사적인 의식무다. 우리 민족은 어떤 행사를 시작하기 전에 반드시 고사를 지내거나 종교 의식을 거행해, 잡귀를 물리치고 행사를 잘 치르기를 기원했다. 무당이 행하는 굿에서도 첫거리는 항상 부정(不淨)굿인데, 이를 통해 잡귀를 쫓아내고 굿판을 정화한다. 가면극의 첫 과장에 설정된 벽사 의식무는 이런 관습에서 유래한 듯하다.

양반과장은 몇 단락을 반복하면서 양반과 하인 말뚝이의 갈등을 다룬다.**148** 양반과장에서 말뚝이**149·150**는 관중의 전폭적인 지지를 받는다. 가면극의 연희자나 관중은 모두 민중이므로 양반에 반감이 있었고, 따라서 양반놀이로 양반을 조롱한 것이다.

처음에 말뚝이가 놀이판에 나오자마자 양반들은 말뚝이를 불러 "양반을 모시

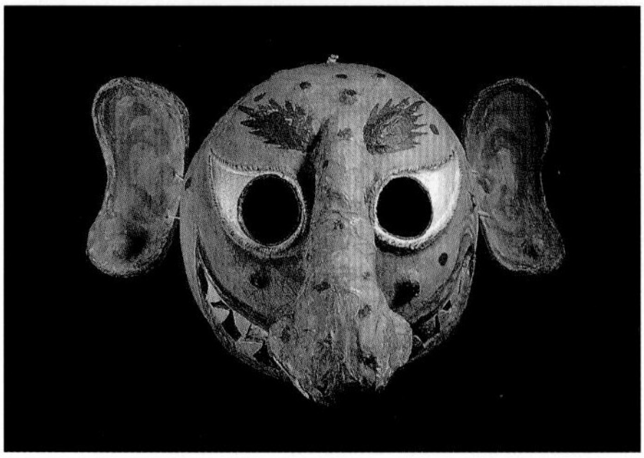

148 봉산탈춤의 양반과장. 말뚝이가 양반 삼형제를 인도해 등장하는 장면.
149 수영야류의 양반과장 중 말뚝이와 양반.
150 동래야류의 말뚝이 가면. 1930년대.

지 않고 어디로 그리 다니느냐"고 꾸짖는다. 그러면 말뚝이가 양반을 찾으러 여러 곳을 두루 다녔다고 얘기하며 변명한다.

말뚝이	네이, 서산 나귀 솔질해 호피 안장 도두 놓아가지고요, 앞 남산 밖 남산 쌍계동 벽계동으로 해서 칠패 팔패 돌모루 동작을 넌짓 건너 남대문 안을 써억 들어서 일간장, 이먹골, 삼청동, 사직골, 오궁터, 육조 앞으로 해서요, 칠관안, 팔각재, 구리개, 십자각, 아이머리 다방골로, 어른머리 감투전골로 해서요, 언청다리를 건너 소경다리를 건너서 배우개 안내거리 써억 나서서 아래위로 치더듬고 내더듬어보니깐두루, 샌님의 새끼라곤 강아지 애들 녀석 하나 없길래 아는 친굴 다시 만나서 물어보니깐 떵꿍하는 데로 갔다 하길래, 여기 와서 발랑발랑 찾아 여기를 오니깐두루, 내 증손자 외아들놈의 샌님을 예 와서 만나봤구려.

— 이두현본, 양주별산대놀이

이는 '말뚝이 노정기(路程記)'라 볼 수 있는 대사로, 본산대놀이 계통 가면극에는 모두 나온다. 말뚝이는 양반에게 복종하는 체하면서 그들을 조롱한다.

양반	양반을 모시지 않고 어디로 그리 다니느냐.
말뚝이	본댁에 가서 마나님과 하고 하고 재독(再讀)으로 했습니다.
양반	이놈 뭐야!
말뚝이	문안을 드리고 드리고 하니까 좆대갱이 하나 줍디다.
양반	이놈 뭐야!
말뚝이	조기 대갱이 하나 줍디다.
양반	조기 대갱이라네.

— 봉산탈춤 양반과장

양반이 말뚝이를 불러 위엄 있게 꾸짖자, 말뚝이가 양반의 본댁으로 가 양반 마나님과 성행위를 두 번 했다며 양반을 조롱한다. 양반이 다시 말뚝이를 꾸짖으며 호령하자, 말뚝이가 말을 바꿔 형식적으로 복종하는 변명을 한다. 이에 양반이 그 변명을 듣고 납득해 안심한다. 이렇듯 양반은 상황 판단도 못하고 일방적으로 만족만 하기에 더욱 우스꽝스러워지고, 풍자의 효과는 심화된다.[49]

양반과장은 인용한 대화 장면을 보듯 '양반의 위엄 과시, 말뚝이의 조롱, 양반의 호령, 말뚝이의 변명'으로 짜인 문답 형식으로 단락을 여러 번 반복하며 진행된다.

말뚝이 여보 새안님, 새안님이 글짜나 읽었다 하오니 자서히 들으시오. 청천백일에 우소 소도 아니요, 탕건의 부자 소도 아니요. 하락의 치자 소도 아니오, 장량의 옥통 소도 아니요, 문안에 적을 소 한 자가 무신 잡니까?

작은 양반 이후후후…. (서로 쳐다보며) 씹소, 씹소?(서로 시시덕거린다)

큰 양반 어라, 야들아, 가만있거라, 보자 그것이 저 사서삼경 뒷장에 보면 둔병 소자 아니냐? 둔병 소자란 여자의 성기니라.

— 가산오광대 양반과장

인용문에서 말뚝이가 "문(門)안에 적을 소(少) 한 자가 무신 잡니까" 하고 고상한 말로 물으면, 작은 양반이 "씹소 씹소?" 하고 대답한다. 여성의 성기를 작은 문이라는 의미로 문안에 적을 소 한자라고 하고, 훈과 음을 '씹 소'라고 해석한 것이다. 말뚝이가 교묘하게 질문을 던져 이런 대답을 얻어낸 것이다. 양반들이 한자를 분해해 수수께끼식으로 즐기던 파자놀이로 말장난의 재미를 즐길 뿐만 아니라, 양반의 문화를 조롱하며 비웃는 점이 주목된다. 양반의 전유물인 문자로 그들을 모욕하는 것이다.

양반에 대한 증오와 풍자는 가면에서도 볼 수 있다.**151~153** 샌님 가면은 본산대놀이를 보고 지은 강이천의 한시 「남성관희자」에서 이미 언청이로 묘사된 바 있는데, 해서탈춤과 별산대놀이에서도 모두 흰색 바탕 얼굴에 쌍언청이 모습이다. 둘째 양반도 대개 언청이 가면인데, 언청이가 한 줄로 표현되었다. 종갓집 도령 가면은 얼굴과 코가 비뚤어졌다. 야류와 오광대에서는 양반 가면이 모양반탈, 홍백탈, 흑탈, 곰보탈 등으로 더욱 추한 모습이다. 이는 양반이 가면처럼 비정상적이며, 특권을 누릴 자격이 없는 존재임을 나타낸다.

별산대놀이와 해서탈춤에서는 파계승과장인 노장과장이 커다란 비중을 차지하고 등장인물도 많다. 노장과장은 먹중과 노장이 티격태격하는 노장춤, 노장과 신장수가 실랑이를 벌이는 신장수춤, 노장과 취발이가 대결하는 취발이춤 등 세 장면으로 구성된다. 특히 양주, 송파 등의 별산대놀이에는 이 밖에도 옴중과장, 연

151 양주별산대놀이의 첫째 양반인 샌님 가면, 1920년대. 쌍언청이 모습이다.
152 봉산탈춤 양반들. 가운데 첫째 양반은 양주별산대놀이 가면과 마찬가지로 쌍언청이다.
153 통영오광대의 양반들. 모두 신체적 결함이 있는 추한 모습이다.

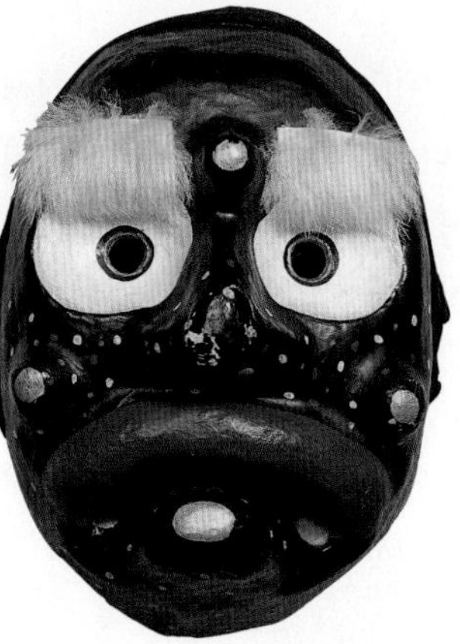

154 봉산탈춤의 노장 가면.

잎과 눈꿈적이과장, 염불놀이과장, 침놀이과장, 애사당 법고놀이과장 등 중이 등장하는 장면이 계속 이어진다. 야류와 오광대에서는 노장과장의 비중이 상대적으로 축소되어 있다.

산대놀이와 해서탈춤의 노장과장에는 노장,154 소무, 먹중, 취발이, 신장수, 원숭이가 등장한다. 노장과장은 노장이 파계하는 내용으로 시작한다. 먹중들이 노장을 놀이판으로 끌고 나와 욕보인다. 먹중들은 노장의 제자지만 본래 풍류를 즐기고 놀기 좋아하는 자들이다. 먹중, 즉 '마음속이 검은 중'이라는 명칭은 그러한 성격 때문에 붙은 것이다.

먹중 1　(노장 쪽을 가리키면서) 저 동편을 바라보니 비가 오실랴는지 날이 흐렸구나.

먹중 2　날이 흐린 것이 아니다. 내가 자서히 들어가보니 옹기장사가 옹기짐을 버트려놨더라.

먹중 3　내가 이자 자서히 들어가본즉 숯장수가 숯짐을 버트려놨드라.

먹중 4　내가 이제 자서히 들어가본즉 날이 흐려서 대명(大蟒, 대망)이가 났더라.

먹중 5　사실이야 대명이 분명하더라.

먹중 6　대명이니 숯짐이니 옹기짐이니 뭐니뭐니 하더니, 그것이 다 그런 게 아니고 뒷절 노시님(노스님)이 분명하더라.

— 봉산탈춤 노장과장

인용문과 같이, 먹중들은 노장의 정체를 반복 확인한다. 먹중들은 자기들이 자세히 살펴본즉 노장이 흐린 날씨, 옹기짐, 숯짐, 대망이(이무기)로 보인다고 한다. 노장은 검고 부정적인 대상으로 비유된다. 노장은 가면부터 시커멓고 의상도 흑회색 칡베 장삼을 입었으니, 검은빛 대상으로 비유되는 것이 당연한 듯도 싶다.

155 양주별산대놀이의 파계승과장에서 노장이 소무 둘을 데리고 노는 장면.
156 봉산탈춤 노장과장에서 취발이가 소무가 낳은 아이에게 글을 가르치는 장면.

그러나 사실은 정체 확인 형식의 극적 전개로, 노장은 겉모습뿐만 아니라 속성도 검고 부정적인 인물로 풍자되는 것이다.

이어서 노장은 먹중이 데려온 소무에게 미혹되어 파계를 한다.[155] 계율과 욕망 사이에서 방황하던 노장이 결국 무너지고 마는 것이다. 노장은 소무를 차지하려고 불교의 상징인 염주를 소무에게 주는 등 온갖 수단을 동원한다. 소무를 차지한 노장은 소무와 어울려 흥겹게 춤을 추고, 신장수를 불러 소무의 신을 사준다. 그리고 신장수를 위협해 쫓아버리고 신값을 떼어먹는다.

이때 취발이가 등장해 노장에게서 소무를 빼앗으려 한다. 노장은 취발이와 격렬한 싸움을 벌인다. 취발이는 술 잘 먹고, 춤 잘 추고, 놀기 좋아할 뿐만 아니라 힘도 천하장사고 돈도 많다. 결국 노장은 취발이에게 패해 쫓겨나고 만다. 취발이는 노장을 힘으로 내쫓고 금전으로 소무를 유혹해 차지한 후 아들을 낳는다.[156] 신체적·경제적·성적인 힘을 가진 취발이를 통해 새 역사의 주인공이 되는 근대적 민중의 전형을 엿볼 수 있다. 그러므로 노장과장은 노장이 지닌 초월적인 관념론의 허무함을 비판하고, 먹중이나 취발이가 지닌 세속적 사고의 중요성을 내세우는 것이다.[50]

양주별산대놀이, 송파산대놀이, 봉산탈춤, 강령탈춤의 취발이 가면, 그리고 은율탈춤의 최괄이 가면은 모두 공통된 모습이다.157~159 얼굴 바탕은 붉은색이고 이마에 굵은 주름이 여러 개 있으며, 한 줄기 긴 머리카락이 이마를 타고 내려와 늘어져 있다.

할미과장은 영감과 할미가 젊은 첩 때문에 싸우는 내용으로, 짜임새가 매우 유기적이다. 영감이 양반으로 설정된 오광대를 제외하면 대부분 영감과 할미는 서민이다. 특히 할미는 대부분 무당으로 나타난다.160 그래서 손에 방울을 들고 다니는가 하면, 무속신이 그려진 부채를 들고 나타나기도 한다.

157 양주별산대놀이의 취발이 가면. 1920년대.
158 봉산탈춤의 취발이 가면.
159 은율탈춤의 최괄이 가면.
160 봉산탈춤의 할미. 무신도가 그려진 부채와 방울을 들어 무당임을 나타낸다.

봉산탈춤의 영감과 할미는 난리통에 헤어져 서로 찾아다니다 오랜만에 만난다. 이들은 살기 위해 이곳저곳을 떠도는 서민의 생활상을 진솔하게 보여준다.

미얄　그건 그렇지들. 영감 나하구 이별한 후에 어찌나 지냈이며 다녔읍나.

영감　할맘하고 나하고 험한 난에 이별해 여기저기 다니면서 고생도 많이 하였네.

미얄　영감 머리에 쓴 것은 무엇입나.

영감　내 머리에 쓴 것, 근본을 좀 들어봐라. 아랫녘을 당도하야 이곳저곳 다니면서 해먹을 것이 있드냐. 때음쟁이(땜쟁이) 통을 사서 걸머지고 다녔드니, 하루는 산대도감을 만나서 산대도감 말이 인왕산 모르는 호랑이 어디 있이며, 산대도감 모르는 땜쟁이가 어디 있드냐. 너도 세금 내여라 하길래 세금이 얼마냐 물었드니, 세금이 하레(하루)에 한 돈 팔 푼이라 하기에, 하아 이 세금 빼건하군. 벌기는 팔 푼 버는데 세금은 한 돈 팔 푼이구나. 한 돈을 보태야갔구나. 그런 세금 난 못 내겠다 하니까, 산대도감이 달려들어 싸움을 해서 의관탈파(衣冠脫破) 당하여 어디 머리에 쓸 것이 있드냐. 마츰 때음쟁이 통 속을 보니 개털가죽이 있드구나. 이놈으로 떡 관을 지여 썼이니, 내가 동지벼슬이다.

미얄　동지 동지 곰 동지 님자가 무슨 벼슬 했나, 에에(운다). (노래조로) 절절 절시구 저놈에 영감에 꼴을 보게. 일백열두 도리 통영갓 대모풍잠은 어데 두고, 인모압산 진주 당공단 뒤막이 인모망건 어데 갖다 내버리고, 개가 죽관이란 말이 웬 말이냐.

— 봉산탈춤 할미과장

이와 같이 영감과 할미는 고생하다 만나지만, 영감이 할미를 박대하자 서로 싸운다. 이때 영감의 첩이 등장하면서 싸움이 격화된다. 결국 영감과 할미의 싸움은 할미와 첩의 싸움으로 발전한다.

미얄　이놈에 영감 하는 소리 보소. (용산 삼개 돌머리집을 가리키며) 저렇게 고흔 년을 얻어 뒀이니게 나를 미워할 수밖에. 이별할라면 저년하고 같

161 봉산탈춤의 할미과장. 할미가 영감에게 맞아 죽은 후에 영감이 뉘우치고, 돌머리집이 옆에 서 있다.

이 이별하고, 미워할랴면 저년하고 같이 미워하지. 어느 년에 보지는 금테두리 했었드냐. (와다닥 돌머리집에 달려들어 때리며) 이년아 이년아 너하고 나하고 무슨 웬수가 졌길래, 저놈에 영감을 환장을 시켜놨나.

영감 (미얄을 때리며) 너 이년아 용산 삼개집이 무슨 죄가 있다고 때리느냐. 야 이년 썩 저리 가라. 구린내 난다.

— 봉산탈춤 할미과장

사태가 이렇게 되자 할미는 영감에게 헤어지겠으니 세간을 나눠달라고 말한다. 영감은 재산을 나누면서 좋은 것은 자기가 갖고, 할미에게는 곡식 안 되는 땅과 숫쥐, 암쥐, 새앙쥐, 헌 짚신, 삿부채, 헌 갓 등 못 쓸 것만 준다. 할미가 세간을 더 달라 하자 영감이 화를 내며 세간을 부수다 사당 동티가 나서 죽은 듯이 쓰러진다. 이때 할미가 "동네방네 키 크고 코 큰 총각 우리 영감 내다 묻고 나하고 같이 살아봅세" 하고 외치면, 영감이 다시 살아나 할미를 때려 죽게 만든다.161 그러

면 무당이 나와 할미의 원통한 한을 풀어주는 진오귀굿을 거행한다.162 야류와 오광대에서는 무당의 굿을 상두꾼의 상여소리로 대신한다.163 할미과장은 할미의 가련한 신세를 통해 여성에 대한 남성의 부당한 횡포를 고발한다.

이상과 같이, 본산대놀이 계통 가면극은 연희 내용에 공통점이 있지만 지역에 따라 특징적인 과장도 있다. 별산대놀이의 연잎과 눈꿈적이과장, 해서탈춤의 사자춤과장, 야류와 오광대의 사자춤과장·영노과장(비비과장)·문둥이춤과장 등이 그런 예다.

162 봉산탈춤의 할미과장 중 할미의 죽음 후에 거행하는 굿.

163 고성오광대의 제밀주놀이에서 할미가 죽은 후에 상여소리를 부르며 상여를 내가는 장면.

본산대놀이에 끼친 우희의 영향

판소리와 마찬가지로 가면극은 많은 대목이 그 자체로 하나의 독립적인 우희다. 이는 본산대놀이가 성립될 때 반인이 내용을 만들면서 우희를 적극 활용한 결과다.

서울에서 18세기 전반기에 본산대놀이를 성립시킨 반인은 나례도감에 동원되던 연희자로 보인다. 그래서인지 현재 전승되는 본산대놀이 계통 가면극에서는 나례의 형식과 내용을 활용한 춤과 가면이 많이 발견된다.[51] 이미 앞에서 본 바와 같이, 조선시대 나례에서는 으레 우희를 했고, 수척들도 우희를 담당했기 때문에 그 후예인 반인도 우희를 연희했을 것이다. 따라서 본산대놀이 형성에는 여러 요인이 작용했을 터이지만 특히 우희의 영향이 컸으리라고 짐작할 수 있다. 양반과장 중 양반의 모습, 대사 구성 등은 특히 우희와 유희의 영향을 직접적으로 보여주는 예다. 우선 우희 중 양반 계층을 풍자한 데 주목해보자.

> 임금이 심기가 불편해 침울함을 참고 있다 명을 내려 창우희를 펼치게 했다. 임금이 조금도 웃음을 보이지 않자 창우가 이에 간청해 이조와 병조의 도목정사놀이를 연행했다. 자리를 마련해 주의(注擬, 급제자에게 벼슬을 선정해주는 것)하는 즈음에 이조판서를 맡은 자가 장부를 들고 병조판서에게 말했다. "대감은 들으시오. 내게는 조카가 있는데 문(文)에도 무(武)에도 쓸 만한 재주가 없소이다. 다만 그 숙부가 이조판서가 되어 조카의 이름 하나를 고쳐주지 못하니 마음이 편안하지 않습니다. 듣자 하니 사산감역(四山監役)에 빈 자리가 있다고 하는데, 대감이 배려해주지 않겠소?" 병조판서가 눈을 껌뻑이며 웃고 대답했다. "그렇게 합시다." 곧이어 병조판서가 장부를 들고 이조판서에게 말했다. "내 셋째 사위가 재주와 인물됨이 대감의 조카와 꼭 같은데, 내 자리와 위치로도 사위의 이름을 고쳐주지 못하니 일이 심히 못마땅합니다. 듣자니 선공감역(繕工監役)에 자리가 있다는데, 대감께서 배려해주시오." 이조판서가 웃으며 말했다. "내가 감히 따르지 않을 수 있겠소." 잠시 후에 망통(望筒)이 내려왔고, 천점(天點)을 갖춰 받았다. 이조판서가 기뻐하며 병조판서에게 말했다. "내 조카와 당신의 사위가 모두 벼슬을 얻게 되었소." 병조판서가 크게 웃으면서 말했다. "말씀 마시오, 말씀 마시오. 서로 손을 바꿔 하

는 일인데 뭐가 어렵겠소, 뭐가 어렵겠소." 임금이 그것으로 인해 크게 웃었다.

— 『지양만록(芝陽漫錄)』

인용문은 양반을 풍자하는 우희의 예다. 우희에 양반을 풍자하는 내용이 많았음을 알 수 있다. 이 '도목정사놀이'는 이조판서와 병조판서가 서로 정실(情實)로써 조카와 사위의 임명을 청탁하는 내용으로, 양반들의 부정을 폭로했다.

우희와 유희에 이미 양반을 풍자하는 내용이 있었으므로 가면극에서 양반과장은 매우 자연스럽게 형성되었다. 전국의 모든 가면극에 양반과장이 반드시 포함되어 있을 뿐만 아니라, 본산대놀이 계통 가면극에서 양반과장이 분량과 내용면에서 비중이 매우 큰 것은 우연이 아니다.

봉산탈춤 양반과장에는 양반이 말뚝이에게 나랏돈을 떼어먹은 취발이를 잡아오라고 명령하는 내용이 있다. 취발이를 잡아온 말뚝이가 양반에게 "샌님 말씀 들으시오. 시대가 금전이면 그만인데, 하필 이놈을 잡아다 죽이면 뭣 하오. 돈이나 몇백 냥 내라고 해 우리끼리 노나 쓰도록 합시다" 하고 말하자, 양반이 그 제안을 받아들인다. 이 양반은 우희의 부패한 관리와 일치하는 것이다.

말뚝이 　양반 나오신다아, 양반이라거니 노론, 소론, 이조, 호조, 옥당을 다 지내고, 삼정승 육판서 다 지낸 퇴로재상으로 계신 양반인 줄 아지 마시요. 개잘량이라는 양 자에 개다리 소반이라는 반 자 쓰는 양반이 나오신단 말이요.

양반 　이놈 뭐야아!

말뚝이 　아아 이 양반 어찌 듣는지 모르겠소. 노론, 소론, 이조, 호조, 옥당을 다 지내고, 삼정승 육판서 다 지내고 퇴로재상으로 계시는 이 생원네 삼 형제분이 나오신다고 그리 했소.

양반 　(합창) 이 생원이라네에.

— 봉산탈춤 양반과장

역시 양반을 조롱하는 내용이다. 처음에는 점잖게 양반을 소개하다 갑자기 개잘량(방석처럼 쓰려고 털 붙은 채로 손질한 개가죽)의 '양'자와 개다리소반의 '반'자를 양반과 연결해 조롱한다. 유희에서 유자(儒者)를 조롱하듯 양반을 조롱하는 것이다.

진한　들어봐라. "지주불폐(知主不吠)허니 군신유의(君臣有義)요, 모색상사(毛色相似)허니 부자유친(父子有親)이요, 일폐중폐(一吠衆吠)허니 붕우유신(朋友有信)이요, 잉후원부(孕後遠夫)허니 부부유별(夫婦有別)이요, 소부적대(小不敵大)허니 장유유서(長幼有序)라."

— 강령탈춤 양반과장

개는 주인을 알아보고 짖지를 않으니, 군신유의요. 개는 어미와 새끼의 털색이 같으니, 부자유친이요. 개는 한 마리가 짖으면 여럿이 함께 짖으니, 붕우유신이요. 개는 새끼를 가진 후에는 수컷을 멀리하니, 부부유별이요. 개는 덩치가 작은 놈은 결코 큰 놈에게 대들지 않으니, 장유유서라. 이와 같이, 진한 양반은 양반들이 중시하던 유교적 덕목인 오륜을 개와 관련지어 설명하면서 오륜을 웃음거리로 만들고 있다.

강령탈춤 양반과장에서는 마한 양반이 진한 양반의 관이 무엇인지를 확인하면서 그를 조롱한다.164

마한　(좀 앞으로 나와서 진한을 보고) 네가 쌍놈이지 내가 쌍놈이냐! 너 허넌 일이 끗끗이 쌍놈이다. 네 머리에 쌘 것만 봐도 쌍놈이 아니냐.

진한　내 머리에 싼 것을 네 뭘로 아너냐?

마한　여보게 게 양이….

진한　양이라니?

마한　양을 몰라?

진한　양자강두양류춘(揚子江頭楊柳春)에 양화수색도강인(楊花愁殺渡江人)이란 양 말이냐?

마한　그 양도 아니다.

진한　남원 옥중에 갇힌 춘향이란 양 말이냐?

마한　그 양도 아니다.

진한　홍문연 잔체시에 검무 허던 항량(項梁)이란 양 말이냐?

마한　그 양도 아니다.

진한　박랑사중(博浪沙中) 모진 철퇴 창해역사(滄海力士) 다시 주어 오중부거(誤中副車)하던 장량(張良) 말이냐?

마한　그 양도 아니다.

진한　그럼 무슨 양이란 말이냐?

마한　네 머리에 쓴 게 개잘량이란 말이다.

진한　이것이 개잘량으로 생각하너냐? 개잘량이 아니다. 용수관이다. 개잘량이라 해도 가이도 오륜이 있다.

— 강령탈춤 양반과장

인용문에서 진한 양반이 머리에 쓴 것의 정체가 개가죽관이라는 사실이 밝혀짐으로써 진한 양반은 웃음거리가 된다. 문답이 반복되는 동안 정작 관을 쓴 진한 양반은 그 관의 정체가 무엇인지 몰라 어리둥절한 모습으로, 진한 양반이 어리석고 허망한 인물임을 폭로하고 풍자했다.

164 강령탈춤의 진한 양반 가면.

이렇듯 강령탈춤의 진한 양반이 개가죽관을 쓰고, 가면극 대부분에서 양반 가면이 신체적으로 결함 있는 추한 모습이며, 의복도 비정상적인 경우가 많다는 점이 유희와 통하는 것은 주목할 만하다. 『성호사설』 유선 권5(하)의 기예문 '이유위희조'의 "다 떨어진 옷과 찢어진 갓을 쓰고 꾸며낸 이야기와 억지웃음으로 온갖 추태를 연출한다"는 기록처럼, 유희에서 연희자는 유자를 조롱하기 위해 비정상적인 모습으로 분장했다. 그런데 가면극의 양반과장에 등장하는 양반도 유희와 마찬가지로 대부분 우스꽝스런 모습인 것이다.

생원 여보게 동생. 우리가 본시 양반이라. 이런 데 가만히 있자니 갑갑도 하네. 우리 글이나 한 수씩 지어서 심심풀이나 하세.

서방님 형님 좋은 말씀이요. 형님이 먼저 지으시오.

생원 그러면 동생이 운자를 하나 부르게.

서방 산 자 영 자외다.

생원 아 그것 어렵다. 여보게 동생, 되고 안 되고 내가 부를 것이니 들어보게. (영시조로) 울룩줄룩 작대산(作大山)하니 황천(黃川) 풍산(豐山)에 동선령(洞仙嶺)이라.

서방 거 형님 잘 지었소. (하며 형제 같이 환소한다.)

생원 동생 한 귀 지어보게.

서방 형님이 운자를 부르시오.

생원 총 자 못 자네.

서방 아 그 운자 벽자(僻字, 흔히 쓰지 않는 낯선 글자)로군. (한참 낑낑대다가) 형님 들어보시요. (영시조로) 집세기 앞총은 헌겁총이요, 나막신 뒷축에 거말못이라.

말뚝이 샌님 저도 한 수 지을 테이니 운자를 하나 불러주시오.

생원 재구삼년(齋狗三年)에 능풍월(能風月)이라드니, 네가 양반집에서 몇 해를 있드니 기특한 말을 다 하는구나. 우리는 두 자씩 불러 지었지마는 너는 단자(單字)로 불러줄게, 한 자씩이나 달고 지어봐라. 운자는 강자다.

말뚝이 (곧, 영시조로) 썩정 바자 구녕에 개대강이요, 헌 바지 구녕에 좆대강이라.

생원 아 그놈 문장이로구나. 운자를 내자마자 지어내는구나. 자알 지었다.

— 봉산탈춤 양반과장

인용문에서 양반은 양반답게 심심할 때 운자를 내 글을 짓는다. 하지만 한자 운자와는 전혀 상관없는 우리말로 지었다. 말뚝이마저 운자 '강' 자로 양반의 문자놀이를 우스꽝스럽게 만든다. 그런데 양반들은 웃음거리가 되는 것을 인식하지 못하고, 오히려 운자를 내자마자 글을 지은 말뚝이를 칭찬한다. 양반 문화 가운데서도 매우 중요한 문자를 이용해 그들을 웃음거리로 만드는 것이다.

이상 가면극의 인용문은 모두 양반이나 유자를 조롱하는 내용이다. 더구나 유가의 오륜과 경서, 문자 등 양반의 문화조차도 조롱 대상이다. 가면극 양반은 대부분 가면과 의복 모두 추하고 이상해서 모습만으로도 조롱거리가 되기 충분하다. 우희에서 연행되는 유희와 가면극의 양반과장은 형식과 내용이 너무나 유사하다.

양반과장 이외에도 노장과장 중 먹중과 취발이의 대사나, 할미과장 중 영감과 할미의 대사에서는 골계적인 재담이 많다. 그중 일부를 살펴보자.

(가) 말뚝이	대부인 마누라가 하란에 비겨 안자 녹의홍상에 칠보를 단장하고 보지가 재 빨개하옵디다.
제양반	이놈 재 빨개라니.
말뚝이	보기 다 재 빨개하단 말이요.
원양반	허면 그렇지. 내가 전에 대국 사신 드르갈 제 홍당목(紅唐木) 아흔아홉 자 샀더니 홍당목 저고리, 홍당목 치마, 홍당목 단속곳 모다 홍당목이라 보기가 모도 재 빨개하단 말이여. 이놈 그래서.

— 동래야류 양반과장

(나) 말뚝이	의막사령(依幕使令), 의막사령아.
쇠뚝이	누 네미할 놈이 남 내근하는데, 의막사령 의막사령 그래?
말뚝이	내근하기는 사람이 백차일 치듯한데 내근을 해?
쇠뚝이	어찌 듣는 말이냐? 아무리 사람이 백차일 치듯 해도 우리 내외(內外) 앉았으니까 내근하지.
말뚝이	옳것다. 내외 앉았으니 내근한단 말이렸다.

— 양주별산대놀이 샌님과장

(다) 먹중 6	노시님이 유유정정화화(柳柳井井花花)했더라.
먹중 7	아 그놈 벽센 말 한 마디 하는구나. 유유정정화화, 유유정정화화

야? 그것 유유정정화화라니, 아! 알었다. 버들버들 우물우물 꼿꼿이 죽었단 말이구나.

— 봉산탈춤 노장과장

(가)에서 말뚝이는 대부인 마누라가 치마, 저고리, 단속곳을 모두 홍색으로 입어 '보기가 모두 빨갛다'는 말을, 고의로 유음어를 사용해 '보지가 재(죄) 빨개하옵디다'라고 함으로써 수양반의 어머니까지도 모욕했다.

(나)에서 쇠뚝이는 내외, 즉 부부가 가까이 앉았다는 뜻으로 내근(內近)이란 말을 썼는데, 말뚝이는 이 말을 직장 안에서 하는 근무라는 내근(內勤)으로 생각했다. 동음이의어로 재담을 벌이는 것이다.

(다)에서 먹중 6은 노장이 죽은 듯이 꼼짝 않는 모습을 '유유정정화화'라고 표현한다. 이는 각각 '버들', '우물', '꽃'을 뜻하는 유(柳), 정(井), 화(花)를 이용한 것으로, 뜻으로 풀면 '버들버들 우물우물 꽃꽃'이 된다. 그래서 먹중 7이 "버들버들 우물우물 꼿꼿이 죽었단 말이구나" 하고 이해한 것이다.

이상 살펴본 바와 같이 가면극의 골계적 재담은 우희의 전통과 일정한 관련이 있는 것으로 나타난다. 이는 나례도감에 동원되던 반인이 이미 우희를 했고, 18세기 전반 본산대놀이가 성립될 때 연희 내용에 우희를 적극 활용한 결과다.

본산대놀이에 끼친 나례의 영향

이미 고려와 조선시대 나례의 전통연희에서 봤듯이 나례에서는 전통연희가 공연되었고 가면이 많이 사용되었다. 그리고 나례에서 연희를 담당한 사람들 가운데 한 부류인 반인이 후대에 본산대놀이를 성립시킨 것으로 나타난다.

다음은 1900년 8월 9일자 『황성신문』의 논설 「희무대타령(戱舞臺打令)」인데, 자신이 본 서울 본산대놀이 내용을 소개했다.

> 오문(吾們)은 산사(山寺)에 납량(納凉)하다가 산대도감의 연희를 우람(偶覽)하매 일투(一套) 골계를 주후(酒後)에 규기(叫奇)하노라. 청산 녹수 경(景) 좋은데, 일쇄동방결도량(一洒東方潔道場)이라. 말장차일설포장(抹杖遮日雪布帳)에 영기

주장사촉롱(令旗朱杖沙燭籠)이라. 일반문무호풍신(一班文武好風神)은 동서열석좌객(東西列席坐客)이오, 영산회상대풍류(靈山會像大風流)는 이원제자육각(梨園弟子六角)이라. 녹음방초승화시(綠陰芳草勝花時)에 일대기괴별인물(一代奇怪別人物)이 찬란금수신의상(燦爛錦繡新衣裳)과 영롱채색진면목(玲瓏彩色眞面目)으로 소상반죽십이절(瀟湘班竹十二節)로 유출유기(逾出逾奇) 차례 춤에 설부화용(雪膚花容) 소무당(小巫堂)과 송납장삼(松納長衫) 노장승(老長僧)이라. 아관박대(峨冠博帶) 생원(生員)이오, 권수돌빈(拳鬚突鬢) 불승(不僧)이라. 이 탈 나와 일장(一場)이오, 저 탈 나와 일장이라. 선희학혜(善戱謔兮) 선무법(善舞法)에 만인이목(萬人耳目) 당연(瞠然)일새. 선학선무(善謔善舞) 범기인(凡幾人)고. 개두환면(改頭換面) 윤회(輪回)로다. 차(此) 탈 피(彼) 탈 돌려 쓰니 이훤동인(異楦同人) 기사(奇事)로다. 예의지방(禮義之邦) 향인나(鄕人儺)는 구제역귀(驅除疫鬼) 성속(盛俗)이오, 기두씨(麒頭氏)는 벽사(辟邪)하고 처용무(處容舞)는 정서(呈瑞)인데, 산대연희(山臺演戱) 절도(絶倒)로다. 여진여퇴(旅進旅退) 구경하쇼.

(현대 철자 표기 필자)

이 기사에서 설명하는 연희 내용은 현존하는 본산대놀이 계통 가면극의 내용과 상당히 일치한다. 앞부분인 "녹음방초승화시에 일대기괴별인물이 찬란금수신의상과 영롱채색진면목으로 소상반죽십이절로 유출유기 차례 춤에"는 봉산탈춤의 팔먹중춤과 유사하다. 봉산탈춤 팔먹중과장에서 팔먹중들이 한 명씩 차례대로 기괴한 가면에 화려한 의상을 입고 나와, 자기들은 원래 산속 절에 있었는데 풍악소리를 듣고 놀고 가려고 나왔다면서 "소상반죽 열두 마디" 등 불림을 외치며 춤추는 장면과 같다. 그러므로 이 기사에서 현재 양주와 송파의 별산대놀이에는 팔먹중과장이 없지만, 원래 본산대놀이에는 봉산탈춤의 팔먹중과장 같은 연희가 있었음을 알 수 있다.

소무당(소무), 노장승(노장), 생원(양반)은 지금도 여러 가면극에 두루 등장한다. "권수돌빈 불승"은 가면의 이마 윗부분부터 꼬인 머리카락 한 줄기가 이마를 타고 내려와 길게 늘어진 모습으로 술에 취해 등장하는 취발이를 가리킨다. 그리고 마지막 부분에서는 "예의지방 향인나는 구제역귀 성속이요, 기두씨는 벽사하고 처용무는 정서인데, 산대연희 절도로다"라며 이 가면극이 민간 나례인 향인나의 성격을 띠고 있음을 밝혔다.

궁중나례나 중국 사신 영접 때 산대희 연희자는 세 부류로 나뉜다. 첫째는 평소 관가에 매여 있던 교방 기녀와 악공이다. 둘째는 평소 각 군 재인청에 속해 있다 산대희가 있을 때면 서울로 올라와 공연한 재인들이다. 셋째는 서울에 살면서 산대도감 또는 나례도감에 동원된 반인이다. 현존하는 본산대놀이 계통 가면극에 나례의 영향이 많이 남아 있는 것은 본산대놀이를 성립시킨 연희자들이 나례에 동원되던 반인이었기 때문이다.[52]

① 나례의 오방귀무, 오방처용무와 가면극의 오방신장무

고려 말 이색의 시 「구나행」은 십이지신과 진자(侲子, 열두 살에서 열여섯 살 사이 아이들을 뽑아 가면을 씌우고 붉은 고습을 입힌다)들이 역귀를 쫓는 의식을 묘사한 전반부(1~14구)와 구나의식이 끝난 후 행하는 잡희를 묘사한 후반부(15~28구)로 나뉜다. 후반부에서 묘사한 각종 연희는 오방귀무, 사자무, 서역의 호인희, 처용무, 불 토해내기, 줄타기, 칼 삼키기, 인형극, 동물 가면희 등이다.

이 가운데 제일 처음 나오는 오방귀무(五方鬼舞)는 중국 나례에도 있다. 송나라 오자목(吳自牧, 1270 전후)의 『몽량록(夢粱錄)』 권6 제야조(除夜條)에 보면, 나례의 구역신(驅疫神)으로 장군, 부사, 판관, 종규, 육정(六丁), 육갑(六甲), 신병(神兵), 조군(竈君), 토지, 문호(門戶), 신위(神尉) 등과 함께 오방귀사(五方鬼使)가 나온다.

중국과 한국 나례에는 모두 오방귀가 보이는데, 특히 「구나행」에서는 각종 잡희를 연행하는 후반부 첫 부분, 첫 구절인 15구에 오방귀무가 나온다. 이 춤은 성현의 『악학궤범』에 나례에서 연행한 것으로 기록된 학·연화대·처용무합설의 오방처용무와 함께, 현존하는 가면극의 오방신장무과장과도 관련된 것으로 보인다. 「구나행」에서는 오방귀무가 잡희 첫 부분에 설정되면서 잡귀를 쫓고 놀이판을 정화하는 성격을 띠고 있다. 오방귀의 의상과 가면은 구체적인 서술이 없어 알 수 없으나, 나례에서 오방처용이 다섯 방위를 상징하는 청, 적, 황, 백, 흑색 의상에 처용 가면을 쓰고 사방 잡귀를 물리치는 춤을 췄다는 『악학궤범』 내용에 비춰볼 때 「구나행」의 오방귀도 다섯 방위를 상징하는 색의 의상과 가면을 썼을 것으로 추정된다.

165 가산오광대의 오방신장무.

오방신장무**165**는 진주오광대, 마산오광대, 가산오광대 등에서 가면극 첫 과장으로 설정되었고, 동, 남, 중앙, 서, 북 다섯 방위를 맡은 다섯 신장이 각 방위를 나타내는 청, 적, 황, 백, 흑색 가면과 의상을 입고 춤을 추면서 사방 잡귀를 쫓고 놀이판을 정화하는 의식무의 성격을 띠었다.

가면극의 오방신장무는 고려 말 나례에서 연행되던 오방귀무, 조선시대 나례에서 연행되던 오방처용무와 성격이나 기능, 의상 등에서 매우 관련이 깊다. 그러므로 가면극의 오방신장무는 나례의 오방귀무와 오방처용무의 영향 아래 형성되었을 것이다.[53]

② 나례의 사자춤과 가면극의 사자춤

사자춤은 중국과 한국 나례에서 모두 발견된다. 명나라 고경성(顧景星: 1621~1687)의 『기주지(蘄州志)』와 『백모당집(白茅堂集)』「향나시(鄉儺詩)」에 나례에서 사자춤이 연행되었다는 내용이 보인다.

초나라 풍속은 귀신을 숭상하는데 나(儺)에서 더욱 심하다. 기주에는 일흔두 집이 있는데… 조금 뒤에 두 만노(蠻奴, 사자를 인도하는 오랑캐 역할)가 고삐를 잡고 어슬렁거리면, 큰 사자가 머리와 꼬리를 흔들면서 뛰어나온다. 만노가 "사자는 어디에서 오는 겁니까" 하고 묻자 한 사람이 대답하기를 "량저우(涼州)에서 왔습니다"라며 함께 서쪽을 향해 울면서 고향 땅을 그리워한다. 노래와 춤이 끝나면 신을 전송하며 북과 악기를 연주한다.[54]

가짜 사자가 서량무를 추는데
길고 꾸불꾸불한 털짐승을 만노가 모네.
서량파(西涼破)가 들리자마자
서쪽 향해 슬퍼하며 흐느끼네.[55]

두 인용문으로 당나라 때 「서량기」 속 사자춤이 그대로 나례에 전승되었음을 볼 수 있다.

당나라 사자춤에는 벽사진경(辟邪進慶)의 의미가 뚜렷했다. 이러한 의미에서 사자춤이 민간과 궁중, 군대에서 많이 행해졌는데, 특히 허시저우랑(河西走廊)과 서역 사람들이 많이 즐겼고, 변방을 지키는 병사들 사이에서도 대단히 유행했다. 그런가 하면 산둥 지방에서는 사람이 죽어 운구할 때 사자춤을 춘다. 안후이에서는 병자가 있는 마을에 들어가 사자춤을 춤으로써 악귀를 몰아내기도 하는데, 이는 사자춤과 나희가 같은 뜻을 지녔다는 증거다.[56]

현존하는 가면극 가운데 사자춤은 봉산탈춤, 강령탈춤, 은율탈춤, 수영야류, 통영오광대, 북청사자놀이, 하회별신굿탈놀이 등에서 발견된다. 이 사자춤이 대부분 벽사적인 성격을 보이므로 나례와의 관련성을 엿볼 수 있다. 그중에서도 함경남도 북청 지방의 사자놀이가 나례의 사자춤과 가장 흡사하다. 중국 「서량기」나 나례 계통 사자춤이 극적인 요소가 두드러진 가면무희(假面舞戲)라는 점을 고려할 때, 북청사자놀이의 사자춤은 잡극이나 나례의 사자춤과 가장 유사한 것으로 보인다.

북청사자놀이는 극적인 요소가 풍부할 뿐만 아니라, 나례의 매귀(埋鬼) 행사와

166 북청사자놀이에서 사자가 집 안을 돌아다니는 장면.

동일한 면도 있다. 사자놀이패는 정월 4일부터 14일까지 가가호호 방문해 나례의 매귀, 즉 지신밟기와 유사한 의식을 거행했다.166

북청사자놀이는 정월 보름을 기해 거행되는 민속놀이와 마찬가지로 벽사진경을 목적으로 거행되었다. 백수(百獸)의 왕인 사자가 등장하는 것만으로도 벽사 기능을 하지만, 특히 사자가 방울을 울리면서 집집마다 방문해 구석구석 잡귀를 쫓는 모습이 나례의 매귀 행사와 완전히 일치한다. 북청사자놀이의 사자 머리에는 큰 방울이 많이 달려 있는데, 소리가 매우 크기 때문에 아이들이 놀랄 정도였다고 한다. 방울 소리로 잡귀를 쫓는 것이다.

한국의 궁중나례에서도 궁궐 구석구석을 다니면서 잡귀를 쫓는 구나의식이 거행되었고, 관아나례와 민간 나례에서는 이 행사를 매귀라 불렀다. 그리고 정초에 풍물패가 가가호호 방문해 마루[成造神], 안방[祖上神], 부엌[竈王神], 마당[土地神], 변소[厠神], 대문[門神], 우물[井神] 신에게 기원하고 잡귀를 쫓아내는 것을 매구, 매귀, 지신밟기라 부르는데, 이것도 나례의 유풍임이 밝혀졌다.[57] 그러므로 북청사자놀이에서 매귀 행사를 거행한 사실은 사자춤이 나례의 영향임을 입증하는 것이다.

③ 나례의 소매와 가면극의 소무, 소매각시

성현의 『용재총화』는 조선 전기에 궁궐에서 거행한 나례를 소개하는데, 이 나례는 『고려사』에 소개된 고려시대 궁중나례와 차이가 상당하다. 우선 방상시와 십이지신 이외에 판관, 조왕신, 소매 등 새로운 배역이 등장한다는 차이가 있다. 이 중 소매는 본래 당나라 중엽 이후 중국 나례에서 방상시를 대신해 구나의식의 중심 역할을 맡던 종규의 여동생이었다. 송나라 나례에도 종규와 함께 소매가 등장한다. 즉 중국과 조선시대 나례에 모두 소매가 등장하는 것이다. 한국에서는 소매를 '小妹' 또는 '小梅' 두 가지로 표기했다.

또 유득공의 『경도잡지』 권1 성기조의 "연극에는 산희(山戲)와 야희(野戲) 두 부류가 있는데 나례도감에 소속된다. 산희는 다락을 매고 포장을 치고 하는데, 사자, 호랑이, 만석중 등이 춤을 춘다. 야희는 당녀(唐女)와 소매(小梅)로 분장하고 논다"[58]는 내용에서 소매가 나례도감의 연극에 속하는 야희의 등장인물이었음을 알 수 있다. 야외놀이화한 연극적 놀이에 당녀와 소매가 등장하는 것이다. 양주별산대놀이에도 왜장녀와 소무(소매)가 등장하므로, 이 야희가 가면극과 관련 깊음을 짐작할 수 있다. 이미 김학주는 『경도잡지』의 야희에 나오는 소매를 가면극의 소무(소매)로 간주하고, 이는 중국과 한국 나례에 등장하는 소매(小妹)에서 온 것이라고 지적했다.[59]

가면극의 소무를 나례의 소매에서 유래한 인물로 보는 것은 타당해 보인다. 우선 소무라는 이름이 소매의 와전이라는 점에서 그러하다. '소무'는 1920년대 후반에 학자들이 가면극을 조사하는 과정에서 '소매'를 무당으로 오인해 '소무(小巫)' 또는 '소무당(小巫堂)'으로 표기한 데서 비롯되었다. 1928년 여름 강릉단오제를 조사한 일본의 아키바 다카시(秋葉隆)는 1930년 집필한 논문 「강릉단오제(江陵端午祭)」에서 강릉관노가면극 가운데 양반 광대의 상대역 여성을 '少巫閣氏(somai-kak,'i)'라고 표기했다.[60] 한자로는 '少巫'라고 썼지만 발음은 분명히 '소매'

라고 표기했다. 소매각시를 무당이라고 생각했기 때문에, 발음이 '소매'임에도 표기는 '少巫'라 한 것으로 보인다. 이러한 현상은 민속학자 임석재의 회고담에서도 똑같이 볼 수 있다. 경복궁에서 박람회가 개최된 1929년 9월, 당시 경성제국대학 학생이었던 그는 같은 대학 사회학 교수로 있던 아키바 다카시가 경복궁에서 가면극 공연이 있으니 와 보라고 연락해 양주별산대놀이를 구경했는데, 얼마 후 그의 요청으로 양주별산대놀이 연희자인 조종순(趙鍾洵)으로부터 대사를 채록하게 되었다고 한다. 임석재는 회고담에서 "소무는 무당 후보쯤 되는 어린 무당이라 생각해 썼는데, 후에 다른 기록들을 보니까 소매각시라는 술집 여자를 지칭하는 말이 있어서 소무보다는 소매가 훨씬 맞는 말인 것 같다. 나는 이러한 나의 잘못된 점을 그동안 기회 있을 때마다 얘기했으나, 후학들이 좀처럼 고치지 않고 고수하는 것 같아 안타깝다"고 증언했다.[61] 그러므로 1928년 여름에 이미 강릉단오제를 조사한 아키바 다카시가 이듬해 겨울 임석재와 함께 양주별산대놀이를 조사하고 대사를 채록하면서 '소무'라는 명칭에 대해 의견을 조정했을 것으로 추정된다. 그래서 1930년 아키바 다카시는 「강릉단오제」라는 논문을 집필하면서 발음이 '소매'임에도 '소무'라 표기한 것으로 볼 수 있다.

그러면 이제 예전 기록에서는 노장의 상대역 여성을 어떻게 표기했는지 살펴보자. 이미 지적한 바와 같이 유득공의 『경도잡지』에는 당녀와 함께 소매가 나오는데, 소매가 옛날 미인의 이름이라는 설명이 보인다. 또 강이천의 「남성관희자」에도 노장의 상대역으로 소매가 등장한다. 1872년에 정현석이 엮은 『교방가요(敎坊歌謠)』에는 열네 가지 춤 가운데 승무(僧舞)가 있는데, 가면극의 노장과장과 내용이 흡사하다. 이 춤에서는 노장의 상대역을 '소기(少妓)' 즉 어린 기생으로 표기했다. 가면극에서 노장의 상대역도 노장을 유혹하는 젊은 여성이기 때문에 무당 또는 무당 후보쯤 되는 여자를 의미하는 소무나 소무당으로 부르는 것은 적절하지 못함을 알 수 있다.**167** 더욱이 조선총독부에서 1931년 간행한 『생활상태조사(生活狀態調査)』에서도 강릉관노가면극 가운데 양반 광대의 상대역을 한글로 분명하게 '소매각시'라고 기록했다.[62] 그리고 1960년대에 임동권이 강릉관노가면극을 조사할 당시 제보자였던 김동하, 차형원 옹 역시 한결같이 양반 광대의 상대역을 소매각시라고 증언했다.[63] 비록 1900년 8월 9일자 『황성신문』 기사에서 서울

167 봉산탈춤의 소무. 무당 모습이 아니다.
168 취발이가 버드나무 가지로 노장을 때려 쫓아내는 장면. 취발이 무릎에 방울이 달렸다.

본산대놀이의 내용을 소개하며 "설부화용(雪膚花容) 소무당(小巫堂)과 송납장삼(松納長衫) 노장승(老長僧)이라"고 한 것처럼 소무당이라고 한 경우도 있지만 대부분의 기록에서는 소매로 나타난다.

그러므로 가면극의 '소무'는 그동안 연구 초기에 대본을 채록하는 과정에서 착오로 생긴 용어로, 가면극의 '소무'나 '소매각시'는 나례의 '소매'에서 유래한 인물임을 알 수 있다.

④ 나례의 처용, 역신과 가면극의 취발이, 노장

나례의 구나 형식과 취발이와 노장의 관계도 서로 관련이 있다. 노장은 가면부터 시커멓고 음흉하다. 봉산탈춤에서는 노장을 흐린 날씨, 옹기짐, 숯짐, 대망이(이무기) 등 검고 부정적인 대상으로 비유한다. 이는 노장을 물리쳐야 할 사회적 재앙으로 간주하는 것이다. 그러므로 취발이가 노장을 쫓아내는 극 형식은 나례에서 나자(儺者, 역귀 쫓는 역할)가 귀신을 쫓는 구나 형식과 대응된다.

원래 나례의 구나의식은 자연 재앙인 역귀를 쫓는 의식이었지만 연극으로 전환되면서 민중에게 사회적 재앙으로 간주되는 노장, 양반, 먹중을 쫓아내는 형식으로 형성되었다.

취발이는 붉은 가면에 술 취한 모습으로, 버드나무 가지를 꺾어 머리 위로 치켜들고 등장한다. 이는 고려 말 이색이 「구나행」에서 처용무에 대해 "신라의 처용은 칠보 장식을 했는데, 머리 위 꽃가지에선 향기로운 이슬 떨어지네. 긴 소매 이리저리 흔들며 태평무를 추는데, 불그레히 취한 얼굴은 아직도 다 깨지 않은 듯"이라고 한 것과 매우 유사하다. 붉은색은 귀신을 쫓는 색으로 여겨졌다. 고려 말 나례에서 처용이 붉은 가면을 쓰고 벽사 성격을 띤 복숭아나무 가지를 머리에 꽂고 나와 역신을 쫓는 모습[64]이나, 취발이가 붉은 가면을 쓰고 역시 벽사할 수 있는 푸른 버드나무 가지로 노장을 쫓아내는 모습[65]이 통하는 것이다. 취발이가 다리에 방울을 매달고 나오는 것도 방울 소리로 역귀를 쫓아내려는 사고의 반영으로 보인다.**168**

이상과 같이 고려 말 나례에 보이는 처용과 역신의 성격과 구나 형식 및 처용의 벽사적인 붉은 가면과 소도구(복숭아나무 가지)는 취발이와 노장의 성격과 극 형식 및 취발이의 벽사적인 붉은 가면과 소도구(버드나무 가지)에 그대로 대응된다.

⑤ 나례에서 대면과 귀신의 관계와 가면극에서 말뚝이와 양반의 관계

『삼국사기』에 수록된 최치원의 「향악잡영 5수」 중 시 「대면」에 나오는 구나 형식은 가면극 양반과장에서 말뚝이와 양반의 극 형식과 유사하다. 이 시에 나례라는 말은 없으나 가면을 쓰고 귀신을 다스리는 내용이므로 나례의 일종이거나 나례의 영향을 받은 것으로 볼 수 있다. 신라시대의 귀와(鬼瓦)나 처용 설화, 김유신 장군 묘 주위에 조각한 십이지신상 등으로 볼 때 신라시대에 이미 나례나 나례에 해당하는 '귀신 쫓기 행사'가 있었을 것이다.[66]

「대면」에서는 가면을 쓴 인물이 채찍을 들고 등장해 귀신을 쫓는, 또는 귀신을 부리는 동작을 한다. 나례에서는 십이지신이 가면을 쓰고 채찍을 들고 역귀를 쫓는다. 여기에 한국 가면극 대부분에 등장하는 말뚝이가 왜 채찍을 드는가 하는 의

문을 해결할 실마리가 있다. 야류와 오광대 가면극에 등장하는 말뚝이 가면이 유난히 크다는 점도 말뚝이를 대면과 연결해 이해하는 근거다.

「대면」의 등장인물과 나례 십이지신의 구나 형식은 가면극의 양반과장에서 말뚝이가 양반을 함부로 다루다 쫓아내는 극 형식과 통한다. 민중 입장에서 보면 가면극 양반들은 부정적이고 적대적인 대상이며 사회적 재앙으로 간주되므로 역귀와 같은 존재다. 그래서 가면극에서 양반은 쌍언청이, 째기(한쪽 다리와 팔을 잘 못 쓰는 반신불수, 서흥탈춤), 비뚜루미탈(비뚤어진 얼굴, 통영오광대), 홍백가(얼굴 반쪽은 홍색이고 반쪽은 흰색, 통영오광대), 손님탈(곰보, 통영오광대), 흑탈(검은 가면, 통영오광대) 등 한결같이 추한 모습이다. 이들은 부정적이고 적대적이며 혐오 대상이기 때문에 가면극에서 쫓아내야 할 인물로 나타난다. 그래서 가산오광대에서는 말뚝이가 "옛끼놈, 돼지새끼들" 하면서 채찍으로 양반의 얼굴을 후려갈기고, "두우두우" 하고 돼지 모는 시늉을 하면서 양반들을 몬다. 야류와 오광대에서는 영노라는 상상의 동물이 나타나 양반의 권위와 체통을 무너뜨리는 대화를 주고받다 양반을 잡아먹는다. 이러한 내용에 유의하면 대면과 귀신의 관계가 바로 가면극에서 말뚝이와 양반의 관계와 대응된다는 점을 인정할 수 있을 것이다.

⑥ 나례의 구나 형식과 팔먹중춤의 극적 형식

봉산탈춤의 팔먹중은 가면이 귀면(鬼面)이어서 다른 가면과 크게 차이를 보인다.169 그리고 먹중 여덟 명이 한 명씩 차례로 등장했다 퇴장하는 형식에서 나례의 구나 형식과 대응되는 모습을 살펴볼 수 있다. 오늘날 연행되는 팔먹중 과장에서는 둘째 먹중부터 여덟째 먹중까지 계속 놀이판에 등장해 먼저 나온 먹중 얼굴을 한삼으로 때려 쫓는다. 그러면 먼저 나온 먹중이 쫓겨 놀이판을 나간다. 원래는 복숭아나무 가지나 버드나무 가지로 다른 먹중을 때렸다고 한다. 복숭아나무나 버드나무 가지는 벽사 기능을

169 봉산탈춤의 먹중, 1930년대.

한다고 여겨졌다. 뒤에 나온 먹중이 앞서 나온 먹중을 나뭇가지로 때려 쫓는 식으로 반복되는 이 동작은 곧 귀신을 쫓는 동작으로 볼 수 있다.[67] 그리고 첫째 먹중이 다리에 방울을 다는 것도 귀신을 쫓아내려는 사고의 반영이다.

⑦ 나례의 구나 가면과 가면극의 연잎과 눈꿈적이 가면

1930년에 경성제국대학 조선어문연구실에서 조사하고 김지연이 필사한 『산대도감극각본』은 양주별산대놀이 대본이다. 이 대본에서 고사를 지내는 장면에 "연잎과 눈꿈적이가 중요한 자이기 때문에 가운데 둔다"는 설명이 보인다. 그리고 연잎은 '천살성(天殺星)', 눈꿈적이는 '지살성(地殺星)'이라 적어놓았다.

가면극의 연잎과 눈꿈적이과장에서 연잎은 앞에서 부채로 얼굴을 가리고, 눈꿈적이는 그 뒤에서 장삼으로 얼굴을 가리고 등장한다.**170** 연잎은 하늘만 쳐다보고 춤을 추며, 눈꿈적이는 땅만 내려다보고 춤춘다. 상좌들이 차례로 곱사위춤을 추고 연잎 앞에 가 쳐다볼 때, 연잎이 부채를 떼면 상좌들이 놀라 들어간다. 이때 옴이 "아따 그 자식들 무엇을 가 보고 그렇게 기절경풍을 하느냐?" 하고 큰소리치면서 눈꿈적이가 얼굴을 가린 것을 벗기면, 눈꿈적이가 눈을 꿈적꿈적하며 옴을 쫓아버린다. 눈꿈적이 가면은 눈동자에 쇳조각을 달아 눈을 꿈적이도록 제작되었다.**171**

170 양주별산대놀이의 연잎.
171 본산대놀이의 눈꿈적이 가면, 1930년대, 서울대 박물관 소장.

양주별산대놀이에서 상좌와 옴은 타락한 중으로 부정적 인물이다. 옴은 마마에 걸린 중으로 표현되는데, 이는 역귀에 해당한다. 옴중을 눈꿈적이가 눈을 꿈적꿈적해 쫓아내는 모습은 나례에서 역귀를 쫓는 구나의 주인공 방상시 가면을 연상시킨다. 연잎과 눈꿈적이도 양주별산대놀이에서 중요한 배역이기 때문에 고사를 지낼 때 가운데 두며, 그 춤이 역귀를 구축하는 모습이므로 이 가면들이 나례 구나의식의 영향 아래 형성된 것을 알 수 있다. 나례 연희자들이 후대에 가면극을 놀면서 방상시 가면 같은 구나 가면을 변형해 연잎과 눈꿈적이 가면을 만들어낸 것으로 보인다.[68]

특히 연잎과 눈꿈쩍이는 머리 부분을 연잎 모양으로 만든 가면을 써 연잎이라는 명칭이 생겼다. 그런데 처용무의 무동도 머리에 연꽃과 연잎 모양으로 된 가면 동연화관(銅蓮花冠)을 착용해 눈길을 끈다.

조선 전기 나례에서 오방처용무가 연행되었는데, 『악학궤범』9 무동관복도설(舞童冠服圖說)에 동연화관(銅蓮花冠) 그림과 함께 다음과 같은 설명이 보인다.172

172 『악학궤범』 무동관복도설조의 동연화관.

동연화관(가면을 첨부한다. 관처용觀處容에 쓴다) 이 관은 구리로 얇게 만들되 위는 연꽃을 엎어놓은 모양으로 하고, 아래는 연잎을 드리운 모양으로 하며, 가면은 옻칠한 베로 껍데기를 만드는데, 모두 채색한다.[69]

관처용은 구리 연화관을 붙인 가면을 착용하고 명칭으로 보아 처용무와 관련 있는 듯한데, 구체적으로 무엇을 의미하는지 의문이 생긴다. 『악학궤범』의 학·연화대·처용무합설조에는 관처용이라는 무동이 보이지 않기 때문이다. 그런데 마침 성현의 『용재총화』 권 1의 처용지희(處容之戱)에 무동관복의 관처용이 어떤 존재인지 짐작하게 하는 내용이 있다.

> 처음에 승도(僧徒)가 불공하는 것을 모방하여 기생들이 영산회상불보살을 제창하고, 외정(外庭)에서 돌아 들어오면 영인(伶人)들이 각각 악기를 잡는데, 쌍학인(雙鶴人)·오처용(五處容)·가면 10인(假面十人)이 모두 따라가면서 느리게 세 번 노래하고, 자리에 들어가 소리를 점점 돋우다가 큰북을 두드리고 영인과 기생이 한참 동안 몸을 흔들며 발을 움직이다가 멈추면, 이때 연화대놀이(蓮花臺戱)를 한다.[70]

인용문은 조선 전기의 오방처용무를 설명하는 대목인데, 학 가면을 쓰고 학으로 분장한 두 명, 처용 가면 다섯 명, 그리고 가면 열 명이 있다. 이 가면 열 명이 바로 '관처용'이라 표기된 무동으로 보인다.[71] 결국 조선 전기 오방처용무에서는 처용 다섯 이외에 무동 열 명이 가면을 썼는데, 이 무동 가면은 가면극의 연잎 가면과 매우 흡사한 것이다.

연꽃은 불교에서 오랜 수행 끝에 번뇌의 바다에서 벗어나 깨달음에 이른 수행자에 비유되고, 빛의 상징이자 생명의 근원인 연꽃 하나하나에 부처가 탄생한다는 무한 창조 관념을 담고 있다. 『무량수경(無量壽經)』에서는 연꽃을 정토에 생명을 탄생시키는 화생(化生)의 근원으로 설명한다. 부처의 세계에 태어나고자 하는 세 부류 중 상배자(上輩者)는 부처님을 따라 극락의 칠보 연화 가운데 화생하며, 신통 자재(自在)로운 존재가 된다.[72]

오방처용무의 반주 음악과 노래 가사는 〈영산회상〉, 〈영산회상불보살〉, 〈미타찬〉, 〈본사찬〉, 〈관음찬〉 등 불교 음악이다. 그러므로 처용무에서 연잎 모양의 동연화관을 쓰는 무동 가면은 불교적 배경 아래 형성된 것임을 알 수 있다. 무동 가면은 이와 함께 처용무가 연행되는 나례의 성격도 갖고 있다는 점에 주목하자. 이는 가면극의 연잎 가면이 오랜 수행 끝에 번뇌에서 벗어나 깨달음에 이른 수행자의 모습이고, 부처의 세계에 태어날 신통 자재로운 존재를 비유하며, 파계승인 상좌를 물리치는 역할을 하는 점과 매우 유사하다. 따라서 가면극의 연잎 가면은 오방처용무의 무동가면과 밀접한 관련 아래 성립된 것으로 추정된다.

본산대놀이에 끼친 북방 문화의 영향

한국에서 산악·백희 계통 연희를 놀던 사람들은 세습무계 재인, 수척 등 북방 민족의 후예, 서역 계통 연희자, 재승 계통 연희자 등이었다. 이 중 성균관 노비인 반인에 의해 서울의 산대놀이가 성립된 것은 이미 살펴본 바 있다. 반인은 나례도감 소속으로 나례에 동원되었기 때문에 본산대놀이에도 나례의 영향이 많이 남았다.[73] 또 본산대놀이는 동몽골을 포함하는 북방 민족의 후예로 간주되는 반인에 의해 전승되었기 때문에, 본산대놀이에는 몽골 등 북방 문화의 영향도 남아 있다.

일찍이 1930년대에 일본 역사학자 아유카이 후사노신(鮎貝房之進: 1864~1946)은 광대가 고려 고종 무렵 몽고에서 들어와 오로지 가면희를 연행하던 창우의 이름이었고, 고려 현판 중 목찰(木札)에 써서 꽂은 것에 완보(完甫)라고 쓴 것이 있는데, 완(完)과 완안(完顔) 성씨는 본래 한국에는 없고 중국 금나라와 원나라에 많았기 때문에 몽고 광대의 성씨가 오늘날에 전해진 것으로 추정된다며 한국 가면극과 몽골 문화가 깊이 관련 있음을 밝혔다.[74]

필자는 우선 탈, 탈박, 탈바가지, 완보 같은 용어가 몽골어라는 점에 주목한다.[75] 한국 가면극에 끼친 북방 문화의 영향을 구체적으로 살펴보자.

① 몽골어 차용

그동안 '탈'은 가면을 가리키는 우리말로 간주되었다. 그러나 몽골어 특히 고대 몽골어에서 '탈'은 얼굴을 가리키는 말이었다. 몽골어 '탈(tal)'은 '한쪽 면'이란 의미와 함께 '생김새(feature)'란 의미다.[76] 머리의 앞면인 얼굴이 머리 앞면과 뒷면 중 '한 면'이기 때문에 '탈'을 얼굴의 의미로 사용할 수 있다.

이 밖에도 고대 몽골어에서 '탈'이 얼굴의 의미로 쓰인 흔적이 현대어에 남아 있다. 현대 몽골어에서 '체면을 세우다'의 체면이나 면목을 '누르탈'이라고 하는데, 이는 '누르'와 '탈'의 합성어다. '누르(nuur)'는 현대 몽골어에서 얼굴이라는 뜻이다. 그런데 몽골어에서는 합성어를 만들 때 의미를 확실히 하기 위해 동의어를 중첩하는 규칙이 있다. 그러므로 '누르탈'에서 '누르'가 얼굴이라면 당연히 '탈'도

173 양주별산대놀이의 완보. 머리에 관을 써 신분 높은 중을 나타낸다.

얼굴이 된다.

한글학회의 『우리말큰사전』에서는 '탈박'을 '탈바가지'의 준말로 봤다. 그러나 탈박과 탈바가지에서 '박'과 '바가지'는 각각 몽골어로 가면과 도구라는 뜻이다. 이는 몽골에서 지금도 쓰는 말이다. 티베트와 몽골의 라마교 사원에서 거행되는 가면극 '참'의 가면은 '참박'이라 불린다. 그러니까 탈박은 얼굴 가면이란 뜻이고, 탈바가지는 얼굴을 가리는 도구, 즉 가면이라는 뜻이다. 따라서 탈박은 단순히 탈바가지의 준말이 아니다. 또 '탈바가지'라는 말에 대해서는 바가지로도 탈을 만들었기 때문에 생긴 용어로 생각하기도 했다. 그러나 나무로 만든 탈은 '나무탈', 종이로 만든 탈은 '종이탈'이라 부르는 용례를 생각해보면, 이러한 방식은 우리 언어 관습과 부합하지 않는다. '탈나무', '탈종이'라는 말은 없다. 그렇다면 바가지로 만든 탈도 '바가지탈'이지 탈바가지가 아닌 것이다. 그러므로 탈박의 '박'과 탈바가지의 '바가지'는 식물 '박(匏)'이나 '바가지'와는 관계가 없다.

한편 '완보'는 양주별산대놀이에 등장하는 팔먹중 가운데 하나다.**173** 양주별산대놀이에서는 상좌 둘, 먹중 넷, 옴, 완보를 합쳐 팔먹중이라 부른다. 이 중 완보는 머리에 관을 써 '관 쓴 중'이라고도 불리는데, 관은 높은 신분을 상징한다. 따라서 놀이패 중에서 가장 연장자가 이 역을 맡았다. 완보는 팔먹중 가운데 우두머리 중이고, 팔먹중 가운데 가장 유식한 중이다.[77] 대개 절에서는 가장 신분 높고 연장자이자 우두머리이며 유식한 승려가 주지가 된다. 현재 몽골 라마교 사원에서는 주지승을 환바(Qanba)라 부른다. 이 말의 고대어는 '환보(Qanbo)'다. 몽골어에서 'Q'는 'ㅋ'과 'ㅎ'의 중간음으로 'ㅎ'에 가깝다. 몽골어에서 'ㅎ' 발음은 흔히 생략되므로 환보는 바로 완보와 통한다. 그러므로 완보라는 명칭이 몽골인 광대의 이름에서 유래했을 것이라는 아유카이 후사노신의 추측도 허황한 것이 아님을 알 수 있다. 비록 완보가 몽골 광대 이름은 아니지만, 완보의 역할에 가장 적당한 의미를 고대 몽골어에서 발견할 수 있다.

이상과 같이 몽골어인 탈, 탈박, 탈바가지, 완보가 우리말에 남아 있는 것은 고려 후기 몽골인이 세운 원의 지배를 받으면서 몽골인과 교류가 잦았기 때문이다. 그리고 거란장 예에서 보듯이 고려시대에는 몽골과 거란을 포함한 북방 민족이 한반도에 들어와 집단적으로 거주했고 양수척, 수척, 화척, 달단 등으로 불렸으며, 이들 가운데서 전문 연희자도 나왔기 때문이다.

② 팔먹중의 유래

팔먹중은 양주별산대놀이, 송파산대놀이, 봉산탈춤 등에 등장한다.[174] 양주별산대놀이의 팔먹중은 상좌 둘, 먹중 넷, 옴, 완보로 구성된다. 그러나 송파산대놀이와 봉산탈춤 등에서는 먹중 여덟 명으로 구성된다.

팔먹중도 역시 몽골 문화와 관련이 깊어 보인다. 다음 두 견해는 팔먹중과 몽골 문화의 관련성을 강하게 시사한다.

> 내몽골 라마교 사원 중에는 본래 불교와 관련이 없던 오보제(鄂博祭)를 올리는 곳도 있다. 오보는 우리의 서낭당 같은 돌무더기다. 오보제에서 신에게 바치는 제물 가운데 특히 주목되는 것은 버드나무 가지다. 라마교 사원에서 몽골의 토속 의식인 오보제를 거행하는 것은 그곳의 기층 종교와 불교가 혼합되었음을 말한다.
>
> 라마교 사원의 제반의식 중에 가장 성대하고 가장 폭넓게 민중과 관계를 맺고 있는 것은 도무(跳舞, 귀신을 퇴치하는 것, 타귀打鬼) 의식이다. 옛부터 전해오는 민간의 샤먼적 주술과 악마 퇴치 풍습을 폭넓게 받아들여 불교적으로 윤색한 것이 바로 타귀가면무(打鬼假面舞)다. 이 의식에서는 인간 가면, 동물 가면, 성자 가면 등 여러 가지 가면을 쓴 인물들이 출현해 춤을 추거나 연극적인 놀이를 하게 되는

174 봉산탈춤의 군무에서 춤을 추는 팔먹중들.

데, 가면은 붉은색과 검은색의 색상 대비가 뚜렷하고 얼굴보다 크며 전반적으로 귀면(鬼面) 형상이다. 특히 주목되는 점은 흰 가면을 쓴 동자풍(童子風)의 네 사람과 팔대보살(八大菩薩)의 등장이다.[78]

타귀가면무의 전 과장을 일일이 소개할 필요는 없겠으나, 봉산의 팔먹중 허리에 꽂은 버드나무 가지와 오보제에서 사용하는 버드나무, 상좌 넷과 그곳의 흰 탈 쓴 동자풍 네 명, 그리고 먹중 여덟 명과 팔대보살의 유사성은 쉽사리 간과할 수 없다. 더욱이 타귀가면무 전체의 성격과 우리 팔관회 내지 나례의식은 일치하는 면이 많다. 문화의 보편성에서 기원한 우연의 일치라는 측면과 함께, 어떠한 경로로든 영향 관계가 작용했음도 충분히 예상된다. 다만 구체적인 전개 과정을 문헌적으로 실증적으로 고증하는 작업이 앞으로의 과제일 것이다.[79]

두 인용문에서 말하는 타귀가면무, 즉 귀신을 퇴치하는 가면무는 '챰'을 가리키는 것이다. 챰은 불법(佛法)을 무용으로 표현한다고 해 법무(法舞)라고 한역한다. 이는 원래 티베트 라마교 사원의 가면무가 몽골에 전해진 것이다. 위 인용문에 의하면 봉산탈춤의 사상좌와 팔먹중은 각각 몽골 '챰'의 흰 가면 쓴 동자풍 네 사람 및 팔대보살과 유사하다고 한다. 그리고 이것들이 어떤 경로로든 영향 관계가 있을 것으로 추정했다.

이 견해는 타당해 보인다. 이미 고려 충렬왕 때 몽골 연희자가 내왕해 궁중연회에서 공연한 기록이 있고, 고려시대에 양수척, 달단, 거란족 등 동몽골족 달단을 포함한 북방 민족이 한반도에 들어와 직업 연희자로 활동했으며, 그 후예의 일부인 반인들이 본산대놀이를 성립시켰기 때문이다. 따라서 한국 가면극에 몽골 문화의 영향이 남아 있는 것은 당연하다.

티베트 동부 지역 닝마파(寧瑪派, 티베트 불교의 지파로 흑교黑教라고도 함) 사원에서는 장력(藏曆, 티베트 역법) 7월 10일 티베트에 인도 불교를 전한 파드마삼바바[蓮花生]를 기념하기 위해 '챰'을 거행한다. 이때 파드마삼바바가 머물던 청동산(青銅山)의 정령 여덟 명과 팔서상(八瑞相) 등 여덟 명이 등장하는 연희들이 있다. 티베트 삼예스(桑耶寺) 사원의 '챰'에도 파드마삼바바의 여덟 가지 화신을 나타내는 석가사자(釋迦獅子), 파드마삼바바, 일광(日光), 사자후(獅子吼), 분노금강(忿怒金剛), 연화금강(蓮花金剛), 연화왕(蓮花王), 애혜(愛慧)가 가면을 쓰고 등장한다. 짜선룬뿌스(扎什倫布寺) 사원의 '챰' 가운데 열한 번째 마당에서는 라마승 여덟 명이 '비구(比丘)가 지팡이를 가지고 추는 춤'을 연행하며, 열두 번째 마당은 '용사무(勇士舞)'로 역시 라마승 여덟 명이 등장한다.[80]

여기서 티베트와 몽골의 '챰'에 여덟 명이 등장하는 연희가 많다는 점에 주목해보자. 원나라를 세운 몽골은 라마교를 국교로 삼을 만큼 라마교 신앙이 강했고, 지금도 몽골 라마교 사원에는 '챰' 가면극이 전승되고 있다. 그런데 고려시대부터 이미 몽골 계통 연희자가 우리나라에서 활동했으므로, '챰'의 영향으로 팔먹중이 유래했을 가능성이 있다.

한편 민속학자 정형호는 팔먹중의 본질을 불교의 불법 수호신과 방위신의 관련성으로 규명하고자 했다. 우선 팔먹중은 불법을 수호하는 여덟 신장(神將)인 천중(天衆), 용중(龍衆), 야차(夜叉), 건달바(乾闥婆), 아수라(阿修羅), 가루라(迦樓羅), 긴나라(緊那羅), 마후나가(摩喉羅伽) 등 팔부중(八部衆)[81]에서 유래한 것으로 상정할 수 있다고 봤다. 또 팔먹중은 불교의 방위신(方位神)인 팔방천(八方天), 즉 동방[帝釋天], 서방[閻魔天], 남방[水天], 북방[毘沙門天], 동북[伊舍那天], 동남[火天], 서남[羅刹天], 서북[風天]에서 유래했다고 한다. 결국 팔먹중은 불교의 여덟 방위와 불법을 지키는 여덟 신장에서 유래했지만, 불교적인 의미가 퇴색하고 민중적인 성격이 가미되어 오히려 탈판에서 흥을 불러일으키는 역할을 하거나 노장을 희롱하는 인물로 나온다고 지적했다.[82]

불교에는 팔정도, 팔방위신, 팔부중 외에도 팔상(八相), 팔사(八邪), 팔식(八識) 등 '8'과 관련한 것이 많으므로 '챰' 가운데 여덟 명이 등장하는 연희들도 원래 불교에서 유래했을 가능성이 있다. 그러므로 정형호가 팔먹중의 유래로 지적한 불교의 여덟 방위와 불법을 지키는 여덟 신장이 '챰' 연희들과 관련이 있는지에 대한 검토도 과제로 남아 있다.

③ 최괄이, 취발이의 유래

앞에서 살펴본 바와 같이 경기도 양주별산대놀이와 송파산대놀이, 황해도의 봉산탈춤과 강령탈춤 등에 등장하는 취발이는 '체괄이(최괄이)→취괄이→취발이'의 변천 과정을 거친 것으로 나타난다. 은율탈춤에서는 이 배역을 '최괄이'라 부른다.

양주별산대놀이, 송파산대놀이, 봉산탈춤, 강령탈춤의 취발이 가면, 그리고 은율탈춤의 최괄이 가면은 모두 공통점이 있다. 얼굴 바탕은 붉은색이고 이마에 강한 주름이 여러 개 있으며, 이마에서 긴 머리카락이 내려와 늘어진 것이다.

「남성관희자」에서는 취발이를 '술 취한 중'이라 표현했고, 「기완별록」에서는 체괄 또는 취괄이라 불리는 자를 발광한 중이라 표현했다. 그러므로 은율탈춤의 최괄이는 취발이의 잘못된 표기가 아니라 예전 이름을 간직한 것으로 볼 수 있다.

「기완별록」에서 발광한 중을 체괄이 혹은 취괄이라 했다가, 후대에 취발이라 부르게 된 것은 그가 술에 취해 등장하기 때문인 듯하다. 체괄이는 사설시조 「연등가」에도 나오는데, 등을 묘사하는 가운데 "사자 탄 체괄(體适)이요, 호랑이 탄 올량합(兀良哈)과 칠성등 벌였는데"라는 구절이 보인다. 여기서 체괄은 몸이 빠른 사람을 가리킨다. 북방 민족은 도구 없이 맨손으로 수렵을 할 정도로 민첩했다. 올량합은 오랑캐의 한자식 표기인데, 옛날 몽골 동부와 조선의 두만강 일대에 살던 여진족을 가리킨다. 그러므로 체괄과 올량합은 모두 북방 오랑캐를 지칭하는 것으로 보인다. 결국 체괄이, 최괄이, 취발이를 같은 말로 본다면 취발이의 유래는 북방 오랑캐를 가리키는 '체괄이'가 된다.

본산대놀이와 조선 후기 서울의 유흥 문화

조선 전기의 국가 행사인 나례에는 서울에 거주하는 연희자 경중우인과 전국의 외방재인이 모두 동원되었다. 경중우인은 평상시에 의금부의 관리를 받으며 왕실 내부의 오락유흥에 복무했다. 이들은 종친이나 사대부의 사노(私奴)로서 배우로 양성된 경우와 외방재인 가운데서 발탁되는 경우가 있었다.[83] 외방재인 출신 경중우인은 의금부 등의 관노로 예속되었을 가능성이 있다. 의금부가 평상시 경중우인을 관리했을 뿐만 아니라, 국가적인 산대나례를 벌일 때 좌변나례도감의 일을 수행했기 때문이다. 외방재인 가운데 무재(武才)를 떨쳐 서울로 진출하는 경우도 많았는데, 주로 임금의 친위부대인 금군에 속해 시위(侍衛) 업무를 맡았다. 이들은 경중우인의 일을 겸했을 가능성이 있으며, 적어도 재인 집단과 친연 관계를 유지했다고 할 수 있다.[84] 그리고 성균관 노비인 반인도 경중우인으로 활동하면서 가면극(본산대놀이)과 인형극을 공연한 것으로 밝혀졌다.[85]

경중우인은 의금부, 포도청, 용호영 등과의 친연 관계로 원만한 생업 활동을 보장받았다. 조선 후기 왈짜(왈패) 집단은 서울의 중간 계층으로 서울 유흥 문화의 주역이었는데, 의금부나 포도청 등 하급 무관도 그 일원이었다. 왈짜에 포함되는 부류는 북경 역관(譯官) 같은 기술직 중인(中人) 일부, 각사 서리(書吏)와 각집 겸종(傔從) 같은 경아전층(京衙前層), 대전별감(大殿別監)과 무예별감(武藝別監) 같은 액예(掖隸), 군영(軍營) 장교와 포교(捕校) 같은 군교(軍校), 승정원 사령(使令)이나 나장(羅將, 특히 의금부 나장) 같은 관서(官署) 하예(下隸), 시전 상인 등이다.[86]

강이천의 「남성관희자」에 홍의를 입은 액정서(掖庭署) 하예가 보인다.

聞說南城外　들리는 소리 남문 밖에
設棚爲戱具　무대를 가설하고 한판 논다는구나.
扶老更携幼　노인 부축하고 어린애 끌고들
觀者如雲霧　구경꾼 구름처럼 몰리는데
紅衣掖庭隷　홍의 입고 뽐내는 건 액정서 하예요,
白髮賣餠媼　백발로 앉았으니 떡 파는 할미라네.[87]

인형극과 가면극을 보러 사람이 몰려들었고, 액정서 하예가 이 공연에 참석했다. 그가 공연에서 어떤 역할을 했는지는 알 수 없다. 그러나 액정서 하예인 액예들도 조선 후기 서울 유흥 문화의 주역이던 왈짜 집단에 해당한다는 점을 고려하면 액예가 공연을 주선하거나 관리했을 가능성이 있다. 왈짜들은 시정의 풍류객이면서 놀이패의 흥행 활동을 장악한 기세를 과시하기 위해 볼거리를 연출한 것으로 보인다.[88] 더욱이 서울 시정에 구경꾼이 구름처럼 몰려들 정도였다면 순찰과 치안을 담당한 의금부나 포도청의 허가나 협조가 필요했을 것인데, 액예들은 이런 허가 내지 협조를 구하기도 용이했을 것이다.

한편 「게우사」에 "산두노름 하는 때는 총융청 공인 등대하고"라는 내용으로 볼 때, 산대놀음 악사로 총융청의 공인이 동원되었음을 알 수 있다. 앞에서 밝힌 바와 같이 여기서 산대놀음은 가면극인 본산대놀이를 가리키는데, 총융청에는 취고수 스물여섯 명과 세악수 열세 명 등 전문 연주자가 있었기 때문에 산대놀음 악사로 동원되었을 가능성이 있다.

임금이 덕유당(德游堂)에 나아가 새로 과거에 급제한 사람들을 소견했다. 임금이 김노영(金魯永)에게 이르기를 "너는 부모가 다 살아 있는데도 풍악을 베풀지 않았다고 하니, 이는 네 아비의 뜻인 것 같다. 네가 사는 동네가 바로 나의 옛집과 같은 동네다. 용호영의 삼현(三絃)을 특별히 내려줄 터이니, 오늘 유가(遊街)하라" 했다.

— 『영조실록』 50년 8월 28일조

175 김홍도, 〈무동(舞童)〉(《단원풍속화첩檀園風俗畵帖》), 조선 후기, 국립중앙박물관. 삼현육각 연주 장면. 북 치는 사람과 그로부터 시계 방향으로 세 번째, 다섯 번째 사람이 군복을 입어 군악대인 세악수임을 알 수 있다.

용호영은 조선시대에 국왕을 직접 호위하던 친위군영으로 내삼청(內三廳) 혹은 금군청(禁軍廳)이라고도 한다. 금군은 내금위(內禁衛), 겸사복(兼司僕), 우림위(羽林衛) 등 세 위로 설치되어 왕을 호위했다. 영조 31년(1755)에 금군청이 용호영으로 개칭되었다.

군대에는 군악을 연주하는 악사인 공인이 있었다. 예를 들어 총융청에는 스물여섯 명 이내의 취고수와 열세 명 이내의 세악수, 어영청에는 백십칠 명 이내의 취고수와 스물다섯 명 이내의 세악수가 있었고, 용호영에도 취고수와 세악수가 있었다.[89]

용호영의 삼현은 용호영에 속한 군악대의 삼현육각(세악수)을 말한다. 삼현육각은 흔히 대풍류라 불리며, 피리(두 명), 대금, 해금, 북, 장구로 편성된다.**175** 유득공의 『경도잡지』 성기조에서는 대풍류 편성을 다음과 같이 설명했다.

북, 요고(장구), 해금, 횡적(대금), 큰 피리, 작은 피리로 합주하는 것을 타풍류(打風流)라 한다. 이것이 선전관청에 예속된 것을 내취(內吹)라 하고, 장용영, 훈국, 금위영, 어영청에 예속된 것을 세악수(細樂手)라 한다. 이원(장악원) 속악부에도 이것이 있다.

대풍류는 양란 이후 17세기에 설치된 5군영에 뿌리를 두는데, 행진하면서 연주하도록 짜인 악기 편성이었다.[90]

유득공이 지은 「유우춘전」의 주인공 유우춘은 18세기 후반에 활동한 해금 명인으로 용호영에 소속된 세악수였다. 그는 종친이나 대신에게 불려가거나, 선비 모임에 참가하거나, 시종 별감과 오입쟁이 한량들의 놀이판에 초대되어 다녔다.[91]

조선 후기에는 장악원이나 5군영 군악대 같은 국가의 음악 기관이 상업화했다. 장악원의 음악은 원래 종묘제례, 임금 행차, 왕실 진연(進宴), 고급 관료의 연회 등 국가와 왕실의 음악적 수요를 충족시키기 위한 것이었으나, 조선 후기에 와서는 민간 수요에도 응했다. 구체적 사례로 「이춘풍전」의 '장악원 풍류하기'와 「게우사」의 '장악원 풍류'를 들 수 있다. 좀더 시정 감각을 띤 것은 5군영 악대였다. 조선 후기의 한문 단편 「개수(丐帥)」에 용호영 군악대의 우두머리 이패두가 연회에 초청받아 용호영 악공들과 서울 장안의 기생들을 데리고 가는 장면이 있다. "당시 주금(酒禁)이 엄해 상하의 연회에 술은 못 쓰고 기악을 숭상했으니, 특히 용호영의 풍악을 불러오는 것으로 자랑을 삼았으며, 불러오지 못하면 큰 수치가 되었다"는 내용에서 당시 여러 연회에서 전문 악인을 불러 연주하게 하는 것이 큰 유행이었음을 알 수 있다. 이패두가 연회에 불려다니느라 너무 피곤해 병을 핑계로 집에 있을 정도였다는 내용이 흥미롭다.[92]

그리고 다음 기록에 5군영에는 전문 연희자인 재인 출신도 상당수 있었던 것으로 나타난다.

박원종이 아뢰기를, "조종조(祖宗朝)에서는 첩의 자식 및 재인, 백정으로 무재(武才)가 있는 자는 모두 겸사복(兼司僕, 조선시대에 기마병으로 편성한 금군. 백 명씩 편성한 두 부대로 임금의 신변을 보호했다)에 입속시켰습니다. 선왕조에서부

> 터 수렵하는 일이 번잡했기 때문에 무재가 있는 자는 모두 겸사복에 입속시켰습니다. 이제 우림위(羽林衛)가 따로 설치되었으니, 첩의 자식은 겸사복에 입속시키지 마소서. 귀화인(歸化人) 같은 것은 수효를 줄이는 것이 불가합니다. 조종조로부터 귀화인을 극히 후대했으니 폐지할 수 없습니다."
>
> —『중종실록』 2년 10월 29일조

이 기록으로 첩의 자식이나 재인, 백정 등 신분이 낮은 부류를 우림위에 입속시켰음을 알 수 있다. 인용문에 나오는 겸사복과 우림위는 내금위와 더불어 왕의 친위부대로서 영조 31년(1755)에 용호영으로 개칭되었다. 다음 기록도 역시 전문 연희자들이 말단 군병에 소속되었음을 전해준다.

> 문졸(門卒)은 일수(日守), 혹은 사령(使令), 혹은 나장(羅將)이라 불린다. 이들은 본래 모두 근본이 없는 떠돌이들인데, 혹은 창우(倡優)로 투입했고 혹은 굴뢰(窟儡)로 변신한 것으로 가장 천하고 교화하기 어려운 자들이다.[93]

나장은 의금부의 핵심 병력이다. 나장은 신문고지기, 순행원(巡行員), 죄인의 압송, 시위 군졸에 동원되었다. 일수와 나장은 원래 양민에서 보충했으나 후대에 대우가 나빠지고 업무가 힘들어지자 칠반천역(七般賤役, 천한 계급이 종사하던 천한 일 일곱 가지)으로 양민들이 기피해, 창우나 굴뢰 등 천민으로 보충하게 되었다.[94] 그러나 이들은 상근하는 것이 아니라 3교대로 나눠 한 달씩 복무했으므로 복무 기간 이외에는 공연 활동을 벌일 수 있었다.[95] 의금부에서 여러 국가 행사에 전문 연희자를 동원하고 관리했으며 5군영에 군악대가 있었다는 점을 고려하면, 의금부와 5군영의 말단 군병으로 재인이 소속된 사실은 그리 이상한 일이 아니다.

의금부 나장이 재인으로 충원되었다면 포도청 군졸도 재인으로 충원되었을 가능성이 있다. 의금부는 군사적인 성격이 있는 순작, 포도, 금란과 사법 기관으로서 왕권에 도전하거나 질서를 유린하는 범인 체포, 구금, 심문, 판결을 담당했다. 그러다 언제인지 정확히 알 수 없으나 병조에 속한 포도청이 설치되어 치안을 전담하게 되었다.[96] 이미 본 바와 같이 의금부는 행사 거행 때 좌변나례도감을 맡아 광화문 밖 좌산대와 잡상 제작도 했다. 그래서 산대와 잡상을 제작하는 장인과, 산대 앞에서 각종 연희를 공연하는 재인도 의금부에 소속되었다.[97] 그러므로 의금부의 기능 중 하나인 서울 순라와 포도를 이어받은 포도청은 서울 지역 공연 문화에도 관여했고, 특히 의금부처럼 서울 사는 연희자(경중우인)를 관리했을 가능성이 크다.

실제로 포도청과 서울 지역 공연 문화의 관련성을 살펴볼 만한 예가 있다. 조선 후기에 색주가의 포주는 대개 왈패 집단 일원으로 포도청 포교의 끄나풀이었고, 수입 일부를 포교에게 상납했다.[98] 그리고 가례(嘉禮), 진연(進宴), 진찬 때 여령(女伶)을 동원할 경우에는 좌우 포도청에서 시내 주상(酒商)과 유녀를 거느리고 대령했다고 한다.[99]

송석하는 구한말 국악인이자 관리로 활동한 하규일(河圭一: 1867~1937)과의 대담에서 서울 본산대놀이 연희자를 포도청에 예속된 편놈(산대놀이의 연희자를 낮춰 이르는 말)이라고 밝혔다.

> 사회에서는 예인을 총칭해 광대라 하고, 그들 자체에서는 가인(歌人)을 창부(唱夫)라 하고 땅재주, 줄타기, 장구잡이 등을 광대라 했는데, 그 외에 인형 역자(役者) 및 가면극 역자까지 포함했다 한다. 그리고 무동, 땅재주꾼보다 창부가 한층 위고, 육각잡이, 백정 등 계급은 광대보다 한층 낮은 것이라 한다. 그리고 가면극 역자를 편놈이라고 따로 부르는 것이 있는데, 이것은 타 계급에서 호칭하는 것이며 무동, 땅재주꾼과 격은 동격이지마는 경성에 재주(在住)하는 고로 한층 고위에 있었다 한다. 그리고 이들은 포도군사에게 예속되어 있어 그 실제적 세력이 그 지위를 얼마간 보장한 경향도 있었다.[100]

김동욱은 반인을 편놈 또는 관사람이라고도 부른다는 사실을 밝혔다.[101] 여기서 "포도청에 예속되어 있어 그 실제적 세력이 그 지위를 얼마간 보장한 경향도 있었다"는 말은 두 가지로 해석할 수 있다. 첫째는 본산대놀이 연희자들이 포도청의 관리를 받으면서 포도청이 동원하는 행사에 참여했기 때문에 포도청이 서울에서 이들의 공연을 보호해준 것으로 볼 수 있다. 포도청이 서울 순라와 포도를 담당한 사실로 보아 조선 후기에 흥행을 위해 서울 시정으로 몰려드는 연희자들을 통제하는 일도 포도청의 역할이었을 것으로 짐작할 수 있다. 그러므로 포도청 관리를 받던 본산대놀이 연희자는 서울 시정에서 공연하기가 용이했을 것이다. 나례 거행, 임금 환궁 행사, 중국 사신 영접 행사 등을 위해 나례도감을 설치하면 좌변나례도감인 의금부와 우변나례도감인 군기시는 수군을 동원해 광화문 밖에 각각 좌산대와 우산대를 만들었고, 잡상도 별도로 만들었으며, 장인과 재인도 각각 좌변나례도감(좌산대)과 우변나례도감(우산대)에 소속되었다. 원래는 의금부가 담당하던 연희자 관리 기능이 후대에는 포도청으로 넘어간 것으로 보인다.[102] 이는 의금부가 경중우인을 동원하던 궁정 행사나 국가 행사가 조선 후기로 갈수록 쇠퇴했고, 반면에 시정 공연 수요는 크게 성장했기 때문인 듯하다.

둘째는 본산대놀이 연희자들이 포도청 군졸로 근무하면서 연희를 담당했을 가능성이다. 원래 본산대놀이는 성균관 노비인 반인이 놀았지만, 숙종대에는 반인 수가 사천여 명에 이를 정도로 많았고 반인이 운영하던 현방도 소 전염병이 돌 때는 운영할 수 없었기 때문에 생계가 어려워지곤 했다. 그러므로 반인 중에 백정과 전문 연희자도 있었다는 사실을 생각하면, 앞에서 본 기록 중에 백정과 재인을 우림위의 군졸이나 의금부 나장으로 입속시켰다는 사실에서 보듯, 포도청 군졸에 서울 살던 백정이나 재인 출신인 반인이 입속되었을 가능성을 배제할 수 없다.

어쨌든 조선 후기에는 후대로 갈수록 시정 공연 수요가 증대했기 때문에 공연 활동을 통제할 필요가 있었다. 이때 의금부나 포도청의 관리를 받던 경중우인은 서울 시정에서 공연하기가 비교적 용이했을 것이다. 강이천의 「남성관희자」에 공연을 보러 구경꾼이 구름처럼 모여들었다는 기록이 있는데, 서울에서 이런 대규모 공연을 펼칠 수 있었던 것도 의금부나 포도청의 협조와 보호가 있었기 때문에 가능했을 것이다. 「남성관희자」를 비롯해 양주별산대놀이, 송파산대놀이, 봉산탈춤 등 본산대놀이 계통 가면극에 포도부장이 긍정적인 인물로 등장하는 것도, 시정에서 생계를 유지하는 연희자 부류에게는 군사를 데리고 다니며 순라 활동을 벌이던 포도부장이 강력한 힘의 표상이기 때문일 것이다.[103]

마을굿놀이 계통 가면극

마을굿놀이 계통 가면극의 성립

부여의 영고, 고구려의 동맹 등 이미 고대국가시대부터 국중대회(國中大會)가 있었다. 고대 국중대회는 나라굿으로, 풍농을 기원하고 단합을 꾀하는 행사였다. 오늘날 마을굿과 고을굿도 고대 국중대회와 동일한 목적과 기능을 갖고 있어 나라굿의 유풍임을 알 수 있다.

한국 마을굿·고을굿은 기본적으로 마을의 안녕을 기원하는 종교적 성격과 풍농풍어를 기원하는 풍요제의의 성격을 겸한다. 마을굿의 일종인 하회별신굿이나 고을굿의 일종인 강릉단오제에서는 무당들이 주민들과 함께 마을굿·고을굿을 거행했다. 이런 과정에서 하회별신굿처럼 마을 주민이 가면을 쓰고 노는 가면극이 발생했다. 하회별신굿은 무당들이 주도했지만 가면극인 하회별신굿탈놀이는 마을 농민들이 담당했다. 강릉단오제도 무당들이 주도했지만 가면극은 관노들이 놀았다.

하회의 이웃 마을인 병산에서도 별신굿에서 가면극을 놀았다. 그 밖에 경북 경산의 자인팔광대놀이는 고을굿놀이, 경북 영양군 주곡동의 가면극은 마을굿놀이에서 유래한 가면극이다.

이두현은 마을굿에서 형성된 가면극을 '서낭제 탈놀이'라 명명하고, 하회별신굿탈놀이와 강릉단오굿의 관노가면극을 예로 들었다. 그리고 이 가면극들은 한국 가면극 형성 역사에서 대륙의 영향에 앞서는 토착적인 기원을 시사하는 중요한 가면극이라고 봤다.[104]

『신증동국여지승람』 권32 고성(固城) 성황사조(城隍祠條)에서 조선 전기 고을굿을 살펴볼 수 있다.

> 그 지방(고성) 사람들은 해마다 5월 1일부터 5일까지 모두 모인다. 두 무리로 나뉘어 사당 신상(神像)을 메고 푸른 깃발을 세우고 여러 마을을 두루 돌아다닌다. 마을 사람들은 다퉈 술과 찬으로써 신상에 제사 지내고, 연희자들은 모두 모여 온갖 연희를 펼친다.[105]

단오 때 고을굿에서 신상과 서낭대(푸른 깃발)를 앞세우고 가가호호 방문하고, 나인 즉 연희자가 온갖 연희를 펼친다는 내용이다. 여기에 추정을 보탠다면 성황당에서 신상을 꺼낼 때 성황신에게 제사를 지내고, 서낭대에 신이 내리기를 빌며 기다리다가 신이 내리면 서낭대를 앞세우고 풍악을 울리면서 마을을 돌아다녔을 것이다. 이는 요즘 마을굿에서도 그대로 나타난다. 이런 마을굿놀이가 발전해 하회별신굿탈놀이나 강릉관노가면극 같은 가면극이 생겨난 것으로 보인다.

특히 『동국세시기』 12월조에 소개된 강원도 고성 풍속에서 조선 후기 고을굿이 가면과 연결되어 있음을 확인할 수 있다.

> 매달 초하루와 보름에는 관에서 군 사당에 제사를 드린다. 비단으로 신의 가면을 만들어 사당 안에 두면 12월 20일 이후에 그 신이 고을 사람에게 내린다. 신이 오른 사람은 가면을 쓰고 춤추며 관아 안과 고을을 돌아다니며 논다. 그러면 집집에서는 신을 맞이해 즐긴다. 그렇게 하다 정월 보름 전에 신을 사당 안으로 돌려보낸다. 이 풍속은 해마다 있으며, 이는 나례신의 종류다.[106]

인용문으로 강원도 고성에서 연말이면 사당에서 신을 맞이해 관아뿐만 아니라 집집마다 방문하며 노는 풍속이 있었음을 알 수 있다. 이 신을 나례신이라 부르고, 이 행사를 나례와 연결시켜 해석한 것은 후대일 것이다. 원래는 고을 수호신을 상징하는 가면을 모셔 즐겁게 함으로써 고을의 안녕과 풍농풍어를 기원했을 것이다.

한편 고성에서 고을 수호신을 가면으로 형상화했다는 사실은 주목할 만하다. 이는 경북 안동 하회마을에서 마을 수호신인 서낭신을 가면으로 형상화한 것과 일치한다. 하회별신굿탈놀이에서는 서낭신인 각시 가면이 등장하고, 무동춤을 춰 신성현시(神聖顯示)를 연출한다. 고성과 하회의 예로 마을굿놀이에서 마을 수호신을 상징하는 가면을 중심으로 가면극이 형성되는 과정을 살펴볼 수 있다. 물론 마을굿놀이 계통 가면극이 반드시 이런 과정만을 거친 것은 아닐 것이다.

마을굿놀이 계통 가면극의 분포와 연희 내용

안동 하회별신굿탈놀이와 병산별신굿탈놀이, 경상북도 경산의 자인팔광대놀이, 강원도 강릉의 관노가면극 등은 마을굿놀이와 고을굿놀이에서 유래한 가면극이다.

하회 가면극은 마을굿의 일종인 별신굿 거행 때 논 것이다. 별신굿은 보통 십 년에 한 번씩 신탁(神託)에 의해 임시로 행하는 규모가 큰 서낭굿이다. 하회에서는 매년 정월 15일과 4월 8일에 평상제를 지내다가 부정기적으로 별신굿을 거행했다. 하회마을의 서낭신(성황신)은 '무진생 서낭님(성황신)'으로 열일곱 살 처녀인 의성 김씨, 혹은 열다섯 살에 과부가 된 서낭신(성황신)으로 동네 삼신의 며느리신이라고도 전한다.

강릉관노가면극은 명칭에서 보듯이 원래 강릉단오제에서 관노들이 연행하던 가면극이다. 옛날에는 음력 5월 1일에 괫대[花蓋, 서른 척 정도 길이의 장대에 스무 척 정도 오색천을 늘어뜨린 깃대로 단오제가 끝나면 불에 태운다]를 장식해 세우고 대성황당 앞마당에서 가면극을 행했는데, 4일과 5일까지 계속했다. 5일은 아침 여덟 시부터 대성황당 앞에서 가면극을 공연하고, 약국성황(藥局城隍)과 소성황(素城隍)에서 다시 기도와 연극을 행한 후, 온 길을 되돌아서 성안의 시장, 전세(田稅), 대동(大同), 사창(司倉)의 여러 관청 앞에서 성대하게 연희하고, 해 질 무렵 신대와 괫대를 받들어 여성황(女城隍)에 이르러 연희한 후 신대를 대성황당에 봉안했다고 한다.[107] **176**

하회별신굿에서는 신이 내린 후에 서낭당에서 하산한다. 하산 과정에서 서낭신인 각시 가면을 쓴 자가 행하는 무동춤**177**은 신성현시를 연출하는 본보기가 된다. 하회의 서낭신은 이 마을에 시집와 열다섯 살에 남편과 사별하고 이곳 서낭신이 되었다고 전한다. 시집온 지 며칠 안 되어 남편을 잃고 쓸쓸하게 살다 간, 한 많은 각시신이다. 하회 사람들은 이 여신을 마을 수호신이라 믿고 마을 안전을 기원한다. 가면극이 본격적으로 시작되기 전에 각시 가면을 쓴 연희자가 무동을 타고 수시로 걸립을 한다. 서낭신인 각시의 등장은 이 가면극이 각시를 중심으로 하고 각시가 주도하는 유래와 관련 있음을 시사하면서, 이 가면극과 마을굿의 밀접한 관계를 보여준다.[108]

176 강릉단오제의 성황신을 모신 성황사(城隍祠).

하회별신굿탈놀이는 주지춤, 백정놀이, 할미놀이, 파계승놀이, 양반·선비놀이 등 다섯 과장으로 구성된다. 첫 과장인 주지춤은 사자춤으로 사자 한 쌍이 춤을 춰 잡귀와 사악한 것을 쫓아내고 놀이판을 정화하는 벽사 의식무다.

백정놀이**178**는 백정이 소를 도살해 염통과 우랑을 떼어낸 다음 관중을 향해 해학적인 말로 희롱하면서 양반을 풍자하는 내용이다.

할미놀이**179**에서는 쪽박을 허리에 차고 흰 수건을 쓴 할미가 베를 짜는 시늉을 하며, 한평생 궁핍하게 살아온 신세타령을 베틀가에 얹어 부른다. 이어 쪽박을 들고 동냥한다. 이 과장은 여성들의 고난과 삶의 애환을 그리며, 가부장적 권위에 대한 적극적인 비판 의식을 나타낼 뿐만 아니라 풍요와 다산을 비는 주술적 의미도 담고 있다.

파계승놀이에서는 중이 춤추던 부네가 오줌 누는 것을 엿보고 욕정을 참지 못한다. 중은 부네가 오줌 눈 자리의 흙을 움켜쥐고 냄새를 맡으며 흥분한다. 이윽

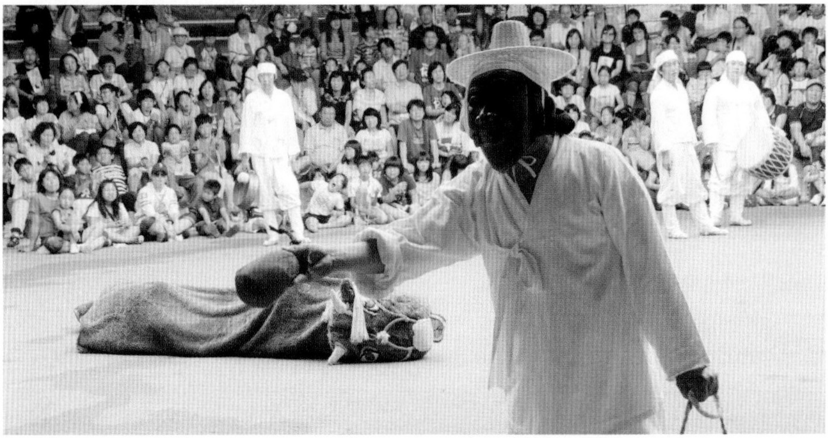

177 하회별신굿탈놀이의 길놀이에서 무동춤을 추는 장면.
178 하회별신굿탈놀이의 백정놀이에서 백정이 우랑을 사라고 외치는 모습.
179 하회별신굿탈놀이의 할미놀이에서 할미가 베틀에 앉아 베를 짜는 장면.

고 중은 부네와 어울려 춤을 추는데, 양반의 하인인 초랭이에게 들키자 부네를 업고 달아난다.

양반·선비놀이에서 중의 행태를 보던 양반과 선비는 기생 부네가 나타나자 허위와 위선으로 지체와 학식을 자랑하며 부네를 놓고 경쟁을 벌인다. 한편 백정이 양기를 돋우는 데 좋다며 우랑을 들고 등장하자 서로 사겠다고 잡아당긴다. 이 와중에 할미가 등장해 이들을 비판하고, 별채역(別差役)인 이매가 나와 세금을 바치라고 외치면, 모두 깜짝 놀라 도망간다. 이는 관리가 곡식을 거두면서 중간에서 착취하는 횡포를 풍자한 것이다.

이제 하회별신굿탈놀이의 다섯 번째 과장인 양반·선비놀이에서 양반과 선비가 부네를 차지하려고 싸우는 대목을 보자. 이 장면은 마을굿놀이 계통 가면극에도 우희의 영향이 있음을 보여준다.

양반　나는 사대부(士大夫) 자손인데….

선비　뭣이, 사대부? 나는 팔대부(八大夫) 자손일세.

양반　팔대부는 또 뭐냐?

선비　팔대부는 사대부의 갑절이지.

양반　우리 할아버지는 문하시중(門下侍中)이거든.

선비　아 문하시중, 그까짓 것. 우리 아버지는 바로 문상시대(門上侍大)인데.

양반　문상시대, 그것은 또 뭔가?

선비　문하보다 문상이 높고, 시중보다 시대가 더 크다.

양반　그것 참 별꼴 다 보겠네.

선비　지체만 높으면 제일인가?

양반　그러면 또 뭣이 높단 말인가?

선비　첫째, 학식이 있어야지. 나는 사서삼경을 다 읽었네.

양반　뭣이, 사서삼경. 나는 팔서육경을 다 읽었네.

선비　도대체 팔서육경이 어데 있으며 대관절 육경은 뭐냐?

초랭이　나도 아는 육경! 그것도 몰라요? 팔만대장경, 중의 바래경, 봉사 안경, 약국의 질경, 처녀 월경, 머슴 새경.

이매 그것, 다 맞다 맞어.

양반 이것들도 다 아는 육경을 소위 선비라는 자가 몰라.

— 류한상본, 하회별신굿탈놀이

양반과 선비가 지체 자랑을 하는 동안 사대부라는 신분, 문하시중이라는 벼슬은 우스꽝스런 것으로 전락한다. 하인인 초랭이와 이매가 그들의 학식을 웃음거리로 만든다. 특히 사서삼경을 "팔만대장경, 중의 바래경, 봉사 안경, 약국의 질경, 처녀 월경, 머슴 새경" 차원으로 격하시키면서 유학을 조롱했다. 이와 같이 유학과 유자를 조롱하는 내용은 산악·백희의 한 종목인 우희(유희)에서 연행하던 내용을 활용한 것이다.

하회별신굿탈놀이는 마을굿놀이에서 유래해 발전해온 가면극이지만, 유희의 영향으로 이처럼 유학과 유자를 조롱하는 내용이 삽입된 듯하다.

180 강릉관노가면극의 장자마리춤.

강릉관노가면극은 장자마리춤, 양반광대·소매각시춤, 시시딱딱이춤, 소매각시의 자살과 소생 등 네 과장으로 구성되어 있다. 강릉관노가면극은 한국 가면극 가운데 유일하게 묵극(默劇)이라는 점이 특징이다. 또 다른 지방의 가면극은 각 과장의 내용이 독립적인 데 반해, 강릉관노가면극은 각 과장이 서로 긴밀하게 연관되어 있다.

첫 과장인 장자마리춤**180**은 벽사적인 의식무로, 장자마리 두 명이 마당닦기춤으로 놀이판을 정화한다. 장자마리들은 의상에 곡식 이삭과 해초인 말치

181 강릉관노가면극의 시시딱딱이춤과장 중 시시딱딱이들이 소매각시를 데려가려는 장면.
182 강릉관노가면극에서 소매각시의 자살과 소생 과장 중 소매각시가 양반 수염에 목을 매 자살하려는 장면.

를 매달고, 불룩한 배로 잉태한 모습을 나타내며, 둘이 모의적인 성행위의 동작을 한다. 즉 장자마리춤은 풍농풍어를 기원하는 마을굿인 단오제의 성격도 반영한 것이다. 양반광대·소매각시춤과장은 양반이 소매각시를 차지해 다정하게 노는 내용이다. 시시딱딱이춤과장은 시시딱딱이들이 양반과 소매각시의 사이를 이간하는 내용이다.[181] 소매각시의 자살과 소생 과장은 소매각시가 자살했다 다시 살아나는 내용이다. 양반이 시시딱딱이들을 쫓아버린 후에 소매각시를 끌고 와서 시시딱딱이와 놀아났다고 나무라면, 소매각시는 완강히 부인하면서 양반에게 용서를 빈다. 그래도 양반이 화를 풀지 않자, 소매각시는 양반의 긴 수염에 목을 매 자살한다.[182] 이때 장자마리와 시시딱딱이가 소매각시의 죽음을 확인하고, 서낭신목(서낭신이 내린 나무)을 모시고 와서 빌자 소매각시가 소생하는 것으로 결말을 맺는다. 이렇게 강릉관노가면극은 양반과 소매각시를 중심으로 한 서사적인 연희로서 특수성을 띤다.

그런데 강릉관노가면극에 등장하는 양반광대와 소매각시, 시시딱딱이의 삼각관계는 처용과 처용의 처, 역신의 관계와 매우 유사하다.[109] 홍역의 역신으로 간주되는 시시딱딱이가 다정하게 춤추며 노는 양반광대와 소매각시를 훼방놓고 소매각시를 억지로 차지하지만 결국 양반이 시시딱딱이를 물리치고 다시 소매각시를 찾아온다는 내용이 그러하다. 처용 설화에서 처용이 자기의 처를 차지한 역신을 쫓아내고 처를 다시 찾는 구나의 형식과, 양반광대가 시시딱딱이를 물리치고 소매각시를 되찾는 극적 형식이 일치하는 것이다.

이상과 같이, 하회별신굿탈놀이와 강릉관노가면극은 연희 내용과 등장인물이 다른 지방의 가면극과 전혀 다르다. 그것은 이 가면극들이 마을굿에서 자생적으로 형성되어 발전했기 때문이다. 그러나 하회별신굿탈놀이의 파계승과장이나 유학과 유자를 조롱하는 내용, 강릉관노가면극의 '소매각시'라는 명칭에서 보듯이 후대에는 마을굿 계통 가면극도 본산대놀이 계통 가면극의 영향을 일부 받은 것으로 보인다.

그 밖의 가면극

함경남도의 북청사자놀이

북청사자놀이는 원래 함경남도 북청군에서 전승된 가면극으로, 한국전쟁 당시 월남한 연희자들에 의해 남한에서 복원되었다.

예전에는 여러 지방에서 사자놀이를 거행한 것으로 나타난다. 최남선(崔南善)이 1947년 저술한 『조선상식문답속편』에 의하면, 당시로부터 얼마 전까지만 해도 경주 월남과 보문에 주지춤, 즉 사자춤이 있었는데 마을마다 그것을 부양하기 위해 '주지논'을 두고 소요 비용을 공급했다고 한다. 월남과 보문 사자춤은 연말연시 무렵 한밤중에 두 마을에서 각각 출발해 중간 지점에서 만나 밤새도록 싸워 승부를 내며, 정초에는 여러 마을을 돌면서 축사연상(逐邪延祥, 사악한 것을 물리치고 상서로운 것을 받아들임)을 기원했다.[110] 한편 함경북도 북부 산간 지역 재가승(在

183 1930년대에 연행된 북청사자놀이. 송석하 촬영.

家僧) 마을에는 1950년대까지만 해도 주지놀이라는 사자춤이 있었는데, 1982년 월남민이 이 연희를 복원해 전국민속예술경연대회에 참가한 바 있다.

함경도에서는 함경남도 북청, 함주, 정평, 영흥, 홍원과 함경북도의 경성, 명천, 무산, 종성, 경원 등지에서 사자놀이를 놀았다고 한다. 이 중 북청사자놀이가 가장 유명해 함경도의 사자놀이를 대표한다.

북청사자놀이는 함경남도 북청군 열한 개 면과 세 개 읍에 속하는 각 마을에서 행하던 음력 정월 보름 밤 세시풍속이다.[183]

북청읍 사자놀이는 댓벌[竹坪里] 사자(이촌李村 사자, 중촌中村 사자, 넘은개 사자가 여기 속한다), 동문밖 사자, 후평 사자, 북리(北里) 사자, 당포(棠浦) 사자 등이 유명했으며, 그 밖에 마을마다 제각기 사자를 꾸며 놀았다.

한편 현재는 북청사자놀이에 사자가 두 마리 등장하지만, 원래 북청 지방에는 사자가 두 마리 등장하는 마을이 없었다. 모든 마을에서 사자가 한 마리만 등장했다. 내용도 현재와 차이가 많았다. 현재는 애원성춤, 사당과 거사춤, 무동춤, 꼽추춤,[184] 칼춤, 승무[185] 등이 연행되고 중, 의원, 양반,[186] 꼭쇠(양반의 하인) 등이 등장한다. 이 중 가면을 쓰는 것은 길잡이, 양반, 꼭쇠, 꼽추, 사자뿐이다.

184 북청사자놀이의 꼽추춤.

북한에서 1955년 겨울부터 1956년 여름 사이에 북청 지방을 현지 조사한 김일출에 의하면 죽평리 사자놀이에는 피리(4), 퉁소(4), 꽹과리(1), 징(1), 새납(1), 소고(1), 큰북(1) 등 다양한 악기 편성과 함께, 연희자로는 사자 외에 꼭쇠, 양반, 중, 점바치(점쟁이), 의원, 굴중(상모) 돌리는 사람, 소고

185 북청사자놀이의 사자춤과 승무.
186 북청사자놀이의 양반과 꼭쇠.

든 거사 두 명, 무동이 등장한다.[111] 이 중 점바치는 김일출이 조사한 마을에서만 발견되어 특이한데, 점바치는 사자가 먹이를 먹고 병들어 쓰러진 후에 병점(病占)을 친다.

북청사자놀이는 극적인 요소가 풍부할 뿐만 아니라 나례의 매귀(埋鬼) 행사와 동일한 면도 보인다. 사자놀이패는 정월 4일부터 14일까지 가가호호 방문하면서 나례의 매귀, 즉 지신밟기와 유사한 의식을 거행했다. **166 참조** 우선 사자는 집에 들어서서 방울 소리

187 부엌에서 바가지를 물고 나오는 사자.

를 울리면서 마당을 빙빙 돌며 위용을 떨치다 안방문을 열고 방 안으로 들어간다. '딱딱' 소리를 내며 입을 열었다 닫았다 하면서 귀신을 잡아먹는 시늉을 하며 방마다 들어간다. 곡식과 쌀독을 두는 '뒷고방'에도 들어간다. 부엌으로 들어가서도 똑같이 한 후 바가지를 하나 물고 나와 마당에 던져 깨뜨린다.**187** 귀신을 쫓는 의식이다. 주인의 요청으로 부엌에 들어간 사자는 조앙(찬장)을 향해 세 번 절하기도 하는데, 조앙에 성주단지(쌀과 엽전을 넣은 작은 항아리)와 조왕(베를 매어둔 것)이 있기 때문이다. 성주는 가정의 수호신이고, 조왕은 부엌의 신이다. 마당으로 나온 사자는 뒤꼍, 장독간, 외양간도 다니면서 집을 한 바퀴 돈다. 집 구석구석을 다니는 것이다. 그러고 나서 한바탕 신나게 춤을 춘다. 이때 아이를 사자에 태우면 무병장수(無病長壽)한다고 해 사자에 태우기도 했다. 또 사자털을 베어두면 장수한다는 속신(俗信)에 따라 몰래 털을 베어두기도 했다.

사자놀이패가 집집마다 방문해 사자놀이를 놀아주면, 각 가정에서는 답례로 곡식을 내놓는다. 이때 사자계(사자놀이패 모임)의 유사(有司)가 큰 자루를 메고 다니면서 곡식을 받고 문서에 적는다. 유사는 마을에서 사자놀이를 자치적으로 준비하는 사자계 책임자로, 일 년 동안 사자놀이와 마을 일을 맡아본다. 정월 16일에는 그동안 들어온 곡식과 지출한 경비 등을 결산한다. 남는 곡식은 마을 극빈자에게 일부 주고, 학비가 없어 공부를 못 하는 학생을 지원하며, 경로잔치나 마을 회관인 도청을 새로 짓는 경비 등 마을 공공사업에 사용했다.[112]

남사당패의 덧뵈기

남사당패는 원래 남자들로 구성된 유랑예인집단이다. 예전에 떠돌이 예인집단에는 남사당패를 비롯해 대광대패, 솟대쟁이패, 사당패, 걸립패, 중매구패 등이 있었다. 이 가운데서 규모나 내용으로 보아 남사당패가 첫손에 꼽힌다.

현재까지 남사당패의 은거지로 밝혀진 곳은 경기도 안성과 진위, 충청남도 당진과 회덕, 전라남도 강진과 구례, 경상남도 진양과 남해, 황해도 송화와 은율 등지다. 이곳에서는 연희가 거의 없는 겨울철에 동면을 겸해 초입자인 삐리들에게 기예를 가르쳤다고 한다.

남사당패는 꼭두쇠(우두머리, 모갑이)를 정점으로 풍물(농악), 버나(대접돌리기), 살판(땅재주), 어름(줄타기), 덧뵈기(가면극), 덜미(꼭두각시놀음) 등 여섯 가지 연희를 가지고, 일정한 보수 없이 숙식만 제공받고 마을 큰 마당이나 장터에서 밤 새워 놀이판을 벌였다.

덧뵈기는 '덧(곱)본다'는 뜻으로 가면을 나타낸다. 덧뵈기는 지역 전승 가면극에 비해 의식성이나 행사성이 약해, 그때그때 관중의 취향과 흥취에 영합했다. 춤보다는 재담과 연기가 우세한 풍자극으로, 마당씻이, 옴탈잡이, 샌님잡이, 먹중잡이의 네 과장으로 구성되었다.**188·189**

다른 가면극에 반드시 나오는 벽사 의식무는 마당씻이의 고사문(告祀文)인 '비나리'로 대치되었다. 옴탈잡이, 샌님잡이, 먹중잡이는 각각 양주별산대놀이의 옴중, 먹중놀이, 샌님놀이, 노장춤과 같은 내용이다. 등장인물과 내용에서 양주별산대놀이와 유사한 점이 많아, 서울 본산대놀이의 영향 아래 생겨난 것으로 보인다.

1959년 무렵 생존한 연희자들은 덧뵈기가 1900년대 초 원각사에서도 공연한

188 덧뵈기의 샌님잡이 장면.
189 덧뵈기의 먹중춤.

바 있는 이름난 탈꾼 이운선(李雲仙)으로부터 나온 것이라고 했다. 이운선은 진위패(振威牌) 남사당의 곰뱅이쇠(남사당에서 꼭두쇠 다음 서열. 기획을 맡고 마을 어른에게 공연 허가를 받는 일을 했다)였는데, 그에게서 가면극을 배운 같은 진위패 이경화(덧뵈기쇠)가 경기도 안성 청룡사를 거점으로 당시 조정까지 출입하던 사당 바우덕이[金岩德]의 힘을 입어 안성 개다리패의 가열(초입자)들에게 덧뵈기를 가르쳤다고 한다.[113]

주

1 조동일, 『탈춤의 역사와 원리』, 홍성사, 1979, 185~198쪽.

2 백대웅, 앞 글, 1995; 「전통음악에 나타난 노래 양식의 시대성: 장단 구조를 중심으로」, 『음악이 있는 마을』, 민음사, 1996. 두 글은 18세기에 들어선 이후에야 규칙적인 장단이 일반화했음을 다각도로 논의했다. 그리고 백대웅 교수와의 토론으로, 타령 장단도 역시 규칙 장단이기 때문에 18세기 중반 이후에야 존재했을 것이라는 점을 확인했다.

3 安廓, 「山臺舞劇と處容舞と儺」, 『朝鮮』201, 朝鮮總督府, 1932. 2.

4 김재철, 『조선연극사』, 학예사, 1939.

5 송석하, 「처용무, 나례, 산대극의 관계를 논함」, 『진단학보』 2권 2, 진단학회, 1935.

6 조원경, 「나례와 가면무극」, 『학림』4, 연세대 사학과, 1955. 2.

7 양재연, 「산대도감희에 취하여」, 『중대 30주년 논문집』, 중앙대, 1955; 이두현, 『한국 가면극』, 문화재관리국, 1969.

8 이두현, 『한국의 가면극』, 일지사, 1992.

9 이두현, 앞 책, 1969.

10 百濟人 味摩之歸化曰 學于吳 得伎樂儛. 則安置櫻井 而集少年 令習伎樂儛. 於是 眞野首弟子 新漢濟文 二人習之傳其儛. 此今 大市首 辟田首等祖也.

11 이혜구, 「산대극과 기악」, 『연희춘추』, 1953; 『보정한국음악연구』, 민속원, 1996에 재수록.

12 최정여, 「산대도감극 성립의 제문제」, 『한국학논집』1, 계명대, 1973.

13 무라카미 쇼코(村上祥子), 『한국 탈놀이와 일본 기악 연구』, 고려대 석사학위논문, 1991.

14 서연호, 「가면극의 양식 및 전승적 측면에서 살펴본 오국의 위치: 일본 기악과의 비교를 중심으로」, 『일본학』 제12집, 동국대 일본학연구소, 1993.

15 나리사와 마사루(成澤勝), 「신사료군 검증으로 구명된 '기가쿠(伎樂)' 고지(故地)」, 『한국연극학』 제13호, 한국연극학회, 1999, 309~328쪽.

16 이에 대한 자세한 소개는 박전열, 「일본 기가쿠(伎樂)의 연구」, 『한국민속학』23, 민속학회, 1990 참조.

17 이혜구, 『한국음악연구』, 국민음악연구회, 1957, 219~220쪽.

18 주재걸, 「고구려 사람들의 예술 활동에 관한 연구」, 『고고민속논문집』8, 평양: 과학백과사전출판사, 1983, 250쪽.

19 번역은 다음 두 글을 참조했음. 사진실, 『공연문화의 전통』, 태학사, 2002, 377쪽; 윤주필, 「경복궁 중건 때의 전통놀이 가사집 「기완별록(奇玩別錄)」」, 『문헌과 해석』 9호, 문헌과해석사, 1999, 216~217쪽.

20 취호(醉胡)는 '술에 취한 호인'이란 뜻인데, 일본에서는 취호왕을 일명 촌장(村長) 또는 외국인으

로 본다. 이 과장은 술 취한 주인과 종자들이 벌이는 한바탕 놀이 과장이다. 박전열, 앞 글, 90쪽.

21 봉산탈춤(임석재본) 사자춤과장에서 부처님이 보낸 사자가 파계한 먹중들을 잡아먹으려 하자 먹중들이 "우리들이야 무슨 죄가 있느냐. 우리 스승 취발이가 스님을 시기하며 이렇게 만든 것이 아니냐. 그러면 우리들은 기왕 잘못한 것을 곧 회개하기로 하자" 하면서, 취발이가 자기들의 우두머리임을 밝히고 있다. 그리고 봉산탈춤 연희자 사이에서도 노장은 칠십 대, 취발이는 오십 대, 먹중은 삼십 대, 상좌는 십 대 정도인 중들이라는 이야기가 전해 내려온다.

22 呂光群 編著, 『貴池儺文化藝術』, 合肥: 安徽美術出版社, 1998, 28쪽; 王兆乾, 『在假面的背後』, 合肥: 安徽大學出版社, 2000, 61~75쪽.

23 오수경, 「안휘 귀지 나희의 제의와 연출」, 『중국희곡』 8권 1호, 한국중국희곡학회, 2000. 12, 377~379쪽.

24 이혜구, 『한국음악서설』, 서울대 출판부, 1967, 59쪽.

25 김재철, 앞 책, 1939.

26 송석하, 『한국민속고』, 일신사, 1960.

27 조동일, 앞 책, 1979.

28 앞 책.

29 조동일, 『한국문학통사』2(제3판), 지식산업사, 1994.

30 박진태, 『탈놀이의 기원과 구조』, 새문사, 1990.

31 김일출, 『조선민속탈놀이연구』, 평양: 과학원출판사, 1958.

32 전경욱, 『한국 가면극, 그 역사와 원리』, 열화당, 1998.

33 전경욱, 「탈놀이의 형성에 끼친 나례의 영향」, 『민족문화연구』 28호, 고려대 민족문화연구소, 1995.

34 高麗樂… 舞者四人 椎髻於後 以絳抹額 飾以金鐺. 二人黃裙襦赤黃袴 極長其袖 烏皮靴 雙雙竝立而舞.

35 新羅處容帶七寶 花枝壓頭香露零 低回長袖舞太平 醉臉爛赤猶未醒.

36 이상 연희자로서의 북방 유목민과 본산대놀이의 관련 양상에 대한 자세한 논의는 전경욱, 「본산대놀이와 북방 문화」, 『민속학연구』 제8호, 국립민속박물관, 2001. 8 참조.

37 번역은 임형택, 『이조시대 서사시』(하), 창작과비평사, 1992, 302~306쪽 참조.

38 이두현, 앞 책, 1992, 126쪽.

39 사진실, 「산희(山戲)와 야희(野戲)의 전승과 변천」, 『공연문화의 전통』, 태학사, 2002, 409쪽.

40 송석하, 『한국민속고』, 일신사, 1960, 162~179쪽.

41 앞 책, 244쪽.

42 앞 책, 338쪽.

43 본산대놀이 계통 가면극의 교섭 양상과 그에 대한 논의는 전경욱, 앞 책, 80~98쪽; 「본산대놀이

계통 가면극의 소통」, 『한국민속학』37, 한국민속학회, 2003, 251~285쪽 참조.

44 송석하, 앞 책, 171쪽; 秋葉隆, 「山臺戲」. 번역은 서연호, 『산대탈놀이』, 열화당, 1987, 113~118쪽에 수록됨.

45 서연호, 앞 책, 32쪽.

46 사진실, 『한국 연극사 연구』, 태학사, 1997, 381쪽.

47 조동일, 『구비문학의 세계』, 새문사, 1980, 281~282쪽.

48 전경욱, 앞 책, 127~137쪽 참조.

49 조동일, 앞 책, 1979, 199~209쪽.

50 조동일, 앞 책, 1980, 185~198쪽.

51 전경욱, 앞 책.

52 중국과 한국의 나례 및 나례에서 연행된 연희에 대한 고찰은 전경욱, 「가면극과 나례의 관련 양상」(『한국연극의 쟁점과 새로운 탐구』, 연극과인간, 2001) 참조.

53 최상수도 이미 「구나행」의 오방귀무만을 대상으로 오방신장무와 관련해 논의했다. 최상수, 『야류, 오광대 가면극의 연구』, 성문각, 1984, 79~83쪽.

54 楚俗尙鬼 而儺尤甚 蘄有七十二家. …須臾 二蠻奴持絨盤辟 有大獅 首尾奮迅而出. 奴問獅何來 一人荅曰 涼州來. 相與西向而泣. 作思鄉懷土之狀 歌舞畢 送神 鼓吹偕作.

55 假獅西涼舞 鬖髿騎蠻奴 似聞西涼破 西向悲唏噓.

56 윤광봉, 『한국의 연희』, 반도출판사, 1992, 70~71쪽.

57 전경욱, 앞 글, 2001.

58 演劇有山戲野戲兩部 屬於儺禮都監 山戲結棚下帳 作獅虎曼碩僧舞 野戲扮唐女小梅戲.

59 김학주, 『한, 중 두 나라의 가무와 잡희』, 서울대 출판부, 1994, 40쪽.

60 秋葉隆, 「江陵端午祭」, 『民俗學』 第2卷 5號, 東京: 日本民俗學會, 1930; 『朝鮮民俗誌』, 東京: 六三書院, 1954에 재수록.

61 임석재 구술, 임돈희 채록, 「양주별산대놀이, 봉산탈춤, 강령탈춤 대사 채록 과정에 대하여」, 『비교민속학』 제9집, 비교민속학회, 1992, 12쪽.

62 『生活狀態調査』(其三, 江陵郡), 朝鮮總督府, 1931, 281쪽.

63 임동권 교수가 1966년에 녹음한 자료.

64 『악학궤범』 권9 처용관복(處容官服)에 의하면, 처용은 머리에 모란과 복숭아나무 가지를 꽂고 있다. 모란은 부귀를 상징하고 복숭아나무는 귀신을 쫓는 벽사 기능이 있다. 그러므로 처용이 꽂은 모란과 복숭아나무 가지는 벽사진경을 의미한다.

65 제주도 굿에서는 귀신을 쫓을 때 버드나무를 사용한다. 그리고 우리 민속에서는 여름에 학질을 앓으면 환자의 나이대로 버들잎을 따 봉투에 넣은 다음 겉봉에 '柳生員宅入納'이라고 써 큰길가에 버린다. 이 밖에도 버드나무는 귀신을 쫓거나 벽사 기능으로 자주 사용된 것으로 나타난다.

이수자, 「설화에 나타난 '버들잎 화소'의 서사적 기능과 의의」, 『구비문학연구』 제2집, 한국구비문학회, 1995, 22~24쪽.

66 이두현, 앞 책, 1979, 72쪽.

67 김일출, 앞 책, 130~131쪽.

68 최상수도 이미 연잎과 눈꿈적이 가면이 나례의 방상시 가면에서 유래한 것이라고 지적했다. 최상수, 『산대, 성황신제가면극의 연구』, 성문각, 1985, 56쪽.

69 銅蓮花冠(假面俯○觀處容用之) 右冠以銅鐵薄造 上覆蓮花 下垂蓮葉 假面漆布爲殼 並着彩. 번역은 『국역 악학궤범』Ⅱ, 민족문화추진회, 1989, 189쪽 참조.

70 初倣僧徒供佛 群妓齊唱靈山會相上佛菩薩 自外庭回匝而入 伶人各執樂器 雙鶴人五處容假面十人 皆隨行緩唱三回 入就位而聲漸促 撞大鼓 伶妓搖身動足 良久乃罷 於是作蓮花臺戲.

71 『국역 악학궤범』Ⅱ, 민족문화추진회, 1989, 189쪽 무동관복도설 각주 65)에서도 관처용 가면을 무동 10인으로 보았다.

72 조희웅, 「연꽃」, 『한국문화상징사전』, 동아출판사, 1992, 476~477쪽.

73 전경욱, 앞 책, 182~196쪽.

74 鮎貝房之進, 『雜攷, 花郎攷, 白丁攷, 奴婢攷』, 조선인쇄주식회사, 1938, 487·519쪽.

75 이두현은 다음 언급으로 탈과 탈박이 몽고어일 가능성을 제시했다. "탈의 외래어설로는 印南씨가 몽고어 유래를 시사한 바 있으나 확실한 예증을 들지는 않았다. …현재 몽고어에서 가면은 'bag(k)'이라고 하고 또 전술한 대로 '고독고친(qodoɣočin)'이라고도 한다. '탈박'은 단순히 '탈바가지'의 준말이라고만 생각해왔으나 'bag'과의 대응관계는 없는지 의심해볼 만한 일이다." 이두현, 앞 책, 1969, 47쪽.

76 Charles Bawden, *Mongolian-English Dictionary*, 1997.

77 서연호, 앞 책, 69쪽.

78 赤松智城·秋葉隆, 『滿蒙の民族と宗教』, 日本外務省文化事業部, 1940, 315~326쪽.

79 서연호, 『황해도탈놀이』, 열화당, 1988, 72쪽.

80 박진태, 『동아시아 샤머니즘 연극과 탈』, 박이정, 1999, 256·264·270쪽.

81 천중은 욕계무색계(欲界無色界)의 제천제왕(諸天祭王)이나 보살 모습이고, 용중은 팔대용왕(八大龍王)의 총칭으로 용 또는 인신용두(人身龍頭) 모습이며, 야차는 일두삼면(一頭三面) 귀신으로 창이나 칼, 활 등을 지닌다. 그리고 건달바는 악신(樂神)으로 악기를 들고 있으며, 아수라는 싸움 잘하는 귀신으로 손에 병장기를 들었다. 가루라는 금시조(金翅鳥)로서 용을 잡아먹는 새이며, 긴나라는 짐승인지 새인지 사람인지 구별할 수 없는 가무신(歌舞神)이고, 마후나가는 사두인신(蛇頭人身)의 악신(樂神)이다. 문명대, 『한국의 불화』, 열화당, 1977, 43~44쪽.

82 정형호, 「한국 가면극의 유형과 전승원리 연구」, 중앙대 박사학위논문, 1994, 103~105쪽.

83 경중우인의 위상과 예능 활동에 대해서는 사진실, 앞 책, 1997, 209~232쪽 참조.

84 앞 책, 236~238쪽.

85 전경욱, 앞 책, 148~155쪽; 「본산대놀이와 북방 문화」, 『민속학연구』 제8호, 국립민속박물관, 2001. 8, 183~213쪽.

86 액예는 주로 별감이나 무예별감을 지칭한다. 별감은 액정서 소속 하예로 양반 관직이 아닌 잡직이다. 이들은 궁중 잡역에 종사하는 자들로 왕명 전달, 왕의 일상용품, 궐문(闕門)과 궐정(闕廷) 관리를 담당한다. 무예별감은 왕, 왕비, 세자를 가장 가까이서 호위하기 때문에 신분은 낮지만 제법 권세를 부리는데, 이들을 별감과 함께 액정서 소속의 액예라 한다. 강명관, 「조선 후기 서울의 중간 계층과 유흥의 발달」, 『조선시대 문학예술의 생성공간』, 소명출판, 1999, 176~177쪽.

87 번역은 임형택, 『이조시대 서사시』(하), 창작과비평사, 1992, 302쪽 참조.

88 사진실, 「산희(山戲)와 야희(野戲)의 공연양상과 연극사적 의의」, 『고전희곡연구』 제3집, 한국고전희곡학회, 2001. 8, 265쪽.

89 국방군사연구소, 『어영청사례 총융청사례 금위영사례』, 국방군사연구소, 2000.

90 백대웅, 앞 글, 2001, 19~20쪽.

91 이우성, 임형택 편역, 『이조한문단편집』(중), 일조각, 1978, 212~218쪽.

92 강명관, 앞 글, 164~167쪽; 이우성, 임형택 편역, 『이조한문단편집』(하), 일조각, 1978, 165~168쪽.

93 다산연구회 역주, 『목민심서』2, 창작과비평사, 1979, 101쪽.

94 이상식, 「의금부고」, 『역사학연구』 6집, 1975. 12, 60~61쪽.

95 사진실, 앞 책, 1997, 327쪽.

96 이상식, 앞 글, 64쪽.

97 제1부 제7장 '환궁 행사의 전통연희' 참조.

98 김화진, 『한국의 풍토와 인물』, 을유문화사, 1973, 253쪽.

99 女伶(兩捕廳以京內酒商遊女率待) 嘉禮 進宴 進饌時 本曹該色書吏與首奴習敎差備節次…. 『六典條例』 권5 「刑典」.

100 송석하, 「전승음악과 광대三」, 『동아일보』, 1935년 10월 5일.

101 김동욱, 「이조 학교 풍속고: 성균관을 중심으로」, 『중앙대 논문집』 통권 제3호, 중앙대, 1958, 179쪽.

102 사진실, 앞 책, 1997, 325~327쪽.

103 앞 책.

104 이두현, 앞 책, 99쪽.

105 土人 常以五月一日至五日 相聚分兩隊 戴祠神像 竪綵旗 遍歷村閭. 人爭以酒饌祭之 儺人畢會 百戲具陳.

106 高城俗 郡祀堂 每月朔望 自官祭之. 以錦緞作神假面 藏置堂中 自臘月念後 其神下降於邑人. 着其

假面 蹈舞出遊於衙內及邑村 家家迎而樂之. 至正月望前 神還于堂. 歲以爲常 蓋儺神之類也.

107 장정룡, 『강릉관노가면극연구』, 집문당, 1989.

108 서연호, 『서낭굿탈놀이』, 열화당, 1991, 44~46쪽.

109 이에 대해서는 장정룡도 이미 지적했다. 장정룡, 앞 책, 103쪽.

110 최남선, 『조선상식문답속편』, 동명사, 1947, 340쪽.

111 김일출, 앞 책, 75쪽.

112 북청사자놀이에 대한 고찰은 전경욱, 『북청사자놀음』, 화산문화, 2001 참조.

113 서연호, 『꼭두각시놀이』, 열화당, 1990; 심우성, 『남사당패연구』, 동문선, 1989; 「남사당」, 『한국민족문화대백과사전』5, 한국정신문화연구원, 1991.

제2장
판소리의 성립과 발전

판소리의 성립 배경과 특징

판소리는 잡가, 타령, 본사가(本事歌), 광대소리, 남도소리, 창극조, 가극(歌劇), 창악(唱樂), 창조(唱調), 극가(劇歌) 등 여러 명칭으로 불려왔다. 그러나 현재는 '판소리'가 통일된 명칭으로 사용되고 있다.

판소리 연희자는 '광대'라 불린다. 연희 장소는 농촌, 장터, 양반네 잔치, 권문세가의 대청 등이었다.**190** 판소리는 전문 연희자인 광대가 고수의 북 반주에 맞춰 세 시간에서 여덟 시간 정도 걸리는 긴 이야기를, 몸짓을 섞어가며 흥미롭게 노래하는 판의 예술이다. 그래서 판소리의 성격은 음악극, 서사극, 일인극, 구비서사시, 공연 서사시 등 여러 측면에서 살펴볼 수 있다.

판소리는 원래 열두 마당이었다. 송만재의 「관우희」(1843)에서는 판소리 열두 마당으로 〈춘향가〉, 〈심청가〉, 〈흥보가〉, 〈수궁가〉, 〈적벽가〉, 〈변강쇠가〉, 〈배비장타령〉, 〈옹고집타령〉, 〈무숙이타령〉[1] 〈장끼타령〉, 〈강릉매화타령〉, 〈가짜신선타령〉을 기록했다. 정노식(鄭魯湜)의 『조선창극사』(1940)에서는 판소리 열두 마당으로 〈가짜신선타령〉 대신 〈숙영낭자전〉을 들어 「관우희」와 차이를 보인다.

신재효(申在孝: 1812~1884)는 〈춘향가〉, 〈심청가〉, 〈박타령(흥보가)〉, 〈토별가(수궁가)〉, 〈적벽가〉, 〈변강쇠가〉 여섯 마당을 정리했다. 일제시대 명창 이선유(李善有)는 〈춘향가〉, 〈심청가〉, 〈박타령〉, 〈수궁가〉, 〈화용도(華容道, 적벽가)〉 다섯 마당을 남겼다.[2] 오늘날 판소리는 이 다섯 마당을 중심으로 전승되고 있다.

판소리 광대는 으레 오른손에 부채를 든다. 판소리에서는 노래로 하는 '창(唱)'과 말로 하는 '아니리'가 교차된다. 광대는 판소리를 연행하면서 몸짓 연기를 하

190 작자 미상, 〈평양도〉(세부), 연대 미상, 서울대 박물관. 평안감사의 능라도 연회장에서 모흥갑이 판소리를 연행하는 모습.

191 여흥(驪興) 민씨(閔氏)의 〈회혼례도(回婚禮圖)〉(1857년) 제3~4폭. 판소리 장면과 어릿광대를 대동한 줄광대가 삼현육각 반주에 맞춰 줄타기의 중놀이를 연행하는 장면.

는데, 이를 '발림' 또는 '너름새'라고 한다. 고수는 북을 치면서 '얼씨구', '좋다' 등 추임새를 한다.

'판소리'는 '판'과 '소리'라는 두 단어가 결합한 합성어다. '판'은 장면이나 무대 또는 여러 사람이 모인 공간을 뜻한다. 유흥을 위해 마련된 이 공간을 '놀이판'이라 부른다. 놀이판에서는 여러 연희가 벌어졌다. 전통사회에서는 전문 연희집단이 나례, 중국 사신 영접 행사, 관아 행사, 과거 급제 축하 잔치인 문희연, 경기도 도당굿 같은 마을굿에서 판소리, 땅재주, 검무, 줄타기, 방울 받기, 솟대타기 등 연희를 펼쳤다. 이들이 공연한 무대를 '굿판'이라 하며, 굿판에서 벌인 여러 연희를 묶어 '판굿' 또는 '판놀음'이라 불렀다. 판소리는 판놀음에서 가장 인기 있는 종목이었다. 후에 판소리는 판놀음에서 떨어져나와 독자적으로 공연하게 되었다.**191**

'판'에는 물건을 일정한 규격으로 찍어내는 틀이라는 의미도 있다. '판을 짜다'라는 말에서 드러나듯이 판소리는 긴 사설과 악조(樂調)를 배합해 하나의 완결된 형태, 즉 판으로 짜 부르는 노래라는 의미로 볼 수도 있다. 실제로 "정창업(丁昌

業)은 서파(西派)에 속한 만큼 계면을 주로 해 판을 짜는 솜씨인데…",[3] "이 도령 그 아해가 춘향과 서로 만나 사랑가로 놀던 모양, 이별로 울던 광경, 근래에 광대들이 타령으로 지어내어 종두지미(從頭至尾) 판을 짜서…"[4]처럼 판소리 관련 기록과 판소리 사설에도 '판을 짜다'라는 말이 있다.[5]

중국 판창(板唱)은 판을 짜놓고 배우가 각조(各調) 창법에 맞춰 내용을 효과적으로 표현하는 것인데, 판소리는 판창과 같이 조를 짜 부르기 때문에 '판'이라는 말이 붙은 것이라는 견해도 있다.[6]

신재효는 〈광대가〉에서 판소리 광대가 갖춰야 할 요건으로 '인물치레', '사설치레', '득음(得音)', '너름새' 네 가지를 제시했다.

광대는 배우인 만큼 우선 외모가 반듯해야 한다는 생각에서 인물치레를 첫째로 꼽은 듯하다. 그리고 판소리의 내용인 사설을 잘 다듬는 것이 중요하다는 점을 인식해 사설치레를 둘째로 꼽았다.

득음은 판소리에 필요한 음색과 발성 기교를 습득하는 것을 가리킨다. 판소리 창자는 우선 가수로서 좋은 목을 타고나야 하며, 오랜 훈련으로 완성된 성음을 구사해야 한다. 판소리는 쉬어서 거친 듯하고 탁한 목소리, 즉 '곰삭은 소리'를 구사해 연행한다. 그러나 탁하면서도 맑아야 하고, 거칠면서도 부드러운 소리를 지향한다. 성음(聲音)은 명창이 내는 소리의 특질을 해명하는 용어로, '통성', '수리성', '천구성', '떡목' 등으로 소리의 등급과 완성도를 표현한다. '통성'은 뱃속에서 바로 위로 뽑아내는 호방한 소리를 말하며, '수리성'은 쉰 목소리 같이 껄껄한 소리다. '천구성'은 거칠고도 맑으면서 높은 음역으로 내는 슬픈 선율의 소리를 말하며, 좋은 성음으로 친다. '떡목'은 텁텁하고 뭉쳐 별 조화를 이루지 못하는 목소리를 의미한다. 이 밖에도 '양성(너무 맑아 깊이가 없는 소리)', '노랑목(기교를 너무 많이 쓰는 목소리)', '귀곡성(귀신 울음소리 같이 일반 사람이 흉내 낼 수 없는 신비한 소리)' 등처럼 소리의 특징을 규정하는 용어가 많이 있다.[7]

너름새는 사설이 그려내는 장면을 춤이나 동작을 통해 보조적으로 보여주는 행위다. 부채를 펴 흥보가 박을 타는 흉내를 내거나, 부채를 떨어뜨려 심청이 인당수에 빠지는 순간을 나타내듯이, 너름새는 사실적이기도 하지만 상징화하고 양식화한 방법을 사용하기도 한다.[8]

판소리는 오랫동안 부르기 때문에 광대는 본격적인 판소리에 앞서 단가(短歌)를 불러 목을 푼다. 단가는 짤막하고 서정적인 노래인데, '허두가(虛頭歌)', '초두가(初頭歌)', '영산(靈山)' 등으로도 불렸다. 광대는 단가를 부르면서 목을 풀고 고수와 호흡을 조절한다. 단가는 대개 중모리장단에 우조(羽調)로 짜였다. 현재 단가는 〈진국명산〉, 〈죽장망혜〉, 〈편시춘〉, 〈사철가〉, 〈백발가〉, 〈호남가〉 등 사십여 종류가 있다.

판소리는 18세기에 성립되었다는 데 학자들의 의견이 일치한다. 그러나 판소리는 18세기에 기존 연희와 음악을 바탕으로 재창조된 것이라는 사실에 주목해야 한다. 이 사실에 주목할 때 판소리가 당대 사회와 그 이전 시대의 연희와 음악에서 받은 영향은 다음과 같다.

첫째, 판소리는 18세기라는 시대사조 안에서 새로운 의식을 반영하며, 당대 서민층의 현실적인 문제들을 다뤘다. 판소리는 현실적인 서민세계를 주로 다루고, 〈춘향가〉, 〈변강쇠가〉 등에서는 남녀의 적나라한 사랑을 노래했으며, 〈수궁가〉, 〈적벽가〉 등에서는 비유를 통해 지배층을 기탄없이 풍자했다.

둘째, 사설 측면에서 서사적인 내용을 갖춘 장편 판소리를 짜는 데 서사무가나 소설 등의 영향을 받았을 것이다. 이미 조선 후기에 소설이 성행했고, 판소리를 성립시킨 광대들은 세습무계 출신으로 서사무가에 익숙했다. 그러므로 광대들은 춘향과 이 도령 이야기 같은 장편 서사 판소리를 구성할 때 기존 소설이나 서사무가의 방식을 활용했을 것이다. 또 이때 판소리 광대는 자기들이 오랫동안 전승해온 우희도 활용했다. 그래서 판소리의 여러 대목에서 우희와 형식과 내용이 유사한 독립적인 골계담이 발견된다. 이에 판소리 사설 성립에 기존 연희 중 우희의 영향이 컸음을 알 수 있다.

셋째, 음악적 측면에서 판소리는 18세기까지 이 땅에 존재한 모든 음악을 재료로 하되, 구성 방법을 달리한 새로운 노래다. 새로운 음악이 항상 당시까지 있던 음악, 곧 기존 재료를 바탕으로 생성된다는 것은 이 세상의 모든 음악사에 나타나는 보편적인 사실이다. 그러나 이러한 재창조는 기존 연희와 음악에 대한 비판 의식이 없고서는 이뤄지지 않는다. 이것이 재창조라는 말의 진정한 의미다. 만일 판소리 초기 명창들이 오늘날 가곡이나 시조, 무가 등으로 분류되는 기존 노래에 매료된 채였다면 판소리라는 양식은 태어나지 못했을 것이다.

그렇다면 그 기존 재료의 내용은 무엇이고, 새로운 양식이란 구체적으로 어떤 것인가. 이에 대해서는 선율의 음 질서(음계)와 장단으로 나눠 설명할 수 있다.

판소리의 선율을 이루는 구성음의 질서는 우리 음악의 특성인 5음 음계에서 벗어나지 않는다. 판소리 선율에 나타나는 우조길, 평조길, 계면길은 명칭만 다를 뿐 내용은 기존 가곡이나 민요, 무가 등에 이미 있는 음 질서다. 차이는 가곡이나 민요, 무가 등의 노래는 특정한 음 질서만 사용하며 그 안에서 선율이 구성되는 반면, 판소리는 여러 음 질서를 함께 사용하는 점이다. 판소리와 똑같이 노래로 이야기를 전하는 배뱅이굿이 판소리와 구별되는 점도, 배뱅이굿이 한 가지 음 질서만으로 짜이고 장단 변화가 별로 없기 때문이다. 판소리에 여러 음 질서가 함께 쓰인다는 것은 음 질서가 변하는 길바꿈[轉調] 기법이 쓰인다는 뜻이다. 길바꿈 기법을 쓰면 자연히 음역이 넓어지므로 판소리가 무가와 비교되지 않을 만큼 넓은 음역을 사용하는 까닭도 여기에 있다.

판소리가 기존 음악 양식과 다른 두 번째 요소는 규칙적인 장단 구조다. 이야기를 사실적이고도 감동적으로 전달하고 표현하기 위해서는 반복 구조가 뚜렷하고 누구나 흐름(리듬)을 쉽게 이해할 수 있는 '리듬의 보편성'이 필요하기 때문에, 판소리 장단에는 철저하게 규칙 장단과 이야기 전개에 알맞은 속도가 필요했다. "동창이 밝았느냐"라는 한마디를 삼십 초 넘게 노래한 기존 장단으로는 청중에게 감동을 주는 데 한계가 있음을 판소리 명창들은 절감했을 것이다. 판소리에서 다양한 장단이 쓰일 수밖에 없는 연유도 판소리가 여러 상황이 포함된 이야기를 사실적으로 묘사하는 극가(劇歌)이기 때문이다.

결국 판소리는 18세기라는 시대사조 안에서 전통음악 장단 구조가 빠르고 규칙적으로 변해가는 '시대성', 이야기를 사실적으로 노래하기 위해 다양한 장단이 필요한 '당위성', 그리고 기존의 모든 음악에 통달해 그것들을 일관된 흐름으로 새롭게 엮어내는 능력이 있는 초기 명창들의 '음악성'이 어우러진 새로운 노래다.[9]

판소리의 기원

그동안 판소리의 기원으로 설화 기원설, 문장체 소설 선행설, 무굿 기원설, 서사무가 기원설, 창우 집단의 광대소리 기원설, 광대 소학지희 기원설, 우희 영향설, 중국 강창문학 영향설 등 많은 의견이 제시되었지만 아직도 학계에는 대립된 견해가 많다. 판소리의 기원을 고찰하는 데 문학 전공자는 판소리 사설의 기원에, 음악 전공자는 판소리의 장단이나 악조의 기원에, 연극 전공자는 공연 형태에 중심을 둔다.

설화 기원설

설화 기원설은 설화 근원설이라고도 할 수 있다. 이는 판소리 사설의 근원이 되는 설화가 존재했고, 이 근원 설화에서 판소리가 생겼다는 견해다. 한국전쟁 때 월북한 국문학자 김삼불(金三不)은 이미 1950년에 판소리 발생의 기본 도식을 '설화(說話)→타령(打令)→서민소설(庶民小說)'로 제시했다. 그는 서민문학의 본질을 생각할 때, 춘향전의 내용이 설화나 구담(口談)보다 앞서 문자로 고정될 수 없고, 따라서 설화가 문학으로 발전하는 데 중간 단계가 있었을 것이라고 봤다. 그는 중간 촉매 구실을 한 것이 곧 판소리요, 그것을 문자로 정착시킨 것이 서민소설(판소리계 소설)이라고 주장했다.[10]

국문학자 김동욱은 김삼불의 견해를 이어받아 '근원 설화→판소리 한마당→

대본으로 정착→소설화'라는 전개 도식을 제시했다.[11] 그리고 실증적으로 판소리의 근원 설화를 제시했다. 예를 들면 춘향가의 근원 설화로 열녀 설화(지리산녀, 도미 설화), 암행어사 설화(노진, 김우항, 박문수, 성이성), 신원 설화(伸寃說話: 박색처녀 설화, 아랑 설화, 향랑 설화, 심수경 설화), 염정 설화(艶情說話), 신물 교환 설화(信物交換說話), 수기 설화(手記說話), 몽상 설화(夢祥說話), 한시 설화(漢詩說話) 등을 제시했다.[12]

그동안 판소리의 근원 설화를 찾는 작업은 소재론적 차원에서 사설의 원천을 탐색하는 것이었다. 그래서 판소리 사설과 전체적으로나 부분적으로 유사한 설화가 발견되면 판소리의 근원 설화로 제시되었지만, 설화와 판소리 사설의 교섭 관계나 수용 양상 그리고 어떤 상황에서 무슨 이유로 설화가 판소리로 바뀌었는가를 깊이 있게 검토하는 작업은 과제로 남아 있다.[13]

문장체 소설 선행설

문장체 소설 선행설은 1930년대에 최초로 소설사를 저술한 김태준(金台俊)이 『조선소설사』에서 판소리를 가극(歌劇)이라 부르면서, "「춘향전」의 고본은 옛날 이야기책 모양으로 전해오던 것을 광대들의 입으로 옮기기 시작해…"라고 주장한 이후[14] 김재철과 조윤제 등이 계승했다.

국문학자 조윤제(趙潤濟)는 "「춘향전」은 본시 극히 간단한 스토리에서 출발해 그것이 점점 소설로 구성되고 다시 희곡으로 발전했으리라"라며 '설화→소설→판소리'의 발전 과정을 주장했다.[15] 그러나 이 학설은 그의 제자인 김동욱이 비판하면서 오히려 '설화→판소리→소설' 도식이 크게 설득력을 얻게 되었다.

그 후 사재동, 최운식, 정하영, 성현경은 〈심청가〉는 '근원 설화→소설→판소리'로 발전 과정을 거쳤다고 주장했다.[16] 경판 24장본(한남본)과 경판 26장본(야동본) 「심청전」은 문장체 소설로 판소리 〈심청가〉보다 선행한다는 것이다. 그러나 다른 경판본과 완판본 「심청전」은 판소리 〈심청가〉가 정착해 성립된 것으로 봤다.

특히 국문학자 성현경(成賢慶)은 문장체 소설인 경판 24장본과 경판 26장본 「심청전」이 판소리 〈심청가〉보다 선행함을 치밀하게 분석했다.

첫째, 문장체 소설 「심청전」은 천상계에서 지상으로 귀양 온다는 내용을 바탕으로 한 소설로 인명이나 지명, 사물명 등이 작품의 전체 구조와 긴밀한 상관 관계를 갖는다. 주인공 심청(沈淸)은 마음이 맑고 고와서 심청이기도 하지만, 한편으로는 '침이청야(沈而淸也)' 즉 '물에 들고 남을 통해 모든 죄가 깨끗이 씻겨 청정하게 됨'도 뜻한다. 따라서 주인공 심청이 '인단소'에 빠지는 행위에는 단순히 대속(代贖) 행위가 아니라 자신을 위한 속죄의 의미도 있다. 용궁은 낡고 때묻고 죄과를 지닌 속된 옛것이 죽고, 새롭고 발랄하고 맑고 깨끗하며 흠 없는 성스런 새것이 태어나고 거듭되는 성소(聖所)다. '연꽃'은 성화(聖花)로서 진리, 슬기, 깨달음 등 보리(菩提)와 둥글고 가득 참, 둥글게 고루 섞이어 자유자재함, 걸림이 없음, 맑고 깨끗하고 티 없음, 그리고 덕을 온전히 갖춤 등을 상징한다. 물에 빠진 심 봉사를 구해준 화주승이 사는 곳 '명월산(明月山) 운심동(雲深洞) 개법당(開法堂)'에서 명월은 밝음의 세계를 은유하고, 깊은 구름은 어둠과 무명(無明)을 은유한다.

둘째, 문장체 소설 「심청전」은 우리나라를 투영한 유리국의 남군 땅과 인당수와 서울, 그리고 중국 북경과 남경 등을 무대로 이야기를 펼치기 때문에 작품에 나타나는 공간 배경에 상호 유기성과 합리성이 있다. 반면 판소리 〈심청가〉는 소설이 판소리로 불리면서 공간 배경이 차츰 중국화했다. 판소리 〈심청가〉 초기에는 심청의 고국이 '유리국'이었다가 신재효 때쯤에는 송나라 황주 도화동으로 바뀐다거나, 상징적 공간인 남군 땅이 황주(조선 황해도를 대표하는 도시)로 변이되었다가 다시 중국 황주로 바뀌는 것을 보면 알 수 있다. 그러므로 유리국을 배경으로 공간과 공간이 유기적으로 짜인 문장체 소설 「심청전」이 선행본임을 알 수 있다.

셋째, 문장체 소설 「심청전」은 신성성과 관련해 심청이 어떻게 빛(정체성)을 잃고 시련을 겪으며 또 어떻게 잃어버린 빛을 되찾는가를 보여준다. 그러나 판소리 〈심청가〉는 문장체 소설 「심청전」으로부터 상당히 변모되었다. 우선 문장체 소설 「심청전」은 심청 이야기가 주를 이루지만 판소리 〈심청가〉는 심 봉사 이야기가 대부분을 차지해 '심청전'이 아니라 '심봉사전'이란 인상을 준다. 천상성에서 지상성, 신성성에서 세속성, 신 중심 세계관에서 인간 중심 세계관, 비장미에서 골계미, 조명론에서 숙명론 등으로 변모한다. 그러므로 문장체 소설 「심청전」이 원전 계통 작품이다. 문장체 소설 「심청전」이 판소리 〈심청가〉보다 선행한다는 견해는 설득력을 얻고 있다. 판소리 〈적벽가〉도 소설 『삼국지연의』에서 생성되었기 때문에, 이 역시 문장체 소설 선행설에 해당하는 예가 된다.

한편 국문학자 유영대(劉永大)는 성현경이 주장하는 〈심청가〉의 문장체 소설 선행설에 비판적인 견해를 제시했다. 그가 제기한 반박은 다음과 같다.

첫째, 문장체 소설이 판소리보다 앞선다는 주장은 문장체 소설인 경판 24장본 「심청전」의 문체나 내용에서 추론된 것인데, 경판 24장본은 심청전 가운데 선본이 아니며, 24장의 마지막 줄이 깎여 나간 것을 보각한 보각본이고, 경판 26장본의 뒷부분을 축약한 것이라는 점을 밝혔다. 그리고 경판 24장본 계열의 문장체 소설 원본에 해당하는 작품을 한남원본으로 추정한 다음, 이 한남원본은 경판 26장본과 내용이 동일한 동종이판(同種異板)이라고 추정했다. 그런데 한남원본은 심청이 황후가 되고 심 봉사가 국구(國舅)가 되어 아들딸을 낳고 사는 장황한 이야기가 전체 분량의 삼분의 일이나 되므로, 「심청전」이라기보다는 오히려 '심봉사전'이 되어버렸다는 것이다. 문장체 소설이 이런 방식으로 진행되는 현상에 대해 유영대는 다음과 같이 추정했다. 판소리 〈심청가〉의 내용을 보수적인 시각과 당시 유행하던 적강소설(謫降小說, 천상계 주인공들이 죄를 짓고 지상계로 귀양 오는 내용)의 틀을 적용해 개작한 것이 한남원본이라는 것이다. 그리고 그것이 경판 26장본으로 유통되었는데, 내용이 기왕의 〈심청가〉와 너무 다르기 때문에 본래 판소리 내용으로 되돌아가려고 삼분의 일을 잘라내고 새로 보각해 만든 것이 경판 24장본이라는 것이다. 그러므로 이런 과정을 거쳐 출판된 경판 24장본의 내용과 문체를 분석해 〈심청가〉의 문장체 소설 선행설을 주장하는 것은 설득력이 약하다고 지적했다.

둘째, 적강소설이 천상계와 지상계의 이원적인 세계관을 토대로 기술되는 것에 대해, 판소리는 현실주의적 세계관을 가진 서민의 예술 양식이라는 점을 강조했다. 다른 판소리와 마찬가지로 〈심청가〉도 서민이 현실에서 부딪히는 가난을 문제 삼는 작품이라는 것이다. 그러므로 이런 작품에 천상계에서 지상으로 귀양 왔다는 적강 요소가 들어가는 것 자체가 균형이 맞지 않는다고 봤다. 결국 문장체 소설 「심청전」의 적강 구조는 후대적인 것이라는 견해다.

셋째, 「심청전」의 배경 공간에 대해서도 다르게 해석한다. 유리국 인단소와 소상팔경(瀟湘八景) 등 중국 지명이 혼재하는 것이야말로 판소리적인 특징이라고 봤다. 그는 판소리가 세월에 따라 광대의 구연(口演)이 적층되어 완성되는 예술이기 때문에, 장소나 삽화 등에서 서로 혼동을 범할 수 있다고 지적했다. 그러나 문장체 소설은 일관되게 서술되기 때문에 이런 지명과 장소의 명칭에 일관성이 있어야 함에도, 오히려 지명이 혼재되어 있으므로 심청전의 문장체 소설 선행설은 비판의 소지가 있다고 봤다.

넷째, 앞서 문장체 소설 「심청전」이 심청에 무게를 두는 데 반해, 판소리 〈심청가〉는 '심봉사전'이 되었기 때문에 문장체 소설이 선행한다는 주장에 대해, 판소리 〈심청가〉의 심청이 주체적인 인물이라고 주장했다. 심청의 고생과 인고의 노력, 그리고 그 대가로 부친의 개안에 이르는 과정이 민중의 환상적 의식으로 동화처럼 진행된다는 것이다.

무굿 기원설

최초의 판소리 광대 열전인 『조선창극사』를 저술한 정노식은 창극조(唱劇調, 정노식이 판소리의 의미로 사용한 용어)의 유래를 신라 화랑에서 찾았다. 그는 화랑의 경신(敬神) 행위는 무녀의 굿으로 변천하고, 가악(歌樂)에 힘쓰던 것은 광대의 창극조(판소리)로 변천했다고 봤다. 그는 무녀가 행하는 굿의 조와 광대의 창극조는 유사한 점이 많다며, 그 예로 전라도 무녀의 살풀이와 축원, 그 밖의 여러 굿소리의 조와 너름새가 판소리 광대의 창조(唱調)와 유사하고, 과거 명창 중 일부 비가비를 제외하고는 거의 모두 무계 출신인 것 등을 들었다.[17]

국문학자 박경신과 김헌선은 굿에 보이는 풀이와 놀이의 구조가 판소리에 남아 있다는 점에 주목했다.[18] 논의를 요약하면 다음과 같다. 풀이는 주로 서사적 사건의 성격에 해당되고, 놀이는 서사적 사건과는 달리 공간적 다면적 확장이 이뤄져 연희 형태로 변화하는 모습이다. 전라남도의 제석굿을 예로 들면 전반부의 서사 부분은 주로 흘림장단을 사용한 줄거리 전달에 그치는 반면, 후반부의 축원은 많은 노래가 결합되고 다양한 장단 교체로 진행된다. 그리고 서사 부분은 음악이 단순하고 서사적 체계도 미약한 데 비해 축원 부분은 복잡한 장단 속에서 내용이 확대된다.[19] 그리고 전반부의 풀이와 후반부의 놀이 사이에는 반드시 노정기(路程記)가 삽입되는데, 〈춘향가〉의 암행어사 노정기, 〈심청가〉의 선인 노정기, 〈흥보가〉의 제비 노정기 등을 예로 들 수 있다. 노정기를 통해 놀이 구조로 넘어간다. 풀이에서는 인물의 내력이나 사연을 말하고, 놀이에서는 여러 인물이 한정된 공간에 군중의 면모로 등장한다. 〈춘향가〉의 변 사또 생일 잔치 마당에서 펼쳐지는 집단적 신명풀이, 〈심청가〉의 맹인 잔치 마당에서 펼쳐지는 신명풀이, 〈흥보가〉의 놀보 박에서 나온 놀이패의 신명풀이가 놀이의 예다. 이러한 신명풀이는 바로 신을 찬양하고 축원하던 굿에서의 신명풀이가 전환된 것이다.[20]

서사무가 기원설

일찍이 정노식은 『조선창극사』에서 '무녀의 굿→광대의 창극조→소설화'라는 구도를 제시했는데,[21] 이는 판소리의 무가 기원설이라고 할 수 있다.

판소리의 서사무가 기원설은 1960년대에 민속학자 장주근(張籌根)이 처음 제기했다. 그는 「무녀의 서사무가와 광대의 판소리」라는 글에서 판소리의 기원을 서사무가라고 봤다.[22]

국문학자 서대석은 서사무가 기원설에 대해 본격적으로 논의했다. 논의를 요약하면 다음과 같다.[23] 서사무가의 구연 형태는 두 가지로, 구송창(口誦唱)과 연희창(演戲唱)이 있다. 구송창과 연희창의 차이점은 첫째, 구송창은 창자 스스로 반주를 하는 데 반해 연희창은 반주자와 창자가 분리되어 있다. 둘째, 구송창은 낭송조로 일관해 변화가 적고, 연희창은 말과 창을 섞어 진행해 악곡 변화가 있는 가창이다. 셋째, 구송창은 좌창(坐唱)이며 수반되는 동작이 없는데, 연희창은 입창

(立唱)이며 보조 동작을 수반한다. 넷째, 구송창본에는 세속 가요나 골계적 재담이 적은데, 연희창본에는 이러한 요소가 많다. 그러므로 서사무가의 연희창 형태가 판소리의 공연 방식과 유사한 것임을 알 수 있다. 연희창에서는 창자가 선 채로 말과 창을 교차하면서 반주자의 장단에 맞춰 몸짓을 곁들인다. 이러한 서사무가의 구연 형태는 청중의 규모가 커지면서 제의의 신화적 성격에서 이탈해 공연 예술로 변모했다. 서사무가는 본래 구송창 형태였을 것이다. 구송창은 구연자가 관중을 등지고 신위(神位)를 향해 앉아 자기가 치는 북장단에 맞춰 단조로운 구송조로 구연했다. 그런데 오늘날 동해안 어촌 지역 별신굿에서 이러한 서사무가의 구송창 형태가 연희창 형태로 바뀐 것을 볼 수 있다. 굿 규모가 커지면서 관중 수백 명이 모여들고 굿청이 공연 무대화했다. 서사무가의 구연자가 신위를 등지고 관중을 향해 일어서서 몸짓을 곁들여 창을 하게 된 것이다. 또 서사무가의 내용을 효과적으로 전달하기 위해 반주자의 장단, 구연 의욕을 북돋우는 추임새와 같은 입소리 등이 생겼으며, 다음 창으로 넘어가는 마디에는 말로 구연하는 부분도 끼어들었다. 이는 서사무가의 제의적 기능이 쇠퇴하고, 청중의 흥미를 의식하는 서사시 기능이 강화되면서 나타난 변모다.

그런데 판소리의 기원이 서사무가에 있다면 〈당금아기〉, 〈바리공주〉 등 중요한 서사무가 유형이 판소리로 수용되지 않은 까닭은 무엇일까. 그것은 판소리를 성립시킨 무부들이 오락적이고 상업적인 공연물에 신성성을 지닌 무속신화를 담은 서사무가가 수용되는 것을 용납하지 않았기 때문이고, 무속적 심성을 지닌 한국인에게도 금기시되었기 때문이다. 그러나 서사무가 작품의 특성은 판소리로 수용되었는데, 이러한 증거는 〈춘향가〉와 서사무가 〈성주본가〉 그리고 〈심청가〉와 서사무가 〈바리공주〉를 비교하면 알 수 있다.[24]

한편 판소리 음악이 현재 호남 지방 무가와 다른 이유는 다음과 같다. 호남 지방 무악이 다른 음악의 영향을 덜 받은 것과 달리, 판소리 음악은 발생 당시보다 많이 변천했다. 창자도 처음에는 호남 지방 무속인이었으나 점차 일반인이 참여하게 되었고, 무속 음악이 아닌 불교 음악이나 전통 가객의 음악적 요소도 많이 가미되었으며, 명창의 출신 지역도 전국으로 확대되었으므로 음악적 차이가 생길 수밖에 없었다.[25]

이상과 같이 판소리의 서사무가 기원설은 상당히 설득력 있고 문학 연구자들에게 가장 유력한 학설로 지지받고 있지만, 이에 대한 비판적 견해도 있다. 서사무가 기원설에 대한 비판은 다음과 같다.

우선 연희창본 서사무가의 구연 형태가 판소리의 구연 형태보다 먼저 이뤄졌고, 이것이 판소리 구연 방식에 영향을 줬다는 근거가 없다. 오히려 반대로 판소리의 구연 형태가 연희창본 서사무가의 성립에 영향을 끼쳤을 가능성도 있다.

판소리의 무가 기원설에 대한 본격적인 비판은 판소리의 음악적 연구에서 많은 업적을 쌓은 음악학자 백대웅(白大雄)이 제기했다.[26] 그는 정노식의 『조선창극사』에 전하는 판소리 초기 명창들에 대한 자료를 통해 이들 대부분이 전라도 출신이 아니었음을 지적했다. 일부만 전라도 무계로 추정될 뿐, 나머지 명창은 전라도 무가와는 전혀 다른 음악적 어법을 구사한다는 것이다. 또 후대로 갈수록 전라도 출신이 많아지는 추세를 보여 19세기 말에는 거의 전라도 출신으로 채워졌지만, 이러한 현상이 판소리의 기원과 직접적으로 관련된 문제는 아니라고 봤다. 이러한 견해는 서대석의 견해와 상반된다. 서대석은 초기 창자는 호남 지방 무속인이고 후대로 갈수록 전국으로 확대됐다고 봤다.

두 번째로 판소리 발생 초기 명창들의 성음에 대한 묘사를 문헌 자료로 살펴보고, 이것이 흔히 아는 판소리 성음과 거리가 멀다고 지적했다. 그의 조사에 따르면 19세기 초기 명창들의 성음은 목이 쉰 듯한 걸걸한 목소리가 아니라, 아주 우렁차거나 밝고 고운 목청이라는 묘사가 일반적이라고 한다. 이는 18세기나 19세기 판소리의 기조가 20세기와 달리 계면조가 아니고, 호남 지방 무가의 특성과 거리가 먼 평조나 우조 등 다른 음악 어법이었기 때문이다.

이상으로 백대웅은 판소리와 호남 무가의 유사점에 바탕을 둔 판소리의 무가 기원설이 20세기의 변질된 판소리와 호남 무가를 피상적으로 관찰한 결론이라고 지적했다. 결국 판소리는 호남 지역에서 생겨난 것이 아니며, 초기 판소리도 음 질서가 오늘날의 가곡이나 가사, 그리고 경기 민요에 가까운 구조로 된 노래가 과반수였다는 것이다. 다만 그 후 사회에 수용되는 과정에서 호남 지방 명창과 후원자가 대거 참여하면서 점차 호남 무가의 선율과 같은 모습으로 변한 것이라고 봤다.

창우 집단의 광대소리 기원설

민속음악학자 이보형은 무가 기원설의 문제점을 다음과 같이 지적했다. 판소리의 기원에 대한 가설로 무가 기원설, 즉 판소리가 남부 지방 단골무(세습무)의 무가에서 나왔다는 견해가 어느 정도 유력하지만, 단골무의 서사무가가 어떻게 분화되어 판소리가 형성되었는가는 명쾌하게 해명하지 못했다. 그 근거로 판소리 대부분의 근원 설화가 전라도 단골무의 서사무가에 보이지 않는다는 점과 판소리의 주된 곡조가 전라도 단골무의 서사무가 곡조와 일치하지 않는다는 점 등을 들었다. 이에 이보형은 전라도 단골무의 서사무가에서 바로 판소리로 분화된 것이 아니고, 둘 사이에 존재하면서 판소리에 직접 영향을 끼친 다른 공연 부문이 있는 것은 아닐까 하는 의문을 제기했다.

그래서 그는 판소리의 기원을 창우 집단(재인청·신청의 무부)의 광대소리에서 찾았다. 육자배기 토리 무악권(巫樂圈) 창우 집단의 〈고사소리〉, 〈줄소리〉, 〈선증애소리〉 같은 광대소리를 공연자 편성, 공연 방식, 소리 장단과 조 형태, 사설 율조, 사설 형태와 양식 등 여러 측면에서 판소리와 비교한 결과 그 둘이 일치하므로, 판소리가 창우 집단의 광대소리에서 유래했다고 볼 수 있다는 것이다. 이를 구체적으로 보면 다음과 같다.

현재 전승되는 판소리 장단으로는 진양, 중모리, 중중모리, 자진모리, 휘모리장단이 주로 쓰이며, 엇모리와 엇중모리장단은 극히 드물다. 새로 첨가되었다는 진양과 휘모리를 제외하면 판소리 주요 장단은 중모리, 중중모리, 자진모리장단이 남는다. 〈고사소리〉 장단, 〈줄소리〉 주요 장단, 〈선증애소리〉 주요 장단 등 창우 집단의 광대소리도 모두 중모리, 중중모리, 자진모리장단이다. 형성기 판소리는 중모리, 중중모리, 자진모리라는 점에서 광대소리와 같다고 할 것이다.

현재 전승되는 판소리 조는 계면조, 평조, 우조, 경드름, 설렁제, 추천목, 강산제, 메나리조 등이 있다. 새로 첨가되었다는 우조, 경드름, 설렁제, 추천목, 강산제를 걷어내면 판소리의 주요 조는 계면조와 평조가 남는다. 〈고사소리〉, 〈줄소리〉, 〈선증애소리〉 등 창우 집단의 광대소리도 계면조와 평조로 되어 있다. 형성기 판소리는 계면조와 평조라는 점에서 광대소리와 같다고 볼 수 있다.

판소리는 광대 한 사람이 고수 한 사람의 북장단 반주에 맞춰 소리하는 형식이다. 〈고사소리〉, 〈줄소리〉, 〈선증애소리〉도 광대 한 사람이 고수 한 사람의 북장단 반주에 맞춰 소리한다. 판소리와 광대소리의 공연자 편성이 같다.

판소리 광대는 소리와 아니리와 발림으로 공연한다. 〈고사소리〉, 〈줄소리〉, 〈선증애소리〉도 소리와 아니리와 발림으로 공연한다. 판소리와 창우 집단의 광대소리는 공연 방식이 같다.

판소리와 광대소리는 모두 4·4조고, 일이 벌어지는 것을 서사적으로 길게 서술하는 소리 대목이 있고, 물건의 내용을 나열하는 대목이 있고, 정경이나 심정을 그리는 소리 대목이 있다.

이상 소개한 창우 집단의 광대소리설은 판소리 기원설로서 다음과 같은 의의를 갖는다. 우선 확실한 사례를 토대로 세부 자료를 제시하며 공통점을 지적했다. 그리고 서사무가 기원설에서 서사무가가 판소리로 옮겨가는 과정에서 설명할 수 없었던 사실들을 설명해 둘의 간격을 좁혔다. 판소리의 주된 곡조가 전라도 단골무의 서사무가 곡조와 일치하지 않는다는 점 등에 대한 의문점을 해결한 것이다. 음악 측면과 공연 측면을 모두 고려했다는 점에서도 의의가 있다.

그러나 이 학설에 대해 백대웅과 서대석이 비판을 제기했다. 백대웅은 창우 집단의 광대소리설은 판소리 기원설로 다음과 같은 문제점이 있다고 비판했다. 우선 판소리와 비슷한 현존 창우 집단의 광대소리 몇 개로 판소리의 발생을 논하는 것은 문제가 있다고 했다. 이것은 판소리에 메나리조나 경드름이 몇 대목 있다고 해, 판소리가 메나리조나 경드름에서 유래했다고 주장하는 것과 다를 바 없다는 것이다. 그리고 이보형이 18세기 말경 생성된 판소리의 음악 어법이 창우 집단의 광대소리와 연관 있다는 증거로 20세기 말 광대소리를 채택한 데 대해, 실제로는 광대소리가 판소리의 영향을 받아 변화한 경우가 더 많다며 반박했다. 이보형이 제시한 악보만 보더라도 〈고사소리〉가 중모리장단에 억지로 맞춰졌다든가, 〈줄소리〉에 변조(變調, 길바꿈) 기법이 차용되어 판소리의 영향을 쉽게 가려낼 수 있다는 것이다. 그러므로 오히려 현존하는 광대소리가 판소리의 영향을 받았다는 것으로 결론을 바꿔야 한다고 지적했다.[27]

서대석은 이보형이 조사한 〈고사소리〉, 〈줄소리〉, 〈선증애소리〉의 사설이 〈성조축원〉, 〈제석본풀이〉, 〈지두서(指頭書)〉, 〈손님 노정기〉 등 무가의 사설에서 연원했다고 지적했다. 그리고 창우들은 세습무가 출신이고, 따라서 창우 집단의 소리도 호남 지역 무속 음악에서 연원한 것이기 때문에 창우 집단의 광대소리설은 결국 호남 지역 세습무의 소리에서 판소리가 기원했다는 주장을 구체적으로 실증한 것이지, 호남 지역 무가 기원설을 부정한 것으로 볼 수 없다고 지적했다.[28]

광대 소학지희 기원설과 우희 영향설

국문학자 김동욱은 광대 소학지희(笑謔之戱) 기원설을 제시했다.[29] 그는 광대의 소학지희가 삽입 가요와 소설의 서사 구조에 영향을 받아 발전해 판소리가 되었다고 봤다. 그리고 산대도감에 소속되어 잡희를 연행하던 광대의 전국적인 교류로 북방 배뱅이굿이 남방 판소리 성립에 영향을 주었다고 봤다.

이 견해에 따르면 판소리는 전국 각지에서 올라온 광대들이 소학지희를 하며 재주를 겨루다가, 어느 광대가 이미 존재한 남도 무가의 음악과 양식을 사용해 우리 민속 가운데 흐르던 설화를 긴 노래로 엮어 부른 데서 시작된 것이다. 그러던 것이 조선조 후기에 국가 재정 문제로 나례가 폐지되기에 이르자, 생활 기반을 잃은 광대들이 생존을 위해 단출한 인원으로 고도의 전문성을 확보하면서 발전한 것이다.

그런데 이 주장에는 다음과 같은 문제가 있다. 즉 호남 지방에도 서사무가가 존재했을 터인데 굳이 북방의 배뱅이굿을 받아들일 필요가 있었겠는가 하는 점이다.

필자는 판소리가 성립되는 과정에 기존 소설이나 서사무가 형태의 영향, 우희와 삽입 가요 차용, 사설의 가요화가 있었다고 본다. 즉 판소리 생성에 관련한 여러 요인 중 하나로 우희를 제시한 것이다. 이는 우희 영향설로 김동욱의 소학지희 기원설과는 차이가 있다.

우희 영향설을 요약하면 다음과 같다. 박남(朴男) 같은 초기 판소리 창자가 우희를 연행하기도 했고, 문희연에서 우희의 일종인 유희가 필수 연희로 연행되었으며, 판소리도 문희연의 중요한 종목이었으므로, 판소리에 미친 우희의 영향을 충분히 짐작할 수 있다. 우희와 판소리를 비교하면, 구체적인 형식과 내용에서도 관련이 밀접함을 알 수 있다. 이를테면 판소리의 어떤 대목은 그 자체로 독립적인 골계담을 이루는데, 광대가 그 대목을 독립적으로 연행하면 우희가 되는 것이다. 서사적인 내용을 갖춘 장편 판소리를 짜는 데는 서사무가나 소설의 영향이 있었을 것이 분명하다. 이미 조선 후기에 소설이 성행했고, 판소리를 성립시킨 광대들 역시 세습무계 출신으로 서사무가에 익숙했기 때문이다. 그러므로 광대들은 춘향과 이 도령 이야기 같은 장편 서사적 판소리를 구성할 때 기존 소설이나 서사무가 방식을 활용했을 것이다. 그리고 이때 광대들은 오랫동안 전승해온 우희도 판소리에 활용한 것으로 나타난다. 그래서 현재 판소리의 여러 대목에서 우희와 형식과 내용이 유사한 독립적인 골계담이 나타나는 것이다.

판소리 각 대목의 사설을 짜는 데 우희의 영향이 일정하게 작용했음을 분명하게 볼 수 있는 대목들은 다음과 같다. 〈춘향가〉에서는 이 도령과 방자가 그네 뛰는 춘향의 정체를 확인하는 대목, 이 도령과 방자가 춘향이 써준 안(雁), 접(蝶), 해(蟹), 구(鳩)의 뜻을 해석하는 대목, 이 도령이 춘향의 집에 가려고 해가 지기를 기다리며 책을 읽는 대목, 이 도령 부친과 목낭청(睦郞廳, 『춘향전』의 등장인물. 성이 목씨인 당하관. 줏대 없이 여기저기 끌려다니는 인물)이 대화하는 대목, 첫날밤 이 도령과 춘향이가 수수께끼로 옷 벗기 내기를 하는 장면(이명선본 등), 사랑가 대목에서 글자 풀이 형식의 사랑가들, 기생점고 장면에서 기생 이름과 모습을 해학적으로 표현하는 내용(이명선본 등), 어사가 옹상인(雍喪人) 모친의 무덤을 춘향의 무덤으로 잘못 알고 통곡하다 옹상인 사 형제에게 얻어맞는 대목(장자백 창본 등), 춘향에게 태형을 가하기에 앞서 신관 사또와 허낭청이 대화하는 대목(장자백 창본 등), 어사가 농부와 함께 유음어와 동음이의어를 주고받는 대화(이명선본 등), 암행어사 출또 대목 등이 대표적이다. 〈흥보가〉에서는 놀보의 심술을 묘사하는 대목, 흥보가 박타는 대목, 놀보가 박타는 대목, 〈적벽가〉에서는 군사점고 대목 등을 대표적인 예로 들 수 있다. 이 밖에도 판소리에는 우희와 통하는 대목이 매우 많다.

장자백 창본 〈춘향가〉에서 이 도령은 춘향의 집에 가려고 해가 지기를 기다리며 책을 읽다가 천자뒤풀이를 한다. 이 도령은 "천개자시생천(天開子時生天) 하니 태극(太極)이 광대(廣大) 하늘 천(天)"식으로 정상적인 천자뒤풀이를 하지만, '잘

숙(宿)' 자부터는 계속 춘향이와 관련지어 풀이한다. 그러다 결국 "춘향과 나와 혀 마주 물고 아드득 쪽쪽 빨거들면 법중 려(呂) 자 아니냐. 보고지고" 하고 크게 소리를 지른다.

천자뒤풀이 자체도 골계적이지만 이 소리를 들은 사또가 이 도령의 변명을 그대로 믿고 물색없이 아들을 칭찬하면서, 건성으로 대답하는 목낭청과 나누는 대화는 그야말로 훌륭한 골계담이다. 목낭청이 "장래 정승은 꼭 하오리다" 하면 사또는 "정승이야 어찌 바라겠나마는 내 생전에 급제는 쉽게 할 듯하네. 급제만 쉽게 하면 출육(出六)이야 번연(幡然)히 시키겠나" 하고 좋아한다. 이때 목낭청이 "아니오. 그 애가 정승을 못하면 장생(長栍, 장승)을 하여도 하기는 꼭 하오리다" 하고 대답하고, 사또는 "이 사람, 자네 뉘 말로 알고 대답을 그 따위로 하나" 하고 화를 낸다. 그러면 목낭청이 "내 여태 대답은 했으나, 뉘 말인 줄은 몰랐소" 한다. 특히 이 대화가 창이 아니라 말(아니리)로 진행되는 점이 눈길을 끈다. 바로 우희와 통하는 것이다. 마지막 부분에서 "이런다 했으나 무슨 그럴 리가 있으리오"라는 광대의 평으로도 이 대목이 재미를 위해 독립적으로 짜인 것임을 알 수 있다.

박봉술 창본 〈적벽가〉 중 조조가 적벽대전에서 대패한 후 도망가는 도중에 살아남은 군사를 확인하는 '군사점고 대목'에서는 안유병, 허무적이, 골래종이, 정동다리, 먹소 등 여러 군사가 등장해 점고를 받는다. '군사점고 대목'은 독립적인 골계담의 성격을 띤다. 조조가 군사들과 나누는 대화도 웃음을 자아내지만, 군사들의 이름도 그들의 성격이나 특징과 어울려 골계적이기 때문이다. 이 부분을 주로 아니리로 한다는 점도 주목할 만하다. 중국의 『삼국지연의』나 우리말로 번역된 『삼국지』에 군사점고 사설 내용이 없는 점으로 미뤄 이 대목은 광대들의 창작임을 알 수 있다. 이미 우희를 연행한 광대들이 독립적인 일화를 창작하면서 기존 우희를 많이 활용했을 것은 물론이다.

〈흥보가〉에서는 흥보가 박타는 대목과 놀보가 박타는 대목에서 우희의 모습이 보인다. 일부만 살펴보자.

> 또 켜고 보니, 요령 소리 나며 상제 하나가 나오며, "어이 어이, 이보시오 벗님네야, 통자 운을 달아 박을 헤리라. 헌원씨(軒轅氏) 배를 무어 타고 가니 이제 불통

코, 대성현(大聖賢) 칠십 제자가 육례를 능통하니 높고 높은 도통(道通)이라, 제갈량의 능통 지략, 천문을 상통, 지리를 달통하기는 한나라 방통이요, 당나라 굴돌통, 글강의 순통이요, 호반(虎班)의 전통통(箭筒筒)이요, 강릉 삼척 꿀벌통, 속이 답답 흉복통, 호란의 입식통(立食桶), 도감포수 화약통, 아기 어미 젖통, 다 터진다. 놀부의 애통이야."

— 경판 25장본 「흥부전」

조선조 당대의 유가 사회에서 가장 존경받는 공자 같은 성인이나 『삼국지』의 제갈량 같은 인물이 꿀벌, 도감포수, 아기 어미와 한 반열에 서고, 그들의 도(道)나 술(術)이 화약이나 젖과 어울려 비속해졌다. 대성현 공자의 도통이 마침내 유희(遊戲) 대상이 되고 격하되기에 이른다.30

이는 바로 유학의 도통을 화살통·꿀벌통·흉복통·입식통·화약통·젖통과 같은 반열에 놓은 것이므로, 앞서 살펴본 우희 중 유희(儒戲)에 해당한다.

한편 〈춘향가〉에서 이 도령은 "대학지도는 재명명덕하며, 재신민하며, 재춘향(在春香)이로다"(『대학(大學)』), "원은 형코 정코 춘향이코 딱 댄코 좋고 하니라"(『주역(周易)』), "맹자견양혜왕하신데 왕왈 수불원천리이래하시니 춘향이 보시러 오시니까?"(『맹자(孟子)』)처럼 경서를 패러디해 육담(肉談)으로 만들었다. 그럼으로써 상층 유교 사회의 숭고한 사상이 담긴 경서와 유학 내용을 조롱하고 풍자한다. 우희의 일종인 유희(儒戲)와 통하는 것이다.

중국 강창문학 영향설

중국의 강창문학(講唱文學)은 승려가 불경 내용을 민중에게 쉽고 재미있게 해설하기 위해 사원에서 연행하던 데서 유래했다. 당나라 때 사원에서 불경을 해설하는 데 사용한 설창(說唱) 형식을 '속강(俗講)'이라 하고, 이를 연행하는 승려를 속강승(俗講僧)이라 불렀다. 속강승은 불경에 수록된 이야기를 들려주거나, 불교 문헌 가운데 정채로운 부분을 노래 또는 낭송하면서 돌아다녔다. 잘 알려진 예가

9세기 전반에 활동한 문숙(文溆)이다. 단안절은 그를 "불경을 노래하는 데 뛰어나고 감미로운 목소리로 대중의 심금을 울리는 속강승"이라고 묘사했다.[31] 요즘은 속강을 창(唱)하는 운문과 강(講)하는 산문이 엇섞인 것이라는 뜻에서 강창이라 부른다.

불교의 영향으로 당나라에서는 설창체(說唱體) 작품인 변문(變文)이 생겨났다. 당시 변문에는 역사 고사(故事)나 전설을 제재로 한 것, 현실 생활을 반영한 것, 불경 고사를 강술한 것 등이 있었다. 점차 변문이 불교에서 떨어져나와 민간 연예인 강창으로 발전하면서 송대에 이르면 매우 다양한 강창문학이 성립된다.[32]

송대의 강창문학으로는 소설(小說), 고자사(鼓子詞), 제궁조(諸宮調), 애사(涯詞), 도진(陶眞), 사화(詞話) 등이 있었다. 소설은 단편(短篇)으로, 가창할 때 은자생(銀字笙)과 은자필률(銀字觱篥)의 반주를 사용했기 때문에 은자아(銀字兒)라고도 불렀다. 이를 강창하던 설화인(說話人)의 화본이 후세에 『청평산당화본(清平山堂話本)』, 『경본통속소설(京本通俗小說)』 등으로 편집되었다. 고자사는 강창에 북으로 박자를 맞추는 데서 나온 호칭이다. 제궁조는 송금대(宋金代) 강창의 정화(精華)라 할 수 있는데, 여러 궁조의 다양한 악곡을 사용해 생동감 넘치게 서술했다.[33] 이러한 강창들은 후세까지도 여러 가지로 형식에 변화를 일으키며 계승되었다.

명청대를 대표하는 강창은 고사(鼓詞)와 탄사(彈詞)다. 고사는 북방을 중심으로 유행한 강창이며, 명말 「대당진왕사화(大唐秦王詞話)」가 현재 남아 있는 최초의 고사 대본으로 추정된다. 그 후 무수한 고사소설(鼓詞小說)이 전하는데, 전쟁이나 국가의 흥망 얘기를 소재로 한 것이 많다. 고사에서는 주로 소고(小鼓)를 써 박자를 맞추기 때문에 고사란 말이 생겨났지만 지방에 따라 악조(樂調)나 사용 악기에 차이가 많다. 탄사는 중국 남쪽 지방에서 유행한 강창으로 기본 구조는 당대 변문과 크게 다를 것이 없다. 탄사는 이전에 유행하던 여러 강창을 모두 종합해 발전시킨 것으로 명칭은 현악기를 반주 악기로 쓰는 데서 유래했지만, 명대만 해도 고사나 마찬가지로 소고와 박판(拍板)이 주로 쓰였다.[34]

중국 강창문학은 우리 판소리와 유사한 면이 매우 많다. 강창문학은 우리 판소리보다 수백 년 앞서 존재했다. 중국과 우리가 밀접하게 교류한 양상으로 볼 때,

우리나라 사람들도 중국 강창문학을 익히 알았을 것이다.

국문학자 사재동(史在東)은 소설 형태로 기록된 한문본 「목련경(目連經)」이 고려시대부터 조선시대까지 광범하게 유통되었는데, 승려들이 대중을 위해 「목련경」을 낭랑하게 읽으면서 쉽고 재미있게 해설하고 부연했으며, 나아가 전문 승려가 능숙한 구변에 뛰어난 가창력을 구비해 「목련경」을 강창 형식으로 구연함으로써 유통의 절정을 이루고 많은 이본(異本)과 이화(異話)를 남기게 되었다고 지적했다. 그리고 조선 초에는 「목련경」이 국역되어 「석보상절(釋譜詳節)」과 「월인석보(月印釋譜)」에 삽입됨으로써 국문 소설의 면모와 기능을 갖추었고, 국문 「목련경」도 실제로는 전문 승려들이 연행하는 강설이나 강담, 강창 등으로 유통되었으리라고 봤다.[35] 음력 7월 15일에 거행하는 우란분재가 불교의 2대 명절이고 「목련경」이 우란분재와 밀접한 점을 고려하면 「목련경」 설행의 연희적 측면을 충분히 인정할 수 있다.[36] 더구나 고려 충목왕 3년(1347)부터 4년 사이에 편찬된 『박통사』에 고려 승려가 원나라에 초청되어 「목련경」을 강설했다는 내용이 있어, 고려 승려도 강창을 연행했음을 직접 확인할 수 있다.[37]

조선시대에도 명나라, 청나라와 빈번하게 교류해 중국 강창문학을 잘 알았을 터이므로 판소리 성립에 중국 강창문학의 영향이 있었으리라는 점은 충분히 인정된다. 그러나 아직 구체적으로 밝혀진 바가 없어 그 영향 관계를 살펴볼 수 없는 형편이다.

그래서 그동안 김학주, 최정여, 장주근, 성현자 등 여러 학자가 판소리와 중국 강창문학의 비교 연구를 시도했지만 영향 관계를 구체적으로 규명하지 못한 것이다.[38] 중문학자 김학주는 강창은 대부분 한 사람이 북이나 박판으로 스스로 박자를 맞추면서 강과 창으로 고사를 얘기한다는 점과, 문학상으로 이들의 대본이 순수한 중국 소설의 바탕이 된다는 점 등을 우리 판소리와의 공통점이라고 지적했다. 그리고 판소리에 가장 가까운 강창은 중국 북부 지방에 유행하는 고사이며, 판소리가 중국 강창의 영향을 받았을 것은 틀림없지만 어느 정도로 어떻게 영향을 받았는지는 단언할 길이 없다고 밝혔다.[39]

이상 살펴본 바와 같이, 판소리의 기원과 성립에 끼친 영향에 대해 여러 학설이 제시되었다. 학설마다 나름대로 일정한 설득력을 갖고 있다. 그러므로 판소리의 성립에 대해 한 가지 견해만 주장하는 것은 설득력이 약하다. 현재 국문학계에서는 판소리의 서사무가 기원설이 많은 지지를 받고 있다. 판소리 광대 중에 세습무계 출신이 많았고, 판소리에 집사설, 사벽도(四壁圖) 사설, 주효기명(酒肴器皿) 사설, 복색치레 사설, 인물치레 사설, 점복(占卜) 사설, 노정기 등 무가에서 차용한 사설이 많으므로[40] 판소리에 끼친 무가의 영향은 충분히 인정된다. 그러나 음악학자 중에는 서사무가 기원설에 비판적 견해를 보이는 학자들도 있다. 서사무가 기원설에서 말과 창을 섞어 진행하는 서사무가의 연희창 형태가 판소리에 영향을 끼쳤다고 하지만, 연희창 형태가 판소리보다 앞서 존재했다는 증거가 없기 때문이다. 이에 오히려 판소리의 영향으로 서사무가의 연희창 형태가 성립되었을 가능성이 있다고 지적하기도 했다.

한편 중국과 일본에서 서사무가와 상관없이 판소리와 같은 연희 형태의 공연물이 성립되었다는 점에 주목해보자. 중국에서는 당나라 때 불교 사원에서 불경을 해설하던 설창 형식 '속강'이 강창문학을 성립시켰다. 고려 승려가 원나라에 초청되어 「목련경」을 창하고 읊는 강창을 연행했다는 사실에서 미뤄볼 때, 불교 국가 고려에서는 강창 또는 속강이 크게 성행했고 유교 국가 조선에서도 다소 제약을 받았지만 여전히 강창이 계승되었을 것으로 짐작할 수 있다. 그러므로 판소리 성립에 강창이 영향을 끼쳤을 가능성도 배제할 수 없다. 그리고 판소리 성립에는 설화, 문장체 소설, 우희 등도 일정하게 영향을 끼친 것으로 나타난다. 따라서 이제 판소리의 기원에 대해 한 가지 측면만 주장할 것이 아니라, 판소리 성립에 영향을 끼친 여러 요소를 인정하면서 논의하는 것이 훨씬 설득력을 얻을 수 있다.

판소리의 전개와 변모

판소리의 형성기

조선시대에는 경기도, 충청도, 전라도 등에 재인청이 있었다. 재인청은 신청, 악사청, 광대청, 화랑청이라고도 불렸다. 계원은 세습무당 집안의 남자인 무부에 한하며, 전적으로 무악(巫樂)을 연주하는 화랑, 줄타기나 물구나무서기 등 곡예도 하고 무악도 연주하는 재인(才人), 가무 예능인이며 무악을 연주하는 광대를 포함했다.[41] 그리고 1827년(정해) 작성된 「팔도재인등등장(八道才人等等狀)」의 끝부분에 염계달, 송흥록, 고수관 등 판소리 명창의 이름이 적힌 점으로 보아, 판소리 광대도 재인청에 속했음을 알 수 있다.

「경기창재도청안」에 의하면 재인은 사신 영접이 있을 때 서울에 올라와 산대희를 거행하는 한편, 각 도의 창재도청(唱才都廳)과 각 군에 예속되어 재인청에 항상 순번으로 대령하는 대령광대였다.[42]

재인청 소속 재인은 평소에는 자기 고장에 머물렀다. 그러다 나례나 중국 사신 영접 행사에서 산대희를 거행할 때와 과거 급제 잔치인 삼일유가나 문희연 등을 거행할 때 서울에 올라와서 공연에 참가했다. 그러나 인조, 영조 이후 나례와 사신 영접 행사에 산대희 공연이 중단되자 민간 공연 활동을 적극적으로 추진한 것으로 보인다.

전라도 김제 출신 재인으로 인조 4년(1626) 나례에 동원된 박남(朴男)은 우희연희자이자 판소리 창자였던 것으로 나타난다. 그런데 앞서 조선시대 문희연의 전통연희에서 본 바와 같이, 박남이 17세기 재인으로 우희를 연행한 것은 분명하지만 판소리까지 불렀는지는 좀더 고증할 필요가 있다. 구수훈의 『이순록』에서는 박남을 명창이라고도 소개했지만, 이 기록에 나오는 한천(寒泉)은 곧 도암(陶庵) 이재(李縡)로서 박남보다 훨씬 후대 인물이다. 생몰 연대로 보아 도암과 박남은 서로 만날 수 없는 사이였다. 그러나 박남이 워낙 유명한 광대였기 때문에 판소리 명창의 일화가 첨가된 것으로 보인다.[43] 어쨌든 무부 출신 재인 중에 우희 연희자와 판소리 광대가 존재한 것이다.

박남을 초기 판소리 창자로 본다면 초기 판소리 창자 가운데는 우희를 연행하는 사람도 있었다는 이야기가 된다. 박남과 관련한 일화를 보면 그가 과거철을 맞아 상경했고 문희연에서 공연했음을 알 수 있다. 문희연에서는 우희의 일종인 유희가 반드시 연행되었으며, 판소리도 문희연의 중요한 연희 종목으로 연행되었다. 우희와 판소리를 비교해보면 양자는 구체적인 형식과 내용에서도 밀접한 관련을 보여준다. 이를테면 판소리의 어떤 대목은 그 자체로 독립적인 골계담을 이루어, 판소리 광대가 그 대목을 독립적으로 연행하면 바로 우희가 된다.

초기 판소리는 형태가 단순했을 것이다. 판소리에서 더늠(명창이 작곡해 장기로 부르는 대목) 작자로 알려진 명창들은 대부분 19세기에 활동했다. 그러므로 오늘날 전하는 판소리에서 작자가 알려진 더늠을 모두 제외하면 판소리의 내용이나 장단, 선율은 상당히 빈약해진다. 현재 〈춘향가〉를 완창하려면 여덟 시간 정도 걸리지만, 초기 춘향가는 두서너 시간 분량이었을 것이다. 초기 장단으로는 중모리, 중중모리, 자진모리 셋을 모두 사용했거나, 아니면 한 장단만 사용했을 가능성도 배제할 수 없다. 선율도 배뱅이굿처럼 특정한 음 질서 하나만 사용했을 가능성이 있다.

그러므로 단순한 형태의 초기 판소리가 발전해 지금과 같이 진양조, 중모리, 중중모리, 엇모리, 자진모리, 휘모리 등 다양한 장단을 사용하고, 판소리의 선율에서 여러 음 질서가 함께 사용되는 길바꿈(전조) 기법을 구사하기까지는 상당한 시간이 걸렸을 것이다.[44] 이에 박남이 활동한 17세기에서 18세기까지 한 세기 동안을 판소리 형성기로 보고자 한다.

판소리의 성장기

18세기 중반부터 판소리 단가와 판소리에 대한 기록이 발견된다. 이 시기부터 19세기 중반에 이르는 시기를 판소리의 성장기로 분류한다. 석북 신광수가 1750년에 진사에 급제해 유가를 할 때 거느린 광대 원창에게 시를 한 편 주었는데, 이 시에 "붉은 부채 탁 치니 한삼 소매 너울너울, 〈우조영산(羽調靈山)〉은 당세의 독보라네. 이별에 임해 한 곡조 〈춘면곡(春眠曲)〉 또 부르고, 꽃 지는 이때에 강을 건너 돌아가네"라는 구절이 있다. 이 시는 광대가 문희연에서 〈우조영산〉과 〈춘면곡〉 등을 불렀음을 전해준다. 〈우조영산〉은 판소리 단가를 말하는데, 이것이 단가에 대한 최초의 기록이다.[45]

신광수는 가난해 유가에 대한 보수를 지불할 수 없었다고 한다. 그래서 붉은 부채에다 이 시를 적어준 것이다. 조재삼(趙在三)은 『송남잡지(松南雜識)』에서 '타영초례(打詠初例, 단가)'를 '영산'이라 한다고 밝히면서, 신광수가 유가의 행하(行下, 놀이가 끝난 후 광대나 기생에게 주는 보수) 비용이 없어 창부(唱夫)에게 붉은 부채 하나를 주며 시를 써줬다고 기록했다. 이어 "뒤에 그 창부가 내원(內苑)에 들어가 타령을 했는데, 임금께서 부채를 보시고는 즉시 석북에게 벼슬을 내렸다"[46]라는 내용이 있다. 이런 일화까지 생겨난 것으로 보아 석북이 원창에게 행하 대신 부채에 시를 써준 일은 두고두고 화제가 된 모양이다. 이 일화가 사실이라면 신광수가 처음 벼슬에 나선 것이 50세(1761) 때였으니, 18세기 중엽인 영조 말년에 판소리가 궁중에서 연행된 것이다.[47] 그러므로 18세기 중엽에 이미 판소리는 석북 신광수 같은 뛰어난 시인의 인정을 받았고, 임금 앞에서 연행될 정도로 위상이 격상되었음을 알 수 있다.

판소리 광대의 효시는 하한담(河漢譚)과 최선달(崔先達)로 권삼득(權三得: 1771~1841)보다 선배라고 한다.[48] 그러므로 이들은 늦어도 18세기 중후반에는 활동했을 것이다.

만화(晩華) 유진한(柳振漢: 1711~1791)의 「가사춘향가이백구(歌詞春香歌二百句)」는 영조 30년(1754)에 호남 지방을 여행하다 〈춘향가〉를 듣고 지은 시다. 이 천팔백 자 분량의 칠언장시(七言長詩)로 〈춘향가〉의 기본 줄거리를 모두 갖추고 있다. 춘향가의 내용을 자세하게 소개한 최초의 자료다. 이 시는 18세기 중엽에 이미 양반들이 판소리의 청중이 되었고, 나아가 그것을 시로 남길 정도로 가치를 상당히 인정했음을 보여준다. 또 2년 뒤에 양주익(梁周翊: 1722~1802)이 춘향가를 「춘몽연(春夢緣)」이라는 제목의 시로 지었다는 기록도 있다.

신위(申緯: 1769~1845)는 순조 26년(1826)에 판소리를 듣고 「관극시(觀劇詩)」를 지었다. 다음 인용문은 그가 「관극시」를 짓게 된 배경이다.

> 3월 3일에 늙은 광대 고수관이 홍성에서 왔기에 술을 내놓고 소리를 들었다. 지난 을유년(1825) 봄을 돌이켜보니 총사(摠使) 이기원(李杞園)과 함께 고수관을 붙잡아놓고 한 달이나 즐겁게 지냈고, 나는 「관극시」 열 수를 지었다.[49]

신위의 시는 명창을 한 달이나 잡아놓고 판소리를 들은 경험의 산물이다.

송만재는 아들이 과거에 급제했지만 형편이 어려워 문희연을 베풀지 못하자, 대신 「관우희」라는 시를 지어 문희연의 여러 연희를 자세하게 읊었다. 이 시에서는 판소리를 본사가(本事歌)라고 표현하면서, 판소리 열두 마당을 〈춘향가〉, 〈심청가〉, 〈흥보가〉, 〈수궁가〉, 〈적벽가〉, 〈변강쇠가〉, 〈배비장타령〉, 〈옹고집타령〉, 〈무숙이타령〉, 〈장끼타령〉, 〈강릉매화타령〉, 〈가짜신선타령〉으로 소개했다.

이 시 44수와 45수는 여러 놀이패가 상경해 문희연에 초청받으려고 기량을 과시하는 모습을 묘사했다. 삼일유가와 문희연에는 전문 연희자가 필요했기 때문에, 과거가 임박할 때마다 지방 연희자들이 서울로 몰려든 것이다. 그러면 급제자 측에서는 가장 잘하는 놀이패를 선택했다. 따라서 문희연은 양반층의 판소리 향유가 확산되는 계기가 되었다.

한편 「관우희」에서는 당시의 명창과 그 이전 명창을 소개하고 있다.

長安盛說禹春大	장안에서 우춘대를 너도나도 일컫는데
當世誰能善繼聲	오늘날 누가 그 소리를 잘 계승했나.
一曲樽前千段錦	한 곡조 소리에 비단 천 필이 쌓이네.
權三牟甲少年名	권삼득, 모흥갑은 어릴 적부터 이름을 날렸네.

이 시는 우춘대가 권삼득보다 선배임을 알려준다. 이 시를 지을 때(1843)까지도 사람들이 예전 명창 우춘대를 일컬으면서 누가 그 소리를 이을지 기대한다는 내용이다. 그러므로 우춘대는 18세기 말엽에서 19세기 초엽까지 활동한 명창으로 추정할 수 있다. 「게우사(무숙이타령)」에서는 판소리 명창들과 그 장기를 나열할 때 우춘대의 〈화초타령〉이 제일 먼저 나온다. 따라서 우춘대는 전문 판소리 창자로 중앙 무대에서 대중의 인기를 끈 첫 인물이었을 가능성이 높다.[50]

우춘대의 뒤를 이어 많은 명창이 출현해 새로운 장단, 창법, 더늠 등을 개발해 판소리를 다채롭게 발전시켰다. 우춘대의 〈화초타령〉, 황해천(黃海天)의 자웅성, 권삼득의 호걸제(덜렁제)와 〈놀보가 제비 후리러 나가는 대목〉, 송흥록(宋興祿)의 귀곡성(鬼哭聲)과 〈동풍가〉 그리고 진양조, 고수관(高壽寬)의 추천목(경쾌하고 흥겨운 소리)과 〈자진사랑가〉, 염계달(廉季達)의 경드름[京調, 서울, 경기 지역 창법으로 밝고 경쾌한 느낌]과 〈남원골 한량〉, 모흥갑(牟興甲)의 고동상성과 〈이별가〉, 김제철(金齊哲)의 석화제(명랑하고 건들거리는 성음이 많이 들어가는 창법), 송광록(宋光祿)의 〈긴사랑가〉 등이다.

19세기 전반기는 본격적인 명창의 시대였다. 이 시기에 활약한 권삼득, 송흥록, 염계달, 모흥갑, 고수관, 신만엽(申萬葉), 김제철, 황해천, 주덕기(朱德基), 송광록 중 여덟 명을 꼽아 '전기(前期) 팔명창'이라 부른다. 이들 명창이 이름을 남긴 것은 양반과 교유했기 때문이다. 따라서 이들 명창의 소리는 다분히 양반의 선택과 취향이 반영된 것이라 여겨진다.

성장기의 판소리는 여전히 민중에게 기반을 두었고 발랄하고 건강한 정서가 담겨 있었지만, 양반이 중요한 청중으로 등장하면서 판소리의 사설과 창곡에 변화의 빌미를 마련한 것이 특징이다.[51]

판소리의 변모기

헌종, 철종, 고종 때는 판소리 광대들이 임금 앞에 불려가 판소리를 했고, 세도가나 흥선대원군도 판소리를 애호했다. 그래서 판소리 광대들은 명예직이나마 벼슬을 받고 천민 신분에서 벗어나는 기회를 얻었다. 헌종은 염계달과 모흥갑에게 동지(同知)를 제수했고, 철종은 송수철(宋壽喆)에게 선달(先達)을 제수했으며, 고종은 김창환(金昌煥)과 송만갑(宋萬甲) 등에게 각각 의관(議官)과 감찰(監察) 벼슬을 제수했다. 이 시기에 흥선대원군 이하응(李昰應: 1820~1898)과 세도정치가 김병기(金炳冀: 1818~1875) 등이 판소리를 즐기고 판소리 광대를 고무해 판소리가 더욱 발전할 수 있었다. 이 시기를 판소리의 변모기(19세기 중반~19세기 말)로 분류한다.

19세기 중반 이후에 주로 활약한 박유전, 박만순, 이날치, 김세종, 송우룡, 정창업, 정춘풍, 김창록, 장자백, 김찬업, 이창윤 가운데 여덟 명을 꼽아 '후기(後期) 팔명창'이라 부른다. 이들은 양반이나 왕족에게 불려가 소리를 했으며, 판소리의 변모에 상당한 영향을 끼친 인물들이다.

19세기에 판소리의 성격이 변모하는 과정에서 주목할 사실은 양반이 판소리를 애호하게 되었다는 점이다. 양반이 판소리를 문희연의 공연 종목으로 삼은 것은 판소리 성장기의 양상이기도 했지만, 이 시기에 판소리가 문희연에서 가장 중요한 공연 종목이 되었다. 양반은 판소리의 좌상객(座上客)으로 등장해 감상자와 비평가 역할을 하면서 직접 판소리 사설 수정에도 참여했다. 양반이 중요한 영향을 끼치는 청중인 만큼 광대들은 양반을 위한 예술 활동에 종사하게 되었다. 양반이 판소리 애호가가 되면서 사설에 심각하고 중요한 변모가 일어났다. 원래 판소리 사설은 거칠지만 건강한 민중 의식을 담고 있었는데, 양반의 미의식을 담는 방향으로 바뀌면서 전아(典雅)하고 고상하며 중세적인 질서를 고수하는 방향으로 개작이 진행된 것이다. 그래서 판소리는 민중의 삶을 역동적으로 반영하면서 현실 세계를 명확하게 인식하게 해주는 능동적인 예술에서 점차 멀어졌다. 이것이 19세기 중반 이후의 대체적인 양상이었다. 이미 판소리가 민중의 삶과 욕망을 반영하면서 변혁을 지향하는 예술 양식은 아니었다. 19세기 후반에 들어서서 판소리는 사설에 한문투를 많이 사용해 내용이 어려워졌고, 음악성도 고도의 기교와 시김새 등으로 세련을 거듭해 서민이 쉽게 따라 부를 수 없는 고급 예술이 되어버렸다.[52]

신재효는 아전 출신으로 한문에 능했고, 판소리 이론가, 개작자, 후원자이자 판소리 단가 창작자였다. 그는 명창 김세종을 집에 기거하게 하면서 광대들에게 판소리를 가르치게 했다. 그리고 동편제(東便制)에 속한 박만순, 김세종, 전해종, 김창록 등과 서편제(西便制)에 속한 이날치, 김수영, 정창업 등 명창을 직접 이론적으로 지도하거나 지원했다. 또 처음으로 진채선(陳彩仙)과 허금파(許錦波) 같은 여류 명창을 배출했다.

신재효는 〈광대가〉를 지어 판소리 이론을 밝히면서 인물, 사설, 득음, 너름새라는 4대 법례를 제시했다. 만년에는 판소리 열두 마당 가운데 〈춘향가〉, 〈심청가〉, 〈박타령〉, 〈토별가〉, 〈적벽가〉, 〈변강쇠가〉 등 여섯 마당을 개작했다. 〈춘향가〉, 〈심청가〉, 〈박타령〉 개작은 전반적으로 합리적이고 체계적인 구성을 갖추는 방향으로 진행되었고, 전아한 한문투 문장을 많이 수용했다.[53] 그래서 신재효 개작본에는 판소리가 본래 갖고 있던 서민의 발랄한 현실 인식이 약화된 측면이 있고, 판소리로 부르기에 적합하지 않은 독서물이 된 측면도 있다.

그러나 〈토별가〉에서는 소재가 같은 이본(異本)들보다 용궁에서 벌어지는 벼슬아치들 사이의 다툼을 잘 묘사했는데, 이는 아전인 신재효의 현실 인식을 잘 보여준다. 〈적벽가〉에서는 조조(曹操)의 모사 정욱(程昱)을 〈춘향가〉의 방자와 같은 인물로 만들고, 조조를 원망하는 군사들의 '설움타령'을 극대화했다. 〈변강쇠가〉는 유랑민의 비참한 생활을 꾸밈없이 그리고, 남녀 관계의 비속한 거동을 농도 짙게 묘사해 윤리 도덕에 의한 윤색과는 거리가 멀다. 한편 신재효는 〈치산가(治産歌)〉, 〈십보가(十步歌)〉, 〈괘씸한 서양(西洋) 되놈〉, 〈방아타령〉, 〈오섬가(烏蟾歌)〉, 〈도리화가(桃李花歌)〉 등 판소리 삼십여 편의 단가를 창작했다. 그리고 〈명당축원(明堂祝願)〉, 〈성조가(成造歌)〉, 〈방아타령〉을 지어 경복궁 낙성 기념 공연에서 진채선에게 부르도록 했다.[54]

한편 판소리가 대중적 인기를 얻게 되자 전주 대사습 같은 판소리 경창 대회가 열리게 되었다.

> 통인청 대사습. 바꿔 말하면 출중한 명창을 선출하는 전국 판소리 경창 대회 때가 되면 각 고을에서 이름난 창악인이 몰려들었고, 관아에서는 이들을 통인청에 기숙시켜 며칠 전부터 보신보양시킨 다음 대사습에 임하게 했다. 이방은 전라도 각 지

방 수령에게 초청 공문을 보내고, 전주성 내의 소위 돈냥이나 가진 유지와 양민에게 통문을 돌리며, 대방을 불러서 놀이터에 가설 무대를 설비케 하는 등 대사습 장소의 만반 준비를 당부한다. 그날 참석하는 각 고을 수령은 물론이고 성내 유지와 양민도 헌납금 몇 백 냥 또는 몇 십 냥을 내놓게 되므로, 이 돈으로 대사습의 일체 비용을 충당했다.[55]

인용문은 전주 통인청이 주관한 전주 대사습의 진행 과정을 소개했다. 전주 통인청 대사습의 초기 형태는 단오일의 여러 가지 민속예술 경연에 판소리가 참여한 형태였다고 한다. 이러한 전주 대사습의 경연 형태는 지금까지도 면면히 이어지고 있다.

한편 전주 대사습의 유래에 대해 다음과 같은 설명도 있다. 전주부(全州府)와 전라 감영 통인들이 친목회를 할 때 여흥으로 판소리를 들었는데, 이들의 판소리 감식안이 높아 일급 명창들이 여기에 출연하게 되었고, 그러다 보니 두 통인청의 경쟁으로 바뀌었다는 것이다.[56] 이 통인청 대사습으로 등장한 명창으로는 유공렬(劉公烈)이 있다. 정창업은 이 대회에 참여했다 실패했다고 한다.[57]

신재효나 전주 대사습의 예로 알 수 있듯이 이 시기에 지방 중인은 판소리 향유자일 뿐만 아니라 판소리를 상층 양반과 연결하는 중개인 역할에서 판소리 창자를 모아 교육시키는 역할까지 수행하면서 판소리 후원자 역할을 담당했다.[58]

일제시대의 판소리와 창극

앞에서 19세기 후반부터 야기된 판소리 사설과 창곡의 변화를 살펴봤는데, 20세기 초반에 이르면 더 크게 변화한다. 이 시기 판소리와 창극에 일어난 변모에 대해서는 유영대의 연구를 주로 참고하기로 한다.[59] 19세기 말까지 판소리를 지탱해준 지지 기반인 양반이 20세기 들어 식민지 상황을 경험하면서 해체되었기 때문이다. 그 후예들은 일본의 식민지 문화 정책에 이끌려 일본의 통속예술에 경도되었다. 판소리는 일제시대가 진행되면서 급격하게 밀려오는 식민주의의 문화

정책으로 말미암아 지지 기반을 상실해갔다.

그래서 판소리 광대들은 예술 유지를 위해 다시 서민 대중에게 눈을 돌렸다. 이전까지 구가하던 우아한 예술을 버리고 민중 취향의 노래를 부르게 되었는데, 그것은 쉽고도 골계적인 사설 회복과 계면조 전통으로의 회귀였다. 20세기 전반기의 판소리가 계면조로 많이 흘러간 것은 이같은 기반 변모와도 관련이 있다.

19세기 말부터 주로 20세기 전반기에 활약한 박기홍(朴基洪), 김창환(金昌煥), 김채만(金采萬), 송만갑(宋萬甲), 이동백(李東伯), 유공렬(劉公烈), 전도성(全道成), 김창룡(金昌龍), 유성준(劉聖俊), 진채선(陳彩仙), 정정렬(丁貞烈) 가운데 다섯 명을 꼽아 '근대 오명창'이라 부른다. 이들의 소리는 유성기 음반으로 남아 있어 소릿결을 파악할 수 있다.

20세기 초반 무렵부터 새로운 판소리에 대한 기대로 '창작 판소리'가 생겨났다. 최초의 창작 판소리는 원각사에서 김창환이 1904년에 공연했다는 〈최병두타령〉이다. 〈최병두타령〉은 강원도 관찰사 정 아무개가 고을 양민 최병두를 잡아다 곤장으로 때려죽이고 재산을 빼앗았다는 실화를 토대로 만든 판소리이자 창극 작품이다. 이인직(李人稙)은 이 작품을 신소설 「은세계」로 각색했다.

반일(反日) 정서를 노래한 창작 판소리 열사가(烈士歌)는 해방을 전후해 창작되었다. 지금도 호남 지역에서는 열사가를 쉽게 들을 수 있다. 열사가는 일제의 부당한 식민지 지배에 강력하게 항거하는 예술로 존재해왔다. 이준, 안중근, 윤봉길, 유관순 등의 열사가가 있는데, 일제에 적극적으로 저항한 인물의 행적을 높이 평가하고 기리는 내용이다.

열사가를 창작해 보급한 인물로는 해방 후 월북한 서편제 명창 박동실(朴東實: 1897~1968)이 대표적이다. 박동실은 〈심청가〉에 능했으며 이념적 성향이 강한 인물이었다. 해방 직후 그로부터 열사가를 배운 사람으로는 한승호(韓勝浩)가 있다. 해방 후에 이 노래가 유행처럼 번져 수많은 창자가 해방 직후의 반일 정서를 노래했다. 그 후 김연수(金演洙) 명창은 이은상(李殷相)의 사설을 토대로 〈이순신전〉을 만들어 열사가의 범주를 넓혔다. 〈이순신전〉으로 열사가의 범주는 역사적 인물의 행적을 노래하는 역사가(歷史歌)로 의미가 확대되었다. 열사가를 잘 부르는 명창으로는 한승호, 김동준, 이성근, 안숙선 등이 있고, 고흥에 살던 송영석 명창을 포함해 특히 호남 지역에 살던 명창이 잘 불렀다. 열사가는 대체로 비분강개의 톤으로 진행되며, 골계적 내용은 드물다. 〈안중근 열사가〉의 한 대목은 다음과 같다.

엇모리 뜻밖에 어떤 사람이 권총을 손에 들고 번개같이 달려들어, 기세는 추상 같고 심산맹호 성낸 듯이 왜(倭) 진중을 헤치고 이등(伊藤) 앞으로 우루루루루, 이등을 겨누어 쾅쾅. 이등이 총을 맞고 섰던 자리 쓰러질 제, 흐르는 피는 물결같이 땅으로 흐르고 사지만 벌벌 떤다. 감췄던 태극기를 번듯 내여 휘두르며 "나는 원수를 갚았다. 이천만 동포들 쇠사슬에 얽어놓은 우리 원수 이등박문 내 손으로 죽였소. 대한독립 만세." 우렁찬 소리로 외치니 할빈역이 진동. 삼천 리 빛난 이름 세계로 흘러가고 흉적 이등은 혼비백산이로구나….

늦은중모리 쓸쓸한 면회장에 모자 서로 마주서서, 몇몇 간수들은 좌우로 갈라서고. 그때여 안 의사는 모친을 바라보며 두 눈에 눈물이 방울방울 떨어지며 "불초자식 중근이는 어머님 슬하를 떠납니다." 그 어머니 타는 가슴 어찌 다 말하리오마는 타는 가슴 진정하고 태연히 웃으시며 "오, 내 아들 장하도다. 국민 의무를 지켰으니 늙은 어미는 생각 말고 부대부대 잘 가거라." 한두 말로 영별을 하니, 어안이 먹먹, 두 눈이 캄캄허고, 서름이 복받쳐오르건만 나라를 위해 죽는 아들을 부여잡고 적인(敵人)의 속에서 울 수도 전혀 없고, 억지로 울음을 참느라고 눈만 번히 뜨고 말 못 하고 서 있다.

아니리 어느새 간수들은 시간이 다 되야 안 의사를 옆에 끼고 사형장으로 들어가는구나.

이성근 명창이 부르는 〈안중근 열사가〉의 한 대목이다. 안중근이 이토 히로부미를 권총으로 쏘는 장면은 엇모리장단으로 경쾌하게 부르고, 그가 죽음을 앞두고 어머니와 상봉하는 대목은 진계면으로 불러 비장감이 극에 달한다. 판소리로 곰삭은 형태를 성취하지는 못했지만 나름대로 이념적 지향을 잘 보여주는 작품이다.

일제의 지배가 강화되면서 판소리는 더욱 심각한 양상으로 변모하게 되었다.

판소리는 본래의 시대적 의의를 잃은 채 한낱 골동적인 것으로 남아 있다가 창극(唱劇)으로 변화했다. 창극은 연극처럼 여러 인물이 등장해 각기 배역에 따라 연기를 하면서 판소리를 부르는 음악극이다. 판소리의 창극화는 성급하게 진행되었으나, 어떤 의미에서는 필연적 추세이기도 했다.

최초의 창극은 1902년 가을, 고종 즉위 40주년을 경축하는 행사를 거행하기 위해 신식 극장인 원각사(圓覺社)에서 김창환이 전국 남녀 명창을 불러들여 공연하려 한《춘향전》이라고 한다. 그러나 이 행사는 두 번 연기된 끝에 유야무야되었고, 1903년 가을 강용환에 의해 창극《춘향전》이 공연되었다. 천장에 전등을 밝히고 흰 포장을 둘러친 다음 여러 창자가 포장 앞에 둘러서서 맡은 배역의 소리를 했다.

원각사가 해체된 후 명창들은 협률사(協律社)를 구성해 전국을 순회하면서 창극을 공연하기도 했다. 1933년에 조선성악연구회가 결성되면서부터 창극은 새로운 변화의 계기를 맞았다. 1935년에 공연된 정정렬 편극의《춘향전》은 무대를 제대로 갖추고 새로운 대사를 많이 삽입해 연극적 면모를 갖췄다. 그 후 조선성악연구회는 직속 극단으로 '창극좌'를 두고 창극 여러 편을 공연해 흥행에 크게 성공했다.

창극은 판소리를 재료로 만든 연극으로서 정체성이 어느 정도 확보되어 있었다. 창극에 참여한 명창은 뛰어난 소리와 연기로 판을 휘어잡았다. 창극은 창극 고유의 입지가 있었고, 관중은 창극을 일종의 연극으로 간주했다.

1940년대에서 1950년대 전반기에 창극은 협률사나 창극단 형태로, 혹은 여성국극처럼 속화한 형태로 왕성하게 공연되었다. 일제가 집요하게 시도한 전통사회 말살 정책의 막바지 무렵이었음에도 농촌 공동체가 보존되어 창극이라는 전통적인 양식이 새로이 유입되는 문화와 병존할 수 있었던 것이다. 그러나 창극은 1960년대부터 일어난 유행가와 팝송 붐, 본격적인 연극이나 영화 등장 등 창극을 대치할 만한 다채로운 대중문화의 충격으로 인해 급격히 쇠퇴했다.

판소리의 유파

판소리는 크게 동편제, 서편제, 중고제(中高制)의 세 유파로 구분한다.[60] 판소리는 전승 지역에 따라 가창 방식을 비롯한 여러 면에서 차이를 보인다. 그러나 후대에는 지역성 이외에도 명창의 계통, 소리 자체의 미학적 기반 등에 따라 판소리의 유파를 구분하게 되었다. 판소리의 유파는 대체로 19세기 초반인 전기 팔명창 시대부터 비롯된 것으로 보인다. 19세기에 들어 임금, 양반, 대원군 등 상류층의 애호를 받으면서 판소리는 부와 명예를 축적하는 예술로 인식되었고, 광대들이 자기의 법통을 강조하는 경향도 생겨났다. 먼저 동편제와 서편제가 대립적으로 존재했고, 후에 중고제가 생겨난 듯하다.

판소리의 유파를 처음 언급한 사람은 정노식이다. 그는 일제시대에 판소리의 원로 명창을 직접 면담하고 조사해 『조선창극사』를 출판했다.

> 대가닥에는 동편제, 서편제, 중고제, 호걸제가 있으나, 대체로 동서로 나뉘고 중고 및 호걸은 극소하다…. 중고제는 비동비서(非東非西)의 그 중간인데 비교적 동에 근(近)한 것이다. 그러면 동서의 유래가 여하(如何)히 분류된 것이냐 하면, 송흥록(宋興祿)의 법제(法制)를 표준해 운봉, 구례, 순창, 흥덕 등지 이쪽을 동편이라 하고, 서는 박유전(朴裕全)의 법제를 표준해 광주, 나주, 보성 등지 저쪽을 서편이라 했다. 그 후에는 지역의 표준을 떠나서 소리의 법제만을 표준해 분파되었다.
>
> 중고제와 호걸제는 염계달(廉季達)과 김성옥(金成玉)의 법제를 많이 계승해 경기와 충청 간에서 대부분 유행한다.[61]

판소리는 오랜 기간 전승되면서 자연스럽게 유파를 형성했다. 동편제 전승지는 운봉, 구례, 순창, 흥덕 등 주로 호남 동북부 지역으로서 산악지대였다. 그래서인지 동편제 판소리는 전반적으로 남성적이고 씩씩한 우조적(羽調的) 경향이 강하다. 정노식은 동편제가 우조를 주장해 웅건청담(雄建淸談)하게 하며 호령조가 많고, 처음 발성할 때 소리 마디마디마다 아주 진중하게 시작하고 구절을 끝마칠 때는 쇠마치로 내려치는 듯이 되게 한다고 지적했다. 장단 운용도 동편제는 대마디대장단(말이 장단과 박에 어긋나지 않게 붙는 기교)과 '잔가락 없는 장단'을 주로 사용한다. 그러므로 동편제 판소리는 '우뚝 솟은 봉우리에 달이 시원하게 떠오르듯이 소리하는 것'[62] 같은 느낌을 준다. 결국 동편제의 음악적 특징은 웅장하고 씩씩하며, 대마디대장단에 충실해 장단에 소리를 맞춰 붙여나가고, 잔 기교를 부리지 않고 선천적인 음량을 소박하게 그대로 드러내 소리하는 것이라고 할 수 있다.

서편제 전승지는 광주, 나주, 보성 등 호남 서남부 지역으로서 주로 평야 지대였다. 그래서인지 서편제 판소리는 전반적으로 여성적이고 부드러운 계면조적(界面調的) 경향이 강하다. 정노식은 서편제가 계면을 주장해 연미부화(軟美浮華)하게 하며, 처음 발성할 때 가벼운 발성으로 시작하고 구절을 끝마칠 때는 좀 길게 끌어 꽁지가 붙어 다닌다고 지적했다. 장단 운용에서 서편제는 '잔가락이 많고 기교적'이어서 소리 한 꽁지가 몇 장단씩 끌고 나간다. 그러므로 서편제는 '온갖 나무에 꽃이 화려하게 피듯 현란하게 소리하는 것'[63] 같은 느낌을 준다. 음악적 특징은 슬프고 원망스런 느낌을 처절하게 잘 그려내고, 엇붙임이나 잉애걸이(가락이 박자 사이사이를 비켜나가는 창법) 등 장단 변화로 뛰어난 기교를 보여주며, 정교하고 화려하게 소리하는 것이다.

중고제는 충청도와 경기도 지역에 기반을 둔다. 창법은 창을 할 때 비교적 낮은 음성에서 평평하게 시작해 중간에서 높이고, 한계점에 이르러 음성을 낮춰 부르는 것으로, 성량이 풍부한 사람이 불러야 제격인 수준 높은 기교가 필요하다. 성음의 높고 낮음이 분명해 명확히 사설을 구분해 들을 수 있으며, 독서풍 가류(歌流)로 곡조가 단조하고 소박한 맛이 있다.

그러나 후대에는 명창이 사정에 따라 이사를 해 사는 지역이 바뀌기도 했고, 또 개화기 무렵부터 뛰어난 명창이 다수 서울에 거주함에 따라 판소리를 배우는 사람은 유파를 가리지 않고 여러 명창에게 두루 배울 기회가 생겼다. 그러므로 후대에 유파 구분은 지역 기준보다는 명창의 기준에 의해 나뉘었다. 정노식이 『조선창극사』에서 "지역의 표준을 떠나서 소리의 법제만을 표준해 분파되었다"라고 한 지적은 바로 동편제나 서편제를 전승 지역이 아니라 '소리의 법제'로 구분하게 되었다는 저간의 사정을 말해주는 것이다.

특히 19세기 후반부터는 가문을 중심으로 유파를 나누는 것이 자연스러운 현상이 되었다. 송판 〈적벽가〉라든지 박유전제 〈심청가〉, 김세종제 〈춘향가〉 등은 가문으로 계승된 소리의 계보다. 이것들은 사승관계가 유파를 형성하는 중요한 축으로 작용했음을 밝혀준다.

동편제의 전승 계보

동편제의 중간 시조는 송흥록이다. 동편제에는 송흥록제, 김세종제, 정춘풍제 등이 있다. 송흥록제는 전라도 섬진강의 동쪽인 남원과 구례 등지를 중심으로 발전한 유파다. 송흥록은 모든 가조(歌調)를 집대성해 판소리를 완성했으므로 가왕이라는 호칭을 얻었다.

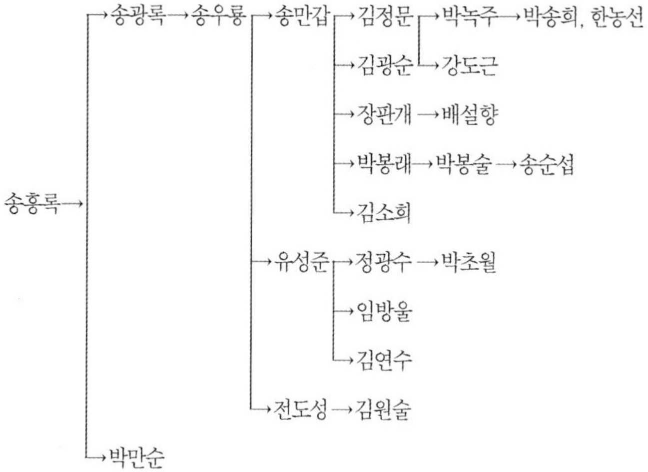

김세종제는 동편제의 다른 가닥으로 분류되는데, 주로 고창의 신재효를 중심으로 형성된 전승집단에서 기왕의 판소리 사설과 음악 내용을 새롭게 변화시키고 수정한 것이다. 김세종제 〈춘향가〉는 기왕의 〈춘향가〉보다 양반 취향이 많이 가미되어 우아하고 섬세해진 것이 특징이다. 이들 소리의 전승 계보는 다음과 같다.

- 신재효→
  - →장자백
  - →김세종→김찬업→정응민→정권진, 조상현, 성우향, 성창순
  - →진채선, 허금파, 성민주
  - →이동백→강장원

동편제의 또 다른 계통인 정춘풍의 소리는 다음과 같이 전승되었다.

- 정춘풍→
  - →박기홍→조학진→박동진
  - →조기홍

서편제의 전승 계보

서편제는 박유전의 법제를 표준으로 삼았다. 박유전은 헌종 무렵 전라북도 순창에서 태어났으며, 대원군의 총애를 받으며 한양에서 크게 활약하다 만년에 전라남도 보성군 강산리로 옮겨 살았다. 그는 판소리에 장식과 기교를 덧붙여 서편제를 발전시켰다. 박유전은 본바탕을 서편제 소리로 채운 후에 한양에서 활동하면서 서편제와는 취향이 대조되는 다른 유파를 개발하게 되는데, 그것이 이른바 강산제(江山制)다.

- 박유전→
  - →정창업→김창환→김봉학, 김봉이→정광수→박초월
  - →이날치→김채만→박동실→한승호, 김소희, 한애순, 김녹주
  - →정재근→정응민→정권진, 성우향, 조상현, 성창순, 안채봉

박유전의 〈심청가〉는 이날치에게 전승되었다. 이날치의 소리는 김채만에게, 김채만의 소리는 다시 박동실에게 전승되어 서편제 〈심청가〉의 본류가 되었다.

위 계통도 가운데 정창업은 박유전 계통이 아니라는 견해도 있다. 이 경우 서편제는 다른 계통으로 정창업 계열을 상정할 수 있다. 정창업은 철종에서 고종 전기까지 활동한 명창으로 전라남도 함평 출신이다. 정창업은 〈흥보가〉가 특장(特長)이었으며, 이 소리가 김창환을 통해 전승되었다.

박유전이 정재근에게 전수시킨 〈심청가〉를 특별히 '강산제'라고 부르며, 정재근이 정응민에게 전수시킨 소리의 유파를 '보성소리'라고 지칭한다. 이로 보면 보성소리는 서편제 가운데서도 특히 19세기 말에 보성을 거점으로 형성된 판소리 유파인 셈이다. 정응민은 당시 풍조가 슬픈 성음, 즉 계면조만 좋아하고 노랑목에 경도되는 풍조를 여러 차례 개탄하면서 스스로 고제(古制) 소리를 지켜야 한다고 다짐했다. 이러한 원칙 때문에 청중이 계면성음, 노랑목을 원해도 영합하지 않고 꿋꿋이 양반 취향 판소리를 지켰다.

보성소리 안에는 김세종제 〈춘향가〉와 강산제 〈심청가〉, 그리고 정응민으로 상징되는 정씨 가문의 내림소리가 혼재되어 있다. 그중 보성소리의 범위가 가장 크며, 그 안에 김세종제 〈춘향가〉와 강산제 〈심청가〉가 포함된다. 보성소리에 강산제 〈심청가〉가 포함되지만 그렇다고 강산제가 바로 보성소리 전체를 구성하는 것은 아니다. 보성소리는 다음처럼 구성되어 있다.

동편제	〈춘향가〉	김세종→김찬업→정응민→정권진, 성우향, 조상현, 성창순
강산제	〈심청가〉	박유전→정재근→정응민→정권진, 성우향, 조상현, 성창순
	〈적벽가〉	박유전→정재근→정응민→정권진
	〈수궁가〉	박유전→정재근→정응민→정권진

이 표로 본다면 보성소리는 〈춘향가〉의 경우 김세종제를, 〈심청가〉, 〈적벽가〉, 〈수궁가〉는 강산제(박유전제)를 받아들여 자산으로 삼았음을 알 수 있다. 따라서 보성에서 전승된 소리 일반을 지칭할 때는 '보성소리'라는 명칭이 적절하며, 원래 계통을 밝혀 말할 때는 김세종제 〈춘향가〉, 강산제(박유전제) 〈심청가〉라고 부르는

것이 타당하다.

중고제의 전승 계보

중고제는 염계달과 김성옥의 법제를 표준으로 삼아 전승되었다. 중고제는 헌종 시대부터 20세기 전반까지 경기도와 충청도 지방을 중심으로 전승된 판소리 유파로 지금은 계승이 끊어졌다. 모흥갑이 경기도 진위 출신이고 방만춘(方萬春)이 충청남도 해미 출신이라는 점에서 중고제 명창으로 추정된다. 모흥갑은 평양 연광정에서 판소리를 할 때 덜미소리를 질러내 십 리 밖까지 들리게 했다는 일화가 전할 만큼 성량이 탁월한 명창이다.

중고제의 음악적 특성은 '비동비서지만 동편에 가까운 것', 즉 동편제도 서편제도 아닌 중간이라고 한다. 그러나 비교적 동편제에 가까운 소리 스타일을 보여준다. 한편 중고제는 지역 개념과 함께 '중고(中古)'라는 시대 개념도 내포한 것으로, 초기 판소리의 면모를 간직한 고제 소리라는 견해도 제시되었다.[64]

김성옥→김정근→김창룡
염계달→ └→이동백

주

1 최근 발견된 소설 「계우사(戒友辭)」는 「무숙이타령」의 소설본으로, 이 소설로 〈무숙이타령〉과 〈왈짜타령〉은 동일한 판소리로 밝혀졌다.

2 이선유(李善有), 『오가전집(五歌全集)』, 대동인쇄소, 1933.

3 정노식, 『조선창극사』, 조선일보사 출판부, 1940, 93쪽.

4 강한영, 『신재효 판소리 사설집』, 민중서관, 1971, 683쪽.

5 유영대, 「판소리의 이해」, 『한국구비문학의 이해』, 월인, 2002, 370쪽.

6 최정여, 「판소리 성립의 제문제」, 『한국고시가연구』, 계명대 출판부, 1989, 442쪽.

7 유영대, 앞 글, 371쪽.

8 앞 글, 372쪽.

9 이상 판소리의 음악적 측면에 대한 논의는 백대웅, 「판소리 생성의 시대성과 당위성: 판소리 무가 기원설의 재검토(Ⅰ)」, 『다시 보는 판소리』, 어울림, 1996, 119~125쪽 참조.

10 김삼불 교주(校註), 『배비장전·옹고집전』, 국제문화관, 1950, 4~5쪽.

11 김동욱, 『한국가요의 연구』, 을유문화사, 1961, 357쪽.

12 김동욱, 『증보 춘향전 연구』, 연세대 출판부, 1976.

13 서대석, 「판소리 기원론의 재검토」, 『고전문학연구』 제16집, 한국고전문학회, 1999, 39쪽.

14 김태준, 『증보조선소설사』, 학예사, 1939, 199쪽.

15 조윤제 교주(校註), 『춘향전』, 을유문화사, 1957, 166쪽.

16 사재동, 「심청전연구서설」, 『어문연구』7, 어문연구회, 1971; 성현경, 『한국옛소설론』, 새문사, 1995; 정하영, 「심청전에 나타난 제재적 근원 연구」, 서울대 박사학위논문, 1983; 최운식, 『심청전연구』, 집문당, 1982.

17 정노식, 앞 책, 12~14쪽.

18 김헌선, 「노정기의 서사 문학적 변용」, 정신문화연구원 석사학위논문, 1988; 박경신, 「무속적 제의에서 본 변강쇠가」, 서울대 석사학위논문, 1986.

19 이경엽, 『전남 무가의 연구』, 전남대 박사학위논문, 1997, 236쪽.

20 김헌선, 「판소리의 역사적 연구」, 『구비문학연구』 제5집, 한국구비문학회, 1997, 168쪽.

21 정노식, 앞 책.

22 장주근, 『한국의 신화』, 성문각, 1961, 244~247쪽.

23 서대석, 「판소리와 서사무가의 대비연구」, 『논총』34, 이화여대 한국 문화연구원, 1979, 10~15쪽.

24 서대석, 앞 글, 1999, 44~45쪽.

25 앞 글, 53쪽.

26 백대웅, 앞 글, 1996; 「19세기 판소리의 모습과 극가류 노래들의 전개: 판소리 무가 기원설의 재검토(II)」, 『다시 보는 판소리』, 어울림, 1996.

27 앞 글, 103~104쪽.

28 서대석, 앞 글, 1999, 52~53쪽.

29 김동욱, 「판소리 발생고」, 『한국가요의 연구』, 을유문화사, 1981, 341쪽.

30 성현경, 『한국 옛소설론』, 새문사, 1998, 516쪽.

31 콜린 맥커라스 지음, 김장환 외 옮김, 『중국연극사』, 학고방, 2001, 45쪽.

32 앞 책, 378쪽.

33 김학주, 「당악정재 및 판소리와 중국의 가무극 및 강창」, 『한중 두 나라의 가무와 잡희』, 서울대 출판부, 1994, 301~302쪽.

34 앞 책, 303~304쪽.

35 사재동, 「우란분재, 목련전승 연구서설」, 『우란분재와 목련전승의 문화사』, 중앙인문사, 2000, 19~21쪽.

36 우란분재에서 연행된 연희 및 우란분재와 「목련경」의 관계에 대한 논의는 제1부 제6장 '우란분재의 전통연희'를 참조할 것.

37 박광수는 「목련경」이 강창 형식으로 연행되었을 가능성을 밝혔다. 그는 『박통사언해』에 보이는 「목련경」의 속강과 고려 속강승의 존재로 이를 방증했다. 박광수, 「한국목련전승(韓國目連傳承)의 유통 양상」, 『우란분재와 목련전승의 문화사』, 중앙인문사, 2000.

38 김학주, 앞 글; 성현자, 「판소리와 중국 강창문학의 대비연구」, 『진단학보』53·54 합집, 진단학회, 1982; 장주근, 「한국의 판소리와 중국의 강창문학」, 『경기어문학』 제2집, 경기대 국어국문학과, 1981; 최정여, 앞 글.

39 김학주, 앞 책, 306쪽.

40 전경욱, 「춘향전 작품군과 무가」, 『춘향전의 사설 형성 원리』, 고려대 민족문화연구소, 1990, 62~65쪽; 정충권, 「판소리의 무가계 사설 연구」, 『판소리 사설의 연원과 변모』, 다운샘, 2001.

41 아키바 다카시(秋葉隆), 최길성 역, 『조선무속의 현지연구』, 계명대 출판부, 1987, 183~185쪽.

42 赤松智城·秋葉隆, 『朝鮮巫俗の硏究』(下), 京城: 朝鮮印刷株式會社, 1938, 284쪽.

43 김종철, 『판소리사 연구』, 역사비평사, 1996, 27~29쪽.

44 이를 뒷받침할 만한 견해로 판소리 장단 같은 규칙적인 장단과 길바꿈 기법이 18세기 후반에야 비로소 성립되었다는 백대웅의 연구 참조. 백대웅, 앞 글, 1996.

45 김흥규, 「19세기 전기 판소리의 연행환경과 사회적 기반」, 『어문논집』 제30집, 고려대 국어국문학연구회, 1991.

46 後唱夫入內苑打詠 而御取扇覽之 卽除初仕云. 조재삼, 『송남잡지』 권10. 영산조.

47 김종철, 앞 책, 32쪽.

48 정노식, 앞 책, 17~18쪽.

49 三月三日 老伶高壽寬來自洪鄉 故置酒劇. 回憶乙酉春 同李杞園摠使 拉高伶作一月之歡 余有觀劇詩十絶句. 『신위전집(申緯全集)』4, 태학사, 1983, 1871쪽.

50 김종철, 앞 책, 34쪽.

51 유영대, 앞 글, 388쪽.

52 앞 글, 389~392쪽.

53 강한영, 앞 책.

54 조동일, 『한국문학통사』4(제3판), 지식산업사, 1994, 47~54쪽.

55 박황, 『판소리 이백 년사』, 사사연, 1987, 113~114쪽.

56 홍현식, 「전주대사습」, 『음악동아』, 1988, 177쪽.

57 정노식, 앞 책, 93·176쪽.

58 김종철, 앞 책, 113쪽.

59 일제 강점기 판소리와 창극에 대해 유영대, 「판소리의 이해」, 『한국 구비문학의 이해』, 월인, 2002, 392~397쪽의 내용을 요약했다.

60 판소리 유파는 주로 유영대와 정노식의 연구를 참고했다. 앞 글; 정노식, 앞 책.

61 정노식, 앞 책, 10~11쪽.

62 유영대, 앞 글, 408쪽.

63 앞 글.

64 중고제의 개념과 성격은 아직 명확하지 않다. 배연형은 중고제를 경기도와 충청도 지역의 형성기 고제 판소리가 동편제라는 새로운 유파의 성립 이후 고제 소리의 법식을 이은 소리제로 전승된 것으로 파악했다. 그리고 중고제는 엄격하게 규식화한 소리가 아니라 연주자의 개성대로 소리하는 고제의 특성과 느슨한 구조를 지녔기 때문에 전승 계보가 뚜렷하지 않다고 지적했다. 그러나 초기 판소리가 본래 경기도, 충청도 지방을 중심으로 형성 발전했는데 후에 남도 중심의 음악 어법으로 재편된 것이라면, 그러한 변모 과정을 겪은 과정과 동인은 무엇인지 해명이 뒤따라야 할 것이다. 배연형, 「판소리 중고제론」, 『판소리연구』5, 판소리학회, 1994.

제3장
인형극의 성립과 발전

꼭두각시놀이의 기원

한국 인형극에는 꼭두각시놀이, 만석중놀이, 발탈 등이 있었다. 만석중놀이는 무언(無言) 인형극으로 음력 4월 8일 석가탄신일에 연행되었다. 인형에 줄을 매어 조종하며, 대사 없이 음악 반주로 연출했다. 인형은 만석중, 노루, 사슴, 잉어, 용 등이 등장했다. 1930년대에 연극학자 김재철이 만석중놀이를 자세하게 소개한 바 있으나[1] 오랫동안 전승이 중단되었다가 수년 전 복원해 공연하고 있다. 여기서는 꼭두각시놀이를 중심으로 인형극의 성립과 전승 양상을 살펴보기로 한다.

조선 후기에 유랑예인집단인 남사당패는 풍물(농악), 버나(대접돌리기), 살판(땅재주), 어름(줄타기), 덧뵈기(가면극), 덜미(꼭두각시놀음) 등 여섯 가지 연희를 공연하고 다녔다. 꼭두각시놀이는 남사당패 같은 유랑예인집단뿐만 아니라 마을 주민들도 공연했다. 이는 유랑예인집단의 일부가 정착해 향인광대(鄉人廣大)가 되었거나, 유랑 생활을 하면서 여러 지역에 연희를 보급한 결과로 추측된다. 이 가운데 황해도 장연의 꼭두각시놀이, 충남 서산의 박첨지놀이 대본이 채록되어 있다.[2]

한국에는 이미 고구려 시대에 신성인형(神聖人形)이라 할 수 있는 목제신상(木製神像)이 있었고, 동옥저에서는 장례를 지낼 때 죽은 사람의 형상을 본떠 목각인형을 만들었다.

> (가) 신묘(神廟) 두 곳이 있다. 하나는 부여신(扶餘神)으로 나무를 깎아 부인 형상을 만들었다. 다른 하나는 고등신(高登神)으로 시조인 부여신의 아들이라고 한다.[3]
>
> — 『북사』 권94 「열전」82 고구려조

(나) 장사를 지낼 때 큰 나무 곽(槨)을 만드는데 길이가 십여 장(丈)쯤 된다. 한쪽 끝을 열어서 문을 삼는다. 사람이 죽으면 먼저 시체를 임시로 매장해 가죽과 살이 모두 썩게 한 다음, 뼈만 추려 곽에 안치한다. 한 가족의 유골을 한 곽에 보관한다. 살아 있을 때의 모습을 본떠 나무를 깎아 넣는데, 죽은 사람의 수대로 만든다.[4]

— 『후한서』「동이열전」75 동옥저조

192 토용 악사, 신라, 국립중앙박물관.

(가)는 고구려에 신성인형이라 할 수 있는 목각신상이 있었음을 전해준다. 이와 같은 목각신상은 오늘날 각지에 남아 있는 장승에서도 살펴볼 수 있고, 경상북도 안동시 수동에 있는 국신당(國神堂)의 공민왕(恭愍王) 부부 목각신상, 제주도 서귀포시 여래동 당하루방 내외의 목각신상, 충청남도 서천군 서면 도둔리 각시당의 서낭각시 내외 등에서도 볼 수 있다.[5]

(나)는 동옥저에서 장례 때 죽은 사람의 형상을 본떠 목각인형을 만들었음을 전해준다.

신라와 통일신라의 무덤에서는 흙으로 빚은 10~20센티미터 크기 인형, 즉 토우(土偶)와 토용(土俑)이 출토되었다. 이것들은 죽은 사람의 영화와 저승에서의 행복을 위해 그와 더불어 묻힌 것이다. 이 토우와 토용은 악기를 연주하거나 노래하는 인물상,**192** 흰 모자를 쓴 인물상, 두 다리를 벌리고 선 인물상, 성기가 돌출된 인물상, 홀을

193 토용, 통일신라 7세기, 경주 황성동 돌방무덤 출토, 국립중앙박물관. 입을 살짝 가린 여인상, 복두를 단정히 쓴 남자상, 뾰족한 호모를 쓴 서역인상과 함께 말, 암소, 수레바퀴도 보인다.

쥔 문관상, 태껸(수박희) 자세의 병사상, 절하는 인물상, 말탄 무사를 나타내는 기마상, 어깨에 숄을 걸친 지위 높은 여인상, 입을 살짝 가린 여인상, 복두를 단정히 쓴 남자상, 뾰족한 호모(胡帽)를 쓴 서역인상 등 매우 다채롭다.[6] **193**

조선시대 무덤에서 출토된 명기(明器) 중에도 인물상이 보인다. 명기는 죽은 사람이 내세에서 생활하도록 무덤에 부장하는 기물로, 동물이나 사람, 그릇이나 악기, 기구 등을 조그맣게 만든 것이다.

『증보문헌비고』 권87 예고(禮考)의 「사상례오례의보(私喪禮五禮儀補)」에 명기에 대한 기사가 있다.

> 명기를 만드는데, 나무를 깎아 거마(車馬), 복종(僕從), 시녀(侍女)를 만들어 각기 봉양하는 물건을 손에 잡고 있게 한다. 평소 모습을 형상화하되 작게 만든다. 사품(四品) 이상은 서른 가지, 오품(五品) 이하는 스무 가지, 서민은 열다섯 가지이다.[7]

194 주악상 목우, 1500년대 초, 개인 소장.

인용문과 같이 조선시대 장례는 양반과 서민 모두 무덤에 명기를 부장했다. 여기서는 나무로 명기를 만들도록 규정했으나, 실제로 출토된 것에는 목각 명기 외에 소형 자기(磁器)도 많다.**194**

한편 현존하는 조선시대 목각인형 중에는 무덤에서 나온 명기도 있지만, 상여에 부착한 것도 많다. 상여에 부착된 목각인형은 시신을 호위해 극락으로 보낸다는 의미를 담고 있다.**195~197**

이상 목각신상, 목각인형, 토용을 인형극의 기원으로 볼 수는 없지만, 인형을 만드는 자생적 전통이 오래되었고 따라서 인형극이 성립될 수 있는 기반이 있었음을 인정할 수 있다. 이런 전통이 있었기 때문에 자생적이든 외래의 영향이든 인형극이 성립될 때 한국적인 인형을 제작하는 데 어려움이 없었을 것이다.

현재 한국의 대표 인형극인 꼭두각시놀이의 기원에 대해서는 외래 기원설과 자생설이 대립했으며, 양자 절충설도 제시되었다. 연구 초창기에는 꼭두각시놀이가 인도에서 서역과 중국을 거쳐 한국에 전래되었고, 한국을 통해 일본으로 전해졌다는 설이 제기되어 여러 학자의 지지를 받았다.[8] 이 기원설은 중국, 한국, 일본 인형극의 무대 구조와 연출 방식·인형 조종법이 유사하고, 인형극 주역이 모두

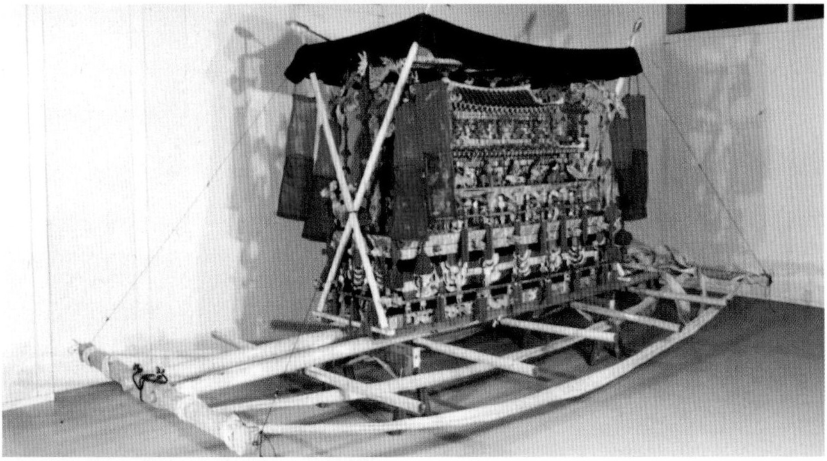

195 안동 상여의 목우 인형들. 안동민속박물관.
196 산청 전주 최씨 고령댁(高靈宅) 상여.
197 산청 전주 최씨 고령댁 상여의 목우 인형.

해학적·풍자적·희극적인 인물이라는 공통점이 있으며, 인형 형태가 유사해 원시 종교나 불교와 관련이 깊고, 유랑예인집단이 공연했다는 점에서 상당히 설득력이 있다.[9] 그리고 '꼭또' 또는 '꼭두'라는 말이 인형을 가리키는 중국어 '곽독(郭禿)'에서 왔고, 이것이 일본으로 건너가 '구구쓰(傀儡)'가 되었다는 데 여러 학자의 견해가 일치했다.

최상수는 지금 중국 관화(官話)로는 '곽독(郭禿)'을 '꿔투'라고 발음하지만 황하를 중심으로 한 한족(漢族)은 '郭(kok), 禿(touk)=韻鏡=곡독'이라고 했음을 보아, 꼭두각시놀음의 꼭두는 인형극의 인형의 뜻으로 중국의 '郭禿'에서 온 말이 분명하다고 주장했다.[10]

이후 국문학자 윤광봉과 박진태가 꼭두각시놀이의 중국 기원설을 더욱 구체화했다.[11] 특히 박진태는 중국 인형인 '곽독', '곽랑(郭郞)', '포로(鮑老)'가 등장하는 성현의 「관괴뢰잡희」, 박승임(朴承任: 1517~1586)의 「괴뢰붕(傀儡棚)」, 나식(羅湜: 1498~1546)의 「괴뢰부(傀儡賦)」를 통해 중국 인형극이 15~16세기 조선 사회에 이미 전래된 사실을 강조했다. 그리고 이를 강이천의 「남성관희자」와 관련해 살핀 다음, 현존 꼭두각시놀이의 박첨지와 홍동지는 포로와 곽랑에서 유래한 것이라고 주장했다.[12]

그러나 처음으로 「괴뢰붕」과 「괴뢰부」를 발굴해 소개한 한문학자 윤주필은 이상의 시에 묘사된 인형극을 중국 인형극으로 보는 것에 부정적 견해를 제시했다.[13] 윤주필은 "곽랑은 이른바 괴뢰의 별칭인 곽독을 가리킨다. 또 북제(北齊) 후주(後主) 고위(高緯)가 괴뢰를 좋아해 그 인형을 곽공(郭公)으로 불렀다고도 한다. 물론 곽랑이란 특정한 배역은 아니다"라면서 곽랑을 특정한 배역이 아니라 곽독과 동일한 용어로 봤다.[14] 다음 두 인용문은 곽독과 곽랑이 동일어라는 사실을 밝혀준다.

> 곽(郭)씨 성의 사람들은 모두 독(禿) 자를 꺼렸다. 전대에 머리가 벗겨지는 병에 걸린 곽씨가 있었는데, 골계희로 웃기기를 잘했다. 그래서 후세 사람들이 그의 모습을 본떠 괴뢰를 만들고, 그것을 곽독이라고 불렀다.
>
> — 응소(應劭), 『풍속통의(風俗通義)』

뒤에 악가(樂家)들이 이를 (인형)놀이로 만들었는데, 그중 가무를 인도하는 곽랑이란 자는 머리가 벗겨지고 골계희로 웃기기를 잘했다. 민간에서는 그 자를 곽랑이라 불렀는데, 모든 희장에서 반드시 배우들의 우두머리 자리를 차지했다는 것이다.

— 단안절, 『악부잡록』

두 인용문은 중국 인형(괴뢰)을 곽독과 곽랑이라고 부르게 된 유래를 설명한다.

한편 꼭두각시놀이가 지중해 지역에서 유래된 것이라는 견해도 제시되었다. 연극학자 김청자(金淸子)는 꼭두, 피조리, 산이는 지중해의 우가리트(Ugarit, 북시리아 지방) 신화에 나오는 쿽(qdš), 피드라(pidray), 사니(saniyy)가 실크로드를 거쳐 인도와 중국, 한국으로 전파되면서 변화한 것이라고 봤다.[15]

민속학자 임재해(林在海)는 인형극 자생설을 제기했다. 우리 인형극이 삼국시대 또는 그 이전 목우(木偶)인형에서 시작해 고구려의 악곡괴뢰, 고려의 인형놀이와 만석중놀이, 조선시대의 인형극인 꼭두각시놀이에 이르기까지 단계적으로 발전해왔다는 것이다.[16]

이상에서 꼭두각시놀이의 외래 기원설과 자생설을 살펴봤다. 그러나 현재는 고대 각시놀음과 나무인형, 6세기 이후 가야와 신라 무덤에서 발견된 토우와 토용, 상여 장신구인 목우 등에서 드러나듯 우리나라에는 이미 꼭두각시놀이의 자생 기반이 있었고, 거기에 외래 요소의 영향이 결합해 수세기에 걸친 변화와 발전으로 현재의 모습을 갖췄다고 보는 절충설이 설득력을 얻고 있다.[17]

꼭두각시놀이의 계통

여러 정황으로 볼 때 한국의 인형극은 한 가지 계통으로 전승된 것 같지는 않다. 우선 기록으로 우리 인형극의 내용을 살펴보도록 한다.

고구려에서는 인형극이 매우 성행한 것으로 보인다. 우리 기록에서는 고구려 인형극에 대한 내용을 찾아볼 수 없으나, 중국 여러 기록에 고구려 인형극에 관한 내용이 있다. 당나라 두우가 801년에 편찬한 『통전』, 송나라 진양(陳暘)이 12세기 초에 편찬한 『악서(樂書)』에서 모두 중국 인형극을 이야기하면서 고구려 인형극을 언급했는데, 이는 고구려 인형극이 매우 유명했다는 사실을 말한다. 특히 송의 마단림(馬端臨)이 13세기 후반에 편찬한 『문헌통고(文獻通考)』에는 당나라 이적이 668년에 고구려를 멸망시키고 황제에게 인형극을 진상했다는 내용이 있다. 이를 통해 고구려 인형극이 중국과 다르고, 수준도 매우 뛰어났다는 사실을 알 수 있다. 아마도 인형극 연희자와 악사가 함께 끌려가 인형극을 공연했을 것으로 추정된다.[18] 이 인형극은 고구려에서 자생적으로 생겨난 것이거나, 서역에서 유래한 인형극이 고구려에서 한층 발전한 것일 터인데, 어쨌든 고구려 인형극은 중국과 다른 독자적인 내용이었던 듯하다.

그러나 그 후의 인형극에 대한 기록은 찾아보기 어렵다. 고려 후기에 와서야 이규보가 인형놀이를 보고 지은 「부답병서(復答幷序)」와 「관농환유작(觀弄幻有作)」이 전할 뿐이다.

(가) 巧人弄幻使人眩　　연희자가 놀리는 꼭두각시, 사람을 현혹시키느라고

丹靑傳會須臾卷	단청을 만들었다 순식간에 거둬버리네.
造物主人亦戱耳	조물주가 사람을 주재하는 것도 이런 놀이일 터인데
俯仰去來空瞪眄	인형이 오가는 것을 굽어보며 눈을 크게 뜰 필요 있으랴.

— 『동국이상국집(東國李相國集)』 권12

(나)	造物弄人如弄幻	조물주가 사람 놀리기를 꼭두각시처럼 하는데
	達人觀幻似觀身	달인은 꼭두각시를 보고 인생을 성찰하네.
	俯仰嚬伸具體微	행동 하나하나 앙증맞게도 사람 모습을 갖추었으니
	孰將心匠奪天機	어느 마음의 장인이 하늘 재주를 빼앗았는가.

— 『동국이상국집』 후집 권3

(가)는 「부답병서」다. 이 시에서 '단청부회(丹靑傳會)'는 단청을 만든다는 뜻이다. 이 말은 두 가지로 해석된다. 우선 '단청'을 절과 관련지어 보면 현재 남사당패 꼭두각시놀이의 건사거리에서 상좌인형이 절을 짜맞췄다 해체하는 것과 일치한다. 그러나 『열자(列子)』 권5 「탕문(湯問)」에서 인형을 보고 "모두 가죽, 나무를 아교로 연결하고 백, 흑, 적, 청색을 칠해 만들었다(皆傅會革木膠 漆白黑丹靑之所爲)"고 한 것에서 보듯이 이 시의 단청을 '울긋불긋하게 색칠한 인형'으로 볼 수도 있다. 이럴 경우 "단청을 만들었다 순식간에 거둬버리네"는 울긋불긋 색을 칠한 인형을 놀리다 빨리 거둬들이는 것을 묘사한 것으로 볼 수 있다.

(나)는 「관농환유작」인데, 연희자의 뛰어난 재주를 이야기했다. "행동 하나하나 앙증맞게도 사람 모습을 갖추었으니"는 인형이 매우 정교함을 말한다.

조선시대에는 성현이 산대희를 보고 지은 「관나희」와 「관괴뢰잡희」에 인형극이 나온다. 앞서 봤듯이 「관나희」는 나례에서 연행된 방울 받기, 줄타기, 인형극, 솟대타기 등을 묘사했다. "네 벽 두른 좁은 방에 인형을 놀리고"라는 내용에서 당시 인형극 무대가 오늘날 연행되는 꼭두각시놀이의 무대처럼 네 벽을 천으로 두른 좁은 포장막이었음을 알 수 있다.

한편 조선시대 사신 영접 행사에서 연행된 연희를 묘사한 시 「관괴뢰잡희」에는 나무를 깎아 실로 꿰어 움직이게 한 줄인형, 즉 현사괴뢰(懸絲傀儡)가 등장한다. 이 시에 나오는 곽독은 인형을 가리키는 말로 괴뢰의 별칭이다.[19] 성현은 인형극의 외형적인 아름다움을 찬탄할 뿐만 아니라 발생설도 언급했다. 당나라 단안절의 『악부잡록』에 나오는 괴뢰자(傀儡子)의 기록을 지적한 것이다. 내용은 다음과 같다. 한 고조가 평성(平城)에서 묵돌선우(冒頓單于)에게 포위당했을 때 성안에는 이미 양식이 거의 남아 있지 않았다. 평성의 한 면은 묵돌의 처 연지(閼氏)가 맡고 있었는데 병력이 다른 세 면보다 강했다. 고조의 장수 진평(陳平)은 연지가 투기심이 많다는 것을 알고 곧 나무인형을 만들어 기계로 작동시켜 성 위 담 사이에서 춤추게 했다. 연지는 이것을 보고 살아 있는 아가씨들이라 생각했다. 그리고 성이 함락되면 묵돌이 반드시 그들을 기녀로 맞아들일 것이라고 생각해 마침내 군대를 후퇴시켰다. 뒤에 악가(樂家)들이 이를 연희로 만들었는데, 그중 가무를 인도하는 머리 벗겨진 자가 골계희로 웃기기[優笑]를 잘했다. 민간에서는 그 자를 곽랑이라 불렀는데, 모든 희장(戲場)에서 반드시 배우들의 우두머리 자리를 차지했다.[20]

「관괴뢰잡희」의 문맥을 살펴보면 송나라 곽독과 한나라의 나무인형을 언급한 것은 이 시가 묘사하는 인형극이 송나라 곽독이나 한나라 나무 인형과 관련 있기 때문이 아님을 알 수 있다. 인형은 단지 아름다움만 추구하는 것이 아니라 한 고조를 구해낼 정도로 실용성도 있었다는 점을 강조하는 것이다.

박승임의 「괴뢰붕」에서는 중국 인형극에 사용하는 포로와 곽랑이라는 명칭이 발견된다.

機關種種電驚忙	장치도 갖가지 번개 동작은 바쁘고 놀라울사
造化居然失主張	조화옹은 우두커니 주장함을 잃을 지경.
城下閼支猜婀娜	성 아래 연지는 인형이 예쁜 아가씨인 줄 알고 시기하고
筵前鮑老笑琅璫	놀이 마당 포로는 헐렁한 옷소매를 비웃네.
媚如山鬼揶揄態	빈정대며 놀리는 모습는 산귀처럼 매혹적이고
捷似林鼯欻閃狂	번뜩번뜩 나대는 꼴은 다람쥐처럼 민첩하구나.
棚上一場撩亂夢	무대 위에 한바탕 요란한 꿈 이야기가
東風吹散竟茫茫	봄바람에 흩어져 마침내는 망망하네.

— 박승임, 『소고집(嘯皐集)』 권1 「괴뢰붕」

작자인 박승임은 인형극에 매우 부정적인 시각을 보인다. 인형극 내용을 "성 아래 연지는 아가씨라고 시기하고, 놀이 마당 포로는 헐렁한 옷소매를 비웃네"라고 묘사했다. 그러나 이것은 인형극 내용이기보다 앞서 소개한 한 고조의 장수 진평이 연지의 투기심을 이용해 미인 인형을 놀렸다는 중국 인형극의 유래를 말한 것이다.

시에서 "놀이 마당 포로는 곽랑의 헐렁한 옷소매를 비웃는다"는 내용은 양억(楊億: 974~1020)의 시 「괴뢰(傀儡)」를 원용한 표현이다. 「괴뢰」에 "포로가 놀이 마당에서 곽랑을 비웃는 것은, 그놈 춤추는 소맷자락이 너무도 헐렁하기 때문이네. 그럼 만약 포로에게 춤추게 한다면 어떨까? 더욱 헐렁하게 긴 자락을 휘날릴 걸세[鮑老當筵笑郭郞 笑他舞袖太琅璫當(郞當) 若教鮑老當筵舞 轉更郞當舞袖長]"라는 내용이 있어 확인할 수 있다. 낭당(郞當)은 의복이 몸에 맞지 않고 헐렁한 모습을 나타내는 의태어다.[21]

나식의 「괴뢰부」에도 곽랑이 보인다. 이 시에서 인형극의 내용을 구체적으로 묘사한 부분을 살펴보자.

奄一人之投棚	갑자기 한 사람 무대로 나와서는
劃奇聲之一呼	기이한 소리 획 질러대노라니,
俄機關之自闢	이윽고 기관이 스르르 작동하니
儵郭郎之翻然	재빠르게 곽랑이 번듯이 일어난다.
頭童髡而面頳	머리는 민둥머리 얼굴은 불그죽죽
袖猿長而蹁躚	소매는 원숭인가 길어서 너울너울.
纔半露而還沒	윗몸만 겨우 드러냈다 사라지고
更挺身而復現	다시 몸을 일으켜 모습을 나타낸다.
繽往來之欻翕	돌연 왔다 갔다 분분하고
怳東西之相眩	이쪽 저쪽 어지럽힘 황홀하다.
俄群徒之競從	갑자기 여러 무리들이 우루루 몰려나와
各呈才而效能	각기 재주를 부리며 능력을 과시한다.
或低旗而彎弓	혹 깃발을 숙이며 활시위 메기다가

鬩叫突而超騰	싸움이 나서 악을 쓰며 드잡이를 친다.
或掉臂而相吃	혹 팔을 휘두르며 서로 물어뜯고
爭市價之少多	가격 흥정 많다 적다 다투기도 한다.
夫或見驕於妻	지아비는 아내가 업신여기자
極百端而挑和	갖은 소리 하며 봐달라 한다.
婦或見棄於夫	부인네는 남편이 내치려 하자
擲嬌兒而相酬	아이처럼 애교를 부리며 응수한다.
貧屈訟於理順	가난뱅이는 송사에 이길 만해도 지는 법,
仰貪吏而相咻	욕심 사나운 관리에게 굽신대며 부탁한다.
吏懷金於富人	관리는 부자에게 뇌물을 받아들고
欣搖頭而重諾	머리를 끄덕이며 흔쾌히 수락한다.
或喜怒於榮枯	영고성쇠에 기뻐하고 성내기도 하며
或憂樂於得失	얻고 잃음에 걱정하고 즐거워하기도 한다.
或歌笑於相逢	만났다 하여 웃고 노래하기도 하고
或泣涕於送別	떠나보내며 흐느끼기도 한다.

— 나식, 『장음정유고(長吟亭遺稿)』 「괴뢰부」

곽랑은 민둥머리에 붉은 얼굴, 너풀거리는 소매를 했다. 곽랑에 이어 여러 인형이 나와 다양한 연희를 벌인다. 그러나 곽랑과 여러 인형의 모습이나 연희 내용은 현존하는 남사당패의 꼭두각시놀이와 매우 큰 차이를 보인다.

강이천의 「남성관희자」 중 인형극 부분에는 낯짝이 안반 같은 놈, 노기를 띠어 흉악한 놈, 더벅머리에 귀신 가면을 쓴 두 놈, 구리쇠 같은 얼굴에 도금한 눈을 가진 놈, 북방 민족인 달자(韃子, 달단), 귀신과 그 새끼 등 여러 인형이 등장한다.

人像如纖指	사람 형상을 가는 손가락만 한
五彩木以塑	나무에 새겨 채색을 했구나.
換面以迭出	얼굴을 바꿔 번갈아 나오니
炫煌不可數	어리둥절 셀 수가 없더라.

突出面如盤	문득 튀어나오는데 낯짝이 안반 같은 놈
大聲令人怖	고함 소리 사람을 겁주는데
搖頭且轉目	머리를 흔들며 눈을 굴려
右視復左顧	왼쪽을 바라보고 다시 오른쪽으로 돌리다
忽去遮面扇	부채로 얼굴을 가리고 홀연 사라지니
猙獰假餙怒	노기를 띠어 흉악한 놈
巾帷倏披靡	휘장이 휙 걷히더니
舞袖紛回互	춤추는 소맷자락 어지럽게 돌아가누나
忽然去無蹤	홀연 사라져 자취도 없는데
鬅髮鬼面露	더벅머리 귀신의 낯바닥 나타나
短椎兩相擊	두 놈이 방망이 들고 치고받고
跳梁未暫駐	폴짝폴짝 잠시도 서 있지 못하더니
忽然去無蹤	홀연 사라져 자취도 없는데
夜叉驚更遻	야차놈 불쑥, 저건 무언가?
蹲蹲舞且躍	얼굴은 구리쇠, 눈에 도금을 한 놈이
面銅眼金鍍	너풀너풀 춤추고 뛰더니
忽然去無蹤	홀연 사라져 자취도 없는데
㺚子又奔赴	달자가 또 달려나와
長劍自斬首	칼을 뽑아 스스로 머리를 베어
擲地仍偃仆	땅바닥에 던지고 자빠지니
忽然去無蹤	홀연 사라져 자취도 없는데
有鬼兒乳哺	귀신이 새끼 안고 젖을 먹이며
撫弄仍破裂	어르다 이내 찢어 발겨
遠投烏鳶付	까마귀 솔개 밥이 되게 던져버리네.[22]

사람의 형상을 가는 손가락만 한 나무에 새겨 채색했다는 설명에서 인형극임을 알 수 있다. 또 인형이 퇴장하는 데서 "홀연 사라져 자취가 없다"는 말을 계속 반복함으로써, 장면 전환이 매우 빠른 것을 강조했다.

시에서 인형이 부채로 얼굴을 가리고 사라지는 모습은 오늘날의 꼭두각시놀이에서 박첨지가 부채로 얼굴을 가리고 퇴장하는 것과 일치한다. 그러나 「남성관희자」의 인형극에 등장하는 인형과 내용은 오늘날 연행되는 남사당패의 꼭두각시놀이와 전혀 다르다. 이는 「남성관희자」의 가면극 부분이 현존 본산대놀이 계통 가면극과 완전히 일치하는 점과 비교해볼 때 너무나 이상한 현상이다.

그리고 앞서 살펴본 나식의 「괴뢰부」는 오늘날 연행하는 꼭두각시놀이뿐 아니라 「남성관희자」의 인형극과도 다르다. 특히 꼭두각시놀이의 마지막 과장에서 연행되는 건사거리가 「남성관희자」나 「괴뢰부」에는 없다. 따라서 남사당패의 꼭두각시놀이는 나식의 「괴뢰부」, 강이천의 「남성관희자」에서 묘사한 인형극과는 다른 계통일 것으로 볼 수 있다. 「남성관희자」의 연희자는 가면극인 산대놀이와 인형극을 함께 공연한 반인으로 보인다. 반면에 현존 꼭두각시놀이는 남사당패에 의해 전승된다.

따라서 등장인물, 연희 내용, 연희자를 고려할 때 한국의 꼭두각시놀이는 두 계통 이상으로 볼 수 있다. 건사거리를 고려해 계통을 나눌 경우는 「괴뢰부」, 「남성관희자」 계통과 남사당패 계통으로 파악할 수 있다.

그러므로 꼭두각시놀이의 연희 집단을 둘로 나눠, 고려시대의 수척괴뢰패에서 조선 전기의 재인백정을 거쳐 조선 후기의 반인으로 전통이 계승된 계통과, 고려시대의 재승괴뢰패에서 조선 전기의 재인사장을 거쳐 조선 후기의 남사당으로 계승된 계통으로 파악한 견해는 상당히 설득력이 있다.[23]

꼭두각시놀이의 연희 내용

꼭두각시놀이는 고정된 대본 없이 전승된 민속극이기 때문에 공연 시기, 공연 장소, 연희자에 따라 가변성을 갖는다. 그래서 지금까지 채록된 대본을 비교해보면 전체적인 과장의 구성과 등장인물 및 대사에서 많은 차이를 발견하게 된다. 채록 대본 중 대표적인 것은 다음과 같다.

① 김재철본(金在喆本): 김광식(金光植), 박영하(朴永夏) 구술[24]

모두 여덟 막으로 구성되었다. 제1막 곡예장, 제2막 뒷절, 제3막 최영로의 집, 제4막 동방노인, 제5막 표 생원, 제6막 매사냥, 제7막 평안감사 재상, 제8막 건사

② 심우성본(沈雨晟本): 남운룡(南雲龍), 양도일(梁道一) 구술[25]

두 마당 일곱 거리로 구성되었다. 박첨지 마당(첫째 박첨지 유람거리, 둘째 피조리거리, 셋째 꼭두각시거리, 넷째 이시미거리), 평안감사 마당(첫째 매사냥거리, 둘째 상여거리, 셋째 절 짓고 허는 거리).

③ 황해도 장연 지방 대본[26]

모두 열 과장으로 구성되는데, 각 과장의 제목은 따로 없다. 제1과장은 박첨지 유람거리다. 제2과장에는 박첨지의 두 딸, 상좌중, 상전중, 목랑청, 현묵대사가 나온다. 제3과장은 삼천갑자와 박첨지가 나와 나이 자랑을 한다. 제4과장에서는 장안활자와 목랑청이 싸운 후에 춤을 춘다. 제5과장은 평안감사가 꿩사냥을 하는

내용이고 제6과장은 박첨지의 딸과 장안활자가 〈도라지타령〉을 부르면서 춤추는 내용이다. 제7과장은 산몽혜(이시미)거리다. 제8과장은 평안감사 장례 장면이다. 제9과장은 박첨지의 식구가 모두 나와 춤추는 내용이다. 제10과장은 상좌중 둘이 나와 절을 짓고 허무는 내용이다.

④ 충남 서산 박첨지놀이 대본: 주연산(朱連山) 구술, 김동익(金東益) 채록[27]

탑곡리 출신인 주연산이 운산면 신창리에 살 때 강원도에서 이사온 남사당패 출신 유영춘에게서 인형 제작법, 놀이 방법, 재담 등을 배운 것이 서산 박첨지놀이의 유래다. 세 막으로 구성되는데, 각 막의 제목은 없다. 제1막에서는 박첨지의 팔도 유람기, 박첨지와 큰마누라의 상봉과 싸움, 박첨지 큰마누라와 작은마누라의 싸움, 제2막에서는 평안감사의 매사냥과 장례식, 제3막에서는 절 건축을 위한 시주 소식과 스님의 시주 부탁을 내용으로 한다.

이 중 현재 남사당패가 공연하는 심우성 채록본 꼭두각시놀이를 살펴보자. 심우성 채록본은 남사당패가 실제로 연행하는 꼭두각시놀이를 여러 차례 직접 조사하고 작성한 것이기 때문에 현장감이 있고 내용 구성도 가장 유기적이다.

① 박첨지 마당

첫째, 박첨지 유람거리: 박첨지가 등장해 악사 산받이와 대화를 나눈다. 박첨지는 팔도강산을 유람하다 꼭두패가 논다는 소리를 듣고 구경을 나왔다고 말한다. 이어 익살스런 재담을 늘어놓고 〈유람가(遊覽歌)〉를 부른다.[198]

둘째, 피조리거리: 피조리 두 명, 즉 박첨지의 딸과 며느리가 뒷산에 나물을 뜯으러 다니다 상좌중들과 놀아난다. 이때 홍동지가 벌거벗고 등장해 모두 쫓아버린다. 박첨지가 다시 등장해 피조리와 상좌중들이 춤을 잘 추더냐고 묻는다. 조카인 홍동지가 방해했다는 소리를 듣고 홍동지의 종아리를 때려준다며 들어간다.

셋째, 꼭두각시거리: 박첨지와 그의 처인 꼭두각시가 서로를 찾아다니다가 만난다. 둘은 그동안의 사정을 이야기하며 신세를 한탄한다. 이어 영감이 첩을 얻었음을 실토하고 꼭두각시에게 첩인 돌머리집을 상면시키면, 첩이 머리로 꼭두각시

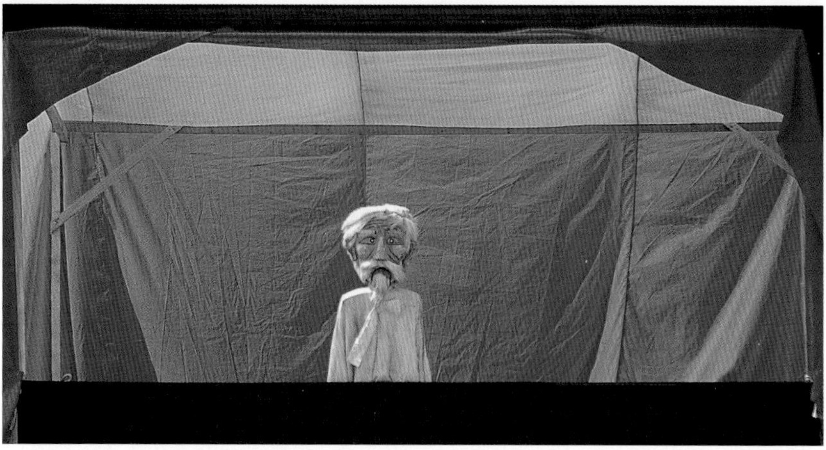

198 박첨지 유람거리에서 박첨지가 등장한 장면.

를 마구 들이받는다. 이에 꼭두각시는 세간을 나눠달라고 요구한다. 영감은 첩에게는 후하게 주고 꼭두각시는 박대한다. 꼭두각시는 중이 되겠다며 금강산으로 떠난다.[199]

넷째, 이시미거리: 이시미거리는 박첨지의 손자, 피조리, 박첨지의 동생, 꼭두각시, 홍백가, 영노, 표생원, 동방삭 등 등장인물이 반복적으로 산받이에 의해 정체가 확인된 후, 이시미에게 잡아먹히는 형식이다.

마지막으로 박첨지가 이시미에게 물리는데, 홍동지가 나와 박첨지의 경솔함을 꾸짖으며 이시미를 때려잡아 박첨지를 구출한다.[200]

② 평안감사 마당

첫째, 매사냥거리: 평안감사가 등장해 길을 잘못 닦아 말 다리가 부러지게 한 놈을 잡아들이라고 한다. 홍동지가 잡혀가나 용서받는다. 평안감사의 매사냥에 홍동지를 몰이꾼으로 동원한다. 매사냥 후에 평안감사는 박첨지를 불러 노자가 떨어졌으니 꿩을 팔아오라고 한다.

둘째, 상여거리: 박첨지가 등장해 평안감사가 매사냥에서 돌아오던 중 산고개에서 낮잠을 자다 개미에게 불알 땡금줄을 물려 즉사했다는 소식을 전한다. 이어

199 꼭두각시놀이의 홍동지가 오줌을 누는 장면.
200 이시미거리에서 이시미가 박첨지를 물고 있는 장면.

상여가 나온다. 감사의 아들인 상주는 〈장타령〉을 부르는 등 경박한 행동을 한다. 길이 나빠 상두꾼이 발을 다치자 홍동지가 상두꾼으로 뽑힌다. 그는 벌거벗은 채 배(또는 성기)로 상여를 밀고 간다.**201·202**

셋째, 절 짓고 허는 거리: 상좌중 둘이 나와 절에다 시주를 하면 자식을 많이 낳고 부귀공명을 누리게 된다면서 법당을 짓는다.**203** 무대에 조립식 법당이 완성되면 다시 그것을 헐어낸다. 마지막으로 박첨지가 나와 관중에게 구경해줘서 고맙다고 인사를 한다.

이상과 같이 꼭두각시놀이는 여러 과장(거리)으로 구성된다. 각 장면은 가면극과 마찬가지로 유기적인 연결성 없이 독립적이다. 그러나 박첨지가 여러 과장에 계속 등장하며 해설자 역할을 함으로, 각 장면을 연결하는 점이 눈길을 끈다. 각

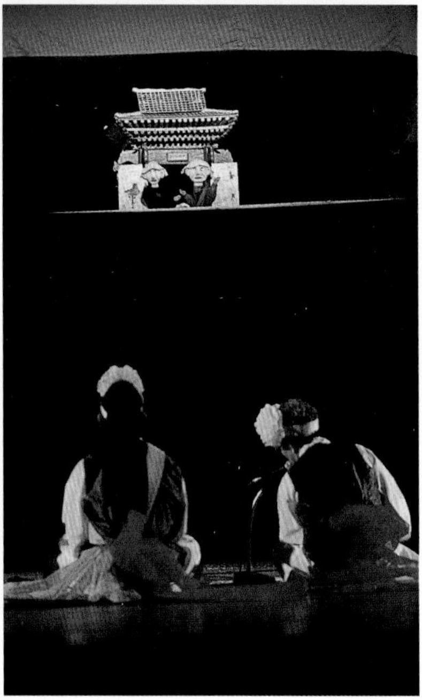

201 상주가 박첨지에게 상두꾼을 구해오라고 명령하는 장면.
202 남사당 꼭두각시놀이의 평안감사 상여 장면. 홍동지가 알몸으로 상여를 밀고 간다.
203 건사거리에서 상좌중이 절을 짓는 장면.

204 꼭두각시놀이 공연 장면, 1930년대.

장면마다 박첨지가 등장하므로 꼭두각시놀이는 박첨지를 주인공으로 하는 연희라는 인상을 준다. 그래서 연희자들은 이 연희를 흔히 박첨지놀이라고 불렀다. 박첨지가 주인공으로 존재해 극의 통일성을 조성한 것이다.

박첨지와 함께 꼭두각시놀이의 극 진행에 중요한 존재가 산받이다. 악사 중 한 명이 산받이를 맡아 인형과 대화를 주고받는다. 산받이는 인형에게 질문을 던지거나 행동을 촉구해 사건 전개나 의미가 해명되도록 하며, 분리된 장면을 중개하고 무대에 나타나지 않는 사실을 보완한다. 이처럼 산받이는 등장인물이면서 관중과 같은 입장에 있기도 하기 때문에 무대와 관중 사이의 거리를 좁히는 역할을 한다.**204**

오늘날 연행되는 꼭두각시놀이에서는 3미터 정도 거리로 네 모퉁이에 기둥 네 개를 세우고 관중석을 향한 무대로 120센티미터 정도 높이의 단을 쌓는다. 인형

205 꼭두각시놀이의 공연 장면, 1930년대. 왼쪽부터 피조리, 박첨지, 피조리, 홍동지.

이 나와 노는 가로 250센티미터, 세로 70센티미터 정도의 무대면만 남겨놓고 사방을 모두 포장으로 둘러친다. 그러나 예전에는 다락을 만들고 그 위에 무대를 설치하거나, 이층 무대를 설치하는 등 무대를 높게 하는 것이 전통적인 방법이었다.

인형사들은 포장 속에서 의자에 걸터앉아 손으로 인형을 조종한다. 가운데 대잡이(주조종사)가 앉고, 양옆에 대잡이손(보조 조종사)이 앉는다. 대잡이는 왼손에 큰 부채를 들고 있다 인형이 등장할 때 무대면 위로 먼저 부채질을 한다. 부채를 내리면서 부채 뒤에 감췄던 오른손에 쥔 인형이 드러나게 한다. 관중에게는 인형의 상반신만 포장 위로 올라와 보이게 된다. 악사는 인형의 움직임에 맞춰 반주하면서 관중의 반응도 동시에 볼 수 있도록 무대면에서 대각선으로 나란히 앉는다.

꼭두각시놀이 인형으로는 막대기인형[杖頭傀儡]과 줄인형[懸絲傀儡]의 복합형, 그리고 손인형[布袋傀儡]이 주축을 이룬다. 그 밖에 줄타기인형[走線傀儡]이 사용된다. 막대기인형은 박첨지, 홍동지, 꼭두각시처럼 막대기 위에 인형을 만들어놓고 그 막대기를 사용해 움직이는 인형인데, 대부분 팔이나 입 등에 줄을 매고 잡아당겨 조종하는 줄인형과 복합되었다.**205** 손인형은 상좌나 이시미처럼 천으로 만든 인형 속에 손가락을 넣어 조종한다. 줄타기 인형은 줄을 팽팽하게 걸고 그 위에서 마치 곡예를 하듯 움직인다. 평안감사가 꿩사냥 하는 장면에서 새가 그런 예로, 줄에 꿰여 마치 공중을 나는 것처럼 줄을 타고 움직인다.

대잡이는 인형의 조종대를 잡고 인형을 놀리거나, 인형에 매단 조종줄을 잡아당겨 놀린다. 인형은 눈, 입, 팔, 다리가 움직이게 제작되는데 춤을 출 때는 몸 전

206 서산 박첨지놀이 중 평안감사 상여를 내가는 장면.
207 꼭두각시놀이 중 '절 짓고 허는 거리', 1930년대.

체가 움직인다. 특히 홍동지는 고무 호스로 연결된 줄로 관중석을 향해 오줌을 누거나 방귀를 뀌기도 한다. 박첨지가 춤을 출 때는 대잡이가 조종대를 잡고 좌우로 흔들어 인형의 팔목이 흔들리게 해 춤추는 모습을 연출하고, 말을 할 때는 박첨지의 턱에 연결된 조종줄로 인형의 입을 열었다 닫았다 하면서 말하는 시늉을 한다.

꼭두각시놀이는 특별한 무대 장치가 없기 때문에 극중 장소를 나타내기 위해 대화나 소도구 등을 사용한다. 매사냥거리에서 줄에 매달린 방울매와 꿩은 사냥터 분위기를 조성하며, 상여거리의 호화로운 상여**206**와 절 짓고 허는 거리의 법당**207**은 장소의 의미를 분명하게 전달한다.[28] 해설자 역할을 하는 박첨지가 등장해 장소를 설명하기도 한다.

꼭두각시놀이의 대사 형식이나 의미는 대체로 가면극과 유사하다. 신소리와 말재롱은 꼭두각시놀이 전반에서 발견되는 주된 표현 방식이다. "아랫벽동 웃벽동 다 제쳐놓고 가운데벽동 사는 박 한량 박 주사 나으리라면…", "내가 남의 애들을 나무라려면 나무라고 말면 말았지 그저 나무랐겠는가?/그럼 어떻게 나무랐소?/…버드나무식으로 나무랐지./무엇 버드나무식? 아, 유식하게 나무랐단 말씀이군요" 등 신소리와 말재롱은 소탈한 웃음을 자아낸다.

꼭두각시놀이 대사는 가면극 대사보다 비속하고 상하 관계를 무시한 내용이 더 많은 점이 특징이다. 노인인 박첨지가 "이놈들아, 네 애비 똥구멍하고 니 에미 똥구멍을 딱 갖다 붙이면 양장구통이 될 놈아라고 했지"라고 비속한 말을 하고, 홍동지는 외삼촌인 박첨지가 이시미한테 물려 죽게 되었다는 소리를 듣고 "에이, 그 망할 영감 잘되었다"라든가, "에이 심한 개영감 같으니라구…" 식으로 거침없이 욕설을 퍼붓는다. 이와 같이 도덕을 무시한 욕설은 현실 비판과 야유의 표현으로 강한 저항성을 표출하는 것이다.

꼭두각시놀이는 남사당패라는 특수 집단에 의해 전승되었기 때문에 남사당패 안에서만 통용되던 은어도 자주 사용된다.

산받이	거 입으로 하는 말이여.
박첨지	허 자넨 똥구멍으로 말하나?
산받이	난 똥구멍으로 말한다.
박첨지	아하 여보게 이건 모두 놀음판에 몬지담이렷다.
산받이	허 재담이란 말이지.

— 박첨지 유람거리

상주	꼴고 내고 꼴고 내고.
박첨지	아 여보게, 무슨 놈의 상주가 내가 어이 하면 아이고 아이고 하는 거지, 꼴고 내고가 뭐야.
산받이	아, 쟁갭이를 몰라 그러네.
박첨지	암만 철을 모르기로서니 내 다시 한 번 해보겠네, 어이 어이.

— 상여거리

박첨지가 말하는 '몬지담'은 재담의 은어이고, 산받이가 말하는 '쟁갭이를 모르다'는 철이 없다는 은어다. 은어이기 때문에 구경꾼들이 못 알아들을까봐 산받이와 박첨지가 일상어로 풀이하며 말한다.

꼭두각시놀이도 가면극과 마찬가지로 싸움 형식과 반복 형식이 극 형식의 주축을 이룬다.

꼭두각시 여보, 여보. 기왕지사 그렇게 되었으면 작은마누라 생면[相面]이나 시켜주시오. 인사는 시켜줘야죠.

박첨지 그럼 생면을 시켜줄 테니 저리 돌아섰거라. …생면을 시켜줄 테니 정신 차려 받아라.

꼭두각시 무슨 인산데 정신 차려 받으라오.

박첨지 벼락인사다, 벼락인사. 용산삼개 돌머리집네 거드럭거리고 나오는구나. 아이구, 요걸 깨물어 먹을까, 요걸 꼬여 찰까, 그저그저, 야야 이거 봐, 저기 큰마누라가 들어왔네. 인사해야지, 응. 그렇게 돌아서면 되나, 어서 가서 인사해여(돌머리집과 꼭두각시가 서로 머리를 들이받으며 싸우면 박첨지가 말린다).

꼭두각시 아이구 아이구 여보, 무슨 인사가 이런 인사가 있소. 인사 두 번 하면 대가리가 빠개지겠소.

이와 같이 꼭두각시와 돌머리집은 만나자마자 머리를 들이받으며 격렬하게 싸운다.

또 꼭두각시놀이는 가면극과 마찬가지로 파계승과 양반을 풍자하고 남성의 횡포를 폭로하며, 나아가 기존의 모든 도덕까지 조소한다. 양반의 신분적 권위는 물론 노인 존중도 우습게 취급하며, 성적 금기도 여지없이 깨진다.

피조리거리에서는 중 두 명이 등장해 피조리 둘을 희롱하는데, 홍동지가 나타나 중들을 쫓아버린다. 풍자이기는 하나 가면극만큼 신랄하지는 않다. 그리고 맨 마지막에 절 짓고 허는 거리가 있어 피조리거리의 풍자와 상충해 보인다. 중을 비판하면서 절을 세우는 것이 모순되기 때문이다. 그러나 이는 남사당패가 절과 깊이 관련 있기 때문에 생긴 격식으로 볼 수 있다.

사당패는 관계를 맺고 있는 사찰에서 써준 부적을 가지고 다니며 팔고, 수입의 일부를 사찰에 바쳤다. 그래서 사당패는 수입으로 절의 중수(重修) 등 불사를 돕는다는 것을 내세웠다. 그러므로 남사당패의 꼭두각시놀이에서 건사거리를 통해 절을 짓는 내용을 보여주는 것은 그들이 명분으로 내세우는 공연 목적과 일치하는 것이다.

양반 풍자는 평안감사라는 구체적인 인물에게 집중된다. 평안감사는 도임하자마자 꿩사냥을 벌여 백성을 괴롭힌다. 홍동지는 평안감사의 부임, 매사냥, 장례 장면에서 길을 닦는 인부, 사냥몰이꾼, 상두꾼 역할을 함으로써 양반의 횡포에 시달리던 민중을 대변한다. 또 "평안감사께서 꿩사냥을 하시고 내려가시던 길에 낮잠을 주무시다 개미란 놈한테 불알 땡금줄을 물려서 죽었다"고 해 평안감사의 죽음을 희화화한다.

홍동지는 여러 면에서 가면극의 취발이와 유사하나, 모든 도덕적 권위를 파괴하는 주역으로 취발이보다 한층 노골적인 행동 양상을 보인다. 그는 닥치는 대로 부수고 싸움으로 문제를 해결하는 공격적인 인물이다. 상좌중의 비행을 목격하고 그들을 쫓아내며, 아저씨인 박첨지에게 욕을 하며 비판하고, 이시미를 죽이고 그 가죽을 팔아 치부하며, 평안감사에게 야유와 조롱을 퍼붓는다.

박첨지, 꼭두각시, 돌머리집을 통해서는 여성에 대한 남성의 부당한 횡포를 고발한다. 남편의 박대와 첩과의 싸움으로 집을 나가는 꼭두각시의 가련한 신세가 그 예다.

발탈의 성립

발탈은 발바닥에 가면을 씌워 노는 인형극인데, 언제부터 시작되었는지는 알 수 없다. 구한말 이전부터 남사당패 등이 공연했고, 그것이 광무대(光武臺)와 가설극장(포장굿), 창극단 등으로 이어졌다.

발탈은 포장막 속에 들어가 발탈 인형을 조종하는 것을 말한다. 연희자는 대사와 노래도 담당한다. 포장막 밖에는 발탈 인형을 상대하며 대화를 주고받는 어릿광대가 있어서, 발탈 인형과 재담이나 노래를 주고받는다. 발탈은 재담과 노래에 큰 비중을 두고 재담 위주로 진행하는 것이 특징이다.

발탈의 재담은 우희와 관련이 깊은데, 우희 전통은 구한말의 유명한 소리꾼이자 재담꾼인 박춘재(朴春載: 1881~1948)의 재담, 일제시대에 활동한 신불출(申不出: 1908?~?)의 만담, 1960년대까지 활발하게 활동한 장소팔과 고춘자 등의 만담과도 일정한 관련이 있다.[29]

연극학자 김재석은 '넌센스', '희', '스케취', '촌극', '만담' 등의 제목으로 1930년대 유성기 음반에 녹음된 연희를 촌극(寸劇)이라 부르면서 내용을 소개했는데, 앞에서 본 판소리와 가면극의 골계적 대목과 관련성을 엿볼 수 있는 내용이 많다.[30] 연극학자인 사진실은 20세기 초 박춘재의 재담을 분석한 후, 그의 재담이 우리 전통 재담을 이어받았으며, 나아가 만담으로 전승된 축을 따라 방송 코미디물의 토대가 되었다고 지적했는데,[31] 매우 설득력이 있는 견해다.

현재 전승되는 발탈의 형식과 내용을 완성하는 데 크게 기여한 연희자는 박춘재를 꼽을 수 있다. 그는 열다섯 살에 가무별감이라는 직책을 맡을 정도로 소리를 잘했고, 고종과 허물없이 대화를 나눌 정도로 총애를 받았다. 그는 당대의 명창이자 재담꾼이었다. 특히 그가 연행한 〈장대장타령〉, 〈맹인소아희담〉 등 재담극은 1910년대에서 1920년대에 걸쳐 대중의 인기 공연물로 자리 잡았다. 발탈 역시 이 무렵에 지금의 형식과 내용으로 완성된 듯하다.[32] 발탈 예능 보유자 박해일(朴海一: 1923~2007)은 어릴 때 본 박춘재의 발탈 공연을 회상하며 당시에는 종이에 발탈 인형의 얼굴을 간단히 그려 사용하기도 했다고 증언했다. 이는 발탈 공연에서 인형보다는 재담이 중요하다는 의미로 말한 것이다.[33]

발탈은 인형과 어릿광대가 티격태격하는 재담으로 진행된다. 2인 재담 형식은 이미 우희에 존재했다. 앞서 본 〈도목정사놀이〉에서 이조판서와 병조판서 역 연희자 두 명이 주고받은 재담이다. 그리고 1930년대의 '대화 만담'이라 불리는 만담 형식에도 2인 재담이 발견된다. 우희에서 시작된 2인 재담 형식이 발탈 재담을 거쳐 대화 만담까지 이어진 것이다.

발탈에 나타나는 2인 재담의 특징은 두 재담꾼의 티격태격 싸움이다. 발탈 인형과 어릿광대는 조금도 양보하지 않고 재담 싸움을 벌인다.

어릿광대	아따, 그놈 인사도 잘도 한다. (위치를 바꿔) 호오, 아니 너 인사만 잘하는 줄 알았더니 이 얼굴도 잘생겼구나!
발탈	자알생겼지.
어릿광대	그래 참 자알생겼다. (얼굴을 부채로 가리키며) 아이고 낯짝은 저네 어미 볼기짝같이 생겼고, 아 저 눈깔은 얼음에 자빠진 쇠눈깔, 코는 생김생김이 꼭 즐병 같고, 입은 꼭 메기 아가리 같구나.
발탈	이놈아, 내 얼굴이 얼마나 잘생겼는데 그따위 소릴 해!
어릿광대	(관객을 보면서) 하아, 고놈 정말 잘생겼다.
발탈	자알생겼지.
어릿광대	그래 근데 이 광대뼈는 왜 이리 툭 튀어나왔나. 거 한번 받으면 눈깔 빠지겠다. 이놈아.
발탈	자식이… 넌 광대뼈가 몇 발이나 되는 줄 아니?
어릿광대	그리고 요 이맛빡은 꼭 굴러댕기는 쪽빡 같은 데다가, 이 아가리는

또 왜 이렇게 커. 메기 아가리같이 생겨가지고 꼭 대부인 뭣 같다. 이놈아.

발탈　　자식아 모르는 소리 말어. 아 내 얼굴이 얼마나 잘생겼다고 그러니. 너 한번 들어볼거야.

어릿광대　　오! 그래 어디 한번 들어볼까.

발탈　　눈은 소상강 물결 같고, 코는 마늘쪽 세워논 것처럼 오똑하고, 두 입술은 빛난 당취 주홍필로 콕 찍어논 것 같고. 아, 얼마나 잘생겼니. (혼자 신이 나서 지껄인다)

어릿광대　　그래, 그래 아주 자알생겼다. 잘생겼어. 아, 이게 얼굴이냐. 절굴이냐? 아주 더럽게 잘생겼군 그래. 자르르 흘렀구나….

— 이동안 구술본

인용문은 어릿광대가 발탈 인형의 생김새를 흉보는 '용모 시비'다. 둘이 조금도 지지 않고 재담 싸움을 벌이는 내용은 1930년대 '대화 만담' 중 〈난쟁이 행진곡〉, 〈곰보타령〉, 〈읽살마진 대머리〉, 〈텁석부리〉 등에도 보인다.[34] 이 만담들은 곰보, 텁석부리, 대머리 등 외모에 대해, 조롱을 당한 자가 오히려 자신의 외모가 지닌 장점을 강변하는 내용으로 되어 있다.[35]

발탈의 재담 싸움은 '재담끊어먹기', '말꼬리잡기', '말따라하기' 등 말을 주고받는 형식에서 더욱 흥미롭다. 이러한 형식에서는 한 사람의 재담이 끝나기도 전에, 혹은 한 사람의 재담이 진행되는 도중에 갑자기 다른 재담꾼이 끼어들어 재담을 펼치거나, 재담의 꼬리를 잡아 또 다른 재담꾼이 재담을 펼친다.

> '재담끊어먹기'를 예로 들어보자. 고사문서(告祀文書)를 외는 장면에서 발탈꾼이 '정월에 드는 액은…' 하면 다음 말을 잇기도 전에 어릿광대가 '이월로 막아내고' 하며 가로채고, 발탈꾼이 '너 참…' 하면 어릿광대는 '나…' 하며 말을 엇비꾸며 이어간다.[36] 또 발탈꾼이 '소도 잡아먹고' 하면 어릿광대가 '닭도 잡아먹고' 해 도중에 말을 가로챈다.[37]

이런 방법은 두 재담꾼이 오랫동안 호흡을 맞춰야만 가능한 기술인데, 무극(巫劇)과 1930년대 대화 만담에서 종종 발견된다.[38]

발탈을 위시한 박춘재의 재담극은 이후에 전개되는 만담 연희자들에게 큰 영향을 끼쳤다. 이는 원로 재담꾼과 만담가의 회고담으로 확인할 수 있다.

> 윤백단이나 신불출 같은 초기 만담가들이 일본 만담인 만자이(漫才)를 흉내 내면서 만담을 정착시킨 것으로 알려지고 있으나 그렇지 않습니다. 그들이 우선 텍스트로 삼았던 것은 다름 아닌 우리의 전통 재담이었습니다. 특히 창의적인 연기로 가는 곳마다 관중을 사로잡았던 박춘재를 따르고 존경했죠.[39]
>
> — 재담꾼이자 발탈 예능 보유자인 박해일의 증언

> 박춘재 선생이야말로 우리나라 만담의 시조라고 해야 합니다. 그분은 이를테면 전통적으로 잘 가꿔져온 웃음의 텃밭에 새로운 씨를 심어준 분입니다. 그리고 그것이 외래의 것을 모방한 것이 아니라 창의적인 작업에서 나왔다는 데 큰 의의가 있습니다. 그분을 따랐던 사람들이 훗날 내로라하는 만담가들이 되었다는 것은 그런 의미를 더욱 돋보이게 하지요. 제가 생각할 때 재담과 만담의 차이는 크게 다르지 않습니다. 재치 있게 웃기고, 풍자적이어야 한다는 데는 다른 점이 없습니다. 단지 재담은 토속적일 뿐이고, 만담은 현대적일 뿐이죠.[40]
>
> — 원로 만담가 장소팔의 증언

> 일본에서 돌아와보니 만담은 신불출 선생이 주류를 이루고 있었어요. 풍부한 지식과 교양에서 우러나오는 유려한 말솜씨는 가히 일품이었습니다. 그리고 어떤 것은 박춘재 선생이 원본을 만들어놓은 것이어서 의미심장하게 느껴졌습니다. 신불출 선생은 한때 박춘재 선생을 연구한 적이 있었습니다. 공연을 보고 감탄하기도 했죠. 그런데 그것이 세월이 지나면서 만담의 소재로 녹아 들어온 것입니다. 처음부터 관심을 가지고 유심히 봐왔던 나는 그런 변화를 금방 알 수 있었습니다. 그것은 만담이 한국식으로 자리 잡아간다는 것을 의미했습니다.[41]
>
> — 원로 만담가 장소팔의 증언

이와 같이 발탈을 비롯한 박춘재의 재담은 우희에서 이어받은 재담 전통을 만담으로 전하는 가교 역할을 한 것이다.

발탈의 연희 내용

발탈 놀이판은 가로 2미터, 세로 1미터 정도로 검은 사각 포장막을 치고, 연희자가 속에 들어가 발탈 인형을 조종한다. 포장 안에는 연희자가 앉아서 연희할 수 있는 의자가 있다.[208] 포장 앞면 중심부를 잘라내 발을 포장 앞으로 내놓는다. 발에 가면을 씌우고 대나무로 만든 인형의 팔을 옆으로 벌린 다음, 그 위에 저고리와 마고자를 입혀 어수룩한 모습의 인물로 만든다.

현재 연희되는 발탈은 발바닥에 가면을 씌우고 발목으로 움직이는 것과 대나무로 조종하는 팔놀음, 이렇게 두 가지 기본기를 기초로 해, 발탈 인형의 양손에 실을 연결하고 그것을 대나무에 연결해 조종한다. 그리고 꼭두각시놀이같이 어릿광대(산받이)가 포장막 밖에서 발탈을 상대하면서 재담과 노래, 춤으로 공연을 진행한다.[209] 삼현육각 반주를 곁들인다.

발탈에서는 생선 거간꾼 노릇을 하는 발탈 인형, 생선 도가를 운영하는 주인(어릿광대), 생선을 받아가려는 생선 소매상 여자 등 세 사람이 연희를 진행한다.

이동안(李東安) 대본에는 무엇을 잡아먹는 이야기, 조기를 헤아리는 재담, 약 먹는 이야기가 나온다. 발탈은 "피라미, 조개, 치리, 비둘기, 까투리, 맹꽁이를 잡아먹고, 말도 잡아먹고 돼지도 잡아먹고 닭도 잡아먹고 굼벵이도 잡아먹고 네 불알도 떼 먹는다"며 위세를 부린다. 그리고 조기 장사의 재담으로 조기를 세는 방법과 "곰의 쓸개, 노루, 사슴, 백구영단, 불알이 두 개인데 너 하나 나 하나 먹는다"는 등 약 먹는 이야기가 나온다. 이런 대사는 다른 민속극에서 볼 수 없는 내용인데, 재담으로 해학적 웃음을 유발한다. 발탈꾼과 어릿광대 사이에 욕지거리가 오가지만 그것도 익살스럽다.

한편 발탈은 내용이 간단한 것에 비해 삽입 가요가 많이 발견된다. 이동안 대본에서는 〈팔도유람가〉, 〈쑥대머리〉, 〈개성난봉가〉, 〈밀양아리랑〉, 〈진도아리랑〉, 〈고사창〉, 〈파연곡〉 외에도 잡가 등 기존 가요를 많이 차용했다. 박해일 대본에서는 발탈 인형이 팔도강산을 무른 메주 밟듯 유람하고 다니는 자로 설정되기 때문에 시조창이나 평양의 〈추풍감별곡〉, 황해도의 〈몽금포타령〉, 강원도의 〈소 모는 소리〉, 〈만고강산〉, 〈한오백년〉, 〈고사덕담〉 등을 부른다.

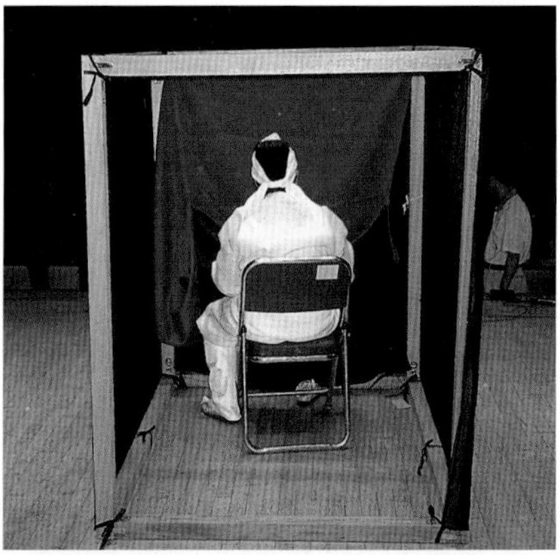

208 발탈 포장막의 안쪽.
209 발탈 공연 장면. 발탈 인형과 어릿광대가 재담을 주고 받고 있다.

주

1 김재철, 『조선연극사』, 학예사, 1939, 133~140쪽.

2 장연의 꼭두각시놀이는 권택무, 『조선민간극』(평양: 조선문학예술동맹출판부, 1966), 서산 박첨지놀이는 서연호, 『꼭두각시놀이』(열화당, 1990)를 참고할 것.

3 有神廟二所 一曰扶餘神 刻木作婦人像 一曰高登神 云是其始祖扶餘神之子.

4 其葬 作木大槨 長十餘丈 開一頭爲戶. 新死者先假埋之 令皮肉盡 乃取骨置槨中. 家人皆共一槨 刻木如生 隨死者爲數焉.

5 이두현, 「나무꼭두의 역사와 쓰임새」, 『한국의 나무꼭두』, 열화당, 1998, 10쪽.

6 이난영, 『토우』, 대원사, 1991, 44~57쪽.

7 造明器 刻木爲車馬僕從侍女. 各執奉養之物 象平生而小. 四品以上三十事 五品以下二十事 庶人十五事.

8 김재철, 앞 책, 111~118쪽; 송석하, 『한국민속고』, 일신사, 1960, 163~164쪽; 이두현, 『한국 가면극』, 문화재관리국, 1969, 394쪽

9 유민영, 「한국인형극의 유래」, 『예술논문집』14, 예술원, 1975.

10 최상수, 『한국 인형극의 연구』, 성문각, 1988, 10~14쪽.

11 박진태, 「중국 인형극의 수용과 변이과정(1)」, 『역사민속학』 제9호, 한국역사민속학회, 1999; 『한국고전희곡의 역사』, 민속원, 2001에 재수록; 윤광봉, 『한국연희시연구』, 박이정, 1997, 74쪽.

12 박진태, 앞 글.

13 윤주필, 「조선전기 연희시에 나타난 문학사조상의 특징」, 『동양학』 제25집, 동양학연구소, 1995.

14 앞 글.

15 김청자, 「한국전통인형극의 새로운 접근」, 『한국연극학』, 한국연극학회, 1985, 85~107쪽; 「한국전통인형극 꼭두각시놀음 연구: 어휘에 나타난 표상과 기호분석」, 『한국연극학』 제3호, 한국연극학회, 1989, 25~47쪽.

16 임재해, 『꼭두각시놀음의 이해』, 홍성사, 1981, 221~222쪽; 「꼭두각시놀음의 역사적 전개와 발전 양상」, 『구비문학연구』 제5집, 한국구비문학회, 1998, 241~302쪽.

17 서연호, 『꼭두각시놀음의 역사와 원리』, 연극과인간, 2001.

18 서연호, 앞 책, 39~41쪽.

19 북제인(北齊人) 안지추(顔之推: 531~590)의 『안씨가훈(顔氏家訓)』 서증(書證) 제17편에는 한말에 응소(應劭)가 편찬한 『풍속통(風俗通)』을 인용해 곽독이라는 명칭의 유래를 소개했다. "『풍속통』에 이르기를, 곽(郭)씨 성 사람들은 모두 독(禿) 자를 꺼렸다. 전대에 머리가 벗겨지는 병에 걸린 곽씨가 있었는데, 골계희로 웃기기를 잘했다. 그래서 후세 사람들이 그 모습을 본떠 괴뢰(傀儡)를 만들고 그것을 곽독이라고 불렀다."

20 김학주, 『중국 고대의 가무희』, 민음사, 1994, 128~129쪽.

21 윤주필, 앞 글.

22 번역은 임형택, 『이조시대 서사시』(하), 창작과비평사, 1992, 302~306쪽 참조.

23 서연호, 『꼭두각시놀음의 역사』, 연극과인간, 2000, 94쪽.

24 김재철, 앞 책.

25 심우성, 『남사당패연구』, 동문선, 1989.

26 권택무, 『조선민간극』, 평양: 조선문학예술동맹출판부, 1966.

27 서연호, 『꼭두각시놀이』, 열화당, 1990.

28 이상 꼭두각시놀이의 무대와 인형에 대한 내용은 서연호, 앞 책, 74~75쪽 요약 인용.

29 중국이나 일본 우희도 한국과 동일한 발전 과정을 보이므로 이에 대한 비교 연구가 필요하다. 중국에서는 현재도 상성(相聲)이라 해 우리 재담이나 만담과 유사한 연희가 인기를 끄는데, 중국 학자들은 이것이 우희 전통에서 성립된 것으로 본다. 상성은 청대에 베이징에서 형성되어 전역에서 유행했다. 전통적인 내용은 해학이 넘치는 재담으로 온갖 사회 현상을 풍자하거나 생활 현상을 반영하는데, 해방 후에는 이러한 풍자 전통을 계승하고 발전시키는 것뿐 아니라 새로운 인사(人事)를 칭송하는 작품도 있다. 상성은 사람들의 웃음을 자아내는 것이 특징으로, 설(說, 우스갯소리·수수께끼·잰말놀이), 학(學, 새나 짐승 소리를 흉내 내거나 인물의 모습과 말씨를 흉내 내는 것), 두(逗, 우스갯소리를 주고받으면서 웃음을 자아내는 것), 창(唱, 우스꽝스럽게 노래하는 것)이 주요한 수단이다. 공연 방식에는 혼자 하는 단구(單口), 두 사람이 일문일답하는 대구(對口), 세 사람 이상이 하는 군구(群口) 등 세 가지가 있다. 일본에도 중국의 상성과 유사한 연희가 있다. 일본에는 원래 사루가쿠 종목에 두 사람이 이야기를 주고받는 예능이 있었다. 일본에서는 예로부터 두 사람이 하는 재담을 만자이(萬歲)라 불렀다. 1910년대 후반에서 1920년대 초반 사이에 전통 만자이를 현대적으로 개작해 공연하기 시작했는데, 두 사람이 연희하는 새로운 재담을 전통 만자이와 구별하기 위해 1930년 무렵부터 한자를 바꿔 만자이(漫才)라고 쓰기 시작했다. 새로운 만자이는 1970년대에 매우 유행했고 지금도 텔레비전이나 라디오에 등장한다. 또 1910년대 후반에서 1920년대 초반 사이에 한 사람이 연희하는 재담도 생겨났는데 이것을 만담(漫談)이라 불렀다. 콜린 맥커라스, 김장환·하경심·김성동 역, 『중국연극사』, 학고방, 2001, 379쪽; 早稻田大學博物館 編, 『演劇百科大事典』, 東京: 平凡社, 1990.

30 김재석, 「1930년대 유성기음반의 촌극 연구」, 『한국극예술연구』 제2집, 한국극예술학회, 1992, 61~72쪽.

31 사진실, 「배우의 전통과 재담의 전승: 박춘재의 재담을 중심으로」, 『한국음반학』 제10호, 한국고음반연구회, 2000, 330쪽.

32 허용호, 「발탈 연구」, 『서강어문』 제14집, 서강대 국어국문학과, 1998, 350쪽.

33 2001년 5월 15일 필자 면담 시 제보.

34 최동현·김만수, 『일제강점기 유성기음반 속의 대중희극』, 태학사, 1997, 118~376쪽에 수록.

35 허용호, 앞 글, 349쪽.

36 심우성, 「한국 살롱 드라마의 한 형태」, 『공간』, 공간사, 1975. 12, 66~67쪽.

37 신찬균, 「자리판놀음, 발탈을 찾아」, 『독서생활』, 1977. 2, 13~22쪽; 『민속의 고향』, 진문 출판사, 1978, 56~70쪽에 재수록.

38 허용호, 앞 글, 347쪽.

39 반재식, 『만담 백년사』, 만담보존회, 1997, 41쪽 참조.

40 앞 책, 42쪽 참조.

41 앞 책, 325쪽 참조.

제4장
무극의 성립과 발전

무극의 성립

무극(巫劇)을 흔히 무당굿놀이라고도 부르는데, 무녀 또는 무부가 굿을 하는 중에 행하는 연극을 가리킨다. 무극의 연희자는 무당 집단이다.

무극은 무의(巫儀)와 별도로 떼어낼 수 없는 관계다. 따라서 무극은 무의와 기원을 함께한다고 할 수 있다. 그래서 무극의 초기 단계에는 풍요와 다산을 기원하는 주술적 모방 의례나, 신의 모습과 위업을 떠받드는 내용을 재현하는 형태가 중심이 되지 않았을까 한다.[1] 전자의 가능성은 오늘날 제주도 무가인 〈세경본풀이〉 후반부에 나타나는 세경놀이 등으로 짐작할 수 있고, 후자의 가능성에 대해서는 남은 기록이 거의 없어서 확정 지어 말하기 어렵다. 다만 『삼국유사』 「가락국기(駕洛國記)」 기록으로 이른 시기의 무극이 어떠했는지를 짐작할 수 있다.

> 건안(建安) 4년(199) 기묘(己卯)에 처음으로 사당을 세운 때부터 현재 임금(고려 문종)의 즉위 31년째인 대강(大康) 2년(1076) 병진(丙辰)에 이르기까지 거의 878년이나 지났는데, 제단을 쌓은 깨끗한 흙이 허물어지지 않았고, 심었던 좋은 나무도 시들어 죽지 않았다. …여기에 또 놀이로서 수로왕을 사모하는 일(戲樂思慕之事)이 있다. 매년 7월 29일에 이 지방 백성과 서리(胥吏), 군졸은 승점(乘岾)에 올라가 장막을 설치하고, 술과 음식으로써 즐기고 떠들면서 동서편으로 서로 눈짓하면 건장한 인부들이 좌우로 나뉘어, 말발굽은 망산도(望山島)로부터 육지로 빠르게 달리고, 뱃머리는 둥실거리며 물 위에서 서로 밀며 북으로 고포(古浦)로 향해 달아난다. 대개 이는 옛날에 유천간(留天干)과 신귀간(神鬼干) 등이 허황후가

오는 것을 바라보고 수로왕에게 급히 아뢰었던 옛 자취다.[2]

이 기록은 『삼국유사』가 쓰인 고려시대 놀이에 대한 언급이지만, 문맥상 김수로왕의 행적을 재현하는 가야의 나라굿에서 실연되었을 가능성을 배제할 수 없다. 이러한 무극의 본래 성격은 오늘날 행하는 무극 가운데 제의성이 강한 일부 대목에 남아 있다. 그러나 오늘날의 무극은 이러한 제의적 성격과는 거리가 먼 경우가 더 많다.[3]

무극이 강한 주술적 제의를 바탕으로 출발한 극이었으리라는 사실은 오늘날의 무극을 통해서도 확인된다. 제주도 무극인 〈영감놀이〉에서 영감신이 형들의 권유를 받아 짚으로 만든 조그만 배를 타고 떠나는 대목이나, 〈세경놀이〉에서 농사를 지어 많은 수확을 거두는 대목, 동해안 별신굿 〈손님거리〉에서 손님네(마마신, 천연두신)를 말에 태워 보내는 대목 등은 그 거리의 가장 핵심적인 내용이면서 동시에 가장 제의성이 강한 대목이기도 하다. 서사무가로 그냥 '불러도' 큰 문제가 없을 듯하지만 이 대목들을 극으로 '보여주는' 것은 이런 강한 제의성 때문이라고 할 수 있다. 즉 귀로 듣고 머릿속으로 이해하는 서사무가의 언어적 표현보다는 직접 눈으로 보고 확인할 수 있는 무극의 행위적 표현이 훨씬 더 강렬한 인상을 주고, 주술성에 대한 확신을 높일 수 있다는 인식이 작용한 결과라고 할 수 있다. 〈영감놀이〉나 〈손님거리〉의 마마 배송 대목 등에서, 그 질병의 원인이라고 여겨지는 영감이나 손님이 말이나 배를 타고 떠나는 장면을 직접 눈앞에 보여주는 것이 훨씬 강렬한 인상을 심어주기 때문이다.[4]

한편 조선시대에는 세습무 계통 재인이 우희를 연행하기도 했다. 따라서 이들이 연행하는 무극의 재담도 상당한 수준의 내용을 갖추었을 것이다. 그러나 이제 그런 뛰어난 연희자 무부들은 사라졌으므로, 오늘날 공연되는 무극만으로는 전통연희로서의 무극의 전모를 파악하기 힘든 측면이 있다.

무극의 연희 내용

굿은 지역, 무풍(巫風), 주재하는 무당의 유형 등에 따라 다양한 형태로 나타나지만, 그중에서도 무극은 무가의 다른 갈래에 비해 지역적 편차가 더 크게 나타난다. 그것은 무극이 연행 현장의 상황에 더 민감하게 반응하기 때문인 것으로 보인다.

현재까지 알려진 무극은 서울의 〈뒷전놀이〉, 경기도 양주의 〈뒷전놀이〉, 〈소놀이굿〉, 황해도의 〈영산할멈할아범거리〉, 〈도산말명에 방아놀이〉, 〈사냥굿〉, 〈사또놀이〉, 〈소당애기씨놀이〉, 〈소놀이굿〉, 〈마당굿〉, 〈중놀이〉, 평안도의 〈자리곰방놀이〉, 〈방아놀이〉, 경기도의 〈뒷전〉, 〈구능굿〉, 동해안 지역의 〈거리굿〉, 〈도리강관원놀이〉, 〈중도둑잡이놀이〉, 〈호탈굿〉, 〈광인굿〉, 〈별상굿배송(막동이놀이)〉, 〈탈굿〉, 거제도의 〈망석놀음(탈광대)〉, 진도의 〈중천맥이〉, 〈다시래기〉, 제주도의 〈전상놀이〉, 〈영감놀이〉, 〈세경놀이〉, 〈악심꽃꺾기〉, 〈꽃탐〉, 〈강태공서목시놀이〉, 〈구삼싱냄〉, 〈불찍앗음〉, 〈칠성새남〉, 〈산신놀이〉, 〈입춘굿놀이〉, 전라남도의 〈삼설양굿〉 등이 있다.[5] 거의 전국적으로 무극이 존재했다는 사실을 알 수 있다. 이상 무극들은 여러 방법으로 분류할 수 있다. 그러나 여기서는 무극의 연희적 측면을 살펴보는 데 중점을 두므로 농경의례로서의 무극, 장송의례로서의 무극, 치병의례로서의 무극, 우희의 성격을 띤 무극, 가면극의 영향으로 성립된 무극으로 나눠 살펴보기로 한다.

농경의례로서의 무극

농경의례 성격을 띠는 무극으로 대표적인 것은 제주도의 〈입춘굿놀이〉와 〈세경놀이〉, 경기도와 황해도의 〈소놀이굿〉 등이다. 우선 〈입춘굿놀이〉에 대한 기록이 여러 가지 있다.[6]

> 입춘 하루 전날 무격(巫覡)들을 주사(州司)에 모아서 목우(木牛, 나무로 만든 소)를 만들고 용 무늬를 그려 제사 지낸다. 진무(鎭撫, 무관 관직) 두 사람이 들어와서 술잔을 올리는데, 우두머리 무격이 집사가 된다. 다음 날 아침 목우에 농기구를 갖춘다. 호장(戶長, 고을 아전의 맨 윗자리)은 머리에 계수나무 꽃을 꽂고, 몸에는 청사포를 입고, 인끈을 차고, 앞장서서 길을 인도한다. 여러 무당들은 채복(彩服, 무늬 있는 옷)을 입고 호위한다. 한 사람은 목탁을 들었는데, 채색 깃털로 장식했다. 한 사람은 가면을 썼는데, 오곡 씨앗을 짊어지고 그 뒤를 따른다. 동기(童妓, 어린 기생) 두 명은 붉은 옷에 깃털 삿갓을 쓰고, 부채를 들고 좌우에 있다. 이를 일러 '거우열(去牛熱, 소의 열을 식히는 것)'이라고 한다. 징과 북과 여러 악기들을 연주한다. 관덕정(觀德亭) 앞에 이르면 무당들을 나눠 파견해 마을의 집들에 저장하고 있는 곡식 종자들을 가져오게 해, 새해의 풍흉(豐凶)을 점친다. 객사문 밖에 이르러 호장이 따비와 쟁기를 잡고 파종한다. 또 동헌에 들어가 똑같은 행동을 한다. 이는 탐라국 시절에 왕이 적전(籍田)에서 친히 농사짓던 유풍이라고 한다.[7]
>
> — 이원조, 『탐라지초본외(耽羅誌草本外)』 권3 구례(舊例) 목우조(木牛條)

제주 목사를 지낸 이원조(李源祚: 1792~1872)의 기록이다. 〈입춘굿놀이〉의 연희 내용에 대해서는 간략하게 언급하지만 목우나 도구, 의상 등의 제작과 형태를 자세하게 소개했다. 그리고 이 연희의 유래가 왕이 적전에서 친히 농사 짓던 유풍이라고 밝히고 있다.

이후 김두봉과 진성기는 〈입춘굿놀이〉의 내용을 조사해 연희 내용을 자세히 밝혔다.[8] 이를 요약하면 다음과 같다. 해마다 입춘 전날 온 섬의 수심방[首巫覡]이 관덕정이나 동헌에 모여 전야제를 치렀다. 이때 미리 나무로 만들어둔 소를 끌어내어 제를 지냈다. 입춘 날 아침에는 호장이 머리에 관을 쓰고 몸에는 예복을 입고 나와 목우에 쟁기를 메운다. 군복(軍服, 무복巫服)을 입은 심방[巫覡]들이 목우를 끌고, 여러 악기를 갖춘 사람들과 가면을 쓴 기장대, 엇광대, 빗광대, 초란광대, 갈채광대, 할미광대 등을 앞세운다. 그 뒤에는 어린 기생들이 보호하듯 따라가며 북, 장구, 징 등 악기를 연주한다. 일행이 관덕정 앞마당에 도착하면 호장은 심방들을 민가에 보내 여러 곡물을 얻어 오게 해 곡식의 여물고 안 여문 상태를 보고, 또 보리밭에 나가 보리를 뽑아 오게 해 보리 뿌리 돋아난 것을 보고 새해 농사의 흉풍을 점친다. 그러고는 객사(客舍)로 가는데, 거기서 수심방이 주문을 외운다. 다시 일행은 동헌으로 가서 농사짓는 과정을 연출한다. 호장이 쟁기와 따비를 잡고 밭 가는 시늉을 하면, 한 사람이 가면에 긴 수염을 단 농부로 가장해 오곡 씨앗을 뿌리고, 또 한 사람이 물감으로 새털같이 그린 옷(또는 새털로 꾸민 옷)을 입고 새로 가장해 무엇인가 주워먹는 시늉을 한다. 이때 가죽옷을 입은 사냥꾼이 등장해 새를 쏘는 시늉을 한다. 이어서 여자 가면을 쓴 두 사람이 처와 첩 역할을 하며 다투면, 남자 가면을 쓴 남편이 나타나 싸움을 말린다. 연희가 끝나면 목사가 연희자들 앞으로 다가와 술과 담배를 권한다. 목사가 사는 관사에 가서도 연희를 다시 한다. 그 후 호장이 물러가고 심방들은 관덕정 마당에 이르러 북과 장구를 치며 뱅뱅 도는 춤을 추다가, 마지막으로 초감제본풀이를 구송(口誦)하고 태평과 풍년 등을 비는 것으로 모든 행사를 끝낸다.

이와 같이 제주도의 〈입춘굿놀이〉는 농사짓는 과정을 연출하는 모의 농경의례와 처첩의 시앗 싸움을 묘사하는 가면희로 짜여 있다. 한 해의 농사를 시작하는 의미를 담은 입춘 날 호장, 심방 백여 명, 기생, 일반인, 목사 등이 참가해 관과 민이 어울려 풍농을 기원하는 행사를 벌인 것이다.210~215

『동국세시기』의 입춘조에 "관북 지방 풍속에 이날 목우를 만들어 관청에서 마을 민가까지 끌고 나와 돌아다닌다. 이는 아마도 흙으로 만든 소를 내보내는 제도를 모방해 농사를 권하고 풍년을 기원하는 뜻을 나타내는 것이다"라고 해, 함경도에도 입춘 날 목우를 앞세운 모의 농경의례가 있었음을 전하고 있다. 이 밖에도 입춘 날 모의 농경의례를 행하는 풍속이 여러 지역에서 발견되지만, 제주도의 〈입

210·211 관덕정 앞에서 거행한 〈입춘굿놀이〉. 1914년. 연희자들이 가면을 썼다.

212 현재 복원해 연행되는 제주도 〈입춘굿놀이〉의 고사 장면, 고사상과 목우.

213 제주도 〈입춘굿놀이〉에서 굿을 하는 심방.

214 제주도 〈입춘굿놀이〉의 모의 농경의례 장면.

215 제주도 〈입춘굿놀이〉 중 처첩의 시앗 싸움 장면.

216 평산의 〈소놀이굿〉.
217 양주의 〈소놀이굿〉.

춘굿놀이〉는 무격들과 호장, 일반인이 참여하는 연희의 성격을 띤 무극으로 발전한 점이 특징이다.

경기도 양주와 황해도 평산의 〈소놀이굿〉은 제석거리에서 멍석 등으로 소를 만들어서, 제석거리의 주관자인 무녀와 소를 몰고 온 마부가 재담과 소리를 주고 받는 놀이이자 굿이다. 그러므로 〈소놀이굿〉은 반드시 제석굿에 이어서 노는데, 이는 현재 전승되는 〈소놀이굿〉에서 공통적으로 발견되는 특징이다. 〈소놀이굿〉을 제석굿의 일환으로 행한다는 사실은 이 무극이 대체로 풍농을 기원하는 주술적 목적 아래 연행되었음을 명백하게 뒷받침해준다.[9] 경기도 양주 〈소놀이굿〉과 황해도 평산 〈소놀이굿〉은 국가무형문화재로 지정되었다.**216·217**

한국 무속의 기능을 사제(司祭), 점복예언(占卜豫言), 무의(巫醫), 오락예능 등 넷으로 나눈다면, 〈소놀이굿〉은 그중 오락예능 기능에 좀더 가깝고, 의례에서 연희로 전개되는 과정을 잘 보여주는 놀이다. 〈소놀이굿〉은 농경의례인 소멕이놀이와 같은 원초 〈소놀이굿〉 형태를 바탕으로 삼고, 거기에 마마배송굿 같은 무의(巫儀) 형식을 도입해 현전하는 것과 같은 형태로 성립된 듯하다.[10]

장송의례로서의 무극

장송의례의 성격을 띠는 무극으로 대표적인 것은 진도의 〈다시래기〉다.

장송의례에서 연희가 행해진 것은 역사가 오래됐다. 중국 춘추시대에 나무를 사람 모양으로 깎아 노예 대신 순장한 풍습에서 인형극인 괴뢰희가 유래했다. 그래서 인형극을 상가악(喪家樂)이라 부르기도 한다. 우리 경우는 이미 고구려 장송의례에서 연희가 행해진 모습을 찾아볼 수 있다.

> 사람이 죽으면 집 안에 빈소를 차린다. 삼 년이 지나면 좋은 날을 택해 장사 지낸다. 부모와 남편 초상에는 모두 삼 년복(年服)을 입고, 형제간 상에는 삼 개월복을 입는다. 처음에는 곡하고 울지만 장례를 치를 때에는 북 치고 춤추며 풍악을 울리면서 보낸다.[11]
>
> — 『수서』「동이전」 고구려조

이와 같이 고구려에서는 장례 때 북을 치고 춤을 추며 죽은 이를 보냈는데, 이는 지역에 따라 조선시대까지도 이어졌다. 『조선왕조실록』의 기록으로 조선 전기에 여러 지방에서 장례 때 성대하게 연희를 베푼 것을 알 수 있다.

> (가) 예조에서 아뢰기를, "경상도, 전라도, 충청도에서는 사치스러운 풍속을 숭상해 장례를 지낼 때 힘써 사치합니다. 유밀(油蜜)의 비용이 수곡(數斛)에 이르며, 주찬(酒饌)을 많이 갖추고 인근 사람들을 널리 불러서 성악(聲樂)을 크게 베풀어 밤이 지나서야 파하는데, 이름해 오시(娛尸)라고 합니다. 이 때문에 파산하는 자가 많습니다. 또 가난한 자는 비용을 대기 어려워 여러 해 동안 장사를 지내지 못

합니다"라고 했다.[12]

— 『성종실록』 5년(1474) 정월 15일조

(나) 경상도 관찰사 김여석(金礪石), 전라도 관찰사 이집(李諿), 충청도 관찰사 최응현(崔應賢)에게 명을 내려, "들으니, 본도(本道)의 민속에 어버이를 장사 지낼 때 주식(酒食)을 많이 마련해놓고 마을 사람을 널리 모아 배우들의 백희를 못 하는 것 없이 한다고 한다. …지금부터 민간에서 전과 같이 이런 일을 한다면 무거운 벌을 가하고 전가사변(全家徙邊, 죄인을 가족과 함께 변방으로 옮겨 살게 하는 조선 형벌) 하겠다" 했다.[13]

— 『성종실록』 20년(1489) 5월 9일조

(가)에서는 조선 전기 경상도, 전라도, 충청도에서 장례를 지낼 때 술과 음식을 많이 준비해 사람들을 불러모으고 성악을 성대하게 베풀어 밤을 새는 등 매우 사치스럽게 지냈으며, 이를 오시라 불렀음을 알 수 있다. 여기서 성악(聲樂)을 크게 베풀었다는 것은 제사 때 노래, 춤, 악기 연주 등이 있었음을 의미하는 것이다.

(나)는 경상도, 전라도, 충청도 장례의 연희 상황을 좀더 구체적으로 전해준다. 어버이를 장사 지낼 때 술과 음식을 많이 마련하고 사람들을 널리 모아 백희를 베풀었다는 것이다. 여기서 '배우들의 백희'는 전문 연희자의 연희를 의미한다. 장례를 한 번 치르면 파산할 지경이고, 가난한 사람은 여러 해 동안 장례를 못 지냈다니 장례 행사의 성대함을 짐작할 수 있다. 그래서 임금이 이런 풍습을 혁파하기 위해 해당 백성에게 무거운 벌을 가하고 전 가족을 변방으로 이주시키겠다고 말할 지경에 이른 것이다.

(가)와 (나)에서 봤듯이 장례를 행할 때 분에 넘치는 사치를 부리지 않도록 왕명을 내려 금했지만, 삼백여 년이 지난 후에도 여전히 성대한 장례가 행해졌다. 다음 기록이 좋은 예다. 유의양(柳義養: 1718~?)이 영조 47년(1771)에 삭탈관직되어 경상남도 남해섬에서 보낸 여섯 달 동안의 귀양 생활을 산문으로 기록한 「남해문견록」에 재미있는 장례 풍속이 보인다.

> 섬의 풍속은 준준(蠢蠢, 어리석고 미련함)하기 심해 인륜의 행실이 전혀 없고, 어버이의 장례를 지낼 때 수일 전에 기해 집에 차일을 치고 술과 고기를 많이 장만하여 동네 사람들을 모아 각별히 많이 먹이고, 무당과 경재인(經才人, 독경讀經하는 사람)을 모아 밤이 깊도록 종일 굿을 하고, 새벽에 발인해 갈 적에 북과 장구를 치며 피리와 저를 불어 상여 앞에 인도해 뫼까지 가니, 장수(葬需)는 회하는(부조받는) 일이 없고, 현훈(玄纁, 장사 지낼 때 산신에게 드리는 폐백)하는 이 없으며, 선비라 이름하는 이라도 신주(神主, 죽은 사람의 위패)를 모시는 이 없고, 돌아와 제(祭) 한 번 지내니, 제 이름은 넋제라 한다. 대범 장사(葬事)에 음식 대접과 풍류를 착실히 한 후에야 주위 사람[隣里]들이 "장사를 잘 지내니, 그 상인(喪人)이 착하다" 하고, 장수를 약간 잘 차려 지내도 풍류와 음식 대접이 착실치 못하면 "장사를 잘못 지낸다" 하고 꾸지람이 많다 하니, 들으니 우습기도 우습고 해연(駭然, 몹시 이상스러워 놀라움)하더라.

이와 같이 남해 섬에서는 장례 때 음식 대접뿐만 아니라 풍류, 즉 악기를 연주하며 노는 것을 잘해야 장사를 잘 지냈다는 소리를 들었고, 발인 때는 북과 장구를 치고 피리와 대금을 불면서 상여를 인도해 묘소까지 갔다는 것이다.

현재 전라남도 무형문화재로 지정된 진도 만가(輓歌)에서도 발인 때 상여 앞에서 각종 악기를 연주하고 춤을 추면서 상여를 인도해 묘소까지 간다. 이는 예전 장례를 재현한 것이므로 진도에서도 장례 때 풍류가 있었음을 알 수 있다.

전국적으로 존재하는 빈상여놀이 또는 가상여놀이도 장례와 관련 있는 민속놀이다. 함경도에서는 호상(好喪)을 맞아 발인 전날 또는 발인 날 아침에 빈 상여를 메고 벌이는 상여놀이를 '대놀이'라 부르고 이때 부르는 노래를 '영청도둠'이라고 했다. 평안북도에서는 상여를 '새우'라 부르고 상여놀이를 '새우도둠'이라 했다. 남한 지역에서는 이때 부르는 노래를 흔히 '대소리'라고 한다. 경상도에서는 빈상여놀이를 '대도둠'이라 부르고 이때 부르는 소리를 '대도둠소리'라고 한다.

국가무형문화재 제81호인 진도 〈다시래기〉도 전라남도 진도 지방에서 출상하기 전날 밤 초상집에서 행하던 상여놀이의 일종으로, 단골(세습무) 집안의 무부로 구성된 신청(神廳)을 중심으로 전승되었다. 주로 호상 때 상가에서 제공하는 음식을 먹으며 상주나 유족의 슬픔을 덜어주고 위로하기 위해 벌인 소극(笑劇)인데, 무부들이 전승했으므로 무극으로 간주할 수 있다.

〈다시래기〉는 한자로 '다시락(多侍樂)'이라고 표기할 수 있는데, 여러 사람이 함께 즐긴다는 뜻으로 해석된다고 한다.[14] 또 '다시 낳는다', '다시 생산한다'는 의미도 있다. 이 연희는 시신을 안치한 상청 앞에서 벌이는 유희로, 가상제놀이, 거사·사당놀이, 상여소리, 가래소리, 여흥의 다섯 마당으로 구성된다.

가상제놀이에서는 가상주(假喪主)가 등장해 연희를 행하는 취지를 설명하고 이어 등장인물을 소개한다. 그러면 거사, 사당, 중이 차례로 나와 장기를 하나씩 선보인다. 당달봉사인 거사는 맹인이 술 취해 걷는 모습과 소변 보는 모습을 흉내 낸다. 사당은 병신춤과 양반춤을 춘다. 중은 염불을 왼다.

거사·사당놀이는 거사, 사당, 중의 삼각관계가 내용이다. 거사(당달봉사)의 아내인 사당이 임신한 모습으로 등장해 아기를 낳는다. 그런데 이 아이는 남편인 봉사가 아니라 뒷절 중과 내통해 잉태된 것으로 밝혀진다. 이 장면은 〈다시래기〉의 어원을 상징적으로 드러낸다. 사망과 출생이라는 두 통과의례가 현실과 극 속에서 동시에 이뤄진다. 죽음으로부터 새로운 생명이 태어나고, 생명은 다시 새로운 세대를 위해 죽어가니, 변증법적인 삶의 원리에서 본다면 죽음이 곧 새로운 탄생의 의미와 결합하는 것이다. 이러한 의미에서 생각할 때 〈다시래기〉는 '다시 낳는다'는 뜻만이 아니라 '다시 낳아야 한다'는 적극적인 의미도 내포한다.[15] 연희가 진행됨에 따라 거사가 '다시래기소리', '자장가', '개타령'을 부르고 독경한다.

상여소리에서는 '애(哀)소리', '하직소리', '아미타불소리', '천근소리'를 부른다. 가래소리에서는 '달구질소리'를 부르는데, 이 노래는 중모리, 중중모리, 자진모리로 짜여 있다. 여흥에서는 판소리, 〈진도아리랑〉, 〈방아타령〉, 〈육자배기〉, 〈흥타령〉, 〈둥덩이타령〉, 〈가마소리〉, 〈남도들노래〉 등을 부른다.[16]

이상 연희에서 주목할 것은 가상제놀이에서 당달봉사인 거사의 연희다. 거사가 술에 취해 걷는 모습과 소변 보는 모습을 흉내 내는 것이 유명한 '맹인취인지상(盲人醉人之狀)'에 해당하기 때문이다. 이는 흉내 내기 연희로서 우희의 일종이다.

야장(冶匠) 고룡(高龍)은 본래 우인으로 장님이 술 취한 모습을 연희로 하는데,

강옥(姜玉) 등이 그것을 보고 즐거워해 자꾸 놀이를 시킵니다. 만약 그만두지 않는다면 끝내는 잡희를 갖춰 이르지 않는 바가 없지 않을까 두렵습니다. 청컨대 다른 사람으로 대신하게 하소서.[17]

— 『세조실록』 14년 5월 17일

야장(대장장이) 고룡은 본래 우인, 즉 전문 연희자로서 장님이 술 취한 흉내를 잘 냈다. '맹인취인지상'이 흉내 내기 연희로 우희의 일종이었다는 점, 그리고 우희 연희자 중에는 재인청 또는 신청이라는 조직에 소속되어 나례나 중국 사신 영접 행사 등에 동원되던 세습무 집안 무부들도 있었다는 점, 진도 〈다시래기〉는 세습무인 단골 집안 무부로 구성된 신청을 중심으로 전승되었다는 점을 관련지어 생각해보자. 진도 〈다시래기〉에 이런 연희가 있는 것은 우연이 아니다. 예전에는 신청 무부가 바로 나례나 사신 영접행사, 문희연 등에서 우희를 담당한 연희자였으므로, 진도에서 이들이 〈다시래기〉를 전승하면서 연희에 우희인 '맹인취인지상'을 수용한 것이다.

호남 지방에서 세습무인 단골 집안 남자들은 주로 판소리 창자나 잽이(고수와 삼현육각 악사), 줄타기 재인이 되었고, 그 밖에 대장장이가 되기도 했다고 한다. 그러므로 세습무 집안에서 무격과 광대와 야장이 모두 나올 수 있었다. 실제로 진도에는 최근까지도 단골 집안으로 3대째 대장장이를 하는 집이 두 집 있다. 인용문에는 대장장이 고룡이 어디 출신인지를 밝히지 않았으나, 그가 야장이며 우인을 겸했다는 점으로 보아 남도 단골 무계의 남격(男覡) 출신인 것 같다는 지적은 설득력이 있다.[18]

치병의례로서의 무극

치병의례(治病儀禮)의 성격을 띠는 무극으로 대표적인 것은 전라남도의 〈삼설양굿〉과 제주도의 〈영감놀이〉 등이다.

〈삼설양굿〉은 순천, 광양, 보성 등지에서 세습무인 단골 무녀들이 전승한 무극으로, 잡귀잡신을 위하고 대접하는 내용의 경기도 굿 〈뒷전〉이나 동해안 별신굿의 〈거리굿〉에 해당한다. 그러면서 〈삼설양굿〉은 정신병 환자를 치유하는 치병의례도 겸한다. 〈삼설양굿〉은 잡귀잡신을 대접하면서 동시에 환자에게 붙은 악귀나 여귀(厲鬼), 역귀(疫鬼)를 쫓아내는 무극인 것이다.[19]

〈삼설양굿〉은 무녀들이 여러 배역으로 분장하고 차례로 등장해, 악사와 재담을 주고받으면서 진행된다. 1980년대에 민속학자 최덕원이 조사할 때만 해도 〈삼설양굿〉에 등장하는 잡귀잡신은 귀면(鬼面) 가면을 쓰고 연희했으나 최근에는 가면을 잘 쓰지 않는다.

광인(狂人) 치유를 청해오면, 신 지핀 환자인가 아닌가를 알아보고 손을 보아 길일을 택해 유시(酉時)에 굿판을 차리고 술시(戌時)쯤부터 굿을 시작한다. 큰굿을 하면 이삼 일이 걸리고, 작은굿은 대여섯 시간으로 줄어드는데, 축시(丑時)쯤부터 〈삼설양굿〉으로 들어간다. 〈삼설양굿〉 전에 열두 과정의 본 제의를 행하는데, 이 기본 굿 열두 과정을 하지 않으면 신이 잡히지 않아 치유가 어렵다고 여겼다.[20] 기본 굿은 조왕굿, 안당, 손굿, 조상굿, 제석굿, 넋올리기, 오구굿, 시설, 고풀이, 씻김, 길닦음, 삼설양굿, 거리굿이다.

굿은 각 배역에 얽힌 에피소드가 모여 전체를 이루는데, 등장인물이 한 명씩 등장해 자신의 문제를 이야기하고 그것을 해결하는 식으로 전개된다. 배역은 고정되지 않으나 대개 열 명 이상이다. 1999년 2월 순천시민회관에서 연행된 굿에서는 열네 명이 등장했는데, 무녀 네 명이 일인다역을 하며 열네 배역을 소화했다.[21]

열네 배역은 도시, 한량 귀신, 총각 귀신, 처녀 귀신, 꼽추 귀신, 총 맞고 죽은 귀신, 소동패 귀신, 벙어리 귀신, 목 매어 죽은 귀신, 익사한 귀신, 임산부 귀신, 봉사 귀신, 도채비, 도수다. 이 중 눈에 띄는 몇몇 배역에 대해 살펴보기로 한다.

도시는 배고픈 잡귀인데 성격이 분명히 파악되지 않는다. 도시 역을 맡은 무녀가 한 손에 손대를 들고 반주에 맞춰 등장해, 악사와 재담을 주고받다 먹을 것을 대접받고 퇴장한다.218

총각 귀신은 짚으로 만든 남근을 과장되게 내보이며 무녀와 성행위 흉내를 낸다. 그리고 총각으로 죽게 된 원한을 말하고 위로를 받은 후 춤추며 퇴장한다. 긴 머리를 늘어뜨린 처녀 귀신이 등장해 음식을 대접받고 총각 귀신을 뒤따라간다.

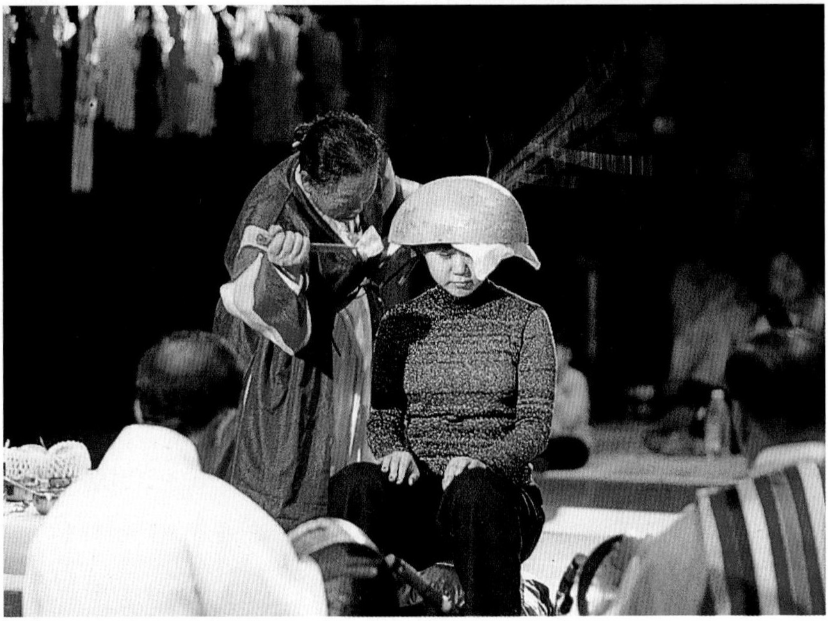

218 〈삼설양굿〉 한 장면. 굶어 죽은 귀신역의 무녀가 게걸스럽게 음식을 먹고 있다.

219 〈삼설양굿〉의 도채비.

220 〈삼설양굿〉 한 장면. 정신병 환자를 항아리 위에 앉히고 머리에 바가지를 씌운 다음, 칼과 복숭아나무 가지로 역귀를 쫓는다.

임산부 귀신을 맡은 무녀는 배에 바가지를 넣어 임산부처럼 꾸미고 배를 감싸쥐고 등장한다. 이 귀신이 애를 낳겠다고 하면 악사가 '지양풀이'를 부르라고 한다. 지양풀이를 하고 신음하다 바가지를 낳는다. 다른 무녀가 바가지를 들고 복과 재수를 주는 물건이라며 바가지를 판 후, 춤추며 퇴장한다.

도채비는 무녀가 짚으로 만든 관을 머리에 쓰고, 허리와 팔다리에도 짚을 감아 분장한다. 춤을 추다 퇴장한다.[219]

도수는 성격이 분명하지 않은 귀신이다. 정신병 환자의 머리에 바가지를 씌우고 굿청 중앙에 앉힌다. 도수 역을 맡은 무녀가 식칼과 도끼 등으로 잡귀잡신을 내쫓고 복을 불러오는 축원을 한다.[22]

그런데 〈삼설양굿〉 마지막 장면에서 도수가 정신병 환자를 치유하는 모습을 구체적으로 보면, 이 장면에서는 막을 치고 안에 항아리를 준비한 다음 환자를 항아리에 앉힌다.[220] 도수 역 무녀가 칼춤을 추며 동도지(東桃枝, 동쪽으로 뻗은 복숭아나무 가지) 꺾은 것으로 환자를 때려 잡귀를 쫓아낸다. 이어 막을 불사르고 도끼로 항아리를 깨버린다.[23]

복숭아나무는 중국에서 옛날부터 벽사 기능을 한다고 여겨지던 것이다. 『주례』 권32 하관융우(夏官戎右) 「도열(桃茢)」 정현(鄭玄)의 주(注) 에 '복숭아나무는 귀신들이 두려워하는 것이다'라는 기록이 있다. 특히 동도지가 더 효험이 있다고 한다. 그래서 나례에서도 복숭아나무 가지를 들고 역귀를 쫓아내고, 처용무의 처용가면에도 머리 부분에 복숭아나무 가지를 꽂는 것이다. 마찬가지로 〈삼설양굿〉도 정신병 환자로부터 역귀를 내몰아 병을 고치는 굿이기 때문에, 도수 역을 맡은 무녀가 손에 동도지를 들고 역귀를 쫓는다. 항아리를 도끼로 깨는 것은 항아리 깨지는 소리에 역귀가 놀라 도망가라는 의미를 담고 있는 듯하다.

〈삼설양굿〉은 잡귀들이 등장해 원한을 직접 말하고 그것을 해소하는 형식으로 전개된다. 따라서 잡귀들은 환자에게 병을 일으키는 역귀이면서 동시에 여귀(厲鬼)에 해당한다. 여귀는 저승으로 가지 못하고 이승을 떠도는 잡귀로, 결혼을 못 하고 죽은 귀신이나 자손이 없는 귀신 등 여러 사정으로 제사를 받을 수 없는 무사귀신(無祀鬼神)을 말한다. 조선시대에는 이 여귀들을 위해 국가와 민간에서 제사를 지내기도 했는데, 이를 여제(厲祭)라고 불렀다. 사람들은 무사귀신이 해를 끼친다고 여겨 제사를 치러줌으로써 역질이나 재난을 막아내고자 했다.[24] 즉 여귀들이 제사를 받지 못해 배가 고파 사람들에게 해코지를 한다고 믿은 것이다. 〈삼설양굿〉에서도 잡귀들이 배가 고프다며 음식을 달라고 해 먹는데, 이는 잡귀들이 무사귀신임을 의미한다. 〈삼설양굿〉 진행 과정에서 잡귀들은 배불리 얻어먹을 뿐만 아니라 각자 원한도 해소한다. 벙어리 귀신은 말문이 열리고, 애를 낳다 죽은 임산부 귀신은 바가지를 낳고, 봉사 귀신은 눈을 뜨는 등 원한을 풀고 퇴장한다. 〈삼설양굿〉은 잡귀잡신을 대접해 보내고 남은 귀신마저 동도지로 쫓는가 하면 항아리 깨지는 소리에 놀라 도망가게 함으로써 치병의례의 역할을 충실히 수행한다. 환자와 가족은 이러한 과정을 눈으로 보고 확인함으로써 강렬한 인상을 받고 〈삼설양굿〉의 효력에 대한 확신을 높일 수 있었을 것이다.

이상과 같이 〈삼설양굿〉은 무녀들이 잡귀잡신 배역을 맡아 분장을 하고 소도구를 사용하며, 배역의 특징에 따라 흉내 내는 무극이다. 또 〈삼설양굿〉은 연희 측면이 크게 부각되어 있으며, 동시에 치병의례의 성격을 띠는 것이 특징이다.

우희의 성격을 띤 무극

우희의 성격을 띠는 무극으로 대표적인 것은 동해안의 〈도리강관원놀이〉를 들 수 있다. 〈도리강관원놀이〉또는 〈천왕범방 고딕놀이굿〉이라 불리는 이 무극은 동해안 일대 별신굿에서 천왕굿이 끝난 다음 연행되는, 여흥의 성격을 띤 무극이다.[25]

무극에는 무녀가 참가하지 않고 악사로서 잽이 또는 양중이라 불리는 남무(男巫)만 참여한다. 등장인물은 사또 역을 맡는 잽이, 고딕이 역과 기생 역을 겸하는 잽이, 강관·이방·도사령·황소·수노(首奴)·기생오라비 역 등을 겸하는 잽이, 세 명이다. 일인다역이기는 하지만 배역이 분화되고, 각 배역에 어울리는 분장도 하기 때문에 별신굿에서 연행되는 무굿 가운데서 가장 연극적인 성격이 강한 무극이다.

무극은 강관 역을 맡은 잽이가 해설을 하면서 시작된다. 내용은 신관 사또가 부임하면서 관속을 점고(點考)하는 장면을 골계적으로 연출한 것이다. 평복에 전립을 쓰고 부채를 든 사또가 굿청 앞에 서서 관속의 현신(現身)을 명하면, 관노인 고딕이[221]가 사또의 명을 전달하면서 관속의 현신을 돕는다. 처음에 사또의 명을 받은 고딕이가 도리강관을 부르러 간다. 고딕은 강관을 찾아가 겉으로는 복종하는 체하면서 강관을 골탕 먹인다. 강관은 두루마기, 수술띠, 유건(儒巾)을 갖춰 입는 과정에서 여러 차례 골탕을 먹은 후에 사또에게 인사를 올린다.[222]

사또　도리강관은 절도 안 하고 말도 안 하는고?

강관　예, 작년 겨울에 얼어붙었던 입이 아직 안 녹아가 덜 떨어져가… 그래 아즉….

사또　니가 이 골 도리강관이가?

강관　예, 작년에는 헐관만 했더니 금년엔 어찌하야 좀 늘어져가 마 다부되었는 모양이죠. 그래 도루강관 했심더.

사또　도리강관 했다고?

강관　예.

사또　그런데 내 내려오다 보니 어에 이 질(길)을 수척(도로 공사) 어떻게 했는지 아주 험한데 질 수척 어떻게 했는가?

고딕　미, 미 질 수척 잘했죠….

(중략)

사또　질 수척을 어떻게 했노?

강관　질 수척을 우예했는고 하믄, 요샌 부르도자가 있이니깐 갖다 썩 밀어뿌만. 마 이 도로 포장을 안 해도 맨맨스럼하니 차가 지나가기 좋지마는 옛날은 부르도자가 있나, 뭐 끄는 차가 있나, 민대는 차가 있나, 천상 수금포로 가래 아니면 질을 못 닦지러. 이놈은 마 큰 가래 하나 가지고 마을 사람을 전부 동원 시켜가가, 가다 보믄 비가 와서 개방처럼 푹 파인 데는 이 사람들로 마 거저 품을 줘가주구 더 깊이 푹 파뿌렸고, 가다가 또 사람이 올라가게 될 상싶으고 재가 조금 높으다 싶으만 그 위에다 산의 흙을 더 갖다 덮어가 그 재 높으다니 맨들었고, 또 가시가 없으면 사람 다치라고 가시 갖다 막았고, 돌 없으면 잘 채이라고 돌을 갖다 막아 그만하면 질 수

221 〈도리강관원놀이〉에서 강관과 고딕이가 물구나무를 서면서 인사하는 장면.

222 〈도리강관원놀이〉에서 고딕이가 강관의 수술띠를 허리에 매주는 장면.

척 잘했지 우옛단 말이고.

사또 질 수척 잘했다. 이놈들.

일동 예.

사또 이 고얀 놈을 엎어놓고 매우 쳐라.[26]

앞부분에서 강관은 '도리강관'이라는 말을 가지고 작년에는 '헐관'을 했고 금년에 '도루(다시) 강관'을 했다며 재담을 한다. 그리고 후반부에도 사또의 점잖은 질문에 계속 곁말로 대답하거나 엇가는 말을 하다가, 사또의 명에 고딕에게 매를 맞고 물러난다.

다음에는 이방이 등장하는데, 고딕이가 이방에게 찾아가 사또에게 현신하라고 하니, 이방은 말을 타고 들어가야겠다면서 판소리 〈춘향가〉에 나오는 나귀 치레(방자가 광한루로 구경 나가는 이 도령을 태울 나귀를 치장하는 대목)를 차용한 노래를 부른다. 그러면 고딕과 다른 남자 무당이 나와서 한 사람이 서고 또 한 사람은 선 사람의 허리를 잡고 허리를 굽혀 말을 만든다. 이방이 그 말을 타려고 하면 뒷발로 차버려서, 이방이 넘어지며 비명을 지르다 간신히 말을 타고 사또 앞에 나간다.

이방 야야, 고딕아 고딕아 말이… 나귀가 사납거들랑 말 부랄을 살살 긁어라. 아이구 말 부랄을 긁어 안 되거든 말 자지를 살살 긁어라. 단단히 긁어라 긁어라. 아이구 고딕아. 아이구 저 말 봐라. 아이구 이 말 봐라. 야 고딕아, 궁뎅이를 긁어라. 자꾸자꾸 긁어라.
(이방 겨우 말을 타고 두어 걸음 가서 사또 앞에 내린다. 말 모는 이도 들어와 앉는다.)

고딕 이방 현신이오.

사또 니가 현지 이방인가?

이방 예, 작년엔 저 건너방했더니 올게는 이방했심더.

사또 그런데 왜 거행이 이래 늦었는고?

이방 예, 내가 거행이 늦은 것은 원체 내가 우리 동네서 신용 있고 근하다고 해 건설 면에는 내가 아주 월등한 사람이지. 우리 동네 앞에 뚝다리가 떨어졌는 고로 천상마 마을에 세면(시멘트)이 한 쪼가리 나왔대요. 그걸 갖다 공구리 좀 해놓고 그래 좀 늦었십니더.

사또 이 골 이방 못 쓰겠다. 퇴거시키고 이 골 황소 현신하렸다.

이방 에 참 좋은 수가 있다. 왠고 하니 도랑에 뚝다리 놔가지고 사람 건느게 해 월천공덕(越川功德)했다고 날 택시 타고 나가라 칸다.[27]

이와 같이 이방도 "작년엔 저 건너방했더니 올해는 이방했다"라든가 하며 사또의 점잖은 질문에 계속 엇가는 말로 재담을 하다 쫓겨난다. 대화는 계속 웃음을 유발하는 매우 해학적인 내용이다.

다음에는 사또의 명에 따라 고딕이가 황소를 불러온다. 고딕이가 황소의 배에다 옷 보따리를 넣어 불룩하게 만들고, 배 위에 꽹과리채 두 개를 꽂아 뿔처럼 꾸민다. 황소도 사또의 점잖은 질문에 재담을 늘어놓다 쫓겨난다.

그 다음에는 사또의 명에 따라 고딕이가 도사령을 불러온다. 도사령은 평복에 패랭이를 쓰고 꽹과리를 들었다. 도사령은 고개짓을 재게 하고 꽹과리를 빨리 치면서 사또 앞으로 가 한참 동안 꽹과리를 친다. 도사령 역시 사또의 점잖은 질문에 재담을 늘어놓다 쫓겨난다.

다음에는 고딕이가 사또의 명에 수노를 불러온다. 수노는 패랭이를 쓰고 노래를 부르며 사또 앞에 나가 재담을 늘어놓다가, 이 고을 사또를 모시라는 명을 받고 물러난다.

그러고는 고딕이가 적삼으로 옷을 바꿔 입고 머리에 수건을 쓰고 춘향 역으로 등장한다. 춘향 오라비 역은 수노 역을 한 잽이가 맡는다. 춘향이가 화장하는 시늉을 하며 오라비와 익살을 부리면서 재담을 주고받는다.

이상과 같이 〈도리강관원놀이〉는 관아에서 일어난 일을 풍자한 것이다. 그런데 이 연희는 주로 관노인 고딕이가 이속인 강관, 이방, 도사령 등을 골탕 먹이거나, 이속들이 사또의 점잖은 질문에 대답으로 재담을 늘어놓는 내용이다. 따라서 이 연희는 관아를 소재로 했으나 함경남도 북청군 토성리에서 정월 대보름에 거행하던 관원놀이, 강원도 북평(현재 동해시)의 원님놀이, 경상북도 영양의 원놀이, 경상북도 안동과 의성 등지의 서당놀이처럼 사또가 죄인을 다스리는 내용을 모의 재판식으로 진행하던 연희와는 전혀 다르다.

〈도리강관원놀이〉는 굿을 하는 과정에서 관중의 지루함을 풀어주기 위해 여흥으로 베풀던 희극적 무극으로 우희의 성격을 띤다. 동해안처럼 세습무권의 무부들은 우희의 연희자이기도 했으므로 재담을 많이 구사하는 무극이 성립될 수 있었다. 예전 무극은 오랜 기간 전문적인 훈련을 받은 세습무부들이 연행했기에 요즘 무극보다 재담의 수준이 훨씬 뛰어났을 것으로 짐작된다. 오늘날은 뛰어난 연희자로서의 무부가 사라진 시대이므로 우희 측면이 많이 약화되었지만 〈도리강관원놀이〉로 부분적으로나마 우희의 모습을 살펴볼 수 있다.

가면극의 영향으로 성립된 무극

기존 가면극의 영향으로 성립된 대표적인 무극으로는 동해안의 〈탈굿〉이 있다. 〈탈굿〉은 동해안 일대 별신굿에서 천왕굿이 끝난 다음이나 논동우굿이 끝난 다음에 연행된다.[28]

〈탈굿〉은 암행어사 박문수의 넋을 불러주는 것이라고 하며, 이 연희를 연행함으로써 마을의 안녕과 평안을 기약한다고 한다.

〈탈굿〉은 영감을 가운데 두고 할미와 첩이 싸우는 삼각관계가 설정되고, 영감이 죽은 후 무당이 굿을 하는 내용이 있어 본산대놀이 계통 가면극의 할미과장을 본딴 것으로 보인다. 그러나 현재 가면극의 할미과장이 보존 차원에서 박제화하다시피 고정적인 내용으로 전승되는 반면, 무극 탈굿은 시대 변화에 맞춰 새로운 내용을 계속 삽입해 현장감을 살림으로써 관중의 호응을 얻고 있다. 그동안 〈탈굿〉을 최길성, 김석출, 이두현, 임재해, 이균옥 등이 채록해 대본을 남겼으나, 각 대본의 연희 내용은 채록자나 채록 시기에 따라 상당한 차이를 보인다.

〈탈굿〉은 양반, 할무(할미)광대, 서울애기, 사뿔이, 의원 등이 등장해 종이탈을 쓰고 대사를 주고받고 춤을 추면서 연희한다. 내용은 다음과 같다.

옛날 어느 양반이 자기 처인 할미가 못생겼다고 구박해 내쫓고 기생인 서울애기를 첩으로 삼는다. 소박맞은 할미와 아들 사뿔이가 양반을 찾아 길을 나선다. 그러다 할미와 사뿔이는 양반과 서울애기가 정답게 노는 모습을 발견하고, 양반을 빼앗기 위해 서울애기와 싸움을 벌인다. 그 과정에서 양반이 갑자기 쓰러져 죽는다. 그래서 무녀를 불러 점을 치는데, 무녀는 상사귀(相思鬼)가 범해 그런 것이니 서울 무당을 데려다 풀어야 한다고 말한다. 이때 의원이 등장해 양반을 살려내고, 양반, 할미, 사뿔이, 서울애기가 모두 화해하고 퇴장한다. 또는 의원이 와도 못 살리고 봉사가 와서 경문을 읽어도 못 고치는데, 무당이 굿을 해 살려낸다는 내용으로 연희하기도 한다.

그러면 〈탈굿〉에서 시대 변화에 맞춰 새로운 내용을 삽입해 현장감을 살린 예를 보자. 이균옥 채록본에 실린, 할미와 영감이 오랫동안 헤어졌다 만난 후 서로 싸우다 영감이 넘어지자, 의원을 데려와서 진찰하는 장면이다.

(간호사가 앞에 서고 의원은 간호사가 든 작대기를 붙잡고 등장한다. 의원이 분장한 모양을 보고 관중이 폭소를 터뜨린다. 의원은 술독이 올라 코가 빨갛고 옷매무새는 흐트러졌는데 맥주를 마시면서 비틀거리며 들어온다.)

할미　아이 아이고, 의사가 무슨 알코올 중독자가? 아이고 아이고 아이고 싹 뿔애이. 아이구 의사 선생님이 무슨 술 중독자가 알코올 중독자가? 우예(어떻게)된 심판이고(이유인가).

(중략)

의원　그런데 와 이래 시끄럽노? 누가 디비졌나(넘어졌나)?

할미　예. 우리 영감이 디베졌심더….

의원　진찰부터 함 해보자.

할미　예. 진찰 좀 함 해보소.

의원　(어깨에 둘러맨 제기 술잔으로 만든 청진기를 잡으면서) 요새 청진기는 우예되어가주고(어떻게 되어서) 둘러메고 댕긴다(다닌다). (관중 폭소) 윗지 마라(웃지 마라). 넘 답답은 줄 모르고. (의원이 영감의 몸 이곳 저곳에 청진기를 대본다.)

할미　야, 진찰기 좋네. 이 이거 어디 제(製)고?

의원 아이고 요고(이것) 영국제(英國製).

(청진기를 영감의 성기에 대보고는) 세상 다 살았는데(죽었는데), 밑에 거는, 다 죽었는데, 밑에 거는 살어가 폴딱폴딱 뛴다.

할미 (반가운 듯이) 아이고 고고(그것) 살아야 된다.

의원 허허 이거 안 된다. 저 뭐. 김 간호사.

간호사 예.

의원 어 저 주사부터 내봐라. 보자, 아 그런데 여 의료보험 카드 있는강 물어봐라?

할미 여 카드 없심더.

의원 의료보험 카드 있는강 물어봐라.

간호사 의료보험 카드 있어요?

할미 없어요.

의원 그라마 가자 가자. 여 안 된다. 장사 엇방(헛방)이다. 안 된다.

할미 그라마 일반으로 합시더. 일반, 일반.

의원 저 약솜부터 내라. (간호사에게) 훼양년(화냥년)의 가시나가 그마이(그만큼) 알캐도(가르쳐줘도) 안 되네. (관중 폭소) 윗지 마라. 너거는 아파가 병원에 안 가봤나? 그 뭐 우예노(어떻게 하느냐). 걸터앉어가 치료해야 되겠다.

(의원이 누운 영감 다리 위에 앉아 치료한다. 그 모습이 우스워 관중이 폭소를 터뜨린다).[29]

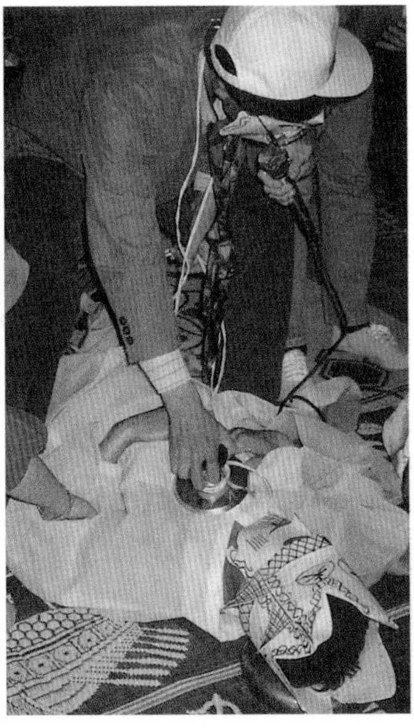

223 〈탈굿〉 한 장면. 의사가 제기로 만든 청진기로 영감을 진찰하고 있다.

가면극의 할미과장에 비해 의사의 진찰 내용이 매우 상세하다. 그리고 〈탈굿〉이 현대적으로 개작되어 전승되면서 계속 관중의 흥미를 끌 수 있었던 측면을 살펴볼 수 있다.

경상남도의 야류와 오광대 가면극에서는 이 장면에서 전통적인 복장의 한의사가 등장해 진맥을 하고 침을 놓지만, 〈탈굿〉에서는 알코올 중독자인 의사가 간호사를 데리고 등장해 제기 술잔으로 만든 청진기로 진찰한다.[223] 그리고 의료보험 카드처럼 우리가 병원에서 실제로 겪는 문제를 재미있게 다루었다.

주

1 서대석, 「무가(巫歌)」, 『한국민속대관(韓國民俗大觀)』6, 고려대 민족문화연구소, 1995, 521쪽.

2 일연, 이재호 역, 『삼국유사』(중), 명지대 출판부, 1974, 142~143쪽.

3 박경신 외, 「무극」, 『한국 구비문학의 이해』, 월인, 2000, 529~530쪽.

4 앞 글, 519쪽.

5 황루시, 「무당굿놀이연구」, 이화여대 박사학위논문, 1987, 4~5쪽 내용을 일부 보완함.

6 김두봉(金斗奉), 「권농(勸農)하는 춘경풍속」, 『제주도실기(濟州道實記)』, 제주도실적연구사, 1936, 19~21쪽; 김석익(金錫翼), 『심재집(心齋集)』 「해상일사(海上逸史)」 춘경(春耕)조; 이원조(李源祚), 『탐라지초본외(耽羅誌草本外)』 권3 구례(舊例) 목우(木牛)조; 『탐라록(耽羅錄)』 「입춘일념운(立春日拈韻)」(1841); 진성기, 「입춘굿」, 『한국민족문화대백과사전』 18권, 한국정신문화연구원, 1991.

7 立春前一日 聚巫覡於州司 造木牛 畵龍文 祭之. 鎭撫二入獻爵 首覡爲執事. 翌日朝 木牛具農械 戶長頭戴桂花 身着青紗袍 掛印 前導. 諸巫以彩服衛護. 一人持木鐸飾以彩羽. 一人着假面負五穀種 隨之. 童妓二名紅衣羽笠 執扇左右 名曰去牛熱. 錚鼓衆樂. 至觀德亭前 分遣巫覡拔閭家 儲穀種 以驗新歲豊歉. 又至客舍門外 戶長執耒耟播種. 入東軒亦 如之. 名羅王時 親耕籍田之遺風云. 이원조, 『탐라지초본외』 탐라문화총서4, 제주대 탐라문화연구소, 1989.

8 진성기, 「입춘굿」, 『한국민족문화대백과사전』 18권.

9 김헌선, 『양주소놀이굿』, 화산문화, 2001, 9쪽.

10 이두현, 『한국연극사』(신수판), 학연사, 2000, 144~147쪽.

11 死者殯於屋內 經三年 擇吉日而葬. 居父母及夫之喪 服皆三年 兄弟三月. 初終哭泣 葬則鼓儛作樂以送之.

12 禮曹啓 今承傳敎 輪對者有言 慶尙全羅忠淸道 俗尙浮誇 葬送之事 務爲華侈. 祭奠油蜜之費 幾至數斛 多辦酒饌 廣招鄕隣 大張聲樂 終夜而罷 名爲娛尸. 以此破産者多 貧者難辦 累年不葬.

13 諭慶尙道觀察使金礪石 全羅道觀察使李諿 忠淸道觀察使崔應賢 …聞本道民俗 於葬親之時 多辦酒食 廣聚鄕閭 俳優百戱 靡所不爲. …今後民間 若復如前 則當加重典 全家徙邊.

14 정병호, 「진도다시래기」, 『중요무형문화재해설』(연극편), 문화재관리국, 1986, 319쪽.

15 서연호, 『한국 전승연희의 원리와 방법』, 집문당, 1997, 201쪽.

16 이두현, 「장례와 연희고」, 『한국무속과 연희』, 서울대 출판부, 1996, 205~243쪽; 정병호, 앞 글, 317~341쪽.

17 冶匠高龍 本優人 戱爲盲人醉人之狀 玉等見而悅之 累使作戱. 若此不已 恐終備呈雜戱 無所不至. 請以他人代之.

18 이두현, 「단골무와 야장」, 앞 책, 52~60쪽 참조.

19 필자는 1991년 10월 12일 전남 순천대학교에서 최덕원 교수가 주재한 한국민속학회 전국대회에서 〈삼설양굿〉을 보았다. 그 경험과 함께 다음 논저를 참고해 〈삼설양굿〉에 대한 논의를 전개했다. 이경엽, 「순천 삼설양굿의 연극적 전개와 연희성」, 『(굿의 현장에서 본) 씻김굿무가』, 박이정, 2000; 정수미, 「순천 삼설양굿」, 『한국의 굿놀이』(하), 서문당, 2001; 최덕원, 「순천 지역의 민속 조사연구」, 『남도민속고』, 삼성출판사, 1993.

20 최덕원, 앞 책, 412쪽.

21 이경엽, 앞 책, 88~93쪽.

22 앞 책, 93~94쪽.

23 정수미, 앞 책, 194쪽 참조. 무녀가 환자를 항아리에 앉힌 다음 환자의 몸을 동도지로 훑다 도끼로 항아리를 깨는 것은 필자가 1991년에 관람한 〈삼설양굿〉에서도 그대로였다.

24 중국과 한국의 여제(厲祭)는 나경수, 『광주·전남의 민속연구』, 민속원, 1998, 396~403쪽; 전경욱, 『함경도의 민속』, 고려대 출판부, 1999, 99~104쪽 참조.

25 「도리강관원놀이」에 대한 기존 조사와 연구는 다음과 같다. 박경신, 『울산지방무가자료집』 4, 울산대 인문과학연구소, 1993, 659~686쪽; 서대석, 『한국무가의 연구』, 문학사상사, 1980, 385~412쪽; 최길성, 『한국무속의 연구』, 아세아문화사, 1978, 299쪽.

26 서대석, 앞 책, 396~398쪽.

27 서대석, 앞 책, 400~401쪽.

28 탈굿에 대한 기존 조사와 연구는 김선풍, 『강릉단오굿』, 열화당, 1987, 58~64쪽; 최길성, 앞 책, 300쪽.

29 이균옥, 『동해안 별신굿』, 박이정, 1998, 202~207쪽.

제5장
조선 후기의 다양한 유랑예인집단

조선 후기 유랑예인집단의 활동상

조선 후기 들어 유랑예인집단의 활동이 더욱 활발해졌다. 조선 후기 유랑예인집단의 분포와 활동 양상, 분화 양상, 구성원 충원 경로에 대한 해명은 조선 후기의 문예사를 파악하는 데 필수적인 과제다. 그러나 이 시기에 유랑예인 수가 엄청나게 증가하고, 그들의 연희가 질적으로 매우 다양하게 발전했는데도 이들에 대한 기록이 너무 적었기 때문에 연구는 난관에 봉착하곤 했다. 다행히 최근에 유랑예인에 대한 기록이 일부 발굴되고, 이들의 연희를 묘사한 그림도 상당수 발견되어 연구에 활기를 불어넣고 있다.

조선 후기에는 남사당패, 사당패, 대광대패, 솟대쟁이패, 초라니패, 풍각쟁이패, 광대패, 걸립패, 중매구, 굿중패 등 다양한 명칭의 유랑예인집단이 있었다. 사당패와 남사당패는 마을과 장터, 파시(波市)를 찾아 떠돌아다녔고, 대광대패와 솟대쟁이패는 주로 장터를 돌아다녔다. 다른 연희 집단은 주로 마을을 찾아 떠돌아다녔다.

조선 후기 유랑예인집단의 구성원은 재승 계통 연희자, 세습무 집단의 연희자, 토지를 잃은 유민(流民) 등을 들 수 있다. 재승 계통 연희자는 주로 사당패, 남사당패, 굿중패 등을 형성했다.

제7장에서 세습무계 연희자에 대해 살펴본 바와 같이, 세습무 집단의 무부인 신청(재인청) 소속 재인은 판소리 광대뿐만 아니라 악사, 줄광대, 땅재주꾼 등 다양한 종목의 전문 연희자로 활동했다. 그런데 이 세습무 집단도 유랑예인집단과 관련이 밀접했던 것으로 나타난다. 예를 들어 세습무인 거문도 김씨 가계에서는 판소리 명창뿐만 아니라 땅재주 명인, 사당패 등이 함께 나타난다. 김태삼 노인은

부인인 단골녀(무당)가 생존했을 때는 같이 굿을 했지만, 상처한 이후 굿을 할 수 없게 되자 무부에서 사당패나 선소리꾼으로 역할을 전환했다. 또 김태삼 노인의 백씨(伯氏)가 사당패에서 땅재주 명인으로 이름을 날렸다는 점을 통해, 이러한 경우가 김태삼 노인에게 한정된 것이 아니라는 사실을 알 수 있다.[1]

세습무 집단과 유랑예인집단이 혼재되는 것은 무업이 있을 때와 없을 때에 따라 나뉘기도 하지만, 굿판을 떠날 수밖에 없었던 사회경제적 궁핍과 정치적인 압박 때문이기도 했다. 마을 수령과 서리들이 신청 조직원들에게 부과한 무세(巫稅)와 환곡 제도를 이용해 탐학과 무단 지배를 자행하자, 이를 감당할 수가 없어 직업을 잃고 떠도는 자가 열에 팔구 명이(故不能擔當 流離失所者 什居八九, 장흥『신청완문』, 1832) 된 데서 유랑예인집단이 발생하게 된 것이다.[2] 이처럼 세습무 집단의 무부들은 신청 즉 재인청에 소속되어 재인으로 활동했지만, 무업을 할 수 없게 되었을 때는 유랑예인집단에 편입되어 활동을 지속했다.

남사당패

남사당패의 유래와 성격에 대해서는 앞서 조선시대의 연희 담당층 가운데 하나인 '재승 계통 연희자'를 살피면서 고찰했으므로 여기서는 그들의 연희를 중심으로 보기로 한다. 남사당패는 본래 남자로 구성된 집단이었다. 이들은 꼭두쇠(우두머리)를 정점으로 풍물(농악), 버나(대접돌리기), 살판(땅재주), 어름(줄타기), 덧뵈기(탈놀이), 덜미(인형극, 꼭두각시놀이) 등을 공연했다.**224~227** 요술(환술)도 행했다고 하나 오늘날 전하는 것은 위 여섯 가지 종목뿐이다. 이들은 일정한 보수 없이 숙식과 노자만 약간 받고 마을 큰 마당이나 장터에서 밤 새워 놀이판을 벌였다.[3] 현재 남사당패는 국가무형문화재 제3호로 지정되어 위 여섯 가지 연희를 전승하고 있다.

유랑예인집단은 수입을 위해 경제력 있는 곳을 찾아다녔는데 주로 장터, 파시, 마을 행사 등이었다. 따라서 경기도 안성 청룡사 근처에 남사당패의 근거지가 있었던 배경으로 청룡사라는 절과의 관계뿐 아니라, 삼남의 물산이 집결되고 유통되던 안성 시장과의 관련성도 고려해야 할 것이다. 경상남도 하동 목골 사당패도

224 남사당패의 풍물.
225 남사당패의 무동 타기. 오동(五童).

226 남사당패의 버나.
227 남사당패의 줄타기.

쌍계사와 화개장터를 연결지어 이해해야 할 듯하다.

남사당패는 파시도 찾아갔다. 파시는 바닷가에서 수산물을 거래하는 장이다. 조기처럼 조류를 따라다니는 회유성 어류 어장 부근 섬과 바닷가에 섰으며, 주로 서해와 남해에 많았다. 파시가 서는 섬에는 배가 수백 척씩 몰려들므로 어부들이 묵는 숙소가 생기고 음식점, 주점 등이 수십 채 들어서며, 창기와 작부가 모여들어 번화가가 형성되었다.[4] 정약용(丁若鏞)이 『목민심서(牧民心書)』에서 조창(漕倉, 조선시대에 세곡稅穀 수송과 보관용으로 강가나 바닷가에 지은 창고)을 열 때와 포구에 파시가 열릴 때 잡류가 찾아오는 것을 엄금해야 한다고 주장했을 정도로, 파시에 몰려드는 유동 인구는 엄청났다. 우파(優婆, 사당), 창기, 주파(酒婆), 화랑(花郎, 무당의 지아비인 광대), 악공, 뇌자(櫑子, 초라니), 마조(馬弔, 투전), 도사(屠肆, 소나 돼지를 도살하는 사람) 등 팔반천류(八般賤流)가 그들이다.[5] 이 가운데 사당, 광대, 악공, 초라니 등 유랑예인에 해당하는 연희자를 거론한 것은 이들이 조창에서 한양으로 곡식을 보내는 배들이 들고날 때와 파시 때를 맞춰 포구에 찾아들었기 때문이다.

남사당패는 주로 마을이나 장시를 떠돌며 공연을 했지만, 한편으로 마을 공동체의 공적 행사에 초청되어 일종의 계약을 맺고 공연을 벌이기도 했다. 전라남도 완도군 금당도에서는 18세기 말에 국가에 묶여 있던 봉산(封山)이 풀리면서, 새롭게 개간한 경작지와 풍부한 목재를 기반으로 동계(洞契)와 목계(木契)가 설립되어 활발하게 운영되었다. 그런데 1862년부터 1927년까지 지출 내역을 기록한 동계책에 1880년에서 1905년 사이에 남사당과 가객에게 돈을 여섯 번 지출했다는 기록이 보인다. 이는 이 마을 공동체 행사와 어떤 연관 속에서 남사당과 가객이 초청되어 공연했음을 밝혀주는 예다.[6]

남사당패의 연희 종목 가운데 버나는 대접돌리기, 살판은 땅재주인 근두, 어름은 줄타기로서 산악·백희의 곡예에 해당하고, 풍물 역시 악기 연주로 산악·백희에 해당한다. 또 지금은 전승이 단절되었지만 옛날에 있었다는 요술도 환술로서 역시 산악·백희 종목이다. 덧뵈기는 양주별산대놀이와 매우 유사한 내용으로 본산대놀이 계통 가면극을 차용한 것으로 추정된다. 덜미는 흔히 꼭두각시놀이라고 불리는 인형극이다. 인형놀이도 이미 산악·백희 종목에 있었으나, 현재 전하는 덜미와 같은 내용은 조선 후기에 기존 인형놀이를 당시 시대상과 사회상에 맞는 내용으로 환골탈태해 재창조한 것이다.

사당패

사당패는 주로 여성으로 구성된 연희 집단이다. 일명 '여사당'으로 통하는 이 패거리는 가무희를 앞세우고 매음도 했다. '화주' 또는 '모갑(某甲)'이라 부르는 우두머리 남자가 있고, 그 밑으로 '거사'라는 사내들이 제각기 사당 한 명과 짝을 맞춘다. 화주는 집단 통솔과 내부 질서 확립, 단체의 대외 교섭과 활동을 보장하는 조직 사업을 책임지고, 수입 분배를 결정하는 대표자였다. 거사의 우두머리는 수거사라고 불렸는데, 수거사는 가창 예술의 총지휘자로 사당패의 예술적 지도를 책임졌고, 공연에서 반복과 마감 또는 다른 곡으로 넘어갈 때 도창자(導唱者) 역할을 수행했다.[7]

표면상 모갑이인 남자가 이끄는 조직 같지만 실제로는 모갑이 이하 거사 모두 사당들의 공연으로 생긴 수입으로 살아갔다. 사당패의 공연 종목은 사당버꾸춤, 소리판(주로 산타령 등 잡가를 불렀다), 줄타기(재담줄이라 해 곡예보다는 재담과 노래가 우세했다)의 세 가지였다.[8]

최영년의 『해동죽지(海東竹枝)』(1921)에 사당패에 대한 시가 보인다.

사당패(沙嫦牌)

濃黛凝脂似畵楦	짙은 눈썹 기름진 살결 그림인 양
羅裙紈扇舞螺旋	비단 치마와 부채로 너울너울 춤을 추네.
春歌一曲陽山道	춘가 한 곡조와 양산도를 부르니
俏子紅綃雨萬錢	소리꾼 붉은 생초에 돈이 비오듯.[9]

사당을 음만 따서 사당(沙嫦)이라고 표기했다. 이 시로 사당이 춤을 출 때 부채를 들었고, 춘가(春歌)와 양산도 같은 노래를 불렀으며, 구경꾼들이 대가로 사당의 붉은 치마에 돈을 던져준 것을 알 수 있다. 춘가는 신재효본 〈변강쇠가〉 중 사당패가 부르는 "오돌또기 춘향(春香) 오돌또기 춘향 유월의 달은 밝으며 명랑한데 여기다 저기다 연저 바리고 말이 못된 경이로다"라는 노래를 가리키는 듯하다.

이능화는 1870년대 후반에 사당패의 공연을 직접 보고 1927년 무렵에 그들의 조직과 공연을 소개했다.

> 지금으로부터 오십여 년 전까지만 해도 이것이 남아 있었다. 어릴 때 괴산군에서 사당패(社堂牌)를 봤다. 패에는 남녀가 있었는데, 남자를 남사당 또는 거사라고 하고 여자를 여사당이라고 하며, 그 우두머리 되는 자를 모갑이라고 했다. 한 모갑의 통솔 아래에 남자 아홉 명과 여자 한두 명이 있었으니, 모두 묘령(妙齡)의 여자였다. 남자가 여자를 등에 업고 각지로 돌아다니면서 기예를 팔고, 몸을 파는 것을 업(業)으로 삼았다. 그 흥행에 있어서 남자는 손에 소고를 잡고 공연장에 벌려 서고, 여자가 마주서서 먼저 앞소리[時俗雜歌]를 메기면 남자들이 일제히 뒷소리를 받았다. 혹 먼저 하기도 하고, 혹 뒤에 하기도 하며, 혹 소고를 두드리기도 하고, 혹

노래를 부르기도 한다. 공연이 절정에 이르면 청중이 갈채를 보내며 돈을 던져서 상을 준다. 혹 동전을 입에 물고 "돈, 돈!" 하고 외치면, 여사당이 와서 입으로 돈을 받으며 입을 맞추는 방식은 기묘하다고 할 만하다. 이것이 매개가 되어 밤에 몸을 주고 돈을 받는 것을 화채(花債) 또는 해의채(解衣債)라고 한다. 이것이 사당패의 영업이었다.[10]

박은용의 조사에 의하면 서도(평안도, 황해도) 지방에서 활동한 사당패의 기본 종목은 〈산천초목〉, 〈놀량〉, 〈앞산타령(사거리)〉, 〈뒷산타령(중거리)〉, 〈경발림(경사거리)〉 등이었다. 이 기본 종목에 이어 〈산염불〉과 〈구영변가〉 같은 서도민요나 사당춤도 첨부해 공연 종목으로 삼았다. 경기 사당패는 〈놀량〉, 〈사거리〉 다음에 〈양산도〉, 〈방아타령〉, 〈경복궁타령〉 등을 연결해 불렀다. 사당패의 후신인 산타령패(선소리패)는 〈놀량〉, 〈사거리〉 다음에 〈도라지타령〉, 〈잦은방아타령〉, 〈개고리타령〉, 〈도화타령〉을 이어 불렀다. 남도 사당패들은 〈보념사거리〉와 〈화초사거리〉를 부른 다음 〈매화타령〉을 불렀다. 후대에는 남도 지방 민요인 〈긴육자배기〉, 〈잦은육자배기〉, 〈날개타령〉, 〈홍타령〉을 첨가했다.[11]

사당패는 전통적인 농악의 춤동작과 소고를 가지고 추는 법고놀이를 공연했다. 거사가 먼저 소고를 치면서 장단에 맞춰 줄지어 늘어서면, 사당들이 노래를 부르면서 등장했다. 먼저 수거사가 소리를 메기면 거사와 사당들이 받아 부르기도 하고 두 패가 주고받으면서 부르기도 하는데, 모두 춤을 추면서 흥겹게 불렀다. 대열이 앞으로 나갔다 뒤로 물러섰다 하며 원을 그리면서 돌기도 하고, 노래와 춤의 흥취를 한층 돋우기 위해 소고를 제꼈다 엎었다 돌렸다 하면서 장단에 맞춰 매듭지어 쳤다. 사당패들이 개척한 이러한 연주 방식은 19세기 후반 이후 산타령패, 선소리패로 계승되었다.[12] 현재 봉산탈춤 제3과장 사당춤도 사당패의 공연과 동일한 내용이다.

정현석의 『교방가요』(1872)에서는 사당과 거사를 '사당(舍黨)', '걸사(乞士)'로 표기하고 '사당남창여화(舍黨男唱女和, 남자가 노래를 부르고 나서 여자가 화답해 함께 노래를 부른다)'라고 설명했다. 그리고 "잡요 〈산타령〉, 〈방아타령〉, 〈놀량〉, 〈꽃방아타령〉, 이것은 거사와 사당이 부르는 것인데 모두 음사(淫辭, 음란하고 방탕한 말)

228 〈수락산 흥국사감로탱〉, 1868, 흥국사. 감로탱의 사당춤, 쌍줄타기, 방울 쳐올리기.

와 비사(鄙詞, 상스러운 말)다. 지금 거리의 아이들과 머슴들도 이 노래들을 부를 줄 안다"며 사당패의 연희 내용을 소개했다.

신재효본 〈박타령〉 중 놀보의 세 번째 박에서 나온 사당패 가운데 거사들은 소고를 치고, 사당들은 춤을 추며 한 명씩 차례대로 〈산천초목〉, 〈녹양방초 다 저문 날에〉, 〈갈까보다〉, 〈오독도기 춘향〉, 〈사신 행차 바쁜 길에(방아타령)〉, 〈유각골 처자는 쌈지장수 처녀(잦은방아타령)〉를 부른다. 이와 같이 사당은 춤을 추고 노래하며, 거사는 소고를 치면서 어울려 공연하는 것이 사당패의 기본 공연이었던 듯하다. 138 참조

이와 같은 공연 장면은 〈수락산 흥국사(興國寺)감로탱〉, 〈경국사(慶國寺)감로

탱〉, 〈불암사(佛巖寺)감로탱〉 등의 그림으로 확인할 수 있다. 심우성의 조사에 의하면 사당패는 이 밖에도 사당버꾸춤과 줄타기를 공연했다고 하는데, 이러한 공연 모습 역시 앞에 언급한 감로탱 장면으로 확인할 수 있다. 이 그림들에는 사당이 춤추는 모습, 줄타기(쌍줄타기) 하는 모습, 방울 받기 하는 모습이 함께 그려져 있다. 물론 사당패가 이 연희들을 동시에 공연한 것은 아니다. 그림 속 온갖 연희 장면은 사당패의 공연 종목을 모두 보여주려고 취한 회화적 장치인 듯하다.228

대광대패

대광대패는 주로 5, 7, 9일마다 돌아오는 장날에 맞춰 지방 장터를 떠돌던 유랑예인집단인데 지금은 존재하지 않는다. 사당패와 남사당패는 마을과 장터, 파시를 찾아다녔고, 대광대패와 솟대쟁이패는 주로 장터를 떠돌아다녔다.

야류와 오광대의 발생지는 낙동강변인 초계 밤마리라고 전한다. 밤마리의 시장에서 대광대패는 여러 공연물 가운데 하나로 가면극을 놀았다. 밤마리는 낙동강변의 수로요지(水路要地)로 어염상선(魚鹽商船)이 정박하는 하항시(河港市)였기 때문에 합천, 의령, 초계, 고령, 안동 그리고 호남 지방에서도 왕래가 빈번했다고 한다. 6월에는 대마(大麻) 집산지로 난장을 이뤘으므로 큰 장터가 형성되어 약 삼백 호의 큰 마을을 이뤘다. 그러므로 이 시장에서 상인의 비호 아래 유랑광대들이 모여 놀이판을 벌일 수 있었던 것이다.[13]

민속학자 최상수(崔常壽)에 의하면 초계 밤마리 대광대패의 공연 종목은 풍물, 무동, 죽방울 받기, 솟대타기, 오광대 가면극이었다고 한다.

> 초계 대광대패는 연희하기 며칠 전에 그들이 신주처럼 모시는 '울산 서낭당 각시'라는 인형을 앞세우고 마을로 들어와서, 집집마다 다니며 문 앞에서 "초계 대광대 들어왔소" 하고 외쳤다. 그러면 대개 그 집에서는 "서낭당 각시 들어오면 재수가 있다" 하여, 동전을 몇 푼씩 줬다. 그러면 날짜를 정해 대광대패가 마을에 들어와 연희를 하는 것인데, 저녁 때 장작불을 피워놓고 공연을 시작했다. 먼저 악사들

이 고깔을 쓰고 악기를 연주하면서 놀이판을 몇 바퀴 돈 다음, 구경꾼들을 자리에 앉게 한다. 첫 번째로 무동들이 나와서 어깨 위 오동(五童)까지 재주를 부리고 들어간다. 이어 광대 한 명이 나와서 죽방울 받기를 하다 들어간다. 다음에는 솟대타기를 한다. 높이 한 네 길가량 되는 긴 장대(대 위는 십자형이다)를 세우고, 그 장대 밑을 두 명이 넘어지지 않게 붙잡는다. 그러면 솟대쟁이가 나와서 장대를 타고 올라가, 그 십자형 꼭대기에서 넘고 매달리고 하는 여러 가지 재주를 대략 이십 분 동안 하다 내려온다. 마지막으로 오방신장 가면을 쓴 다섯 사람이 나오는 오방신장무과장, 다섯 광대가 양반과 말뚝이로 분장하고 나오는 양반과장, 영노과장, 영감·할미과장, 사자춤과장의 순서로 가면극을 연행한다.[14]

대광대패의 공연 종목인 무동, 죽방울 받기, 솟대타기는 모두 산악·백희의 곡예에 해당하는 종목들이다. 오동은 무동 타기를 말한다. 한 사람의 어깨 위에 수직으로 한 명이 올라가서 춤추는 것을 무동이라 하고, 그 윗사람의 어깨 위에 다시 한 사람이 더 올라가는 것을 삼동(三童)이라 하며, 삼동 상태에서 양쪽 옆으로 한 명씩 더 올라가 다섯 명이 있는 것을 오동이라고 한다. 풍물은 산악·백희의 악기 연주에 해당한다. 오광대 가면극은 본산대놀이 계통 가면극이다. 이 오광대 가면극에서 경상남도 지방의 야류와 오광대가 파생되었다.

심우성은 대광대패의 공연 종목을 풍물, 솟대타기, 죽방울 받기, 얼른(요술), 오광대 가면극이라고 소개했다.[15] 최상수의 조사에서 무동은 풍물에 포함시킬 수 있는 종목이므로, 심우성과 최상수가 소개한 공연 종목의 차이는 '얼른'의 유무다. 이미 소개한 남사당패도 요술, 즉 얼른을 했다고 하는데 이는 산악·백희의 중요한 종목이었다.

솟대쟁이패

솟대쟁이패란 명칭은 이 패거리가 놀이판 한가운데에 솟대 같은 장대를 세우고 그 꼭대기로부터 양편으로 두 가닥씩 줄 네 가닥을 늘여놓고 그 위에서 갖가지

229 김준근, 《기산풍속도첩》, 조선 말, 민족학박물관, 함부르크. 솟대타기, 죽방울 치기, 죽방울 놀리기(空竹) 연희 장면.

재주를 부린 데서 비롯된 것이다.127 참조 솟대쟁이패는 1930년대 이후 사라졌다. 후에 남사당패의 일원이 된 송순갑(宋淳甲: 1912~2001)은 본디 솟대쟁이패 출신으로 땅재주꾼이었다.

이들의 공연 종목은 풍물, 땅재주, 얼른, 줄타기, 병신굿, 솟대타기 등 여섯 가지였다.229 풍물은 농악, 무동 등 곡예에 가까운 체기(體技)가 돋보였다. 땅재주는 불이 담긴 화로를 양손으로 들고 공중회전을 할 정도로 숙달된 재주를 보였다. 얼른은 요술이었다. 줄타기는 새미놀이라고도 했는데, 재담보다 곡예 위주였다. 병신굿은 지주와 머슴 두 명이 엮는 무언극으로, 올바른 일을 하지 못하면 신분과 계층에 관계없이 모두 병신이라는 내용의 매우 해학적인 연희다. 솟대타기는 쌍줄백이라고도 불렀는데, 높은 장대 위에 오늘날의 평행봉 너비의 줄 두 가닥을 양편으로 장치하고 그 위에서 물구나무서기, 두 손 걷기, 한 손 걷기, 고물 묻히기(떡고물 묻히듯이 줄 위를 빙글빙글 구르기) 등 묘기를 연행했다.[16] 이 가운데 풍물은 악기연주이고, 땅재주, 줄타기, 솟대타기는 곡예이며, 병신굿은 우희에 해당하고, 얼른은 환술로서 모두 산악·백희에 있는 종목들이다.

조선 후기의 솟대타기는 경상북도 상주 〈남장사(南長寺)감로탱〉(1701), 동국대학교 박물관 소장품인 〈구룡사(龜龍寺)감로탱〉(1727), 경상남도 하동 〈쌍계사(雙磎寺)감로탱〉(1728), 경상남도 고성 〈운흥사(雲興寺)감로탱〉(1730), 전라남도 승주 〈선암사(仙巖寺)감로탱〉(1736), 전라남도 곡성 〈봉서암(鳳瑞庵)감로탱〉(1759), 자수박물관 소장 감로탱(18세기 중엽), 《기산풍속도첩(箕山風俗圖帖)》 등에서 다양한 연기를 볼 수 있다.

초라니패

원래 '초라니'는 요사스럽게 생긴 가면을 가리킨다. 초라니패는 '초라니굿'이라 부르는 가면극을 위주로 풍물, 얼른, 죽방울 받기 등을 공연하며 떠돌아다녔다. 초라니굿은 서울, 경기도의 산대놀이 가면극과 경상남도의 오광대 가면극이 습합된 형태였다고 한다.[17] 그런데 신재효본 〈변강쇠가〉에서는 변강쇠의 치상(治喪) 과정에 등장하는 초라니를 '솔대 밑 친구'라고 표현했다. 솔대 밑 친구는 솟대쟁이를 이르는 말이므로, 초라니가 솟대놀이도 했다는 뜻이 된다. 초라니의 모습과 연희 내용은 신재효본 〈흥보가〉 중 '놀보 박타는 대목'과 〈변강쇠가〉 중 '변강쇠 치상 장면'에 묘사되어 있는데, 후자가 더 자세하다. 다음은 옹녀가 변강쇠 치상 장면에 찾아온 초라니를 바라보는 내용이다.

(여인이 살펴보니) 구슬상모 담벙거지, 바특이 멘 통장구에 적 없는 누비저고리,

때 묻은 붉은 전대 제 멋으로 어깨 띠고, 조개장단 주머니에 주황사(朱黃絲) 벌매듭, 초록 낭릉(浪綾) 쌈지 차고, 청(靑) 삼승(三升) 허리띠에 버선코를 길게 빼어 오뫼장(烏山場) 짚신에 푸른 헝겊 들메고, 오십 살 늘어진 부채 송화색 수건 달아 덜미에 엇게 꽂고, 앞뒤 꼭지 뚝 내민 놈 앞살 없는 헌 망건에 자개관자 굵게 달아 당줄에 짓눌러 쓰고, 굵은 무명 벌통 한삼(汗衫) 무릎 아래 축 처지고, 몸집은 짚동같고, 배통은 물항 같고, 도리도리 두 눈구멍 흰 고리테 두르고, 납작한 콧마루에 주석(朱錫) 대갈 총총 박고, 꼿꼿한 센 수염이 양편으로 펄렁펄렁, 반백(半白)이 넘은 놈이 목소리는 새된 것이 비지땀을 베씻으며, 헛기침 버썩 뱉으면서 "예 오노라 가노라 하노라니 우리 집 마누라가 아주머님 전에 문안 아홉 꼬장이, 평안 아홉 꼬장이, 이구십팔 열여덟 꼬장이 낱낱이 전하라 하옵디다. 당동당. 페."

(여인이 기가 막혀 초라니를 나무라며) "아무리 초라닌들 어찌 그리 경망한고. 가군(家君)의 상사(喪事) 만나 치상도 못 한 집에 장구 소리 부당하네."

"예, 초상이 났사오면 중복(重服)막이 악귀(惡鬼)물림 잡귀잡신을 내 솜씨로 소멸하자. 페. 당동당. 정월 이월 드는 액은 삼월 삼일 막아내고, 사월 오월 드는 액은 유월 유두 막아내고, 칠월 팔월 드는 액은 구월 구일 막아내고, 시월 동지 드는 액은 납월 납일 막아내고, 매월 매일 드는 액은 초라니 장구로 막아내세. 페. 당동당. 통영칠(統營漆) 두리반에 쌀이나 되어놓고 명실[命絲]과 명전(命錢)이며 귀 가진 저고리를 아끼지 마옵시고 어서어서 내어놓소."[18]

이상과 같이 변강쇠 치상 장면에 나타난 초라니는 가면을 쓰고 요란한 복색으로 장구를 치면서 액막이 고사소리를 했다. 〈수국사(守國寺)감로탱〉**230**에는 장구를 어깨에 메고 솟대에 오르는 초라니가 묘사되어 있다. 이 초라니는 가면을 착용했는데, 앞 인용문 중 초라니의 가면을 "도리도리 두 눈구멍 흰 고리테 두르고, 납작한 콧마루에 주석 대갈 총총 박고, 꼿꼿한 센 수염이 양 편으로 펄렁펄렁"이라 묘사한 것과 완전히 일치한다.

초라니패는 상이군인의 통솔하에 옛 군인 또는 관노 출신이 주종을 이루어, 만약 초라니굿을 보지 않거나 푸대접을 하면 행패가 대단했다고 한다.[19]

230 〈수국사감로탱〉, 1832, 기메 미술관, 파리. 솟대를 오르는 초라니. 큰 눈에 흰 고리테를 둘렀으며, 꼿꼿하고 센 수염이 양편으로 뻗은 가면을 썼다.

231 〈봉은사감로탱〉, 1892, 봉은사. 감로탱에 그려진 풍각쟁이패.

풍각쟁이패

풍각쟁이패는 민간을 떠돌며 판소리, 퉁소, 북, 가야금, 검무를 공연했다.[20] 서울 〈봉은사감로탱〉에서 퉁소쟁이 소경, 검무쟁이, 가얏고쟁이, 해금쟁이, 북쟁이로 구성된 풍각쟁이패의 모습을 볼 수 있다.**231**

신재효본 〈변강쇠가〉에서는 변강쇠 치상 장면에 풍각쟁이패로 판소리 가객, 퉁소쟁이 소경, 검무쟁이, 가얏고쟁이, 북쟁이가 등장한다. 이들은 변강쇠 송장을 치우기 전에 우선 각자 재주를 자랑한다. 검무쟁이는 〈여민락(與民樂)〉과 〈심방곡(心

方曲)〉에 맞춰 춤을 추고, 판소리 가객은 〈초한가(楚漢歌)〉를 부른다. 가얏고쟁이는 "황성(荒城)에 허조벽산월(虛照碧山月)이요, 고목(古木)은 진입창오운(盡入蒼梧雲)이라 하던 이태백으로 한 짝. 삼년정리관산월(三年征裡關山月)이요, 만국병전초목풍(萬國兵前草木風)이라 하던 두자미(杜子美)로 한 짝. 둥덩덩지둥덩둥" 하며 〈짝타령〉을 연주한다.

최영년의 『해동죽지』에 실린 시 「풍각패」에도 풍각쟁이패가 신방곡(神房曲), 즉 〈심방곡(心方曲)〉을 연주한다는 내용이 있다.

풍각패(風角牌)

啞盲攣躄影相弔	벙어리 소경이 손과 다리로 서로 위로하며
腰笛囊琴食自求	허리엔 퉁소, 주머니엔 해금 넣고 음식을 구하네.
穿雲一闋神房曲	구름 속까지 퍼지는 한 곡조 신방곡에
聞輒移情淚迸流	듣자마자 마음 움직여 눈물 흘리네.

풍각쟁이패는 대부분 장애인으로 구성되었다고 하는데, 이 시에서도 벙어리, 소경이 풍각쟁이패를 구성했다. 그러므로 〈봉은사감로탱〉은 조선 후기의 풍각쟁이패를 매우 사실적으로 묘사했음을 알 수 있다.

이 밖에 조선 후기의 유랑예인집단 중 광대패는 삼현육각, 판소리, 민요창, 무용, 줄타기,232 땅재주를 공연했고, 굿중패233는 풍물, 버나, 땅재주, 줄타기, 한량굿(한 사람이 연행하는 창무극)을 공연했다. 걸립패는 풍물놀이, 줄타기, 비나리(덕담)를 주로 공연했는데, 반드시 자기들이 관계를 맺은 사찰의 신표(문서文書라 한다)를 제시했다.[21] 중매구패는 풍물놀이, 불경, 중매구(오광대 가면극)를 공연했다.

이상 살펴본 바와 같이 우리 전통연희는 주변 여러 나라와 교류하면서 독자성과 우수성을 갖춰왔다. 우리는 삼국시대부터 조선시대에 이르기까지 끊임없이 외래 연희를 수용해 연희 문화를 풍부하게 영위하면서, 나아가 우리 취향에 맞게 개작해 한국화하고 새로운 연희 문화를 창출해왔다. 새로운 연희 문화를 성립시킬 수 있었던 뿌리는 부여의 영고, 고구려의 동맹, 예의 무천 같은 제천의식이나, 마

232 김준근, 《기산풍속도첩》, 조선 말, 민족학박물관, 함부르크. 줄타기 장면.

233 김준근, 《기산풍속도첩》, 조선 말, 기메 미술관, 파리. 굿중패 공연.

한의 농경의식 같은 상고 사회의 가무 전통에서 이어지는 자생적·토착적 연희 문화였다. 삼국시대에 서역과 중국에서 외래 연희가 유입되었을 때 이를 담당할 만한 자생적 연희 전통이 있었기 때문에 고구려악, 신라악, 백제악은 수준 높은 연희로 발전할 수 있었다. 그러나 우리의 연희 전통에 대한 자료가 매우 부족하기 때문에, 이에 대한 논의 역시 미흡했다. 앞으로 상고시대와 삼국시대의 자생적인 연희 전통 자료가 발굴되어 미진한 논의를 보완할 수 있기를 기대한다.

삼국시대에 중국과 서역에서 유입된 동아시아 공동의 연희 문화유산인 산악·백희는, 고려와 조선을 거쳐 백희, 가무백희, 잡희, 산대잡극, 산대희, 나례, 나희 등으로 불리며 전승되었다. 그리고 이런 연희들이 조선 후기에 변화·발전해 연극적 양식의 본산대놀이 가면극, 판소리, 꼭두각시놀이 등을 성립시켰다.

산악·백희는 한·중·일 동아시아 국가가 공동으로 보유한 연희 문화유산이기 때문에, 산악·백희에 주목함으로써 한국 전통연희의 동아시아적 보편성을 밝힐 수 있었다. 나아가 고구려 고분벽화나 각종 문헌에 정착된 연희 자료를 일관성 있게 꿰뚫어 해명할 수 있었을 뿐만 아니라, 한국 전통연희의 갈래, 분포, 담당층, 후대 연희와의 관련성에 대한 명쾌한 논의가 가능했다. 특히 많은 도상 자료로 필자의 논의를 뒷받침할 수 있었다.

앞으로 전통연희 각 종목의 기원과 발전 과정, 교류 양상, 연희 방식, 내용 등을 고찰하고 중국, 일본 연희와 비교 연구하는 일이 과제로 남아 있다. 이러한 작업은 우리 전통연희의 실상을 밝혀 올바른 계승에 이바지하고, 나아가 전통연희의 현대적 재창조에도 기여할 것이다.

주

1 장주근, 「단골과 광대」, 『한국의 향토신앙』, 을유문화사, 1975, 201~205쪽.

2 신청을 떠난 떠돌이 광대패를 '뜬광대'라 하고, 굿판을 떠나지 않은 신청의 음악패를 '대령광대'로 구분한다(노동은, 『근대한국음악사1』, 한길사, 1996, 195~196쪽).

3 심우성, 『한국전통예술개론』, 동문선, 2001, 177~178쪽.

4 이경엽, 「도서지역의 민속연희와 남사당노래 연구」, 『한국민속학』33, 한국민속학회, 2001.

5 정약용, 다산연구회 역주, 『목민심서』, 창작과비평사, 1979, 258~259쪽.

6 이경엽, 앞 글.

7 박은용, 「사당패들의 활동정형」, 『고고민속』 4호, 사회과학원출판사, 1964, 27쪽.

8 심우성, 앞 책, 177쪽.

9 윤광봉, 『한국연희시연구』, 박이정, 1997, 104쪽.

10 이능화, 『조선해어화사』, 동양서원, 1927, 141쪽.

11 박은용, 앞 글, 31쪽.

12 앞 글, 29쪽.

13 강용권, 「수영야류」, 『수영전통예능』, 수영고적민속보존회, 1993, 25쪽.

14 최상수, 『야류·오광대 가면극의 연구』, 성문각, 1984, 101~102쪽.

15 심우성, 앞 책, 190쪽.

16 앞 책, 189쪽.

17 앞 책, 191쪽.

18 강한영, 『신재효판소리사설집』, 민중서관, 1971, 581~583쪽.

19 심우성, 앞 책, 191~192쪽.

20 박전열, 「풍각쟁이의 기원과 성격」, 『한국민속학』11, 민속학회, 1979.

21 심우성, 앞 책, 192~196쪽.

참고문헌

찾아보기

참고문헌

국내

1. 논저

강만길, 「왕조전기 백정의 성격」, 『조선시대상공업사연구』, 한길사, 1984.

강명관, 『조선시대 문학예술의 생성공간』, 소명출판, 1999.

강용권, 『야류 · 오광대』, 형설출판사, 1982.

강춘애, 「송대 인형극의 사적 고찰」, 『희곡문학』 제19호, 동서희곡문학회, 2002.2.

강한영 교주, 『신재효 판소리 사설집』, 민중서관, 1971.

고승길, 「고분벽화에 묘사된 고구려의 곡예와 아시아의 곡예」, 『연극연구』10, 중앙대 연극학과, 1996.

______, 「한국 사자무의 원류」, 『동아시아 비교문화』 창간호, 동아시아비교문화국제회의, 2000.

고정옥, 『조선구전문학연구』, 평양: 과학원출판사, 1962.

국방군사연구소, 『어영청사례(御營廳事例) 총융청사례(摠戎廳事例) 금위영사례(禁衛營事例)』, 국방군사연구소, 2000.

권영필, 『실크로드 미술』, 열화당, 1997.

권택무, 『조선민간극』, 평양: 조선문학예술동맹출판부, 1966.

김동욱, 『한국가요의 연구』, 을유문화사, 1961.

______, 『증보 춘향전 연구』, 연세대 출판부, 1976.

김병모, 「말각조정의 성격에 대한 재검토」, 『역사학보』 80호, 역사학회, 1978.

김승희, 「조선시대 감로도의 도상연구」, 홍익대 석사학위논문, 1990.

김일출, 「봉산 탈놀이의 옛 모습을 찾아서」, 『문화유산』 3호, 평양: 과학원출판사, 1957.

______, 『조선민속탈놀이연구』, 평양: 과학원출판사, 1957.

김재석, 「1930년대 유성기 음반의 촌극 연구」, 한국극예술학회 편, 『한국극예술 연구』 제2집, 태동, 1992.

김재철, 『조선연극사』, 학예사, 1939.

김정배, 「동북아 속의 한국의 암각화」, 『한국사연구』 특집호 별책, 한국사연구회, 1997.12.

김종철, 「게우사의 자료적 가치」, 『한국학보』65, 일지사, 1991.

______, 「무숙이타령(왈짜타령) 연구」, 『한국학보』68, 일지사, 1992.

______, 『판소리사 연구』, 역사비평사, 1996.

김청자, 「한국전통인형극의 새로운 접근」, 『한국연극학』, 한국연극학회, 1985.

______, 「한국전통인형극 꼭두각시놀음 연구 어휘에 나타난 표상과 기호분석」, 『한국연극학』 제3호, 한국연극학회, 1989.
김학주, 『중국 고대의 가무희』, 민음사, 1994.
______, 『한중 두 나라의 가무와 잡희』, 서울대 출판부, 1994.
김헌선, 「강릉 매화타령 발견의 의의」, 『국어국문학』109, 국어국문학회, 1993.
______, 「무숙이타령과 강릉 매화타령 형성 소고」, 『경기교육논총』3, 경기대 교육대학원, 1993.
______, 『양주소놀이굿』, 화산문화, 2001.
김화진, 『한국의 풍토와 인물』, 을유문화사, 1973.
김흥규, 「19세기 전기 판소리의 연행환경과 사회적 기반」, 『어문논집』 제30집, 고려대 국어국문학연구회, 1991.
______, 「조선 후기의 유랑예능인들」, 『한국 고전문학과 비평의 성찰』, 고려대 출판부, 2002.
나경수, 『광주·전남의 민속연구』, 민속원, 1998.
나리사와 마사루(成澤勝), 「신사료군 검증으로 구명된 '기가쿠(伎樂)' 고지(故地)」, 『한국연극학』 제13호, 한국연극학회, 1999.
나용화, 「우란분절의 유래와 의의」, 사재동 편, 『우란분재와 목련전승의 문화사』, 중앙인문사, 2000.
노태돈, 『고구려사 연구』, 사계절, 1999.
무라카미 쇼코(村上祥子), 「한국 탈놀이와 일본 기악 연구」, 고려대 석사학위논문, 1991.
민병훈, 「실크로드를 통한 역사적 문화 교류」, 국제한국학회, 『실크로드와 한국 문화』, 소나무, 1999.
박경신, 「무극」, 『한국 구비문학의 이해』, 월인, 2002.
박영은, 「봉사도에 나타난 산대 잡상놀이의 무대와 공연형태에 대한 연구: 일본의 산거 인형과의 비교를 중심으로」, 『중앙우수논문집』 제2집, 중앙대 대학원, 2000.12.
박용운, 『고려시대사』, 일지사, 1991.
박은용, 「사당패들의 활동정형」, 『고고민속』 4호, 평양: 사회과학원출판사, 1964.
______, 「재인들의 처지와 재인청에 대하여」, 『력사과학』 제6호, 평양: 조선역사편찬위원회, 1967.
박전열, 「일본 기가쿠(伎樂)의 연구」, 『한국민속학』23, 민속학회, 1990.
______, 「내방자 설화의 비교연구」, 『일본학보』 제26집, 한국일본학회, 1991.
______, 「일본 산악의 연구」, 『한국연극학』 제8호, 한국연극학회, 1996.
박진태, 『탈놀이의 기원과 구조』, 새문사, 1990.
______, 『동아시아 샤마니즘 연극과 탈』, 박이정, 1999.
______, 『한국고전희곡의 역사』, 민속원, 2001.
박황, 『판소리 이백년사』, 사사연, 1987.
백대웅, 「18세기 음악사에 나타난 음악 양식의 변화」, 『한국학연구』7, 고려대 한국학연구소, 1995.
______, 『다시보는 판소리』, 어울림, 1996.

______, 「18세기의 음악환경과 전문예능인들의 음악활동 연구」, 『한국음악사학보』 제26집, 한국음악사학회, 2001.
사재동, 「심청전연구서설」, 『어문연구』7, 어문연구회, 1971.
______, 「우란분재·목련전승 연구서설」, 『우분재와 목련전승의 문화사』, 중앙인문사, 2000.
사진실, 『한국 연극사 연구』, 태학사, 1997.
______, 「한국 연극사의 시대 구분을 위한 이론적 모색」, 『한국음악사학보』 제24집, 한국음악사학회, 2000.
______, 「배우의 전통과 재담의 전승 박춘재의 재담을 중심으로」, 『한국음반학』 제10호, 한국고음반연구회, 2000.
______, 『공연문화의 전통』, 태학사, 2002.
서대석, 『한국무가의 연구』, 문학사상사, 1980.
______, 「판소리 기원론의 재검토」, 『고전문학연구』 제16집, 한국고전문학회, 1999.
서연호, 『산대 탈놀이』, 열화당, 1987.
______, 『한국 전승연희의 원리와 방법』, 집문당, 1997.
______, 『꼭두각시놀음의 역사와 원리』, 연극과인간, 2001.
______, 『한국 가면극 연구』, 월인, 2002.
서정록, 『백제금동대향로』, 학고재, 2001.
성현경, 『한국옛소설론』, 새문사, 1998.
성현자, 「판소리와 중국 강창문학의 대비연구」, 『진단학보』53·54 합집, 진단학회, 1982.
손수호, 「고구려 무덤벽화에 그려진 행렬도의 유형과 변천에 대하여」, 『조선고고연구』, 평양: 과학원출판사, 1992.3.
손태도, 「광대집단의 가창문화 연구」, 서울대 박사학위논문, 2001.2.
송방송, 『한국음악학의 현단계』, 민속원, 2002.
송석하, 『한국민속고』, 일신사, 1960.
______, 「오광대소고」, 『조선민속』 제1호, 조선민속학회, 1933.
심우성, 『남사당패연구』, 동문선, 1989.
______, 『한국전통예술개론』, 동문선, 2001.
안계현, 『한국불교사상사연구』, 동국대 출판부, 1983.
안대회, 「18·19세기 탈춤꾼·산대조성장인 탁문한 연구」, 『정신문화연구』33 제4호, 한국학중앙연구원, 2010.
안상복, 「한중 우희의 관련 양상에 대한 한 고찰」, 『구비문학연구』8, 한국구비문학회, 1999.
______, 「구나행의 나희와 산대놀이」, 『중어중문학』 제30집, 한국중어중문학회, 2002.6.
______, 「오산과 산대의 명칭·유형과 역사적 전개상의 특징」, 『중국문학』 제86집, 한국중국어문학회, 2016.

안지원, 「고려시대 국가 불교의례 연구」, 서울대 박사학위논문, 1999.
양재연, 『국문학연구산고』, 일신사, 1976.
양회석, 『중국희곡』, 민음사, 1994.
오수경, 「안휘 귀지 나희의 제의와 연출」, 『중국희곡』, 한국중국희곡학회, 2000.12.
유민영, 「한국인형극의 유래」, 『예술논문집』14, 예술원, 1975.
______, 「한국의 가면, 그 심미적 고찰」, 『탈춤의 사상』, 현암사, 1984.
유영대, 『심청전 연구』, 문학 아카데미, 1990.
______, 「판소리의 이해」, 『한국구비문학의 이해』, 월인, 2002.
윤광봉, 『한국의 연희』, 반도출판사, 1992.
______, 『유랑예인과 꼭두각시놀음』, 밀알, 1994.
______, 『한국연희시연구』, 박이정, 1997.
______, 『조선 후기의 연희』, 박이정, 1998.
윤주필, 「경복궁 중건 때의 전통놀이 가사집 「기완별록(奇玩別錄)」」, 『문헌과 해석』 9호, 문헌과해석사, 1999.
______, 「조선전기 연희시에 나타난 문학사조상의 특징」, 『동양학』 제25집, 단국대 동양학연구소, 1995.
이경엽, 「전남 무가의 연구」, 전남대 박사학위논문, 1997.
이균옥, 『동해안 별신굿』, 박이정, 1998.
이난영, 『토우』, 대원사, 1991.
이능화, 『조선해어화사』, 동양서원, 1927.
이두현, 『한국 가면극』, 문화재관리국, 1969.
______, 『한국의 가면극』, 일지사, 1992.
______, 『한국무속과 연희』, 서울대 출판부, 1996.
______, 「나무꼭두의 역사와 쓰임새」, 『한국의 나무꼭두』, 열화당, 1998.
______, 『한국연극사』(신수판), 학연사, 2000.
이병기, 「시용향악보의 한 고찰」, 『고려가요연구』, 국문학연구총서2, 백문사, 1979.
이병옥, 『송파산대놀이연구』, 집문당, 1982.
이보형, 「창우 집단의 광대소리 연구」, 『한국전통음악논구』, 고려대 민족문화연구소, 1990.
이성무, 『한국의 과거제도』, 집문당, 1994.
이용범, 「처용설화의 일고찰 당대(唐代) 이슬람 상인과 신라」, 『한만교류사(韓滿交流史) 연구』, 동화출판사, 1989.
이재중, 「통일신라시대 왕릉 앞 석인(石人) 연구」, 『석오(碩晤) 윤용진 교수 정년퇴임기념논총』, 석오 윤용진 교수 정년퇴임기념논총 간행위원회, 1996.

이준구, 「조선시대 백정의 전신 양수척, 재인, 화척, 달단: 그 내력과 삶의 모습을 중심으로」, 『조선사연구』 제9집, 조선사연구회, 2000.
이혜구, 『한국음악연구』, 국민음악연구회, 1957.
_____, 「국악사」, 『한국예술총람 개관편』, 예술원, 1964.
_____, 『한국음악서설』, 서울대 출판부, 1967.
_____, 「양주별산대놀이의 옴·먹중·연잎과장」, 『예술논문집』8, 예술원, 1969.
이호승, 『전통연희 곡예 종목과 줄타기 연구』, 월인, 2011.
_____, 『전통연희 남사당패 어름줄타기 연구』, 월인, 2019.
임기중, 「연행록의 환희기」, 『한국민속학』31, 한국민속학회, 1999.
임재해, 『꼭두각시놀음의 이해』, 홍성사, 1981.
_____, 「꼭두각시놀음의 역사적 전개와 발전 양상」, 『구비문학연구』 제5집, 한국구비문학회, 1998.
임형택, 『이조시대 서사시』(하), 창작과비평사, 1992.
장정룡, 『강릉관노가면극 연구』, 집문당, 1989.
_____, 「고려시대의 연희 고찰」, 『역사민속학』 제9호, 한국역사민속학회, 1999.
장주근, 『한국의 신화』, 성문각, 1961.
_____, 「한국의 판소리와 중국의 강창문학」, 『경기어문학』 제2집, 경기대 국어국문학과, 1981.
장충식, 『한국의 불교미술』, 민족사, 1997.
전경욱, 『북청사자놀이 연구』, 태학사, 1997.
_____, 「해탈춤의 악사와 재인촌」, 『한국 가면극과 그 주변문화』, 월인, 2007.
_____, 『한국의 가면극』, 열화당, 2007.
_____, 「새 자료를 통해서 본 연희자료서의 수척과 반인」, 『한국민속학』60, 한국민속학회, 2014.12.
_____, 「새 자료 채색화 「낙성연도」를 통해 본 산희(山戲)의 실체」, 『민족문화연구』 제73호, 고려대 민족문화연구원, 2016.11.
_____, 『동아시아 가면극의 역사와 전승양상』, 집문당, 2017.
전경욱 편저, 『한국전통연희사전』, 민속원, 2014.
전호태, 『고분벽화로 본 고구려 이야기』, 풀빛, 1999.
정노식, 『조선창극사』, 조선일보사 출판부, 1940.
정수일(무함마드 깐수), 『신라·서역 교류사』, 단국대 출판부, 1992.
_____, 『고대문명교류사』, 사계절, 2001.
_____, 『문명의 루트 실크로드』, 효형출판, 2002.
정병호, 「진도 다시래기」, 『중요무형문화재해설』(연극편), 문화재관리국, 1986.
정출헌, 「판소리 담당층의 변화에 따른 19세기 판소리사와 중고제의 소멸」, 『민족문화연구』31, 고려대 민족문화연구소, 1998.

정하영, 「심청전에 나타난 제재적 근원 연구」, 서울대 박사학위논문, 1983.
정형호, 「한국 가면극의 유형과 전승원리 연구」, 중앙대 박사학위논문, 1994.
조동일, 『탈춤의 역사와 원리』, 홍성사, 1981.
______, 『한국문학통사』1(제3판), 지식산업사, 1994.
조용중, 「백제금동대향로에 관한 연구」, 『미술자료』65, 국립중앙박물관, 2000.
주재걸, 「고구려 사람들의 예술 활동에 관한 연구」, 『고고민속논문집』8, 평양: 과학백과사전출판사, 1983.
______, 「벽화무덤을 통하여 본 고구려의 교예」, 『력사과학』 2호, 평양: 조선역사편찬위원회, 1983.
최길성, 『한국 무속의 연구』, 아세아문화사, 1978.
최덕원, 『남도민속고』, 삼성출판사, 1993.
최무장, 『고구려 고고학』, 민음사, 1995.
최상수, 『야류·오광대 가면극의 연구』, 성문각, 1984.
______, 『산대·성황신제가면극의 연구』, 성문각, 1985.
최숙경, 「한국여성사」, 『특수직여성』, 평범사, 1972.
최운식, 『심청전연구』, 집문당, 1982.
최정여, 「산대도감극 성립의 제문제」, 『한국학논집』 제1집, 계명대 한국학연구소, 1973.
______, 「판소리 성립의 제문제」, 『한국고시가연구』, 계명대 출판부, 1989.
타오리판(陶立璠), 「중국의 가면 문화」, 『비교민속학』 제11집, 비교민속학회, 1994.6.
허용호, 「발탈 연구」, 『서강어문』 제14집, 서강대 국어국문학과, 1998.
홍성남, 「연행록에 나타난 환술과 연극 연구」, 『동아시아 고대학』 5집, 동아시아 고대학회, 2002.6.
홍윤식, 「한국불교의식의 삼단분단법」, 『문화재』 9호, 문화재관리국, 1975.

2. 편저

사재동 편, 『우란분재와 목련전승의 문화사』, 중앙인문사, 2000.
사회과학원 고고학연구소 편, 『고구려문화사』, 사회과학출판사, 1975;『고구려문화사』, 논장, 1988로 재간행.
서연호 편, 『한국연극의 쟁점과 새로운 탐구』, 연극과인간, 2001.
이우성·임형택 편, 『이조한문단편집』(상)(중)(하), 일조각, 1978.

3. 도록

강우방, 『감로탱』, 예경, 1995.
『조선시대 기록화의 세계』, 고려대 박물관, 2001.
『조선시대 풍속화』, 국립중앙박물관, 2002.
『집안 고구려 고분벽화』, 조선일보사, 1993.

국외

1. 중국

傅起鳳·傅騰龍,『中國雜技史』, 上海: 上海人民出版社, 1991.

傅起鳳·傅騰龍 著, 岡田陽一 譯,『中國藝能史』, 東京: 第一書房, 1993.

顧朴光,『中國面具史』, 貴州: 貴州民族出版社, 1996.

呂光群 編著,『貴池儺文化藝術』, 合肥: 安徽美術出版社, 1998.

양인리우(楊蔭瀏) 지음, 이창숙 옮김,『중국고대음악사』, 솔, 1999.

袁枷 編著,『中國神話傳說詞典』, 上海: 上海辭書出版社, 1985.

王克芬, 고승길 역,『중국무용사』, 교보문고, 1991.

阿克敦 著, 黃有福·千和淑 校註,『奉使圖』, 遼陽: 遼寧民族出版社, 1999.

張寶璽,『嘉峪關酒泉 魏晉十六國墓壁畵』, 蘭州: 甘肅人民出版社, 2001.

崔樂泉 編,『中國古代體育文物圖錄』, 北京: 中華書局, 2000.

______,『圖說 中國古代百戱雜技』, 世界圖書出版西安公司, 2007.

董錫玖·劉峻,『中國舞蹈藝術史圖鑑』, 湖南: 湖南教育出版社, 1997.

敦煌研究院 篇,『敦煌石窟藝術』莫高窟 321窟, 深圳: 江蘇美術出版社, 1996.

敦煌研究院 篇,『民俗畵卷』敦煌石窟全集 25, 上海: 上海人民出版社, 2001.

廖奔,『中國戱劇圖史』, 鄭州: 大象出版社, 2000.

劉東升 外,『中國音樂史圖鑑』, 北京: 人民音樂出版社, 1996.

山西省博物館 編,『寶寧寺 明代 水陸畵』, 北京: 文物出版社, 1995.

中國畵像石全集編輯委員會 編,『中國畵像石全集』(1～8), 濟南: 山東美術出版社, 2000.

2. 일본

赤松智城·秋葉隆,『朝鮮巫俗の研究』(下), 京城: 朝鮮印刷株式會社, 1938.

秋葉隆,『朝鮮民俗誌』, 東京: 六三書院, 1954.

______, 최길성 역,『조선무속의 현지연구』, 계명대 출판부, 1987.

朝倉無聲,『見世物研究』, 京都: 思文閣, 1999.

鮎貝房之進,『雜攷 花郎攷·白丁攷·奴婢攷』, 朝鮮印刷株式會社, 1938.

李應壽,「五色獅子の系譜」,『日本人と日本文化』11, 京都: 國際日本文化研究センター, 2000.1.

河竹繁俊,『日本演劇全史』, 東京: 岩波書店, 1979.

______, 이응수 역,『일본연극사』(상), 도서출판 청우, 2001.

長澤和俊, 민병훈 역,『동서 문화의 교류』, 민족문화사, 1991.

杉山二郎,『遊民の系譜』, 東京: 青土社, 1988.

古河三樹,『圖說庶民藝能 江戸の見世物』, 東京: 雄山閣出版, 1993.

藤原明衡 撰, 重松明久 校注,『新猿樂記 雲州消息』, 東京: 現代思潮社, 1982.

早稲田大學博物館 編,『演劇百科大事典』, 東京: 平凡社, 1990.

『高句麗古墳壁畵』, 東京: 朝鮮畵報社, 1985.

찾아보기

ㄴ

ㄷ

ㅂ

ㅅ

ㅇ

ㅊ

ㅋ

ㅌ

한국 전통연희사
ⓒ전경욱

1판 1쇄 인쇄 2020년 3월 10일
1판 1쇄 발행 2020년 3월 16일

지은이 전경욱
펴낸이 박해진
펴낸곳 도서출판 학고재
등록 2013년 6월 18일 제2013-000186호
주소 서울시 마포구 새창로 7(도화동) SNU장학빌딩 17층
전화 02-745-1722(편집) 070-7404-2810(마케팅)
팩스 02-3210-2775
전자우편 hakgojae@gmail.com
페이스북 www.facebook.com/hakgojae

ISBN 978-89-5625-390-9 93910

• 이 도서의 국립중앙도서관 출판예정도서목록(CIP)은 서지정보유통지원시스템 홈페이지(http://seoji.nl.go.kr)와 국가자료종합목록 구축시스템(http://kolis-net.nl.go.kr)에서 이용하실 수 있습니다. (CIP제어번호 : CIP2020006615)